ESSAI
SUR
L'ORGANISATION DU TRAVAIL
EN POITOU

DEPUIS LE XIe SIÈCLE JUSQU'A LA RÉVOLUTION

PAR

P. BOISSONNADE

AGRÉGÉ D'HISTOIRE, DOCTEUR ÈS LETTRES
LAURÉAT DE L'ACADÉMIE FRANÇAISE ET DE L'ACADÉMIE DES SCIENCES MORALES
PROFESSEUR A LA FACULTÉ DES LETTRES DE L'UNIVERSITÉ DE POITIERS

TOME SECOND

PARIS
H. CHAMPION, LIBRAIRE-ÉDITEUR
9, QUAI VOLTAIRE, 9

1900

ESSAI
SUR
L'ORGANISATION DU TRAVAIL
EN POITOU

ESSAI
SUR
L'ORGANISATION DU TRAVAIL
EN POITOU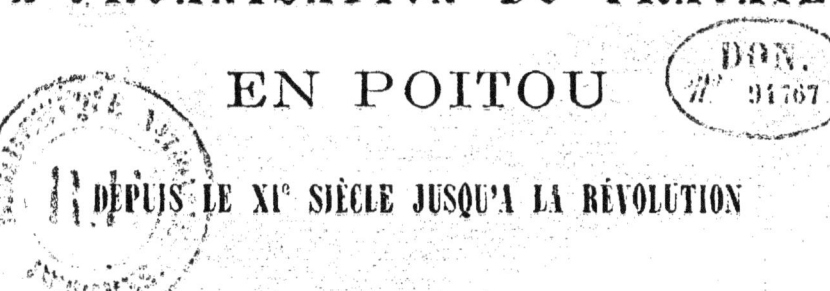

DEPUIS LE XIᵉ SIÈCLE JUSQU'A LA RÉVOLUTION

PAR

P. BOISSONNADE

AGRÉGÉ D'HISTOIRE, DOCTEUR ÈS LETTRES
LAURÉAT DE L'ACADÉMIE FRANÇAISE ET DE L'ACADÉMIE DES SCIENCES MORALES
PROFESSEUR A LA FACULTÉ DES LETTRES DE L'UNIVERSITÉ DE POITIERS

TOME SECOND

PARIS
H. CHAMPION, LIBRAIRE-ÉDITEUR
9, QUAI VOLTAIRE, 9

1900

LIVRE III

Corporations Jurées et Métiers Libres en
Poitou. — Leur organisation: Apprentis,
Compagnons et Maîtres. — Condition matérielle
et morale; Autonomie; Rôle politique
et social des Métiers Poitevins.

ESSAI
SUR
L'ORGANISATION DU TRAVAIL
EN POITOU
Depuis le XIe siècle jusqu'à la Révolution

CHAPITRE PREMIER

Corporations jurées et métiers libres. Développement du régime corporatif en Poitou; mode de concession et caractère des statuts.

A mesure que les artisans de toute sorte, industriels ou commerçants, parvinrent à se dégager de la servitude féodale, ils aspirèrent en Poitou, comme partout ailleurs, à se grouper en associations, suivant la tendance générale de la société du Moyen-Age et des temps modernes. Ils formèrent à leur tour des groupements sociaux, unis par la communauté des intérêts et des périls. Mais ces groupes eurent une organisation différente. Les uns, formés dans un milieu favorable à leur développement, forts du nombre de leurs membres, moins isolés et plus capables de combiner leurs efforts, sont arrivés successivement à conquérir l'autonomie, les monopoles et les privilèges des corporations jurées. Les autres, évoluant isolément, n'ayant, pour appuyer leurs revendications, ni l'importance numérique, ni la cohésion des associations plus puissantes, en butte parfois à la méfiance des pouvoirs locaux ou du pouvoir central, n'ont jamais pu s'élever au-dessus de la condition de métiers libres. Les corporations jurées représentent, à l'égard de ces métiers, une sorte d'aristocratie industrielle et commerçante, dont les prérogatives furent pour le monde du travail un objet d'envie permanent.

Le régime corporatif est loin d'avoir occupé en effet la place absorbante que lui attribuent d'ordinaire les historiens qui n'ont fait de l'organisation ancienne du travail qu'une étude superficielle. Dans le Poitou, en particulier, la corporation jurée n'apparaît qu'à l'état d'exception. C'est le métier libre qui représente la forme habituelle des groupements industriels et commerciaux. S'il a passé presque inaperçu, c'est que les documents s'occupent surtout des corps privilégiés; c'est que l'aristocratie corporative attirait davantage l'attention de l'autorité. L'histoire des métiers libres est presque une page blanche, si on la compare à l'histoire fertile en incidents des corporations jurées. Ces dernières associations ne renferment que la portion la plus restreinte des compagnons et des maîtres. Dans les campagnes, et dans la plupart des bourgs et des petites villes, les industriels et les commerçants, isolés et placés dans une étroite dépendance des pouvoirs locaux, ont dû se contenter d'obtenir peu à peu pendant le cours du Moyen-Age, la liberté personnelle et une certaine liberté du travail. Ils n'ont pas dépassé la condition d'artisans libres; ils ne sont point parvenus à celle d'artisans jurés. Dans quelques gros bourgs, Vivonne par exemple, parfois un métier de première nécessité, comme celui des bouchers, a été formé en corporation (1). C'est une sorte d'anomalie. Il faut arriver jusqu'aux réformes de Colbert

---

(1) Mention de bouchers jurés à Vivonne, dans le papier terrier de 1489, pp. *Drochon, Bulletin Antiq. Ouest, 2ᵉ série*, II, 130.

pour voir étendre, sous l'impulsion de la royauté, le régime corporatif à 157 bourgs ou villages du Poitou. Encore, les communautés groupées en corporations au xvii° et au xviii° siècle, par l'ordre du pouvoir central, sont-elles exclusivement celles des tisserands en laine ou en toile et des drapiers-drapans (1). En réalité, jusqu'à la fin de l'ancien régime, en dehors de cette exception, les campagnes du Poitou n'ont guère connu que des métiers libres.

On en peut dire autant de la majorité des 27 villes qui, d'après les statistiques officielles, existaient au début du dernier siècle dans le Poitou (2). En dehors de Poitiers, de Châtellerault, de Civrai et de Charroux, de Lusignan et de Chauvigny, de Niort et de Saint-Maixent, de Parthenay et de Thouars, des Sables d'Olonne, de Fontenay et de Luçon, et de quelques autres centres urbains de moindre importance, la corporation jurée était inconnue. Dans les villes elles-mêmes les plus peuplées, les professions libres l'emportaient en général par le nombre. Ainsi, à Thouars, au xviii° siècle, n'existaient que quatre corporations jurées, celles des sergers, des chirurgiens, des apothicaires et des perruquiers (3). Châtellerault en 1738 compte seulement 14 corporations pourvues de statuts, et possède au contraire 35 métiers ou communautés libres (4). Les premières renferment 324 maîtres, les secondes, si on en juge par l'effectif de neuf d'entre elles, ont une moyenne de 20 membres, c'est-à-dire contiennent 700 maîtres (5). Fontenay en 1604

---

(1) Voir ci-dessous livre IV, chap. vii et viii. — (2) Doujat, intendant du Poitou, au Contr. gén. 4 avril 1708, *Corresp. des contr. gén.* pp. A. de Boislisle, III n° 20. — (3) Imbert, *Hist. de Thouars*, p. 331 (d'après Drouyneau de Bric, historien local du xviii° siècle). — (4) Mém. mss. de Roffay des Pallu, 1738. (*Arch. Antiq. Ouest*). — (5) D'après la statistique du même mémoire.

ne semble pas avoir possédé plus de 17 corporations (1). Saint-Maixent aurait eu, vers 1664, jusqu'à 28 communautés d'arts et métiers, mais on ne distingue pas entre les communautés jurées et les métiers libres (2). La proportion pour Niort est inconnue, mais on peut conjecturer qu'elle ne devait pas dépasser celle que l'on observe à Poitiers, la ville la plus peuplée de la province. Or, nos recherches nous ont permis de retrouver pour chaque période, depuis la fin du Moyen-Age, le nombre des corporations jurées de la capitale du Poitou. De 18 au xiv° siècle, de 22 à la fin du xv° siècle, le chiffre de ces communautés s'élevait à 25 en 1555, à 35 en 1708 (3), à 42 ou 43 en 1717 (4) et ne paraît avoir varié depuis ce moment jusqu'à la réforme de 1777.

Notons que Paris avait au xviii° siècle et avant la même date 124 corporations jurées, 3 fois plus que Poitiers (5). Amiens en comptait 64 (6), Troyes et Châlons 50 (7), Tours 41 (8), c'est-à-dire le même chiffre que la capitale du Poitou ou un chiffre voisin. Chinon, avec 16 corporations jurées, Amboise avec 17, Loches avec 6, se rapprochaient au contraire de l'effectif des villes secondaires du Poitou (9). Un document officiel très précieux ajoute un détail qui confirme le fait de la prépondérance des métiers libres. A Poitiers, dans la ville de la province où les corporations jurées atteignirent au plus haut degré de développement, ces associations en 1708 représentent à peine la moitié de l'effectif

---

(1) Fillon, *Rech. sur Fontenay*, p. 253. — (2) A. Richard, *Rech. sur l'Org. com. de St-Maixent*, p. 330. — (3) Voir ci-dessous, même chapitre de notre ouvrage. — Le chiffre donné en 1708 est celui qu'indique l'intendant Doujat dans sa lettre citée ci-dessus. — (4) Voir ci-dessous, même chapitre. — (5) Savary, *Dict. du Com. et des Manuf.*, II, 134. — (6) Etat de situation des corp. d'Amiens, 1764, *Monum. inéd. de l'hist. du Tiers Etat*, III, 286. — (7) Babeau, *la Ville sous l'Ancien régime*, I, 42. — (8) Etat de situation des corp. de la g. de Tours, 1764, Indre-et-Loire, C. 368. — (9) Ibidem.

total des métiers. Sur 65 communautés d'arts et métiers, 30 forment des professions libres, 35 des communautés jurées (1). A peu près inconnues dans les campagnes et les bourgs, les corporations n'existent donc qu'à l'état de minorité dans presque toutes les villes, et ne sont arrivées à dominer que dans la capitale du Poitou.

La concentration du commerce et de l'industrie dans les villes, la solidarité qui s'y établit entre les hommes de même profession, et la puissance que donnèrent à la classe industrielle et commerçante la richesse de quelques-uns de ses membres et la cohésion de tous, expliquent la naissance et le progrès des corporations jurées dans les milieux urbains. Mais la formation de ces communautés privilégiées semble aussi due à d'autres causes d'ordre économique et social. Les métiers qui parvinrent à conquérir le privilège corporatif furent surtout en effet ceux qui, ayant dans la société un rôle prépondérant, purent aspirer à obtenir des privilèges en échange des services indispensables qu'ils rendaient. C'est pourquoi les métiers de l'alimentation, de l'éclairage et du chauffage, ceux du vêtement et de l'habillement ou de l'équipement, du bâtiment et des métaux sont surtout représentés parmi les associations qui arrivèrent au régime corporatif, tandis que d'autres professions, d'un caractère moins utilitaire, ne purent jamais obtenir le titre de corporation jurée. Ainsi à Poitiers au xive siècle, sur 18 corporations jurées dont on retrouve la trace, celles de l'alimentation sont au nombre de 3 ou de 4, c'est-à-dire forment presque le quart de l'effectif (2). Huit autres se rattachent aux métiers

---

(1) Lettre de l'intendant Doujat, 4 avril 1708, précitée. — (2) Ce sont les boulangers fourniers, les bouchers, les poissonniers, peut-être les regrattiers ou les taverniers.

de l'habillement et de l'équipement (1), et 4 seulement au travail des métaux (2). Au milieu du xvi° siècle, sur 25 à 27 corporations qui existent dans la capitale du Poitou, 6, c'est-à-dire le quart environ, s'occupent du commerce d'alimentation (3), 10 de l'habillement, du vêtement et de l'équipement (4), 7 du bâtiment et du travail des métaux (5). Quatre seulement appartiennent au groupe des professions libérales (6). Si l'on passe au xviii° siècle, on voit les corporations de l'alimentation atteindre au nombre de 7, celles de l'éclairage et du chauffage au chiffre de 2 (7), tandis que les industries des tissus et des cuirs sont au nombre de 15 (8), celles du bâtiment, de l'ameublement et des métaux au nombre de 13 (9), et les professions libérales au nombre de 5 (10). A Châtellerault, sur 14 corporations jurées, on rencontre 2 métiers de l'alimentation, 4 de l'habillement et de l'équipement, 5 du bâtiment ou du travail des métaux et 3 professions libérales seulement. A Fontenay, 4 corpora-

---

(1) Chapeliers, drapiers, tondeurs; cordonniers, gantiers, selliers, baudroyeurs-bourreliers, cordiers. — (2) Eperonniers, potiers d'étain, orfèvres, serruriers. — (3) Meuniers, forniers, pâtissiers, bouchers, poulaillers, poissonniers. — (4) Texiers, chaussetiers, couturiers, tanneurs, corroyeurs, mégissiers, cordonniers, gantiers, boursiers,—aiguilletiers, selliers, cordiers. — (5) Menuisiers, serruriers, orfèvres, maréchaux, éperonniers, fourbisseurs, potiers et pintiers d'étain. — (6) Parcheminiers, apothicaires, chirurgiens-barbiers, médecins (ceux-ci ne sont pas classés parmi les métiers). — (7) Meuniers, boulangers, pâtissiers, bouchers, rôtisseurs-blanchisseurs, huiliers, vinaigriers-moutardiers, chandeliers, ciriers. — (8) Tireurs d'étain et cardeurs, texiers en linge, tisserands en laine, drapiers-sergetiers, bonnetiers, chapeliers-feutriers, boutonniers-garnisseurs, tailleurs et chaussetiers. — Tanneurs, corroyeurs, chamoiseurs, gantiers, savetiers, cordonniers, cordiers. — (9) Charpentiers, maçons, recouvreurs, menuisiers, vitriers, tapissiers-miroitiers marchands de meubles, maréchaux-taillandiers, serruriers-arquebusiers, fourbisseurs et éperonniers, potiers d'étain, orfèvres. — (10) Parcheminiers, imprimeurs-libraires-relieurs, apothicaires, chirurgiens, perruquiers. On arriverait au chiffre de 6, si on comprenait les médecins parmi les métiers.

tions appartiennent à la première catégorie, 5 à la seconde, 5 à la troisième et 1 à la quatrième (1). Au reste, ce ne sont pas toujours les mêmes métiers qui ont obtenu partout le privilège corporatif. Ainsi les couteliers et les horlogers, qui forment des corporations jurées à Châtellerault, ne constituent à Poitiers que des métiers libres. Mais on retrouve partout dans les villes importantes du Poitou, à l'état de communautés privilégiées, les professions usuelles les plus utiles ; par exemple les boulangers et les bouchers, les sergetiers et les chapeliers, les tanneurs et les cordonniers, les menuisiers, les serruriers et les maréchaux, les apothicaires, les chirurgiens et les barbiers. De ce fait, il est permis de déduire l'une des lois qui ont présidé à la formation des corporations jurées du Poitou. Elle peut être formulée ainsi : Les associations ont le plus souvent obtenu leurs privilèges en raison même de l'utilité qu'elles présentaient.

Le milieu a également exercé une grande influence sur le développement plus ou moins rapide de la forme corporative. Tantôt, en effet, les pouvoirs locaux et la royauté se sont montrés favorables à la corporation jurée, tantôt ils en ont entravé la naissance. De leur côté, les métiers n'ont pas eu toujours une conscience suffisante de leurs intérêts ou un sentiment assez grand de leur force pour demander ou obtenir le régime corporatif. L'évolution de la corporation jurée a été, en effet, dans le Poitou, d'abord

---

(1) Corporations de Châtellerault : boulangers et bouchers ; — sergiers, chapeliers, tanneurs, cordonniers ; — menuisiers, maréchaux, couteliers, horlogers, orfèvres ; — apothicaires, chirurgiens, perruquiers ; — corporations de Fontenay : bouchers, boulangers, poissonniers, taverniers ; — drapiers, chaussetiers, tailleurs, cordiers ; — tanneurs, cordonniers, gantiers ; — armuriers, éperonniers, maréchaux, potiers d'étain, serruriers ; — barbiers.

très lente. Le xiii° siècle et la première moitié du xiv° ont pu être l'âge d'or des métiers dans certaines régions de la France. Ils n'ont pas été certainement, en Poitou, l'époque de l'apogée des corporations jurées. Les métiers libres, au contraire, forment alors la presque totalité des professions industrielles et commerciales. A Poitiers même, l'une des villes les plus populeuses du royaume, les statuts ou ordonnances municipales recueillies dans le manuscrit St Hilaire et les autres documents qu'on a pu découvrir n'ont rapport qu'à 18 métiers jurés : les meuniers, les boulangers ou fourniers, les bouchers, les poissonniers, les hôteliers, les taverniers, les charbonniers, les drapiers, les tondeurs, les regrattiers, les cordiers, les cordonniers ou vachers, les selliers, les baudroyers et bourreliers, les chapeliers, les gantiers, les potiers d'étain et les éperonniers. Les pièces qui les concernent s'étendent entre 1230 et 1399 (1). Onze de ces communautés apparaissent formées au xiii° siècle, 4 au xiv° siècle; pour 4, on n'a pas de date certaine. Ajoutons que, parmi ces 18 métiers, il en est qui n'ont peut-être pas possédé les privilèges corporatifs. Les statuts qui concernent les meuniers, les charbonniers, les revendeurs sont de simples règlements municipaux où l'on ne retrouve pas les indices auxquels on reconnaît la

(1) Meuniers (1230), bouchers (1245-1247), poissonniers (1258, 1344), boulangers-fourniers (1310-11 et 1362); hôteliers (1274); taverniers (1272, 1283, 1301); charbonniers (s. d., prob. fin xiii° s.), drapiers et tondeurs (1320, 1377, 1379), revendeurs (1272), cordiers (1277), cordonniers vachers (1272, 1274, 1276), selliers (1283, 1293), ; baudroyeurs et bourreliers (1265, 1340); gantiers (1277), chapeliers (xiii° ou xiv° s.), éperonniers (1265), potiers d'étain (1334). Tous ces documents sont réunis dans le Mss St-Hilaire (*Bibl. Munic.*, mss n° 391), sauf le premier, qui se trouve aux *Arch. Munic. F.* 11, et l'acte relatif aux boulangers (1310-11), qui appartient à une collection privée, celle *du comte A. Lecointre*.

corporation jurée, c'est-à-dire le serment des maîtres et la présence des gardes-jurés. Pour d'autres, les poissonniers, les hôteliers, les taverniers, le doute est permis. La formalité du serment indiquée dans les ordonnances qui les concernent décèle peut-être l'association privilégiée. Enfin, pour un dernier groupe composé des 12 autres métiers, on possède des indices qui les montrent parvenus à la situation de corporations jurées. Ces métiers forment des corps autonomes, dont on requiert le serment, et qui ont déjà leurs administrateurs, les gardes-jurés, et leur hiérarchie de maîtres et de varlets. Quelques-uns sont fort anciens (1). Il en est même, les boulangers par exemple, qui sont déjà désignés sous le nom d'artisans jurés (*jurati*) (2). On ne connaît d'ailleurs pas tous les métiers qui parvinrent dans la seconde moitié du Moyen-Age au régime corporatif. A Poitiers, en particulier, il paraît bien que les orfèvres et les serruriers appartenaient, dès cette époque, au groupe des associations jurées, puisque, en 1455 et en 1457, on déclare, en leur concédant des statuts, remettre simplement en vigueur des concessions antérieures (3). Il en est de même ailleurs. Ainsi, à Châtellerault, les bouchers formaient probablement un métier juré bien avant 1520 (4), et à Saint-Maixent les membres de ce même métier sont qualifiés en 1449 du nom de « maîtres jurés du serment de la boucherie (5) ».

(1) Ainsi les règlements des drapiers au xive siècle reproduisent une ordonnance « faite de moult long et ancien temps ». — (2) Lettres de Philippe le Bel relatives aux boulangers de Poitiers (ils y sont appelés *farnerii jurati*), 22 janvier 1310-11, copie, *coll. Lecointre*. — (3) Délibér. munic. de 1455 et de 1457 sous la mairie de Hugues de Conzay. *Arch. Mun.* M. 11, reg., f°s 91 et 94. — (4) Statuts de 1520, pp. de *Fouchier* (ils font allusion à des ordonnances antérieures). — (5) Accord du 29 avril 1449 entre les religieux et les bouchers de St-Maixent. *Cartul. de St-Maixent*, p. p. A. *Richard*, II, 234-239.

La guerre de Cent Ans semble avoir enrayé en Poitou le mouvement corporatif à tel point que les pouvoirs locaux, avec l'appui de la royauté, durent reconstituer bon nombre de corporations dont les statuts avaient disparu dans cette période tourmentée. Mais à partir du milieu du xv° siècle jusqu'au début du xviii°, les corporations ne cessent de progresser en nombre et en influence dans les centres urbains. Les anciennes associations se réorganisent. De nouvelles sont admises aux mêmes privilèges. On peut suivre à Poitiers, grâce aux registres municipaux, d'une manière presque complète, cette évolution des métiers. Dès août 1410, apparaissent dans la capitale du Poitou les barbiers-chirurgiens, dont les statuts sont confirmés en 1461 (1). En 1455, on remet en vigueur ceux des serruriers (2). En 1457, les cordonniers sont rétablis dans le droit de jurande et de maîtrise (3). Les corroyeurs et les tanneurs obtiennent ou font reviser leurs statuts en 1457 et 1460 (4), les tailleurs d'habits ou couturiers en 1458 et 1461 (5), les orfèvres en 1457 et 1468 (6), les gantiers-boursiers-aiguilletiers en 1468 (7), les chausseliers en 1473 (8), les parcheminiers en 1487 (9), les poissonniers en 1494 (10), les

(1) Statuts des barbiers de Poitiers, 1410-1461. *Ordon. des rois*, XV, 307. — (2) Statuts des serruriers 1455, *Mss St-Hilaire* f° 91. — (3) Mention dans une ord. du présidial de Poitiers rel. aux cordonniers, 23 oct. 1767 (*Arch. Antiq. Ouest*), et dans une délib. munic. du 29 avril 1556, Reg. 34. — (4) Statuts des corroyeurs et des tanneurs, *Mss St-Hilaire*, f°s 91 et 96, et mss n° 385, f° 687; délibér. munic. du 14 janvier 1460, 12 sept. 1537, 5 sept. 1558, rel. aux tanneurs; du 15 octobre 1629, 2 sept. 1649, rel. aux corroyeurs, Reg. 4, 20, 36, 80, 91. — (5) Statuts des tailleurs ou couturiers 1458-61, *Ordon. des Rois* XV, p. 402. — (6) Statuts des orfèvres, 1457-68 (4 janvier 1457), *Arch. Mun. M.* 11. — *Mss St-Hilaire* f° 94; coll. Fonteneau, XXIII f° 351. — (7) Statuts des gantiers 23 mars 1467-68, *Mss St-Hilaire* f° 79. — (8) Statuts des chausseliers, 1472-73 (n. st.), *Ordon. des Rois*, XVII, 566. — (9) Statuts des parcheminiers, 1487, reproduits en 1553; voir ci-dessous. — (10) Statuts des poissonniers, 1493-94 (12 février), *Mss St-Hilaire*, f° 2.

menuisiers en 1450 et en décembre 1497 (1), enfin les bouchers à une date incertaine, mais qui ne saurait être reculée au-delà de la seconde moitié du xv° siècle (2). C'est un total de 13 corporations jurées connues pour cette époque. Au xvi° siècle, aux anciens métiers jurés se joignent plus de 20 autres corporations jurées. Ce sont, en 1505, les pâtissiers (3) ; en 1511, les panetiers et forniers ou boulangers, qui perdirent d'ailleurs presque aussitôt leur privilège (4) ; en 1541 et en 1552, les apothicaires (5). En 1553, les parcheminiers, « dont les statuts avaient esté cessez et discontinuez », se réorganisent en métier juré (6). En 1554, les texiers en toile (7), en 1559, les maréchaux (8), en 1567, les pintiers et potiers d'étain (9), en 1570, les savetiers (10), en 1572, les charpentiers de « grande cougnée », les tailleurs de pierre et les maçons (11), en 1571, les tonneliers et tonnelières (12), ainsi que les teinturiers (13), obtiennent l'érection de leur profession en maîtrise et jurande, mais ils n'ont pu tous conserver cet avantage. Pendant ce même siècle, on trouve mentionnée dans divers registres l'existence de 11 autres corporations jurées, sans qu'on puisse déterminer la date

(1) Statuts des menuisiers, 1450, 21 déc. 1497, *Mss St-Hilaire*, f° 10. — (2) Statuts des bouchers, xv° s. *Mss St-Hilaire*, f° 11. — (3) Statuts des pâtissiers, 12 janvier 1505-06, *Mss St-Hilaire*, f° 14 ; révision de 1520, *Reg*. 18 des délib. mun.— (4) Délib. rel. à la concession de statuts aux forniers, 17 sept. 1511, *Reg*. 11. Il résulte de délibér. de 1547 et du 16 sept. 1577, qu'ils n'étaient plus jurés à ces dates, *Reg*. 31, f° 26, *et reg*. 42. — (5) Statuts des apothicaires, 1541, 1552, *Arch. Vienne*, D. 10. — (6) Statuts des parcheminiers, 5 juin 1553, *Reg*. 32. — (7) Statuts des texiers, 10 janvier 1553-54, *Reg*. 32. — (8) Statuts des maréchaux, 12 juin 1559, *Arch. Vienne* E. 7⁵. — (9) Mention dans une délib. du 4 sept. 1637, *Reg*. 88. — (10) Mention dans une ord. du présidial, 23 octobre 1767, précitée. — (11) Délibér. du 3 mars 1572, *Reg*. 40. — (12) Délib. munic. des 20 juillet, 31 octobre 1571, *Reg*. 40. — (13) Délibér. 22 et 31 octobre 1571 ; 14 janvier et 22 décembre 1572, *Reg*. 40 et 41.

exacte de leur formation. Ce sont celles des cordiers (1), des chamoiseurs (2), des tondeurs de draps (3), des *bour-siers-ganliers-messigueurs* ou mégissiers (4), des selliers (5), des éperonniers ou *noringers* (6), des fourbisseurs-armuriers (7), des chapeliers-garnisseurs-enjoliveurs (8), des chandeliers, des ciriers (9), et des meuniers (10). Au total, durant ces deux siècles, 37 métiers jurés ont été organisés. Tous n'ont pas, d'ailleurs, conservé leur titre ; certains l'ont même perdu rapidement. Vers cette époque, se formaient à Châtellerault les corporations des bouchers (1520) (11), des couteliers (1570) (12), des tanneurs (1596) (13), des corroyeurs et des chapeliers (14), et à Loudun celle des boulangers (1562) (15).

Au XVIIe siècle, quand l'impulsion est donnée par la royauté elle-même, qui voit dans la forme corporative un moyen de domination, le mouvement s'accélère encore. En 1599, à Poitiers, se forme la corporation jurée des sergetiers (16), puis, en 1604, celle des ciergiers est rétablie (17). En 1608, est érigée la corporation des petits bouchers, qui

---

(1) Mentions de leurs statuts, 13 sept. 1666, 14 janvier 1675, 6 mars 1684, *Reg.* 114, 124, 128. — (2) Mentions de leurs statuts, 15 juin 1587, 31 juillet 1662, *Reg.* 46 et 113. — (3) Mention de leurs statuts, 21 mai 1543, *Reg.* 35. — (4) Mention de leurs statuts, 6 juin 1575, *Reg.* 42. — (5) Mention de leurs statuts, 19 et 29 mars, 9 octobre et 5 nov. 1635, et 18 août 1608, *Reg.* 64, 85, 86. — (6) Mention de leurs statuts, 12 décembre 1537, 6 mai 1647, *Reg.* 20 et 98. — (7) Mention de leurs statuts, 21 janvier 1548-49, et 16 octobre 1628, *Reg.* 30 et 79. — (8) Mention de leurs statuts, 15 et 26 août, 22 sept. 1609, *Reg.* 65. — (9) Mention de leurs statuts, 2 janvier 1587, *Reg.* 86. — (10) Mention de leur maîtrise, 12 décembre 1637, *Reg.* 20. — (11) Statuts de 1520, précités. — (12) Statuts des couteliers, 1570, p.p. Pagé, p. 102. — (13) Statuts des tanneurs de Châtellerault (1596, 15 mars), *Arch. Vienne* E7¹. — (14) Mention des statuts des corroyeurs dans ceux des tanneurs ; leur date est inconnue. — Statuts des chapeliers de Châtell., 1588, *Vienne* E 7¹. — (15) Mention de ces statuts (1562), *Aff. du Poitou*, 1780, p. 51. — (16) Dél. munic. du 15 mai 1599, *Reg.* 57. — (17) Délib. 9 août 1604, *Reg.* 62.

reste distincte des grands bouchers jusqu'en 1691 (1). En 1609, le privilège corporatif est conféré aux boulangers d'une manière définitive (2), en 1611, aux petits menuisiers (ébénistes), qu'on réunit aux grands (3), en 1616, aux vinaigriers-buffetiers-moutardiers (4), en 1634, aux tapissiers (5), et aux marchands libraires imprimeurs-relieurs (6), en 1669, pour la seconde fois et définitivement, aux teinturiers (7), en 1666, aux boutonniers, qu'on unit aux garnisseurs de chapeaux (8), en 1671, aux, bonneliers (9), en 1673 aux merciers joailliers et aux perruquiers (10), en 1694 (mars et mai), aux chapeliers-feutriers et aux couvreurs ou recouvreurs (11), et enfin, en 1689 et en 1695, aux entrepreneurs et aux maçons (12). De plus, se sont organisés en métiers jurés à une date inconnue, mais dans le courant de ce même siècle, les poêliers (avant 1635) (13), les rôtisseurs (vers 1661) (14), les huiliers, les tireurs d'étaim ou cardeurs de laine (15). Au début du XVIIIe siècle, apparaissent les dernières corporations jurées formées à Poitiers, à savoir les chirurgiens, en 1711 (16), et les peintres-verriers-vitriers en 1723 (17). Parfois, deux métiers jurés s'organi-

(1) Délib. 22 sept. 1608, Reg. 64. — (2) Délib. 8 juin 1609, Reg. 64. — (3) Délib. 8 août 1611, Reg. 66. — (4) Délib. 9 mars, 17 et 24 août 1615, 11 mai 1616, Reg. 69 et 70. — (5) Délibér. 25 sept. et 7 nov. 1634, Reg. 85. — (6) Statuts des impr. libr. relieurs, 14 et 21 nov. 1634, Rec. Poit. de la Bibl. Mun. in-4°, XXI n° 77. — (7) Fait mentionné dans une lettre de l'inspecteur Bonneval à l'intendant, 13 février 1737, Arch. Vienne C. 37. — (8) Délibér. 28 juin 1666 et 14 février 1667, Reg. 116 et 117. — (9) Délib. 20 et 24 juillet 1671, Reg. 121. — (10) Lettres patentes et édit du roi de 1673 relatif aux perruquiers, Arch. Antiq. Ouest. — Délibér. du 30 août 1673 relative aux statuts des merciers, Reg. 123. — (11) Mention de ce fait dans les statuts des maçons 1695. — (12) Statuts des entrepreneurs et maçons 1689, juin 1695, Rec. Poit. Bibl. Mun. — (13) Mention dans une délibér. du 29 janvier 1635, Reg. 85, et liste des corporations de Poitiers, 1717, Reg. 136. — (14) Requête des rôtisseurs en concession de statuts, 19 sept. 1661, Reg. 112. — Liste de 1717. — (15) Liste de 1717. — (16) Statuts des chirurgiens, 1711, Vienne, D, 11. — (17) Statuts du 15 avril 1723, Arch. Antiq. Ouest. (coll. Bonsergent).

saient par la scission d'un seul. Ainsi, de l'ancienne corporation des barbiers se formèrent les deux corporations des perruquiers et des chirurgiens. Dans d'autres circonstances, deux corporations jurées s'unissent, par exemple les gantiers aux mégissiers, les petits bouchers aux grands (1), les chaussetiers aux tailleurs (2), les arquebusiers aux serruriers (3), les éperonniers aux fourbisseurs (4), les boutonniers aux enjoliveurs (5). Certains métiers jurés ont enfin disparu ou sont retombés dans la condition de métiers libres, par exemple les poissonniers et les tonneliers.

A partir de 1730 environ et surtout depuis 1750, le pouvoir central cesse de favoriser la formation des corporations. Le mouvement corporatif s'arrête en Poitou, bien que le monopole et le privilège continuent à exercer sur les métiers le même attrait fascinateur. Les boulangers de Niort, les tailleurs de Fontenay, les beurriers-graissiers de Poitiers, par exemple, réclament encore, mais vainement, après 1730, une concession ou une extension de statuts (6).

Les métiers libres aspirent en effet depuis longtemps à la situation de corporation jurée. Les registres municipaux de Poitiers attestent la ténacité avec laquelle certains d'entre eux poursuivirent la réalisation de cet idéal, cherchant à déguiser sous des prétextes d'intérêt général la recherche de leurs intérêts privés. Rebutés par les pouvoirs locaux, ils reviennent à la charge sans se lasser et finissent presque tou-

---

(1) Délib. munic. 6 juin 1575 rel. aux gantiers et mégissiers, Reg. 42. Délibér. de 1688-1691 rel. aux bouchers citées livre II, chap. IV. — (2) Les chaussetiers ont été unis aux tailleurs dans la 2e moitié du XVIIIe siècle ; ils forment une même corporation dans la liste de 1717. — (3) Mention de cette union, délibér. du 24 juin 1641, Reg. 41. — (4) Liste de 1717. — (5) Délibérations de 1666 et 1667 citées ci-dessus — et liste de 1717. — (6) Voir ci-dessous, livre IV, chap. VII.

jours par enlever le succès. Si les tireurs d'armes, en dépit des quatre requêtes présentées en un demi-siècle, n'ont rien pu obtenir (1), les boulangers, rebutés en 1577, ont réussi à se faire donner des statuts en 1609 (2). Les tireurs d'étaim ou cardeurs n'ont pu former de métier juré ni en 1634 ni en 1642; ils y parviendront après 1669 (3). Les échevins ont refusé des statuts aux texiers en toile en 1537 ; ils les accorderont en 1554 (4). Certains corps, tels que les chapeliers-feutriers (5) et les couvreurs (6), ont présenté requête sur requête pendant plus de cent ans, d'autres, comme les peintres vitriers, plus d'un demi-siècle (7), avant d'obtenir la jurande, récompense de leur persistance obstinée. En général, la concession de la jurande ne se fait pas sans difficulté. L'autorité publique a des scrupules et des hésitations. Elle craint les contestations qui vont naître entre les anciennes corporations et les nouvelles (8). Elle redoute les effets du monopole pour la masse du public (9). Elle met en balance avec appréhension les inconvénients du privilège et les services qu'on en peut attendre. Au reste les corporations déjà établies montent la garde autour

(1) Délib. munic. 22 janv. 1618, 12 février 1629, 21 nov. 1661, 12 mars 1663, *Reg.* 72, 79, 112, 113. — (2) Délib. munic. 16 sept. 1577 et 8 juin 1609, *Reg.* 42 et 64. — (3) Délib. munic. 3 juillet et 20 nov. 1634, 11 août et 22 sept. 1642, *Reg.* 85 et 94. — Liste de 1717. — (4) Délib. 27 août et 10 sept. 1537; 10 janv. 1553-54, *Reg.* 20 et 32. — (5) Requête des chapeliers feutriers 1560, *Arch. Mun.* D. 47. — Délib. munic., 18 et 22 sept. 1608, 13 mai 1652, *Reg.* 64 et 103 ; — concession des statuts aux couvreurs mentionnée dans les statuts des maçons (1695). — (6) Requêtes des couvreurs et délib. munic, 10 mars 1572, 11 août 1582 ; 23 et 20 juin, 6 juillet 1608, 5 octobre 1615, 5 nov. 1635, 31 mai 1666, *Reg.* 40, 44, 63, 70, 86, 116 — mention de la concession des statuts aux couvreurs dans ceux des maçons (1695). — (7) Préambule des statuts des peintres-vitriers 1723, précités ; ils avaient présenté une première fois un projet de statuts en 1652. — (8) Par exemple pour les chapeliers-feutriers, pour les huiliers, etc. Voir notes ci-dessous. — (9) Motifs du rejet des requêtes des chandeliers en 1595 et des chapeliers-feutriers à Poitiers en 1652.

de leur monopole comme auprès d'un trésor. Elles s'opposent à l'admission des nouvelles associations jurées et traitent en intrus les métiers qui sollicitent cette faveur. Rarement elles consentent, comme les cordonniers le firent pourtant à l'égard des savetiers en 1570, à admettre de bonne grâce les nouveaux venus dans leur groupe privilégié (1). Le plus souvent, elles font à leurs requêtes une opposition hargneuse et taquine. Ainsi agissent les chaussetiers et les couturiers à l'égard des fripiers-regrattiers (2), les chandeliers à l'égard des huiliers (3), les garnisseurs-enjoliveurs et les boutonniers-passementiers à l'encontre des chapeliers-feutriers (4). Dans certains cas, l'opinion publique se déclare de son côté ouvertement contraire aux privilèges réclamés par les métiers. A Châtellerault, le corps de ville prend nettement le parti de la masse contre les sergetiers et les tailleurs. Il s'oppose à un monopole qui favorise quelques particuliers, au préjudice des ouvriers libres trop pauvres pour aspirer à la maîtrise. Il déclare même en 1703 que les corporations « sont des établissemens imaginés au désavantage du public », obligé de leur payer très chèrement de minces services (5). A Poitiers, à plusieurs reprises, l'échevinage refuse d'ériger des métiers libres en corporations jurées, parce que, dit-il, le métier juré « est « plus à la foulle du peuple (6), favorise les monopoles, » et

---

(1) Fait indiqué dans l'ordon. du présidial de Poitiers rel. aux cordonniers, 23 octobre 1767. *Arch. Antiq. Ouest.* — (2) Délib. munic. 8 et 15 août, et 5 octobre 1609. *Reg.* 65. — (3) Délib. munic. 12 et 16 nov. 1623, *Reg.* 75. — (4) Delib. munic. du 9 mars 1615, *Reg.* 69. — (5) Délib. du corps de ville de Châtell. 19 janv. 1664, 30 avril 1703, 16 mars 1704 rel. aux sergetiers et aux tailleurs, *Godard*, I, 229, 289, 296, 297. — De même à Niort en 1730 opposition aux statuts des boulangers, *Vienne C.* 24. — (6) Délib. munic. rejetant les requêtes des texiers et des chandeliers, 14 sept. 1537 et 16 décembre 1595, *Reg.* 20 et 55 *bis*.

enraie la concurrence, qui empêche les producteurs d'opprimer les consommateurs (1).

En dépit des hésitations des pouvoirs publics, de l'opposition intéressée des corporations rivales, de l'hostilité intermittente de l'opinion, le mouvement corporatif est resté tout puissant en Poitou pendant trois cents ans, du XV° au XVIII° siècle. Le succès qu'il obtint, du moins dans les centres urbains, s'explique. Les métiers d'une part, et l'autorité de l'autre, croyaient avoir intérêt à le favoriser. Aux yeux des artisans qui requièrent la jurande avec tant d'ardeur, la corporation jurée apparaît comme une association destinée à restreindre ou à supprimer la concurrence, à fonder un monopole lucratif, à donner au métier l'autonomie et le lustre officiel qui appartiennent à un corps privilégié. Ces mobiles inavoués percent parfois naïvement dans les requêtes qu'adressent les intéressés à l'autorité municipale. Si les couvreurs demandent des statuts en 1666, c'est pour qu'on défende « à ceux qui « n'auront pas été reçus maistres dudit mestier d'en faire « aucune fonction » (2). Plus naïfs encore, les cardeurs et fineurs de laine de Poitiers sollicitent d'être formés en corporation jurée pour se débarrasser des ouvriers étrangers, ceux-ci « au préjudice des supplians, qui sont pauvres, leur ôtant les moyens de gagner leur vie » (3). Il va de soi que ces considérants trop ingénus tournent au détriment des pétitionnaires. Aussi, les métiers font-ils valoir en général des arguments plus propres à toucher les pouvoirs locaux ou le pouvoir central, et auxquels l'au-

---

(1) Mêmes délib. et rejet des requêtes des boulangers et des chapeliers-feutriers 16 sept. 1577, 13 mai 1652. Reg. 20 et 103. — (2) Requête des couvreurs de Poitiers 31 mai 1666, Reg. 116. — (3) Requête des tireurs d'estaim et cardeurs de Poitiers, 3 juillet 1644, R. j. 84.

torité, préoccupée de l'intérêt public, devait porter plus d'attention.

Les communautés ouvrières savent d'abord que les échevinages, que les seigneurs haut justiciers et que l'État lui-même ne sont pas indifférents à la perspective des avantages pécuniaires qu'il est possible d'obtenir des corporations. Plus d'une fois, la royauté a battu monnaie avec la concession des lettres de maîtrise et des statuts. Les corporations forment des cadres utiles pour faciliter l'assiette et le recouvrement des impôts généraux ou locaux. Il est aisé de les rançonner au besoin en menaçant leurs privilèges. Quand il s'agit de concéder les statuts corporatifs, de les renouveler, de les améliorer, l'occasion est excellente pour arracher à la corporation quelque rémunération directe ou indirecte. On stipule la quotité des droits que les maîtres paieront à la ville, au seigneur, au roi, celle des amendes qui reviendront au trésor local ou royal. Une sorte de marchandage s'établit, et parfois il s'étale publiquement. Tantôt, c'est le métier qui offre quelque récompense pour obtenir des statuts, tantôt c'est le pouvoir qui l'exige. En 1652, les chapeliers-feutriers, désireux « d'avoir maîtrise », ne trouvent rien de mieux que de s'engager « à bailler gratuitement, par chacun an, « à la ville et à leurs frais, des chapeaux pour les tambours « et sergents » de l'échevinage (1). En 1572, en 1608, en 1615, les échevins dictent leurs conditions aux couvreurs, qui veulent être érigés en métier juré. Il faudra qu'ils promettent d'entretenir « gratis les couvertures de l'hôpital et de l'aumônerie ou les portes de la ville », et comme ils

---

(1) Requête des chapeliers-feutriers de Poitiers, 13 mai 1652, Reg. 103.

refusent, on leur dénie la maîtrise. Le corps de ville proclame ouvertement qu'aucun métier « ne sera reçu juré qu'en s'obligeant à faire quelques œuvres publiques (1) ».

Cependant, un mobile autre que l'intérêt fiscal détermine aussi presque toujours l'autorité à concéder des statuts. C'est « le bien public » ou, comme disent les préambules des ordonnances relatives aux métiers, « le bien, le proffit de la république », le désir « d'entretenir l'estat politique », de rendre service aux habitants de la ville, du pays voisin et même aux étrangers, « à toutes gens passans et repassans », en un mot, l'espoir de subvenir « à la commodité du public (2) ». Il est probable que ces motifs d'un ordre élevé déguisaient souvent les arrière-pensées de l'égoïsme professionnel. Mais l'autorité voyait dans la concession de la forme corporative des avantages généraux très réels supérieurs aux inconvénients. Il est possible, en effet, de reconnaître sous la phraséologie vague des requêtes d'artisans et des ordonnances des échevins ou même des rois, les pensées précises, les causes puissantes qui ont déterminé l'adhésion des représentants de la société locale et de l'État tout entier. Il n'est pas douteux qu'aux yeux des hommes de l'ancien régime, qui ne soupçonnaient même pas les théories de la liberté économique, ces raisons n'eussent une très grande valeur. L'octroi du régime corporatif est en premier lieu le moyen le plus efficace pour établir une bonne police des achats, de la fabrication, de la préparation et de la circulation des produits. La corpo-

---

(1) Délib. munic. 10 mars 1572, 23 et 30 juin 1608, 6 juillet 1608, 5 octobre 1615, Reg. 40, 63, 70. — (2) Préambules des statuts des bouchers de Poitiers, xv⁰ s., des bouchers de Châtell⁺, 1520; des tanneurs de Châtell⁺, 1596; des texiers (1554), des boulangers (1609), des maçons de Poitiers (1695), etc.

ration intéressée à faire observer ses statuts, placée dans une dépendance étroite à l'égard du pouvoir, empêche la fraude, garantit la bonne qualité des articles de consommation ou des objets fabriqués, punit les coalitions ou monopoles, maintient des rapports de loyauté et de probité entre le producteur ou le commerçant et le consommateur. Veut-on obliger les boulangers à fournir la ville de pain, à le vendre dans les conditions de qualité et de poids requises, on estime que, pour y parvenir, il faut que le métier soit juré (1). Est-il question de faire exécuter le règlement sur la jauge des pipes et bussards, c'est en groupant les tonneliers en corporation qu'on espère y arriver (2). Aussi, dès qu'un métier aspire à la jurande, fait-il valoir qu'il « est des plus nécessaires, tant pour le public que privé », tant « pour la ville que pour les gentilshommes et marchands du pays (3) ». Il montre le consommateur mécontent des fraudes que la liberté favorise, excédé « des abus » que commettent les maîtres et compagnons « non expers » des métiers libres, ou encore « les étrangers ou gens incogneus », capables seulement de gâter les matières et les produits (4). C'est l'allégation qui revient dans tous les préambules des statuts. L'absence de « règle et de correction », voilà l'origine de ces abus, observent les chapeliers

---

(1) Délib. munic. du 17 sept. 1511 et de 1547, Reg. 11 et 31, f° 26. — (2) Délib. munic. de Poitiers 20 juillet 1571, Reg. 40. — (3) Ex. préambule des statuts des serruriers de Poitiers 1456; des maréchaux de Châtellerault, 1573; etc.— Requête des charpentiers de Poitiers, 1579, précitée; des cardeurs et tireurs d'estaim 11 août 1642, Reg. 94. — (4) Préambule de presque tous les statuts par ex. des boulangers (1609), des pâtissiers (1505-20), des petits bouchers (1608), des bouchers (xve s.), des chaussetiers (1473), des corroyeurs (1457), des texiers (1554) de Poitiers; des bouchers (1520) et des chapeliers de Châtell^t (1588); requête des chapeliers 1560; des cardeurs (3 juillet 1634), des bonnetiers de Poitiers (20 juillet 1671). Reg. 84 et 121, etc.

de Poitiers (1). Le moyen de les extirper, « d'obtenir des ouvrages bien conditionnés, afin que le public n'en souffre (2) », n'est-il pas, suivant la remarque des apothicaires, « de donner » aux métiers « une loy pour tenir chacun en son devoir (3) » ?

On est, de plus, persuadé que la concession des statuts constitue un remède souverain pour mettre fin aux querelles des métiers et pour procurer « le repos des habitans (4). » Ces règlements doivent permettre un bon recrutement des corporations. Ils auront pour effet d'y rétablir la discipline. Ils empêcheront « les altérations et débats » qui surgissent trop souvent entre les maîtres, « pour ce qu'ils prennent les serviteurs, varlets et apprentis les uns des autres ». Ils feront disparaître « les divisions journalières » qui règnent entre membres des métiers libres. Ils obligeront maîtres et compagnons à vivre en paix, « sans se meffaire ni mesdire ». Ils leur ôteront les occasions d'entreprendre les uns sur les autres « les moyens de dispute et de procès ». Enfin, ils couperont court aux contestations entre les artisans et le public, « mal content » de leurs ouvrages (5). Comment, d'ailleurs, résister à la contagion de l'exemple? Ne convient-il pas d'imiter les coutumes des bonnes villes du royaume, de ces villes qui sont « jurées et policées ». C'est, en général, Paris que l'on veut suivre. On invoque aussi les statuts de Tours et d'An-

---

(1) Requête des chapeliers de Poitiers, 1560. — (2) Préambule des statuts des peintres vitriers, 1723. —(3) Requête des apothicaires de Poitiers, nov. 1628 ; statuts des apothicaires de Thouars, 2 déc. 1617. — (4) Préambule des statuts des maçons de Poitiers (1695). — (5) Préambule des statuts des pâtissiers, des chaussetiers, des texiers, des corroyeurs, des menuisiers, des orfèvres, des parcheminiers de Poitiers ; requête des pignerans, 27 août 1657. Reg. 108.

gers, et dans les petites villes du Poitou, c'est Poitiers qui
sert de modèle (1). Il n'est pas douteux que les avantages
de la forme corporative n'aient frappé longtemps l'esprit
des hommes d'autrefois bien plus que les abus de ce régime.
Les mobiles qui les guidèrent et les motifs qu'ils allèguent
ne sont pas toujours mal fondés. Il est certain que l'organisation des corporations offrait pour la police des ateliers
et des marchés, comme pour l'approvisionnement des villes,
des garanties d'une réelle importance.

La concession de statuts à un métier est un acte d'une
portée trop grande pour qu'on ne l'entoure pas de garanties minutieuses. Il faut, pour obtenir cette faveur, suivre
toute une procédure que les documents nous révèlent dans
ses détails. Quelquefois, c'est l'autorité locale qui veut dicter les statuts à une communauté ouvrière « pour le bien
de la chose publique et pour obvier au mauvais renom »
qu'encourent certaines villes lorsqu'elles « sont mal policées (2) ». C'est en vue d'un résultat semblable que la
royauté, au XVIe et au XVIIe siècle, imposera à tous les métiers la forme corporative (3). Le plus souvent, ce sont les
métiers qui se présentent en solliciteurs. Dans tous les
cas, une enquête approfondie et prolongée précède la collation des statuts. L'information est surtout requise, lorsque ce
sont les industriels ou les commerçants eux-mêmes qui requièrent la faveur d'être admis au nombre des corporations
jurées. Il faut se prémunir contre leurs assertions intéressées, qui ont parfois quelque ressemblance avec le subter-

(1) Préambule des statuts des maréchaux (1573) et des tanneurs de Châtell (1596), des bouchers de la même ville (1520), des apothicaires de Thouars
(1617); requête des cardeurs de Poitiers, 11 août 1642, précitée. — (2) Délib.
munic. de Poitiers 17 sept. 1511 rel. aux boulangers, Reg. 11. — (3) Voir
ci-dessous livre IV, chap. v, vi et vii.

fuge. Il en est qui invoquent d'anciens statuts dont on ne retrouve nullement la trace (1). D'autres grossissent à plaisir le nombre des membres de leur communauté, y faisant figurer les enfants ou les étrangers, pour faire illusion sur l'importance de leur profession (2). On en voit qui présentent hardiment requête avant d'avoir obtenu l'adhésion de la majorité de leur association (3). Aussi, les pouvoirs compétents saisis par les requérants, c'est-à-dire, dans les villes de commune, les maires, échevins et pairs, et ailleurs les officiers des seigneurs haut-justiciers ou du roi, procèdent-ils avec une sage lenteur. Les intéressés sont invités à comparaître en corps, ou par l'entremise de leurs délégués, seuls ou assistés d'un procureur, et à présenter la minute du projet de leurs statuts arrêtés dans une réunion préalable. Ils déposeront avec leur requête « toutes leurs pièces, moyens et déclarations (4) ». On prend, avant de passer outre, « leur avis et délibération ». On dresse contrat de leur « consentement ou empêchement ». On exige même au besoin leur signature comme preuve d'approbation (5).

Le dépôt du projet de statuts et de la requête est suivi

(1) Requête des 13 chapeliers de Poitiers, 1560, précitée (ils invoquent d'anciens statuts tombés en désuétude). — Requête des tailleurs de Châtell. 1703 (de même). — (2) Par exemple, les tailleurs de Châtelleraul en 1703 accusen; 20 membres au lieu de 9, Délib. du corps de ville, 30 avril 1703, *Godard*, I, 289. — (3) Par ex. les vinaigriers de Poitiers, Délib. munic. 24 août 1615, *Reg*.70. — (4) Ex. de libellés de requêtes énonciatifs des motifs d'intérêt général invoqués par le métier, requêtes des chapeliers 1560, des charpentiers 1570, de apothicaires (1628) à Poitiers, textes précités. — Ex. de la procédure suivie pour saisir l'autorité compétente, délib. munic. de Poitiers 27 août et 10 sept. 1537 rel. aux texiers (*Reg*. 20), 22 sept. 1608 (petits bouchers, *Reg*. 64) ; préambule des statuts des bouchers de Châtell[t], 1520 ; délib. munic. 30 mai 1553 (parcheminiers de Poitiers, *Reg*. 33) ; 13 févr. 1616 et 17 août 1615 (vinaigriers, *Reg*. 70). — (5) Ex. délibér. 24 août 1615 et 13 février 1616 (pour les vinaigriers) — et les divers statuts des métiers du xve siècle précités.

d'une information très étendue. A Poitiers, ville de commune, lorsque la supplique a été déposée à l'hôtel du maire (1) ou encore en conseil, ou même en plein mois et cent (2) (assemblée générale des échevins et des pairs), un ou plusieurs commissaires enquêteurs sont désignés par le conseil échevinal ou par le mois. C'est tantôt au maire, soit seul, soit assisté d'un ou de plusieurs échevins (3), tantôt à un ou à deux échevins, tantôt au procureur de la police (4), que l'on donne pouvoir d'examiner et de corriger le projet de statuts, de procéder à l'enquête et de rédiger le rapport d'après lequel le conseil délibérera. Ailleurs, c'est le lieutenant-général de la sénéchaussée qui reçoit la requête, et c'est le procureur du roi qui fait les fonctions d'enquêteur et de rapporteur (5). On entend dans cette enquête aussi bien les requérants que leurs adversaires. Ceux-ci sont invités à signifier leur opposition ; on leur donne communication des pièces (6). On oblige même tout métier soupçonné de pouvoir faire quelque objection à la présenter avant l'adoption des statuts (7). Lorsque l'enquête est finie, les rapporteurs présentent le projet qu'ils ont examiné, avec avis favorable ou défavorable. Ce projet, qui amende généralement les règlements proposés par le métier, est

(1) C'est ce qui se produit le plus souvent; délibér. rel. aux concessions de statuts précitées. — (2) Par ex. les parcheminiers en 1553. — (3) Délibér. 8 juin 1609 (rel. aux boulangers); 8 févr. et 18 avril 1616 (rel. aux vinaigriers). Reg. 64 et 70 ; stat. des texiers, 1554, etc. — (4) Délib. 25 sept. 1634, 3 mars 1572, 9 août 1604; nov. 1628, 20 juillet 1671 (rel. aux tapissiers, charpentiers, ciergiers, apothicaires, bonnetiers de Poitiers), Reg. 85, 40, 61, 79, 121. — (5) Par ex. statuts des corporations de Châtellerault — et au xviii° siècle, statuts des corporations de Poitiers, telles que celle des peintres-vitriers, 1723. — (6) Par ex. délibér. munic. rel. aux huiliers et aux chapeliers-feutriers à Poitiers, 26 août et 16 sept. 1608; 16 nov. 1630; 5 octobre 1609 (rel. aux couturiers et chausseliers contre les fripiers), Reg. 64, 65, 75. — (7) Convocation des selliers au sujet du projet de statuts des tapissiers, délib. 25 sept. et 23 octobre 1634, Reg. 85.

soumis d'abord, soit au conseil des échevins, soit au mois et cent. Si le conseil adopte l'avis des rapporteurs, avec ou sans amendements, c'est toujours en dernier ressort l'assemblée générale du mois et cent qui prononce l'admission ou le rejet de la requête (1), à moins qu'elle ne juge à propos de renvoyer l'affaire aux échevins, avec pleins pouvoirs pour la terminer sans renvoi (2). L'approbation du mois ou des cent pairs, appelés aussi les notables, est constamment requise, comme le prouvent les statuts qu'on possède à Poitiers, depuis celui de 1245 jusqu'aux ordonnances du xvii° siècle (3). Dans les villes qui dépendent d'un seigneur haut-justicier, comme à Thouars et à Châtellerault, c'est le sénéchal, soit seul, soit assisté d'un corps de ville très restreint, qui prononce sur la concession des statuts (4).

Avant de se décider définitivement, l'autorité compétente, corps de ville, officiers de justice, royaux ou seigneuriaux, soumet une dernière fois le projet arrêté par les rapporteurs à l'approbation de la communauté requérante. C'est du moins ce qui se pratique au xv° et au xvi° siècle. Les intéressés comparaissent en présence du maire et du conseil ou du mois. On s'enquiert auprès d'eux « des abus qui sont ou se pourroyent faire au mestier et sur le faict et gou-

---

(1) Délib. du mois et cent et des échevins, 22 et 31 oct. 1571 (rel. aux teinturiers), des 8 et 12 juin (rel. aux boulangers), 28 octobre et 5 nov. 1552 (rel. aux apothicaires), 16 mai 1599 (sergetiers), 9 août 1604 (ciergiers), 13 février et 26 avril 1616 (vinaigriers), Reg. 32, 40, 57, 61, 70, etc. — Statuts des pâtissiers 1520 — des parcheminiers 1553 — des texiers 1554 — des petits bouchers 1608 — des apothicaires de Poitiers, 1628. — (2) Par ex. statuts des parcheminiers 1553 — délib. rel. aux tonneliers de Poitiers 20 juillet et 31 octobre 1571, Reg. 40. — (3) Par ex. statut des bouchers (1245) fait « per majorem et scabinos et recitatum ipsa die coram centum paribus qui ad hoc unanimiter consenserunt in die mensis statuti » — règl. sur l'aigrest 1272 — statuts des serruriers 1455, etc. — (4) Par ex. statuts des bouchers de Châtell^t. 1520 — des chapeliers, couteliers, tanneurs, sergetiers de la m. ville, xvi° et xvii° siècles, textes précités — statuts des apothicaires de Thouars, 2 déc. 1617.

vernement d'iceluy ». On les interroge « deuement » sur la manière dont ce métier « pourra estre profitablement exercé ou gouverné ». On demande leur avis sur chacun des articles (1). Acte de leur consentement unanime ou de l'adhésion de la majorité est mentionné dans le texte définitif des statuts (2). Puis chacun des membres de la corporation prête serment, en présence des autorités, sur les saints Évangiles, d'observer fidèlement la charte constitutive de l'association jurée (3). Pour lui donner plus de valeur, depuis le xv° siècle, on requiert parfois l'approbation du roi qui est concédée sous la forme solennelle des lettres patentes enregistrées en Parlement (4). Formalité coûteuse devant laquelle les métiers hésitent souvent. Aussi la plupart des corporations de Poitiers se contentent-elles des statuts émanés de l'autorité municipale (5). Il en est de même à Châtellerault où près de la moitié des communautés jurées (6) n'a que des statuts revêtus de la simple approbation de la sénéchaussée.

Le pouvoir qui a concédé les statuts possède le droit de les réviser, d'en modifier, diminuer ou accroître les articles, ou même de les révoquer. La procédure suivie pour la révision est la même que celle qu'on a adoptée pour la conces-

(1) Statuts des métiers de Poitiers xiii° et xiv° siècles — des bouchers xv° s. — des pâtissiers 1505-20 — des orfèvres 1467 — des texiers 1554 — des parcheminiers 1553 — des maréchaux 1583 — des corroyeurs 1457 — des petits bouchers, 1608 etc. — (1) Ex. statuts des serruriers 1455, des corroyeurs 1457, des menuisiers 1497, des chaussetiers 1472 et autres cités ci-dessus; tanneurs et chapeliers de Châtell'. (les 1ers mentionnent l'adhésion unanime, les seconds un vote à la majorité de 12 voix sur 16) 1596 et 1588 — bouchers de Poitiers 1245 (vote « *a parte pociori* »). — (3) Statuts précités. — (4) Voir ci-dessous livre IV, chap. iv et sq. — (5) En 1708, sur 35 corporations à Poitiers, la plupart n'ont pas de statuts autorisés par lettres patentes. Lettre de Doujat, intend., au contrôleur général 7 avril 1708, *Boislisle,* III, n° 22. — (6) Sur 14 corporations, 6 n'ont pas de statuts homologués par le roi, *Roffay des Pallu* (1738), mss cité.

sion. A Poitiers, c'est tantôt le conseil des échevins, tantôt la corporation intéressée qui prend l'initiative des modifications apportées aux lois constitutives du métier. Une enquête confiée au maire ou à un échevin précède l'examen du projet ou de la requête. Le maire ne saurait de « son seul mouvement et sans ordre préalable du conseil » des échevins réviser les statuts. C'est au corps de ville entier qu'il appartient « de réformer toujours du bien au mieulx les règles et ordonnances » faites au sujet des métiers (1). Le projet de révision, dont le maire est saisi, est donc communiqué au procureur de la police (2), examiné par un ou plusieurs échevins ou par le premier magistrat municipal lui-même, et la décision finale est soumise par les commissaires enquêteurs à l'approbation du conseil et à celle du mois et cent (3). Une procédure à peu près semblable est suivie devant les officiers de justice. Le procureur du roi saisi de la requête en donne avis au lieutenant général, et c'est après une enquête dirigée par eux ou par un rapporteur spécial que la décision intervient (4). Le nombre de ces requêtes devient considérable depuis le xve siècle. Comme tous les corps privilégiés, les associations jurées d'arts et métiers travaillent lentement à accroître leurs prérogatives. D'autre part, l'expérience montre en général que les statuts primitifs n'ont pas prévu tous les abus qui peuvent se produire « au grand dommage du public » (5), ni les fautes des membres

(1) Statuts des serruriers de Poitiers (1455), préambule. Délibér. munic. rel. aux boursiers-aiguilletiers (6 juin 1575), aux potiers d'étain (4 et 21 sept. 1637), aux texiers (30 avril 1618), etc. *Reg.* 42, 88, 72, etc. — (2) Ibid. — (3) Textes cités ci-dessus; et délibér. munic. 23 sept. 1607, 6 sept. 1610 (rel. aux menuisiers); 18 et 22 sept. 1608 (rel. aux chapeliers enjoliveurs), etc. *Reg.* 63, 64, 65. — (4) Ex. révision des statuts des maréchaux à Châtellerault, 1583, *Vienne* E 7¹. — (5) Ex. motifs de révision des statuts des sergetiers de Châtell. 1656, ibid.; et autres statuts.

de la corporation, ni les empiétements des autres communautés (1). Des modifications techniques s'introduisent avec le temps et rendent caducs certains articles des anciens statuts (2). Au fond, le principal motif, qu'on n'avoue pas, est le désir pour les maîtres de renforcer le monopole, pour les pouvoirs généraux ou locaux, la croyance de plus en plus grande à l'efficacité de la réglementation. Aussi les statuts corporatifs, qui au XIII° et au XIV° siècle ne renferment qu'un petit nombre de règles simples (3), ne tardent-ils pas à se compliquer de prescriptions nouvelles. Au XV° et au XVI° siècle, ils sont encore relativement courts, ne contenant guère plus de 15 à 17 articles (4). Au XVII° siècle, ils tendent à devenir de véritables codes pour chaque métier juré, et c'est à peine si 39 à 65 articles paraissent suffire à l'inquiétude tâtillonne du législateur et des corporations qui l'inspirent (5). Il faut ajouter qu'une certaine tendance à l'uniformité se fait sentir à l'occasion dans la réforme ou la concession des statuts. Bon nombre de métiers, par exemple les charpentiers (6), les vinaigriers (7), les fripiers-regrattiers, les couvreurs (8), les tabletiers-pignerans (9), sollicitent d'être régis par les lois qu'ont adoptées les coporations pari-

(1) Ex. motifs de révision invoqués par les chapeliers en 1608; les potiers d'étain en 1637; textes précités, etc. — (2) Par ex. motifs de révision invoqués par les armuriers 1548-49, Reg. 30. — (3) Ils contiennent en général 4 à 7 articles seulement, quelquefois 1 ou 2. — (4) Par ex. statuts des orfèvres (1457), 15 articles; des chaussetiers (1473), 15 articles; bouchers (XV° s.), 18 art.; maréchaux de Poitiers (1559) 13 art., (1583) 17; potiers d'étain d'abord 11 art., puis 16 (1583). — (5) Par ex. statuts des boulangers de Poitiers, 35 art. (1609); boulangers de Niort (1730), 39 art.; ceux des apothicaires de Poitiers en 1552 renferment 45 articles ou 34 (il y a 2 rédactions); ceux de 1628 en ont 55; les statuts des maçons (1695) en comptent 45. — (6) Délib. munic. de Poitiers 3 mars 1572, Reg. 40. — (7) Délib. munic. de Poitiers 11 mai 1616, Reg. 70. — (8) Délib. munic. de Poitiers 8 et 15 août et 5 octobre 1609, Reg. 65. — (9) Délib. munic. de Poitiers 27 août 1657, Reg. 108.

siennes. A Poitiers, le corps de ville lui-même s'inspire des statuts des métiers de Paris, de Tours, de Châtellerault, d'Angers, de Saumur ou des autres villes voisines, mais surtout de ceux de la capitale du royaume (1). Si, pour ces diverses raisons, la révision est ordonnée, c'est avec des précautions identiques à celles dont on entoure la concession des statuts. Les maîtres de la corporation sont assignés à comparaître dans un délai déterminé. On les invite à donner leurs avis. Ils sont astreints à prêter serment d'observer les articles amendés ou ajoutés, et ces articles sont soumis aux mêmes formalités de publication et d'enregistrement que les règlements primitifs du métier (2). Enfin, le pouvoir qui a concédé les statuts détient également le droit de les casser pour cause d'abus ou de monopole. Le Parlement est en général pourvu de cette prérogative. A Poitiers cependant, jusqu'à la fin du xviie siècle, c'est le mois et cent, sur la proposition du conseil des échevins, qui prononce la cassation temporaire ou définitive des statuts, c'est-à-dire la révocation du privilège corporatif. C'est ce qui se produit en 1587 pour les cordiers, les texiers en toile, les chandeliers et les savetiers (3).

La promulgation des statuts est entourée de certaines formes. Au Moyen-Age, le style administratif n'est point fixé en matière d'ordonnances relatives aux métiers. Ces rè-

---

(1) Délib. munic. du 14 janvier 1572 (on consulte les statuts des teinturiers de Paris et d'Angers pour rédiger ceux des teinturiers de Poitiers), *Reg.* 40; délibér. 23 juin, 28 juillet, 18 août 1608 au sujet des chapeliers-feutriers *Reg.* 63 et 64 (statuts de Tours, Angers, Châtell[t]., Paris consultés). — Délib. munic. 23 sept. 1607, 6 sept., 30 nov., 8 déc. 1610 (révision des statuts des menuisiers de Poitiers d'après ceux de Paris), *Reg.* 63, 65. — (2) Ex. statuts des maréchaux de Châtellerault 1588 et délib. citées ci-dessus. — (3) Délib. munic. de Poitiers, 20 et 24 octobre 1586, 2 janvier 1587, 16 mai 1599, *Reg.* 46 et 57.

glements, d'ailleurs très brefs, sont libellés, soit en latin, soit en français, avec un titre explicatif, tel que celui-ci : *haec sunt statuta*, ou encore cet autre : « *c'est l'establiment* (suit le nom de la corporation) *qui est ytaux* (1). » Comme les autres ordonnances municipales, ils mentionnent les noms des maires et des échevins présents, énoncent les articles adoptés, la présence et le serment des intéressés. La date se trouve soit au début, soit à la fin. A partir du xv° siècle, les statuts confirmés par le roi sont rédigés suivant le formulaire ordinaire de la chancellerie royale. Les statuts d'origine municipale, c'est-à-dire ceux de la plupart des métiers de Poitiers, empruntent aux scribes royaux les formules en usage dans les bureaux du prince. L'analogie est frappante. Ils débutent, comme les lettres patentes royales, en ces termes : « Les maires, pairs, eschevins et bourgeois de la ville de Poitiers, à tous ceux qui ces présentes lettres verront et orront, salut, sçavoir faisons » ; ou encore « ores et pour l'advenir, salut en Notre-Seigneur ». Comme dans les ordonnances royales, l'énoncé des articles est précédé des considérants qui les motivent. Ils se terminent par des injonctions imitées du style officiel : « Si donnons en mandement, déclare le maire au nom du corps de ville, pour nous et nos successeurs, à tous et à chacun, si comme à luy appartiendra, que les ordonnances ainsi dessus divisées et aussi à plein déclarées, ils tiennent fidèlement et facent tenir et observer de poinct en poinct selon leur forme et teneur. » Viennent en dernier lieu les mentions de la publication, de l'enregistrement et du scellement, la date et le lieu de la concession (2). Les

---

(1) Ex. statuts des drapiers de Poitiers 1320 et 1377 et autres. — (2) Ex. statuts des bouchers de Poitiers (xv° s.) — parcheminiers 1487-1553 — or-

statuts concédés par les seigneurs hauts justiciers sont conçus dans des formes identiques (1).

Pour assurer la validité et l'authenticité des statuts, la présence et le serment des intéressés sont requis et mentionnés dans le texte (2). On les vérifie avant de les publier (3). On les enregistre à Poitiers, parfois « au papier secrétaire », c'est-à-dire au registre des délibérations du corps de ville, avec la signature du maire et du secrétaire (4), toujours en un registre spécial sur parchemin qu'on nomme « le livre des statuts », afin « d'y avoir recours et que nul n'y prétende cause d'ignorance (5) ». De plus, une copie des règlements est déposée aux archives municipales (6). Enfin, le secrétaire du corps de ville délivre aux maîtres-gardes de la corporation des lettres en forme, contenant le texte des statuts, et scellées du scel de la commune en cire verte ou rouge à double ou à simple queue (7). Auparavant, aussitôt après

fèvres 1457 — maréchaux 1559-1583 — menuisiers 1450-97 — corroyeurs 1457 — boulangers 1609 — maçons 1695 etc.

(1) Ex. statuts des bouchers (1520), des maréchaux (1573), des chapeliers (1588), des tanneurs (1596) de Châtellerault. — (2) Par ex. statuts des bouchers et autres du xiiie s. à Poitiers — des drapiers xive s. — des orfèvres 1457 — des bouchers xve s. — des pâtissiers 1505-20 — des texiers 1554 — des parcheminiers 1554 — des petits bouchers 1608 — des boulangers 1609, etc. De même, statuts des corporations de Châtellerault. — On mentionne l'approbation de l'unanimité ou de la majorité. Ex. statuts des tanneurs et des chapeliers de Châtell[t]. 1588, 1596 — bouchers de Poitiers 1245. — (3) Ex. statuts des maréchaux de Poitiers 1559-83, etc.— (4) Ex. statuts des pâtissiers 1520; des parcheminiers 1553; des texiers 1554; des boulangers 1609; des apothicaires 1628; délib. 20 juin 1583 (rel. aux serruriers); 16 mai 1599 (rel. aux sergetiers); 30 nov. 1610 (rel. aux menuisiers). *Reg.* 44, 57, 65. — (5) Mention du livre des statuts dans les statuts des parcheminiers 1487, 1553; des texiers 1554, des apothicaires 1552. — Délib. munic. 3 juillet 1552, 14 nov. 1580, 18 déc. 1634, *Reg.* 32, 43 et 85. Ce livre détruit en 1580 et reconstitué ensuite a disparu. — (6) Ex. statuts des menuisiers 1450-97; apothicaires nov. 1628. — (7) Mêmes statuts et ceux des orfèvres 1407-67; des corroyeurs 1457; des parcheminiers 1553; des texiers 1554.

la vérification, les statuts doivent être publiés par les soins des tambours et du trompette (huche) de la ville assistés de témoins (1), ou bien par l'entremise d'un huissier accompagné de deux témoins et du huche (2). On observait au greffe des présidiaux et du Parlement les mêmes usages.

La formation de la corporation, depuis le xvi° siècle du moins, est subordonnée à l'accomplissement de certaines formalités. D'abord, tous les maîtres qui composent le métier sont tenus de se présenter devant l'autorité compétente. A Poitiers, par exemple, ils comparaissent devant le maire et capitaine de la ville, assisté du procureur de la police et des échevins. Ils prêtent un premier serment par lequel ils s'engagent à signaler les abus qui pourraient se produire, les améliorations qui seraient nécessaires dans le métier. Puis lecture leur est donnée des statuts. Pour que ceux-ci soient valables, les maîtres jurent « sur les saints Evangiles Notre-Seigneur », de tenir « et garder » inviolablement chacun des articles (3). Un délai est accordé aux maîtres absents pour la prestation du serment ; ceux qui s'y refusent sont suspendus ou interdits de leur métier (4). Dans la même assemblée, et aussitôt après la cérémonie du serment, les intéressés nomment leurs gardes-jurés, qui jurent à leur tour de veiller avec soin à l'observation des statuts (5). Tous les maîtres qui possèdent atelier ou boutique dans la ville avant la concession de la

(1) Ex. maréchaux Poitiers 1559. — (2) Ex. sergetiers de Châtell. (1559). — (3) Ex. boulangers (statuts 1609) ; pâtissiers (1505-20) ; drapiers (1377), autres statuts des xiii°, xiv°, xv°, xvi° et xvii° siècles ; etc. — statuts des apothicaires de Thouars 1617 — statuts des corporations de Châtellt. xvi° et xvii° siècles précités. — (4) Ex. délib. 5 nov. 1552, 3 juillet 1553 (rel. aux apothicaires et aux parcheminiers de Poitiers), *Reg.* 32. — (5) Ex. délibér. et statuts des texiers 10 janv. 1553-54, *Reg.* 32, et autres statuts.

jurande sont investis alors de la maîtrise, sans examen ni chef-d'œuvre. Quelques conditions sont parfois exigées. Il faut, par exemple, être réputé « expert et suffisant au métier(1) », « avoir choses nécessaires audit métier », c'est-à-dire posséder le matériel indispensable pour exercer (2), tenir ouvroir depuis un certain temps, tantôt deux ans, tantôt 5, tantôt 6, ou même quelquefois 10 ans (3). Un délai déterminé est accordé aux maîtres pour se faire recevoir (4). En cas de contestation, l'autorité qui a concédé les statuts prononce sur l'admission des requérants (5). Enfin, la dernière formalité exigée de certains métiers est le dépôt au greffe des marques particulières à chacun des maîtres, de sorte qu'ils ne puissent esquiver la responsabilité de leurs malfaçons (6).

La corporation jurée ainsi formée se distingue des métiers libres par ses privilèges et par ses obligations. Le métier libre possède des traditions ou des usages souvent « religieusement observés », mais qui n'ont rien de légal ni de strictement obligatoire (7). La corporation a des règles dont elle ne peut se départir sans illégalité et sans forfaiture. Le métier libre, comme la corporation, connaît une hiérarchie. Il se compose de maîtres, d'apprentis, de compagnons. Mais pour franchir les divers degrés de la profession,

---

(1) Statuts des maréchaux de Poitiers 1583, art. 4. — (2) Statuts des texiers de Poitiers 1554, art. 38. — (3) Statuts des chapeliers de Châtell^t (1588), art. 3 (délai 2 ans); tanneurs 1596, art. 2 (5 ans); maréchaux (même ville délai 6 ans) 1573, art. 1; apoth. de Thouars 1617, art. 1 (délai 10 ans), etc.— (4) Par ex. 6 mois pour les texiers de Poitiers, statuts de 1554, art. 38 — (5) Ex. délibér. munic. de Poitiers (admission d'un tapissier) 20 nov. 1634, Reg. 85. — (6) Ex. délib. 10 janv. 1553-54 (rel. aux texiers); 3 juillet 1553 (dépôt du marc des parcheminiers). Reg. 32. — (7) Expression des statuts des bouchers de Châtell^t (1520) et des peintres-vitriers de Poitiers (1723) au sujet de leur situation ancienne de métiers libres.

il n'existe aucune de ces prescriptions rigides que la corporation jurée s'est efforcée à multiplier. Le métier libre n'a pas d'administration autonome. La corporation élit ses administrateurs investis d'une autorité étendue. Entre la communauté libre et l'association jurée, il y a toute la distance qui sépare, sous l'ancien régime, un groupement d'individus sans droits d'un corps pourvu de privilèges. De là, le prestige que conservèrent longtemps les corporations. De là, l'effacement des métiers libres, bien plus nombreux, mais aussi moins puissants. De là enfin l'importance inégale attribuée, dans la vie sociale du Poitou, d'une part aux corporations, de l'autre aux métiers non jurés.

CHAPITRE II

L'Apprentissage dans les Métiers libres et dans les Corporations jurées en Poitou.

Le premier degré de la hiérarchie parmi les communautés d'arts et métiers est l'apprentissage. Métiers libres et métiers jurés ont leurs « apprentifs (1) », qui s'initient, sous la direction des maîtres, à la pratique de la profession. Mais des différences profondes séparent l'apprentissage pratiqué dans la corporation jurée de celui qui est en usage dans les métiers libres. L'apprenti s'engage avec le maître d'une communauté libre, soit en vertu d'une convention verbale, soit en vertu d'un contrat écrit. Les clauses de ces

---

(1) C'est le terme employé dans les statuts des métiers jurés (par ex. ceux des orfèvres 1457-67, des corroyeurs 1457, des menuisiers 1450-97, des texiers 1554) et dans les actes relatifs aux métiers libres (ex. tireurs d'estaim 1634).

engagements sont arrêtées par les parties au gré des contractants, sans qu'ils soient soumis aux obligations immuables stipulées par les statuts des corporations jurées. Le principe qui préside à ces engagements est celui du libre consentement, et les conditions peuvent varier suivant la volonté du maître et de l'apprenti ou de ses représentants. Aucune autre limitation à cette volonté que celle de l'usage ; aucune autre sanction que celle de la juridiction ordinaire chargée d'assurer le respect des contrats privés. Aucun règlement qui détermine le nombre des apprentis pour chaque atelier ou boutique ; aucune loi qui fixe la durée de l'apprentissage. Les pouvoirs publics veillent au maintien de cette liberté. En 1660, les tissutiers-passementiers-rubandiers de Poitiers ayant voulu faire ratifier un acte qui limitait à un par ouvroir le nombre des apprentis, qui imposait à l'apprentissage une durée de 4 ans, et qui excluait les filles des ateliers, le conseil des échevins refuse de confirmer cet accord, « attendu que le métier n'est pas juré (1) ». Neuf ans plus tard, le corps de ville rejette une requête analogue des tireurs d'estaim et cardeurs, pour les mêmes motifs (2). Au contraire, dans la corporation jurée, les conditions de l'apprentissage ne sont plus livrées à la libre détermination des parties. Elles sont arrêtées par les statuts eux-mêmes. Les clauses des contrats sont subordonnées aux lois rigides que contient la charte de la jurande, et ces lois règlent le nombre des apprentis, le temps de leur service, leurs obligations générales et celles des maîtres.

---

(1) Délibér. munic. de Poitiers (17 juillet 1660) relative aux passementiers tissutiers rubandiers ouvriers en passemens d'or et d'argent, *Reg.* 110. — (2) Délib. munic. de Poitiers (18 février 1675) relative aux tireurs d'estaim et cardeurs de laine, *Reg.* 124.

On ne sait, en l'absence de documents, quelle était l'organisation de l'apprentissage en Poitou au xiii° et au xiv° siècle. Cette organisation était-elle moins oppressive qu'elle ne le fut plus tard ? Nous l'ignorons. Mais à partir du xv° siècle, d'après l'impression qui se dégage des textes, il semble que les règles de l'apprentissage allèrent en se précisant et en se multipliant, c'est-à-dire en s'aggravant. Les prétextes n'ont pas manqué pour réglementer le travail et la condition de l'apprenti. Il en est de légitimes. Telle est la nécessité d'initier le futur ouvrier ou le futur maître aux procédés d'un métier parfois difficile, de lui assurer l'habileté de main et l'expérience approfondie requises pour exécuter des ouvrages irréprochables. Mais il y a des motifs d'un ordre plus contestable, à savoir l'égoïsme et l'intérêt personnel des maîtres.

La première des prescriptions des statuts répond à une des justes exigences de la corporation et du public. C'est l'obligation générale de l'apprentissage. Quelques métiers seulement admettent que les fils de maîtres peuvent en être dispensés, parce qu'ils sont initiés sans effort au métier paternel. Les imprimeurs-libraires, par exemple, tolèrent cette exception, mais ils la révoquent quand l'absence prolongée du père rend indispensable l'initiation du fils à la profession par la voie ordinaire de l'apprentissage (1). Les filles et les veuves de maîtres, incapables de donner cette initiation, n'affranchissent point leurs époux de la loi qui exige de tout futur maître qu'il ait été d'abord apprenti (2).

Facile à justifier dans son principe, une seconde règle,

---

(1) Statuts des imprimeurs-libraires et relieurs de Poitiers (1634), art. 7. — (2) Mêmes statuts, art. 7.

la limitation du nombre des apprentis, prête dans la pratique à de nombreux abus. Sans doute, l'autorité publique et les corporations tendaient à éviter par là l'encombrement de chaque métier, et à faciliter à l'aspirant l'acquisition de l'expérience professionnelle. Mais les maîtres en profitèrent trop souvent pour éloigner de gênantes concurrences, ou pour garder le plus longtemps qu'ils le purent une main-d'œuvre utile et à bon marché. La règle commune aux corporations jurées interdit donc à tout patron ou maître de tenir plus d'un apprenti à la fois. C'est, disent les statuts des tanneurs de Châtellerault, « afin qu'il y ait à l'avenir au métier de bons ouvriers ». Ainsi, ajoutent les statuts des apothicaires de Poitiers, « les serviteurs peuvent se rendre capables et trouver place dans les boutiques des maîtres (1) ». Cette règle est même, à une certaine époque, admise pour les métiers libres. Les maîtresses couturières, par exemple, se voient en 1674 réduites à n'engager qu'une apprentie à la fois. La coutume voulait, au XVIIe siècle du moins, que, même dans les communautés libres, chaque maître n'eût qu'un apprenti. « En aucun métier, déclare le corps de ville de Poitiers, il n'est permis d'en avoir deux ou trois (2) ». La règle est si précise que deux maîtres, s'ils n'ont qu'une seule boutique, ne peuvent engager qu'un apprenti (3). Chez les orfèvres, le maître ne peut même tenir d'apprentis qu'après six ans de maîtrise (4). Encore, la faculté de prendre des apprentis est-elle, dans la plupart des professions, réservée aux maîtres et enlevée à leurs veuves. Celles-ci, pendant leur

---

(1) Statuts des tanneurs de Châtellerault (1596), art. 22. — Statuts des apothicaires de Poitiers (1628), art. 23. — (2) Délib. munic. de Poitiers (30 avril 1674) relative aux couturières, Reg. 123. — (3) Délib. munic. (8 juin 1676), relative aux selliers de Poitiers, Reg. 125. — (4) Statuts des orfèvres de Poitiers 1457-67.

« viduité », ne sont admises à tenir d'autres apprentis que ceux qui avaient commencé leur apprentissage du vivant de leurs maris. On les autorise seulement, suivant les termes des ordonnances, « à finir les apprentis » de leurs époux et à leur délivrer le certificat exigé à l'issue du temps requis (1).

Cependant, dans certaines corporations, l'intérêt du métier ou des maîtres, l'esprit de famille ou même un sentiment de charité ont adouci la rigidité de ces prescriptions. Les orfèvres, par exemple, peuvent prendre deux apprentis, l'un étranger à leur famille, l'autre « de leur lignaige ou du lignaige » de leur femme. Il leur est même permis d'avoir deux apprentis étrangers, mais à condition que le premier des deux ait fait la moitié de son temps, c'est-à-dire trois ans sur six. Un grand nombre de statuts, pour un motif analogue à celui qui inspire le statut des orfèvres, autorisent les maîtres à tenir, outre un apprenti qui n'appartient pas à leur famille, un second aspirant pris parmi leurs parents et « auquel ils veulent apprendre le métier (2) ». Quelques corporations permettent même d'avoir un second apprenti, sans qu'il soit uni au maître par les liens du sang, pourvu que le patron le prenne « pour l'honneur de Dieu », c'est-à-dire l'instruise et l'entretienne sans argent, par charité (3).

(1) Statuts des boulangers 1609, art. 13; des pâtissiers 1505-20, art. 8; et délibér. du 17 sept. 1674 rel. aux pâtissiers de Poitiers (Reg. 124); chausseliers 1474, art. 8; chapeliers 1560, art. 8; maçons 1695, art. 8 et 7; menuisiers 1450-97, art. 21; serruriers 1455, art. 7; impr.-libraires 1634, art. 7; apothicaires 1628, art. 23; chirurgiens 1711, art. 17, à Poitiers. — Chapeliers de Châtell. 1588, art. 15; sergetiers 1656, art. 2; tanneurs 1596, art. 22; la sanction de ces interdictions est l'amende pour le maître et le renvoi de l'apprenti surnuméraire. — (2) Statuts des orfèvres de Poitiers 1457-67, art. 5 et 6 — chapeliers 1560, art. 8. — serruriers 1455, art. 17; — à Châtellerault, statuts des tanneurs 1596, art. 22. — (3) Statuts des chapeliers de Poitiers 1560, art. 8 — des tanneurs de Châtellerault, 1596, art. 22.

La règle générale souffre encore deux autres dérogations qu'on retrouve dans tous les métiers jurés. La première, en cas d'absence prolongée d'un apprenti, autorise le maître à en prendre un second. Il faut toutefois que cette absence ait duré assez longtemps, deux ans chez les maçons, un an chez les serruriers. Il faut de plus que les maîtres-gardes du métier aient été prévenus, et que l'absence ne se soit pas produite avec la connivence du maître. Si l'apprenti absent revient ensuite reprendre sa place, le maître est fondé à garder celui qu'il a engagé pendant l'absence (1). La seconde dérogation a pour objet de ne pas laisser les maîtres « dépourvus » d'apprentis suffisamment dégrossis. C'est pourquoi les chirurgiens, après avoir gardé un an et demi un premier apprenti, ont permission de s'en procurer un second. Les orfèvres peuvent agir de même trois ans après le contrat d'engagement d'un premier aspirant (2). Chez les menuisiers, les chapeliers, les imprimeurs, pareille faculté est réservée au maître, 6 mois seulement avant la fin de l'apprentissage de l'aspirant précédent (3). Les différences de traitement tiennent à l'inégale difficulté du métier.

Cette inégalité se retrouve dans les règles qui fixent la durée de l'apprentissage, et ces règles sont inspirées des mêmes mobiles, les uns légitimes, les autres égoïstes. Ainsi parmi les corporations de l'alimentation, les boulangers de Poitiers et de Niort exigent un apprentissage minimum de trois ans entiers et consécutifs (4). Les pâtissiers se contentent de

(1) Statuts des maçons de Poitiers 1695, art. 8; des serruriers 1455, art. 7, etc. — (2) Statuts des chirurgiens de Poitiers 1711, art. 17; des orfèvres 1457-67, art. 6. — (3) Statuts des menuisiers de Poitiers 1450-97, art. 21; des imprimeurs-libraires de la même ville, 1634, art. 7; des chapeliers de Châtellerault 1588, art. 10. — (4) Statuts des boulangers de Poitiers 1609, art. 13; des boulangers de Niort 1730, art. 11.

deux ans (1). Parmi les industries de l'habillement, les texiers demandent 3 ans de services à l'apprenti, et les chapeliers quatre ans (2). Si l'on passe aux autres métiers, on voit que l'apprentissage est chez les tanneurs de 2 ans, chez les menuisiers de 5 ans au moins ; chez les peintres-vitriers d'un an ; chez les maçons de 3 ans. Chez les serruriers et les orfèvres il doit être de 6 ans, parce que le métier est « subtil » et délicat. On demande aux apprentis libraires-imprimeurs et relieurs 4 ans ; aux apothicaires trois ans et aux chirurgiens-barbiers 2 ans (3). Certains statuts, par exemple ceux des bouchers, ne règlent pas la durée de l'apprentissage, parce que sans doute la coutume supplée à leur silence (4). D'autres fois, l'usage tempère la rigueur des statuts. Ainsi à Châtellerault, l'apprentissage des horlogers devrait légalement durer 6 ans ; il ne dure en réalité que 4 à 5 ans (5). Toutefois, sur deux points, les corps de métiers se montrent aussi rigoureux dans la pratique qu'en théorie, et on ne saurait à cet égard les blâmer. Ils exigent en premier lieu que l'apprenti s'instruise réellement et que l'apprentissage ne soit pas une pure formalité. Ainsi, les imprimeurs-libraires frappent d'une amende de 500 l. les apprentis qui se font dispenser ou qui se rédiment à prix d'argent de cette initiation indispensable (6). De plus,

(1) Statuts des pâtissiers de Poitiers 1505-20, art. 11 ; délib. munic. 16 sept. 1674, *Reg.* 124. — (2) Statuts des texiers de Poitiers 1554, art. 14 et 22 ; des chapeliers de Châtellerault 1588, art. 10. — (3) Statuts des tanneurs de Châtell¹ 1596, art. 22 ; des maçons de Poitiers 1695, art. 5 ; menuisiers 1450-97, art. 21 ; serruriers 1455, art. 7 ; orfèvres 1467, art. 8 ; peintres-vitriers 1723, art. 5 ; imprimeurs-libraires 1634, art. 6 ; apothicaires 1552, art. 13 et 20 ; 1628, art. 22 ; chirurgiens 1711, art. 24 ; apothicaires à Thouars 1617, art. 3. — (4) De même, on ne trouve rien à cet égard dans les statuts des parcheminiers, des maréchaux, des corroyeurs etc. — (5) Procès-verbal de réception d'un horloger à Châtell¹. 8 fév. 1673, *Vienne* E 7¹. — (6) Statuts des impr.-libraires de Poitiers 1634, art. 6.

l'apprentissage doit se faire sans interruption. La plupart des statuts insistent sur cette injonction. L'apprenti, qui s'absente sans autorisation, est obligé, s'il revient à l'atelier, de recommencer son temps de service, et parfois même il s'expose à des peines plus graves encore (1).

Les statuts corporatifs se montrent plus ou moins rigoureux en ce qui concerne la détermination du lieu où l'apprentissage doit se faire. Un certain nombre n'édictent à cet égard aucune disposition spéciale. D'autres, par exemple ceux des boulangers, des cordonniers, des texiers et des orfèvres de Poitiers, des apothicaires de Thouars et des couteliers de Châtellerault, laissent à l'apprenti le choix de la ville où il devra s'initier au métier et se contentent d'exiger qu'il présente, pour devenir ouvrier ou patron, un certificat ou acquit d'apprentissage (2). Au contraire, les imprimeurs-libraires et relieurs de Poitiers, les horlogers et les bouchers de Châtellerault, exigent que l'apprenti ait travaillé chez un maître de la ville même (3). L'apprentissage peut être de cette façon plus aisément surveillé, par conséquent plus sérieux. D'autre part, l'égoïsme corporatif trouve son compte dans cette mesure, puisqu'elle restreint forcément le nombre des futurs maîtres. C'est pourquoi les métiers, tels que celui des boulangers, qui ont d'abord admis pour l'apprenti la liberté d'apprendre le métier où il

---

(1) Statuts des maçons de Poitiers 1695, art. 8, et autres textes cités ci-dessous. — (2) Délib. munic. (25 juin 1654) rel. aux boulangers de Poitiers, Reg. 105. Requête de Pierre Piteux cordonnier (qui a fait app° à Paris) au corps de ville de Poitiers, 14 déc. 1654, Reg. 105. — Statuts des texiers de Poitiers 1554, art. 21 — des orfèvres 1457-67, art. 1 — des apothicaires de Thouars, 1617, art. 3 ; — procès-verbal de réception d'un coutelier à Châtel^t (il a fait appr. à Montauban) 9 févr. 1673, Vienne E 7^t. — (3) Statuts des imprimeurs-libraires de Poitiers 1634, art. 7. — Procès-verbaux de réception d'un horloger (8 févr. 1673) et d'un boucher (29 avril 1672) à Châtell^t, Vienne E 7^t.

voudra, ne tardent pas à demander que l'apprentissage ne puisse se faire que sur place (1). Il y a des corporations qui poussent cette exigence jusqu'aux dernières limites. Les apothicaires de Poitiers refusent d'admettre à la maîtrise tout aspirant, aurait-il exercé 10 ans dans une autre ville, s'il n'a fait dans la capitale du Poitou 4 ans d'apprentissage sans interruption, afin que son maître puisse certifier « sa preudomie, expérience et bonne conversation (2) ».

L'apprentissage, du moins à l'époque moderne, la seule pour laquelle on possède des documents probants, est entouré, soit dans les métiers libres, soit dans les métiers jurés, d'un certain nombre de formes légales. Il fait généralement l'objet d'un contrat passé devant notaire, et les archives notariales, qui font malheureusement défaut dans les dépôts officiels du Poitou, contiennent un grand nombre de ces actes. Certaines corporations, celle des maçons de Poitiers, par exemple, prohibent même formellement, pour engager les apprentis, l'usage des actes sous-seing privé (3). Les parents, père, mère, aïeux, ou encore les tuteurs, s'engagent, au nom des mineurs qu'ils représentent, sous caution de leurs biens, meubles ou immeubles, à l'exécution des clauses du contrat (4). Seuls, les fils de maîtres qui font apprentissage chez leur père sont dispensés de passer acte. On estime que l'intérêt paternel peut suppléer aux garanties qui sont exigées en tout autre cas des parties contractantes (5). On veut encore qu'une cer-

(1) Délib. munic. de Poitiers (25 juin 1654), précitée. — (2) Statuts des apothicaires de Poitiers, 1628, art. 32. — (3) Statuts des maçons 1695, art. 5. — (4) Ex. contrats d'apprentissage d'un armurier à Montmorillon 12 février 1728, *Vienne* E 7² — d'un cordonnier à Niort 1730 *Deux-Sèvres* E. 1194 — d'un boursier à St-Maixent 1521. *Deux-Sèvres* E. 1203 — d'un garçon chirurgien à Luçon 12 juillet 1744. (*Ann. Soc. d'Emul. Vendée*, 1891, p. 140, *pp. Billon.*) — (5) Statuts des boulangers 1609,

taine publicité soit donnée au contrat d'apprentissage, pour éviter les abus qui naîtraient du secret. Les maîtres, lorsqu'ils engagent un apprenti, sont tenus, dans un délai déterminé, huit jours par exemple (1) ou encore un mois, de présenter le contrat aux gardes-jurés de la corporation et de leur en délivrer une copie authentique et signée (2). Le but de ces précautions est d'empêcher maîtres ou apprentis de tromper le public et les gardes sur la durée du temps de service, et d'obliger les patrons à n'employer l'apprenti qu'à la besogne normale dont il est tenu (3). Enfin, on veut permettre aux intéressés de savoir rapidement si les candidats à la maîtrise remplissent les conditions d'apprentissage requises par les statuts. Il est également d'usage qu'après l'entrée en boutique l'apprenti soit présenté par son maître au plus ancien garde-juré (4), et qu'il soit immatriculé sur « le registre ou papier de la communauté », tenu par les jurés, le syndic ou le greffier du corps de métier. Ainsi font en particulier les pâtissiers, les imprimeurs-libraires, les chirurgiens et les apothicaires de Poitiers (5). Sur ce même registre, quelques métiers, les imprimeurs par exemple, inscrivent à peine de nullité, outre tous les brevets ou contrats d'apprentissage, le procès-verbal de sortie ou

---

art. 13 ; des texiers 1554, art. 22 ; des maçons (1695), art. 5 ; des impr.-libraires (1634), art. 6 ; des chirurgiens (1711) art. 24, à Poitiers; délib. munic. du 19 avril 1538, rel. aux pâtissiers, Reg. 38.

(1) Statuts des apothicaires (1628), art. 22. — (2) Statuts des texiers (1554), art. 22 — des chirurgiens (1711), art. 17 — délib. du 19 avril 1538 rel. aux pâtissiers. — (3) Assertion des statuts des texiers (1554), art. 22 ; et de la délib. de 1538 rel. aux pâtissiers. — (4) Délib. munic. du 19 avril 1538 rel. aux pâtissiers. — Statuts des apothicaires de Poitiers (1628), art. 22. — (5) Même délibération — statuts des apothicaires (1628), art. 22 et 64 ; des impr.-libraires (1634), art. 11 ; des chirurgiens (1711), art. 17 — à Poitiers. — L'ordonnance royale de 1673 rel. au commerce (titre Ier) prescrit cette formalité à tous les métiers du royaume. — L'apprentissage fini, l'apprenti

d'absence des apprentis, et leurs quittances ou acquits après l'expiration du temps légal de service.

L'apprenti est astreint, soit au moment où il entre au service d'un maître, soit pendant le temps de son apprentissage, à un certain nombre d'obligations d'ordre matériel et moral. Les statuts des corporations poitevines ne mentionnent pas la redevance que l'apprenti payait partout au maître pour l'indemniser des frais de nourriture, de logement et d'entretien pendant les premiers temps de l'apprentissage. La fixation de cette redevance faisait probablement l'objet d'un débat privé, variable suivant les temps, les lieux, les exigences du maître, la situation de fortune de l'apprenti ou de sa famille. On a quelques exemples de contrats intervenus à cette occasion. Ainsi en 1521 un boursier-aiguilletier de Saint-Maixent reçoit 10 livres tournois pour enseigner son métier au jeune beau-frère d'un boulanger (1). En 1590, un noble poitevin, M. de la Pellissonnière, paie 20 écus (60 l.) à un maître de Fontenay pour l'apprentissage d'un pâtissier dont il est le protecteur (2). En 1687, un chirurgien de Chef-Boutonne s'engage à initier un apprenti à son métier moyennant une indemnité de 100 l. (3). En 1728, le « révérendissime évêque de Poitiers » consent par charité à payer pour l'apprentissage du fils d'une veuve de Montmorillon la somme de 110 l. (4). En 1730, un

---

prend quittance au bas de son brevet, stat. des impr. libr. de Poitiers 1634, art. 6.

(1) Contrat d'appr. entre un maître boursier de St-Maixent et le beau-frère d'un boulanger 1521, *Deux-Sèvres* E. 1203. — (2) Livre de comptes de M. de la Pellissonnière (1590) p. p. *L. Audé* (1861), pp. 19 et sq. — (3) Contrat d'apprentissage relatif à un chirurgien à Chef-Boutonne, 29 octobre 1687, B. Filleau, *Rech. sur Chef-Boutonne, Mém. Soc. Stat. D.-Sèvres*, 1884, p. 189. — (4) Contrat d'appr. d'un armurier à Montmorillon, 12 février 1728, *Vienne* E 7².

cordonnier de Niort prend un apprenti pendant deux ans pour une somme totale de 80 l. (1). En 1744, un apprenti chirurgien de Fontenay est tenu de payer 220 l. (2). L'indemnité est versée, semble-t-il, généralement en deux termes, l'un au début de l'apprentissage, l'autre au milieu ou à la fin (3).

D'autres obligations pécuniaires incombent à l'apprenti, soit à l'égard de la ville, soit à l'égard de la corporation. Quelquefois, c'est le cas pour le métier des orfèvres à Poitiers, le corps municipal exige une redevance : elle est fixée pour l'apprenti orfèvre à 2 onces d'argent (4). Certaines corporations exigent de l'apprenti un droit d'immatriculation destiné « aux affaires de la communauté ». Ce droit est de 40 s. pour les maçons de Poitiers, de 5 l. pour les chirurgiens de cette ville et de 3 l. pour ceux de la campagne (5). A peu près tous les métiers jurés perçoivent sous le nom de droit d'entrée une redevance tantôt en nature, tantôt en argent. La redevance en nature n'est autre qu'une livre de cire ou deux pour le luminaire de la confrérie du métier (6). Le droit en argent varie suivant les corporations. Il est versé à la boîte ou caisse, soit pour subvenir aux frais du service divin, soit pour permettre aux membres du corps d'exercer l'assistance charitable envers leurs confrères de la ville ou du

---

(1) Contrat d'app. d'un cordonnier à Niort 1730, Deux-Sèvres E. 1194. — (2) Acte d'appr. d'un garçon chirurgien à Fontenay 1744, précité. — (3) Dans le contrat de l'armurier de Montmorillon, la mère de l'apprenti verse 60 l. au début de l'app[e] et s'engage à verser le reste dans un délai de cinq mois environ ; à Niort, les parents de l'apprenti cordonnier versent 50 l. peu après l'entrée en apprentissage et s'engagent à payer le reste à la fin. — (4) Statuts des orfèvres de Poitiers 1457-67. — (5) Statuts des maçons (1695), art. 5 ; des chirurgiens (1711), art. 17, à Poitiers. — (6) Par ex. les boulangers de Poitiers (statuts 1609, art. 13), les corroyeurs (statuts 1457, art. 11), les menuisiers (statuts 1450-97), paient 1 livre de cire ; les maréchaux (statuts 1583 art. 16), 2 livres.

dehors. Ainsi les apprentis orfèvres de Poitiers paient pour ces divers motifs 2 onces d'argent à la confrérie ; les peintres-vitriers 10 l. ; les apothicaires 1 écu d'or, les chapeliers de Châtellerault 20 s. et les couteliers de la même ville, d'abord 40 s., puis 50 l. (1). D'autres redevances sont motivées par les besoins « ou affaires de la communauté ». C'est sous ce prétexte qu'on réclame 20 s. aux apprentis maréchaux, 5 s. aux apprentis chaussetiers à Poitiers, 3 l. aux apprentis apothicaires à Thouars (2). En certaines villes, à Châtellerault par exemple, chez les menuisiers on distingue entre les apprentis étrangers et les apprentis fils de maîtres. Tandis que les premiers doivent payer 12 l. de droit d'entrée dans la confrérie, les seconds ne paient que 3 l. (3). Il est de règle que le maître avance les droits d'entrée au nom de l'apprenti, dans un délai déterminé, tel que celui d'un mois. Il est en tout cas responsable du paiement, sous peine de poursuites, sauf recours contre l'apprenti qui est tenu de l'indemniser (4). Enfin, pour aggraver encore les charges de l'aspirant, il y a des corporations qui l'obligent à donner un dîner à tous les apprentis et maîtres du métier. Cette onéreuse obligation est inscrite, au XV⁰ siècle, dans les statuts des orfèvres de Poitiers (5).

(1) Statuts des orfèvres de Poitiers 1457-67 ; des peintres-vitriers 1723, art. 7; des apothicaires de Poitiers (1628), art. 22 ; des chapeliers de Châtell*. 1588, art. 10 ; procès-verbal de réception d'un apprenti coutelier (22 août 1731), analysé par *Pagé*, p. 124 — procédure contre un sieur Trouvé pour droits d'appr. de son fils, apprenti coutelier 1775-77, *Vienne* E 7ᵗ. — (2) Statuts des maréchaux de Poitiers (1583), art. 16 ; des chaussetiers 1473, des apothicaires de Thouars, 1617, art. 3. — (3) Lettres patentes du 31 mai 1705 homologuant les nouveaux articles des statuts des menuisiers de Châtellerault, *Vienne* E 7ᵗ. — (4) Ex. statuts des apothicaires de Poitiers (1628), art. 22 ; des maréchaux id. (1583), art. 16 ; des chapeliers de Châtellerault 1588, art. 10 ; des boulangers de Poitiers (1609), art. 13. — (5) Statuts des orfèvres de Poitiers 1457-67.

Le contrat passé entre le maître et l'apprenti astreint en outre ce dernier à fournir au patron un travail régulier et ininterrompu. L'intérêt de l'aspirant, celui de la corporation et celui du maître l'exigent. L'apprenti ne peut donc quitter l'atelier ou la boutique, dans laquelle il a commencé son service, sans s'exposer à la rigueur des lois. Il risque d'abord de perdre l'argent que ses parents ou tuteurs ont mis aux mains du maître pour les frais d'apprentissage et que le maître peut légitimement s'approprier en cas de fuite de l'apprenti (1). Il s'expose à être appréhendé par ordre de l'autorité et ramené de force chez son maître pour y parachever son temps de service (2). Il est passible d'une amende en guise de dommages et intérêts (3). Il peut perdre sa place après un certain temps d'absence, et s'il revient, il devra recommencer son apprentissage (4), parfois même redoubler le temps de cette absence, ou le tripler en cas de récidive. Il est enfin exclu du métier, s'il se retire une troisième fois (5).

Il convient de protéger l'apprenti, non seulement contre ses propres entraînements, mais encore contre les pièges que peut tendre à son inexpérience la concurrence déloyale pratiquée par les maîtres dans certaines occasions. Les statuts punissent de fortes amendes (6), d'interdiction tempo-

---

(1) Ex. statuts des couteliers de Châtellerault (1571), art. 12. — (2) Ex. statuts des maçons (1695), art. 6; des texiers (1554), art. 23, à Poitiers. — (3) Par ex. 6 écus d'amende chez les chapeliers de Châtellerault. statuts de 1588, art. 13. — (4) Statuts des maçons (1695), art. 6; des orfèvres (1457-67), art. 6, à Poitiers ; des chapeliers de Châtellerault 1588, art. 11. — (5) Statuts des impr.-libraires de Poitiers (1634), art. 6. — (6) Par ex. 60 s. chez les pâtissiers (statuts 1505-20, art. 8); les chaussetiers à Poitiers (statuts 1473, art. 9), et les tanneurs à Châtellerault (statuts 1596); 20 s. et plus tard 1 écu chez les maréchaux de Poitiers (statuts 1559 et 1583, art. 12); 30 s. chez les parcheminiers (statuts 1487, 1553, art. 5); chez les barbiers 1 marc d'argent (statuts 1410, art. 10).

raire (1), et même de dommages et intérêts tout maître « qui *alwuhe* (loue) ou *fortrait* (détourne) » l'apprenti d'un de ses confrères ou qui le reçoit en sa maison quand il a fui l'atelier (2). On n'est autorisé à prendre l'apprenti que si le maître primitif consent à lui donner congé, et ce consentement, pour être valable, doit être accordé devant témoins (3).

Ces diverses prescriptions montrent combien les obligations matérielles et professionnelles de l'apprenti sont précises et strictes. D'autres règles prouvent dans quelle étroite dépendance l'aspirant est tenu. Il est interdit à l'apprenti de faire acte de commerce, d'acheter ou de vendre, sans la permission du maître, et si ce n'est au « profit d'icelui », disent les statuts des serruriers de Poitiers (4). Le maître est le fondé de pouvoirs du père de famille dont il instruit le fils ou le pupille. L'apprenti est donc obligé de « le servir bien et convenablement (5) », de le respecter, de lui obéir sans murmure. Toute injure, désobéissance, cabale de l'apprenti envers le maître est punie d'amende (6).

De son côté, le maître contracte envers l'apprenti des obligations déterminées par les statuts, par le contrat d'engagement ou même simplement par l'usage. L'apprenti est logé ou hébergé chez le maître. Celui-ci lui doit la nourriture « le boire et le manger », suivant l'expression du statut des orfèvres (7), ou encore, d'après le terme consacré, « le

---

(1) Ex. interdiction d'un mois chez les maçons de Poitiers (statuts 1695, art. 7 et 10). — (2) Ex. couteliers de Châtell^t. statuts de 1571, art. 9 et 12; des maréchaux de Châtell^t. 1573, art. 16. — (3) Mêmes statuts, notam. ceux des couteliers, art. 9, et des maréchaux. — (4) Statuts des serruriers de Poitiers 1455, art. 8. — (5) Clauses des contrats d'apprentissage cités ci dessus à Montmorillon (1728), à Niort (1730), à St-Maixent (1721), Fontenay. — Sentence du lieut. g. de Châtell^t rel. à un apprenti coutelier, 9 août 1725, analysée par *Pagé*, p. 128. — (6) Ex. amende de 3 l. prononcée dans la sentence indiquée à la note précédente. — (7) Statuts des orfèvres 1457-67 ; des

pain et le pot ». Le maître lui fournit encore parfois les outils nécessaires pour apprendre le métier ; il blanchit son linge et ses vêtements (1). Dans quelques métiers, au bout d'un certain temps, quand l'apprenti a acquis quelque expérience, il est salarié par le maître. Ainsi au xv° siècle, chez les orfèvres de Poitiers, il arrive à gagner 100 s. par an et « ses despens » de nourriture (2). Le but essentiel de l'apprentissage est l'acquisition de l'instruction professionnelle. Le maître ne saurait se dispenser de la donner à l'apprenti. Il s'engage envers ce dernier « à luy apprendre et « montrer le métier tout autant que luy sera possible et « comme un bon maître doit faire », à lui enseigner son art «bien et convenablement, sans lui en rien cacher. » (3) Si le maître « ne remontre pas le métier» à l'apprenti, « ainsi qu'il appartient par raison », celui-ci est fondé à quitter l'atelier (4). Le patron n'a même pas le droit de remplacer aussitôt son apprenti fugitif: les règlements donnent à l'adolescent le temps de se ressaisir et de reprendre sa place à l'ouvroir (5). Enfin, si le maître possède à l'égard de l'apprenti la plupart des droits de la puissance paternelle, il en a aussi les devoirs. Il lui doit l'exemple d'une vie régulière. Il veillera (6) à ce qu'il « s'acquitte de ses devoirs de chré-

---

boulangers à Poitiers 1609, art. 13 ; — contrats d'apprentissage précités not. ceux d'un armurier à Montmorillon (1728), d'un cordonnier à Niort (1730).

(1) Contrat d'apprentissage d'un armurier à Montmorillon (1728); d'un garçon chirurgien à Fontenay 1744. — (2) Statuts des orfèvres de Poitiers, 1457-67. — (3) Contrat d'appr. d'un cordonnier à Niort (1730). — Acte d'app. d'un garçon chirurgien à Fontenay 1744.—(4) Statuts des texiers de Poitiers 1554, art. 23. — Contrat d'appr. d'un armurier à Montmorillon (1728). — Procédure à Maillezais contre un charron qui employait son apprenti à faire la moisson, février-mars 1750, *Vendée* B. 626. — (5) Ex. chez les serruriers le délai accordé est d'un an (serruriers de Poitiers 1455, art. 8), de 15 jours chez les chapeliers de Châtell' (statuts 1588, art. 11). — (6) Ordon. du présidial de Poitiers relative aux menuisiers, art. 19 (15 mars 1774), *Arch. Antiq. Ouest.*

tien ». Il s'abstiendra de lui « faire outrage (1) », il le
« montrera et enseignera avec douceur (2) ». Telles sont, du
moins, les injonctions des statuts et des contrats et celles
des juges chargés d'en assurer l'exécution (3). Enfin, l'on
voit des corporations interdire à juste titre une spéculation scandaleuse qui consistait, pour certains artisans, à
s'établir momentanément maîtres, pour se retirer ensuite
et « vendre » leurs apprentis à d'autres patrons plus
riches qu'eux. Tel est l'étrange marchandage que prohibent en particulier les menuisiers de Poitiers (4). Sans
doute, les articles des statuts et les sentences des tribunaux prouvent que l'autorité du maître s'exerçait d'une manière fort rude. « S'il devient un père, observe Michelet, c'est
« pour appliquer le mot de Salomon : n'épargne la verge
« à ton fils (5). » Mais il faut se souvenir que les mœurs
d'autrefois étaient grossières, et qu'à tout prendre le milieu
familial où l'apprenti grandissait était très propre à lui
inspirer l'esprit de corps, à lui donner une forte instruction
technique, à le préparer en un mot au rôle de compagnon
ou de maître. Tels étaient, semble-t-il, les avantages du
système d'apprentissage suivi par les métiers poitevins.
Balançaient-ils les inconvénients qui résultaient de la longueur parfois excessive de ce noviciat, des conditions pécu-

---

(1) Statuts des texiers de Poitiers 1554, art. 23. — Enquête contre un
charron de Maillezais, pour avoir mis son apprenti hors de sa maison la
nuit et pour l'avoir maltraité, 1750, *Vendée*, B. 626. — Ord. du présidial de Poitiers 1774, art. 19.—(2) Ordon. du lieut. g. de Châtell* rel. à un
apprenti coutelier 9 août 1725, précipitée. — (3) Même ordonnance —
statuts des texiers, 1554, art. 23. — (4) Statuts des menuisiers de Poitiers
1459-97, art. 21. — (5) On peut se faire une idée de ces rapports par la
sentence du lieut. g. de Châtell*. (1725), et par la procédure du siège de
Maillezais (1750), citées ci-dessus. — La citation de Michelet est tirée du
livre *du Peuple*, p. 50.

niaires souvent ruineuses exigées à l'entrée de l'aspirant dans l'atelier, et enfin de la dureté ou des abus de l'autorité patronale, c'est ce qu'il est impossible de savoir. Les contemporains seuls auraient pu le dire, et nul n'y a songé. Aurions-nous leur opinion, elle risquerait de se trouver très contradictoire et fort diverse, suivant les temps, les lieux et les hommes.

CHAPITRE III
Le Compagnonnage dans les Communautés d'Arts et Métiers en Poitou.

Le compagnonnage est, en général, le degré intermédiaire entre l'apprentissage et la maîtrise. Il n'est pas obligatoire, puisque les fils de maîtres peuvent acquérir la maîtrise, après avoir terminé leur service comme apprentis. Il ne mène pas toujours à la maîtrise, car beaucoup de compagnons ne deviennent jamais maîtres. Mais, bon nombre de maîtres, avant d'arriver à ouvrir atelier ou boutique, ont passé par la condition de compagnons. Le compagnonnage existe aussi bien dans les métiers libres que dans les métiers jurés. Toutefois, le compagnon dans le métier libre n'est astreint qu'aux obligations qu'il a contractées en vertu d'un engagement privé. Il n'est soumis qu'à des règlements ou à des coutumes, quelquefois revêtues de la sanction de l'autorité publique (1). Au contraire, les statuts et les ordonnances déterminent à

---

(1) Par ex. règl^t des peintres-vitriers (métier libre alors), 19 octobre 1644, concernant la police et l'admission des compagnons, homologué par le lieut. g. de la sén. de Poitiers, cité dans les statuts de 1723.

l'avance les obligations du compagnon dans les métiers jurés et règlent la plupart de ses actes. D'un côté, le compagnon jouit d'une liberté assez étendue ; de l'autre, il est soumis à une discipline très stricte. Qu'il appartienne à un métier juré ou à un métier libre, l'ouvrier est d'ailleurs désigné sous les mêmes noms. Il est connu, au Moyen-Age, sous la dénomination latine de *valetus* ou de *serviens* (1). Depuis le xve siècle, il est appelé dans les textes *varlet* ou valet, valet-servant, ouvrier allouhé, ouvrier, serviteur et compagnon. Les termes de serviteurs et de valets sont les plus répandus en Poitou au xve et au xvie siècle pour désigner la classe des ouvriers ; ceux de serviteurs et de compagnons s'emploient davantage au xviie et au xviiie siècle (2). On trouve enfin dans certaines corporations, telles que celles des cordonniers, des apothicaires, des chirurgiens et des barbiers, le compagnon désigné par les termes de garçon et de locatif (3).

Dans la plupart des métiers, l'accès du compagnonnage paraît avoir été assez facile. Il suffit en général au valet, pour être admis, d'exhiber son brevet d'apprentissage. Parfois on exige aussi de lui un certificat de bonnes vie et mœurs, et l'attestation qu'il professe la religion catholique. Tel est le cas des garçons chirurgiens (4). Il y a même des corporations qui demandent davantage. Les maîtres chirurgiens n'admettent point de compagnons sans leur avoir fait subir

---

(1) Règl. des éperonniers (1265) et des potiers d'étain de Poitiers (1333), et autres précités. — (2) Statuts des serruriers 1455, art. 11 ; des menuisiers, 1450-97, art. 11 ; des corroyeurs 1457 — des texiers 1554, art. 8 et 13 — des parcheminiers 1487 — des orfèvres 1457-67 — des apothicaires 1628 — des chirurgiens 1711, à Poitiers, etc. — (3) Statuts des apothicaires 1628 et des chirurgiens 1711 — des barbiers 1410 — arrêt du Parl. 1765 concernant les perruquiers de Poitiers — actes divers concernant les cordonniers xviie s., cités ci-dessous, même chapitre. — (4) Statuts des chirurgiens de Poitiers 1711, art. 8.

auparavant l'épreuve d'une interrogation (1). Les texiers requièrent le varlet de faire la preuve qu'il sait faire le linge ouvré « de sa main (2) ». D'autres demandent au compagnon une sorte de chef-d'œuvre, analogue à celui des maîtres. Ainsi, chez les pâtissiers, le varlet chargé de colporter les oublies est tenu de faire expérience devant les patrons du métier et devant les deux jurés. Il est obligé de préparer un bon plat et deux pâtés brisés, ainsi qu'une boîte d'oublies (3). De même, les garçons bouchers ne peuvent ceindre le devanteau ou tablier blanc, insigne de leur condition, sans avoir prouvé leur capacité en levant et en étendant, « comme il appert, » une épaule de bœuf, en présence des quatre maîtres jurés (4). A Châtellerault, le compagnon chapelier, qu'il soit de la ville ou non, ne peut entrer à l'atelier sans avoir fait un chapeau « tel qu'il lui est donné « par les maîtres, pour connaître s'il est expert ». De plus on observe pendant huit jours sa façon de travailler dans l'ouvroir d'un patron qui est chargé de la surveillance (5). Les menuisiers de Poitiers veulent également, au XVe siècle, que le compagnon, à l'issue de l'apprentissage, donne la mesure de son savoir en faisant un chef-d'œuvre de la valeur de 10 s. (6). Les épreuves sont surtout exigées des *garçons de veuves*, c'est-à-dire des compagnons qui exercent réellement le métier à la manière des patrons, sous le nom des veuves de maîtres. Les précautions prises à leur égard sont justifiées par les prérogatives exceptionnelles qu'on leur confère et par la déconsidération que des varlets ignorants

(1) Mêmes statuts, art. 8. — (2) Statuts des texiers de Poitiers 1554, art. 21. — (3) Statuts des pâtissiers de Poitiers 1505-20, art. 10. — (4) Statuts des bouchers de Poitiers, XVe s. — (5) Statuts des chapeliers de Châtell^t 1588, art. 11. — (6) Statuts des menuisiers de Poitiers 1450-97.

pourraient jeter sur le métier. Aussi, chez les maréchaux de Poitiers, les jurés sont-ils tenus d'examiner les compagnons des veuves, « pour voir s'ils sont suffisans (1) ». Les statuts des apothicaires obligent ces varlets ou serviteurs à passer des examens sans frais devant les maîtres-gardes (2) assistés ou non d'un médecin (3) ; ils leur interdisent de piler et d'exposer en vente les drogues sans les avoir soumises à l'inspection des jurés (4). Pareille prescription est formulée à l'égard des garçons qui servent auprès des veuves de chirurgiens. Leur examen qui dure une séance, c'est-à-dire une demi-journée, et qui est gratuit, se passe devant tous les maîtres assemblés en compagnie d'un médecin. Ces compagnons ne peuvent exercer sans un certificat qui leur est délivré par le greffier en charge et qui atteste qu'ils ont satisfait aux épreuves (5). Quelques métiers, jaloux de conserver intacte la bonne réputation de leur corps, prohibent l'engagement des varlets mal famés. Les texiers par exemple interdisent de faire ouvrer des serviteurs « maque-« reaux publics et bannis pour crimes, de même que toutes « personnes diffamées », à peine d'amende contre les maîtres qui les tiendraient dans leurs ouvroirs (6). Pour d'autres corporations, les formalités sont réduites au minimum, c'est-à-dire à une simple inscription sur le registre de la communauté (7), ou même à la seule présentation de l'acquit d'apprentissage (8).

En principe, chaque maître en Poitou est libre d'engager

---

(1) Statuts des maréchaux de Poitiers 1583, art. 10. — (2) Statuts des apothicaires de Poitiers 1628, art. 26. — (3) Statuts des apothicaires de Thouars 1617, art. 6. — (4) Statuts des apoth. de Poitiers 1628, art. 27. — (5) Statuts des chirurgiens 1711, art. 7 et 8. — (6) Statuts des texiers 1554, art. 8. — (7) Ex. statuts des maçons, 1695, art. 17. — (8) Autres statuts et textes cités ci-dessous.

autant de compagnons qu'il veut. Du moins, la plupart des statuts n'édictent-ils aucune règle restrictive à cet égard. En fait, le régime de la petite industrie, qui prédominait dans la province, ne permettait guère aux patrons d'engager un grand nombre d'ouvriers. D'ailleurs, le nombre des apprentis était restreint, et l'apprentissage local, source principale du compagnonnage régional, ne pouvait fournir aux ateliers qu'un effectif limité de compagnons. Le plus souvent, les maîtres n'ont qu'un varlet, comme les sergetiers et les chirurgiens; parfois ils en ont deux, comme les bouchers (1). Rarement, la loi intervient pour suppléer, à cet égard, aux habitudes et aux suggestions de l'intérêt privé. Il en est ainsi du moins en ce qui concerne les maîtres. Au contraire, les statuts limitent en général avec soin le nombre des compagnons que pourront tenir les veuves et filles, et les fils mineurs des maîtres. Ici, intervient évidemment la crainte de créer aux patrons une concurrence périlleuse et de livrer la profession à des artisans irresponsables ou peu expérimentés. C'est pourquoi, la plupart des corps de métiers, pâtissiers, texiers, chapeliers, corroyeurs, tanneurs, maréchaux, serruriers, parcheminiers, apothicaires, chirurgiens, et d'autres encore, exigent qu'il n'y ait dans l'ouvroir des veuves ou des mineurs qu'un compagnon « sûr, expert, bien entendu, suffisant et idoine », qui sera soumis à la visite des jurés, et à la condition que les veuves ou mineurs seront responsables de ses fautes (2).

(1) Statuts des sergetiers de Châtell^t 1656, art. 2. — (2) Presque tous les chirurgiens n'ont qu'un garçon pour garder la boutique et servir le client. Lettre des chir. de Poitiers, 18 avril 1708, Vienne D. 11. — Statuts des bouchers de Poitiers xve s. — Statuts des pâtissiers 1505-21; des texiers 1554, art. 3; des corroyeurs 1457, art. 15; des maréchaux 1583, art. 3 et 10; des serruriers, 1455, art. 3; des parcheminiers 1487-1553, art. 11; des

Le compagnonnage est pour beaucoup d'artisans, surtout à partir des temps modernes, une situation au-dessus de laquelle ils ne s'élèvent pas, faute de posséder les ressources nécessaires à ceux qui veulent lever ouvroir et travailler comme maîtres. Aussi, le maximum de durée des services du compagnon n'est-il nulle part déterminé. Bon nombre de valets restent dans la condition de serviteurs, depuis leur sortie d'apprentissage jusqu'à leur mort. Bon nombre d'autres dépassent notablement le temps légal du compagnonnage. Tel est, en 1595, ce garçon chirurgien qui se présente à Poitiers à la maîtrise, après 13 ans de services, alors que le minimum exigible est trois fois moins élevé (1). Une partie des métiers jurés exigent, en revanche, du compagnon aspirant à la maîtrise, un minimum de services ou temps de compagnonnage. Les boulangers de Niort en 1730 demandent que l'aspirant ait servi au moins un an comme garçon (2). Les imprimeurs requièrent un service de 4 ans et les libraires ou les relieurs un service de 3 ans (3). Chez les apothicaires de Thouars, les enfants des maîtres eux-mêmes ne peuvent se dispenser de servir 3 ans (4). Les chirurgiens de Poitiers veulent qu'on ait servi 3 ans chez un maître ou à l'hôpital (5) Les apothicaires de cette ville, plus exigeants, astreignent les compagnons à un service de 6 ou 7 ans, après l'apprentissage qui est de 5 ans. Si le candidat à la maîtrise n'a pas

---

apothicaires 1628, art. 26 ; des chirurgiens 1711, art. 7, à Poitiers ; des chapeliers 1588, art. 15 ; des tanneurs 1596, art. 25 ; des maréchaux 1573, art. 4, à Châtellerault ; des apothicaires 1617, art. 6, à Thouars.

(1) Requête de P. Demairé, garçon chirurgien 21 janvier 1595. *Vienne*, D. 11. — (2) Statuts des boulangers de Niort 1730, art. 11. — (3) Statuts des imprimeurs-libraires et relieurs de Poitiers 1634, art. 6. — (4) Statuts des apothicaires de Thouars 1617, art. 3. — (5) Statuts des chirurgiens de Poitiers, 1711, art. 24. Les barbiers demandent 4 ans (statuts de 1410).

le temps de compagnonnage requis, on l'exhorte « amicalement à parachever son temps (1) ». C'est principalement à l'égard des forains, c'est-à-dire des étrangers, que les corporations se montrent soupçonneuses. Un forain aspire-t-il à Poitiers aux avantages de la maîtrise, il devra, chez les peintres-vitriers, s'astreindre à travailler pendant un an dans la boutique d'un maître du lieu; chez les orfèvres, il servira un an dans la forge d'un patron, pour qu'on puisse « savoir de ses mœurs et de son œuvre », disent les statuts (2). Les apothicaires de Thouars veulent « cognoistre la vie, les mœurs, la capacité » du compagnon étranger; c'est pourquoi ils l'obligent à servir 6 mois entiers dans leur ville (3). Ceux de Poitiers exigent qu'il serve au moins un an et un jour chez un des maîtres du lieu, qui se portera garant de sa « bonne vie, mœurs et suffisance (4) ». Ce sont là des précautions contre la fraude. Le temps de service exigé des forains est une simple épreuve surnuméraire qui ne dispense point le varlet d'avoir accompli ailleurs le nombre minimum d'années de compagnonnage requis par les statuts locaux.

Le compagnon n'est pas tenu, comme l'apprenti, de travailler sur place, soit dans sa ville natale, soit dans le lieu où réside sa famille. L'usage veut, au contraire, que le varlet complète son instruction professionnelle, en allant de ville en ville louer ses services : « Gai et leste, » dit Michelet, à propos de l'ouvrier d'autrefois, « il voyage beaucoup; où il trouve à travailler, il reste (5) ». La coutume du « tour de France » est encore générale parmi les compagnons poitevins, à la

---

(1) Statuts des apothicaires de Poitiers 1552, art. 27; 1628, art. 31 et 32. — (2) Statuts des peintres-vitriers 1723, art. 5; des orfèvres, 1457-67, art. 9, à Poitiers. — (3) Statuts des apoth. de Thouars 1617, art. 4. — (4) Statuts des apothicaires de Poitiers 1628, art. 33. — (5) Michelet, le Peuple, p. 52.

fin de l'ancien régime (1). Les statuts corporatifs, ceux des cordonniers et des apothicaires, par exemple, admettent la validité du service des ouvriers, qu'il ait été accompli dans les bonnes villes du royaume ou même dans celles du dehors (2). C'est un titre pour le compagnon, lorsqu'il se présente à la maîtrise, que de pouvoir montrer des certificats attestant qu'il a travaillé dans les meilleurs centres industriels ou commerçants (3). Les documents prouvent qu'il y a sans cesse des varlets poursuivant leur existence nomade « par la province ». Ils vont partout quêter de l'ouvrage, et, à Poitiers, si on ne peut leur en donner, on les secourt sur les fonds de la corporation, pendant le temps de leur passage (4). Toutefois, pour empêcher le compagnon forain de vivre en oisif aux frais de la charité corporative, certaines communautés ont pris des mesures de précaution. Les apothicaires forcent l'ouvrier à se faire immatriculer, dans un délai de 8 jours, à dater de son arrivée, au domicile des maîtres-gardes ; s'il s'y refuse, on le contraint de sortir de la ville dans les 24 heures (5). Les maîtres perruquiers-baigneurs-étuvistes et les menuisiers ont à cet effet un *buraliste* ou *concierge*, chargé d'inscrire sur un registre tous les garçons et de leur délivrer un certificat d'enregistrement. Les compagnons ne peuvent se placer chez les patrons sans ce certificat qu'ils sont tenus de prendre dans les trois jours de leur arrivée à Poitiers (6). L'embauchage des ouvriers se

(1) Voir un art. des *Aff. du Poitou* 1780, p. 151. — (2) Statuts des apothicaires de Poitiers 1628, art. 31 et 36. — Requête d'un garçon cordonnier au corps de ville de Poitiers 14 déc. 1654, Reg. 105. — (3) Actes de réception à Châtellerault d'un horloger (8 février 1673), et d'un coutelier (9 février), *Vienne*, E 7¹, etc. — (4) Statuts des apothicaires de Poitiers 1628, art. 22 et 23. — (5) Statuts des apothicaires de Poitiers 1628, art. 37. — (6) Arrêt du Parl. de Paris au sujet des garçons perruquiers de Poitiers, 23 janvier 1765,

pratiquait-il en Poitou, le matin, sur la place publique, suivant un usage fort répandu? On n'a, à cet égard, aucune preuve. Au xviiᵉ siècle et au xviiiᵉ, un certain nombre de corporations ont organisé de véritables bureaux de placement. Les maîtres-perruquiers et les menuisiers possèdent, comme on l'a vu, leur buraliste ou concierge, agent préposé à ce soin. D'autres corps, tels que les apothicaires, paraissent avoir confié aux maîtres jurés le soin d'embaucher les garçons (1). On avait voulu surtout éviter que les autres compagnons ne prissent l'initiative d'embaucher les varlets à leur arrivée en ville et ne parvinssent à faire ainsi la loi aux maîtres. C'est pourquoi les maîtres de certains métiers jurés se réservent d'organiser l'embauchage. Ainsi, les tailleurs ou couturiers de Poitiers, en 1644, décident de nommer parmi eux à tour de rôle un maître embaucheur qui prêtera serment aux mains du maire et qui placera les garçons, moyennant une redevance de 10 s. exigible seulement une fois de chaque compagnon embauché. Il est défendu dès lors aux garçons tailleurs de « s'embaucher les uns les autres, sous peine d'amende arbitraire (2) ». Les cordonniers imitent cet exemple, en 1667 : les maîtres nomment tous les trois mois parmi eux un embaucheur qui, moyennant une indemnité de 3 s. par compagnon, reçoit les déclarations des varlets en quête d'ouvrage, tient registre des offres et demandes, et envoie « sans préférence » les ouvriers aux patrons qui en ont besoin, suivant l'ordre d'inscription des uns et des autres. La même institution existe chez les menuisiers (3).

impé, *Arch. Antiq. Ouest.* — Ordon. du présidial de Poitiers rel. aux menuisiers 1774, art. 5, 6, 7.

(1) Statuts des apothicaires art. 37. — (2) Délib. munic. du 1ᵉʳ août 1644 homologuant l'acte des tailleurs, Reg. 96. — (3) Délib. munic. du 25 juin 1663 et des 4 et 11 mai 1676, homologuant des actes d'assemblées des maîtres cordonniers, Reg. 113 et 125. — Ordon. du présidial de Poitiers rel.

Quand le compagnon a été engagé par un maître, il peut entrer en boutique, non sans remplir auparavant, du moins dans quelques corporations, certaines formalités. Les apothicaires et les chirurgiens, notamment, veulent à Poitiers, que le garçon ou locatif se fasse immatriculer ou enregistrer sur le papier registre de la communauté (1). Les garçons chirurgiens qui servent chez des veuves sont même astreints à renouveler cet enregistrement tous les ans (2). La plupart des corporations obligent le compagnon à payer un droit d'entrée qui consiste, soit en une livre de cire pour la confrérie, soit en une redevance pécuniaire pour la boîte du métier (3). Les fils de maîtres en sont parfois exempts (4). Les patrons sont responsables du paiement de ces droits, sauf à s'indemniser sur le salaire des serviteurs (5). Il y a même des communautés jurées, celle des pâtissiers par exemple, qui imposent au compagnon le paiement d'une redevance hebdomadaire pour l'entretien de la confrérie (6). Les obligations initiales remplies, l'ouvrier est appelé à jouir des avantages que lui assure le contrat d'engagement, le plus souvent verbal, semble-t-il, qui le lie au patron pour un temps plus ou moins long (7).

Ses devoirs sont déterminés par les règlements et les statuts d'une manière rigoureuse. Une loi générale, souvent

---

aux menuisiers (1774), art. 6 et 7 (oblig. de payer 10s au buraliste, interdiction aux compagnons de s'embaucher les uns les autres).

(1) Statuts des apothicaires 1628, art. 64 — des chirurgiens 1711 art. 17; à Poitiers le greffier perçoit 2 l. pour cette formalité. — (2) Statuts des chirurgiens 1711, art. 9. — (3) Les pâtissiers exigent 1 l. de cire (statuts des pâtissiers de Poitiers 1505-20); les menuisiers 1 livre de cire de la valeur de 4 l. t. (statuts de 1450-97); les chapeliers de Châtel'. (statuts de 1588, art. 11), 5 s. pour la boîte du métier. — (4) Statuts des menuisiers de Poitiers 1450-97. — (5) Statuts cités ci-dessus. — (6) Statuts des pâtissiers de Poitiers 1505-20, art. 13. — (7) Nous n'avons pas trouvé de contrats écrits de ce genre.

renouvelée, interdit à tous artisans ou gens de métier de quitter le service des maîtres avant le terme du contrat de location d'ouvrage (1). Le compagnon qui se rend coupable de ce délit est passible d'une forte amende, 10^s- chez les serruriers, 60^s chez les chaussetiers et les tailleurs au xve siècle, 3^l chez les maçons en 1695, 3^l chez les peintres vitriers en 1723, 30^s chez les parcheminiers. En général au xviiie siècle elle s'élève à 10^l, et même à 20^l chez les menuisiers (2). De plus, l'ouvrier peut être condamné à payer des dommages et intérêts au maître lesé (3). Enfin, il est appréhendé et sommé de « vuider », c'est-à-dire de quitter la ville, où il ne pourra travailler pendant une période déterminée. Il n'y sera plus admis, déclarent les statuts des tailleurs, jusqu'à ce qu'il ait réparé sa faute (4). En général, le bannissement prononcé contre lui est de trois mois; c'est la pénalité prévue par les peintres-vitriers et les menuisiers, aussi bien que par les ordonnances du xviiie siècle (5). Seuls, les apothicaires, plus rigides, infligent au délinquant un exil de deux ans (6). Parfois même, c'est la prison qui punit ce délit (7). Mais il faut

---

(1) Ordon. gén. de police 1541, 1567, 1578, 1632, 1634, 1700, 1733, pour Poitiers; de 1749 pour Châtellerault, art. 22 et 23. — (2) Statuts des serruriers 1455, art. 11 — des chaussetiers 1473, art. 9 — des tailleurs 1458-61 — des maçons 1695, art. 9 — des peintres-vitriers 1723, art. 8 — des parcheminiers 1487 — 1553, art. 5. — Ordon. de police de 1733, art. 16; et de 1749, art. 22. — Ordon. du présidial (1774) rel. aux menuisiers, art. 12. — (3) Ordon. de police de Châtell^t. 1749, art. 34 contre les ouvriers du bâtiment. — Statuts des maréchaux de Poitiers 1583, art. 12; des maréchaux de Châtell^t. 1573, art. 16. — (4) Sentence de l'échevinage de Poitiers contre un compagnon poêlier, 29 janvier 1635, Reg. 85. — Statuts des tailleurs de Poitiers 1458-61. — (5) Statuts des peintres-vitriers de Poitiers 1723 art. 8. — Lettres-pat. rel. aux statuts des menuisiers de Châtell^t, 31 mai 1765, Vienne E 7^1. — Ordon. de police 1733, art. 16; 1749, art. 22 et 23. — (6) Statuts des apothicaires de Poitiers 1628, art. 28. — (7) Ordon. du présidial de Poitiers (1774), art. 12.

protéger les compagnons contre les manœuvres déloyales des maîtres eux-mêmes. Aussi, statuts et règlements punissent-ils les patrons, marchands ou industriels, qui subornent les ouvriers de leurs confrères. On leur inflige des amendes élevées, 7ˢ 6ᵈ chez les texiers de Poitiers (1), 2 écus chez les chapeliers de Châtellerault (2), 100ˢ chez les tailleurs (3), 3ˡ de cire chez les maçons (4), 20ˢ puis un écu chez les maréchaux (5), 20ˡ chez les poêliers (6), un marc d'argent chez les barbiers (7). Au xviiiᵉ siècle, l'amende est généralement de 30ˡ (8). Le maître suborneur est, en outre, passible d'interdiction temporaire du métier, comme chez les maçons (9), et de dommages et intérêts, comme chez les maréchaux (10).

Tout maître, avant d'engager un compagnon sortant de l'ouvroir d'un autre, est obligé de demander devant témoins l'autorisation du patron que l'ouvrier vient de quitter (11). Il est tenu de s'informer, sous peine d'amende, si le compagnon a satisfait son premier maître. C'est ce que stipulent au xvᵉ siècle les statuts des chaussetiers, des maréchaux, des pâtissiers (12). Il faut même, dans certaines corporations, que le maître qui embauche un ouvrier soit muni du consentement « exprès et par escript » du patron précédent. Il en est ainsi chez les parcheminiers et les imprimeurs-

---

(1) Statuts des texiers de Poitiers, 1554, art. 8 et 13. — (2) Statuts des chapeliers de Châtellerault 1588, art. 14. — (3) Statuts des tailleurs de Poitiers, 1458-61. — (4) Statuts des maçons 1695, art. 7 et 9. — (5) Statuts des maréchaux de Poitiers 1583, art. 12. — (6) Sentence des échevins de Poitiers contre un maître poêlier, 29 janvier 1635, Reg. 85. — (7) Statuts des barbiers de Poitiers 1410, art. 10. — (8) Ordon. gén. de police 1733, art. 16 pour Poitiers ; 1749, art. 22 et 23 pour Châtell. — (9) Statuts des maçons de Poitiers 1695, art. 7 et 9. — (10) Statuts des maréchaux de Poitiers 1583, art. 12. — (11) Statuts des maréchaux de Châtell. 1573, art. 16. — (12) Statuts des chaussetiers de Poitiers 1473, art. 9 — des pâtissiers 1505-20, art. 8 — des maréchaux 1583, art. 12, etc.

libraires (1). Dès le xv° et le xvi° siècle, on exige, par exemple, chez les corroyeurs et les chapeliers, la présentation d'un satisfecit du maître. Au xviii° siècle, chez les chirurgiens, on veut que le garçon présente un billet de congé signé du maître auprès duquel il vient de servir (2). Un arrêt de 1715 va jusqu'à interdire aux perruquiers de Poitiers, de recevoir des compagnons sans certificat et sans congé, à peine de prison contre les garçons et de 100¹ d'amende contre les maîtres qui les engageraient (3).

La rigueur des statuts et des ordonnances est surtout grande à l'égard de l'ouvrier qui abandonne l'atelier sans avoir achevé le travail qu'il y a commencé. Les texiers de Poitiers punissent d'une forte amende le maître qui débauche un compagnon en pareille occurrence. Ils stipulent que « la justice » seule peut, en ce cas, autoriser l'ouvrier à quitter le travail, après toutefois que le patron aura été convoqué et entendu (4). Chez les cordonniers, le compagnon qui déserte, laissant à l'ouvroir sa besogne inachevée, peut être appréhendé au corps et réintégré de force jusqu'à ce qu'il ait terminé son ouvrage et jusqu'à ce qu'il ait gagné les avances que le maître pourrait lui avoir faites (5). Il est passible, de plus, d'une amende qui s'élève à 50¹ chez les maçons, et il est loisible de lui infliger le paiement de

(1) Statuts des parcheminiers de Poitiers 1487-1554, art. 5; des imprimeurs-libraires 1634, art. 5. — (2) Statuts des corroyeurs de Poitiers 1457, art. 12; des chapeliers de Poitiers 1560, art. 9; des chapeliers de Châtell¹. 1588, art. 14; des chirurgiens de Poitiers 1711, art. 20; des coutcliers de Châtell¹. 1571, art. 9. — L'obligation du billet de congé se retrouve dans les ordon. gén. de police de 1733 pour Poitiers et de 1749 pour Châtelferault. — (3) Arrêt du Parl. de Paris (25 janvier 1765) contre les garçons perruquiers de Poitiers. — (4) Statuts des texiers de Poitiers 1554, art. 8 et 13 — de même autres statuts ci-dessus cités. — (5) Sentence du lieut. g. de Châtell¹. contre Bontemps, garçon cordonnier 24 octobre 1671, *Vienne* E 7¹. — De même sentence des échevins de Poitiers contre un compagnon poêlier 29 janv. 1635, précitée.

5

dommages et intérêts (1). On admet rarement que cet abandon de l'atelier au moment décisif puisse être excusé. Les texiers ne l'autorisent que si le maître « donne congié et licence » à son ouvrier (2). Les tanneurs permettent au compagnon de rompre le contrat, au cas où il se marie et à condition qu'il avertisse le maître un mois à l'avance (3). Les chirurgiens exigent que le garçon sortant se fasse remplacer par un suppléant capable (4). Les barbiers-perruquiers ne donnent congé à leurs ouvriers que s'ils se font suppléer par d'autres garçons, et ils veulent que le compagnon, pour se retirer définitivement, avise le maître au moins trois semaines à l'avance. Les menuisiers exigent qu'ouvrier et patron s'avertissent réciproquement 15 jours avant leur sortie (5). Il y a mieux encore. L'ouvrier dans certains métiers n'est même pas autorisé à aller « en débauche » pendant une journée. Les texiers astreignent le compagnon qui abandonne l'atelier pour ce motif à payer 10^d par jour, c'est-à-dire le prix de la journée, pendant laquelle la pièce inachevée a encombré le métier (6). On ne veut pas davantage que les maîtres se fassent les complices de la rupture du contrat d'embauchage, en provoquant indirectement les ouvriers à déserter les ouvroirs. C'est pourquoi, afin d'empêcher les patrons « de soustraire et attirer aucuns garçons

---

(1) Ordon. de police de Châtell^t. 1749, art. 34 concernant les ouvriers du bâtiment. — (2) Statuts des texiers 1554, art. 13 — des chapeliers de Poitiers 1560, art. 9 — des chapeliers de Châtell^t 1588, art. 14. (3) Statuts des tanneurs de Châtell^t 1596, art. — (4) Statuts des chirurgiens de Poitiers 1711, art. 20. — (5) Arrêt du Parl. 23 janvier 1765 au sujet des perruquiers de Poitiers. — L'obligation d'avertir le maître se retrouve dans la plupart des statuts, par ex. ceux des menuisiers de Poitiers 1450-97, art. 22. — Ordon. du présidial de Poitiers rel. aux menuisiers (1774), art. 12. — (6) Statuts des texiers de Poitiers 1554, art. 31.

des boutiques les uns des autres », les cordonniers, avec l'adhésion des échevins, interdisent d'offrir de hauts prix aux compagnons et fixent officiellement le taux des salaires. Chez les menuisiers, les ordonnances interdisent aux maîtres « d'user d'aucuns détours pour attirer les garçons de leurs confrères, soit en augmentant le salaire de l'ouvrier, soit en lui promettant d'acquitter les dettes qu'il peut avoir, soit en lui faisant entrevoir un autre avantage (1) ». Les maîtres qui ont un nombre trop grand d'ouvriers sont, pour les mêmes raisons, tenus d'en faire part à leurs confrères moins favorisés, et ceux-ci peuvent requérir leurs voisins de « leur bailler » les varlets dont ils ont besoin (2).

La coutume et parfois même les statuts et les ordonnances règlent les autres devoirs et les droits des compagnons à l'égard des patrons. Quelques-uns de ces devoirs ne concernent que les ouvriers d'une corporation déterminée. Telle est l'obligation pour les compagnons imprimeurs de garder les épreuves ou copies de l'ouvrage, afin de les livrer au maître à la fin de l'impression, de sorte qu'on puisse au besoin les présenter en justice (3). D'autres prescriptions se retrouvent dans la plupart des métiers. Ainsi, les coalitions ou grèves, d'ailleurs très rares en Poitou, où la petite industrie à peu près seule existe jusqu'à la fin de l'ancien régime, sont l'objet d'une interdiction sévère, comme atten-

(1) Délibér. munic. de Poitiers 10 juin 1647, homologuant des actes d'assemblée des cordonniers des 29 nov. 1632 et 27 mai 1647, Reg. 98. — Voir aussi chap. V le paragraphe relatif aux salaires, et le livre IV, chap. II. — Ordon. du présidial de Poitiers (1774) rel. aux menuisiers, art. 17. — (2) Statuts des couteliers de Châtell'. 1571, art. 10. — Ordon. munic. de Poitiers, 8 février 1586, défendant à tous maîtres d'avoir plus de compagnons et serviteurs qu'il n'est licite, Reg. 45. — Telle est la loi, mais il est fort possible qu'elle ait été mal observée. — (3) Statuts des impr. libraires de Poitiers 1634, art. 5. — Ordon. du présid. de Poitiers (1774) rel. aux menuisiers, art. 14.

tatoires à l'ordre public. Les ordonnances municipales relatives aux boulangers, aux bouchers et à bien d'autres professions, ordonnent de sévir contre toute entente illicite, qu'elle provienne des ouvriers ou des maîtres (1). Les coalitions de compagnons imprimeurs étaient, semble-t-il, surtout à craindre, puisque les statuts de 1634 défendent formellement à ces ouvriers « de faire le tric » (2). On désignait sous ce nom les grèves spéciales à ce métier.

Beaucoup plus fréquent était le délit qui consistait pour le compagnon à travailler en chambre, c'est-à-dire à son domicile privé, hors de l'ouvroir d'un maître, ou bien à se rendre au domicile des particuliers pour y exercer son métier à son propre compte. On désignait en Poitou sous le nom de *croquechats* et de *chambrelans* ou *chamberlans* les délinquants de cette espèce (3). Les statuts se montrent à cet égard très rigoureux, et leurs injonctions sont confirmées par les ordonnances des pouvoirs locaux et des Parlements. Ils ne permettent aux compagnons de travailler en chambre, d'aller ouvrer aux « hostels des chalans ou bourgeois », que si le maître chez lequel ils sont engagés leur en donne l'ordre ou l'autorisation (4). Telle est la règle générale que formulent, par exemple, les pâtissiers, les chaussetiers, les couturiers et les menuisiers. Les chirurgiens vont plus loin. Ils exigent l'assistance d'un maître pour toute opération, levée des cadavres, dissection, rédac-

(1) Voir ci-dessus livre II, chap. I et sq. — (2) Statuts des impr. libraires de Poitiers, 1634, art. 5. — (3) Par ex. dans l'ordon. munic. de Poitiers du 23 août 1621 (Reg. 76), et dans l'arrêt du Parl. de Paris (25 janvier 1765) relatif aux perruquiers de Poitiers. — (4) Statuts des menuisiers de Poitiers 1450-97, art. 20 ; des pâtissiers 1520 ; ordon. munic. du 10 juillet 1581 et 13 août 1618, à la requête des chaussetiers et des menuisiers, Reg. 43 et 73. — Ordon. munic. rel. aux couturiers citées ci-dessous. — Ord. du présid. de Poitiers (1774) rel. aux menuisiers, art. 15.

tion de procès-verbaux, à laquelle les garçons peuvent participer (1). Toute opération commerciale, telle que vente de produits, toute location de serviteurs ou d'apprentis, toute association est interdite aux compagnons. On trouve cette interdiction formulée aussi bien chez les chaussetiers que chez les chirurgiens (2). Il est de même défendu aux garçons de procéder à l'embauchage des varlets (3), et d'exiger de ceux qui sont de passage, lorsqu'ils veulent s'arrêter en ville et y louer leurs services, des redevances en argent. Les garçons cordonniers de Poitiers s'avisaient au XVIIe siècle de prélever 10 s. aux dépens des varlets forains. Le corps de ville, sur la plainte de ces derniers, contraint les délinquants à restituer l'argent reçu et les menace de punition exemplaire s'ils récidivent (4).

Les sanctions de ces règlements sont très dures : elles prouvent la profondeur du mal et la difficulté de l'extirper. On ne se contente pas d'infliger aux chambrelans de fortes amendes (5); on les traque sans répit. Les maîtres jurés des métiers sont autorisés à faire irruption chez les compagnons soupçonnés, et même dans les maisons particulières, où ils travaillent sans autorisation (6). Ils ont droit de saisir les outils, les étoffes, les ouvrages exécutés ou en voie d'exécution et de les faire vendre, après sentence des juges compétents, pour en distribuer le prix aux pauvres, après

(1) Statuts des chirurgiens 1711, art. 9 et 10. — (2) Statuts des pâtissiers 1520 — ordon. du 10 juillet 1581, relative aux chaussetiers — statuts des chirurgiens 1711, art. 9, 10 et 18 — autres exemples cités livre II. — (3) Statuts des chirurgiens art. 9. — (4) Ordon. munic. du 26 avril 1651, contre les garçons cordonniers, *Reg.* 102. — Arrêt du Parl. 25 janvier 1765, contre les garçons perruquiers. — (5) Par ex. 50 l. contre les garçons chirurgiens (statuts 1711, art. 9). — (6) Ordon. munic. du 20 sept. 1617, rel. à une saisie des tailleurs chez un procureur ; 27 décembre 1638 relative à une autre dans une maison privée vers St-Pierre-l'Oustault; ordon. du 4 sept. 1673, autorisant les visites domiciliaires à Poitiers, *Reg.* 72, 89, 123.

avoir acquitté les frais de saisie (1). Il est interdit à tous les habitants, et spécialement aux cabaretiers et logeurs, de donner asile aux coquechats (2). Parfois, on enjoint à tous les compagnons qui ne peuvent justifier qu'ils sont engagés au service d'un maître, de sortir de la ville dans le plus bref délai, sous peine d'amende et de punition exemplaire. C'est ce qui arrive, en 1603, aux garçons tailleurs fort nombreux, qu'on suspecte de travailler en chambre (3). En 1765, un arrêt du Parlement de Paris permet encore au prévôt et au syndic des perruquiers de Poitiers de faire arrêter jusque dans la rue et sur la place publique les chambrelans notoires, coiffeurs pour hommes ou pour dames, et de les conduire en prison. La police est tenue de prêter main-forte aux dignitaires de la corporation (4). Il n'y a guère recours contre l'application rigoureuse de cette loi que dans la complicité du public qui, surtout à la fin de l'ancien régime, favorise le travail des chamberlans et déjoue les manœuvres de leurs persécuteurs (5). L'autorité publique peut en principe intervenir et apporter quelques tempéraments à l'excessive rigueur de la règle. Ainsi à Poitiers, les échevins accordent à des compagnons infirmes ou pauvres, chargés de femmes et d'enfants, l'autorisation, « sans tirer à conséquence », de travailler en chambre ou en maisons particulières, sans pouvoir toutefois tenir d'autres garçons ou des apprentis (6). Mais cette dérogation aux statuts se produit rarement.

(1) Mêmes ordonnances. — Lettres pat. de janvier 1765, relatives aux menuisiers de Châtellerault. — (2) Ordon. munic. du 21 octobre 1603 et du 26 juillet 1605, rel. aux chamberlans-tailleurs à Poitiers. — (3) Ordon. munic. du 21 octobre 1603, précitée. Ordon. du présid. de Poitiers, rel. aux menuisiers (1774), art. 5. — (4) Arrêt du Parl. de Paris 25 janv. 1765 relatif aux perruquiers. — (5) Voir par ex. l'épisode du chamberlan perruquier raconté par les *Aff. du Poitou* 1775, p. 103. — (6) Délib. munic. du

Si la logique avait réglé les rapports entre maîtres et compagnons, du moment où le varlet n'était pas admis à ouvrer hors de l'atelier d'un patron, il eût été juste d'obliger celui-ci à employer l'ouvrier sans travail. On avait reculé devant cette conséquence extrême. Les statuts des pâtissiers stipulent notamment que les maîtres ne seront tenus « bailler besognes aux compagnons » (1). En 1603, les garçons tailleurs ayant présenté requête pour obliger les patrons à les employer, le conseil s'y refuse et ne trouve rien de mieux que de sommer ceux qui seront inoccupés de « vuider » la ville dans les trois jours (2). Cependant, certains usages et parfois même des règles positives créent au compagnon une situation privilégiée. La limitation du nombre des apprentis avait son contrecoup sur la limitation effective sinon légale du nombre des compagnons. L'exclusion des femmes qui est prononcée par divers métiers est aussi une mesure favorable aux varlets. Ainsi, chez les chandeliers, les maîtresses chandelières, leurs filles ou leurs servantes ne doivent pas être employées à colporter la chandelle; le monopole de ce travail appartient aux serviteurs (3). La même prohibition frappe la main-d'œuvre féminine chez les tondeurs dès la fin du xiv° siècle (4), et l'on sait que, pendant longtemps, les tailleurs se refusèrent à admettre

1er août et de nov. 1574, accordant le droit de travailler en chambre à un garçon savetier chargé de famille et à un pauvre compagnon tailleur; même autorisation à un autre compagnon tailleur infirme, 5 et 16 mai 1608; à un tapissier qui depuis longtemps allait travailler en maisons particulières, *Reg.* 54, 63, 85.

(1) Statuts des pâtissiers de Poitiers 1505, 1520, art. 11. — (2) Délib. munic. du 21 oct. 1603 sur la requête des garçons tailleurs, *Reg.* 61. — Délib. semblable sur requête des escardeurs et fineurs de laine, 28 janvier 1543-44, *Reg.* 25. — (3) Délib. munic. du 28 août 1572, rel. aux chandeliers, *Reg.* 41. — De même chez les pâtissiers. — (4) Régl. munic. relatif aux tondeurs de Poitiers 1399, *Mss St-Hilaire f°* 72.

que les couturières leur fissent concurrence pour le travail de l'habillement (1). Toutefois, cet exclusivisme ne paraît pas avoir été général, si l'on en juge par le silence de la plupart des statuts. Au xvii° et au xviii° siècle, les couturières et les coiffeuses (2) obtiennent, à Poitiers, droit de cité. On emploie volontiers les femmes dans les industries du vêtement, par exemple dans la bonneterie au tricot. Elles forment le personnel presque entier qu'occupent les 35 maîtres bonnetiers de Poitiers (3). Ailleurs, elles sont occupées au travail du tissage en grand nombre, à tel point qu'à Moncoutant, par exemple, les femmes figurent au nombre de 600, parmi les 1.200 personnes qui travaillent au compte des maîtres (4). Ajoutons que quelques statuts s'occupent de protéger le compagnon contre l'arbitraire du maître. Ainsi, les texiers sont « tenus de bailler diligemment les étoffes aux vaslets et compaignons, et prendre soin qu'elles ne soient brûlées et pourries, ains bonnes et raisonnables », pour mettre en œuvre, « en manière que les dits compaignons ou serviteurs y puissent faire leur gain (5) ». D'autres se préoccupent du sort du serviteur vieilli dans le métier. C'est ainsi que les imprimeurs-libraires lui réservent le droit de colporter les livres et imprimés (6).

En général, la rémunération et les conditions du travail sont réglées par les conventions privées qui interviennent

(1) Ordon. municipale de 1675, relative à cette exclusion, citée livre II, chap. VII, p. 297. — (2) Même ordonnance relative aux couturières — pour les coiffeuses, voir le livre II, chap. VII, p. 297. — (3) Statuts des texiers de Poitiers 1554, art 13. — (4) Statuts des impr. libraires et relieurs de Poitiers 1634, art. 5. — (5) Fait mentionné dans une ordon. du lieut. gén. de police de Poitiers, 8 juin 1764, rel. aux tricoteuses, *Arch. Antiq. Ouest.* — (6) Rapport de l'inspecteur Bonneval 1733, *Vienne* C. 36.

entre le compagnon et le maître. Le travail à la tâche est admis et pratiqué, en Poitou, aussi bien que le travail à la journée. Ainsi, l'un et l'autre mode sont pratiqués au xv° siècle chez les serruriers de Poitiers (1). Au xiv° siècle, on voit, d'après un règlement de 1307, que les compagnons boulangers, charpentiers, maçons, maréchaux, travaillent généralement à la journée, les cordonniers, soit à la journée, soit à la tâche, tandis que les couturiers, les chaussetiers, les tondeurs, les pelletiers, les bûcherons, les charbonniers, sont rétribués à la tâche (2). En 1422, d'après une autre ordonnance, il semble que le mode ordinaire de travail ait été le travail à la journée pour les charpentiers, les maçons, les manœuvres et les laboureurs, tandis que le travail à la tâche est surtout usité chez les tanneurs, les corroyeurs, les cordonniers, les texiers, les couturiers, les tondeurs, les éperonniers, les cordiers, les parcheminiers et les gantiers (3). Il n'y a là, d'ailleurs, rien d'absolu. En dehors des ouvriers du bâtiment, pour lesquels le travail à la journée est resté la forme habituelle du labeur, les autres métiers ont admis concurremment les deux modes, dans une proportion qu'il est impossible de déterminer (4). La durée de la journée du travail était aussi réglée plus par l'usage que par la loi. La plupart des statuts ne la fixent pas. On sait qu'elle variait en France, au Moyen-Age, de 16 heures à 8 heures 1/2 (5). Au xv° siècle, les texiers de

(1) Statuts des serruriers de Poitiers 1455, art. 8 et 11. — (2) Ordon. du sénéchal de Poitou 1307, sur le prix des vivres et sur les salaires, Arch. hist. du Poitou, VIII, 405. — (3) Ordon. du sénéchal de Poitou 1422, sur les vivres et salaires, p. p. P. Guérin, Arch. hist. Poitou, XXVI pp. 386 et sq.— (4) Voir ci-dessous livre III, chap. V. — On voit par ex. que les chapeliers à Châtell[t] travaillent aux pièces (statuts 1588, art. 14), de même les garçons cordonniers de Poitiers, délib. munic. 11 mai 1676, Reg. 125, etc. (5) A. Luchaire, Manuel des Institutions de la France sous les Capétiens, p. 363.

Poitiers la règlent à 17 heures, c'est-à-dire de 4 heures du matin à 9 heures du soir ; de ce total, il faut défalquer évidemment le temps des repas (1). Pour les maçons et ouvriers du bâtiment au xviie siècle, elle est de 14 heures en été, commençant à 5 heures du matin pour finir à 7 heures du soir, depuis la Notre-Dame de mars jusqu'à la Saint-Michel. En automne et hiver, le travail commence au soleil levant, pour finir au soleil couchant, c'est-à-dire dure de 9 à 12 heures par jour (2). Les couteliers de Châtellerault arrivent à l'atelier, au plus tôt, à quatre heures du matin et en sortent, au plus tard, à neuf heures du soir : leur journée est donc, au maximum, de 17 heures, avec les intervalles de repos obligées au moment des repas (3). Les prescriptions relatives au travail de nuit varient également suivant les corporations. Les unes laissent à l'usage ou à l'initiative des maîtres et des ouvriers le soin de régler ces détails. Les autres autorisent formellement le travail de nuit, par exemple celles des corroyeurs et des menuisiers, à Poitiers, parce qu'elles estiment que l'ouvrier peut travailler « à la chandelle », sans inconvénient pour le public (4). Au contraire, les texiers en toile, les chapeliers, les cordonniers, les bourreliers, les gantiers, les éperonniers poitevins ne peuvent ouvrer « de nuit et à la chandelle », sous peine d'amende, parce que leurs ouvrages risqueraient d'être mal exécutés (5). De même, chez les couteliers de Châtellerault, il est interdit « de continuer le travail » après 9 heures du soir, de le

(1) Statuts des texiers de Poitiers 1554, art. 29.— (2) Statuts des maçons de Poitiers 1695, art. 21. — (3) Statuts des couteliers de Châtellerault 1571, art. 13. — (4) Statuts des corroyeurs de Poitiers 1457, art. 17 ; des menuisiers 1450-97, art. 23. — (5) Statuts ou règles de 1265 et 1277, relatifs aux gantiers et bourreliers, de 1295 relatifs aux éperonniers. — Règl. des chapeliers (xiiie s.) — règl. relatif aux cordonniers 1274. — Statuts des texiers 1554, art. 29.

commencer avant 4 heures du matin, parce que « disent les statuts, le dit mestier est difficile à faire et qu'en icelluy faisant, on mène grand bruit qui pourrait préjudicier et nuire aux voisins (1) ». On admet pourtant des exceptions « pour causes urgentes (2) ». Ainsi, les texiers permettent de travailler la nuit, si la besogne est pressée, ou si elle est tellement avancée, « qu'il n'y ait pas grand'chose pour icelle parachever, » et enfin si le lendemain est un jour de fête (3). On autorise les cordonniers à agir de même, quand leurs clients sont des pèlerins, « gens errans ou besoignés, » ou quand il s'agit de chausser les sergens du maire (4). Mais il faut, même en ces divers cas, l'autorisation des officiers publics, municipaux ou royaux, et celle des maîtres-gardes (5). Ajoutons que les ateliers chôment, de plus, les jours de dimanche et de fête, qui, jusqu'au xviiie siècle, sont en nombre considérable (6).

Les documents nous font défaut pour connaître la durée de l'engagement des compagnons. Il semble, d'après divers règlements du xive, du xve et du xvie siècle, que, dans certains corps de métiers, par exemple chez les charpentiers, les maçons et les manœuvres, l'ouvrier s'engageait à la journée (7). Mais, d'autre part, on voit, d'après les statuts des maçons, que les ouvriers du bâtiment se louaient aussi au mois, à la quinzaine ou à la semaine (8). Les engagements à l'année paraissent avoir été réservés aux domestiques et aux serviteurs agricoles (9). D'ailleurs,

(1) Statuts des couteliers de Châtell[t] 1571, art. 13. — (2) Expression des statuts des couteliers — (3) Statuts des texiers de Poitiers 1554, art. 29. — (4) Règl. relatif aux cordonniers de Poitiers 1274. — (5) Statuts des couteliers de Châtell[t]. 1571, art. 13. — (6) Voir ci-dessous, livre III, chap. V et livre IV, chap. III. — (7) Règlements relatifs aux prix des denrées et des salaires 1307, 1422, 1578; voir ci-dessous, chap. V. — (8) Statuts des maçons de Poitiers 1695, art. 9. — (9) Ordon. de police de l'intendant Le Nain pour Poitiers 1733, art 16.

il est probable qu'il n'existait pas, à cet égard, de règles fixes, et que tout devait dépendre, soit de la nature du travail, qui exigeait des engagements plus ou moins longs, soit des stipulations des contrats, qui variaient suivant les besoins et la volonté des parties contractantes.

En résumé, les règlements qui concernent les compagnons, et qui sont, presque tous, postérieurs au XV° siècle, semblent surtout combinés de manière à maintenir parmi eux une étroite discipline, une subordination complète à l'égard des maîtres, en même temps qu'à obtenir d'eux les garanties de capacité technique, de probité professionnelle et de continuité dans le travail exigées par l'intérêt de la société. La pratique répondait-elle à la théorie ? Les mœurs étaient-elles en rapport avec la rigidité des lois ? C'est ce que les textes relatifs à l'organisation du travail en Poitou ne permettent pas d'élucider. Toute affirmation trop tranchée risque de n'être qu'une hypothèse inspirée par les sentiments et non par les faits.

CHAPITRE IV

La Maîtrise en Poitou dans les Métiers libres et dans les Corporations Jurées

Quand le compagnon possède assez de ressources pour ouvrir boutique ou atelier, il devient maître, c'est-à-dire patron. Il peut fabriquer et vendre pour son propre compte, tenir à son tour serviteurs et apprentis. Les métiers libres ont leurs maîtres comme les métiers jurés. Mais il y a des différences profondes entre les patrons qui appartiennent à une communauté libre et ceux qui font partie d'une communauté jurée. Ceux-ci ne sont admis dans la corporation qu'après de nombreuses épreuves, qu'au prix de grands sacrifices pécuniaires, dont ils retrouvent l'équivalent dans le monopole dont ils jouissent, une fois pourvus de leur titre. Ceux-là parviennent à la maîtrise sans être astreints au chef-d'œuvre, sans faire aucuns frais et sans payer aucun droit (1). C'est une règle invariable parmi eux. Ainsi en 1633, en 1666, en 1674, les maîtres tireurs d'armes, qui ne formaient point de corporation jurée, ayant voulu astreindre deux aspirants à faire expérience, le corps de ville frappe les délinquants de déchéance, casse les actes de réception, et condamne les maîtres à l'amende (2). Quelquefois, l'autorité autorise les patrons à exiger une épreuve de la part des candidats à la maîtrise, mais, en ce cas, c'est le représentant du pouvoir local qui juge lui-même, qui désigne les membres du jury chargé de l'assister, et qui statue sur l'admission (3). Point de monopole. Les couvreurs en 1666, les coffretiers en 1664, s'avisent de requérir qu'on interdise tout travail de leur métier à ceux qui n'y sont pas employés d'ordinaire. Leur requête est rejetée. Les échevins de Poitiers décident qu'il est permis « d'user » d'un métier libre « à quiconque en sera jugé capable par ceux qui voudront l'employer (4) ». Quelques formalités très simples, à savoir une requête à l'autorité locale pour avoir permission d'ouvrir boutique ou atelier, une information favora-

(1) « Ung chacun qui veut exercer un métier libre peut le faire et y estre resçu » sans chef-d'œuvre ni frais; ordon. munic. de Poitiers 3 janvier 1587, Reg. 86. — (2) Délib. munic. des 11 et 18 décembre 1634, et du 22 février 1666 et 1674, Reg. 85, 116, 124. — (3) Ex. expérience des tireurs d'armes, délibér. munic. du 22 janvier 1618, Reg. 72. — (4) Délib. munic. de Poitiers, 22 et 29 octobre 1635 rel. aux coffretiers; du 31 mai 1666 rel. aux couvreurs, Reg. 86 et 116.

ble sur l'origine, les antécédents, la vie et la moralité du requérant (1), suffisent pour qu'un compagnon dans une communauté libre puisse passer au rang de maître.

Tout autre est le régime de la maîtrise dans les corporations jurées. Le terme de maîtres ou *menestraux* apparaît dans les règlements relatifs aux métiers jurés poitevins du xiii° et du xiv° siècle (2). Mais les textes ne nous apprennent rien sur les conditions exigées alors pour parvenir à la maîtrise. L'accès en était-il facile, comme à Paris? Les étrangers eux-mêmes y étaient-ils admis comme à Limoges (3)? Nous l'ignorons. C'est seulement à partir du xv° siècle que l'organisation de la maîtrise en Poitou peut être étudiée dans le détail. Les maîtres des métiers jurés paraissent depuis cette époque former une aristocratie qui, jalouse de limiter la concurrence et de garantir son monopole, hérisse les abords du patronat de formalités gênantes ou coûteuses, et multiplie autour d'elle les barrières et les obstacles. Pour se présenter aux épreuves exigées à l'entrée de la maîtrise, il faut en effet réunir les conditions d'origine, de filiation, d'âge, de stage professionnel, de moralité et même d'aptitude physique requises par les statuts. La plupart des métiers ne demandent pas que l'aspirant soit originaire de la ville où il exercera comme maître. L'intérêt de la corporation elle-même, et surtout celui de la cité, ne permettent point qu'on risque de tarir ainsi le recrutement des communautés d'arts et métiers. Aussi, les registres qui contiennent les procès-verbaux de réception des maîtres, ou les docu-

---

(1) Voir ci-dessous livre IV, chap. II. — (2) Par ex. règl. relatifs aux bouchers 1265, aux potiers d'étain 1333, aux drapiers 1320 et 1377, etc. — (3) Voir E. Levasseur, *Hist. des classes ouvr.* I, 205; et A. Franklin, *Les anc. corp.*, p. 52, pour Paris; L. Guibert, *Les anc. corp. du Limousin*, dans *Bull. Soc. arch. du Limousin*, XXXII, pp. 338-340.

ments qui y font allusion, à Châtellerault, à Civrai, à Poitiers, montrent-ils que l'on admet à côté des Poitevins, des industriels ou des commerçants de toute provenance, des Parisiens, des Gascons, des Languedociens, des Angevins et des Lorrains, et même des étrangers, Flamands et Anglais. L'examen des registres municipaux de Poitiers conduit à la même constatation (1). Il y a cependant des corporations qui manifestent un certain esprit d'exclusivisme. Les bouchers à Châtellerault et à Poitiers, et les serruriers dans cette dernière ville, veulent qu'on ne puisse accepter comme maîtres que des aspirants qui fassent « leur demeure » dans le lieu même (2). D'ailleurs, comme d'une part on exige en général que l'apprenti ait appris le métier dans la ville où sa famille réside, et comme, de l'autre, les fils de maîtres sont investis de privilèges particuliers pour l'acquisition de la maîtrise, en fait les maîtres se recrutent surtout sur place, et les forains n'entrent dans le patronat qu'à l'état d'infime minorité. Le métier y gagne sans doute en stabilité, mais il y perd en activité, comme une famille dont le sang s'appauvrit faute d'être rajeuni par de nouvelles alliances. Quelques corporations vont plus loin encore. Elles ont fait du métier une sorte d'apanage familial, où les fils et les gendres de maîtres sont seuls fondés à hériter de la maîtrise. Telles sont les stipulations qu'on trouve dans les statuts des bouchers de Poitiers et de Châtellerault (3), dans ceux des bouc-

(1) Procès-verbaux de réception des maîtres à Châtellerault 1678-1789, et à Civray, *Vienne E*.7¹ *et* ². — Reg. des délib. munic. de Poitiers, passim. — (2) Statuts des bouchers de Poitiers xve s., des bouchers de Châtell^t. 1520, art. 7 ; des serruriers de Poitiers 1456, art. 1. — (3) Statuts des bouchers de Poitiers xve s., art. 3 et 4 ; des bouchers de Châtell. 1520, art. 7 et 18 : dans cette dernière ville, le maître boucher qui a acquis la maîtrise en épousant une fille de boucher, et qui devenu veuf se remarie ne transmet point le droit à la maîtrise aux enfants issus de son second mariage.

quetiers et des serruriers de la capitale du Poitou (1).

Dans la plupart des métiers, les règles relatives à la durée de l'apprentissage et du compagnonnage paraissaient suffire pour empêcher des maîtres trop jeunes, et par suite trop peu expérimentés, d'arriver au patronat. Quelques corporations déterminaient cependant l'âge minimun exigible pour aspirer à la maîtrise. Il était, chez les boulangers de Niort, fixé à 22 ans, chez les apothicaires de Thouars à 24, chez les imprimeurs-libraires de Poitiers à 20 (2). Le stage professionnel est partout rigoureusement exigé. Dans aucune corporation on n'admet d'aspirant sans qu'il ait accompli les années d'apprentissage requises, et, dans certaines, on demande de plus qu'il ait servi comme compagnon pendant une période déterminée (3). Il y a des métiers pour lesquels des conditions d'aptitude physique sont requises. Les boulangers, les bouchers, les boucquetiers excluent de la maîtrise ceux qui sont atteints de maladies contagieuses héréditaires ou acquises, telles que la syphilis, les affections du sang, du nez et de la bouche (4). Toutes les communautés même non jurées vont plus loin encore ; elles veulent des garanties de moralité, afin de préserver la

---

(1) Statuts des boucquetiers de Poitiers 1608, art. 5 ; des serruriers 1455, art. 1. — (2) Statuts des boulangers de Niort 1730, art. 11 ; des apothicaires de Thouars 1617, art. 8 ; des impr. libr. de Poitiers 1634, art. 6. — (3) Voir ci-dessus livre III, chap. II et III. — Les boulangers de Niort exigent un an de compagnonnage (Statuts 1730, art. 11), les chirurgiens de Poitiers 2 ans pour les sages-femmes (acte d'opposition des chirurgiens à la réception des sages-femmes, 3 avril 1765, *Vienne D.* 11.) Les candidats sont donc astreints à présenter des certificats notariés, lettres et acquits d'apprentissage et de compagnonnage. Statuts des boulangers de Poitiers 1609, art. 14 ; de Niort 1730, art. 11 et 13 ; des impr. lib. de Poitiers 1634, art. 6 ; des chirurgiens 1711, art. 24 ; des apothicaires 1552, art. 27 ; 1628, art. 32. — (4) Statuts des boulangers de Niort 1730, art. 11, des bouchers de Poitiers xve s.; des boucquetiers 1608, art. 4.

corporation des sujets qui pourraient la déshonorer. Partout l'aspirant est tenu de produire des certificats de « vie, mœurs et extraction », qui prouvent « qu'il est « honneste personne, homme de bien et de bonne vie et « conversation ». Une enquête est parfois prescrite et nul n'est admis à se présenter au chef-d'œuvre, s'il ne sort victorieux de cette épreuve préliminaire. Les statuts se montrent sur ce point très rigides. Ceux des texiers excluent formellement les « maquereaux publics, les bannis pour « crimes et les personnes notoirement diffamées (1) ». Tous veulent qu'on ferme l'accès de la corporation aux candidats suspects « de vilains cas, de mauvaise conversation, de « mauvaises mœurs (2) », « afin d'obvier, dit une ordon- « nance municipale, aux inconvénients de la hantise et « familiarité de telle vie scandaleuse(3) ». Enfin, au xvie, au xviie et au xviiie siècle, l'exercice de la religion catholique est requis des aspirants (4), comme condition essentielle de l'admission aux expériences qui précèdent l'octroi de la maîtrise.

L'intérêt général, d'accord avec l'intérêt particulier du métier, exige que les communautés ne soient pas envahies par des aventuriers ou par des maîtres inhabiles. C'est pourquoi nul dans les métiers libres n'est admis à ouvrir boutique ou atelier sans « l'autorité du magistrat », c'est-à-

---

(1) Statuts des boulangers de Niort 1730, art. 11 ; des peintres-vitriers de Poitiers 1723, art. 5 ; des boucquetiers 1608, art. 4 ; des texiers 1554, art. 9 ; des apothicaires 1552, art. 26 et 27 ; 1628, art. 31, 32, 40, 41 ; des chirurgiens 1711, art. 24 ; des apoth. de Thouars 1617, art. 3 — des pâtissiers de Poitiers 1505-20, art. 2 ; des bouchers xve s., art. 3 ; des maçons 1695, art. 4 ; procès-v. de comparution d'un compagnon horloger à Châtelt, 8 fév. 1775, Vienne E 7^1. — (2) Expressions des statuts des apothicaires et des boucquetiers. — (3) Expression d'une délib. munic. de Poitiers prononçant l'exclusion d'un aspirant tailleur 23 avril 1629, Reg. 79. — (4) Voir ci-dessus, livre IV, chap. III.

dire des officiers municipaux, seigneuriaux ou royaux. Se hasarde-t-on à risquer l'aventure, on s'expose à une forte amende et à la fermeture de l'ouvroir. Toute personne désireuse d'exercer le métier est en effet tenue de présenter d'abord requête, puis de subir à son avantage une information qui porte sur la vie, le pays d'origine, les mœurs, la religion, l'aptitude professionnelle du postulant (1). Nul n'échappe à cette loi, même dans un métier libre. A plus forte raison, ces formalités sont-elles requises quand on aspire à entrer dans une corporation jurée. Le candidat est obligé de présenter sa requête en personne, aux maîtres jurés ou aux anciens de la communauté, au maire de la ville, au procureur du roi près la sénéchaussée ou au sénéchal, suivant les lieux (2). Il accompagne cette requête de pièces justificatives : certificats d'apprentissage et de service, attestations de bonnes vie et mœurs, « preudhomie et catholicité » (3). Dans certaines corporations, les aspirants sont immatriculés sur le registre de la communauté avec un numéro d'ordre et avec l'indication de la date de leur requête. Tel est le cas pour les candidats à la maîtrise d'apothicaire (4). La requête peut générale-

---

(1) Règl. de police de Poitiers 1541, 1567, 1578, 1632, 1634, 1700, 1733. — Délib. munic. du 24 avril 1629, Reg. 79 — du 27 sept. 1629 rel. à un tailleur ; des 18 mai et 15 juin 1620, rel. à un poêlier et à un armurier ; du 10 décembre 1651, rel. à des merciers, Reg. 74, 79, 80, 108. Nombreux exemples du même genre. — (2) Statuts des bouchers de Poitiers xv⁵ s, art. 3 (la requête est présentée au maire et aux jurés); des chirurgiens 1711, art. 25 (requête présentée aux jurés, au prévôt et aux 2 anciens) ; des boulangers de Niort 1730, art. 13 (requête aux anciens). — A Châtell⁺, procès-verb. de réception de maîtres, par ex. d'un horloger 3 fév. 1673, Vienne E 7¹. — (3) Statuts des apothicaires de Poitiers 1628, art. 40 et 41 ; des boulangers de Niort 1730, art. 11, etc. — Requête du sieur Buchez aspirant apothicaire 14 juin 1767. Reg. des ass. des apoth. de Poitiers, Bibl. Mun. Mss nᵒ 405. — (4) Statuts des apothicaires de Poitiers 1628, art. 36.

ment être présentée en tout temps. Chez les apothicaires, on n'admet les aspirants à la déposer qu'à partir du début d'avril jusqu'à la fin d'octobre, parce que « les simples » que le candidat est appelé à examiner sont en toute autre saison « flétris par le froid ou resserrés en terre (1). » Après le dépôt de la requête, dans un délai en général indéterminé (2), il est statué sur l'admission ou sur le rejet des conclusions du requérant. Toutefois, avant de rien décider, dans bon nombre de métiers, une enquête est poursuivie, soit par les maîtres jurés seuls (3), soit par les jurés assistés du maire ou d'un sergent de l'échevinage dans les villes de commune (4), soit par des commissaires « ou « témoins de bonne foi », qui sont au choix de l'officier seigneurial ou royal dans les autres villes (5), soit enfin par les anciens et par l'assemblée tout'entière des maîtres de la corporation (6). La décision finale ayant pour objet l'acceptation ou le rejet de la requête est prononcée par cette même assemblée ou par les maîtres jurés, soit seuls, soit assistés du maire ou des officiers du roi ou de ceux du seigneur, suivant les lieux et suivant les métiers (7). L'aspirant est invité auparavant à comparaître et à fournir ses moyens. Quelquefois même, comme chez les boulangers, les chirurgiens et les apothicaires, il fait visite à chacun des maîtres, sous la direction d'une sorte de parrain choisi parmi les patrons et qu'on nomme le *conducteur* (8).

(1) Ibid., art. 38. — (2) Les apothicaires seuls fixent ce délai à 15 jours, statuts de 1628, art. 40. — (3) Ex. statuts des bouchers de Poitiers xv⁰ s., art. 3. — (4) Ex. statuts des pâtissiers de Poitiers 1505-20, art. 2. — (5) Procès-verbaux de réception de maîtres à Châtell⁺ 1671-1773, etc. *Vienne* E 7¹. — (6) Par ex. statuts des boucquetiers de Poitiers 1608, art. 4; des apothicaires 1628, art. 40, 41, 38; des chirurgiens 1711, art. 25; des boulangers de Niort 1730, art. 13. — (7) Textes cités ci-dessus, notes précédentes. — (8) Mêmes textes et notamment statuts des boulangers de

L'aspirant dont la requête est admise n'a franchi que le premier pas, le plus facile. Il lui reste à faire *expérience* ou *chef-d'œuvre*; les deux termes sont synonymes. Nul n'est exempt de cette épreuve. Elle apparaît dans les statuts des barbiers de Poitiers en 1410 (1). Le chef-d'œuvre était-il exigé auparavant des maîtres qui appartenaient aux corporations jurées ? Les règlements du xiii° et du xiv° siècle sont muets à cet égard. Mais, à partir du xv° siècle, l'obligation de l'expérience est inscrite dans tous les statuts. Il est vrai que, pour certaines corporations, la nature du chef-d'œuvre, n'est pas spécifiée. Tel est le cas pour celle des tailleurs à Poitiers (2). Toutefois, les métiers tendent de bonne heure à faire déterminer les conditions essentielles de l'épreuve, et ils y parviennent en accablant de leurs requêtes, soit l'autorité locale, soit le Parlement. Ils invoquent des motifs d'intérêt général auxquels les pouvoirs publics ne restent pas indifférents. Le chef-d'œuvre, disent les uns, doit prouver que le candidat « est expert et suffisant (3) ». Il empêche, disent les autres, « les abus et les mauvais ouvrages (4) ». Les métiers taisent la préoccupation qui gît au fond de ces exigences intéressées, c'est-à-dire le désir de restreindre le plus possible le nombre des maîtres.

Le chef-d'œuvre est *donné* ou déterminé, suivant le thème général qu'indiquent les statuts, tantôt par les maîtres-jurés du métier seuls (c'est le cas le plus fréquent) (5), tan-

---

Niort 1730, art. 13; statuts des apothicaires 1628, art. 40; des chirurgiens de Poitiers 1713, art. 33 (relatifs aux visites du candidat et au conducteur).
(1) Statuts des barbiers 1410, art. 3 (stipulent une expérience ou examen). — (2) Ce fait est attesté dans une délibér. municipale rel. aux tailleurs de Poitiers 15 mars 1632, *Reg.* 82. — (3) Statuts des menuisiers 1450-97, art. 1; des texiers 1554, art. 14. — (4) Statuts des peintres-vitriers 1723, art. 10. — Mêmes arguments dans presque tous les statuts. — (5) Statuts des boulangers de Poitiers 1609, art. 14; des texiers 1534, art. 2;

tôt par les maîtres-jurés assistés du maire ou par le maire seul (1), tantôt par les jurés avec le concours des anciens de la corporation (2), tantôt par l'assemblée tout entière des maîtres de la communauté (3), tantôt enfin par le lieutenant général de la sénéchaussée et le procureur du roi (4). Parfois, ce sont les maîtres-gardes qui fixent les détails du chef-d'œuvre, et c'est le maire qui indique le lieu et le jour où il doit se faire (5). En cas de refus des maîtres-jurés, le maire dans les villes de commune, telles que Poitiers, a d'ailleurs toujours le droit de « donner » lui-même le chef-d'œuvre (6). L'épreuve est plus ou moins compliquée, suivant les métiers. Chez les boulangers, l'aspirant doit faire, avec une charge de froment, les quatre sortes de pain légales, savoir le pain de taille, le pain mollet, le pain bis de méteil, et le gâteau ou pain bénit (7). Les pâtissiers veulent que le candidat prouve qu'il « est ouvrier », en préparant quatre pâtés d'assiette pleins, deux pâtés de chapons de haute graisse et deux vides, trois croûtes de tartes communes, une dariolle de lait faite à la main avec des fleurs de lys, un dauphin de crème d'amande, et un millier d'oublies (8). Pour les bouchers, il s'agit, le premier jour, d'abattre, de fouler et de tourner un grand bœuf gras ; le second, de

des maçons 1695, art 11 ; des menuisiers 1450-97, art. 1 ; des serruriers 1455, art. 1 ; des apothicaires de Thouars 1617, art. 3.
(1) Chef-d'œuvre donné par le maire, délib. 22 mars 1632, rel. aux tailleurs de Poitiers, Reg. 82 ; statuts des parcheminiers 1487-1553, art. 2 — Chef-d'œuvre donné par le maire et les jurés, statuts des bouchers de Poitiers XVe s., art. 3 ; des maréchaux 1559-89, art. 7. — (2) Statuts des menuisiers de Châtellerault (chef-d'œuvre ordonné par les 4 m. jurés et les 4 anciens du corps), lettres pat. mai 1765. — (3) Statuts des peintres-vitriers de Poitiers 1723, art. 5, des apothicaires de Poitiers 1552, art. 30 ; 1624, art. 49. — (4) Statuts des boulangers de Niort 1730, art. 11. — (5) Statuts des texiers de Poitiers 1554, art. 2. — (6) Ordon. munic. de Poitiers, 1er ma 1628, Reg. 79. — (7) Statuts des boulangers de Poitiers 1609, art. 14. — (8) Statuts des pâtissiers de Poitiers 1505-20, art. 3.

saigner, d'écorcher et d'apprêter un mouton; le troisième de faire la même opération pour un veau (1). Si bon nombre d'expériences, comme celles que l'on requiert des chaussetiers, des chapeliers, des tanneurs, des corroyeurs, des menuisiers, des maréchaux, des serruriers, des armuriers, des couteliers, et des parcheminiers ne dépassent pas, à ce qu'il semble, les exigences légitimes de corps désireux de se recruter parmi des ouvriers capables (2), d'autres paraissent singulièrement compliquées et exorbitantes. La complication s'explique encore quand il s'agit des apothicaires et des chirurgiens. Les premiers, à Thouars, exigent deux chefs-d'œuvre, précédés d'un examen et d'interrogations dont tous les maîtres du métier, assistés d'un médecin, sont les juges (3). A Poitiers, l'aspirant à la maîtrise d'apothicaire est d'abord interrogé, examiné et expérimenté, à tour de rôle, par les maîtres-gardes et les autres maîtres, soit sur les simples, soit sur le commentaire de quelque auteur de pharmacopée, tels que Mesvé, Nicolas Saladin, Abulcassis. Plus tard, en 1628, on ajoute, à ces premières

---

(1) Statuts des bouchers de Poitiers xve s.—la Fontenelle, *op. cit.*, p. 100. — (2) Statuts des chaussetiers de Poitiers 1473, art. 1 (le chef-d'œuvre consiste à tailler dans 2 aunes de drap, 2 paires de chausses à homme et 4 à femme). — Statuts des chapeliers de Poitiers 1560, art. 4 (3 feutres de diverses espèces); des chapeliers de Châtell[t] 1588, art. 3 (id.); tanneurs de Châtell[t] 1596 (4 peaux à façonner de divers animaux); des corroyeurs de Poitiers 1457 (1 demi-douzaine de cordouans et 3 cuirs à préparer pour sellier, ceinturier et armurier); des menuisiers Poitiers 1450-97 (1 pièce en bois de chêne, 1 coffre et 1 banc ou 1 dressoir); des serruriers 1455 (1 clef et 1 une serrure de dressoir ou de coffre); des armuriers (1 épée à 2 mains avec fourreau, montée et garnie), délib. munic. du 21 janv. 1549, *Reg.* 30; des couteliers de Châtell. 1571, art. 15 (1 épée droite, 1 paire de ciseaux de tailleur, 1 azayant ou lance ou bien 4 coutelas); des maréchaux Poitiers 1583, art. 7 (faire 4 fers à cheval, ferrer et saigner un cheval); des parcheminiers 1533, art. 2 (courroier, habiller et affiner une peau de parchemin à écrire, ni tachée, ni grasse, ni trop mince). — (3) Statuts des apothicaires de Thouars 1627, art. 3.

épreuves requises par les statuts de 1552, la lecture et l'explication d'ordonnances médicales. Un procès-verbal minutieux de l'examen, daté, signé des maîtres et de l'aspirant, relatant la durée de chaque épreuve et les réponses du candidat, est tenu par le secrétaire ; après l'avoir scellé, on le met dans le coffre de la corporation. Tout n'est pas encore fini. Il faut, de plus, que l'aspirant, conduit par les maîtres-gardes, aille 2 ou 3 fois herboriser, cueillir des simples et montrer qu'il sait les distinguer et les employer. Alors seulement, après lecture des procès-verbaux d'examen, l'assemblée des maîtres décide si le candidat pourra passer à l'exécution des deux chefs-d'œuvre, non sans avoir d'abord fait subir à l'aspirant une nouvelle interrogation préliminaire sur les matières qui y doivent être employées et sur la façon dont il devra procéder. Après quoi, si le candidat exécute bien les quatre préparations internes et externes dont se composent ses deux chefs-d'œuvre, il pourra être admis (1). Ainsi, l'aspirant à la maîtrise d'apothicaire a dû passer par 7 séries d'épreuves successives. Le candidat à la maîtrise de chirurgie s'en tire au début du xviie siècle avec des interrogations sur l'art chirurgical théorique et pratique, et avec une épreuve technique, telle que dislocation de membres, réduction de fractures, réunion de plaies, phlébotomie (2). Mais, au xviiie siècle, à Poitiers, du

(1) Statuts des apothicaires de Poitiers 1552, art. 23, 28, 29, 30, 31, 32; 1628, art. 43 à 48, 49 et 50. Procès-v. d'examen du sieur Buchez par les apothicaires de Poitiers (14 juin au 10 août 1767, examen de requête ; de botanique en lieux montueux et aquatiques — interrogations — 2 préparations internes — 2 préparations externes savoir l'emplâtre *manus Dei* et l'onguent d'Artanita, etc.). Autre procès-v. d'examen 1775 (25 juillet) qui montre que l'examen de botanique avait lieu d'ordinaire dans les bois et la vallée de St-Benoît près Poitiers. *Bibl. Munic. Mss* n° 405. — (2) Procès-verbal d'examen et de réception d'un chirurgien à Civrai 1641, *Bull. Soc. stat. D. Sèvres* 1885, pp. 3 à 12.

moins, on est devenu plus difficile, et il faut que l'aspirant subisse 6 épreuves. Il commence par l'acte de grand et premier examen qui consiste en questions que lui posent les maîtres assemblés. Il poursuit par trois opérations, par un acte anatomique ou dissection au jardin de médecine, et il finit par le grand et dernier examen. Ceux qui se destinent à être maîtres de campagne n'ont à faire que 2 épreuves au lieu de 6 (1). Bien que ces épreuves, suivant l'aveu même des statuts des apothicaires, ne soient pas exemptes « de longueurs », c'est-à-dire de superfétations, du moins pouvait-on expliquer leur difficulté croissante par l'importance de l'art pharmaceutique et chirurgical. Mais comment justifier les complications inutiles du chef-d'œuvre d'autres corporations? Les tailleurs d'habits, par exemple, en sont arrivés, au XVIIe siècle, jusqu'à exiger de l'aspirant la confection de seize vêtements différents, dont quatre pour les gens d'église, quatre pour les officiers de justice et les membres de l'Université, quatre pour la noblesse, et quatre pour l'usage des marchands (2).

Ici, le nombre des épreuves exigées est excessif. Là, les exigences des statuts tournent au ridicule et à l'odieux. Le corps de ville de Poitiers constate à plusieurs reprises que les chefs-d'œuvre qu'on demande aux aspirants dans tous les métiers jurés « ne sont pour la plupart en usage et sont si « bizarres et hors du commerce des hommes », qu'il est impossible de fonder sur leur exécution un jugement équitable, au sujet de la capacité ou de l'ignorance du récipiendaire (3).

---

(1) Statuts des chirurgiens de Poitiers 1711, art. 27 à 30 et 34. — (2) Délib. munic. du 22 mars 1622 réduisant de 16 à 9 les pièces du chef-d'œuvre des tailleurs de Poitiers, *Reg.* 82. — (3) Délibér. munic. de Poitiers rel. aux métiers jurés, 25 juin 1629 et 27 nov. 1634, *Reg.* 79 et 85.

Les gantiers, les cordonniers, les tailleurs en particulier sont l'objet de ce reproche. On incrimine les épreuves qu'ils imposent, « comme hors de raison et de temps ». On constate, par exemple, qu'il faudrait « beaucoup corriger « et changer le chef-d'œuvre » des couturiers, attendu « son impertinence, et le régler à la façon des habits « qui sont de présent en usage (1) ». Ajoutez que beaucoup de statuts spécifient les matières que l'aspirant doit employer, telles que la nature des laines qui entreront dans la composition du chapeau, le poids que l'ouvrage devra peser chez les chapeliers, la longueur et la largeur de l'étoffe pour les texiers et les chaussetiers, le nombre des trous de la serrure pour les serruriers (2). D'autres stipulent l'emploi de produits peu usités. Ainsi les menuisiers doivent attendre près d'un siècle avant que l'usage du bois de noyer soit autorisé dans le chef-d'œuvre, quoique le bois de chêne exigé au moment de la rédaction des statuts soit de plus en plus rarement employé (3). Il en est enfin qui prétendent trouver chez des ouvriers de petite ville les connaissances d'un artiste érudit. Les maçons de Poitiers ne demandent-ils pas que le candidat connaisse dans le détail les cinq ordres d'architecture, toscan, dorique,

---

(1) Délib. munic. du 25 juin 1629, rel. aux gantiers ; du 8 mars 1632 rel. aux tailleurs ; du 28 février 1656 rel. aux cordonniers (ils veulent obliger un aspirant qui a fait pour chef-d'œuvre 1 paire de bottes, 1 de souliers et 1 de pantoufles à exécuter aussi des bottes et bourbettes qui ne sont plus en usage, bien que l'aspirant soit fort habile), Reg. 79, 82, 106. — (2) Statuts des chapeliers de Châtell^t (poids des 3 chapeaux, 1 livre et 1/2 et une demi-livre ; nature de la laine : fine laine de toison); Statuts des texiers de Poitiers 1554, art. 17 et 18 (linge ouvré à faire en compas de 22 rangs); chaussetiers 1473, art. 1 (chausses de 3/4 et demi long, de 3/4 etc.); statuts des serruriers 1455 (serrure de dressoir à 2 guichets, et de coffre à 5 pertuis). — (3) Délib. munic. de Poitiers autorisant l'emploi du bois de noyer au lieu du chêne dans le chef-d'œuvre des menuisiers, 13 mars 1581, Reg. 43.

ionique, corinthien et composite, aussi bien que la coupe et le dessin (1) ?

Un autre moyen d'écarter les candidats de la maîtrise consiste à leur imposer des chefs-d'œuvre coûteux. En principe, tous les statuts des métiers poitevins obligent en effet les aspirants à fournir les matières et « choses nécessaires pour faire le chef-d'œuvre (2) ». L'objet exécuté ou le produit préparé ne restent pas aux mains du candidat, mais sont attribués, soit à la corporation, soit aux officiers municipaux ou royaux (3). Ces diverses obligations font du chef-d'œuvre une formalité qui ne laisse pas d'être fréquemment onéreuse. Plus il est compliqué, plus il est à la charge de l'aspirant. A Poitiers, les échevins eux-mêmes constatent cet abus. Ils reprochent par exemple en 1656 aux cordonniers d'exiger de « pauvres garçons » des chefs-d'œuvre « qui causent grande despence » et qui sont sans aucune utilité (4). L'œuvre à exécuter cause en effet souvent des frais exagérés. Le chef-d'œuvre des serruriers au xv° siècle est de 100 s., celui des menuisiers atteint à la valeur de 4 l.; ce sont des sommes assez considérables pour le temps (5). Celui des armuriers au xvi° siècle est de grand prix, puisqu'il vaut pour le moins « 5 écus sol (6) ». Les corporations ont si bien une tendance à exagérer ces frais, que les statuts dictent quelquefois des règles pour fixer la valeur maximum du chef-d'œuvre. Ainsi les apothicaires de Thouars inter-

(1) Statuts des maçons de Poitiers, 1695, art. 11. — (2) Par ex. statuts des chapeliers de Châtell¹ 1588, art. 3 ; des maréchaux de Poitiers 1583, art. 7; des apothicaires 1552, art. 32; 1628, art. 50 et autres statuts. — (3) Voir ci-dessous livre IV, chap. II. — (4) Délib. munic. de Poitiers, 28 février 1656, Reg. 106. — (5) Statuts des serruriers 1455; des menuisiers de Poitiers 1450-97, art. 1. — (6) Délib. munic. 21 janvier 1549 relative au chef-d'œuvre des armuriers, Reg. 30. — La charge de blé seule exigée pour le chef-d'œuvre des boulangers à Poitiers vaut 20 l., Délib. munic. du 13 mars 1651, Reg. 102.

disent de forcer l'aspirant à dépenser plus de 30 l. en drogues pour cet objet (1).

La durée des épreuves est aussi, en bien des cas, de nature à rebuter les aspirants et disproportionnée à l'importance du métier. Pour les bouchers, le chef-d'œuvre dure au moins trois jours (2), et pour les pâtissiers la nature des expériences indique une durée encore supérieure (3). Si, chez les texiers, les épreuves peuvent être terminées en deux ou trois jours (4), chez les tailleurs, la multiplicité des expériences indique qu'elles devaient durer au minimum une quinzaine de journées (5). Les chapeliers comptent au moins huit jours, non compris le temps employé à choisir les laines, pour parfaire les chapeaux du chef-d'œuvre (6). Les menuisiers estiment qu'il faut environ huit jours pour exécuter l'ouvrage requis de l'aspirant (7). Quant aux maçons, on leur accorde un mois afin de parachever leur chef-d'œuvre (8). Les examens et épreuves des chirurgiens se prolongent pendant onze jours, et ne comportent pas moins de quinze séances d'opérations ou d'interrogations (9). Enfin, les apothicaires ont besoin de répartir les diverses périodes de l'examen pendant des mois entiers, quelquefois pendant la moitié d'une année. Une seule de leurs épreuves, celle d'herborisation, dure un mois et les autres paraissent avoir exigé un temps considérable (10).

(1) Statuts des apothicaires de Thouars 1617, art. 3. — (2) Statuts des bouchers de Poitiers, xve s. — (3) Au moins 4 à 5 jours, statuts des pâtissiers de Poitiers 1505-20 art. 4 et 5. — (4) Statuts des texiers 1554, art. 17 (stipulent une durée de 2 à 3 jours au moins). (5) Délib. munic. du 8 mars 1632 rel. aux tailleurs de Poitiers. — (6) Statuts des chapeliers de Châtell^t 1588, art. 3. — (7) Lettre pat. de mai 1765 rel. aux statuts des menuisiers de Châtell^t. — (8) Statuts des maçons 1695, art. 11. — (9) Calculé d'après les art. 28 à 31 des statuts des chirurgiens de Poitiers, 1711. — (10) Chez les apothicaires de Thouars, l'examen seul, non compris le chef-d'œuvre, dure 2 jours, statuts de 1617, art. 3. — Statuts des apothicaires de Poitiers 1552, art. 30; 1628 art. 41 et suiv.; la durée des épreuves est calculée d'après ces articles.

Les statuts s'efforcent d'empêcher du moins que l'exécution du chef-d'œuvre ne soit facilitée par la fraude ou par la corruption. La sincérité des épreuves devrait en effet résulter des garanties dont cet acte essentiel est entouré. Le chef-d'œuvre ne peut être fait que dans la maison (*ostel*) d'un des maîtres-gardes, administrateurs de la corporation (1), ou bien dans celle d'un des plus anciens maîtres (2), ou dans la boutique d'un maître du métier choisi, soit par les gardes, soit par le maire (3). Une surveillance minutieuse est exercée sur l'aspirant pendant qu'il exécute le chef-d'œuvre. Il travaille aux heures prescrites (4), en présence des maîtres-gardes, soit seuls (5), soit assistés des anciens de la communauté ou d'autres maîtres délégués par elle (6). Un sergent municipal ou royal est tenu de se trouver aussi dans l'ouvroir (7). L'assistance d'un haut fonctionnaire de la commune, le procureur de la police, est même requise pour la validité des épreuves surtout à partir du XVII° siècle (8). Dans quelques corporations, celles des apothicaires et des chirurgiens, un délégué du pouvoir central, le méde-

---

(1) Statuts des texiers de Poitiers 1554, art. 2 et 17 ; des maçons 1695, art. 11 ; des menuisiers 1450, art. 11 ; des apothicaires 1552, art. 30 ; 1628, art. 49, etc.— (2) Statuts des menuisiers de Châtell⁴. mai 1765. — (3) Statuts des chapeliers de Châtell⁴. 1588, art. 3 ; des parcheminiers de Poitiers 1553, art. 2 ; des apoth. de Thouars 1617, art. 3 ; délib. munic. de Poitiers rel. aux menuisiers, 8 août 1580, *Reg.* 43. — (4) Par ex. chez les tanneurs de Châtellerault (statuts 1596, art. 25), 3 heures le matin et 3 heures le soir.— (5) Statuts des tanneurs de Châtell⁴. 1596, art. 25 ; des maréchaux 1573, art. 2 — des orfèvres de Poitiers 1467, art. 1 ; des corroyeurs 1457, art. 2 — des cordonniers de Châtell⁴. (procès-verbal de réception 27 avril 1671, *Vienne* E 7¹) — des arquebusiers de Poitiers (délib. munic. 24 juin 1641, *Reg.* 91).— (6) Statuts des boulangers de Niort 1730, art. 11 (présence d'un maître et de 2 jurés) ; des maçons de Poitiers 1695 art. 11 (4 jurés et 2 anciens) ; des chirurgiens 1711, art. 32-34 ; des apothicaires 1552, art. 30-32 (désign. d'experts pour assister les jurés). — (7) Statuts des boulangers de Poitiers 1609, art. 14 ; des pâtissiers 1505-20, art. 5 ; maréchaux 1583, art. 7. — (8) Délib. munic. du 14 déc. 1654, rel. au chef-d'œuvre des cordonniers de Poitiers, *Reg.* 105 ; statuts des peintres-vitriers 1723, art. 5 ; Régl. de police de Poitiers, sept. 1634.

cin conseiller du roi, préside aux expériences (1). Enfin, tous les maîtres de la corporation ont le droit de se trouver à certaines parties des épreuves et d'examiner si elles sont probantes. C'est ce que stipulent en particulier les statuts des pâtissiers (2), des maréchaux (3), des apothicaires (4) et des chirurgiens (5). Cependant, il résulte du texte même de divers statuts et des ordonnances municipales que les fraudes n'étaient pas toujours faciles à éviter. Ainsi, chez les apothicaires, on demande aux maîtres-gardes de jurer, avant de recevoir un aspirant, qu'ils « ne lui ont prêté aucune assistance ». Les simples maîtres eux-mêmes sont invités à prêter un serment semblable (6). La précaution était si peu suffisante que les échevins de Poitiers se décident en 1629 à exiger la présence du procureur de la police aux chefs-d'œuvre, afin surtout d'empêcher les récipiendaires de « se faire ayder d'aucuns autres maîtres », ce qui prouve que l'abus était connu et fréquent (7).

Les corporations se préoccupent d'éviter l'encombrement des métiers et d'y maintenir les traditions corporatives. Cette tendance, jointe à l'esprit d'exclusivisme naturel aux corps privilégiés, contribue à rendre l'accès de la maîtrise facile pour quelques-uns, difficile pour les autres. Quelques communautés limitent à une proportion infime le nombre des maîtres qui pourront être admis chaque année. Ainsi, chez les imprimeurs-libraires-relieurs, il n'est per-

(1) Statuts des apothicaires de Thouars 1617, art. 3; des chirurgiens de Poitiers 1711, art. 27 à 34. — (2) Statuts des pâtissiers de Poitiers 1505-20, art. 3 et 5; des boulangers 1609, art. 14. — (3) Statuts des maréchaux de Poitiers 1583, art. 7. — (4) Statuts des apothicaires de Thouars 1617, art. 3; de Poitiers 1552, art. 23-28, 30-32; 1628, art. 43-44, 50, 51. — (5) Statuts des chirurgiens de Poitiers 1711, art. 27-32. — (6) Statuts des apothicaires de Poitiers 1552, art. 40; 1628, art. 51, 59-60. — (7) Délib. munic. de Poitiers 25 juin 1629, Reg. 79.

mis de recevoir par an qu'un maître imprimeur, ou bien qu'un maître libraire, ou bien qu'un maître relieur. Les candidats sont astreints à se faire immatriculer un an à l'avance sur le registre de la communauté (1). Les apothicaires n'admettent pas qu'on puisse examiner dans la même période deux aspirants (2). Comme les épreuves de leur métier sont fort longues, comme elles sont interrompues pendant l'hiver, il est impossible qu'ils reçoivent plus de deux ou trois maîtres par an. Il est probable que les fils des maîtres étaient exceptés de ces rigueurs ; c'est du moins le cas pour les fils d'apothicaires à Thouars (3). Au reste, dans le Poitou, les statuts des corporations traitent les enfants mâles des maîtres avec une indulgence manifeste. Tantôt, ils sont entièrement dispensés du chef-d'œuvre, comme chez les bouchers, les chaussetiers, les maréchaux, les serruriers, les arquebusiers à Poitiers, pourvu qu'ils soient « suffisants au métier ». L'appréciation de leur capacité est laissée aux maîtres-gardes (4). Tantôt ils sont seulement astreints à une légère expérience, ou à un demi-chef-d'œuvre, comme chez les boulangers, les pâtissiers, les chapeliers, les tanneurs, les menuisiers, les maçons, les peintres-vitriers (5). Les corporations qui exigent de multiples expériences et plusieurs chefs-d'œuvre des aspirants ordi-

(1) Statuts des impr. libraires de Poitiers 1634, art. 6. — (2) Statuts des apothicaires de Poitiers 1628, art. 29, 36, 37 ; des apothicaires de Thouars 1617, art. 7. — (3) Art. 7 de ces derniers statuts. — (4) Satuts des bouchers 1473, xve s.; des bouchers de Châtell^t 1520 ; des chaussetiers de Poitiers art. 10 ; des corroyeurs 1457, art. 13 (dispense au cas où ils succèdent à leur père par cession ou mort) ; des maréchaux 1583, art. 2, 3, 7 ; des serruriers 1455, art. 2 ; délib. munic. du 24 juin 1641, rel· aux arquebusiers, *Reg.* 91. — (5) Statuts des boulangers de Niort 1730, art. 14 ; des boulangers de Poitiers 1609, art. 15 ; des pâtissiers 1505-20, art. 7 ; des chapeliers 1560, art. 3 ; des maçons 1695, art. 11 ; des peintres-vitriers 1723, art. 4 ; des maréchaux de Châtell. 1573, art. 6 ; des tanneurs de Châtell. 1596, art. 24 ; des couteliers id. 1571, art. 15 ; des menuisiers id. 1765.

naires, se contentent pour les fils de maîtres d'un seul chef-d'œuvre et d'interrogations sommaires (1). Ces candidats privilégiés passent avant les autres pour l'immatriculation et l'examen (2). Les conditions d'âge sont parfois abaissées pour eux. Ainsi, les fils d'imprimeurs, de libraires et de relieurs sont admis à la maîtrise à 18 ans au lieu de 20 (3). On pousse la condescendance jusqu'à les prier d'indiquer le chef-d'œuvre qu'ils voudront exécuter, comme chez les apothicaires (4), jusqu'à leur permettre d'y procéder dans la maison de leur père « ou autre maison pareille », comme chez les boulangers et les chapeliers (5). Quelques corporations seulement, les texiers et les orfèvres par exemple, n'accordent aux fils de maîtres aucune faveur en ce qui concerne le chef-d'œuvre (6). Les gendres des maîtres sont l'objet à cet égard d'un traitement très variable, suivant les corporations. Les uns sont assimilés aux fils de maîtres et ne font que demi chef-d'œuvre ; il en est ainsi pour les chapeliers, les tanneurs, les couteliers, les maréchaux (7). Comme les fils de maîtres, ils sont quelquefois entièrement dispensés de cette épreuve, par exemple chez les corroyeurs et les arquebusiers, pourvu qu'ils soient « experts et suffisants (8) ». D'autres communautés leur

---

(1) Statuts des apothicaires de Thouars 1617, art. 2 et 4 ; des apothicaires de Poitiers 1628, 25. — (2) Statuts des chirurgiens de Poitiers 1711, art. 23. — (3) Statuts des impr. libraires de Poitiers 1634, art. 7. — (4) Statuts des apothicaires de Poitiers 1628, art. 25. — (5) Statuts des boulangers de Poitiers 1609, art. 15 (si le père est garde juré ou ancien garde); des chapeliers de Châtellerault 1588, art. 16. — (6) Statuts des texiers de Poitiers 1554, art. 15 ; des orfèvres 1457-67, art. 7. — (7) Statuts des chapeliers de Poitiers 1560, art. 3 ; des boulangers 1609, art. 16 ; des chapeliers de Châtellerault 1588, art. 17. — des tanneurs de Châtell. 1596, art. 24 ; des maréchaux de Poitiers 1583, art. 4 ; de Châtell. 1573, art. 3 ; des couteliers 1571, art. 15. — (8) Statuts des corroyeurs de Poitiers 1457, art. 14 , délib. du 24 juin 1641 rel. aux arquebusiers, Reg. 91.

appliquent un régime mixte. Ainsi les pâtissiers exigent la confection de vingt pièces de pâtisserie de l'aspirant ordinaire, huit du fils de maître et onze du gendre de maître (1). Il y a enfin des corporations qui leur font subir le droit commun ; tel est le cas des texiers et des serruriers (2). Les compagnons qui épousent les veuves des patrons paraissent avoir été moins bien traités. Beaucoup de statuts corporatifs ne stipulent pour eux aucun privilège. Il en est même qui les astreignent formellement au même chef-d'œuvre que les candidats ordinaires. Les boulangers, qui ne demandent aux fils et aux gendres de maîtres que demi-chef-d'œuvre (3), les serruriers, qui exemptent de toute épreuve cette même catégorie d'aspirants, montrent à l'égard des époux de veuves une intransigeance absolue (4). D'autres communautés sont plus bienveillantes et les admettent après l'exécution d'un demi-chef-d'œuvre. Les couteliers, les maréchaux, les maçons, les tanneurs se rangent à ce juste milieu (5). Malgré ce traitement de faveur, bon nombre de métiers où le demi-chef-d'œuvre était exigé de ces divers privilégiés, recevaient même ceux-ci sans leur demander la moindre expérience. En 1615, les échevins de Poitiers durent rappeler les corporations sur ce point à l'exécution des statuts (6), et ce trait seul prouve combien, sur la pente glissante du privilège, il était difficile aux métiers de s'arrêter.

(1) Statuts des pâtissiers de Poitiers 1520, article ajouté aux statuts de 1505. — (2) Statuts des texiers 1554, art. 15 ; des serruriers de Poitiers 1455. — (3) Statuts des boulangers de Poitiers 1609, art. 17. — (4) Statuts des serruriers 1455. — (5) Statuts des couteliers de Châtell'. 1571, art. 15, des tanneurs de la m. ville 1596, art. 24 ; des maréchaux id. 1573, art. 3 ; des maçons de Poitiers 1695, art. 12. — (6) Ordon. munic. de Poitiers 27 juillet 1615, *Reg*. 70.

Quand le chef-d'œuvre est exécuté, du moins le candidat est-il sûr de trouver parmi ses juges des appréciateurs impartiaux ? Les statuts corporatifs et ordonnances municipales ont essayé d'assurer cette impartialité. En effet, si les maîtres jurés, soit seuls (1), soit aidés du clerc de boîte ou bâtonnier (2), et parfois même de tous les maîtres (3), sont appelés à examiner le chef-d'œuvre et à statuer sur sa validité, il est rare que la décision finale leur appartienne. C'est le maire dans les villes de commune, c'est le lieutenant-général de la sénéchaussée dans les villes royales, le sénéchal dans les villes seigneuriales, qui, sur le rapport verbal ou écrit et sur le certificat des maîtres-jurés contrôlé par le rapport du procureur de la police (4), statuent définitivement sur l'admission du chef-d'œuvre (5). Le maire, le lieutenant-général, le sénéchal assistent même à l'occasion à la « visitation » de l'expérience, et se rendent compte par eux-mêmes de la capacité du candidat (6). Ces précautions restent assez souvent inutiles (7). Il y a des cas dont

(1) Procès-verbaux de réception des maîtres à Châtell' 1671 et sq. *Vienne E* 7¹. — Statuts des pâtissiers de Poitiers 1505-20. — (2) Délib. munic. du 25 fév. 1640, rel. aux cordonniers de Poitiers, *Reg.* 91. — Chez les imprimeurs-libraires, le jury d'examen comprend 2 libraires (dont un garde), 1 imprimeur, 1 relieur et les syndics adjoints (statuts de 1634, art. 6). — (3) Statuts des bouchers de Châtell' 1520, art. 7 ; procès-verbaux de réception d'un coutelier à Châtell' 1673 (9 fév.), *Vienne E* 7¹. — Délib. du 6 mars 1684, rel. aux menuisiers de Poitiers, *Reg.* 128 ; — statuts des maréchaux de Poitiers 1583, art. 7 ; des apothicaires 1628, art. 30 ; des barbiers 1410, art. 13. — (4) Statuts des pâtissiers 1505-20 ; des boulangers 1609, art. 15-16 ; bouchers de Châtell' 1520, art. 7, et autres cités ci-dessus. — (5) Exception pour les orfèvres depuis le xvii⁰ siècle ; pour les barbiers et les chirurgiens, voir ci-dessus. — L'arrêt du Parl' (1634) pour la police de Poitiers exige le rapport du procureur de la police. — Délib. munic. du 19 sept. 1639 contre les tailleurs pour avoir négligé cette formalité, *Reg.* 90. — (6) Par ex. ordon. munic. du 8 août 1580 relative à la « visitation » du chef-d'œuvre des menuisiers par le maire, *Reg.* 43. — (7) La preuve des fraudes est dans les précautions exigées, dans la surveillance du procureur

7

les statuts font mention où par animosité les maîtres refusent de déclarer valable le chef-d'œuvre d'un aspirant (1). Il y en a d'autres où les maîtres reconnaissent que l'épreuve est bonne et où ils s'opposent cependant à l'admissibilité (2). En revanche, ils s'arrogent quelquefois le droit de dispenser un candidat du chef-d'œuvre (3), ou même ils déclarent dignes d'être admis à la maîtrise des sujets notoirement incapables, et jusqu'à des enfants (4). Aussi, l'autorité publique s'est-elle réservé le droit d'intervenir, sur la plainte des parties lésées ou sur la dénonciation du procureur de la police. Elle décide, soit une enquête à la suite de laquelle l'aspirant peut être déclaré admis (5), soit l'examen du chef-d'œuvre contesté par des commissaires compétents désignés par elle et assistés d'un officier royal ou municipal (6). Au besoin, on appelle

de la police, par exemple, pour empêcher « aucuns maîtres d'ayder » l'aspirant. Délib. munic. 25 juin 1629, Reg. 79.
(1) Par ex. délib. munic. de Poitiers (20 octobre 1546) au sujet d'un compagnon serrurier; 14 avril 1587 au sujet d'un comp. menuisier (refusés par malveillance) Reg. 28 et 46; procès-v. de réception de 2 horlogers (refusés à cause de haines de famille), 1673 Vienne E 7¹. — Délib. des échevins de Poitiers au sujet d'un menuisier et d'un fourbisseur (les maîtres refusent sans raison de leur prescrire le chef-d'œuvre) 13 mars 1581 et 16 oct. 1628, Reg. 43 et 79. — Avis des médecins de Châtell¹ sur le refus des apothicaires d'admettre au chef-d'œuvre deux aspirants. 1726. Vienne E 7¹. — Les apothicaires de Thouars prévoient le cas de candidats « refusés soubs prétexte d'animosité ou d'autre haine » (statuts 1617, art. 5). — (2) Délibér. munic. du 14 avril 1587 au sujet d'un menuisier, Reg. 46. — (3) Délib. munic. de Poitiers 21 nov. 1547 au sujet d'un chaussetier, Reg. 29. — (4) Par ex. délib. munic. du 6 mars 1684 au sujet des menuisiers de Poitiers, Reg. 128. — (5) Textes cités ci-dessus. — Délib. munic. de Poitiers ordonnant des enquêtes au sujet d'un orfèvre et d'un apothicaire 7 mai 1554, 12 juin 1595, Reg. 32 et 90; — procès-v. de réception de deux horlogers à Châtell¹ 8 fév. 1673, Vienne E 7¹. — (6) Délib. munic. du 23 fév. 1632 (examen d'un aspirant tailleur par le procureur de la police et un maître), (Reg. 82); autre délibér. rel. à un serrurier (examen par le maire et les maîtres) 20 déc. 1546, Reg. 28; délib. 18 sept. 1595 et 23 avril 1632 (examen d'un apothicaire confié à 2 médecins et à 4 ou 2 apoth. désignés par le maire), Reg. 55 bis et 82. Délib. munic. des 16 octobre 1472 et

d'office d'une ville voisine des maîtres qui offrent des garanties certaines d'impartialité (1). En cas de mauvaise foi ou de mauvaise volonté manifestes, on n'hésite pas à recourir à une mesure extrême, comme en 1476 et en 1587. On suspend ou on révoque les statuts des métiers jurés et on stipule que tout bon ouvrier pourra s'établir dans la ville, à condition de prêter serment au maire et de donner caution (2). L'autorité a même le droit d'accorder dispense totale ou partielle du chef-d'œuvre, à condition toutefois que l'aspirant ait fait apprentissage (3). Mais ces prérogatives, destinées à combattre l'exclusivisme des corps de métier, ne suffisent guère à le contenir. L'action des pouvoirs locaux et du pouvoir central ne s'exerce, en effet, ni d'une façon continue, ni d'une manière désintéressée. Elle n'entre en jeu qu'irrégulièrement, et elle a souvent des mobiles d'ordre fiscal (4), qui lui enlèvent une bonne partie de son efficacité morale.

26 août 1476 rel. aux pouvoirs du maire en ce cas, Reg. 7 ; 18 mars 1521 au sujet d'un boucher, Reg. 17.

(1) Statuts des apoth. de Thouars 1617, art. 5 (le sénéchal peut appeler d'une ville voisine 2 apothicaires et 1 médecin pour examiner l'aspirant). — (2) Délib. munic. de Poitiers (16 octobre 1472) suspendant les statuts de tous les métiers Reg. 7. — Délibér. de 1587 cassant les statuts de 4 métiers, précitée. — (3) Voir ci-dessous livre IV pour les lettres de maîtrise octroyées par le roi. — Ex. de cas de dispenses accordées par le corps de ville à Poitiers, 18 sept. 1595 (réception de Frappier, apothicaire, pour avoir fourni les malades de médicaments) ; nombreuses délib. relatives à la réception de chirurgiens et d'apothicaires à condition de desservir les hôpitaux, notamment 26 août 1613, 17 et 31 juillet 1617, 17 nov. 1631, 26 fév. 1632, 24 janv. 1633, Reg. 68 bis, 72, 82, 83 ; 28 janv. 1585, Reg. 45. — Réception d'un jeune homme au métier d'armurier parce qu'il est fort expert en arquebuserie 12 oct. 1587, Reg. 47. — (4) Ex. réception de compagnons menuisiers pourvu qu'ils « baillent deniers pour refaire l'église des Capucins » 6 déc. 1610, Reg. 65 ; d'un chandelier, pourvu qu'il donne 60 l. aux pestiférés, 17 juillet 1628 (Reg. 79) ; d'un menuisier pourvu qu'il refasse la porte et « le rasteau » de la Tranchée ; d'autres menuisiers « en fournissant du planchon à l'Hôtel-Dieu » ou en refaisant la porte d'entrée du gros horloge ; 23 nov. 1587, 5 nov. 1582 ; 25 juillet 1589, Reg. 47, 44, 49.

Le vice essentiel du régime de la maîtrise en Poitou est en effet, du haut en bas de l'échelle, l'exploitation financière du candidat. Le pauvre se trouve ainsi exclu du patronat en fait, sinon en droit. L'aspirant de fortune médiocre et qui n'est pas fils de maître est ruiné au moment où ses capitaux lui seraient le plus nécessaires pour s'établir. Le riche seul peut résister. Une pluie de redevances se déverse sur tous ceux qui de près ou de loin prennent part à la surveillance des épreuves ou à l'admission du candidat. Les maîtres-gardes se font d'abord payer leurs salaires et vacations pour assistance au chef-d'œuvre, et parfois aussi leurs « despens » (1). Il perçoivent sous ce prétexte 5 s. par jour chez les pâtissiers et chez les texiers, 10 s. chez les boulangers, les tanneurs et les corroyeurs, 4 s. en tout chez les menuisiers de Poitiers au xve siècle, 20 l. chez les menuisiers de Châtellerault au xviiie (2). A mesure qu'on s'éloigne du Moyen-Age, les charges de l'aspirant s'accroissent en effet et deviennent écrasantes. Ainsi, les chirurgiens de Poitiers demandent au futur maître non seulement de rémunérer le médecin, les jurés, le prévôt, le greffier, les deux anciens, à chacune des séances d'examen, ce qui représente, d'après nos calculs, pour 11 séances et pour la tentative, un déboursé de 140 l., mais encore ils astreignent l'aspirant à rétribuer tous les maîtres du métier, ce qui suppose, pour un effectif de 14 membres que la corporation comptait au xviiie siècle en général, une dépense de 510 l. (3). A Châtel-

---

(1) Statuts des pâtissiers de Poitiers, article ajouté en 1520 (salaires outre les despens). — (2) Statuts des pâtissiers 1505-20; des texiers 1554, art. 17; des boulangers 1609, art. 14; des corroyeurs 1457, art. 13; des tanneurs de Châtell^t 1596, art. 25; des menuisiers de Châtell^t 1765; des menuisiers de Poitiers 1450, art. 1. — (3) Statuts des chirurgiens de Poitiers 1711, art. 22, 25, 27, 29, 30, 34, 34. — Les chirurgiens sont au nombre de 14 vers 1750 (fragm. du reg. de leurs déliber. 1750-57, coll. Bonsergent, Arch. Antiq. Ouest.

lerault, les couteliers, en 1571, n'exigent pour les droits d'entrée qu'une somme modique de 25 s. destinée à tous les frais de ce genre (1). En 1764, ils demandent aux candidats, outre la rétribution des jurés, la somme de 150 l. que les maîtres se partagent (2). Il y a des métiers où l'aspirant est tenu aussi de faire des cadeaux en nature. Ainsi chez les tireurs d'armes et les chirurgiens, il est d'usage que le récipiendaire offre une paire de gants à chacun des gardes et des maîtres présents (3). Outre les droits qu'il est tenu de payer pour indemniser les jurés et les maîtres, l'aspirant doit encore fournir « pour les nécessités communes et les affaires » de la corporation ou pour le paiement des dettes de la communauté, des sommes qui vont grossissant surtout à partir du xviie siècle. Au xve et au xvie siècle, on se contente encore de demander au candidat un teston, un écu sol, un demi-écu (4). Au xviie, les droits s'élèvent : les imprimeurs-libraires exigent 30 l. pour cet objet, et les apothicaires 18 l. au lieu des 4 l. 8 s. qu'ils faisaient verser en 1552 (5). Au xviiie siècle, les exigences dépassent toute mesure. On voit les boulangers de Niort réclamer au récipiendaire 120 l. pour les affaires de la corporation, les menuisiers de Châtellerault 180 l., et les couteliers de la même ville 80 l. Ce n'est pas tout. Après avoir passé à la caisse du métier, le futur maître devra songer à celle de la confrérie. Il paiera ainsi 9 l. chez les boulangers, 1 écu d'or chez les pâtissiers, 15 s.

---

(1) Statuts des couteliers de Châtell^t 1571, art. 22. — (2) Requête des couteliers de Châtell^t homologuée par le Parlement 18 déc. 1764, analysée par *Pagé*, p. 139. — (3) Statuts des chirurgiens de Poitiers 1711, art. 22 et sq.; — des tireurs d'armes 1629, art. 8, *Arch. Munic. de Poitiers* D.67. — (4) Statuts des chapeliers de Poitiers 1560, art. 4; des tanneurs de Châtell^t 1596, art. 1; des maréchaux de Poitiers 1583, art. 7. — (5) Statuts des boulangers de Niort 1730, art. 16; des menuisiers de Châtell^t (lettres pat. mai 1765); requête des couteliers 18 déc. 1764, précitée.

chez les texiers, 2 écus chez les chaussetiers, la moitié d'un marc d'argent chez les couturiers, un demi-écu chez les chapeliers, 30 s. chez les corroyeurs, les parcheminiers, les maréchaux, 1 marc d'argent chez les orfèvres, 1 l. 10 s. chez les serruriers, 3 l. chez les chirurgiens (1). Il fournira aussi parfois 1 à 3 livres de cire pour le luminaire (2) ou encore le pain bénit à la fête prochaine de la communauté (3). Les redevances de ce chef suivent la même marche ascendante que les autres. Tandis qu'on demande une livre ou deux de cire au xve et au xvie siècle, on en exige six au xviiie (4). Telle corporation qui n'exigeait rien en 1571, comme celle des couteliers, requiert pour la boîte et le droit de cire 50 l. en 1764 (5).

Les redevances déjà fort lourdes sont aggravées par l'obligation du banquet que les récipiendaires se voient obligés de donner. Les fils et les gendres de maîtres eux-mêmes y sont astreints (6). A ce banquet établi « d'ancienneté » (7), et qui précède ou qui suit la prestation de serment (8), sont conviés tous les maîtres du métier de la ville et des fau-

(1) Statuts des boulangers de Poitiers 1609, art. 14; des pâtissiers 1505-20, art. 6; des texiers 1554, art. 17; des chaussetiers 1473, art. 3; délib. du 4 décembre 1536, rel. aux couturiers (Reg. 21); statuts des chapeliers de Châtell^t 1588, art. 3 et 4; des corroyeurs de Poitiers 1457, art. 8 et 9; des parcheminiers 1553, art. 3; des maréchaux de Châtell^t 1573, 2; des serruriers de Poitiers 1455, art 2; des orfèvres 1457-67, art. 9; des chirurgiens 1711, art. 19. — (2) Statuts des boulangers 1609, art. 13 (1 livre de cire); des pâtissiers (8 livres de cire) 1505-20, art. 6; des peintres-vitriers 1723, art. 5 (6 livres de cire); des maréchaux 1559, art. 7 (30 s. ou 2 livres de cire); des maçons 1695, art. 11 (3 livres de cire). — (3) Statuts des peintres-vitriers 1723, art. 5. — (4) Statuts ci-dessus cités note 2. — (5) Requête des couteliers de Châtell^t 18 décembre 1764, précitée. — (6) Statuts des pâtissiers de Poitiers 1505-20, art. 6 et 7; des chaussetiers 1473, art. 3, 10, 11; des corroyeurs 1457, art. 8, 9, 14; des maréchaux 1583, art. 7; des orfèvres 1467, art. 7, 8 et 9; des chirurgiens de Poitiers 1711, art. 32; des chapeliers de Châtell^t 1588, art. 3, 4, 16. — (7) Expression de ces derniers statuts et d'autres. — (8) Mêmes statuts; not. ceux des chirurgiens, 1711, art. 32.

bourgs (1). Souvent, on est tenu d'y inviter aussi le procureur de la police, le greffier municipal et le sergent du mai (2). Cette obligation devenait fréquemment ruineuse. Parfois, des statuts bien intentionnés prescrivent, comme ceux des chirurgiens, de se borner à un « repas honnête (3) ». L'injonction n'a guère d'effet. La royauté interdit ces banquets ou dîners de maîtres et l'interdiction est rappelée dans quelques statuts, par exemple dans ceux des texiers et des parcheminiers (4). Les ordonnances royales du xvi° siècle menacent de 100 s. d'amende les maîtres qui exigent ces *festiages*, et de déchéance les aspirants qui s'y prêtent(5). Le corps de ville sévit quelquefois, quand le scandale est trop grand, par exemple contre les menuisiers en 1580, contre les meuniers en 1537, contre les bouchers en 1625, contre les savetiers en 1634 (6). Mais la coutume est plus forte que la loi. Les banquets, maintes fois interdits depuis le xvi° siècle, sont encore exigés légalement en vertu de statuts homologués par l'autorité, par exemple chez les boulangers, les chapeliers, les maréchaux et les chirurgiens (7). D'autres statuts les proscrivent: tel est le cas pour ceux des apothicaires et des maçons (8). Les ordonnances et senten-

(1) Mêmes statuts. — (2) Ex. statuts des pâtissiers 1505-20, art. 6 et 7 ; des corroyeurs 1457, art. 8, 9, 13. — (3) Statuts des chirurgiens 1711, art. 32. — (4) Statuts des texiers 1554, art. 2 ; des parcheminiers 1553, art. 3. — (5) Sentence de l'échevinage de Poitiers contre les maîtres pâtissiers qui ont exigé de 2 maîtres un banquet estimé pour chacun d'eux 60 s., 24 novembre 1550. Reg. 31 (l'amende est modérée à 5 s. pour les maîtres et à 10 s. pour les jurés). — (6) Ordon. munic. de Poitiers 12 décembre 1538 (contre les meuniers) ; 24 nov. 1550 (contre les pâtissiers) ; 8 août 1580 (contre les menuisiers ; 25 août 1625 (contre les bouchers) ; 27 nov. 1634 (contre les savetiers), Reg. 20, 31, 43, 77, 85. — (7) Statuts des chapeliers de Châtell[t] 1588, art. 3, 4, 16 ; des maréchaux de Poitiers 1583, art. 7 ; des chirurgiens 1711, art. 32 ; lettres de maîtrise délivrées par le roi à un boulanger de Poitiers, 23 juillet 1655 (l'exemptant de payer le banquet), *Vienne*, E 7¹. — (8) Statuts des apothicaires de Poitiers 1628, art. 25 et 51 ; des maçons 1695, art. 11.

ces de police ont beau interdire d'exiger aucuns deniers « pour les employer en buvettes, repas et festins (1) ». Les maîtres continuent à les demander et à les obtenir des récipiendaires, avec la tolérance des pouvoirs publics. Ainsi, suivant la constatation même des documents officiels, de « grosses sommes d'argent » sont employées en « débauches », de sorte qu'il reste à peine « un sol » au maître de fortune médiocre pour s'établir. De là, observent les échevins de Poitiers, provient « aulcunes fois la totale ruine des pauvres artisans (2) ».

Aux charges légales ou semi-légales, comme les banquets, imposées aux candidats à la maîtrise, s'adjoignent celles qui résultent des extorsions ou exactions faites par les maîtres des métiers. Ces exactions amènent « la ruine et perte des pauvres compagnons qui aspirent entrer ès mestiers pour gagner leur vie », dit une délibération du corps de ville de Poitiers en 1587 (3). Elles sont fort communes et pratiquées de longue date. Tous les métiers se livrent à cette honteuse spéculation. C'est ce qu'attestent divers rapports du procureur de la police de la même ville en 1587, en 1629, en 1651 (4). L'abus va si loin qu'en une seule fois l'autorité municipale irritée casse pour ce motif les statuts de quatre corporations, les texiers, les chandeliers, les cordiers et les savetiers. Il ne les rétablit que moyennant la promesse

---

(1) Ordones de l'échevinage de Poitiers précitées. — Sentence du lieut. gén. de Châtell.t contre les couteliers, 18 décembre 1733 (*Arch. mun. Chât., registre n° 41*).—Ordon. de police de Poitiers, sept. 1634. — (2) Expressions de la délib. du 27 nov. 1634 (contre les savetiers) et du 8 août 1580 (contre les menuisiers), *Reg.* 85 et 43.—(3) Ordonnance munic. de Poitiers, 3 janv. et 15 nov. 1587 (contre les texiers, cordiers, chandeliers, savetiers) *Reg.* 46 et 47. — (4) Même ordon. — rapports et délib. des 25 juin 1629, 24 décembre 1587, 13 mars 1651, *Reg.* 47, 79, et 102.

de veiller à ce que le scandale ne se renouvelle plus (1). La menace de cassation, celle de l'amende et de la déchéance ne suffisent pas à extirper ce vice invétéré, ces « larcins » véritables commis au détriment des candidats. On a beau inscrire dans divers statuts, comme ceux des tanneurs, des apothicaires et des parcheminiers, l'obligation pour les maîtres de ne faire aucune réception « pour or, argent ou aulcune promesse et amitié ». On a beau interdire de « faire bailler deniers directement ou indirectement desdits maîtres (2) ». Les exactions continuent. On constate, au XVII° siècle comme au XVI°, que tous les métiers s'en rendent coupables. De loin en loin, on sévit. Ainsi, on fulmine en 1632 contre les maîtres couturiers qui, soutirant de grosses sommes d'argent aux récipiendaires, trouvent ainsi moyen de s'enrichir et d'écarter les compagnons sans fortune (3). En 1650, on met à l'amende les maîtres-jurés bouchers qui ont extorqué 4 pistoles à un garçon aspirant à la maîtrise (4). En 1651, nouveau scandale. Les boulangers se font donner 160 l. par un candidat, alors qu'il n'aurait dû acquitter en tout que 43 l. 8 s. L'échevinage s'émeut, condamne les maîtres à restitution, inflige des amendes aux jurés (5). Puis, l'affaire oubliée, les maîtres continuent leurs manœuvres déloyales, et l'accès de la maîtrise se trouve

(1) Ordon. munic. des 3 janv. et du 15 nov. et 24 décembre 1587, *Reg*. 46 et 47. — (2) Statuts des tanneurs de Châtell^t 1596, art. 1 et 25; des apothicaires de Poitiers 1552, art. 40; 1628, art. 59 et 60; des parcheminiers 1553, art. 3. — (3) Par ex. délib. munic. de Poitiers du 10 avril 1617, contre tous les métiers jurés et notam. contre les chandeliers; 25 juin 1629, contre tous les métiers; 23 février 1632, contre les couturiers, *Reg*. 70, 79, 89; 2 juillet 1657, contre tous les métiers, *Reg*. 107. — (4) Délib. munic. des 7 et 14 nov. 1650, et 26 décembre 1650, contre les bouchers, *Reg*. 102. — (5) Délib. munic. des 27 février et 13 mars 1651 contre les boulangers, *Reg*. 102. On y remarque que ces exactions « sont chose trop « ordinaire à tous les métiers et qu'elles vont à la ruine des aspirants ».

de plus en plus fermé à l'immense majorité des compagnons.

Les pouvoirs publics ne se montrent pas d'ailleurs moins âpres à la curée que la corporation elle-même. Tandis que le roi bat monnaie en vendant des lettres de maîtrise, l'autorité locale, municipale et seigneuriale, s'ingénie à extorquer aux candidats au patronat des redevances en argent ou en nature, les unes au profit du maire, des officiers de justice ou de police et des agents subalternes, les autres au profit de la ville et de ses établissements charitables (1). Le chef-d'œuvre lui-même est généralement délaissé au maire ou à la commune, « pour en disposer à leur volonté (2) ». Enfin, certains corps de métiers, par exemple les orfèvres, obligent les nouveaux maîtres à déposer avec leur poinçon une caution en argent assez forte, comme garantie de l'observation des clauses de leurs statuts (3). Les charges accumulées s'élèvent ainsi à un taux très élevé, surtout au xvii° et au xviii° siècle. Elles sont encore modérées pendant les deux premiers siècles de l'ère moderne. Ainsi de 1450 à 1600, les pâtissiers paient au total pour droits de réception à la maîtrise 2 écus d'or, 8 l. de cire et 5 s. par jour aux 2 maîtres-gardes et au sergent municipal. Les texiers, outre les 5 s. du salaire quotidien des jurés et les frais du chef-d'œuvre, sont quittes de tous droits avec 30 s., les chaussetiers avec 4 écus, les corroyeurs avec 50 s., les menuisiers avec 10 s., les chapeliers avec 40 s. et un écu;

---

(1) Voir ci-dessous, livre IV, chap. II, V et suiv. — (2) Statuts des pâtissiers de Poitiers 1520, art. 4; des boulangers 1609, art. 15; des maréchaux 1583, art. 7; des parcheminiers 1553, art. 4; délib. du 21 janvier 1549, rel. aux armuriers *Reg.* 30. — (3) Statuts des orfèvres de Poitiers 1457-67, art. 3 (caution de 6 marcs d'argent); à Fontenay les orfèvres donnent caution de 10 marcs, Fillon, *Hist. de Fontenay*, I, p. 252.

les tanneurs et les maréchaux avec 20 s. et un écu, les parcheminiers avec 60 s., y compris les indemnités attribuées aux maîtres-gardes et aux officiers de police, mais sans y comprendre le coût du chef-d'œuvre (1). Au contraire, au XVII° siècle, les boulangers paient au total au moins 20 l. 8 s. en argent, et on estime à 20 l. la charge de froment nécessaire pour leur expérience (2). Les imprimeurs-libraires ont au minimum 30 l. à verser ; les peintres-vitriers acquittent 20 l. en argent et fournissent 6 l. de cire (3). Au XVIII° siècle, les boulangers de Niort qui aspirent à devenir maîtres n'ont pas moins de 120 l. à acquitter en droits d'entrée, et de plus supportent les frais du chef-d'œuvre (4). Pour les chirurgiens de Poitiers, la note à payer pour tous droits n'atteint pas à moins de 656 l. 10 s., et pour les chirurgiens de campagne à 166 l. 10 s. (5). Les médecins, pour avoir le droit d'exercer à Poitiers, sont obligés de payer 1.500 l. afin de se faire agréger à la Faculté de médecine qui a le monopole de l'exercice de l'art médical (6). Chez les menuisiers de Châtellerault, indépendamment des redevances versées aux mains des officiers de justice, le candidat étranger doit débourser 200 l. et l'aspirant qui a fait apprentissage en ville 150 l. (7). Dans la même ville, les nouveaux maîtres couteliers sont tenus d'acquitter au moins 280 l., outre les frais de vacation des officiers de la sénéchaussée (8). C'est ainsi que le candidat, allégé d'une bonne part de ses capitaux, parfois même

(1) Statuts ci-dessus cités, pp. 100-102.— (2) Statuts des boulangers 1609, art. 14 ; éval. de la charge de froment dans une délib. du 13 mars 1651, rel. aux boulangers Reg. 102.—(3) Statuts des imprimeurs-libraires 1634, art. 6 ; des peintres-vitriers 1723, art. 5. — (4) Statuts des boulangers de Niort 1730, art. 16. — (5) Statuts des chirurgiens de Poitiers 1711, art. 19, 23, 25, 27, 29, 30, 32, 34. — (6) Pièces rel. à la Fac. de méd. de Poitiers XVII°, XVIII° s. *Vienne D.* 10 et 11. — (7) Lettres patentes rel. aux menuisiers de Châtell¹ mai 1765. — (8) Requête des maîtres couteliers de Châtell¹ homologuée par le Parlement 18 décembre 1764, précitée.

totalement dépouillé, est enfin admis à ouvrir boutique.

Seule, une catégorie privilégiée d'aspirants échappe à cette fiscalité vexatoire et ruineuse. Cette catégorie se compose des fils et des gendres de maîtres et des compagnons qui ont épousé les veuves des patrons. Une partie des corporations exempte les fils de maîtres de tous frais et de tous droits, autres que ceux du chef-d'œuvre et du dîner ; par exemple, les chaussetiers, les menuisiers, les corroyeurs, les parcheminiers, les imprimeurs-libraires et les relieurs (1). D'autres leur accordent dispense de la moitié des droits. Tel est l'usage chez les boulangers, les pâtissiers, les texiers, les tanneurs, les maçons, les maréchaux, les apothicaires (2). Les peintres-vitriers n'exigent d'eux que 6 l. de droits au lieu de 20 l., et 2 l. de cire au lieu de 6, c'est-à-dire le tiers des redevances perçues aux dépens des aspirants étrangers (3). Les menuisiers de Chatellerault, plus partiaux encore ne leur demandent que 15 l. au lieu de 200 l., c'est-à-dire 13 fois moins qu'aux aspirants étrangers à la ville (4). Cet esprit de partialité se manifeste 25 ans à peine avant la Révolution. Les gendres de maîtres sont tantôt assimilés aux fils des patrons pour la dispense de la totalité ou de la moitié des droits (5), tantôt placés dans

---

(1) Statuts des chaussetiers de Poitiers 1473, art. 10 ; des corroyeurs 1457, art. 13 ; des menuisiers 1450, art. 1 ; des parcheminiers 1553, art. 1 (dispense des droits de la ville); des impr. libraires 1634, art. 7. — (2) Statuts des boulangers de Poitiers 1609, art. 15 (dispense des 2/3 des droits) ; des pâtissiers 1505-20, art. 7 ; des texiers 1554, art. 15 ; des tanneurs (de Châtell^t) 1596, art. 24 ; des maçons de Poitiers 1695, art. 11 ; des maréchaux (de Châtell^t) 1573, art. 3 (à Poitiers, ils ne paient que 20 s., statuts des maréchaux 1583, art. 2 et 3); des apothicaires 1628, art. 25 ; tous ces corps n'exigent que moitié des droits. — (3) Statuts des peintres vitriers de Poitiers 1723, art. 4. — (4) Lettres patentes de mai 1765, rel. aux menuisiers de Châtell^t. — (5) Statuts des boulangers de Niort 1730, art. 14 ; des chaussetiers de Poitiers 1473, art. 11 (moitié des droits à acquitter); des tanneurs de Châtell^t 1596, art. 24 (id.); des maréchaux de

une situation un peu inférieure à l'égard des enfants des maîtres, quoique privilégiée à l'égard des étrangers. Ainsi, d'après nos relevés, chez les boulangers de Poitiers, les fils de maîtres paient au total en argent 6 l. au lieu de 20 ; les gendres des maîtres acquittent au contraire 10 l. Les premiers donnent à peine le tiers des droits exigibles, les seconds la moitié (1). La différence est encore plus sensible chez les menuisiers de Châtellerault, qui astreignent les fils de maîtres à 15 l. de droits, les gendres à 100 l., c'est-à-dire 6 à 7 fois plus, et les étrangers à 200 l. (2). Quant aux compagnons qui ont épousé des veuves de maîtres, ils sont, comme les gendres, astreints, dans certaines corporations, au paiement de moitié des redevances (3), par exemple chez les maçons et les tanneurs. La plupart des statuts sont muets sur leur cas, ce qui laisse supposer que ces aspirants étaient, ou bien soumis au droit commun, ou favorisés en vertu seulement de l'usage et non de la loi. En dehors de ces privilégiés, l'aspirant pauvre ne peut que recourir à la fraude ou à l'indulgence de l'autorité locale. A-t-il l'audace de se présenter à la maîtrise et de promettre d'acquitter les droits, avec l'arrière-pensée de ne pas les payer, il s'expose à l'amende, à des poursuites, à la contrainte par corps et à la fermeture de la boutique ou de l'atelier (4). Présente-t-il requête

Poitiers 1585, art. 4 (20 s. seult de droits); des impr. libraires 1624, art. 7 (exemption totale).

(1) Statuts des boulangers de Poitiers 1609, art. 15 et 16. — (2) Lettres pat. de mai 1765, rel. aux menuisiers de Châtellerault.—(3) Statuts des tanneurs de Châtell 1596, art. 24 — des maçons de Poitiers 1695, art. 11. — (4) Statuts de tous les métiers ; l'amende est parfois équivalente aux droits eux-mêmes, ainsi chez les serruriers (statuts de 1455, art. 2). — Nombreuses délib. munic. à ce sujet à Poitiers : ex. sentences du 21 octobre et 7 nov. 1633 contre un chapelier garnisseur, *Reg.* 84. — Voir ci-dessous livre IV, chap. II.

au pouvoir municipal ou local, pour obtenir, « en raison de sa grande pauvreté, » remise totale ou modération des droits, ou délais en vue du paiement? Il lui faut subir les lenteurs d'une enquête, et il court la chance d'un refus. Les dispenses accordées sont rares, semble-t-il, et il faut surtout pour les obtenir être le protégé personnel de quelque personnage influent auquel l'autorité veut plaire (1).

Le candidat assez heureux pour avoir satisfait aux formalités de l'enquête et du chef-d'œuvre, et assez riche pour pouvoir aquitter les droits d'entrée, touche enfin à l'objet de ses efforts. Il ne lui reste plus qu'à se faire recevoir, qu'à prêter serment, qu'à requérir l'enregistrement de ses lettres de maîtrise. Dans certaines corporations, la réception du nouveau maître donne lieu à deux cérémonies distinctes. Ainsi, chez les apothicaires, quand le chef-d'œuvre a été déclaré valable, le secrétaire appelle l'aspirant dans la chambre de la communauté. Là, le doyen donne au récipiendaire lecture des statuts en présence de tous les maîtres assemblés. Il l'exhorte à vivre fraternellement avec ses confrères, et à les honorer tous comme ses anciens. Puis, il le requiert de prêter serment, et le nouveau maître jure « sur les saints Évangiles de bien » et fidèlement exercer sa charge et de vivre en paix avec « ladite compagnie (2) ». La seconde cérémonie a lieu lorsque l'aspirant est présenté au maire dans la ville de commune, aux officiers seigneuriaux ou royaux dans les autres villes. Quelques métiers font excep-

---

(1) Requêtes de divers couturiers, 4 décembre 1536 et 16 avril 1543, pour avoir délai dans le paiement des droits ; du 23 août 1546 pour dispense des droits; du 21 mai 1545 pour dispense (à cause de la pauvreté des requérants), *Reg*. 21, 25, 28; délib. munic. aux m. dates accordant dispenses totales ou partielles pour pauvreté des aspirants ; délib. du 11 août 1635 et du 6 sept. 1637 accordant dispense à des chandeliers parce qu'ils sont domestiques du maire, *Reg*. 86 et 87 etc.—(2) Statuts des apothicaires de Poitiers, 1628, art. 52.

tion à cette règle. Ainsi les lieutenants des premiers chirurgiens du roi et le substitut du procureur général au Parlement reçoivent à Poitiers les nouveaux maîtres perruquiers et chirurgiens en présence des autres maîtres réunis. De même, les orfèvres depuis le xvii° siècle (1) sont reçus par le garde de la monnaie (2). Mais en général, jusqu'en 1699, dans la capitale du Poitou, les aspirants à la maîtrise sont astreints à se faire recevoir par le maire, sous peine de fermeture de leur boutique, sans préjudice de l'amende. Le récipiendaire, accompagné des maîtres-jurés qui lui servent de parrains (3) et parfois des membres de la corporation tout entière (4), fait son entrée dans l'hôtel du premier magistrat municipal ou dans la maison de l'échevinage. Le maire attend, assisté du procureur de la police et du greffier, dont la présence est obligatoire (5), et entouré même à l'occasion de tous les échevins (6). Les gardes du métier et le procureur de la police font leur rapport, attestent la capacité

(1) Ex. à Thouars, les apothicaires sont reçus par le sénéchal (statuts de 1617); et à Châtellerault par le lieut. gén. de la sénéch. (reg. des réceptions de maîtres, xvii°, xviii° s.) *Vienne E* 7¹. — Statuts des chirurgiens 1711 ; Arrêt du Grand Conseil rel. aux chirurgiens de Poitiers (prescrivant de les recevoir dans l'ass. des maîtres devant le lieutenant du 1ᵉʳ chirurgien et le substitut du procureur général) 28 janvier 1614, *Vienne D.* 11. — Arrêt du Conseil privé 1ᵉʳ avril 1741, concernant les perruquiers de Poitiers, *Rec. Poit.* in-4°, VII n° 13. — (2) Arrêts du Conseil privé 28 avril et 5 juin 1637 rel. aux orfèvres de Poitiers. *Rec. Poit.* in-4°, XXI n° 78. — (3) Ord. de police de Poitiers 1578, 1634, 2 août 1628 etc. — statuts des texiers 1554, art. 2; des parcheminiers 1553, art. 2 ; des apothicaires 1628, art. 53 (la réception a lieu 8 jours après l'admission du chef-d'œuvre); des pâtissiers 1505-20, art. 7 ; des chaussetiers 1473, art. 3, etc. — (4) Ex. procès-v. de réception d'un chandelier 11 août 1635, *Reg.* 86; et statuts ci-dessus. — (5) Règl. de police de Poitiers, sept. 1634. — statuts des texiers 1554, art. 2, — réception de deux savetiers 19 mars 1635, *Reg.* 85, — délib. du 30 avril 1635 à Poitiers, *Reg.* 85. — Statuts des parcheminiers 1553, art. 2. — (6) Ex. réceptions de 3 boulangers, d'un chandelier, d'un sergetier, d'un armurier, d'un menuisier, etc., 5 mai 1562, 1ᵉʳ fév. 1638, 21 janv. 1548; 27 fév. 1640, *Reg.* 85, 88, 56, 90, etc.

du candidat et la loyauté des épreuves (1). Le récipiendaire exhibe les quittances signées du secrétaire, pour prouver qu'il a acquitté les droits (2), ou bien il se libère sur le champ au moment de la cérémonie (3), à moins qu'on n'use à son égard de temporisation (4). Dans les villes domaniales dépendantes du roi ou d'un seigneur, telles que Châtellerault et Thouars, la réception des aspirants se fait avec un cérémonial analogue, devant le sénéchal ou le lieutenant général de la sénéchaussée, après avis du procureur fiscal ou du procureur royal (5). Au xviiie siècle, les lieutenants généraux de police héritent à peu près partout de ces droits dans les centres urbains, et dès lors ce sont ces fonctionnaires, qui, avec l'assistance du procureur du roi et du greffier, sont chargés de recevoir les maîtres et de leur faire prêter serment (6).

La prestation du serment est la partie essentielle de la séance de réception. Tous les statuts, toutes les ordonnances stipulent cette formalité (7). Parfois même les détails en sont arrêtés d'avance. Le récipiendaire jure sur les Évangiles, à genoux et en touchant de sa main le livre saint, d'observer les règlements du métier, « d'exercer bien et léalment, » sa profession, sans y « faire ou mectre aucune fraude ne abus », de souffrir les visites des maîtres, de

---

(1) Documents cités ci-dessus notes 2 à 7. — (2) Statuts des maçons 1695, art. 1 et 4. — (3) Délib. du 10 nov. 1651, Reg. 38. — (4) Voir ci-dessus le paragraphe relatif aux droits. — (5) Statuts des apothicaires de Thouars 1617. — Reg. de réception des maîtres à Châtell^t et Civrai, xviie et xviiie s. *Vienne* E. 7^1. — (6) Statuts des boulangers de Niort 1730 ; — registres cités ci-dessus note 5. — Arrêts du Conseil du 11 juin 1726 et du 17 nov. 1722, conc. les com. d'arts et métiers de Poitiers, cités dans celui du 1er avril 1743, *Rec. Poit.*, in-4°, VII, n° 13. — Statuts des peintres-vitriers 1723, art. 2, — des chapeliers de Châtell^t 1588, art. 3. — (7) Il est exigé même des fils de maîtres qui héritent de droit du métier, ord. munic. 19 juin 1581 contre les bouchers de Poitiers, Reg. 43.

dénoncer les monopoles, les brigues, les malversations et la corruption, de porter honneur et respect aux anciens du métier (1). Il ajoute qu'il tiendra « et gardera » les ordonnances municipales ou royales, qu'il s'abstiendra d'ouvrir boutique si ce n'est avec la permission de l'autorité, qu'il respectera la juridiction régulière à laquelle sa communauté doit déférer ses litiges (2). Il promet en outre de « bien et dheuement servir le Roy », de lui être fidèle, d'obéir à ses magistrats, « de les advertir s'il entend dire quelque chose contre le service de Sa Majesté (3)». Enfin, il s'engage « à vivre et à mourir en la religion catholique, apostolique et romaine (4) ». Le serment est exigé non seulement des maîtres des métiers jurés, mais encore de ceux des métiers libres (5). C'est en effet une sorte de gage de fidélité que tous les patrons doivent donner aux représentants de l'autorité publique.

On délivre ensuite au nouveau maître les lettres de maîtrise, c'est-à-dire une sorte d'extrait de l'acte de réception et de la prestation de serment, suivi de la permission d'ouvrir boutique. Les lettres sont signées du maire ou de l'officier royal ou seigneurial, ainsi que du greffier de la

---

(1) Statuts des chapeliers de Châtell. 1588, art. 3 ; des impr. libr. de Poitiers 1634, art. 6 ; des maréchaux 1583, art. 7 ; des maçons 1695, art. 1 ; des chaussetiers 1473, art. 3 ; des texiers 1554, art. 2 ; des bouchers de Châtell. 1520, art 7 ; des chirurgiens de Poitiers 1711, art. 32 et 34 ; des peintres-vitriers art. 5 et 10 ; des parcheminiers 1553, art. 3 ; des orfèvres 1457-67, art. 2 ; des tondeurs 1399 ; des apothicaires 1628, art. 1 et 53 ; nombreux procès-v. de réception. — (2) Par ex. stat. des maréchaux de Poitiers 1583, art. 13 ; ordon. de nov. 1628 rel. aux apothicaires, *Reg.* 79. — (3) Ordon. de nov. 1628, précitée ; — procès-v. de réception not. celui d'un cordonnier à Châtell* 27 avril, 1671, *Vienne E* 7¹; — ordon. munic. Poitiers 29 avril 1644, *Reg.* 96. — (4) Ordon. de nov. 1628, 23 avril 1629, *Reg.* 79 ; procès-v. de réception d'un chandelier, 11 août 1635, *Reg.* 85. — (5) Ex. tireurs d'armes requête de 1629 (*Arch. Munic. D.* 67) et ord. de police diverses.

commune ou du siège de la justice du lieu. On y imprime aussi le sceau municipal, ou bien celui du roi ou du seigneur (1). En même temps, dans quelques corporations du moins, le récipiendaire a soin de faire inscrire sur le registre de la communauté son nom et son surnom, son numéro de réception, la date des épreuves qu'il a soutenues, et celle de sa prestation de serment (2). Il figure dès lors sur le tableau des maîtres qui est affiché dans la chambre commune de sa corporation (3), et il jouit de tous les avantages attachés à sa nouvelle condition.

L'orgueil que tout nouveau maître éprouve en pénétrant dans sa communauté s'explique par les difficultés même qu'il a dû vaincre avant d'y entrer. Si l'accès de la maîtrise en Poitou est resté très facile pour les membres des métiers libres, il est devenu très malaisé pour les membres des métiers jurés. Les conditions du recrutement et des épreuves destinées à l'origine à donner au métier certaines garanties de moralité, de stabilité et de capacité, n'ont pas tardé à devenir si rigoureuses qu'il est difficile d'y voir autre chose que des obstacles multipliés par l'égoïsme de famille et de corps, au détriment des travailleurs sans fortune et sans relations. Les droits financiers se sont tranformés en une sorte de taille arbitraire sans cesse accrue et levée par les gardes, les maîtres et l'autorité publique, sur les candidats à la maîtrise. Les fils et les gendres de maîtres, les compagnons mariés aux veuves de patrons, sont devenus, en vertu des privilèges qu'ils se sont fait accorder, les propriétaires

---

(1) Réception d'un tireur d'armes 22 fév. 1666 à Poitiers, Reg. 116; — statuts des chapeliers de Poitiers 1560, art. 6. — Reg. de réception des maîtres à Châtell[t] xviie, xviiie s. — (2) Statuts des impr.-libraires 1634, art. 11; des parcheminiers 1553, art. 1. (3) Statuts des apothicaires 1628, art. 1; des chirurgiens 1711, art. 13, à Poitiers.

exclusifs du métier. Chaque profession jurée a été une sorte de fief dont un petit nombre de privilégiés se sont partagé la jouissance.

CHAPITRE V
Condition morale des Compagnons et des Maîtres en Poitou.

Les détracteurs aussi bien que les admirateurs de l'ancienne organisation du travail ont tracé de la condition morale et matérielle des ouvriers et des maîtres d'autrefois les tableaux les plus contradictoires. Il convient, pour éviter le double écueil du panégyrique et de la satire, de distinguer avec soin les variétés de métiers, de les étudier dans les divers milieux où ils ont vécu, de chercher à démêler dans les documents les multiples aspects sous lesquels on y entrevoit la vie ouvrière, et de se résigner à n'avoir sur ce point obscur et délicat que des probabilités très éloignées de la certitude.

La condition des maîtres et des compagnons a en effet beaucoup varié, suivant les groupements auxquels ils appartenaient et suivant les époques. Il est incontestable, en premier lieu, que leur situation dans les métiers libres est restée, à certains égards, inférieure à celle qu'ils avaient obtenue dans les métiers jurés, puisque ceux-ci possédaient des privilèges, des monopoles et une autonomie que n'avaient point ceux-là. Mais, d'autre part, le compagnon dans la communauté libre n'est point assujetti aux mêmes obligations rigoureuses que le compagnon du métier juré. L'accès de la maîtrise est largement ouvert à l'un, et se ferme de plus en plus devant l'autre. Les maîtres dans le métier libre n'ont point de monopole, mais ils sont souvent plus entreprenants et parfois plus riches que ceux de la corporation jurée. La mercerie, la draperie en gros, le commerce des draps de soie, et, depuis le xv° siècle, la banque ou l'industrie des transports, qui sont restées des professions libres, n'en conduisent pas moins plus sûrement que beaucoup de professions jurées à la fortune et aux honneurs. Les registres de l'échevinage de Poitiers et les listes de la juridiction consulaire l'attestent éloquemment. Toutefois, les maîtres de corporations jurées gardèrent pendant toute la durée de l'ancien régime le prestige qui s'attachait aux membres des corps privilégiés, sans parler des avantages d'ordre matériel et moral inhérents aux privilèges corporatifs.

Un de ces avantages fort précieux consistait pour le maître dans le droit d'exploiter le métier et de le transmettre à sa famille. Chaque profession jurée est une sorte de propriété collective, divisée en portions transmissibles de préférence aux enfants mâles, et dont chaque maître a l'usufruit viager. De là proviennent les stipulations inscrites dans les statuts en faveur des fils et des gendres de maîtres. De là aussi les dispositions qui assurent aux filles et aux veuves des maîtres le droit de faire excercer le métier à leur profit pendant leur minorité ou leur veuvage (1). De là aussi,

(1) Statuts des boulangers de Niort 1731, art. 30; des pâtissiers de Poitiers 1520; des texiers 1554, art. 4; des chaussetiers 1473, art. 12; des chapeliers 1560, art. 12; des corroyeurs 1457, art. 15; des peintres-vitriers 1723, art. 3; des serruriers 1455, art. 3; des maréchaux 1583, art. 10 — des parcheminiers 1553, art. 11; des apothicaires (de Thouars) 1617, art. 6; des bouchers de Châtell[t] 1520, art. 16 (vente des tripes réservée aux filles et veuves des maîtres); des tanneurs de Châtell[t] 1596, art. 25. La veuve d'apothicaire qui renonce au métier doit faire signifier sa décision par huissier à la corporation. *Procès v. d'ass. des apoth. de Poitiers 19 janv. 1759. Bibl. Mun. Mss.* n° 405.

les restrictions apportées à la jouissance de cette propriété, dans l'intérêt du public et à l'avantage des autres maîtres copropriétaires de la profession. Ainsi s'expliquent la déchéance prononcée contre les fils des maîtres qui ne veulent pas exercer effectivement le métier (1), contre les veuves et contre les filles des patrons, lorsqu'elles épousent des hommes étrangers à la corporation (2). Ce premier privilège en entraîne d'autres fort précieux. Tel est pour les maîtres de chaque corporation le droit de préemption, à l'encontre des membres des autres métiers, quand il s'agit pour eux de s'approvisionner des matières ou des produits nécessaires à leur industrie ou à leur commerce (3). Tel est encore le monopole de la fabrication et de la vente de chaque variété d'articles de consommation ou d'objets fabriqués, attribuée aux membres de chaque groupe corporatif déterminé. Ce monopole ne s'exerce pas seulement à l'égard des particuliers, auxquels il est interdit de fabriquer ou de préparer les produits et même d'avoir le matériel qui pourrait y être employé (4). Il s'exerce aussi contre les femmes, qui sont parfois totalement exclues du métier, et qui, même lorsqu'elles appartiennent à la corporation, ne peuvent, dans beaucoup de cas, exercer la profession que par le moyen d'un intermédiaire compétent (5). Il atteint encore les com-

---

(1) Mêmes statuts et not. ceux des apothicaires de Poitiers. — (2) Mêmes statuts et not. ceux des serruriers 1455, art. 3; et des impr.-libraires,1634, art. 7. — (3) Voir ci-dessus le livre II. — (4) Par ex. délib. munic. des 19 et 26 juillet 1660 et 31 juillet 1661 rel. aux ciergiers de Poitiers, *Reg.* 111; du 14 août 1595 rel. aux chandeliers *Reg.* 55 bis; du 31 mai 1572 rel. aux cordiers, *Reg.* 42; du 25 octobre 1608 rel. aux texiers, *Reg.* 64; du 21 juin 1660 rel. aux potiers d'étain, *Reg.* 110; ordon. de l'intendant rel. aux perruquiers 23 mars 1741 *Rec. Poit.* in-4º, VII nº 12; statuts des sergetiers de Châtelt 1656, art. 9, 10, 12; des chapeliers 1588, art. 19; des maçons de Poitiers 1695, art. 23; des apothic. de Thouars 1614, art. 8. — (5) Statuts

pagnons qui ne sauraient travailler en chambre et ouvrer à leur profit sans s'exposer à la rigueur des lois. Il n'épargne pas les varlets et les apprentis, dont tout le travail appartient aux maîtres et qui ne peuvent acheter, fabriquer ou vendre que pour le compte de l'employeur(1). A plus forte raison le monopole est-il dirigé contre les forains ou étrangers auxquels il est interdit de faire le commerce, d'étaler et de vendre hors des lieux publics indiqués et en d'autres jours que ceux de foire et de marché (2).

Protégé contre la rivalité des particuliers, des forains, des compagnons et des apprentis de son propre métier, à l'abri des entreprises des membres des autres corporations, le maître dans chaque profession jurée a cherché à se prémunir aussi contre les périls suscités par la concurrence de ses propres confrères et par la surproduction. De là l'interdiction que formulent les règlements de la plupart des métiers à l'égard du cumul des professions (3). De là encore l'obligation pour chaque maître de n'avoir qu'un ouvroir pour la fabrication, qu'une boutique, qu'un banc, qu'un étal pour la vente des produits (4). Ainsi s'explique la défense qui lui est faite

cités à la page précédente; — règl. des tondeurs de Poitiers 1399; — de même exclusion des couturières, délibér. de 1674, précitée.

(1) Par ex. statuts des pâtissiers 1520; des serruriers 1457; des tanneurs de Châtell' 1596. Voir aussi les chap. II et III du livre III. — (2) Ordon. du présidial de Poitiers 15 déc. 1753 art. 1 (*Archiv. Antiq. Ouest*); délib. munic. du 27 nov. 1628 rel. aux texiers, *Reg.* 79; statuts des boulangers de Poitiers 1609, art. 27; délib. du 3 juillet 1673 rel. aux menuisiers, *Reg.* 122. Voir aussi le livre II. — (3) Ex. meuniers et boulangers, taverniers et boulangers, hôteliers et pâtissiers, bouchers et rôtisseurs, couturiers et chaussetiers, délibér. 20 octobre 1580, *Reg.* 43; statuts des bouchers de Châtell' 1520, art. 11, 12 et 20; des boulangers de Poitiers 1609, art. 25; des pâtissiers 1521, art. 1; des chaussetiers 1473, art. 7; des chirurgiens, 1711, art. 22 (ne peuvent être perruquiers); des tondeurs et des fileurs à Niort 1617 (*Bardonnet, Ephem.* p. 315). — Règl. des tondeurs de Poitiers, 1599 (interdiction du cumul avec le métier de drapier m^d). — (4) Ex. statuts des texiers 1534 art. 6 et 28, et livre II. — Procès-v. d'ass. des bon-

par certains métiers d'accepter l'ouvrage commencé dans un autre atelier (1). Les règlements qui interdisent aux maîtres de s'immiscer dans les achats et les ventes de leurs confrères, ceux qui prohibent les accaparements et autorisent le lotissement des matières premières entre les membres d'un métier et ceux qui défendent aux maîtres de se soustraire leurs clients, leurs apprentis et leurs varlets, ceux enfin qui proscrivent le colportage (2) sont tout autant d'obstacles destinés à empêcher les rivalités, à enrayer l'avilissement des prix et des produits, à assurer une équitable répartition du travail. L'esprit qui inspire les statuts corporatifs est celui d'une étroite solidarité, non exempte de méfiance. Il ne faut pas qu'un maître puisse avoir trop d'occupation, lorsque le voisin n'en a point. C'est pourquoi les maçons sont astreints à donner de la besogne de préférence aux patrons qui en manquent et à les payer convenablement (3). Il ne faut pas qu'un fils de maître devenu patron puisse s'associer avec son père. S'il veut exercer, qu'il ouvre boutique à part, ou bien qu'il attende la mort du chef de la famille (4). Il ne faut pas qu'une veuve puisse faire concurrence aux maîtres en formant des apprentis, alors qu'elle n'a que des droits temporaires à l'exercice du métier (5). Toutes ces règles tendent enfin à introduire dans le métier une sorte d'égalité : égalité d'approvision-

---

netiers de Poitiers 5 oct. 1736 interdisant aux maîtres d'avoir plus d'une boutique sous peine de déchéance). *Vienne* C. 36. — Délib. munic. rel. aux pâtissiers de Poitiers, sept. 1662; *Reg.* 112.

(1) Statuts des texiers de Poitiers 1554, art. 6. — (2) Voir ci-dessus livre II pour le détail de ces règlements et pour les références. — (3) Statuts des maçons de Poitiers 1695, art. 43. — (4) Ex. statuts des corroyeurs de Poitiers 1457 et autres articles des statuts relatifs aux fils de maîtres, cités livre III, chap. IV. — (5) Articles des statuts des métiers relatifs aux veuves et aux apprentis cités ci-dessus livre III, chap. II et livre III, chap. V.

nement, égalité dans les ventes, égalité dans les fortunes, c'est-à-dire dans la médiocrité.

Cet idéal put être partiellement atteint tant que les conditions économiques, sociales et politiques au milieu desquelles avaient vécu les hommes du Moyen-Age parvinrent à subsister. Mais à partir des temps modernes, l'isolement local tendit à s'atténuer; l'afflux des métaux précieux et les nouveaux besoins du luxe poussèrent à une production plus intense. Il fut difficile, semble-t-il, de maintenir les règles que le passé avait léguées au présent et que les statuts des corporations s'étaient appropriées. Les documents relatifs au Poitou, et en particulier les registres de l'échevinage de Poitiers, attestent que ces lois sont continuellement tournées ou violées par les métiers eux-mêmes. L'intérêt personnel toujours puissant entraîne sans cesse les maîtres à poursuivre leurs vues particulières au détriment de l'intérêt collectif de leur corps. Cumuls de professions (1), accaparements, surproduction, ventes clandestines, manœuvres déloyales en vue de débaucher les ouvriers et la clientèle (2), les corporations jurées semblent avoir connu toutes les misères que l'on croit volontiers inhérentes à la liberté du travail. Tout au plus peut-on admettre qu'elles ne les connurent que dans une proportion moins grande due surtout à la moindre âpreté de la lutte économique avant la Révolution.

Le monopole des maîtres d'autrefois n'empêche donc pas en beaucoup de cas l'inégalité de s'établir entre les

---

(1) Par ex. les ciergiers se plaignent que certains maîtres tiennent 2 et même 3 boutiques, délib. munic. 31 janv. 1661, *Reg.* 111. — Voir aussi livre II les textes cités. — (2) Textes cités livre II, *passim*, et livre III, chap. II et III.

membres du même corps. Elle n'est pas davantage une cause d'union entre les communautés industrielles et commerçantes. Il était en effet difficile et parfois même impossible de déterminer dans tous les détails la sphère d'action de chaque corporation jurée. D'autre part, le monopole dévolu à chacun des métiers est forcément limité, et les maîtres ont besoin, pour vivre, de l'exercer dans son intégrité. Aussi s'explique-t-on la surveillance jalouse que les corporations exercent à l'égard les unes des autres et la rivalité féroce qui les divise. Leurs rapports sont presque constamment tendus. Les textes semblent reproduire l'écho de ces criailleries, de ces querelles, de ces dénonciations, de ces requêtes, qui nous font aujourd'hui sourire, mais dont l'importance était souvent réelle, puisque les corporations luttaient pour sauver le pain de leurs membres. Aucun des métiers jurés ne semble avoir été à l'abri de cette fureur de suspicion. Tantôt ce sont les boulangers et les meuniers que l'on voit en désaccord, tantôt les boulangers et les pâtissiers (1). Les pâtissiers accusent d'usurpation les rôtisseurs ainsi que les revendeurs de chairs bouillies ou rôties (2). Les petits bouchers s'indignent contre les empiétements des poulaillers (3), et les grands bouchers contre ceux des petits bouchers (4). Les ciergiers accusent les droguistes et les apothicaires d'immixtion frauduleuse dans leur commerce (5). Les sergetiers sont en querelle pour leur mono-

---

(1) Délib. munic. de Poitiers 10 octobre 1580 rel. aux meuniers et boulangers, Reg. 43. — Voir livre II, chap. III pour les boulangers et les pâtissiers. — (2) Délib. munic. du 1er août 1588 au sujet des pâtissiers et des rôtisseurs, etc. Reg. 48. — (3) Délib. munic. du 2 août 1610, Reg. 65. — (4) Délib. munic. 12 janv. 1609, 10 août 1610, 3 mars et 21 juillet 1625, 13 mars 1628, 1er mai 1651, 7 mars 1689, 31 octobre 1689, 22 mai, 12, 23, 27 juin 1690, Reg., 64, 65, 76 bis, 78, 102, 132. — (5) Délib. munic. du 6 février 1596, Reg. 55.

pole avec les cardeurs, les foulons et les tondeurs (1). Les chaussetiers récriminent contre les couturiers et les merciers (2), et les tailleurs à la fois contre les couturières et contre les chapeliers-enjoliveurs (3). Tanneurs, bouchers et cordonniers invoquent les uns contre les autres les foudres de l'autorité (4). Les savetiers et les cordonniers se traitent en frères ennemis (5), tandis que les selliers dénoncent avec indignation les entreprises des coffretiers et des bâtiers (6). Les maréchaux de leur côté s'en prennent aux taillandiers (7), les serruriers aux maréchaux (8), les armuriers aux serruriers (9), les serruriers et les armuriers aux menuisiers (10), les cordiers aux chandeliers (11), les chapeliers feutriers aux boutonniers (12). Médecins, chirurgiens, apothicaires, barbiers font assaut de plaintes et de mauvais procédés (13), de sorte que l'histoire des corporations est souvent celle de la mêlée confuse des intérêts corporatifs aux prises les uns avec les autres.

L'esprit processif qu'on a souvent constaté chez les maîtres des métiers jurés est une conséquence logique de leur rivalité et de l'impuissance qu'éprouvent les pouvoirs publics à trouver les limites du monopole de chaque corps. Les métiers libres eux-mêmes subissent l'effet de cet état

---

(1) Requête des sergetiers de Châtell[t] 14 août 1671, *Vienne* E 7[t]. — (2) Délib. munic. de Poitiers 11 mai 1581, 27 juillet 1615, 21 juin 1666, *Reg.* 43, 70, 116. — (3) Délib. munic. 30 avril, 22 janv. et 19 février 1674, *Reg.* 123. — (4) Délib. munic. 27 août 1607, 4 et 11 mai 1648, sept. 1658, *Reg.*, 63, 99, 109. — (5) Délib. munic. 6 nov. 1595, 21 février et 21 mars 1633, 20 et 27 mars 1651, *Reg.* 55 *bis*, 83, 102. — (6) Délib. munic. 18 août 1608, 22 oct. 1635, *Reg.* 64 et 86. — (7) Délibér. munic. 4 mars 1676, *Reg.* 125. — (8) Délib. munic. de Poitiers 18 août 1511, *Reg.* 11. — (9) Délib. munic. 1er déc. 1631, *Reg.* 82. — (10) Délib. munic. 16 octobre 1651, *Reg.* 103. — (11) Délib. munic. 13 sept. 1616, 14 janv. 1675, 6 mars 1684, *Reg.* 117, 124, 128. — (12) Délib. munic. 19 fév. 1674, 18 mai 1676, 18 avril 1579, 15 août 1609, *Reg.* 65, 123, 125, 132. — (13) Voir ci-dessus, livre II, chap. XIII.

d'esprit, et leurs querelles avec les communautés jurées sont si fréquentes, qu'un intendant d'esprit simpliste ne trouve rien de mieux pour y mettre fin que de leur donner à leur tour les privilèges corporatifs (1). Les procès qui ont pour objet des rivalités de corps sont si nombreux et paraissent si naturels qu'ils semblent faire partie intégrante de la vie des métiers. Il est impossible de parcourir les registres municipaux de Poitiers et les pièces des archives sans y trouver la mention continuelle de ces différends. Ces litiges se traînent de juridiction en juridiction ; du tribunal municipal ou seigneurial, ils vont à la sénéchaussée ou bien au Parlement, au Conseil d'État ou au Conseil privé. On les croit éteints ; ils reparaissent quelquefois après un siècle d'intervalle. Tel le différend entre les apothicaires et les droguistes de Poitiers (2). Ils s'éternisent parfois, grâce aux artifices de la procédure et à l'obstination des parties. Les apothicaires plaident près de 50 ans contre les chirurgiens, et les grands bouchers près d'un siècle contre les petits bouchers (3). Ajoutez qu'au sein d'une même corporation l'interprétation des statuts, l'observation de leurs règles, l'admission à la maîtrise, l'administration des gardes-jurés, les rapports entre les maîtres donnent lieu à une foule de plaintes et de griefs dont la justice locale ou royale est appelée à connaître (4). Tel est le tableau que présente trop souvent dans la réalité la vie corporative.

(1) L'intendant Doujat au contrôleur gén. 4 avril 1708, *Corresp. des Contr. gén.*, III, n° 22. — (2) Délib. munic. 27 août 1607, *Reg.* 63; précis des épiciers droguistes contre les apothicaires de Poitiers 1773, *Rec. Poit.* in-4°, XXII, n° 8. — (3) Factum du 1er janvier 1588 pour les médecins de Poitiers contre les apothicaires. *Vienne* D. 10. — Autre procès des apothicaires contre les chirurgiens qui dure de 1715 à 1758, voir ci-dessus livre II, chap. XIII. — Délib. du 5 janv. 1581 rel. aux bouchers *Reg.* 83 ; autres pièces citées ci-dessus page 121 note 4. — (4) Voir ci-dessus, le livre II, et le livre III, chap. II, III, IV, VI.

Le monopole et les privilèges paraissent d'autre part avoir été la source de véritables vertus qu'il est difficile de ne pas reconnaître. La famille ouvrière d'autrefois avait en effet beaucoup plus de stabilité que celle de nos jours. Les patrons et les compagnons se succédaient dans le métier sans autre horizon que celui de la boutique et de la ville natale. A Châtellerault comme à Poitiers, on peut suivre pendant trois à quatre siècles la trace de véritables dynasties patronales, par exemple parmi les bouchers, les couteliers et les menuisiers (1). L'artisan éprouvait pour sa profession un attachement réel. Le maître avait l'orgueil de son travail. Il était jaloux de sa réputation et de celle de son métier, et cet amour-propre professionnel donnait aux membres des corporations une véritable dignité morale. Le souci très légitime de l'honneur du corps était l'origine de ces traditions de probité rigide dont certains règlements portent la trace. Ainsi s'expliquent les mesures par lesquelles on ferme l'accès de la profession aux gens suspects de mauvaises mœurs (2), les règles en vertu desquelles on prononce la suspension contre les industriels banqueroutiers ou mauvais payeurs (3). De là vient également la clause insérée dans les statuts des métiers, et qui oblige l'industriel ou le commerçant à exercer personnellement son industrie ou son commerce, sans pouvoir le sous-louer ou l'affermer (4). La responsabilité de

---

(1) A Châtellerault, par ex. les dynasties de bouchers, les Bachelier, les Biéron, les Cibert, les Serreau qui durent plus de 3 siècles. De Fouchier, *Bulletin Antiq. Ouest*, V° série, III, 544. — La Fontenelle cite pour Poitiers une famille de menuisiers, les Guillot, mentionnée au xv° siècle et exerçant encore en 1830 (la Fontenelle, *op. cit.*, p. 100). — Les Denechère, les Gauvin couteliers de père en fils à Châtell. depuis le xv° s., V. de Saint-Genis, *Inv. Arch. Châtell*, p. IX. — (2) Voir ci-dessus livre III, chap. IV. — (3) Statuts des bouchers de Poitiers xv° s. — des boulangers 1609, art. 33, etc. — (4) Statuts des bouchers de Poitiers, xv° s. ; — des bouchers de Châtell 1526, art.

chacun est de cette manière facile à dégager, et chaque maître la sentant peser sur lui a toujours présente l'image de son devoir.

L'excès de ces qualités même engendre cependant des défauts dont les maîtres poitevins ne furent pas exempts. Une certaine étroitesse d'esprit, un attachement obstiné aux coutumes les plus surannées, sont la rançon de la stabilité du métier. L'amour-propre professionnel peut s'exaspérer jusqu'à un orgueil excessif d'où naissent parfois des querelles sanglantes (1) et souvent les manifestations d'une vanité puérile. Les querelles de préséance occupent une bonne part de la vie corporative. Les métiers ont leur étiquette mesquine, leurs préventions ridicules. Ils professent à l'égard les uns des autres un mépris qui serait amusant s'il ne dégénérait en vexations. Un ferron ou un tanneur considèrent le corroyeur, leur voisin, comme un homme de « vile condition », et ils lui prouvent son infériorité en s'efforçant à l'exclure des honneurs consulaires (2). Les sergetiers regardent les cardeurs comme de pauvres hères fort au-dessous d'eux. Le cordonnier se croit fort supérieur en dignité au savetier, l'apothicaire à l'épicier et au droguiste, tandis que le chirurgien en arrive à dédaigner le barbier dont il a été si longtemps l'émule, et que le médecin confond dans un égal dédain apothicaires, chirurgiens et perruquiers (3). Le pis est qu'ils se font un point d'honneur de

---

13 et 15, des pâtissiers de Poitiers 1520, art. 8 — des peintres-vitriers 1723, art. 3, etc.

(1) Ex. lettre de rémission au sujet d'un meurtre commis à la suite d'une discussion sur l'excellence de leurs produits entre deux potiers de Pouzauges 1384, *Arch. hist. Poitou*, XXI, 214. — (2) Journal du ferron Denesde, xviie s. *Arch. hist. Poitou*, XV App^e. — (3) Voir ci-dessus même chapitre les textes cités à propos des procès de métiers. — Voir aussi le livre III.

ne rien céder de ces prétentions naïves ou mesquines, et qu'on en voit intenter des procès pour exiger d'une corporation voisine le respect et la subordination qu'ils pensent leur être dus (1).

La physionomie morale des maîtres poitevins d'autrefois resterait inachevée si l'on n'essayait de dégager les traits qu'elle doit au système des règlements. Il est admis que la réglementation ou la police minutieuse des métiers a été jadis la rançon du monopole, qu'elle a eu pour effet de donner au consommateur une partie des garanties qu'il obtient aujourd'hui au moyen de la concurrence. Le patron poitevin, s'il est fidèle observateur des règles corporatives, exerce effectivement le métier sans recourir aux intermédiaires. Il se garde des ententes suspectes, des marchés à terme et de la spéculation. Il achète en petite quantité les matières premières ou les produits qui lui sont nécessaires. Il surveille avec soin son compagnon et son apprenti dans l'ouvroir ou la boutique, et travaille à côté d'eux pour guider leur inexpérience. Il vend et il achète au grand jour, de même qu'il fabrique ou prépare aux yeux de tous les objets de son industrie et de son commerce. Il n'a recours ni au colporteur ni au courtier pour l'écoulement de ses marchandises. Sans cesse aux aguets, il juge qu'il est de son devoir comme de son intérêt de dénoncer les agissements frauduleux de ses voisins moins scrupuleux que lui. Il professe enfin une haine vigoureuse pour l'industriel et le commerçant forains. Tous ses actes sont réglés à l'avance par les statuts du mé-

---

(1) Délib. des médecins de Poitiers contre les chirurgiens, 28 août 1765 (pour les rappeler à la subordination et aux égards), et arrêt du Conseil du 13 juin 1692 ord. aux chirurgiens de « porter respect aux médecins ». *Vienne* D. 4 et 12.

tier et par les ordonnances de police. Il sait quelles matières il lui est prescrit d'employer. Il connaît la méthode de travail qu'on lui impose et les conditions qui sont mises à la vente de ses produits (1). Il n'ignore pas que l'on saura au besoin reconnaître sa négligence. Toute marchandise est en effet marquée de la marque du maître et l'autorité possède l'empreinte ou le double de cette marque (2). Il se sent surveillé de toutes parts, par ses confrères jaloux, par les maîtres-gardes qui ont le droit de pénétrer partout dans sa maison, par les délégués du pouvoir central (3). Parfois, il a été obligé de déposer une caution en argent avant d'ouvrir boutique (4). Du reste il aurait honte de voir son œuvre confisquée, ou dépecée, ou brûlée en place publique, et il craindrait d'être obligé de comparaître en justice pour s'y voir infliger l'amende et recevoir la semonce des juges. Voilà certainement bien des garanties de loyauté, soit pour la fabrication, soit pour la vente. Il est probable qu'elles furent assez souvent efficaces, et que, même à l'époque du déclin du régime corporatif, la plupart des maîtres de la petite industrie, suivant l'expression d'un observateur local, « travaillaient assez proprement et faisaient de bons ouvrages (5) ».

Toutefois, ici encore apparaît le danger des généralisations hâtives, et si les documents le permettaient, on pourrait constater sans doute des périodes de relâchement, à côté d'époques où les règles corporatives mieux obser-

---

(1) Voir ci-dessus livre II les règl. de police des métiers. — (2) Voir ci-dessus livre II. La marque est obligatoire même pour les cierges et bougies ordon., 6 fév. 1596, *Reg.* 55 *bis*. — (3) Ibidem, livre II; voir livre III, chap. VI, et livre IV. — (4) Par ex. les orfèvres. — De même les texiers déposent une caution de 30 l. (statuts 1554, art. 16). — (5) *Mém. de Roffay de Pallu sur Châtell.*, 1738, mss.

vées ont maintenu parmi les fabricants les bonnes traditions du métier. Quant aux défaillances individuelles, elles ont existé à coup sûr de tout temps, sans que rien nous permette d'en évaluer la proportion, mais aussi sans que les textes nous laissent le moindre doute sur leur existence. Les plaintes du public, les ordonnances des corps municipaux et judiciaires, les statuts eux-mêmes des corporations attestent que les prescriptions multipliées des règlements ne suffisaient point à enrayer, parmi les industriels et les commerçants, l'effet des suggestions du lucre, de la mauvaise foi et de l'intérêt particulier. La lecture des deux cents registres des délibérations municipales de la commune de Poitiers est à cet égard très instructive. On y voit à chaque pas quelle lutte incessante les échevins doivent soutenir contre les manœuvres, les ruses et les fraudes des maîtres des métiers. Ventes clandestines, monopoles et accaparements (1), coalitions pour faire hausser les denrées sont fréquemment l'objet des interdictions légales (2). Le renouvellement périodique des ordonnances prouve qu'on est là en présence d'un mal chronique qui étend ses ravages à toutes les professions, mais surtout à celles de l'alimentation, de l'habillement et du bâtiment, c'est-à-dire aux métiers de première nécessité. Si l'on prenait les statuts à la lettre, on croirait volontiers que le maître privilégié d'autrefois se faisait pardonner son monopole en s'efforçant à devenir le premier serviteur

(1) Le règl. de 1245 relatif aux bouchers de Poitiers interdit déjà les monopoles. — Voir aussi les règlements nombreux cités au livre II. —
(2) Voir ci-dessus, livre II, les textes cités. — Pour ne citer qu'un cas, les tisseurs du Poitou avaient une réputation très répandue de falsificateurs; on comparait les « faux pasteurs » à ces « tisseurs de drap du Poi« tou, qui suivant la coutume corrompent leurs marchandises » (Actes du synode de Verteuil 1567 cités par Lièvre, *Hist. des protest. du Poitou*, I., p. 139).

du public. Les faits démentent cette illusion. Un corps, comme celui des boulangers et des bouchers se croit-il lésé par les exigences du consommateur ou de l'autorité, il n'hésite pas à recourir à la grève, au risque d'affamer une ville entière (1). Loin de chercher à ménager la clientèle, la corporation, qui possède la fourniture presque exclusive du marché local, considérerait volontiers l'habitant comme taillable à merci. Telle communauté, celle des potiers par exemple, se refusera à raccommoder la vaisselle rompue, parce qu'il est plus lucratif d'en vendre de neuve (2). Bien mieux, aussitôt que la surveillance se relâche, la fraude ou la négligence reprennent leur empire sur le fabricant et le marchand. On connaît le tableau qu'Antoine de Montchrestien traçait au début du XVII° siècle, et où il signa'e avec tant de verve la déloyauté de la fabrique et du commerce de son temps (3). On le retrouve trait pour trait en Poitou au XVI°, au XVII° et au XVIII° siècle. Mélanges savants du meunier, mauvaise foi des fourniers et des boulangers, fraudes sur la qualité de la viande et du poisson chez le boucher et le poissonnier, mouillage et altération des vins chez l'hôtelier et le tavernier, mixture des huiles de diverses qualités chez l'huilier, association illicite du suif et de la cire chez le cirier et le chandelier, emploi de mauvaises laines et falsification des tissus chez les drapiers et les tisserands (4), les documents poitevins ne nous laissent rien ignorer des ruses en usage parmi les gens de métier et de négoce. Piperies des épiciers, des marchands de soie, des chapeliers (5), des

(1) Voir ci-dessus livre II. — (2) Délib. munic. des 22 et 29 mars 1632, *Reg.* 82. — (3) A. de Montchrestien, *Traicté de l'Œconommie politique*, 1615, rééd. par *Funck-Brentano*, pp. 258-268. — (4) Es. ord. du 10 mars 1538 contre les meuniers et boulangers, *Reg.* 20 — statuts des texiers 1554 etc. Voir ci-dessus le livre II. — (5) Voir ci-dessus livre II — par ex. statuts des chapeliers de Poitiers 1560, art. 7 et 16 (interdiction de mélanger le

teinturiers, des parcheminiers (1), des ouvriers du bois et des métaux, charlatanisme des apothicaires (2), des chirurgiens et des médecins (3), tous ces vices ont pu être comprimés par la réglementation. Ils éclatent au grand jour et en foule lorsqu'elle faiblit, et révèlent leur existence par des manifestations partielles, quand elle est assez forte pour s'imposer.

Le fabricant ne fraude pas seulement dans l'exécution de l'ouvrage. Il se laisse entraîner aussi à tourner la loi lorsqu'il veut vendre l'objet fabriqué. Il trompe volontiers sur la quantité, les dimensions, la qualité. Poids, crochets, pieds et aunes fausses se trouvent assez souvent aux mains des vendeurs de toute sorte, malgré les rigueurs de la répression (4). Y trouve-t-il quelque avantage, le maître n'hésitera point à vendre hors du marché. Il cherchera à s'entendre avec le forain. Il tâchera de se libérer de la sujétion que lui imposent les règlements au sujet du prix des objets. Est-ce à dire pourtant qu'il faille prendre à la lettre les accusations de « larcins et d'exactions (5) » portées à tour de rôle contre presque toutes les corporations poitevines? Faut-il admettre que les industriels ou les commerçants, comme on les en accuse souvent, s'entendent pour accaparer les objets, « de

poil de bœuf et de chevreau avec la laine et de vendre pour neufs des chapeaux dégraissés ou reteints).

(1) Par ex. interdiction aux parcheminiers de vendre du parchemin gras ou percé, statuts de 1554. — (2) Voir ci-dessus, livre II, chap. XIII. — Avis des médecins de Châtel^t au sujet des apothicaires qui font exercer par leurs domestiques et vendent les drogues à tort et à travers, 1726. *Vienne* E 7¹.
— (3) Voir ci-dessus livre II, chap. XIII. — (4) Voir textes cités livre II, et livre IV, chap. II; par ex. ord. du 13 juin 1547 contre les bouchers; 17 mars 1538, 8 oct. 1543, 22 août 1549 contre les boulangers; ord. gén. du 9 avril 1543; 16 mars 1544; ordon. du 20 janv. 1659 contre les peintres-vitriers *Reg.* 28, 20, 25, 26 31, 109. — (5) Expressions fréquentes des ord. munic. de Poitiers, ex. 26 août 1543, 2 janv. 1542, 20 octobre 1586, etc. *Reg.* 25, 28, 46. — On les retrouve dans divers statuts, par ex. ceux des parcheminiers 1553, art. 10; des maçons 1695, art. 23.

sorte qu'on n'en puisse avoir qu'à leur merci et à tel prix que bon leur semble (1) » ? Peut-être faut-il faire la part de l'exagération et de l'ignorance dans ces griefs. L'insuffisance des approvisionnements, la modicité des capitaux de la petite industrie et du petit commerce, les méfiances et les rigueurs de l'autorité ne suffisent-elles pas à provoquer la hausse sans que l'on puisse en accuser toujours les manœuvres des maîtres, et l'étroitesse du marché n'est-elle pas propice aux brusques variations du prix des objets ? Les malfaçons elles-mêmes ne sont-elles pas le fait autant de l'ignorance que du parti pris, et l'accusation « de larcin » ne serait-elle pas au fond assez souvent la protestation de l'égoïsme du consommateur aux prises avec les exigences parfois légitimes du producteur ?

Plus réel et plus répandu encore que le penchant à la fraude, l'esprit de routine se reconnaît aisément parmi les maîtres poitevins. La sécurité que donne la possession du monopole peut dans certains cas favoriser la production d'œuvres soignées. Mais n'inspire-t-elle pas au fabricant ou au commerçant l'idée de l'inutilité de l'effort ? Tel trait, comme celui des pintiers de Poitiers, éclaire d'un jour singulier la pensée des métiers. Un novateur a-t-il imaginé de faire la vaisselle au moule alors que depuis des siècles on ne sait la préparer qu'au marteau, il devra lutter contre l'entêtement de presque tous ses confrères. Ceux-ci refuseront d'admettre ce que le public reconnaît, à savoir que la vaisselle ainsi fabriquée est meilleure et plus belle que l'ancienne, et il faudra l'intervention énergique de l'autorité pour protéger le novateur contre la fureur, « l'animosité et l'envie » du

(1) L'expression revient à chaque instant dans les ordonnances municipales.

parti des vieux usages (1). Aussi en beaucoup de villes du Poitou, les observateurs impartiaux ne peuvent-ils s'empêcher d'accuser l'obstination routinière de bon nombre de corporations (2). A la veille de la Révolution, l'inspecteur Vaugelade signale encore l'attachement opiniâtre des ouvriers et des maîtres aux anciennes méthodes, la faiblesse de leur instruction technique, leur ignorance et leur inertie (3).

Les pouvoirs publics et les métiers eux-mêmes font de louables efforts pour garantir la profession contre l'invasion des mauvaises mœurs. On veut que les maîtres, suivant l'expression des statuts des bouchers, soient « honnêtes personnes (4) ». L'industriel ou le commerçant indélicats sont considérés avec défaveur et on s'efforce à leur fermer l'accès de la communauté (5). Une vie régulière, exempte de critiques, voilà l'idéal que la corporation assigne à ses membres. Elle n'admet pas en principe d'unions illicites. Elle exige que le maître ou le compagnon ne soient autorisés à ouvrer qu'après avoir fait serment qu'ils ont des compagnes « mariées et conjointes avec eux en face notre dame saincte Église (6) ». Elle exclut les veuves de maîtres qui ne se « contiennent pas en toute pudicité et modestie » et qui « soulèvent aulcun mauvais exemple à leur prochain en vivant dépravement (7) ». Elle déclare déchus les maî-

---

(1) Délib. munic. du 17 nov. 1586 et 24 nov. 1587 rel. aux pintiers de Poitiers, Reg. 46. — (2) Mém. mss de Roffay des Pallu sur Châtell^t 1738. — (3) Mém^e de l'insp. Vaugelade sur les manuf. du Poitou 1781, *Vienne* C. 39. — Remarques du même à la suite des tabl. d'inspection 1775, 80 *ibid.* — (4) Expression des statuts des bouchers de Poitiers xve s. — Voir aussi livre III, chap. IV ci-dessus. — (5) Exclusion des bouchers et boulangers mauvais payeurs (statuts des bouchers xve s. — des boulangers de Poitiers 1609, art. 33 etc.). — (6) Statuts des texiers de Poitiers 1554, art. 27. — (7) Statuts des couteliers de Châtell^t 1571, art. 14; des chapeliers de Poitiers 1560, art. 12; des tanneurs de Châtell^t 1596, art. 25.

tres et maîtresses qui mènent une existence dissolue, qui travaillent en lieux déshonnêtes, qui sont « notoirement diffamés de tenir hostels » suspects « comme de bordellerie et de macquerellerie », ou qui souffrent chez eux « estre fait aulcun vilain cas (1) ».

Les corporations s'efforcent aussi à maintenir parmi les compagnons des habitudes de discipline, d'obéissance et de respect. Elles tâchent à les astreindre à la même vie recueillie, réservée et laborieuse que les maîtres (2). Il est incontestable que l'existence en commun du compagnon et du patron pouvait établir entre eux des rapports d'affection mutuelle, éloigner l'ouvrier des promiscuités dangereuses où il risque de glisser aujourd'hui, et faciliter les relations de l'employeur et de l'employé. Il est possible que la moralité et la régularité de la vie aient gagné à cette organisation des métiers poitevins. Mais c'est pure illusion ou parti-pris que de croire les maîtres et les compagnons d'autrefois sensiblement supérieurs pour la moralité à ceux de notre époque. Trop de traits de mœurs donnent à réfléchir pour qu'on puisse admettre cette supériorité morale. L'ouvrier de nos jours est trop souvent la proie de l'alcoolisme. Chez celui d'autrefois sévissait le fléau de l'ivrognerie. Les lettres de rémission du xive et du xve siècle relatives au Poitou, les ordonnances de police du xvie, du xviie et du xviiie, nous montrent maîtres et compagnons, aux fêtes et dimanches, assidus des tavernes, cabarets, hôtelleries, y passant parfois le jour et la nuit à

---

(1) Statuts des barbiers de Poitiers, xve s. (1410) art. 4 et 14. — Voir ci-dessus livre II, les règl. relatifs aux hôteliers, taverniers, logeurs, médecins, etc. — (2) Voir ci-dessus, livre III, chap. III, et les règlements cités chap. VI du livre II.

faire la débauche, désertant le sermon pour aller « yvrer et jurer (1) ». Les règlements ont beau multiplier les peines, décider même dans certaines occasions que les délinquants jeunes seront « fessés de verges » et les adultes condamnés 8 jours au pain et à l'eau (2), sans parler des amendes et de la prison (3). Ces remèdes héroïques restent impuissants à arrêter le courant de l'habitude. La répétition des ordonnances en est la preuve indéniable. Les exploits de cabaret sont d'ailleurs alors réputés plus honorables que déshonorants, et telle corporation, comme celle des tuiliers et des chauxniers de Bourceguin en Bas-Poitou, se glorifiera du titre « de cour bachique (4) ». Le penchant est si fort que les compagnons désertent le travail, surtout la veille des fêtes et dimanches, pour « se desbaucher (5) ». La passion du jeu attire encore maîtres et ouvriers dans les jeux de boules et les jeux de paume (6), où ils dépensent sans compter leur salaire. Les prescriptions des statuts et des règlements prouvent aussi que le métier était parfois envahi par des gens de mœurs peu recommandables, et les mesures sévères prises par diverses corporations contre « les personnes diffamées » sont l'indice de l'état moral de ces communautés mêmes (7). La vie familiale avait

---

(1) Par ex. règlements de mars 1544-45, *Reg*. 26 — et nombreuses ordonnances citées au chap. VI du livre II. — Lettres de rémission p. p. P. Guérin, *Arch. hist. du Poitou*, tomes XI et suiv. — (2) Règlement de mars 1545. — (3) Règlements cités chap. VI, livre II. — Une ordon. du présidial de Poitiers du 19 janvier 1784 interdit encore aux cabaretiers de recevoir de jour ou de nuit les garçons perruquiers, *Archiv. Antiq. Ouest*. — (4) Sur cette cour bachique communic. de R. Vallette, *Congrès des Soc. Sav*. 1891. — (5) Fait attesté par ex. par les statuts des texiers 1554, art. 31 ; et par un arrêt du Parl. de Paris (23 janv. 1765) contre les garçons perruquiers de Poitiers, *Arch. Antiq. Ouest*. — (6) Voir ci-dessus les documents cités livre II, chap. XII. — (7) Par ex. statuts des barbiers 1410, art. 4 et 14 ; des texiers de Poitiers 1554, art. 9.

aussi son côté dangereux, en établissant entre les compagnons et les filles ou femmes de maîtres une familiarité qui risquait de dégénérer en relations illicites (1). Ce sont là d'ailleurs vices inhérents à la vie populaire de tous les temps. Ils ne supposent pas nécessairement un degré d'immoralité plus grand que celui des classes supérieures de la société, où la corruption est souvent bien plus profonde, parce qu'elle est plus consciente, plus dissimulée et plus raffinée.

Si, d'un autre côté, les mœurs sont aujourd'hui moins violentes parmi les ouvriers et les maîtres, cet adoucissement tient uniquement au progrès de la civilisation générale. Compagnons et maîtres poitevins d'autrefois avaient la parole prompte et le geste vif, comme la plupart de leurs contemporains. Lettres de rémission et ordonnances de police sont à cet égard très instructives. Querelles de buveurs avinés, disputes de jeu, différends pour règlements de comptes, rivalités personnelles ou de métier, tout se termine le plus souvent entre eux par des rixes violentes et quelquefois meurtrières (2). Jeunes compagnons et apprentis sont coutumiers de tapage nocturne, qui dégénère fréquemment en attaques contre les personnes (3). Jusqu'au xviiiᵉ siècle, ouvriers et maîtres fréquentent dans les cabarets et lieux publics, dans les marchés et sur les promenades, avec des armes, épées, bâtons à feu, hacquebutes, dagues (4). Ce n'est

(1) Lettre de rémission de mars 1414 en faveur d'un valet tanneur qui a débauché la fille du maître, *Arch. hist. Poitou* XXVI nº 967. — (2) Par ex. lettres de rémission déc. 1377, janv. 1388, *Arch. hist. du Poitou* XXI, pp. 69 et 349; et autres dans ce même recueil tomes XI, XIII et suiv. — Délibér. du 1ᵉʳ fév. 1644 à Poitiers contre les barbiers-chirurgiens, Reg. 44, et documents cités chap. VI, livre II. — (3) Voir ci-dessus chap. VI, livre II les ordon. de police citées. — (4) Mêmes références. — Statuts des boulangers de Niort 1730, art. 32.

guère qu'un demi-siècle avant la Révolution, que les ordonnances interdisant cet usage, les rixes deviennent moins fréquentes et indiquent une modification des mœurs.

Les ouvriers et maîtres poitevins ne paraissent pas cependant avoir eu, au même degré que ceux des métiers des grandes villes, l'humeur turbulente et indisciplinée. Toutefois, cette humeur ne leur est pas complètement étrangère. Telles corporations, celles des bouchers et des poissonniers, par exemple, se rendent plus d'une fois redoutables à l'autorité par leur hardiesse, leur esprit de révolte et leur insolence. Toutes les fois qu'éclate une sédition à Poitiers, on peut être sûr qu'elle a pour meneurs des gens de métier, comme en 1549, comme en 1589, comme en 1640 (1). Les statuts, depuis le xv° siècle jusqu'au xviii°, signalent les habitudes indépendantes du compagnon, la facilité avec laquelle il abandonne le travail et passe de maître en maître (2). L'ouvrier croit-il avoir à se plaindre du maître, s'est-il vu refuser quelque avance? Il n'hésite pas à déserter l'atelier (3). La bonne harmonie est loin de régner partout entre maîtres et compagnons. Les préambules des statuts attestent la fréquence des « altérations et débats » entre patrons et varlets, soit sur les questions de salaire, soit sur celles de malfaçon (4). Certains vont jusqu'à punir de châtiments rigoureux l'insubordination des ouvriers (5),

(1) Voir ci-dessous livre III, chap. IX. — Ordon. du 28 fév. 1656 contre un poissonnier qui a menacé le maire d'un coup de pistolet, Reg. 106. — Il y a de nombreuses délibérations rel. à l'insubordination des gens de métiers. — (2) Préambule des statuts des diverses corporations de Poitiers — délib. rel. aux compagnons tailleurs 21 octobre 1603, Reg. 61. — (3) Ex. délib. munic. du 29 janv. 1635 contre un compagnon poêlier de Poitiers, Reg. 85. — (4) Préambule des statuts des corporations de Poitiers xv°-xviii° s. — (5) Par ex. statuts des boulangers de Niort 1730 art. 32 (avertissement en plein bureau — 18 l. d'amende et poursuites).

et cette rigueur est une preuve de l'état d'esprit qui règne souvent parmi les compagnons. L'opposition entre les varlets et les maîtres semble grandir à mesure qu'on se rapproche de l'époque révolutionnaire. Déjà au xvi° et au xvii° siècle, les compagnons aspirent à former des confréries séparées, « qui est moyen, dit une ordonnance municipale, d'engendrer débats entre eux (1) ». Ils tentent de faire la loi aux patrons, en organisant l'embauchage sans l'intermédiaire des maîtres (2). On les accuse de « malversations et de fraudes ». Leur ingéniosité s'applique à éluder les lois, et une circulaire des perruquiers de Poitiers affirme que les garçons ont poussé la malice jusqu'à « falsifier journellement les certificats qu'exigent d'eux les maîtres (3) ».

Tels sont les traits que l'on peut recueillir épars dans la multitude des documents au sujet de la condition morale des métiers poitevins. On ne saurait en déduire des conclusions nettement optimistes ou pessimistes. Il est seulement probable que les ouvriers et les maîtres d'autrefois ne dépassèrent ni dans le bien ni dans le mal le niveau de la médiocrité.

CHAPITRE VI

Condition matérielle des Classes industrielles et commerçantes en Poitou.

Il n'est pas moins malaisé de connaître la situation matérielle des classes industrielles et commerçantes de

---

(1) Délib. munic. de Poitiers 10 fév. 1537-38, conc. les compagnons menuisiers, Reg. 20. — (2) Voir ci-dessus livre III, chap. III. — (3) Lettre circulaire des perruquiers de Poitiers 1774-89, Indre-et-Loire E. 454.

l'ancien Poitou, que de juger leur situation morale. Ici encore, le problème est presque impossible à résoudre, à cause de la complexité de ses données, de la dissémination des textes et de la difficulté d'interpréter leurs renseignements. Il faut se contenter de solutions en partie hypothétiques, en partie provisoires.

Sur un premier point toutefois, il est difficile d'hésiter. Il paraît certain que la somme de travail exigée autrefois du maître comme de l'ouvrier était infiniment plus lourde qu'aujourd'hui. La machine n'est pas encore venue alors alléger ou simplifier leur tâche. Si la besogne qu'on demande en particulier au compagnon de nos jours est souvent moins intelligente, elle n'implique pas un effort physique aussi prolongé. La journée de 12 à 17 heures, qui paraît avoir été jadis la règle dans les métiers poitevins (1), paraîtrait certainement, et à bon droit, écrasante aux patrons et aux ouvriers de notre époque. Ajoutons pourtant que diverses coutumes tempèrent ce que les usages relatifs à la durée du travail pouvaient avoir d'excessif. Telle est dans certaines professions l'interruption du travail, l'après-midi du samedi ou la veille des fêtes (2). Tel est surtout le nombre des jours fériés. Avant les réformes de Colbert, il n'y en a pas moins de 107, à savoir 55 fêtes et 52 dimanches (3), et, même après la mort de ce grand ministre, Vauban compte encore 80 jours fériés (4). C'étaient pour les maîtres et les ouvriers autant de journées de repos. Le travail se trouvait donc interrompu pendant une période équivalente au tiers ou au quart de l'année. Si ces habitudes étaient fâcheuses

---

(1) Voir ci-dessus livre III, chap. III. — (2) Voir ci-dessous livre IV, chap. III. — (3) Joubleau, *Études sur Colbert I*, 300-302. — (4) Vauban, *la Dîme royale* (Coll. des Économistes, p.p. Guillaumin), tome I, p. 86.

au point de vue économique, puisqu'elles amenaient une déperdition de salaires et un ralentissement de la production, du moins permettaient-elles, par des repos périodiques fréquents, de réparer le surmenage qui résultait de la longueur abusive des journées de travail.

D'autre part, l'organisation matérielle de l'atelier poitevin a l'avantage de rapprocher le maître de l'ouvrier. L'industrie et le commerce de cette province ont gardé en effet jusqu'à la fin du xviii° siècle le caractère familial. En Poitou, point de ces grands entrepreneurs que l'on désignait aux deux derniers siècles de l'ancien régime sous le nom de maîtres marchands fabricants. L'inspecteur Pardieu assure, en 1747, qu'il n'y a pas dans la province plus de 150 maîtres qui fassent travailler à façon pour les étoffes (1). Dans quelques spécialités seulement, telles que la bonneterie à Poitiers et à Saint-Maixent, la draperie dans ces mêmes villes et à Châtellerault, quelques marchands de fortune médiocre font travailler à leur compte les ouvriers et ouvrières ou les petits patrons (2). Mais ils mettent en œuvre des capitaux si peu importants qu'un « bien de 30.000 l. » fait passer à Saint-Maixent un de ces négociants pour un Crésus, et qu'il n'y en a pas 3 sur 100 qui aient 60.000 l. de fonds (3). Aussi, presque toujours, le maître travaille-t-il seulement sur commande des particuliers ou bien pour son propre compte (4). Le travail est si peu divisé

(1) Mém. sur les manuf. du Poitou, par l'inspecteur Pardieu 1747, Vienne C. 38. — (2) Mém. mss sur Châtell' par Roffay des Pallu 1738. — Rapport et requête des bonnetiers de Poitiers 1735, Arch. Vienne C. 39. — Mém. de Levesque (1698) et de Garran (1740) sur l'élection de St-Maixent, p. p. A. Richard, Mém. Soc. Stat. D.-Sèvres, III (1874) p. 29; 1874, p. 131. — (3) Mém. de Garran subdélégué sur l'élection de St Maixent (1740), Mém. Soc. Stat. D.-Sèvres 1874, p. 131. — (4) Mém. ci-dessus cités. — Le client fournit même parfois la matière : par ex. statuts des texiers 1554, art. 37, et des chaussetiers 1473.

que le petit patron exerce à la fois les professions de fabricant et de commerçant. Ainsi, à Châtellerault, Arthur Young observe que les couteliers exécutent eux-mêmes les diverses pièces des couteaux et des armes, tandis que leurs femmes ou leurs filles vendent ces produits aux passants (1). Le subdélégué Roffay des Pallu émet une observation analogue à propos des chandeliers, des tireurs d'étain, des cardeurs, des tisserands et des menuisiers de la même ville (2). Il arrive encore que le client livre au maître la matière et que le maître soit simplement chargé de la transformer. C'est l'usage qu'on trouve en vigueur pour le meunier, le boulanger, le texier en toile, le tisserand en laine, le chaussetier et le couturier (3). Travaillant ainsi au jour le jour et sans fortes avances, les petits patrons n'ont nullement besoin d'un nombreux personnel ni d'un outillage très développé. Les statistiques que nous possédons et qui indiquent l'effectif des maîtres et des ouvriers occupés aux tissages permettent de voir que le nombre des métiers varie entre 2 à 3 par maître fabricant, et que celui des compagnons qu'ils emploient oscille entre 7 ou 8, y compris les fileuses et les cardeurs (4). On doit remarquer qu'à ce travail le petit patron occupe toute sa famille, vieillards, femmes et enfants, si bien qu'à Montcoutant et à Bressuire, par exemple, les 3/4 des habitants se livrent au filage, au car-

(1) A. Young, *Voyage en France*, I, 86 (3 sept. 1787). — (2) Mém. de Roffay des Pallu sur Châtell. 1738. — (3) Voir ci-dessus, p. 139, note 4, pour les texiers et chaussetiers, les statuts de 1462 pour les tailleurs de Poitiers, le mémoire de Roffay pour les tisserands, le livre II chap. III pour les boulangers. — (4) Etats de situation des manufactures indiqués livre Ier, chap. III et IV. — Mém. sur l'élection de Fontenay (1729) p.p. D. Matifeux, p. 435. — Rap. de Bonneval sur Montcoutant 1733, Arch. Vienne C. 36; rapport de Vaugelade, inspecteur, 1778. Arch. Vienne C. 39, etc.

dage et au tissage des laines (1). « En général, écrit l'inspecteur des manufactures du Poitou en 1780, les fabricants sont eux-mêmes tisserands et font toutes les opérations de leurs étoffes, préparant dans leurs familles la plus grande partie des matières, et y exécutant tout, jusques et y compris la confection (2) ». Et il ajoute dans d'autres rapports : « La plupart sont des ouvriers qui ne sont pas en état de travailler pour eux-mêmes, n'ayant ni crédit ni fonds (3). » Or, il est à noter que la fabrication des tissus est la forme la plus avancée de l'industrie poitevine.

Aussi n'existe-t-il point d'agglomérations industrielles sous forme de vastes ateliers ou de grandes usines. Les métiers des tisserands, par exemple, sont pour tout le Poitou, çà et là dispersés dans les villages, bourgs, hameaux, fermes et métairies. « Il n'y a que Châtellerault, Poitiers, Saint-Maixent, Niort, Parthenay et Fontenay où les établissements industriels soient renfermés, écrit l'inspecteur Pardieu : encore y a-t-il des métiers dispersés dans les campagnes voisines qui travaillent pour les fabricants de ces villes (4). » Dans les villes ou les bourgs, chaque maître a son logis distinct. Le plus souvent, le patron de la corporation jurée ne s'occupe qu'à sa profession. Mais le compagnon, soit dans la communauté jurée, soit dans la communauté non jurée, et le maître du métier libre cumulent avec le travail de l'atelier, le travail des champs. Ainsi, dans les petits bourgs

---

(1) Rapports d'inspection sur Montcoutant et Bressuire 1733 et sq. *Arch. Vienne* C. 36 — procès-v. de situation des manuf. du Poitou 1714-1715, *Vienne*, C. 36. — (2) Mém. de Pardieu 1747. — Tableau des manufact. du Poitou par Vaugelade 1778-80, *Vienne* C. 39. — (3) Mém. de Vaugelade 1781. — Tableaux d'inspection et observ. 1875-80, — Procès-v. d'ass. des manuf. du Poitou 1714-15, *Vienne* C. 39 et C. 36. — Rapports et mémoires des inspecteurs Pardieu (1747) et Vaugelade (vers 1780) *Vienne* C. 38 et 39. — (4) Mêmes mémoires.

de l'élection de Saint-Maixent, si l'on en croit un rapport de 1729, et même dans tout le Poitou, d'après un mémoire de 1747, les artisans ne travaillent pas le quart de l'année à l'atelier ; ils passent le reste du temps à cultiver leur morceau de terre, à serrer les foins et les grains (1). A Varcilles-Sommières, à Secondigné en Gâtine (2), à Poitiers (3), à Niort même, les ouvriers peigneurs, cardeurs, drapiers, sergetiers, tisserands en toile, après avoir besogné l'hiver et quelquefois le printemps, laissent leurs maîtres pendant l'été pour se louer pendant la moisson et à l'époque du battage des blés, ou pour aller exploiter le petit champ qu'ils détiennent (4). Dans toute la région de Montmorillon, l'ouvrier profite de la belle saison pour se répandre en Loudunais, Saumurois, Chinonais et ailleurs, afin d'y louer ses bras comme maçon, moissonneur ou vendangeur (5).

A cette petite industrie, dont l'organisation est parfois très rudimentaire, il ne faut point d'installation matérielle coûteuse. La plupart des fabricants, suivant l'expression d'un inspecteur, ne sont en effet « que des ouvriers très pauvres (6) ». Le fonds d'un maître exige une dépense relativement minime. Bien que l'on n'ait encore publié que peu d'inventaires de meubles relatifs aux gens de métier, on peut fournir à cet égard quelques détails précis. Ainsi à Chef-Boutonne, en 1689, un fonds d'apothicaire est vendu

---

(1) Mém. sur l'élection de St-Maixent 1729, *Mém. Soc. Stat. D.-Sèvres*, 1874, p. 154. — Mém. mss. de Pardieu sur les man. du Poitou. 1747. — Mém. de Vaugelade (vers 1780). — Rapport de l'inspecteur Bouneval sur Moncontour 1733 (*Vienne*, C. 30). — (2) *Affiches du Poitou* 1780, p. 157. — (3) Les peigneurs et cardeurs à Poitiers après qu'ils ont besogné l'hiver laissent leurs maîtres l'été, Délib. munic. 28 janv. 1543-44, *Reg.* 25. — (4) Mém. sur l'élection de Niort 1729 et 1744, *Mém. Soc. Stat. D.-Sèvres* 1886, pp. 169 et 239. — (5) Cochon, *Statist. de la Vienne* (1802), p. 43. — (6) Mém. de l'insp. Vaugelade (vers 1780) *Vienne* C. 39.

seulement 900 l. (1). En 1779, à Niort, les outils et ustensiles de la forge d'un poêlier sont estimés 33 l. (2). Chaque maître a son *ouvroir*, où il fabrique et prépare ses produits en compagnie de son apprenti et de son compagnon. L'ouvroir porte divers noms suivant le métier. Il s'appelle la forge pour les ouvriers des métaux, la boucherie pour les bouchers, le four pour le boulanger et le pâtissier, la fonderie pour le chandelier ou le cirier (3). La boutique, qui se confond assez souvent avec l'atelier, s'ouvre sur la rue. Sur le devant, à la fenêtre ou *estal*, le maître exhibe les produits destinés à la vente (4). Chaque petit patron ne peut d'ailleurs avoir qu'un « *ostel* », c'est-à-dire qu'un ouvroir ou boutique dans la même ville. Afin de faciliter la surveillance ou d'empêcher la fraude, tel métier, par exemple celui des texiers en toile de Poitiers, interdit de tenir deux ouvroirs dans la même maison, s'il n'y a un moyen aisé d'aller de l'un à l'autre, sans « yssir » de l'immeuble (5). D'autres, pour empêcher une concurrence trop âpre de s'établir entre les membres de la corporation, défendent à tout nouveau patron d'ouvrir boutique à une distance moindre que celle de 12 maisons entre son ouvroir et celui de son ancien maître. Telle est la prescription qu'on rencontre dans les statuts des boulangers de Niort (6). Parfois, la vente est prohibée hors de « l'ostel » du maître. Ainsi, les imprimeurs-libraires ne permettent à aucun patron d'avoir

(1) Vente d'un fonds d'apothicaire, 1689, citée par B. Filleau, *Rech. sur Chef-Boutonne*, *Mém. Soc. Stat. D.-Sèvres* 1884, p. 190. — (2) Inventaire de meubles d'un poêlier de Niort 1779, *Deux-Sèvres*, E. 657. — (3) Statuts des corporations de Poitiers xve-xviiie s. et autres documents cités ci-dessus. — (4) Mêmes statuts et documents cités livre II. — (5) Par ex. statuts des boulangers de Poitiers 1609, art. 5; des texiers 1554, art. 5 — des chapeliers de Châtell^t 1588, art. 5, etc. — (6) Statuts des boulangers de Niort 1730, art. 34.

des boutiques ou des étalages portatifs (1). Cependant, en général les maîtres sont autorisés à trafiquer hors de leur atelier, sous les halles et sur la place publique, mais les ordonnances leur défendent d'avoir plus d'un étal, boutique ou banc pour la vente (2). C'est donc surtout à domicile que le patron et le compagnon travaillent à la fabrication et à la vente, sous les regards du public, suivant les injonctions des statuts (3). Leur vie se passe dans l'étroite enceinte de l'ouvroir, dans ces maisons de bois ou de torchis qu'on se représente développant leurs lignes irrégulières le long des ruelles sombres et étroites des villes et des bourgs. Au-dessus des étages supérieurs qui surplombent les auvents prohibés sans succès par les ordonnances (4), à peine peuvent-ils apercevoir un coin du ciel, tandis que sur leur tête les enseignes expressives se balancent en grinçant (5). Souvent chaque métier s'est groupé dans une rue spéciale. A Poitiers, les bouchers occupent celle de la Vieille-Boucherie, les chapeliers la rue Saint-Paul, les orfèvres la rue Favreuse ou Saint-Étienne, tandis que les imprimeurs et les libraires étalent leurs ouvrages aux environs des couvents, près de l'Université et du Palais. Mégissiers, tanneurs et

(1) Statuts des impr.-libr. de Poitiers 1634, art. 3. — (2) Ordon. munic. de Poitiers 8 nov. 1666 et 1661, *Reg.* 117 et 112. — Voir aussi les documents cités livre II. — (3) Les ouvriers tisserands et drapiers eux-mêmes, travaillent à domicile (enquête de 1679 à Niort, citée par Bardonnet). *Mém. Soc. Stat. D.-Sèvres* 1884, p. 288). — Sur l'interdiction de travailler en chambre secrète, statuts des orfèvres de Poitiers 1457-67 art. 3 et 4; règl. de police de Châtell. 1749 art. 35 — sur la façon de travailler en usage chez les tailleurs, délib. munic. de Poitiers 5 mai 1608, *Reg.* 63. — (4) Sur la prohibition des auvents 1519, délibér. munic. *Arch. Munic.* M. 42 *Reg.* 11 f° 62 v°; et les ordon. de police de Poitiers 1541 à 1733. — (5) Enseignes d'hôtelleries à Poitiers citées livre II, p. 240 ; à Chef-Boutonne, par Filleau, *op. cit.*, p. 181 ; à Fontenay par Fillon pp. 62, 74 ; enseigne de vitrier à Poitiers (l'image St-Luc) (*Aff. du Poitou* 1775 p. 4); d'un tapissier rue N.-D.-la-Petite (le Chat qui presche), d'un cordonnier (la Botte royale), délib. munic. du 9 août 1666 et 8 août 1654, *Reg.* 105 et 117.

corroyeurs encombrent de leurs fosses les abords de la Boivre et du Clain. Les chandeliers paraissent préférer les alentours de Saint-Hilaire, et les cordiers les faubourgs ou le voisinage des remparts (1).

Dans ces logis étroits où manque l'air, il est d'usage que le maître héberge avec lui le compagnon. « Le soir, quand celui-ci a mangé son pain sec, il monte au grenier, à la soupente et s'endort content (2). » En général, maîtres et ouvriers sont forcés de vivre sobrement, ne s'écartant guère de ce régime que les jours de dimanche ou de fête, quand ils vont vider pinte ou chopine à la taverne ou au cabaret. Les détails insérés dans les cartulaires nous montrent au Moyen-Age ce qu'était l'alimentation populaire. Le fond en est constitué par le pain, les légumes, les fèves, les haricots, les pois blancs et les oignons que l'on mêle à l'occasion avec le vinaigre et l'huile. Parfois des œufs et de la viande de porc. Dans les grandes fêtes seulement, les ouvriers et les maîtres savourent la viande d'agneau et la volaille, les *foaces* (pâtisseries) et les chapons. En carême, ils ajoutent quelquefois à leur ordinaire des légumes, du poisson de mer ou d'eau douce, du hareng, des mègres, des sèches et des esturgeons. Le vin est réservé pour les jours de débauche ; l'artisan boit ordinairement du moût ou de la piquette (3). Quelques documents permettent même de connaître à quelle somme on évaluait par jour la nourriture d'un petit patron ou d'un ouvrier. En 1307, elle est estimée

---

(1) Rédet, Poitiers au xve siècle, *Mém. Antiq. Ouest*, XIX, 451.—Documents cités livre II et III *passim*. — (2) C'est ce que montrent pour le Poitou les documents cités livre III, chap. III et V.— La citation est de Michelet, *le Peuple*, p. 52. — (3) Lettres de rémission du xive et du xve s., *Arch. hist. Poitou*, XI et suiv. — *Cartulaire de St-Hilaire*, 2 vol. in-8°, p.p. Rédet et autres cartulaires publiés. Voir aussi les documents cités livre II, chapitre I à VI.

à 6 d. par jour au plus, à 4 d. au moins, pour les maçons et les charpentiers, c'est-à-dire au tiers du salaire journalier (1). En 1422, la nourriture du laboureur ou du manœuvre coûte 10 d. par jour et celle du charpentier ou du maçon 18 d. c'est-à-dire un peu moins du tiers dans le premier cas, et un peu plus du tiers de la rémunération quotidienne dans le second cas (2). Au xvi° siècle, en 1578, l'évaluation varie entre 2 s. 6 d. et 4 s. pour les journaliers et les faucheurs, les maçons et les ouvriers du bâtiment ; elle équivaut à la moitié ou au tiers du salaire. La même proportion s'observe au xviii° siècle; vers 1789, le prix de la nourriture oscille entre 10 et 12 s. (3). Quant au fond de la nourriture, il paraît avoir peu varié, et, même au xvii° et au xviii° siècle, l'ordinaire semble être moins substantiel qu'au Moyen-Age et qu'au xv° ou au xvi° siècle. La base de l'alimentation est toujours le pain, et en 1728, d'après le calcul d'un subdélégué, il faut à un homme du peuple adulte 12 boisseaux de Niort par an pour cet objet, c'est-à-dire 4 hectolitres, s'il s'agit du froment, 5 hectolitres, s'il s'agit du seigle (4). Rarement, le pain est de pur froment ; le riche patron peut seul aspirer à en faire sa nourriture. A la Châtaigneraie et dans tout le Bocage, l'ouvrier mange du pain de seigle, toujours mélangé avec de l'orge et de l'avoine ou du blé

---

(1) Ordon. du sénéchal de Poitou sur le prix des vivres 1307, *Arch. hist. Poitou*, VIII. 406. — (2) Ordon. du sénéchal de Poitou sur le prix des vivres 1422, *Arch. hist. Poitou*, XXVI, 392. — (3) Ordon. générale et régl. pour le Poitou 1578, *Rec. Poit. de la Bibl. Munic.* — Un compte de 1788 porte à 12s par jour la nourriture d'une fileuse ou d'une tourneuse de soie (Compte de la femme Crossard 1788, *Vienne* C. 623). Dupin évalue en 1802 la nourriture d'une personne à 0 fr. 65, à 0,50 ou à 0,60 celle d'un journalier, soit la moitié du salaire. *Stat. des D.-Sèvres*, p. 62. Voir aussi les chiffres cités ci-dessous. — (4) Mém. sur l'élection de Niort 1728 *Mém. Soc. Stat. D.-Sèvres* 1886, p. 143.

noir. Il le mange le plus souvent sec ou trempé dans du mauvais bouillon, et il y joint des légumes ou bien, pendant la belle saison, des fruits (1), quelquefois un peu de lard, et dans certains cas du beurre, du lait et du fromage (2). Dans la Plaine, il n'a guère que du pain de baillarge pure (orge d'été) ou mêlée d'un peu de froment. Rarement il mange de la viande et du poisson ; il se contente de laitage et de légumes (3). En Loudunais et Mirebalais, il consomme, soit du pain de baillarge mêlé de froment, soit du pain noir de seigle et de méteil, parfois mêlé d'ail et de pois secs (4). Les plus aisés élèvent à la ville des *conils* (lapins) et des oies (5), à la campagne quelque volaille et un ou deux porcs (6). Lorsque Sophie Gutermann, une Allemande voyageuse passe à Châtellerault, la femme d'un coutelier lui décrit ainsi la nourriture de son mari : « Du pain et de la « soupe plusieurs fois par jour, parce que la viande est « trop chère : soupe aux herbes, soupe aux carottes, soupe « à l'oignon avec de l'huile. On boit de l'eau à la maison, « mais le lundi le maître va boire du vin avec ses compa- « gnons au cabaret (7). » Tout au plus, l'artisan boit-il d'ordinaire dans les parties du Poitou où existent des vignes une sorte de boisson faite d'eau fermentée sur les

---

(1) Mém. du Dr Gallot sur le Bas-Poitou 1778, *Ann. Soc. d'Emul. Vendée* 1871, p. 119. — (2) Labretonnière, *Stat. de la Vendée* (1802), pp. 35, 65, 83. — Dupin, *Stat. des D.-Sèvres* (1802), pp. 69-70. — (3) Mêmes statistiques. — (4) Cochon, *Stat. de la Vienne*, p. 42. Dans la Gâtine, le pain est moitié seigle, moitié vesce ou sarrasin, ou tout sarrasin ; dans la Plaine, le Marais et le Bocage, pain de baillarge pure ou avec tiers de seigle ; les paysans aisés mangent seuls du pain de méteil. Rapport du 1730 sur Fontenay p.p. Dugast-Matifeux (*Etat du Poitou*) p. 436. — (5) Ord. de police de Poitiers 1541, 1567 et suiv. — Voir les documents cités livre II, chap. X. — (6) Mém. sur l'élection de Niort 1729, *Mém. Soc. Stat. D.-Sèvres* 1886, p. 189. — (7) Journal de Mme Laroche (Sophie Gutermann), analysé par A. Babeau, *les Voyageurs*, pp. 270 et sq.

marcs de raisin et nommée *râpé* ou *piquette*. Ailleurs, s'il ne veut boire de l'eau, il doit se contenter de *vinasse*, c'est-à-dire de l'eau fermentée sur les prunes ou pommes cuites et séchées au feu (1). Heureux les ouvriers, lorsqu'ils ne manquent pas de pain, observe un inspecteur des manufactures en 1747, et lorsque la cherté du blé n'en réduit par les 3/4 à la plus grande misère (2).

Pauvrement nourrie, la masse des maîtres et des compagnons poitevins est aussi en général pauvrement habillée. L'habillement semble cependant avoir été, à la belle époque du Moyen-Age et des temps modernes, plus confortable qu'au xvii° et qu'au xviii° siècle. Des étoffes grossières, étamines, burats ou buraux, serges, boulangers, de couleur bleue, grise ou gris blanc, ou encore fauve, des guêtres de toile, des sabots, de gros souliers, le tout solide et d'un bon usage, telle est en général la garde-robe dont se contente l'artisan (3). Le maître aisé ou riche pousse jusqu'au drap, quelquefois jusqu'à la soie, mais la classe à laquelle il appartient a toujours été en Poitou peu nombreuse (4).

Au reste, il est très malaisé de se prononcer avec netteté et précision sur le degré de prospérité et de misère des classes industrielles et commerçantes du Poitou aux diverses époques de leur histoire. La situation de ces classes

---

(1) Dupin, *Stat. des Deux-Sèvres* pp. 69-70; Cochon, *Stat. de la Vienne*, p. 42; Labretonnière, *Stat. de la Vendée* pp. 35, 65, 83. — (2) Mém. sur les manuf. du Poitou (par M. de Pardieu) 1747, précité. — A Châtellerault pendant la guerre de Succession d'Espagne, le boisseau de blé s'étant élevé de 15 s. à 3 et 4 l., les artisans se trouvèrent réduits la misère. Procès-v. d'ass. de la manuf. de Châtell' 1714. Vienne E 7¹. — (3) Sur le costume populaire du xiii° au xviii° siècle voir ci-dessus livre II, chap. VII — au xviii° siècle, voir Dupin, *Stat. des D.-Sèvres* p. 71; Cochon, *Stat. de la Vienne* p. 42. En 1744, l'habillement d'un valet de ville par an équivaut à 43 l. Mém. sur l'élection de Niort 1744 (*Mém. Soc. Stat. D.-Sèvres*, 1886, p. 277). — (4) Voir livre II, chap. VII, les documents cités, notamment les états des foires.

dépendait étroitement du taux des salaires, du prix des produits fabriqués et de la valeur des objets de première nécessité. Or l'étude de ces trois données du problème est l'une des plus difficiles qui existent. Il faudrait pouvoir connaître année par année les variations de ces trois éléments, les comparer avec celles du pouvoir intrinsèque et du pouvoir réel de l'argent (1), posséder des statistiques exactes dressées dans les divers lieux, c'est-à-dire avoir sous les yeux les instruments d'enquête que l'on commence à peine à réunir sur le mouvement économique contemporain. Il faut donc se contenter ici de grouper les renseignements fragmentaires épars dans les documents, pour arriver à se faire une idée très imparfaite des conditions du travail dans les métiers poitevins. Remarquons d'abord que la nature du salaire varie suivant les professions. Certaines classes d'industriels, les boulangers et les meuniers par exemple, sont payées en nature, et malgré les vœux ou les plaintes formulées au sujet de ce mode de rétribution, cette coutume persiste encore au xviii° siècle (2). D'autres fois, le salaire est formé de plusieurs éléments, dont l'appréciation est impossible. Il comprend par exemple, pour beaucoup d'apprentis et de compagnons, le logement et la nourriture, outre une certaine somme d'argent (3). Les maîtres eux-mêmes, surtout dans les corporations du bâtiment, reçoivent une partie de leur rémunération sous forme de

---

(1) Voir à ce sujet le travail célèbre de M. de Wailly, *Mém. sur les variations de la livre tournois depuis St-Louis*, Paris, 1857 (p. 222 tables de comparaison) — et les études de M. d'Avenel (*Hist. des prix et des salaires*, 4 vol. in-4°, 1895 et sq.). — Sur l'incertitude de ces données, les observations très justes d'Hauser, *Ouvriers du temps passé*, p. XIX. — (2) Voir ci-dessus livre II, chap. II, pp. 119-126 ; et chap. III, pp. 130 et sq.— Délib. munic. de Poitiers 10 mars 1538-39 rel. au salaire des meuniers, *Reg.* 20. — (3) Voir ci-dessus, livre III, chap. II et III.

nourriture (1). Il peut arriver encore que le compagnon reçoive comme éléments accessoires du salaire, à l'exemple des domestiques et des servantes (2), une aune de toile, une paire de souliers (3), voire même un habit. Ici, le maître et le compagnon sont rétribués à la tâche ; là, ils sont payés à la journée (4), à la semaine (5), au mois (6), à l'année.

En dépit des difficultés de l'appréciation, il n'est pas sans intérêt de grouper les notions qui ont pu être recueillies sur ce sujet délicat, en les répartissant suivant la méthode la plus sage, qui semble être la méthode chronologique. Le premier document qui nous renseigne sur les salaires et les prix est une ordonnance du sénéchal du Poitou de 1307. Avant cette date, vers le milieu du xiii° siècle, les comptes d'Alfonse de Poitiers montrent à quel taux s'élevaient les gages des fonctionnaires d'ordre supérieur et subalterne. Le sénéchal de la province était alors payé 30 sous par jour, un châtelain 2 s., un prévôt de la monnaie 30 s., un portier 6 ^{d}, un sergent des forêts 2 s. 8 ^{d} (7). Il est intéressant de comparer ces salaires avec ceux des maîtres et ouvriers au commencement du xiv° siècle. A cette dernière époque, le compagnon boulanger chargé d'enfourner le pain reçoit 2 s. 6 d. *par semaine*, soit environ 7 d. à 8 d. par jour, et les autres varlets boulangers ont 2 s. ; les uns

---

(1) Règlements et autres textes cités ci-dessous.—(2) *La Maison Réglée*, Amsterdam 1697 chap. 4.—Livre de raison de la famille Decressac à Poitiers xviii° s. *Arch. Antiq. Ouest*, etc.—(3) Livre de raison du notaire Decressac 1re moitié xviii° s. — Comptes de l'abbaye St-Cyprien 1778-1789, *Arch. Munic. de Poitiers*, n° 421. — (4) Voir les règlements et salaires cités ci-dessous. — (5) Par ex. les boulangers en 1607. — (6) Par exemple les ouvriers texiers, serruriers, cuisiniers. La nature du contrat d'engagement indique que pour un certain nombre de métiers c'était là le mode de rétribution ordinaire. Voir ci-dessus livre III, chap. III. — (7) Comptes d'Alfonse de Poitiers (1253) pour le Poitou, p.p. *Arch. hist. Poitou*, VIII, p. 11-13, 27, 35.)

et les autres sont nourris. Ils recevaient donc par an dans le premier cas 92 fr. 92 de gages, et dans le second 74 fr. 25 (1). Les compagnons cordonniers les plus habiles arrivent à gagner 6 d. par jour (0 fr. 357). Les bons charpentiers et maçons pendant la bonne saison gagnent 12 d., s'ils sont nourris et 18 d. sans nourriture (2). Les ouvriers ou maîtres les moins retribués de ces deux corporations reçoivent 8 d. (0 fr. 476) si on les nourrit, et 12 d. (0 fr. 714), s'ils ne sont pas nourris. Les bûcherons en bois de cognée et de serpe ont 10 d. par jour (0 fr. 595) sans bûchage ou copeaux ; et 12 d. (0 fr. 714) avec bûchage. Le salaire des charbonniers varie dans les mêmes conditions entre 10 et 12 d. Les varlets à maréchaux gagnent les uns, à savoir les forgeurs 4 d. (0 fr. 238) par jour, et les batteurs 3 d. (0 fr. 178), avec la nourriture en plus. Enfin, les vignerons, hotteurs et autres menus ouvriers de bras, gagnent sans être nourris 8 à 9 d. par jour (0 fr. 476 à 0 fr. 485) (3). Dans d'autres métiers, le salaire est attribué en raison de l'ouvrage exécuté. Ainsi la façon d'une chausse de drap coûte 4 d., celle d'un chaperon 3 d. Un tondeur reçoit 2 d. par aune pour une façon et 3 d. pour deux façons. Si l'on compare le prix du revient du cuir brut et celui du cuir tanné, on voit que la façon coûte chez les tanneurs ou

---

(1) Ord. du sénéchal de Poitou sur le prix des vivres et les salaires, p.p. Lec. Dupont, *Arch. hist. Poitou*, VIII, 405. — Les évaluations en monnaie moderne représentent seulement la valeur intrinsèque que nous avons calculée d'après les tables de comparaison de M. de Wailly. Comparer avec le salaire des boulangers de Poitiers celui des boulangers de Paris qui gagnaient nourris 5 d. par jour (E. Levasseur, *Hist. des Classes Ouvr.* I. 369). — Voir aussi *Martin St-Léon, Les Anc. Corp. d'arts et métiers*, in-8, 1897, p. 154. — (2) A Paris, un charpentier non nourri gagne au XIIIe siècle 1 sou par jour, Levasseur, I. 369. — (3) Ordon. du sénéchal de Poitou 307.

corroyeurs 7 s. (1). Les éléments de comparaison manquent pour la plupart des autres professions. Notons qu'en 1312 le setier de blé vaut 16 s. 3 d. (2), que la livre de chandelle vaut, en 1307, 8 d., le setier de sel 5 s. 6 d., la paire de souliers communs 32 d. à 6 s., la robe ou vêtement de dessus 2 s. à 7 s. (3). Un peu plus tard, en 1349, la journée d'un couvreur qui a fourni les chevilles et clous est payée à raison de 2 s. 8 d. par jour, et celle du charpentier à raison de 2 s. (4). Celle du carrier ou pierrieur en 1384 à Poitiers est estimée 5 s. (5). Si nous passons au premier quart du xv° siècle, un document précieux, le règlement édicté en 1422 pour la capitale du Poitou, nous fournit d'utiles détails. A cette époque, les laboureurs et les manouvriers gagnent pendant la belle saison 2 s. 6 d. non nourris et 20 d. nourris ; les charpentiers et les maçons 4 s. non nourris, et 2 s. 6 d. nourris. Les autres salaires sont calculés à la façon. Ainsi en comparant le prix d'achat des peaux brutes et le prix de vente des peaux ouvrées, on voit que la façon d'une peau tannée est de 10 s., que celle d'une douzaine de peaux de cordouan varie entre 15 s. et 6 s., que ce prix s'élève à 15 s.

---

(1) Même document. — Il indique aussi le prix des robes, cottes et surcots qui varie entre 4 s. et 7 s., celui des éperons 12 d., des freins à roussin 4 s., des selles à écuyer garnies 26 s., des gants (la paire 6 à 8 d.), et des peaux de parchemin 10 d. à 6 d. pièce. — (2) Sur le prix des céréales au milieu du xiii° siècle, voir Comptes d'Alfonse de Poitiers p. p. Bardonnet, Arch. hist. Poitou, III, 12. — (3) Dupré St-Maur, Essai sur les monnaies 1747 pp. 208 et 198. Ce prix est celui de Paris. En 1354, le prix du setier à Poitiers est de 12 s., en 1356 de 16 s. Briquet, Hist. de Niort, I, 54, 56. — En 1362, le prix est de 13 à 16 s.; en 1370, de 36 s. Mss n° 242 f° 37 v° (Bibl. de Poitiers). Le prix du pain est de 4 d. les 28 onces en 1362 et de 6 d. les 21 onces (même mss). — Ord. du sén. de Poitou 1307. — (4) Etat des réparations du château de Poitiers 25 août 1349, Arch. hist. Poitou, XX, 291. — (5) Compte de 1384 cité par les Arch. hist. du Poitou XXI, 277. — D'après Giraudet (Hist. de Tours I, 181-182) le prix de la main-d'œuvre en Touraine (2° moitié xiv° s,) est de 1 à 2 s. par jour.

pour la douzaine de peaux de mouton. Un charretier pour transporter une pipe de vin à 30 kilomètres avec 3 chevaux reçoit 30 s., et 20 s. s'il n'a qu'une charrette à bœufs. Un texier reçoit par aune de toile ordinaire suivant la matière 10 d. à 6 d., par aune de toile damassée 5 s. ou 4 s. 9 d., par aune de serviettes de lin 2 s. à 2 s. 6 d., et pour la serviette en toile de chanvre 12 d. La façon de la livre de laine filée ressort à 12 d. ou 1 s. (0 fr. 286). Les couturiers se font payer la façon d'une robe double à usage d'homme 10 s., d'une robe sangle 7 s. 6 d., d'un chaperon double 2 s. 6 d., d'un pourpoint commun 10 s., d'une cotte hardie double à femme 11 s., de chausses d'hommes garnies 2 s. 6 d. Les tondeurs demandent pour tondre l'aune de drap du pays 5 à 8 d. et s'il s'agit de drap de Bruxelles 16 d. (1). Observons encore qu'un architecte est payé en 1406 à raison de 2 s. par jour (2). En sus du salaire, certains artisans reçoivent sous le nom de vin un supplément de salaire. La ville de Poitiers, par exemple, en 1422, paie à un charpentier 40 s. de ce chef, et autant à un carreleur. Il est à remarquer qu'en 1422, le pot de vin se vend suivant la qualité 6 à 10 s., la livre de chandelle 16 d., les souliers pour gens du commun 5 à 7 s., l'aune de serge 5 s. (4), et que le setier de blé vaut en 1418, 2 l. 5 s. (5).

La seconde moitié du xve siècle n'est marquée, semble-

---

(1) Ordon. du sénéchal de Poitou (1422) sur le prix des vivres et les salaires, p p. P. Guérin, *Arch. hist. Poitou*, XXVI, pp. 380 et sq. — (2) P. Guiot, chanoine de Loudun et architecte en 1406, texte cité par Berthelé, *Anciens artistes* (*Rev. Poit. et Saintong.* 1890 n°s 75 et sq.) — En 1416, un manœuvre se paie à Tours 12 d. *Girardet*, I, 305. — (3) Délibér. munic. de Poitiers nov. 1422, *Reg.* 2. On paie 25 s. à un peintre pour 20 écussons, et pour une pipe de vin pineau 6 l. — (4) Ord. du sénéchal de Poitou 1422. — Voir aussi dans le même document le prix des autres denrées. — (5) A Paris, E. Levasseur, I, 562.

t-il, que par une très faible hausse des salaires. Ainsi, les charpentiers payés 5 s. par jour en 1422, reçoivent 6 s. en 1462 (1) et 3 s. 9 d. sans doute avec la nourriture en 1471 (2). En 1487, un maçon nourri reçoit entre 4 s. 7 d. et 3 s. 4 d. suivant son expérience; le manœuvre est payé 2 s. 6 d. ; un couvreur nourri reçoit 3 s. 4 d. ; un charretier 20 d. par charretée de pierre ; un paveur 3 s. 4 d. par brasse de pavé ; un tondeur 2 d. pour tondre le drap d'une manche et d'une chausse ; un couturier 5 s. pour la façon d'une robe ; un chaussetier 6 s. 8 d. pour la façon et doublure d'une chausse (3). A cette époque, la dépense nécessaire pour nourrir un homme est évaluée à 12 d. (soit 1 sou) ; (4) elle était estimée à raison de 10 d. en 1422 (5). La hausse des objets de première nécessité est alors cependant manifeste ; sur la volaille, par exemple, elle varie de 13 à 5 s. par pièce. Quant au boisseau de froment (pesant 24 l.) il vaut 12 s.; celui de seigle et de méture est vendu 8 s. 8 d. en 1491 et 20 d. en 1488 ; la baillarge vaut en 1491 6 s. 8 d. le boisseau, la pinte de vin rouge 12 d. et le pot 2 s., le pain (à raison de 20 pains par boisseau) 2 d. la pièce (6).

---

(1) Document relatif à Noirmoutier (1462), p. p. *Marchegay, Soc. d'Emul. Vendée* 1858 p. 176. — (2) Etat des répar. du chât. de Poitiers 6 mai 1471, *Arch. hist. Poitou*, XX, 292. Les maçons reçoivent 3 s. 9 d. par jour, de même que les carreleurs, et les manœuvres 2 s. 9 d. — En 1446, un cuisinier est payé 1 s. 8 d. par jour, Comptes de M. de la Trémoille, p. p. *Marchegay, Ann. Soc. d'Emul. Vendée* 1858, p. 180. — (3) Compte de Geoffroi Faifeu, receveur de Niort 1487-88, tp.p. *Doinel, Mém. de la Soc. de Stat. D.-Sèvres*, 1873-74, pp. 307-348. — (4) Calculé d'après la dépense du dîner de 14 hommes du peuple à Niort indiquée par ce document. — (5) Ord. du sén. de Poitou 1422. — calculé d'après les données de ce document. — (6) Evaluation du prix des denrées par le sénéchal de Poitiers 1491, *Arch. Deux-Sèvres* E. 1036. — Compte de G. Faifeu précité. — Enquête de la sénéch. de Poitiers pour avoir des prix moyens, 6 juillet 1486 *Arch. Nat.* KK 13^{39}, pièce 46, p.p. *Levasseur*, I, 562. — Voir aussi les

La hausse des objets de première nécessité, et l'accroissement du taux des salaires, celui-ci encore peu sensible dans la seconde moitié du xv° siècle, s'accentuent fortement au xvi°. Les maîtres boulangers de Poitiers par exemple déclarent en 1549 que les salaires de leurs serviteurs se sont très accrus (1). Vers 1535, les maçons reçoivent 10 s. par jour, deux fois plus qu'en 1470 (2); par contre, un pâtissier ne gagne vers 1520 que 5 s. (3), et un texier en toiles que 10 d. vers 1554 (4). L'industriel qui ramasse les boues ou bourrier reçoit en 1553, 5 s. par jour (5). Il y a des professions plus lucratives, parce qu'elles exigent une expérience plus grande. Ainsi un orfèvre, vers 1535, gagne environ 2 fr. 91 par journée, somme assez forte eu égard au temps, pour la façon de deux vaisseaux d'argent et d'un calice (6), tandis qu'un paveur se contente de 0 fr. 124 par brasse de pavé (7). Un salpêtrier exige un salaire d'un écu sol par mois, plus une charretée de bois, pour fabriquer le salpêtre de la ville (8), tandis qu'un canonnier demande 30 l. par mois à condition de se nourrir, et que ses aides se font payer à raison de 12 s. 6 d. par jour (9). A Châtellerault en 1543, la visite d'un médecin se paie 10 s., et celle d'un chirurgien

comptes des dépenses de la Trémoille 1446, 1454 p. p. *Marchegay, Ann. Soc. d'Emul. Vendée* 1871, p. 142.

(1) Déclar. des m. boulangers citée dans une délib. munic. de Poitiers du 22 août 1549, *Reg.* 31. — (2) H. Proust, Comptes et dépenses de la ville de Niort *Mém. Soc. Stat. D.-Sèvres* 1890, pp. 307, 350. — (3) Statuts des pâtissiers de Poitiers 1505-20. — (4) Statuts des texiers de Poitiers 1554, art. 31. — (5) Délib. munic. du 11 janv. 1552-53 à Poitiers, *Reg.* 31. — (6) Calculé d'après les clauses d'un contrat entre Jean de St-Gelais, évêque d'Uzès, et Prévost, orfèvre de St-Maixent, qui stipule pour 5 semaines de travail et pour la façon seule 16 l. t, 19 mars 1535, *Cartul. de St-Maixent* II. 284-285. — (7) D'après les comptes et dépenses de Niort en 1537, *Mém. Soc. Stat. D.-Sèvres*, 1890 pp. 307, 350. — (8) Délib. munic. de Poitiers 23 fév. 1550-51 rel. aux salpêtriers *Reg.* 31. — (9) Délib. munic. de Poitiers 25 et 29 août 1548 rel. aux canonniers, *Reg.* 30.

5 s. (1). En 1554, le chirurgien de l'Hôtel-Dieu de Poitiers reçoit outre le logement et la nourriture 25 l. de gages par an (2). Un messager pour transport de pièces de procédure de Paris à Poitiers reçoit entre 1538 et 1555, tantôt 3 testons, tantôt 7 s. 6 d., alors que le chevaucheur de la ville en 1480 n'était payé que 5 s. par jour (3). Quant aux salaires des artistes, ils varient prodigieusement. En 1538, un peintre recevra 120 écus sol pour un tableau destiné à François d'Escars, tandis que pour exécuter des ouvrages vulgaires, tels que les écussons des torches, on lui allouera 2 s. 6 d. (4). On peut comparer ces salaires avec les prix des denrées, et on verra qu'ils n'avaient certes rien d'exagéré. En 1539, le boisseau de blé se vendait à Poitiers 3 s. 9 d. (le boisseau marchand valait 14 litres 13), en 1549, 3 s. 6 d.; en 1548, 2 s. 6 d.; en 1550, 4 s. (5). Le pain blanc de 2 l. se vend en 1543, 2 d. la pièce (6); le sel 4 à 2 s. le boisseau (7); la chandelle 18 d. la livre (8).

Le renchérissement s'affirme encore davantage dans la

---

(1) Pièce de procédure relative à la visite d'un enfant par Pierre Descartes médecin 22 nov. 1535, analysée par *Labbé, Notes sur la famille Descartes*, p. 27. — (2) Délib. de Poitiers 10 mai 1554, *Reg.* 32. — (3) Délib. munic. de Poitiers 14 fév. 1549-50, sept. 1538, 30 déc. 1555, *Reg.* 20, 31, 32. Le teston, monnaie d'argent, varie au XVI° s. entre 10 s. et 15 s. Délib. munic. de Poitiers 8 octobre 1480 rel. aux chevaucheurs, *Reg.*, n° 7. — (4) Compte rel. à F. d'Escars et au peintre Le Rond 1538, analysé par *B Fillon, Doc. artist. sur N.-D. de Fontenay*, p. 11. — Délib. munic. de Poitiers 27 juin 1552, 4 sept. et 4 déc. 1559 rel. au peintre Mervasche, *Reg.* 32, 37. — (5) En 1507 année de famine le boisseau de froment vaut à Poitiers 7 s. 6 d., celui de seigle 6 s. 8 d., celui de baillarge 6 s. *Arch. Munic.* série M. *reg.* 11, liasse 42. — Le prix de 1539 est indiqué dans une délib. munic. de Poitiers du 17 mars 1538-39, *Reg.* 20. — Les autres prix sont extraits du tableau dressé par la sénéch. de Poitiers et p. p. *Beauchet-Filleau Mém. Soc. Stat. D.-Sèvres*, 1868 p. 132. — (6) Prix indiqué dans une délib. munic. de Poitiers du 26 août 1543, *Reg.* 25. — (7) Délib. munic. de Poitiers 3 sept. 1548, janvier 1553-54, 22 août 1549, *Reg.* 30, 31, 32. — (8) Délib. munic. de Poitiers 11 octobre 1546, *Reg.* 28.

seconde moitié du xvɪᵉ siècle et attire l'attention des publicistes et même des pouvoirs publics. C'est alors qu'intervient pour le Poitou le règlement de janvier 1578, document d'un très haut intérêt qui nous renseigne sur les salaires moyens qu'on allouait aux compagnons et aux maîtres de certains métiers. A cette date, on estime qu'un serviteur à grosse besogne est suffisamment rétribué avec 2 écus 2/3 par an ; un palefrenier avec 4 écus ; un cuisinier et un valet de chambre avec 4 écus ; une servante ou femme de chambre en ville avec 3 écus 1/3, et aux champs avec un écu 2/3. Le journalier non nourri reçoit à la belle saison 5 s. par jour, et le reste du temps 4 s. ; nourri, on le paie, suivant le temps, 2 s. 6 d. et 2 s. Les faucheurs non nourris reçoivent 8 s., et nourris 4 s. ; les buandiers et buandières de ville nourries 18 d., non nourries 3 s. 6 d., et à la campagne 2 liards en moins (1). Les paveurs, qu'on payait en 1553 à Poitiers 6 s. la toise, reçoivent 11 s. en 1583 (2). A Niort, le prix de la journée des maçons s'élève, entre 1535 et 1596, de 10 s. à 15 s. (3), mais il s'agit là de travaux exceptionnels et très soignés. Le règlement de 1578 prouve en effet que le salaire d'un maçon à pierre menue pendant la belle saison est jugé équitable quand il s'élève à 6 s. sans la nourriture et à 3 s. 6 d. avec la nourriture ; en hiver, ces salaires s'abaissent à 3 s. 6 d. et à 3 s. Les charpentiers et les couvreurs non nourris doivent gagner de mars à la Toussaint

---

(1) Règlement général de janvier 1578 relatif au Poitou, Rev. Poitev. Bibl. Munic.— (2) Délib. munic. de Poitiers 23 janv. 1552-53 et 11 juillet 1583, Reg. 32 et 44.— (3) Comptes et dép. de Niort, p. par H. Proust, Mém. Soc. Stat. D.-Sèvres 1890, p. 307.

8 s. et nourris 4 s., le reste de l'année 6 s. et 2 s. 6 d. (1).
Cette indication concorde avec le salaire réel attribué en
1575 à St-Maixent à des couvreurs : ceux-ci reçoivent en
effet 5 s. 9 d. par jour (2). Les tonneliers sont payés à
raison de 8 s. nourris, et 4 s. non nourris, de juillet à la fin
des vendanges, et le reste du temps un douzain en moins (3).
Les autres professions sont rétribuées à la tâche ou aux
pièces, de sorte que l'évaluation des salaires est difficile à établir. Ainsi on évalue à 1 s. la façon d'une livre de
chandelle de suif; à 1 écu 2 3 ou 2 écus la façon d'une
peau de bœuf; celle d'une peau de vache à 1 écu 2 3 ou
un tiers d'écu; à 20 s. ou 10 s. celle d'une peau de veau;
de 1 s. à 2 s. celle d'une peau de mouton. Le cordonnier
est payé à raison de 15 d. au maximum et 10 d. au minimum le point pour les souliers, 2 s. à 22 s. pour les mules
ou pantoufles. Un fondeur d'artillerie reçoit 2 s. 6 d. pour
livre du métal qu'il met en œuvre (4), un imprimeur 4 l. pour
100 exemplaires d'un placard (5). Un maître à danser recevra 100 s. par mois pour apprendre son art à une fillette (6).
Un chirurgien pour une journée employée à soigner un
enfant et pour avoir administré un clystère aura 1 l.; une
autre fois il recevra 4 l. pour appliquer un emplâtre sur le bras
d'un malade (7). En temps ordinaire, le chirurgien de la
dominicale à Poitiers a 8 l. 10 s. par an de gages, outre le

---

(1) Règl. de janvier 1578 pour le Poitou.— (2) Comptes de recettes et dépenses de la ville de St-Maixent 1573-74, p. p. *Frappier, Bull. Soc. Stat.
D.-Sèvres* III. 76. — (3) Règl. gén. de 1578. — (4) Délib. munic. de Poitiers juin 1574, *Reg.* 42.— (5) Délib. munic. de Poitiers rel. à l'imprimeur
Mesnier 23 juin 1589, *Reg.* 48. — Voir aussi les marchés passés en 1517,
1518, 1521 avec des imprimeurs p. p. la Bouralière, *Mém. Antiq. Ouest.*
1899 p. 353-358 (7 l. 15 s. t. pour 7001 affiches en 1517, 40 écus sol en
1581 pour 1200 psautiers de 15 feuilles). — (6) *Comptes de M. de la Pellissonnière* (1597) p. p. *L. Audé*, p. 19. — (7) Mêmes comptes (1597) p. 13.

logement et la nourriture. Le barbier chirurgien de l'Hôtel-Dieu en 1587, temps d'épidémie, est rétribué à raison de 120 écus par an; le compagnon barbier obtient 48 écus, la gardienne 36 écus, les bâtonniers chacun 12 écus, de même que la servante (1). L'impression d'une rame de papier coûte en 1596 4 écus 4 s.; le collationneur reçoit 1 sol par rame; l'ouvrier chargé de coudre et d'accommoder la copie imprimée (brocheur) est payé 1 sou à 2 s. par feuille; le relieur 17 s. par bréviaire. Les compagnons-imprimeurs et relieurs ont de plus droit à une gratification en nature connue sous le nom de vin (2). Les transports sont toujours onéreux, puisque le règlement de 1578 accorde 10 s. pour transporter à 1 lieue une charge raisonnable sur une charrette à 4 bœufs ou sur une voiture à 2 chevaux, et que la lieue pour un équipage à 2 mules coûte encore 7 s. 6 d.; il est vrai que le conducteur se nourrit et entretient son équipage (3). Les messageries ne demandent guère moins; celles de l'Université de Poitiers exigent 12 d. pour une lettre, 3 s. par paquet n'excédant pas 2 feuilles de papier, 12 d. par livre de poids, 12 d. pour apporter 1 écu (4).

L'accroissement du prix des denrées explique cette élévation des salaires. Alors en effet la nourriture quotidienne d'un journalier est évaluée de 1 s. 10 d. à 2 s.; celle d'une buandière de ville à 2 s. 4 d., celle d'un faucheur à 4 s., celle d'un maçon à 2 s. 10 d. ou 2 s., celle d'un tailleur de pierre ou d'un couvreur entre 4 s. et 2 s., suivant la saison (5).

(1) Délib. munic. 3 sept. 1582, 28 janv. 1585, 23 nov. 1587, Reg. 44, 45, 47. — (2) Comptes d'imprimeurs de Poitiers avril 1596, p.p. la Bouralière, Mém. Antiq. Ouest 1899 pp. 367-372. — (3) Règl. général de 1578 pour le Poitou. — (4) Règl. du prix des messageries de l'Université de Poitiers 1578 analysé par Pilotelle, Mém. Antiq. Ouest, XXVII, 285. — (5) Calculé d'après les données du règl. général de 1578.

Les guerres de religion sont venues, d'après le témoignage de Lippomano, doubler le prix de la vie à Poitiers et même porter de 12 s. à 40 s. l'écot journalier payé dans les hôtelleries (1). Le boisseau de blé vendu encore 4 s. en 1560 s'élève en 1595 à 24 s., et oscille en général aux environs de 10 s. à 15 s.; le seigle et le méteil se vendent 3 à 4 s. en moins, l'orge 5 s., la baillarge 5 à 7 s. en moins (2). Quant au prix du vin, de 1560 à 1600, il oscille entre 8 l. au minimum et 50 l. au maximum la pipe de 2 tonneaux (3). Le pain de froment blanc varie en 1578 de 16 à 15 d. la livre, celui de méteil de 12 d. à 4 d.; celui de seigle coûte un quart de moins et celui de mouture un tiers de moins (4). Notons encore que la meilleure chandelle se vend 5 s. la livre (5), et qu'une casaque d'homme du peuple vaut 30 s. (6).

Pendant le xviie siècle, le mouvement ascensionnel des salaires et des prix se poursuit lentement. En juillet 1608 par exemple, en Bas-Poitou, les maçons sont payés 8 s. par jour, les manœuvres 4 s.; les charpentiers 10 s. et leurs aides 6 s. (7). Une tailleuse pour vêtements d'enfants reçoit vers 1600 le quart du prix des étoffes pour sa rémunération, c'est-à-dire 1 écu (8). On considère comme exagérée en 1603 la requête des compagnons tailleurs de Poitiers qui, outre le logement et la nourriture, voudraient recevoir 40 s. par mois,

---

(1) Relation de Lippomano envoyé de Venise 1577 (qui a séjourné à Poitiers), *Rel. des Amb. Vénit.* p. p. *Tommaseo*, II, 313-317.— (2) Tableau du prix du blé froment de 1560 à 1600, p.p. *Beauchet-Filleau, op.cit.* p. 132. — Taxe du prix du blé, 18 mars 1595, *Reg*. 55 *bis*.— (3) Prix de la pipe de vin (1re qualité) de 1560 à 1600 *Aff. du Poitou* 1779, p. 182, d'après les registres du greffe. —(4) Règl. général pour le Poitou, janv. 1578, précité.— Ordon. du 5 sept. 1580 fixant à 2 d. le prix du pain d'une livre, *Reg*. 43.— (5) Règl. général de 1578.— (6) Casaque de portier à Poitiers oct. 1587, juin 1589, Reg. 47, 48.— (7) Acte de juillet 1608, cité par le feudiste Moisgas, *Aff. du Poitou* 1785, p. 175.— (8) *Comptes de la Pellissonnière* (1597-1604), p. 19.

soit 24 l. par an (1). Un compagnon chirurgien s'estimera bien payé à l'hôpital en recevant 120 l. par an, puis 160 l. (2). En 1647, un acte curieux nous apprend que les cordonniers paient à leurs garçons 12 s. pour la façon d'une paire de bottes simples, 18 s. pour celle d'une paire de bottes à galoches, et 6 s. pour celle de souliers simples (3). Or, une paire de souliers se vend un peu avant 2 l. 5 s, 4 d. (4). Trente-sept ans plus tard, les maîtres cordonniers, ne trouvant plus de garçons pour un salaire de 8 s. par jour, sont forcés de leur accorder 9 s. (5). A Chauvigny, en 1651, un charpentier gagne 10 s. par jour, un batelier 12 s., un maréchal-ferrant 13 s. 4 d. (6). Un garçon boucher chargé de la garde des moutons reçoit vers 1670 à Châtellerault 8 l. de gages par an (7). Parmi les professions plus relevées, on voit celle d'organiste, rétribuée tantôt à raison de 120 l., plus 13 setiers de blé méteil, tantôt à raison de 156 l., par an (8). Un chirurgien se fait payer pour une visite à 1 lieue la somme de 1 l. (9). Le renchérissement des denrées s'est accentué pendant le siècle. On vend à Poitiers en 1612 la

---

(1) Délibér. mun. de Poitiers 8 oct. 1603 rel. aux garçons tailleurs, *Reg*. 61. — (2) Délib. munic. de Poitiers 1ᵉʳ sept. 1631, *Reg*. 82. — (3) Délib. munic. du 10 juin 1647 relative à un acte des maîtres-cordonniers de Poitiers, *Reg*. 98. — (4) Une délibér. munic. du 1ᵉʳ octobre 1635 montre en effet que 17 paires de souliers se paient 38 l. 10 s., *Reg*. 86. — (5) Délib. munic. de Poitiers 11 mai 1676 et 12 juin 1684 rel. aux garçons cordonniers, *Reg*. 125 et 128. — (6) Charreyron, Passage de Louis XIV à Chauvigny (1651), *Bulletin Antiq. Ouest*, 2ᵉ série XX, 277. — (7) Procédure au sujet d'un aspirant boucher à Châtellerault, 26 févr. 1672, Vienne E 71. — (8) Un chantre à St-Hilaire reçoit 130 l. par an en 1583, un chirurgien qui rase les enfants 7 setiers de seigle ; un organiste en 1619 reçoit 120 l. et 13 setiers de méteil, de Longuemar, *Hist. de l'abb. et du chap. St-Hilaire*, *Mém. Antiq. Ouest*, 1ʳᵉ série XXIII (1856), p. 112. — Un joueur de basson gagne 1 écu par semaine, un joueur de basse 60 s. et 2 boisseaux de méteil par semaine, un organiste 3 l. par semaine (1620, 1684, 1687), Comptes du chap. St-Hilaire, *Vienne G. 536*, 542, 551. — (9) Sentence de la cour de l'abb. de St-Maixent contre un marchand 1671, Deux-Sèvres H. 136.

livre de pain blanc 15 d., et 1 s. celle de pain bis (1); en 1631, à Châtellerault 3 s. la livre de pain blanc et 2 s. la livre de mouture (2); à Chef-Boutonne, en 1698, 16 d. au moins la livre de pain blanc et 26 d. au plus (3). Le boisseau de blé entre 1600 et 1650 s'est vendu au minimum 6 s. 6 d., au maximum 40 s., et entre 1650 et 1700, 8 s. au minimum, 32 s. au maximum (4). Le meilleur vin qu'on détaillait vers 1634 et 1640, à raison de 5 à 8 s. le pot, se vend, en 1664 et 1665, 10 à 15 s. le pot (5). Le prix de la pipe oscille dans les 50 premières années du siècle entre 14 l. au moins, 40 l. au plus; dans les 50 dernières entre 10 l. et 70 l. (6). Le beurre, tarifé 9 à 10 s. la livre au plus en 1634, se vend 20 s. en 1652, et 13 s. en 1661 (7). La livre de chandelle vendue 5 s. au début du siècle en vaut 9 en 1654 (8).

Au XVIIIe siècle, les documents devenus plus nombreux permettent de donner des renseignements plus précis encore. Une pièce importante fournit le détail des frais et bénéfices d'un boulanger faisant 3 fournées à Luçon, en 1772. On évalue la dépense pour les fagots à 902 l. par an, pour l'éclairage à 123 l., pour le sel à 219 l., pour le service de deux garçons à 168 l. La nourriture de la famille, y compris garçons et servante, coûte 1460 l. (soit 10 s. pour chacune des

---

(1) État du taux des vivres à Poitiers 20 sept. 1612, *Reg.* 68 *bis.* — (2) Ord. de police de Châtell^t 15 fév. 1631 fix. le prix du pain à 2 s. 6 d. la livre; autre 18 février 1631 à 3 s. etc. *Godard I*, 75; c'est un prix très élevé, car le régl. de sept. 1634 pour Poitiers fixe le prix du meilleur pain entre 9 d. et 11 d. la livre en temps normal. — (3) Ordon. du 5 déc. 1698 citée par *B. Filleau*, Rech. sur *Chef-Boutonne*, *Mém. Soc. Stat. D.-Sèvres* 1884, p. 164. Notons qu'en cette ville le dîner d'un charretier en 1665 est estimé 4 s., *ibid* p. 198. — (4) Tableau du prix du blé, p. p. *B. Filleau op. cit.*, p. 133. — (5) Délib. munic. de Poitiers sept. 1634, 2 sept. 1540, 24 nov. 1664, 28 déc. 1665, *Reg.* 91, 114, 115. — (6) Tableau du prix du vin, *Aff. du Poitou* 1779, pp. 186, 190, 196. — (7) Délib. du 18 janv. 1632 et du 26 fév. 1652 rel. au prix du beurre, *Reg.* 82 et 103; 14 mars 1661, *Reg.* 111. — (8) Règl. de sept. 1634, 8 octobre 1640, 7 déc. 1654, *Reg.* 91 et 105.

8 personnes). L'entretien du maître et de ses enfants est évalué 165 l., le blanchissage de la maison entière 72 l., le loyer de l'immeuble 300 l., l'entretien du four, le dépérissement des ustensiles 182 l., les impôts 100 l., et les pertes pour insolvabilité des pratiques 182 l., total 4134 l. Les profits s'élèvent à 5931 l. par an, à raison de 3 fournées par jour (2 de pain bis et 1 de blanc, soit 433 l. de pain par fournée). Un premier garçon boulanger reçoit comme salaire 5 s. 4 d. par jour, soit 18 l. par mois et 96 l. par an ; en plus, il est logé, nourri et blanchi. Le second garçon est rétribué à raison de 4 s. par jour, soit 6 l. par mois et 72 l. par an (1). En 1737, une servante se loue 20 l. par an, plus 20 s. pour le denier à Dieu, une livre de laine et une aune 1/2 de toile d'étoupe. Une nourrice se paie 36 à 38 l. par an, avec parfois 3 l. de pain blanc en plus par semaine. Un petit valet en 1745 reçoit 15 l. par an à Poitiers (2). Vers la même date, près de Niort, un domestique dans la force de l'âge reçoit 72 l. par an, et un muletier 66 l. (3). En 1772, à Luçon, une servante se loue 50 l. (4). En 1777, le cuisinier de l'abbaye de Saint-Cyprien gagne 200 l. par an et 12 l. au lieu des graisses et suifs qu'il est d'usage de lui donner et qu'on retient. Un portier, en même temps tailleur, est engagé pour 60 à 72 l., plus 1 paire de souliers par an et 24 s. de denier à Dieu ; il obtient 80 l. en 1788. Le garçon d'écurie reçoit 172 l. par an et une paire de souliers ; l'aide de cuisine gagne 48 l. à 50 l.

---

(1) Annexe au règl. de police dressé pour les boulangers de Luçon 13 juin 1772, *Rec. Poitev. de la Bibl. Munic.* in-4°, tome XX n° 27. — (2) Livre de raison du notaire Decressac (à Poitiers) 1737 et sq. *Arch. Antiq. Ouest.* — (3) Comptes de J. du Mignot d'Houdan 1735, *Deux-Sèvres* E. 1142. — (4) Règl. de police des boulangers de Luçon 1772 précité.

plus une paire de chaussures, et le marmiton 30 l. (1).

En 1743 les journaliers reçoivent un salaire de 20 s. par jour. On les paie aussi en nature, à raison d'un boisseau de blé par journée de travail. Parmi les ouvriers de l'habillement, on voit que les tisserands à Pamprou, élection de Saint-Maixent, gagnent vers 1729 en se nourrissant 8 s. par jour, les cardeurs, 6 s., les sergiers 7 s. (2). A Saivre, le salaire des tailleurs d'habits est de 5 s. par jour, celui des cardeurs de 6 s. (3). A Châtellerault, en 1714, les meilleurs ouvriers sergers gagnent 15 s. par jour (3). En 1733, à Mortcoutant on donne aux ouvriers employés au tissage 8 à 10 s. par jour, aux femmes 3 à 4 s., aux enfants 2 à 3 s. En 1747, dans tout le Poitou, les ouvriers des ateliers de tissage, cardeurs, fileurs, tisserands, foulons, peuvent arriver à des salaires de 15 à 18 s. par jour ; les enfants gagnent 3 à 4 s. (4). Un maître ou ouvrier cordonnier gagnera 45 s. à vendre une mauvaise paire de chaussures (5), et à Niort les femmes et enfants qui cousent les gants ont un salaire de 6 à 7 s. par paire, c'est-à-dire par jour (6). Si on passe aux ouvriers du bâtiment, on observe que les maçons à Saivre gagnent 12 s. par jour en se nourrissant (7). Les paveurs qui se faisaient payer 10 s. par toise en 1624 (le pavé fourni

---

(1) Livre de comptes de l'abbaye St-Cyprien de Poitiers 1777-1790, *Mss de la Bibl. Munic.* n° 421. — (2) Journal du perruquier Charmetant à Poitiers, année 1743, *Arch. hist. Poitou*, XV, 391. — Mém. du subdélégué Ant. Garran pour l'élection de St-Maixent 1729, p.p. *A. Richard, Mém. Soc. Stat. D.-Sèvres* 1874 pp. 154, 163. — (3) Procès-v. de l'assemblée des maîtres sergers de Châtellerault 1714, *Vienne* E, 7¹. — (4) Mém. de l'inspecteur Pardieu sur les manuf. du Poitou 1747, précité. — Rapp. de l'insp. Bonneval sur Montcoutant, 1733, *Vienne* C.36. — (5) Mém. de Chebrou subd. sur Niort 1744 *Mém. Soc. Stat. D.-Sèvres* 1886, p. 271. — (6) Mémoire des officiers municipaux de Niort (1781), p. p. *Gouget, op. cit.*, p. 84. — (7) Mém. de Garran sur l'élection de St-Maixent (1729), précité.

par le client), ont 14 s. pour le même ouvrage en 1754 (1). En 1783, à Poitiers, les maçons, paveurs et couvreurs ont 15 s. par jour l'hiver et l'automne, 18 s. à 21 s. pendant la belle saison, c'est-à-dire 6 fois plus qu'en 1422 (2). A la fin du siècle, vers 1799, les couvreurs, au lieu de 21 s., reçoivent jusqu'à 2 l. par jour (3). En 1788, une fileuse de soie gagne 1 l. par jour, une tourneuse 10 s., et chacune reçoit 12 s. en plus pour la nourriture. A Châtellerault, en 1790, on donne 70 l. de gages par an à un garçon de labour, 45 l. à une servante. La journée du maçon est payée 1 l., celle du charpentier 1 l. 50; il en est de même pour celle du menuisier ou du recouvreur. D'après Dupin, entre 1789 et 1801, les salaires d'été se sont accrus d'un tiers et on a payé les maçons 1,50 à 1,60 (4) au lieu de 18 s. En 1729, à Pamproù et à Saivre, les charpentiers reçoivent 12 s. par jour en se nourrissant, de même que les charrons ; les sabotiers ont 10 s., tandis que les maréchaux gagnent 15 s. (5). En 1801, l'ouvrier charpentier reçoit 2 fr. (6). On calculait en 1775 que la journée d'homme était en général de 12 s. (7). Un arrêté du Directoire de la Vienne la fixe encore en 1791 à 12 s. pour les villes, à 8 s. pour les campagnes (8). En 1801, un arrêté du préfet de la Vienne l'évalue à 0,80 (9). Dupin, dans les Deux-Sèvres, l'a porte à 0,60 lorsque le journalier est nourri, à 1 fr. ou à 1 fr. 20 lorsqu'il ne l'est pas.

(1) Textes cités rel. aux paveurs livre II, p. 329. — (2) Ord. du présidial de Poitiers, 21 mars 1783, *Arch. Antiq. Ouest.* — (3) Annexe au livre de comptes de l'abbaye St-Cyprien 1796-99. — (4) Comptes de la f^e Crossard pour la man. de soies de Poitiers 1788, *Vienne C*, 623. — Creuzé, *Desc. de l'ar^t d^t de Châtell^t*, 1790, p. 115. — Dupin, *Stat. des D.-Sèvres* pp. 72-73. — (5) Mém. de Garran sur l'élection de St-Maixent 1729, précité. — (6) Dupin, op. cit. pp. 72-73. — (7) A Châtellerault, *Aff. du Poitou* 1775, p. 75. — (8) Arrêté du Directoire de la Vienne 9 mai 1791, *Arch. Vienne*, reg. K, 1, f° 78. — (9) Arrêté du Préfet de la Vienne, 3e jour complém. de l'an IX, *Rec. Poit.* in-8°, tome IV n° 70.

Quant aux salaires des bonnes servantes, ils se sont élevés à 70 l. et ceux des domestiques laboureurs à 150 ou 200 l. par an (1).

En regard des salaires, si nous mettons le prix des objets de première nécessité, nous voyons que l'artisan auquel il faut 14 boisseaux par an de froment, de seigle ou de baillarge, paie le boisseau de blé 9 s. 6 d. au moins et 40 s. au plus entre 1701 et 1720, 11 s. 6 d. au moins et 30 s. au plus entre 1720 et 1750, 17 s. 9 d. au moins et 54 s. 6 d. au plus entre 1750 et 1789 (2). Le prix du seigle s'élève aussi graduellement ; il vaut à Fontenay 16 s. 6 d. en 1717, 35 s. 7 d. en 1750 ; à Poitiers 16 s. 8 d. en 1767, 29 à 20 s. de 1770 à 1773 (3). Le prix de la baillarge et du méteil est d'un tiers ou plus inférieur à celui du froment, et d'un quart ou d'un tiers inférieur à celui du seigle (4). Le pain troisième vaut 1 s. la livre à Fontenay en 1730 ; la livre de pain noir ou gruau 10 à 11 d. à Niort, et 1 s. à Saint-Maixent, vers la même date (5). En 1764, à Palluau, on vend le pain de seigle 14 d. la livre, 15 à 20 d. en 1768, 16 d. en 1768 et en 1776, 19 d. à 21 d. en 1781, 39 d. en 1787 (6). En

---

(1) Dupin, *op. cit.*, pp. 72-73. — Un organiste à Niort en 1745 reçoit 120 l. par an. Pour le prix des visites des médecins, voir ci-dessus livre II, chap. XIII. — Un organiste reçoit à St-Hilaire 150 l. par an en 1705, 120 l. en 1718, 400 l. en 1779, (Comptes du chapitre) *Vienne*, G. 556, 382, 568) un joueur de basse 150 l. par an (*ibid*. G. 382, 565). Les maîtres d'arts d'agrément prennent vers 1789, 6 à 9 l. par 20 cachets, La Liborlière *Souvenirs* p. 151. — (2) Tableau du prix du blé, p. p. B. *Filleau op. cit.* pp. 135-136. — (3) Tableau du prix du seigle 1690-1750, *Aff. du Poitou* 1783, p. 26. — 1775, p. 51. — (4) D'après les prix précédents et ceux donnés en 1729 par un mémoire sur l'élection de Fontenay p.p. *D. Matifeux, Etat du Poitou* p. 438) et par d'autres mémoires sur celles de St-Maixent et de Niort, 1729. *Mém. Soc. Stat. D.-Sèvres*, 1874 p. 121 ; 1886, p. 181. — (5) Mémoires cités à la note précédente. — (6) Ordon. du sénéchal de Palluau 1704-1787, *Vendée* B. 1029, 220, 112, 1048, 973.

1773, à Châtellerault, le pain vaut, suivant la qualité, 1 s. 8 d. à 2 s. 4 d. la livre, et à peu près autant à Niort (1). Sur cet article, la hausse a donc été assez grande de 1730 à 1789. Même hausse dans le prix du vin, qui, vendu 28 l. la pipe en 1706, se vend depuis 1750 jusqu'à 180 l. et jamais au-dessous de 45 l., oscillant depuis 1767 entre 110 l. et 150 l. Il s'agit là du meilleur vin, car le vin commun se vend alors 10 à 15 fr. de moins par pipe (2). Le prix du bois de chauffage a également progressé, puisque la corde, vendue 15 l. à Poitiers en 1753, vaut 18 l. en 1780 (3). La chandelle de suif, au contraire, vaut le même prix en 1700 et en 1767, c'est-à-dire 10 s. (4), et les vêtements de laine commune ou de coton se vendent un peu moins cher qu'autrefois (5).

En résumé, il est impossible de donner une idée d'ensemble de la condition matérielle des métiers poitevins, si l'on ne distingue les professions et les époques. La plupart des professions alimentaires, quelques métiers de l'habillement, ceux par exemple des marchands drapiers, merciers et bonnetiers, et un petit nombre d'autres corporations, telles que celles des tanneurs, des architectes, des orfèvres, des imprimeurs, des apothicaires et des médecins, parais-

---

(1) *Aff. du Poitou* 1773, p. 156.—Ce recueil donne le prix du pain toutes les semaines depuis 1773 jusqu'en 1789. — (2) Tableau du prix du vin, *Aff. du Poitou* 1779 pp. 203-207. — Le meilleur vin se vend au cabaret en Bas Poitou 4 s. la pinte, et acheté de première main à Niort et à Fontenay 2 s. 6 d. à 3 s. la pinte. *Mém. de 1729 cités ci-dessus*.—(3) Ordon. de la maîtrise des eaux et forêts de Poitiers 20 août 1753, 16 déc. 1780, 10 janv. 1784, Arch. Antiq. Ouest. C'est le prix tarifé, mais en 1784 les marchands vendent la corde jusqu'à 28 et 30 l. *ibid*. — (4) Ord. du présidial de Poitiers, 7 janv. 1701, 23 janv. 1719, 14 nov. 1725, 15 fév. 1767 fixant le prix de la chandelle de suif, *Arch. Antiq. Ouest*. — (5) Voir ci-dessus livre Ier, chap. IV les états des foires cités. En 1790, on évalue l'habillement d'un laboureur à 67 l., celui d'une femme de la campagne à 53 l. *Creuzé, op. cit.*, p. 115.

sent avoir formé une première classe d'industries qui conduisaient plus aisément à l'aisance et parfois à la fortune. Dans certains métiers, la concurrence est plus âpre, le travail moins rétribué. C'est le cas de presque tous les métiers de l'habillement, notamment de ceux des cardeurs, des tisserands, des cordonniers et des savetiers. D'autres enfin, semblent former une classe intermédiaire entre celle des communautés riches et celle des communautés pauvres. L'impression qui se dégage de l'étude des milliers de documents qui ont servi à la composition de ce travail paraît surtout défavorable à la période de la monarchie absolue, soit que l'on subisse l'influence des textes plus nombreux et plus précis qui nous restent de ce temps, soit qu'en réalité la centralisation monarchique ait été chèrement payée par les charges imposées aux masses populaires. Très précaire encore au xie et au xiie siècle, à l'époque de l'anarchie féodale, et au moment des luttes entre Capétiens et Plantagenets, la situation des classes industrielles et commerçantes en Poitou devint, semble-t-il, assez heureuse depuis le milieu du xiiie siècle jusqu'au milieu du xive environ. Après une crise qui coïncide avec les désastres de la guerre de Cent Ans, une lente amélioration se produit, depuis le milieu du xve siècle jusqu'au milieu du xvie, pour disparaître au moment des guerres de religion, dont le Poitou fut l'un des principaux théâtres. A partir de ce moment, si l'on en excepte les années trop courtes des ministères de Sully et de Colbert et les 20 années antérieures à la Révolution, la condition matérielle des ouvriers et des maîtres est restée précaire, et même pour un certain nombre de métiers elle s'est aggravée.

Dès 1552, le corps de ville de Poitiers atteste que les

habitants de cette cité sont pauvres gens mécaniques, « bescheurs, vignerons, mendians ». Dans la même ville, sous le gouvernement de Richelieu, la pauvreté des fineurs et des cardeurs est proverbiale. Les chaussetiers, ne gagnant pas le quart de ce qu'il faudrait « pour subvenir aux besoins de leurs familles », sont réduits à la mendicité (1). A Niort, en 1679, les fabricants de draps déclarent qu'ils n'ont pour travailler aux étoffes que les plus pauvres habitants et qu'ils ne les retiennent qu'en leur faisant des avances, trop souvent en pure perte (2). A Saint-Maixent, en 1698, les fileurs, les tricoteurs et les cardeurs doivent aller 3 ou 4 fois par semaine attendre l'aumône à la porte des Bénédictins (3). En 1708, l'intendant de Poitou avoue que les 65 communautés ouvrières de Poitiers sont loin d'être riches (4), et l'enquête de 1714 prouve que la misère est générale dans la province parmi les ouvriers et les maîtres des tissages. Les uns « sont à la mendicité, les autres n'ont ni crédit ni fonds (5) ». Quelques marchands et fabricants, au XVIIIe siècle, s'élèvent seuls au-dessus de la foule par leur fortune d'ailleurs modeste. A Saint-Maixent, l'un des premiers centres industriels de la province, on compte à peine une centaine de ces privilégiés ayant moins de 30.000 l. Le reste de la population, occupée à la fabrication des tissus, c'est-à-dire 900 cardeurs, fileurs et brocheurs de tout âge, est dans un état

---

(1) Délib. munic. 26 août 1552, *Reg.* 32. — Requête des fineurs et cardeurs de Poitiers 1634 et des chaussetiers 1640, *Reg.* 84, et carton D. 75, liasse 11, *Arch. Munic.* — (2) Enquête de 1679 et ass. des fabricants de Niort, analysée par Bardonnet, *Ephémérides de Niort* (*Mém. Soc. Stat. D.-Sèvres* 1884, p. 188). — (3) Mém. de Lévesque subd. de St-Maixent 1698, *Mém. Soc. Stat. D.-Sèvres* 1874, p. 92. — (4) Lettre de l'intendant Doujat (4 avril 1708) au contrôleur général, *Corresp. des Contr. gén.* p. p. A. de Boislisle III, n° 20. — (5) Procès v. d'ass. des fabric. du Poitou, 1714-15, *Vienne*, C. 36 et E7¹.

voisin de la mendicité (1). Dix-sept ans plus tard, un subdélégué affirme que 12 fabricants bonnetiers possèdent seuls quelque aisance. « Les ouvriers et ouvrières, ajoute-t-il, « peuvent à peine subsister de leur travail, lors même que « le pain n'est pas cher, à plus forte raison quand il l'est « ou quand ils sont malades. Dans ce dernier cas, ils sont « aussitôt à la mendicité. Enfin, ajoute-t-il, année commune « il y a plus de la 5ᵉ partie de ces sortes de gens qui de- « mandent l'aumône (2) ». A Thouars (3), à Châtellerault (4), dans toute la province on signale la misère des ouvriers de tout genre (5). En 1778, un médecin du Bas-Poitou, le Dʳ Gallot, déclare que la plupart des artisans sont pauvres, de même que les journaliers, non seulement dans son district, mais encore dans toutes les campagnes de la province (6). C'est la même constatation qu'on trouve dans les rapports de l'inspecteur Vaugelade, qui signale aussi l'ignorance et la routine des ouvriers, la médiocre aisance des fabricants (7). De cette appréciation il faudrait sans doute excepter les professions lucratives exercées dans les villes, et dont le personnel était plus restreint et mieux rémunéré. Mais elle concorde bien avec ce qu'ont démontré d'autres recherches historiques. Si la condition des classes industrielles et commerçantes ne semble avoir jamais été très prospère en Poitou, du moins a-t-elle été tolérable à certaines époques. Mais il

---

(1) Mém. de Garran sur l'élection de St-Maixent 1740, *Mém. Soc. Stat. D. Sèvres* 1874, p. 131. — (2) Mém. sur la même élection 1757, *ibid.* p. 178. — (3) Imbert, *Hist. de Thouars*, p. 331 (d'après Drouyneau de Brie, xviiiᵉ siècle). —(4) *Mém. mss de Roffay des Pallu sur Châtellerault* 1738. — (5) Mém. de Pardieu 1747, précité. — (6) Mém. du Dʳ Gallot 1778, p. p. *Ann. Soc. d'Emul. Vendée* 1871, pp. 115-116. — (7) Mém. de l'insp. Vaugelade 1775 et 1681, *Vienne* C. 39. — Creuzé constate aussi la profonde misère des tisserands et des couteliers de Châtellᵗ qui même en travaillant une partie des nuits ne peuvent échapper au dénûment. *Creuzé, op. cit.,* p. 34.

ne faut chercher ces périodes de bien-être relatif ni dans les premiers âges de la féodalité, ni dans les trois derniers siècles de l'ancien régime. Les témoignages qu'on a réunis sur les métiers du Poitou prouvent que la situation de la plupart d'entre eux fut rarement enviable, soit à l'époque de l'anarchie féodale, soit pendant la majeure partie du gouvernement de la monarchie absolue.

CHAPITRE VII
L'Administration des Corporations jurées en Poitou : Gardes-Jurés et Dignitaires des corporations.

On s'est souvent imaginé que les métiers avaient joui dans leur ensemble, sous l'ancien régime, d'une liberté très étendue. C'est encore une illusion qui se dissipe à la lumière des documents. Toute une catégorie, la plus nombreuse à vrai dire, d'artisans et de commerçants n'a jamais eu la moindre autonomie. Les métiers libres en effet n'ont possédé à aucune époque en Poitou le droit de s'administrer. Il leur est formellement interdit d'élire des maîtres-jurés, « de procéder par visitations, saisies ou autrement », sur les membres et sur les ouvrages de leur communauté. Les teinturiers en 1572, les couvreurs en 1582, les sergetiers en 1598, les tireurs d'estain en 1637 sont rappelés sur ce point à l'observation des principes dont ils prétendaient s'écarter, quoique leur profession ne fût pas jurée (1). Une corporation cesse-t-elle d'être en jurande, comme celle des chandeliers, elle perd aussitôt tout droit à s'administrer (2). Les

---

(1) Délib. munic. de Poitiers, 22 déc. 1572, 11 août 1582, 31 août 1598, 29 juin 1637, Reg. 41, 44, 57, 124. — (2) Délib. munic. de Poitiers, 20 octobre 1586, 16 déc. 1595, Reg. 46 et 55 bis.

corporations jurées seules jouissent donc d'une certaine autonomie administrative qui s'exerce d'ailleurs sous le contrôle de plus en plus minutieux des pouvoirs publics.

La première de leurs prérogatives consiste à déléguer des administrateurs pour diriger le métier, sauvegarder ses intérêts et y maintenir le bon ordre. Ces dignitaires existent dès le XIIIe et le XIVe siècle, semble-t-il, dans les corporations poitevines, et ils ont pour principale attribution la visite des ouvrages des maîtres et des compagnons (1). Mais leur rôle n'est bien connu que depuis le XVe siècle. Ils portent en Poitou différents noms. On les appelle en général *maîtres jurés*, ou encore *maîtres gardes*, ou bien *maîtres jurés visiteurs* (2). Les termes de *maîtres visiteurs* (3), de *maîtres jurés visiteurs et gardes* (4), ceux de *prudhommes* (5), de *jurés* (6), de *prudhommes gardes* (7), de prudhommes jurés et gardes, sont aussi usités (8). Quelques corporations les désignent sous une dénomination différente. Les imprimeurs-libraires, par exemple, appellent leurs administrateurs du nom de *syndics* et d'*adjoints* (9). Les chirurgiens ont pour administrer leur communauté un *premier lieutenant du chirurgien du roi* assisté de *prévôts* (10). Les

---

(1) Statuts des gantiers, des selliers (13e s.), des bourreliers 1265 et 1340, des drapiers (1377), précités. — (2) Régls. de police de Poitiers 1541, 1567, 1634, etc. — Statuts des barbiers 1410, art. 2 — des drapiers, 30 octobre 1377 — des apothicaires 1628, art. 18-19. — (3) Statuts des parcheminiers de Poitiers 1553, art. 9. — Délibér. munic. du 6 octobre 1603, relative aux poêliers-fondeurs, *Reg.* 61. — (4) Statuts des texiers de Poitiers 1554, art. 9. — (5) Statuts des drapiers de Poitiers 1320 et 1377; des tailleurs 29 juin 1458-61; des chausseliers 1474, art. 15. — (6) Statuts de la plupart des métiers, par ex. des tanneurs de Châtell^t 1596, art. 3 et 4; régl. des bourreliers de Poitiers 1265, 1340. — (7) Statuts des orfèvres de Poitiers 1457-60 art. 13. — (8) Statuts des bouchers de Poitiers XVe s. (maîtres preudhommes jurés); des chapeliers 1560, art. 1 (preud'hommes jurés et gardes). — (9) Statuts des impr. libr. de Poitiers, 1634, art. 10, 11 et 12. — (10) Statuts des chirurgiens de Poitiers 1711, art. 24 (jurés et prévôt); procès-v.

noms le plus répandus sont ceux de *maîtres jurés* ou de *maîtres gardes*, auxquels se substituent, depuis l'édit de 1777, dans toutes les corporations, les termes de *syndics* et d'*adjoints* (1). Chaque corporation choisit un certain nombre de ces administrateurs. Ce nombre varie suivant l'importance de la communauté. Ainsi, les bouchers de Poitiers ont d'abord 6 maîtres gardes, et les boucquetiers 2. Lorsque les deux corporations sont réunies, le chiffre des gardes-jurés est élevé à 9 (2). A Vivonne, au contraire, un seul juré suffit pour les bouchers (3). A Châtellerault, les maîtres gardes de cette communauté ne sont d'abord qu'au nombre de 2 (4); au XVIII° siècle, ils ne sont pas moins de 4 (5). Après les bouchers de Poitiers, ce sont les couteliers de Châtellerault qui ont le plus grand nombre de maîtres-jurés, à savoir 6, dont 4 pour la ville et 2 pour les faubourgs (6). Beaucoup de corporations ont 4 maîtres gardes, par exemple les boulangers de Poitiers et de Châtellerault (7), les sergetiers de ces mêmes villes (8), les texiers, les tailleurs, les tanneurs, les chamoiseurs unis aux gantiers, les savetiers, les bourreliers, les maçons, les maréchaux dans

---

des délib. des chirurgiens de Poitiers 1750 et sq. (deux prévôts), *Arch. Antiq. Ouest.*, coll. Bonsergent.

(1) Registres des com^{tés} de Châtell^t 1778-89, *Vienne* E. 7^t. — (2) Statuts des bouchers de Poitiers, xv° s., art. 1 ; des boucquetiers 1608, art. 1 et 12 ; délib. munic. 18 août 1511, 18 juillet 1611, 25 août 1625, *Reg.* 11, 68, 77 : il y en a 3 à la boucherie du Marché Vieil, 3 à la grande Boucherie de la Regratterie, 3 à celle de la place N.-Dame et au Pilori. — (3) Papier terrier de Vivonne 1489. *Bull. Antiq. Ouest*, 2e s., 11, 130. — (4) Statuts des bouchers de Châtell^t 1520, art. 21. — (5) Requête des bouchers, 11 fév. 1759, p. p. *de Fouchier, op. cit.*, p. 558. — (6) Statuts des couteliers de Châtell^t 1571, art. 3. — (7) Statuts des boulangers de Poitiers 1609, art. 1 et 14 ; procès-v. de prest. de serment des boulangers de Châtell^t, 23 mai 1671, *Vienne* E7^t. — (8) Statuts des sergetiers de Châtell^t 1656, art. 6 ; procès-v. de prest. de serment des jurés sergetiers de cette ville, 13 août 1671 et 1672, *Vienne* E 7^t. — Art. 14 des statuts des sergetiers de Poitiers cité dans une délib. munic., du 12 sept. 1639. *Reg.* 91.

la capitale du Poitou, les cordonniers et les chapeliers à Châtellerault (1). D'autres se contentent de 3 maîtres-jurés. Ainsi les gantiers (2) à Poitiers, les maréchaux à Châtellerault, les armuriers, les serruriers, les orfèvres, les imprimeurs-libraires, les chirurgiens et les perruquiers au chef-lieu de la province (3). Le minimum est pour chaque corporation de 2 jurés. On l'observe chez les pâtissiers, les ciergiers, les tondeurs, les chapeliers-garnisseurs, les chaussetiers, les chapeliers-feutriers, les corroyeurs, les selliers, les charpentiers, les éperonniers, les pintiers, les poêliers, les parcheminiers et les apothicaires de Poitiers, chez les apothicaires de Thouars (5), chez les boulangers de Niort (6), chez les horlogers et les tanneurs de Châtel-

---

(1) Statuts des texiers de Poitiers 1554, art. 32 ; des tailleurs 1458-61 ; et délib. munic. des 19 août 1549, 8 mars 1632, 1672, rel. aux tailleurs, Reg. 31, 82, 121 ; — statuts des tanneurs de Poitiers au xv⁰ s. — Délib. mun., 15 juin 1587, rel. aux chamoiseurs, Reg. 46. — Acte d'emprunt contracté par les jurés savetiers de Poitiers, 19 sept. 1700, coll. Bonsergent ; régl^t de 1341 rel. aux bourreliers. — Statuts des maçons 1695, art. 2; des maréchaux 1583, art. 5. — Actes de comparution des m^{es} jurés cordonniers de Châtellerault, 26 oct. et 28 nov. 1671, 13 juin 1673, Vienne E. 7^t — statuts des chapeliers de Châtell^t 1588, art. 1. — (2) Statuts des gantiers de Poitiers xve s.— (3) Statuts des maréchaux de Châtel. 1573, art. 5, — délib. mun. de Poitiers 21 janv. 1548-49 rel. aux armuriers Reg. 30. — Statuts des serruriers de Poitiers 1455. — des orfèvres 1458-61, art. 13 — des impr.-libraires 1634, art. 10 — des chirurgiens 1711, art. 25 — des barbiers 1410, art. 2 — et arrêt du 1er avril 1743. — (4) Statuts des pâtissiers de Poitiers 1505-20, art. 1. — Délib. munic. 27 mai 1647, rel. aux ciergiers. Reg. 98. — Délib. munic. 21 mai 1543 rel. aux tondeurs, Reg. 25. — Statuts des chaussetiers 1474, art. 15. — Délib. muric. du 14 janvier 1666 rel. aux jurés garnisseurs, Reg. 116.— Statuts des chapeliers-feutriers 1560, art. 1. — Statuts des corroyeurs xve s. — délib. munic. du 23 nov. 1665 rel. aux selliers, Reg. 116.— délib. munic. 22 nov. 1610 rel. aux charpentiers, Reg. 65 — délib. munic. 6 mai 1647 rel. aux éperonniers ; du 6 oct. 1603 rel. aux poêliers, Reg. 98 et 61 — du 14 janv. 1669 relative aux pintiers Reg. 116, — statuts des parcheminiers 1437-1553, art. 9. — des apothicaires 1628, art. 2. — (5) Statuts des apothicaires de Thouars 1617, art. 9. — (6) Statuts des boulangers de Niort, 1730, art. 1.

lerault (1). Le nombre des maîtres-gardes a varié d'ailleurs parfois suivant les époques. Ainsi les jurés des tanneurs de Poitiers, qui étaient au xv⁰ siècle au nombre de 4, ne sont plus que 2 au xvi⁰ siècle (2). Les cordonniers de la même ville avaient 4 maîtres gardes au xvi⁰ siècle; ils n'en ont que 2 au xviii⁰ siècle (3). Les selliers, au lieu de 5 jurés qu'ils avaient au xiii⁰ siècle, n'en élisent que 2 au xvii⁰ (4). Les menuisiers nomment 2 jurés au xv⁰ siècle, et 4 à 5 au xvii⁰ (5). A Châtellerault, au xviii⁰ siècle, ils ont 4 jurés, 2 de plus qu'au xvi⁰ siècle (6). Il arrive même quelquefois que le nombre des gardes n'est pas fixé d'une manière précise. Les statuts des maréchaux de Poitiers par exemple prescrivent d'élire 3 ou 4 jurés (7).

L'usage ou bien les statuts imposent certaines conditions pour le recrutement des administrateurs du métier. Quelques corporations déterminent l'âge minimum requis pour être appelé aux fonctions de maître-garde. A Poitiers, chez les boulangers, nul ne peut être élu à cette charge ou même s'y présenter, s'il n'a accompli sa 25ᵉ année (8). Toutes les corporations veulent aussi que les maîtres gardes soient des hommes d'expérience et de probité, des gens de bien

(1) Statuts des tanneurs de Châtell⁺ 1596, art. 3 et 4. — Procès-verbaux relatifs aux jurés horlogers 10 janv. 1673 ; 20 juillet 1671, *Vienne* E 7¹. — (2) Statuts des tanneurs de Poitiers xv⁰ s. — délib. munic. des 12 déc. 1537 et 14 sept. 1682, *Reg.* 20 et 127. — (3) Délib. munic. de 1572. *Reg.* 40 f⁰ 137. — Ordon⁰ du présidial de Poitiers, 23 octobre 1767, rel. aux cordonniers, *Arch. Antiq. Ouest.* — (4) Régl⁺ rel. aux selliers de Poitiers 1282 — délib. munic. du 23 nov. 1665 ment⁺ les jurés selliers, *Reg.* 116. — (5) Statuts des menuisiers de Poitiers 1450-97, art. 19 — délib. munic. 22 nov. 1619, *Reg.* 65. — (6) Procès v. de compar. des m. jurés menuisiers de Châtell⁺, 27 juillet 1671. — Lettres pat. de mai 1765, rel. à ces menuisiers, *Vienne* E 7¹. — (7) Statuts des maréchaux de Poitiers 1583, art. 5. — (8) Délib. munic. de Poitiers au sujet des conditions d'âge exigées des m. jurés et exclusion d'un candidat âgé de 24 ans 10 mois; 14 et 15 mai et 30 avril 1657, *Reg.* 107.

« non parjures », et qu'on les choisisse, suivant l'expression du règlement, parmi « les plus suffisans », c'est-à-dire les plus capables (1). A partir de la Réforme, certains métiers excluent des fonctions administratives les maîtres protestants (2); d'autres au contraire estiment qu'il faut les choisir « sans considération à la religion (3). » Pour mettre un terme aux rivalités qui existaient entre les jeunes et les anciens maîtres, plusieurs corporations, comme celles des sergetiers et des menuisiers à Poitiers, stipulaient que l'on prendrait la moitié des gardes-jurés parmi les jeunes et l'autre moitié parmi les anciens (4). Il y avait en effet une tendance qui se manifeste dans quelques statuts et qui consistait à réserver aux anciens les charges d'administrateurs (5). La corporation était d'ailleurs libre en principe de prendre les gardes parmi les maîtres qui lui convenaient sans qu'il y eut un droit de préférence à l'avantage des autres dignitaires de la communauté (6). Enfin, il semble qu'il fallait quelques années d'intervalle avant qu'un maître juré sortant pût être rééligible (7).

Une règle commune aux diverses corporations oblige les

(1) Statuts des boulangers de Niort 1730, art. 1; des chapeliers de Châtell[t] 1588, art. 1 — des menuisiers de Poitiers 1450-97 — des barbiers 1410, art. 2, etc. — (2) Délib. munic. de Poitiers rel. aux m. jurés éperonniers, 6 mai 1647, Reg. 98. — (3) Procès-v. de l'élection des jurés-horlogers à Châtellerault, 20 juillet 1671, Vienne E 7[1]. (4) Délib. munic. de Poitiers 4 juillet et 12 sept. 1639, relat. aux sergetiers (les anciens sont ceux qui ont au moins 20 ans de maîtrise), Reg. 89 et 90. — Délibér. munic. du 15 janv. 1674, rel. aux menuisiers, Reg. 123. — Les maréchaux prennent 2 jurés pour la ferrure et 2 pour la grosserie, stat. des maréchaux de Poitiers 12 juin 1559. — Les couteliers sont pris 2 tiers dans la ville, 1/3 dans les faubourgs, stat. couteliers Châtell[t]. 1571, art. 3. — (5) Ex. statuts des couteliers de Châtell[t]. 1571, art. 3. (6) Délib. munic. de Poitiers du 12 sept. 1639 conc[t] la prétention du clerc de boîte des sergetiers, Reg. 90. — (7) Délib. munic. de Poitiers rel[e] aux 4 ans d'intervalle exigés pour être rééligibles des maîtres armuriers-serruriers, 19 juillet 1651, Reg. 103.

métiers jurés à procéder annuellement à l'élection des maîtres gardes. L'élection se fait en pleine assemblée réunie, tantôt dans la chambre commune de la corporation, comme à Poitiers (1), tantôt au palais de justice, comme à Châtellerault (2). Longtemps, les maîtres ont pu statuer sans témoins étrangers au choix de leurs dignitaires, du moins dans les villes de commune, telles que Poitiers et Niort (3). Mais dans les autres villes, à Châtellerault par exemple, les élections se font en présence du lieutenant général de la sénéchaussée et du procureur du seigneur ou du roi (4). C'est ce dernier régime qui s'impose à partir de Colbert aux métiers de l'industrie textile et à partir de l'institution des lieutenants généraux de police à toutes les corporations (5). Les élections ont lieu à la pluralité des voix, tous les maîtres présents ou dûment convoqués. La majorité sans partage est requise (6). Le jour indiqué pour cette importante affaire varie suivant les corporations. C'est pour les boulangers de Poitiers et de Châtellerault le 17 mai, fête de

(1) Voir ci-dessous, chap. VIII pour le lieu où se tiennent les assemblées. — (2) Procès-v. d'élection et de prestation de serment des gardes-jurés à Châtell* 1671 et sq. *Vienne* E 7¹. — (3) C'est ce qui résulte du texte des statuts des corporations qui ne mentionnent pas la présence d'autres personnes que les maîtres. — (4) Procès-v. d'élection des gardes-jurés à Châtell*. par ex. des jurés boulangers 23 mai 1671 ; des jurés couteliers 29 octobre 1672 et 30 août 1573, *Vienne* E 7¹. — Statuts des couteliers de Châtell*. 1671, parag. final — des apothicaires de Thouars 1617.— (5) Voir ci-dessous, livre IV, chap. VI, VII et VIII. —(6) Par ex. art. 15 des statuts des sergetiers de Poitiers cité dans une délib. du 12 sept. 1639 (*Reg*. 90) ; délib. munic. du 22 fév. 1671 rel. à l'élection des m.-jurés tailleurs, *Reg.* 121 — statuts des chaussetiers 1474, art. 15 ; des corroyeurs 1457, art. 3 et 4.— Délib. munic. du 2 nov. 1654 décidant que l'élection des m. jurés cordonniers n'est valable que si tous les maîtres ont été dûment convoqués et qu'il n'y a pas lieu de compter les voix de ceux qui n'ont pas 12 ans, *Reg*. 105. — Délibér. du 6 mai 1647 exigeant la majorité sans partage pour l'élection des m. jurés éperonniers, et du 6 oct. 1603 pour les poëliers-fondeurs, *Reg*. 98 et 61 ; et autres statuts ou ordres cités ci-dessous.

S. Honoré (1), pour les boucquetiers de Poitiers la St-Jean-Baptiste (24 juin) (2) et pour les bouchers de Châtellerault le lendemain de la Trinité (3). Les jurés texiers sont élus à la fête de la Nativité Notre Dame ou dans la huitaine à Poitiers (4), les jurés sergetiers de la même ville à la Saint-Jean-Baptiste (5), et ceux de Châtellerault aux environs de l'Assomption, entre le 13 et le 22 août (6). Tandis que les tailleurs de Poitiers nomment leurs jurés à la Trinité (7), les chapeliers les élisent le 1er septembre (8), les tanneurs de Châtellerault d'abord à la Saint Michel, puis le 17 avril (9). Les cordonniers et les corroyeurs procèdent à l'élection de leurs gardes à la Saint-Crépin (25 octobre) (10), les maçons à l'Ascension (11), les menuisiers le lendemain de Sainte Anne (12), les serruriers armuriers vers le 19 juillet (13), les horlogers le 20 du même mois (14), les parcheminiers à la

---

(1) Statuts des boulangers de Poitiers 1609, art. 1 ; délib. munic. du 15 mai 1656 rel. à ce corps, *Reg.* 106. — Procès v. d'élection des jurés couteliers à Châtell*t.* 1671-73, *Vienne* E 7¹. — (2) Statuts des boucquetiers de Poitiers 1608, art. 1. — (3) Requête des bouchers de Châtell*t.* 11 fév. 1759, citée par de Fouchier *op. cit.*, p. 588. — (4) Statuts des texiers de Poitiers 1554 art. 32. — (5) Art. 14 des statuts des sergetiers de Poitiers cité dans une délib. munic. du 12 sept. 1639, *Reg.* 90. — (6) Procès d'élection des m. jurés sergetiers de Châtell*t.* août 1671, 1672, 1673, *Vienne* E 7¹. — (7) Statuts des tailleurs de Poitiers 29 juin 1458-61. — (8) Statuts des chapeliers de Poitiers 1560, art. 2 — ceux de Châtell*t.* élisent les leurs vers le 1er vendredi de septembre, statuts de 1588, art. 1. — (9) Statuts des tanneurs de Châtell*t.* 1596, art. 3 et 4 ; au xvii*e* siècle, leurs élections ont lieu en avril, procès v. de comparution des jurés tanneurs, 19 janv. 1672, *Vienne* E 7¹. — (10) Statuts des corroyeurs de Poitiers 1457, art. 3 et 4. — Procès-v. de comp. des jurés-cordonniers de Châtellerault, 26 octobre 1671, *Vienne,* E. 7¹. — (11) Le lendemain; statuts des maçons de Poitiers, 1695, art. 2. — (12) Statuts des menuisiers de Poitiers 1450-97 ; à Châtellerault, le 27 juillet, procès-v. de compar. des m. jurés menuisiers, 27 juillet 1672, *Vienne* E 7¹. — (13) Délib. munic. du 19 juillet 1651 au sujet des serruriers-armuriers, *Reg.* 103. — (14) Art. 10 des statuts des horlogers de Châtell*t.* cité dans les procès-v. d'élection du 20 juillet 1671 et du 10 janv. 1673, *Vienne* E 7¹.

Saint-Denis (1), les imprimeurs-libraires le 7 mai (2), les chirurgiens le 15 juillet (3), les barbiers-perruquiers le jour de la fête de saint Côme (4), et les apothicaires la dernière semaine de l'année (5). C'est donc en général le jour où la corporation célèbre le culte du saint qu'elle s'est donnée pour protecteur que les élections ont lieu.

L'assemblée des maîtres n'est pas entièrement souveraine dans son choix. Le maire, dans les villes de commune telles que Poitiers, le sénéchal ou l'officier royal ou seigneurial ailleurs, ont le droit d'examiner l'élection qui leur est notifiée. En général, ils l'approuvent (6). Mais ils peuvent, en cas d'opposition des intéressés, casser la nomination des jurés et faire procéder à un nouveau scrutin (7). C'est le représentant de l'autorité publique, locale ou centrale, qui nomme ou « commet » définitivement les maîtres-gardes, se bornant d'ailleurs presque toujours à ratifier le choix de l'assemblée de la corporation. Les élus sont présentés au maire ou au lieutenant général, soit le jour même, soit le lendemain de l'élection, soit quelques jours après, par les jurés sortants de charge, accompagnés de tous les maîtres de la communauté (8). Ils prêtent serment, en présence du pro-

---

(1) Statuts des parcheminiers de Poitiers 1553, art. 9.— (2). Statuts des impr.-libraires, 1634, art. 10.— (3) Statuts des chirurgiens 1711, art. 5.— (4) Statuts des barbiers 1410, art. 2.— (5) Statuts des apothicaires 1628, art. 1 et 2. — (6) Procès-v. d'élection et prest. de serment des jurés-gardes à Châtell^t 1670 et sq. Vienne, E 7^t — et textes cités ci-dessous. — (7) Délib. munic. de Poitiers, 2 nov. 1654 conc^t les cordonniers, Reg. 105, autre, Reg. 40, f° 137. Le maire peut même, après 3 sommations infructueuses, choisir les jurés au défaut de l'assemblée, d'après ces textes. — (8) Procès-v. de réception des m. jurés boulangers à Châtell^t., 26 mai 1671, Vienne E 71— Statuts des chirurgiens de Poitiers 1711, art. 5; des pâtissiers 1505-20, art. 1; des bouchers xve s.; des drapiers 1377; des chaussetiers 1474, art. 15; des maréchaux 1583, art. 5; des parcheminiers 1553, art. 9.

cureur de la police, et quelquefois même, à Poitiers, en présence du conseil des échevins (1). Ils jurent « en leur âme et
« conscience de bien et fidèlement observer les statuts du
« métier, de bien et loyaument visiter audit mestier les
« défaulx qui y peuvent estre, de rapporter les faultes
« et abus qu'ils y trouveront, de bien et seurement garder
« les privilèges dudit estat et négocier les affaires de la
« compagnie (2) ». Les maîtres gardes, pourvus de leur commission officielle, peuvent dès lors vaquer à tous les actes
de leurs fonctions.

Ces fonctions, en principe annuelles, sont, pour une partie d'entr'eux du moins, bisannuelles. On avait voulu que
les nouveaux jurés fussent guidés dans leur administration
par les anciens jurés, et on estimait qu'il fallait laisser les
premiers profiter de l'expérience acquise par les seconds (3).
C'est pourquoi, dans presque toutes les corporations
poitevines, la moitié des gardes restait en fonctions deux
ans. Il est rare de voir une communauté, comme celle des
boulangers de Châtellerault, renouveler intégralement ses

(1) Mêmes statuts, et statuts des boulangers de Poitiers, 1609, art. 1 ; des
boucquetiers 1608, art. 1 ; des texiers 1554, art. 32 ; des tailleurs 1458 ;
des chapeliers 1560, art. 12 ; des tanneurs xve s. ; des corroyeurs 1451, art. 4
et 5 ; des maçons 1695, art. 2 ; des apothicaires 1628, art. 4. — Procès-v.
de prest. de serment des jurés des comt^{és} de Châtel^{lt} devant le lieut. gén.
1671 et sq. *Vienne* E 7^1 — des apothicaires de Thouars (dev. le sénéchal),
statuts 1617, art. 9 — des imprimeurs de Poitiers (dev. le lieut. général),
statuts 1634, art. 12, etc. — (2) Mêmes statuts cités aux notes précédentes,
et notamment ceux des orfèvres de Poitiers 1458-67, art. 13 ; des apothicaires, des parcheminiers, des maréchaux, des menuisiers (statuts 1459-97,
art. 19) ; des chapeliers de Châtell^t 1588, art. 2 ; des texiers et des bouchers
de Poitiers — procès-v. de prestation de serment des jurés coutelliers de
Châtell^t 29 octobre 1672, 30 août 1673 etc., *Vienne* E 7^1.— (3) « L'ancien
demourra pour parformer le nouveau », statuts des boucquetiers de Poitiers 1608, art. 1 — des chapeliers de Châtell^t 1588, art. 1 — des maréchaux de Châtell^t 1573, art. 7 et 9 — des imprim. de Poitiers 1634, art. 10.

jurés tous les ans (1). Presque partout, au contraire, a prévalu la règle du renouvellement annuel des gardes par moitié seulement. La communauté a-t-elle 2 jurés, 1 seul sort de charge au bout de l'année, par exemple chez les corroyeurs et les horlogers (2). En a-t-elle 3, comme les imprimeurs, on s'arrange de façon à n'éliminer qu'un ou 2 des gardes alternativement, de sorte « qu'il reste 1 ou 2 anciens pour instruire les autres (3) ». La même règle est observée par les corporations qui ont 4 ou 6 gardes-jurés. C'est toujours une moitié des administrateurs qui reste en fonctions la seconde année (4). Il n'y a d'exception que pour les chirurgiens; au début du xviiie siècle, ils ne renouvellent leurs jurés que tous les deux ans (5), mais au milieu de ce même siècle, ils sont revenus à la loi commune (6). Le maximum assigné à la durée des fonctions de gardes est partout de deux ans. Quelques corporations le stipulent d'une façon formelle (7) et les autres implicitement.

Qu'elle soit annuelle ou bisannuelle, la charge de juré-garde n'est cependant pas irrévocable. Le pouvoir central

(1) Procès-v. d'élection et de prest. de serment des m. jurés boulangers de Châtel., 23 mai 1671, 17 mai 1673, *Vienne* E 7¹. — Statuts des chaussetiers de Poitiers 1474, art. 15; des chapeliers 1560, art. 2. — (2) Statuts des corroyeurs de Poitiers 1457, art. 4 et 5. — Procès-v. de prest. de serment des jurés horlogers à Châtell* 20 juillet 1671, *Vienne* E. 7¹. — (3) Statuts des impr.-libraires de Poitiers 1634, art. 10; des maréchaux de Châtell* 1573, art. 7 et 9 etc. — (4) Statuts des maçons de Poitiers 1695, art. 2; des menuisiers 1497. — Procès-v. de prest. de serment des menuisiers à Châtell*., 21 juillet 1672; des cordonniers 26 oct. 1671 et 1674 etc., *Vienne* E 7¹ — statuts des chapeliers de Châtell* 1588, art. 1 — procès-v. d'élection des sergetiers 1671. — Statuts des texiers de Poitiers 1554, art. 32; délibér. du 18 août 1511 rel. aux bouchers, *Reg.* 11. — (5) Statuts des chirurgiens de Poitiers, 1711, art. 5. — (6) Procès-v. d'élection du prévôt des chirurgiens de Poitiers 8 mars 1751, *coll. Bonsergent*. — (7) Statuts des tanneurs de Poitiers xv° s. — des apothicaires 1628, art. 1 et 2.

ou local se réserve, en cas de malversation, de négligence, de rébellion, le droit de suspendre ou de révoquer les maîtres-gardes. L'administration royale use parfois de cette prérogative, surtout depuis l'époque de Colbert (1). Si un maître-juré contrevient aux règlements, ou s'il est incapable d'exercer, il est loisible à la corporation d'en nommer un autre à la pluralité des voix (2). La même procédure peut être suivie en cas de décès des maîtres-gardes (3). Si le temps à courir est trop court, au lieu de procéder à une élection complémentaire, on se borne à faire exercer la charge vacante par le plus ancien maître de la communauté, sous condition qu'il prêtera le serment accoutumé (4). On n'admet pas d'autre part que les gardes puissent se dérober à leur mission. En cas d'absence légitime, ils peuvent sans doute être autorisés à se faire suppléer par leurs collègues (5). Mais, il ne leur est nullement permis de se décharger de la jurande en offrant à leur place d'autres maîtres du métier, ou en donnant procuration à quelque suppléant bénévole (6). Offrent-ils leur démission, ont-ils des motifs valables pour se retirer, il faut encore que la corporation consente à leur retraite et qu'elle procède ensuite à une nouvelle élection pour les remplacer (7).

Les attributions des gardes-jurés sont en effet de telle nature qu'elles peuvent exciter l'ambition des maîtres ou effrayer leur mollesse et leurs scrupules, suivant les cas. Ils

---

(1) Voir ci-dessous livre IV, chap. VI et suiv.; et chap. II.— (2) Par ex. statuts des chirurgiens de Poitiers 1711, art. 5. — (3) Délib. munic. du 15 janv. 1674 rel. aux jurés menuisiers, Reg. 123. — (4) Délib. munic. de mars 1672, rel. aux tailleurs, Reg. 121.— (5) Ibid.— (6) Sentence du lieut. gén. de Châtell[t] contre les jurés tanneurs 19 janv. 1672, Vienne E 7[1] — et délibér. citées ci-dessous.— (7) Délib. munic. de Poitiers 22 fév. et mars 1671 au sujet des jurés-tailleurs, Reg. 121 — statuts des chirurgiens 1711, art. 5.

sont chargés en premier lieu de veiller au maintien des privilèges du métier dans l'intérêt commun de leurs commettants (1), de maintenir les statuts, de présider aux divers actes de la vie publique des corporations (2). Ils convoquent les assemblées du métier ; ils les président ; ils y exposent les affaires (3), et tiennent même parfois le registre des délibérations (4). Ils surveillent l'admission des apprentis, des compagnons et des maîtres dans le métier. C'est aux gardes que l'on remet les copies des contrats d'apprentissage, les plaintes contre les apprentis, les brevets de ces derniers, et ils ont soin de les inscrire sur le registre de la corporation (5). Ils s'occupent aussi des compagnons, procèdent contre les chambrelans, assurent l'exécution des contrats d'engagement (6). Les aspirants à la maîtrise remettent leurs requêtes aux maîtres-gardes, et ceux-ci statuent avec le concours des membres de la communauté (7). Le chef-d'œuvre se fait en leur présence. Ils présentent le nouveau maître aux représentants de l'autorité (8). Rien ne se fait dans la corporation sans qu'ils soient appelés à intervenir. Ils ont la garde des mesures légales, aunes, pieds, pièces modèles (9).

Intermédiaires obligés entre leur communauté et les pouvoirs publics, ils sont chargés de présenter les requêtes

---

(1) Règl. des selliers 1282 ; statuts des orfèvres 1458 et autres statuts des corpor. de Poitiers. — (2) Statuts des impr.-libr. de Poitiers 1634, art. 12 — des apothicaires 1628, art. 2 et 4; 1552, art. 18. — (3) Voir ci-dessous, chap. VIII. — (4) Ainsi le lieutenant des barbiers-chirurgiens, lettres pat. du 28 janv. 1614 conc. celui de Poitiers, *Vienne* D. 11. — (5) Par ex. statuts des impr.-libraires 1634, art. 11. — Délibér. du 19 avril 1638 rel. aux pâtissiers, *Reg.* 88. Voir ci-dessus livre III, chap. II. — (6) Voir textes cités ci-dessus livre III, chap. III. — (7) Voir ci-dessus, livre III, chap. IV. — (8) Ci-dessus textes cités livre III, chap. IV. — (9) Ex. statuts des peintres-vitriers 1723, art. 6; des texiers 1554, art. 36 — autres textes cités ci-dessus, chap. V.

au nom de la corporation (1), de notifier aux maîtres du métier les règlements d'administration et de police (2), de dresser de concert avec les officiers municipaux, seigneuriaux ou royaux, les taxes officielles (3), de représenter leur métier aux cérémonies publiques (4), civiles ou religieuses.

Les principales attributions des gardes-jurés concernent la police du métier. Pour maintenir les privilèges des maîtres, il faut qu'ils empêchent l'ouverture illicite d'ateliers ou boutiques, la concurrence des chambrelans, les empiétements des maîtres des autres corporations (5). Ils s'efforcent de surprendre les délinquants par des visites inopinées. Garants de l'ordre public, gardiens officiels des statuts et règlements, ils doivent, soit seuls, soit avec le concours d'un sergent royal ou des maîtres de leur communauté, examiner la qualité des produits, vérifier leur nature, leur poids au besoin, inspecter les aunes, les rochets, les mesures, non seulement « regarder les œuvres », mais encore les instruments dont se servent les maîtres, marquer du plomb, du sceau ou du marteau les ouvrages qui leur paraissent loyalement fabriqués et réserver les autres (6). Ils exercent souvent au nom de leur métier, un contrôle minutieux sur les maîtres des métiers voisins. Ainsi, les maîtres jurés grands bouchers ont droit de visite sur les

(1) Nombreuses requêtes de ce genre dans les reg. des délib. munic. de Poitiers. — (2) Ex. délib. munic. du 19 avril 1638, *Reg.* 88 ; et conclusion d'un grand nombre d'ordon. rel. aux métiers. — (3) Délib. munic. 5 août 1624 rel. aux jurés bouchers, *Reg.* 76 *bis* — statuts des boulangers 1609 art. 24 etc. — (4) Voir ci-dessous livre III, chapitre IX. — (5) Nombreux ex. dans les reg. des délib. munic. de Poitiers. Ainsi requête des jurés menuisiers contre un compagnon, 3 nov. 1603, *Reg.* 61. — Lettres pat. de mai 1765 rel. aux menuisiers de Châtell'. — Voir aussi le chap. III du livre III. — (6) Statuts des boulangers de Poitiers 1609 art. 2 ; des pâtissiers 1505-20, art. 9 ; des bouchers xve s., art. 2 ; des texiers 1554, art. 11, 12, 32 — des drapiers 1377 et 1320 ; des sergetiers 1639, art. 14. —

bouchers et réciproquement (1) ; les ciergiers chez les épiciers, les apothicaires et les droguistes (2) ; les chandeliers, chez les cordiers (3) ; les cordiers chez les ciergiers ; les drapiers chez les cardeurs (4); les sergetiers chez les tireurs d'étaim, les foulons et les marchands d'étoffes (5); les tailleurs chez les chaussetiers (6) ; les chapeliers enjoliveurs chez les feutriers et les boutonniers (7). Les cordonniers inspectent les ateliers et les ouvrages des corroyeurs et des tanneurs (8). Les jurés tanneurs visitent les corroyeurs ; les cordonniers surveillent les savetiers (9) ; les menuisiers vont en visite chez les charpentiers (10), chez les fripiers et les revendeurs (11) ; les peintres-vitriers et les cordiers chez les marchands mêlés (12); les serruriers chez les coffretiers, les escriniers, les maréchaux, les cloutiers, les serpiers, les vendeurs de ferrailles (13). Les dominotiers-imagiers et tapissiers sont tenus de tolérer les visites des imprimeurs-libraires (14), les apothicaires et les chirurgiens celles des

des chaussetiers 1473, art. 15 — des tailleurs 1458 — des chapeliers 1500 art. 2 — des bourreliers 1341 — des maçons 1695, art. 2 — des menuisiers 1497, art. 19 — des peintres-vitriers 1723, art. 6 — des maréchaux 1583, art. 5 — des serruriers 1455 — des orfèvres 1458-67, art. 13 — des parcheminiers 1553, art. 9 — des apothicaires 1628, art. 2 — des bouchers de Châtell' 1520, art. 21 — des chapeliers id. 1588, art. 1 — des tanneurs 1596, art. 3 et 4 — des couteliers 1571, art. 5 et 7 — règl. du 19 janv. 1664 rel. aux sergetiers de Châtell', *Godard*, I 229.
(1) Délib. munic. de Poitiers 1er mai 1651, 31 oct. 1689, *Reg* 102 et 132.
— (2) Délib. munic. 22 janv. 1596 et 14 janv. 1675 *Reg.* 55 *bis* et 124. —
(3) Textes cités livre II, chap. VI. — (4) Règl. 28 octobre 1377 pour les drapiers de Poitiers. — (5) Règl. 19 janv. 1664 pour les sergetiers de Châtell' *Godard* I, 229. — (6) Délib. munic. de Poitiers, 19 janv. 1638, *Reg.* 89.
— (7) Délib. munic. du 18 mai 1676, *Reg.* 125. — (8) Statuts des tanneurs de Châtell', 1596 art. 4, 5, 14. — (9) Ibid — et délib. munic. de Poitiers 27 mars 1651 rel. aux cordonniers, *Reg.* 102. — (10) Délib. munic. 26 sept. 1608, *Reg.* 64. — (11) Lettres pat. de mai 1765. — (12) Statuts des peintres-vitriers 1723, art. 6. — Délib. de fin mai 1572 rel. aux cordiers de Poitiers, *Reg.* 42. — (13) Statuts des serruriers de Poitiers 1455, art. 4, 13-15. — (14) Statuts des impr.-libraires de Poitiers 1634, art. 12.

médecins (1), les droguistes et les épiciers celles des apothicaires (2), et les perruquiers celles des chirurgiens (3). Il y a mieux. Certaines corporations prétendent inspecter jusqu'aux particuliers, marchands et fabricants libres, et même jusqu'aux bourgeois. Ainsi les sergetiers, les peintres-vitriers, les serruriers à Poitiers et à Châtellerault (4). Non seulement les jurés se font ouvrir les boutiques et ateliers, mais encore ils s'arrogent le droit de fouiller jusqu'aux coffres et aux armoires (5).

Leur surveillance serait inefficace, s'ils ne l'exerçaient sur les marchés. Aussi les règlements corporatifs et généraux leur font-ils un devoir de se rendre en nombre déterminé aux halles ou sur les places, les jours de marché et de foire, avant l'ouverture des transactions. Là, ils assistent les officiers de police dans l'inspection des marchandises et produits destinés à la vente et exposés, soit par les industriels et commerçants du lieu, soit par les marchands forains. Ces derniers sont tenus, sous peine d'amende arbitraire, de prévenir les gardes jurés de leur arrivée, pour que ceux-ci puissent examiner à fond leurs ouvrages et y apposer la marque prescrite (6), ou vérifier celle qui a été apposée au lieu d'origine (7). Les statuts et ordonnan-

(1) Voir ci-dessus livre II, chap. XIII. — (2) Statuts des apothicaires de Poitiers 1628, art. 19. — (3) Lettres pat. du 23 mai 1673 rel. aux barbiers, Arch. Antiq Ouest. — (4) Délib. du 19 janv. 1664 rel. aux sergetiers de Châtel^t précitée — statuts des peintres-vitriers de Poitiers 1723, art. 6 — des serruriers 1455, art. 13-15. — (5) Délib. munic. du 19 juillet 1638 rel. aux tailleurs de Poitiers, Reg. 89. — (6) Voir ci-dessus livre II, chap. II et suiv. — et not. stat. des boulangers de Poitiers 1609, art. 1 — des bouchers, art. 10 — des boucquetiers 1608, art. 2 — des drapiers 377 — des serruriers, 1455, art. 4 et 13 — des parcheminiers, 1553, art. 8 — des impr.-libr. 1634, art. 8, 9, 12 — des apothicaires 1628, art. 17 et 18 — des couteliers de Châtell^t 1571, art. 6 — des maréchaux 1573, art. 5 etc. — (7) Ex. statuts des tanneurs de Châtel^t 1596, art. 4, 5, 21 — délib. munic. de Poitiers rel. aux chapeliers-feutriers, 18 sept. 1608, Reg. 64, etc.

ces déterminent la procédure de ces diverses visites. Lorsqu'ils inspectent les ouvroirs et boutiques, les maîtres-jurés, qui doivent être tous présents (1), sont en général accompagnés d'un sergent royal ou municipal (2), parfois du procureur de la police (3), du greffier de la ville (4), ou même du lieutenant général (5). Quelquefois, c'est avec l'assistance des jurés de la corporation voisine, comme chez les cordonniers, les tanneurs et les corroyeurs (6). Inspectent-ils les marchés, c'est toujours en compagnie d'un sergent, d'un des échevins ou du maire, dans les villes de commune (7). Le procureur du roi ou du seigneur, dans les autres centres urbains, assiste aux visites de cette catégorie (8). Le nombre et le temps des visites ne sont pas laissés à l'arbitraire des maîtres-gardes. Les ordonnances du xvi° siècle relatives à Poitiers prescrivent l'inspection des ateliers de quinzaine en quinzaine (9). Mais certains statuts les veulent plus fréquentes, toutes les semaines (10),

---

(1) Statuts précités — ceux des texiers de Poitiers 1554, art. 32, exigent au moins la présence de 3 jurés sur 4. — ord. munic. du 25 août 1625 rel. aux jurés bouchers, Reg. 77, etc.— (2) La plupart des statuts, par ex. ceux des boulangers de Poitiers 1609, art. 2 — des pâtissiers 1520, art. 17 — des texiers 1554, art. 32 — des maçons 1695, art. 2 — des maréchaux de Châtell^t 1573, art. 6 — délibér. du 15 août 1609 rel. aux chapeliers-garnisseurs de Poitiers, Reg. 65.— (3) Statuts des bouchers de Châtell^t 1520, art. 1 et 3 — des peintres-vitriers de Poitiers 1723, art. 6 — des apothicaires 1628, art. 6 — Délib. munic. rel. aux chapeliers feutriers 18 sept. 1608, du 3 nov. 1603 rel. aux menuisiers, du 6 oct. 1603 rel. aux poêliers-fondeurs, Reg. 61 et 64. — (4) Délibération munic. rel. aux bouchers de Poitiers 21 juillet 1550, Reg. 31. — (5) Statuts des peintres-vitriers de Poitiers 1723, art. 6 — des apothicaires 1628, art. 6. — (6) Statuts des tanneurs de Châtell^t 1596, art. 4 et 5. — (7) Textes cités notes 6 et 7 de la page précédente. — (8) Mêmes références et livre II, chap. II et suiv. — (9) Par ex. les règl. de police de 1567 et de 1578 rel. à Poitiers et au Poitou. — (10) Ex. statuts des maréchaux de Poitiers 1583, art. 5 — des maréchaux de Châtell^t 1573, art. 5 — des parcheminiers de Poitiers 1553, art. 9 — des tanneurs xv° s. — des pâtissiers 1520, art. 9.

ou même 2 fois par semaine (1), ou encore 2 ou 3 fois par mois (2). Il est vrai que ce beau zèle est si loin d'inspirer les maîtres-gardes, que plus tard on se borne à demander aux maîtres de quelques corporations des visites bisannuelles, comme chez les apothicaires et les chirurgiens (3), ou mensuelles comme chez les sergetiers et les maréchaux (4). D'autres statuts du xvii° et du xviii° siècle, ceux des maçons et des menuisiers par exemple, se bornent à réclamer 4 visites par an, laissant d'ailleurs aux gardes la faculté d'en faire de plus fréquentes, sans percevoir aucun droit (5). Peu de corporations se hasardent, comme celle des chapeliers de Châtellerault, à permettre aux jurés de faire leurs visites « toutes fois et quantes que bon leur semblera (6) ». La fréquence de l'inspection des ventes est subordonnée à la périodicité des marchés. Certains gardes, ceux des bouchers et des boulangers, par exemple, sont obligés de se rendre tous les jours à la place ou à la halle le matin, dès 6 ou 7 heures, pour procéder à la visite (7). D'autres, au contraire, comme les jurés tanneurs, n'y sont guère appelés

(1) Statuts des pâtissiers 1505-20, art. 9 — des tanneurs (de Châtell^t) 1596 art. 3 et 4 — procès-v. de récept. des jurés boulangers de Châtell^t 18 mars 1683, *Vienne* E. 7¹. — (2) Visites de quinzaine, délib. munic. 28 août 1572 rel. aux chandeliers, *Reg.* 41,— statuts des chaussetiers de Poitiers 1473, art. 15 — chapeliers 1560 art. 2 (tous les 8 ou 15 jours) — de même corroyeurs 1457, art. 1 — délib. du 13 sept. 1649 rel. aux cordonniers, *Reg.* 101. — statuts des boulangers de Poitiers 1609, art. 1 et 3 (visites 1, 2 ou 3 fois par mois). — Texiers 1554, art. 32 (1 visite par mois au minimum).. — (3) Statuts des apothicaires de Thouars 1617, art. 9 — de Poitiers 1628, art. 6 — des chirurgiens de Poitiers 1711, art. 6. — (4) Art. 14 des statuts des sergetiers de Poitiers dans une délib. munic. du 16 sept. 1629, *Reg.* 90. — (5) Statuts des maçons de Poitiers 1695, art. 2 et 24 — Lettres pat. de mai 1765 rel. aux menuisiers de Châtell^t.— Requête des syndics et adj. des couteliers (1778) à Châtell^t, *Vienne* E 7¹. — (6) Statuts des chapeliers de Châtell^t 1588, art. 1. — (7) Statuts des boulangers de Poitiers 1609, art. 1 et 2 — des bouchers xv° s. art. 2 et 10 — des boucquetiers 1608, art. 2.

que deux fois par semaine (1). Le nombre des visites dépend donc de la tenue des foires et des marchés et dans une certaine mesure de la nature même du métier. Après les visites, les gardes font des rapports qu'ils adressent, soit au procureur de la police (2), soit au maire (3), soit au lieutenant général ou au sénéchal, suivant les lieux (4). Ils y signalent, sous peine d'amende arbitraire, les incidents de leurs inspections, les fautes et abus qu'ils y ont découverts (5). Dans quelques corporations, chez les imprimeurs-libraires, par exemple, les syndics ou gardes inscrivent sur un registre spécial le nombre de leurs visites et leurs résultats (6).

Les gardes, lorsqu'ils procèdent à leur inspection, sont considérés comme des officiers de police judiciaire, détenant à ce titre une part de l'autorité. En conséquence, les ouvroirs, boutiques, maisons doivent s'ouvrir devant eux (6). Tous les produits leur sont montrés : nul n'a le droit de les dissimuler et de les détourner pour les soustraire à leur examen (7). Maîtres et compagnons sont tenus de recevoir les gardes avec déférence et soumission. Quiconque s'avise de leur résister ou de les outrager est passible d'ajournement et de prise de corps (8). Les rapports des jurés font foi en justice

(1) Statuts des tanneurs de Châtell^t 1596, art. 21. — (2) Par ex. statuts des maréchaux de Poitiers 1583, art. 5, — de Châtell^t 1573, art. 5. — (3) Par ex. règl^t de police de 1567 pour Poitiers — statuts des bouchers de Poitiers xve s., art. 1 — des boucquetiers 1608, art 1.— des texiers 1554, art. 32 — des chaussetiers 1473, art. 15 — des corroyeurs 1457, art. 6 et 7, etc. — (4) Surtout au xviiie siècle depuis l'édit de 1699. — (5) Statuts cités note 3. — (6) Statuts des impr. libr. de Poitiers 1634, art. 11. — (7) Statuts précités et not. ceux des texiers de Poitiers 1554, art. 2 — des tanneurs de Châtell^t 1596 art. 14 — des parcheminiers de Poitiers 1553, art. 9 — des apothicaires 1552, art. 4 et 36 — ordon^e du lieut. g. de Châtell^t au sujet des couteliers, 31 août 1716, *Pagé*, p. 126. — (8) Les divers statuts — Décret d'ajourn^t à Poitiers (4 déc. 1507) contre un cordonnier et sa femme, *Arch. Munic. N. carton* 44.

sous condition de serment. Ils sont adressés ici au lieutenant-général, là au procureur de la police ou au maire, qui statuent sur les poursuites. Dans certains cas, quand les condamnés ne paient pas les amendes, les gardes ont le droit de les assigner devant les tribunaux (1). Parfois, ils sont chargés des enquêtes sous leur responsabilité personnelle (2). Ils font assigner les maîtres coupables de fautes professionnelles (3). Ils ont même quelquefois le droit de faire des perquisitions dans les maisons suspectes, sans aucune assistance (4). Mais en général il ne leur est pas permis de procéder directement aux saisies des produits délictueux (5). Ils ne peuvent saisir les objets qu'en présence d'un échevin, ou du maire, ou du procureur seigneurial, municipal ou royal, et par l'entremise d'un sergent qui dresse procès-verbal de l'opération : ils se bornent ainsi à requérir la saisie sans la faire eux-mêmes (6). Le produit saisi est toujours déposé au greffe pour être soumis au repré-

---

(1) Statuts des bouquetiers de Poitiers 1608, art. 2 — des bouchers xv° s., art. 2 — des texiers 1554, art. 32 — des chapeliers 1560, art. 2 — des corroyeurs 1457, art. 6 et 7. — (2) Statuts des texiers 1554, art. 11. (3) Mêmes statuts, art. 32 — statuts des boulangers de Niort 1730, art. 27. — (4) Par ex. les boulangers pour saisir le pain qui n'a pas le poids et qui est vendu au delà de la taxe, stat. des boulangers de Poitiers, art. 2 et 19. — (5) Statuts des chapeliers de Châtell^t 1588, art. 18 (n'autorisent la saisie directe qu'en cas d'urgence, et sous condition de rapport immédiat à l'autorité). — De même les menuisiers de Poitiers 1450-97, art. 19 (ont droit de saisie directe) — les serruriers 1455, art. 9. — (6) Statuts des boulangers de Poitiers 1609, art. 2 et 19; et délib. munic. du 20 fév. 1612 rel. à une saisie des jurés boulangers, Reg. 68 — statuts des bouchers de Châtell^t 1520, art. 3, 4, 20. — Délibér. 31 oct. 1689 rel. aux bouchers de Poitiers, Reg. 132. — Statuts des texiers 1554, art. 12 et 32; régl^t de 1320 sur les drapiers; art. 14 des statuts des sergetiers de Poitiers, — art. 6 des stat. des sergetiers de Châtell^t (1656) — délib. du 26 sept. 1617, 19 juillet 1638, 12 janv. 1634 rel. aux chaussetiers et aux tailleurs de Poitiers ; du 14 déc. 1684 rel. aux tanneurs; du 27 mars 1651 rel. aux cordonniers, Reg. 72, 89, 102, 129. — Statuts des chapeliers de Poitiers 1560, art. 16 ; des maçons 1695, art. 2 ; des parcheminiers 1553, art. 8; des maréchaux

sentant de l'autorité (1), et quelquefois mis sous scellés (2). En cas de poursuites, les maîtres-gardes convoqués comme témoins prêtent serment et font leur rapport; le tribunal municipal, seigneurial ou royal, prononce la sentence (3). Les jurés sont souvent chargés de la faire exécuter. Ils recouvrent les amendes (4), et font ardoir au pilori (5), dépecer en place publique (6), jeter à l'eau (7) les marchandises malsaines, suspectes ou mal fabriquées. A titre de représentants de la corporation, les gardes sont aussi fondés à faire assigner par exploits d'huissiers (8), à présenter requêtes en vue de tous actes judiciaires (9), à demander l'observation ou l'interprétation des statuts (10). Ils peuvent citer en justice et faire tous actes de procédure, soit personnellement, soit avec l'assistance d'un procureur, comme demandeurs ou comme défendeurs (11). On les assigne devant les tribunaux comme fondés de pouvoirs de leurs communautés (12). Enfin, il leur est permis avec l'autori-

---

de Châtell^t 1573, art. 6 ; des couteliers 1571, art. 5 et 7 ; des apothicaires de Poitiers 1552, art. 3 ; 1628, art. 6.

(1) Mêmes statuts. — (2) Par ex. statuts des apothicaires de Poitiers 1552, art. 4 ; 1628, art. 8. — (3) Mêmes statuts et not. ceux des texiers 1554, art. 32 — délib. rel. aux bouchers de Poitiers 31 oct. 1689, *Reg.* 132 — statuts des parcheminiers 1553, art. 8 ; des apothicaires 1628, art. 8 et 9 — sentence de l'échev. de Poitiers contre un charpentier 26 sept. 1608, *Reg.* 64. — (4) Par ex. statuts des texiers 1554, art. 2. — (5) Statuts des bouchers de Châtell^t 1520, art. 3 et 4. — des menuisiers de Poitiers 1450-97, art. 19 — des apothicaires 1628, art. 8 et 9. — (6) Statuts des couteliers de Châtell^t 1571, art. 5 et 7. — (7) Statuts des bouchers de Châtell^t. 1520, art. 3 et 4. — (8) Ex. assign. à la requête des jurés bouchers à Châtell^t. 20 juillet 1671, *Vienne* E 7¹ — à celle des jurés menuisiers à Poitiers 26 sept. 1608, *Reg.* 64, etc. — (9) Nombreux exemples dans les reg. de délib. de Poitiers et dans les pièces rel. aux corporations de Châtel^t. — (10) Mêmes sources, par ex. requête des jurés pâtissiers à Poitiers 1er août 1588, *Reg.* 48. — (11) Ex. req. des jurés boucquetiers à Poitiers, 23 juin 1691, *Reg.* 132 — audience du 26 fév. 1672 à Châtel^t *Vienne* E 7¹ — procédures des jurés chamoiseurs et tanneurs 15 juin 1587, 12 déc. 1537, *Reg.* 20 et 46. — (12) Ex. les jurés chaussetiers 11 mai 1581, *Reg. des délib. munic.*, n° 43.

sation de la corporation de poursuivre les procès devant les présidiaux et le Parlement (1).

Ils ont encore à exercer la discipline morale et à gérer les intérêts matériels de leur communauté. C'est à eux qu'il appartient d'écarter de la maîtrise les sujets mal famés (2), de dénoncer les monopoles (3), de signaler les actes contraires à la foi et au bien de l'Etat (4), d'assurer l'observation des lois religieuses sur le repos des dimanches et fêtes (5). Ils ont la haute main sur l'administration financière de la corporation. Dans beaucoup de communautés, ils sont chargés de recevoir les droits de maîtrise et autres redevances des membres du métier, les arrérages des rentes appartenant à la corporation, les amendes de police (6). Ils tiennent les registres des recettes (7). Souvent, ils délèguent à l'un d'eux, tantôt le plus ancien, tantôt le dernier juré, appelé receveur, greffier ou clerc de boîte le soin de tenir la caisse et les écritures et de faire les paiements (8). Mais, c'est par l'ensemble des maîtres jurés que toutes les dépenses doivent être assignées et mandatées (9). La corporation est-elle autorisée à faire quelque emprunt, ce sont les maîtres-gardes qui font dresser le contrat et qui s'obligent au nom de leur métier. Ils peuvent également faire cession

---

(1) Mêmes sources.— Par ex. procès des jurés chamoiseurs 11 mai 1581, *Reg.* 43.— (2) Par ex. statuts des texiers 1554, art. 9 et ci-dessus, chap. III et IV. — (3) Ex. statuts des apothicaires 1552, art. 32 et 37. — (4) Ex. statuts des imprimeurs-libraires 1634, art. 12. — (5) Ex. délib. munic., 3: oct. 1689, rel. aux jurés bouchers, *Reg.* 132. — (6) Statuts des apothicaires 1552, art. 3. — Délibér. des chirurgiens de Poitiers 1750-57, *coll. Bonsergent* — statuts des impr.-libraires 1634, art. 11 — des couteliers de Châtell[t] 1571, art. 4 — des maréchaux id. 1573, art. 7, etc. — (7) Mêmes statuts, not. ceux des imp. libr. art. 11 ; des chapeliers de Poitiers 1560, art. 4. — (8) Par ex. statuts des chirurgiens 1711, art. 5 — des maréchaux de Châtell[t] 1573, art. 7 — procès-v. d'instal. des jurés-sergetiers à Châtell[t]. 13 août 1671. *Vienne* E 7[1] — statuts des couteliers 1571, art. 4. — (9) Procédure rel. aux jurés couteliers 5 mai 1769, *Pagé*, p. 127.

et transport de créances (1). Leurs frais et avances sont remboursés au moyen de taxes dont ils surveillent le recouvrement (2). La communauté est-elle imposée pour payer ses dettes, les jurés font la répartition ou régalement (3). Ils agissent de même quand les villes ou l'État exigent quelques contributions des métiers, et ils se chargent à la fois de les répartir et de les percevoir (4). A la fin de l'année, le juré boistier ou receveur présente son compte de gestion d'abord à ses collègues, puis en général dans la huitaine de sa sortie de charge ou dans la quinzaine, à la communauté entière assemblée ou à ses délégués (5), et parfois même spécialement aux maîtres jurés entrant en charge (6). Le procureur de la police dans les villes de commune (7), le procureur du roi et les officiers de justice ailleurs, et à partir du xviiie siècle, à peu près partout, assistent aux redditions de comptes qui doivent être accompagnées des pièces justificatives. En cas de contestation, la justice régulière est saisie (8). Au xviiie siècle, le greffier des sièges royaux conserve les minutes des comptes et a seul le

(1) Par ex. acte d'emprunt des savetiers de Poitiers 19 sept. 1700, coll. Bonsergent — Oblig. des jurés chamoiseurs 1615, Arch. Munic. D. 60. — (2) Ex. procédure rel. aux jurés cordonniers de Châtel^t, 1785, Vienne E 7¹. — (3) Avertiss^t pour les vingtièmes des tapissiers miroitiers 1789, coll. Bonsergent. — Ord. du présidial de Poitiers rel. aux menuisiers, 15 mars 1774, art. 22. Arch. Ant. Ouest. — Procès-v. d'ass. des apoth. de Poitiers 31 décembre 1759, Bibl. Mun. Mss. n_o 405 ; — Compte rendu du juré comptable 16 janv. 1772, ibid. — (4) Voir ci-dessous chap. IV et acte du 14 sept. 1682 rel. aux jurés tanneurs, Reg. 127. — (5) Statuts des chirurgiens de Poitiers 1711, art. 11 — des couteliers de Châtell^t. 1571, art. 4 — des maçons de Poitiers 1695, art. 18 — des texiers 1554, art. 32. — Règl. gén. de police 1567, 1634, etc. — Délib. munic. du 24 juillet 1673 et 25 juin 1654, rel. aux cordonniers et bouchers, Reg. 123 et 105. — (6) Statuts des couteliers de Châtell^t. 1571, art. 4 — des menuisiers de Poitiers 1450. — (7) Statuts précités rel. à Poitiers. — (8) Statuts des corpor. de Châtell^t précités. — Procédure de mai 1769 rel. aux couteliers, Pagé, p. 127.

13

droit d'en délivrer des expéditions ou des arrêtés (1). Le reliquat des recettes est versé par les jurés sortants aux jurés entrant en fonctions (2).

Ainsi, pendant la période moderne du moins, les attributions des gardes-jurés, quoique fort étendues, ne sont pas illimitées. Leur administration est soumise d'une part au contrôle des assemblées du métier, de l'autre à la surveillance permanente et de plus en plus minutieuse des pouvoirs publics. Cette double garantie n'était point inutile, si l'on songe aux abus qui naissaient de l'institution elle-même. On avait cru prévenir ces abus en accordant aux maîtres-gardes, à titre de dédommagement, des honneurs et des droits pécuniaires. Leur tâche ne laissait pas d'être en effet souvent absorbante, et leur responsabilité se trouvait maintes fois engagée. Se montrent-ils négligents ou rebelles dans l'exécution des ordres de l'autorité, tolèrent-ils quelque violation des statuts, soulèvent-ils quelque protestation lors des examens des maîtres, se rendent-ils coupables de faiblesse ou d'arbitraire dans les visites et les saisies, gèrent-ils mal les affaires du corps, ils sont passibles de fortes amendes et de dommages-intérêts (3). Aussi leur a-t-on alloué, à juste titre, pour les indemniser de leur temps et de leurs risques, un salaire qui varie de 1^s à 12^s par jour au XVe et au XVIe siècle, de 25^s à 3^l au XVIIe et au XVIIIe, quand ils assistent au chef-d'œuvre (4). Lorsqu'ils procèdent

---

(1) Arrêt du Conseil des 17 nov. 1722 et 30 nov. 1723 rel. aux corporations de Poitiers analysés dans un arrêt du 1er avril 1743, *Rec. Poit.* in-4°, VII, n° 13. — (2) Statuts ci-dessus cités. — (3) Ex. sentence du 18 nov. 1630, contre les jurés apothicaires de Poitiers, *Reg.* 81 ; du 18 déc. 1733 contre les jurés couteliers, *Pagé* p. 127. — Statuts des parcheminiers 1553, art. 8 et 9 — des apothicaires 1628, art. 9 — des maçons 1695, art. 2, etc. —(4) Salaire d'1 sou, statuts des chapeliers de Poitiers 1560, art. 14—stat.

aux inspections, ils perçoivent par boutique, par maître et par visite une indemnité variable suivant le métier, par exemple 1 sol (1), 12ᵈ (2), 20ᵈ (3), 8ᵈ (4), 5ˢ (5), et qui s'élève à la fin du xviii° siècle à 10ˢ dans les villes de second ordre (6). Ce droit est perçu chez les sergetiers à raison de 6ᵈ par pièce de drap ou de serge (7). De ce chef, les maîtres-gardes des menuisiers de Châtellerault reçoivent annuellement environ 30ˡ pour 4 visites obligatoires (8). De plus, les gardes-jurés participent au bénéfice des amendes de police, ici dans la proportion de moitié (9), là dans la proportion du tiers (10), ou encore du quart (11), quelquefois seulement du 5ᵉ (12). Dans certaines communautés, on leur alloue une somme fixe : ainsi chez les corroyeurs (13). Dans d'autres, ils ont une partie des sommes produites par la vente des objets confis-

---

des pâtissiers (5 s.), 1505-20, art. 10 — des corroyeurs 1457, art. 8 et 9 (10 s.); des tanneurs de Châtell'. 1596, art. 25 (12 s.); acte rel. au salaire des jurés sergetiers (10 s.), 23 nov. 1683, *Vienne* E 7ˡ — Statuts des apothicaires de Poitiers 1552-1628, art. 3 (25 s.) — des chirurgiens de Poitiers 1711, art. 25 à 34 (2 l. par épreuve et par juré) — lettres pat. rel. aux menuisiers de Châtell'. mai 1765 (3 l. par juré).

(1) Statuts des chapeliers de Poitiers 1560, art. 14.— Délibér. du 13 sept. 1666 rel. aux cordiers, *Reg*. 117. — (2) Statuts des boulangers de Poitiers 1609, art. 2. — Délib. munic. du 13 sept. 1649, rel. aux cordonniers ; du 18 avril 1633 rel. aux serruriers, *Reg*. 101 et 83. — (3) Statuts des pâtissiers 1505-20, art. 9. — (4) Statuts des texiers 1554, art. 33 (3 d. par maître et par mois) — des maréchaux 1583, art. 5 (8 d. par mois) — des chirurgiens 1711 art. 6 et 34 (1 l. par visite). — (5) Lettres pat. de mai 1765 rel. aux menuisiers de Châtellerault. — (6) Requête des syndics et adj. des couteliers de Châtell'., *Vienne* E 7ˡ. — (7) Statuts des sergetiers de Châtell'. 1656, art. 8. — (8) A raison de 30 maîtres et de 4 visites par maître, Lettres pat. de mai 1765. — (9) Statuts des tanneurs de Châtell'. 1596, art. 8 et 12 — des corroyeurs de Poitiers 1457, art. 7 — des serruriers 1455, art. 9, 13, 15. — (10) Statuts des tailleurs de Poitiers 1458-61 — des boucquetiers 1608, art. 2 — des bouchers, xvᵉ s., art. 2. — des apoth. de Thouars 1617, art. 9 — des chapeliers de Châtell'. 1588, art. 8 et 9. — (11) Ex. délib. du 18 avril 1633 rel. aux serruriers et armuriers, *Reg*. 83. — (12) Statuts des menuisiers de Poitiers 1450, art. 2. — (13) Pour les amendes prononcées au sujet de malfaçons, 2 s. 6 d., stat. des corroyeurs de Poitiers, 1457, art. 7.

qués (1). Ajoutez qu'ils ont, en exerçant leurs fonctions, les satisfactions d'amour-propre, d'ambition, de domination que procure le pouvoir. Dans les banquets de maîtrise, dans les fêtes corporatives, ils sont aux premières places, entourés de respect. Aux cérémonies publiques, ils figurent en costume de gala, avec l'habit long, large collerette blanche, manteau noir (2), ou bien en robe blanche et rouge (3), ayant leur rang assigné au milieu des dignitaires de la cité.

L'institution en principe est donc excellente, et les règlements semblent combinés de telle sorte qu'elle ne puisse dévier. Mais, dans la réalité, les maîtres-gardes, défenseurs naturels de la corporation et gardiens de son honneur professionnel, se transforment souvent en oppresseurs de leurs confrères. Administrateurs négligents, incapables ou égoïstes, ils n'ont d'autre règle de conduite que de mesquines passions, ou pis encore, que de vulgaires intérêts personnels. Il en est qui, pour se « donner de l'autorité », suivant l'expression d'une requête, se perpétuent dans leurs fonctions, négligent de convoquer les assemblées électorales, et, par la peur qu'ils inspirent, outrepassent illégalement la durée de leur mandat (4). D'autres, considérant leur charge comme une propriété, s'imaginent avoir le droit, en cas d'absence ou pour suivre l'inspiration de leur paresse, de

---

(1) Par ex. statuts des sergetiers de Châtell^t. 1656, art. 11. — (2) Costume des jurés tailleurs dans le tableau de l'abbaye de la Trinité (1604), décrit par l'abbé Bleau, *Pays Poitevin*, n° fév. 1899. — (3) Costume des mes jurés à l'entrée du gouverneur la Vieuville 24 mars 1665, journal de Denesde, *Arch. hist. Poitou*, XV, 197.— (4) Délibér. du 18 août 1511 rel. aux jurés bouchers de Poitiers, *Reg.* 11 — sentence du lieut. g. de Châtell^t. au sujet des jurés tanneurs 19 janv. 1672 ; des 20 juillet 1671 et 10 janv. 1673 au sujet des jurés horlogers (en fonctions depuis 6 ou 7 ans), Vienne E 7^t.

la faire exercer par procuration (1). Soit ignorance, soit parti pris, ils n'hésitent pas à violer les prescriptions les plus claires des statuts. Ils autorisent tel aspirant à ouvrir boutique sans le moindre chef-d'œuvre et sans paiement de droits (2). Ils admettent des maîtres incapables et même des enfants à exercer le métier, suivant leur fantaisie (3). Ils font preuve dans le choix des chefs-d'œuvre, dans le jugement des candidats, de la plus étrange partialité (4). Le contrôle de l'autorité les gêne-t-il ? Ils négligent de convoquer aux épreuves le procureur de police (5). La lèpre de leur administration est la vénalité ou la corruption. Il en est qui empêchent les maîtres reçus de se présenter aux autorités pour la prestation de serment, afin de retenir indûment les deniers versés par les récipiendaires (6). Ils ruinent les aspirants, tantôt en exigeant d'eux de l'argent (7), tantôt en les forçant à employer leurs ressources en débauches et festins (8). Ils se dispensent de faire dans les ateliers et aux marchés les visites réglementaires, pour peu que leur intérêt les pousse à s'abstenir (9), et l'on est obligé de réduire le

(1) Requête d'un juré tailleur au corps de ville de Poitiers 22 fév. 1671, *Reg*. 121 — d'un tanneur à Châtell^t 19 janvier 1672, *Vienne* E 7¹. — (2) Par ex. délib. du 21 nov. 1547 rel. aux jurés chaussetiers; des 19 août 1549 et 24 nov. 1550 rel. aux couturiers; du 21 mai 1543 contre les jurés tondeurs, *Reg*. 25, 29, 31. — Ordon. du présidial de Poitiers rel. aux menuisiers, 15 mars 1774, art. 24. — Il y a beaucoup d'autres cas de ce genre. — (3) Délib. munic. du 6 mars 1684 contre les jurés menuisiers, *Reg*. 128. — (4) Voir ci-dessus le chap. IV — (5) Ex. délib. munic. du 19 sept. 1639 contre les jurés tailleurs à Poitiers, *Reg*. 90. — (6) Textes cités chap. IV et ci-dessus note 2. — (7) Ex. délib. munic. du 15 juin 1587 contre les jurés chamoiseurs, *Reg*. 46. — Statuts des apothicaires 1552, art. 35, etc. — (8) Délib. munic. de Poitiers (27 nov. 1634) rel. aux jurés de tous les métiers; du 8 août 1580 contre les jurés menuisiers, *Reg*. 43 et 85. — (9) Délib. munic. de Poitiers 18 juillet 1611 contre les jurés boucquetiers qui ne font pas de visites « pour estre la plupart du temps aux champs ou aux foires »; du 22 oct. 1640 contre un juré grand boucher; du 15 août 1609 contre les jurés garnisseurs, etc., *Reg*. 68, 91, 65; du 18 avril 1633 rel. aux serruriers, *Reg*. 83.

nombre de ces visites, dans l'espoir d'obtenir plus de régularité (1). Procèdent-ils à leurs inspections, c'est une source de vexations ou de désordres qui s'ouvre fréquemment. La faveur et la haine s'y donnent libre carrière. Tantôt les visites permettent aux gardes d'une corporation de « travailler continuellement », c'est-à-dire d'importuner par leurs tracasseries les maîtres d'une corporation voisine ou les industriels et commerçants forains (2), voire même les simples particuliers (3). Tantôt « ils s'en servent, est-il dit dans une « procédure, pour couvrir les violences qu'ils veulent exer- « cer contre ceux (de leur métier) auxquels ils veulent du « mal (4) ». S'agit-il d'un maître riche ou considéré, d'un ami ou d'un parent, ils « usent de connivence », ils recèlent les « fraudes » qu'ils ont découvertes, et les ordonnances en sont réduites à accuser « leur négligence, leur fraude ou ma- « lice (5) ». Parfois, par exemple chez les couteliers de Châtellerault, les visites sont pour les jurés gardes un prétexte à parties de plaisir, aux frais des maîtres visités ou de la caisse de la corporation, et elles dégénèrent, suivant les termes du temps, « en buvettes, repas et festins (6) ». Les maîtres-gardes sont-ils mal disposés ? Les visites deviennent un moyen très efficace pour accabler les maîtres de frais (7), pour les trou-

---

(1) Déclaration royale du 1er mai 1782. *Recueil Simon*. — (2) Délib. munic. du 19 juillet 1638 contre les jurés tailleurs de Poitiers — du 18 et du 22 sept. 1608, relative aux chapeliers feutriers, *Reg.* 64 et 89. — (3) Délib. du corps de ville de Châtell^t contre les jurés sergetiers, 19 janv. 1664, *Godard*, I, 229. — (4) Procédure entre un boucher et les jurés de la corporation à Châtell^t 20 juillet 1671, *Vienne* E 7^t. — (5) Même procédure — statuts des texiers 1554, art. 32; des parcheminiers 1553, art. 9 ; des chaussetiers 1473, art. 15; des tanneurs de Châtell^t 1596, art. 21; des apoth. de Thouars 1617, art. 10. — (6) Ord^e du lieut. g. de Châtell^t contre les jurés couteliers 18 déc. 1733 ; et requête du boistier contre les jurés 5 mai 1769, *Pagé*, pp. 126-127. — Ordon. du présidial de Poitiers, rel. aux menuisiers 1774, art. 23. Cette ordon^e montre que les jurés exigeaient aussi ces dépenses à l'issue des assemblées et à l'époque de la fête corporative. — (7)

bler dans l'exercice de leur profession (1), pour les provoquer
à des scènes de violence. Que de fois sans doute l'inspection
« faite avec tumulte et passion (2) » ne devait-elle pas aboutir
à ces litiges où se complaisaient les maîtres de jadis ! Combien de saisies arbitraires faites par les jurés et inspirées uniquement par l'animosité (3) ! Combien d'autres encore où le
coupable échappait « par convenance, argent ou faveur »
au juste châtiment qu'il eût mérité (4). Administrateurs souvent partiaux, les gardes-jurés se montrent parfois aussi
comptables peu scrupuleux. Il en est qui détournent les
deniers de la caisse du métier pour les employer à festoyer (5).
D'autres, pour dissimuler leurs dissipations, négligent, pendant des années, de rendre leurs comptes de gestion (6). En
présence du gaspillage, des dépenses inutiles, de la manie
processive des gardes (7), on est tenté de trouver légitime
la tutelle sévère que la royauté essaya plus d'une fois de
leur imposer.

Les autres dignitaires de la corporation ne sauraient être
comparés aux maîtres-gardes. Ils ne sont guère que les
auxiliaires et parfois que les subordonnés des jurés. En
première ligne, viennent dans quelques corporations, par

Délib. munic. des 18 et 22 sept. 1608 contre les jurés chapeliers, *Reg.* 64.
(1) Ex. délib. munic. rel. aux jurés tailleurs 1638 précitée — et délib.
munic. du 4 déc. 1673 rel. aux chandeliers, *Reg.* 123. — (2) Statuts des
apothicaires 1552, art. 3 ; 1628, art. 6. — (3) Voir ci-dessus les précautions prises au sujet des saisies. — (4) Le serment exigé des m. jurés,
notamment chez les apothicaires, prévoit ces cas — Statuts des tanneurs
de Châtell^t 1596, art. 19. — Ord^e munic. de Poitiers, 14 janv. 1675, contre
les jurés cordiers et chandeliers, *Reg.* 124 — Ord^e du lieut. g. de Châtell^t.
contre les jurés coutelliers 27 déc. 1733, Pagé, p. 127. — (5) Ex. requête
du boistier contre les jurés coutelliers de Châtell^t. 1769, précitée. — (6)
Ordon. du corps de ville de Poitiers 24 juillet 1673 contre les jurés cordonniers, *Reg.* 123. — (7) Nombreuses procédures à ce sujet. — Par ex.
ordon. du 26 déc. 1650 contre les jurés bouchers, *Reg.* 102.

exemple dans celle des apothicaires, les *gardes-jurés suppléants*, élus par l'assemblée des maîtres (1), et les *visiteurs*, chargés d'assister les gardes en titre quand ils visitent les boutiques (2). Chez les sergetiers, on trouve un *garde-scel visiteur*, élu par la corporation, détenteur des sceaux de plomb aux armes de la ville, et qui a pour mission de visiter les draps, de signaler les mauvais, et de marquer les bons, moyennant un salaire de 10 d. par plomb apposé (3). Les cordonniers ont un maître-visiteur, *garde du marc* ou marteau municipal, et qui tantôt gratuitement, tantôt moyennant la moitié des amendes (4), se charge de visiter les cuirs et de les marquer (5). Une fonction beaucoup plus répandue et qu'on retrouve dans toutes les corporations est celle du clerc de boête. Il possède différents noms, suivant les communautés. On l'appelle tantôt *maître clerc du métier*, ou encore *clerc de boête* (6), tantôt par abréviation *boistier* (7), tantôt *bastonnier* (8), tantôt *buraliste* (9), tantôt enfin *receveur* (10) et *maître gardien de boête* (11). En général, les corporations jurées ont seules des clercs de

(1) Statuts des apoth. de Poitiers 1628, art. 9 (2 gardes suppléants). — délib. du 2 janv. 1552-53 (présentation du garde suppléant), *Reg.* 32. — (2) Statuts des apothicaires de Poitiers 1628, art. 7 et 19 (2 visiteurs). — (3) Statuts des sergetiers de Châtell[t] 1656, art. 6. — (4) Statuts des tanneurs de Châtell[t] 1596, art. 14 (le visiteur a moitié des amendes). — Ordon. mun. de Poitiers, 21 oct. 1630, rel. au visiteur cordonnier (fonctions gratuites), *Reg.* 81. — (5) Textes cités à la note précédente. — (6) Par ex. chez les sergetiers de Poitiers, les cordonniers, les chaussetiers, les maçons, les menuisiers, les serruriers, les maréchaux, les apothicaires. — (7) Par ex. chez les tisserands, les sergetiers, les menuisiers, les couteliers de Châtell[t]. — (8) Par ex. délib. rel. aux cordonniers de Poitiers 25 fév. 1640 (clercs de boeste et bastonniers) — statuts des maréchaux de Châtell[t], 1573, art. 2 (clerc de boeste ou bastonnier); des texiers de Poitiers 1554, art. 38. — (9) Ordon. du présidial de Poitiers, 3 janvier 1781, rel. aux menuisiers-ébénistes-tourneurs-boisseliers, *Aff. du Poitou* 1781, p. 11. — (10) Statuts des chirurgiens de Poitiers 1711, art. 26. — (11) Statuts des chapeliers de Châtell[t] 1588, art. 10.

boîte, mais il arrive aussi que des métiers libres, comme celui des tireurs d'étaim, obtenant la permission d'organiser une confrérie, se fassent aussi accorder le droit d'élire un ou deux boîtiers ou bâtonniers (1). Certaines communautés confient ces fonctions à l'un des maîtres-gardes (2). La plupart ont un clerc de boîte (3), quelques-unes deux (4), élus annuellement par les maîtres du métier à la pluralité des voix, dans les mêmes formes que les gardes (5), renouvelables comme eux par moitié s'ils sont deux (6), présentés aux autorités le même jour que les jurés et astreints comme ces derniers à prêter serment (7). Le clerc de boête est pris quelquefois obligatoirement parmi les maîtres dernièrement admis (8). Presque toujours il peut être choisi parmi tous les maîtres sans distinction (9). Il est l'administra-

(1) Délib. munic. de Poitiers rel. aux tireurs d'estaim, 29 juin 1637— 19 fév. 1685, *Reg.* 129. — (2) Par ex. chez les imprimeurs libraires (statuts de 1634, art. 6). — Redd. des comptes du prévôt receveur des chirurgiens 23 mars 1751, *coll. Bonsergent*, etc. —(3) Statuts des chapeliers de Châtell[t] 1588, art. 10. — Sentence du lieut. g. rel. aux tisserands de la m. ville 13 sept. 1700, *Vienne* E 7¹. — Procès v. de réception d'un sergetier, ibid. 23 nov. 1683, *Vienne* E 7¹. — Délib. munic. de Poitiers rel. aux chaussetiers 25 juin 1635, *Reg.* 85. — Mention du clerc de boîte des cordonniers, délib. mun. 10 juin 1647, 11 mai 1676, *Reg.* 125 et 98. — Statuts des maçons 1695, art. 3. — Délib. munic. de juillet 1672, rel. au clerc des menuisiers, *Reg.* 122, f° 28 — statuts des maréchaux de Châtell[t] 1573, art. 2 — des apoth. de Poitiers 1552, art. 19. — (4) Statuts des texiers de Poitiers 1554, art. 2 et 32. — Délib. 12 sept. 1739 réd. à 1 le nombre des clercs de boîte des sergetiers (il y en avait 1 ou 2 aup[t]), *Reg.* 90. — Lettres pat. mai 1765 rel. aux menuisiers de Châtell[t] (1 Loistier ou 2). — (5) Mêmes statuts et not. ceux des chapeliers de Châtell[t], 1588, art. 10 — des maçons de Poitiers 1695, art. 3. — Délib. munic. du 19 juillet 1651 au sujet du clerc des serruriers de Poitiers, *Reg.* 103. — Procès v. d'élection du clerc de boîte des sergetiers de Châtell[t] 13 août 1672, *Vienne* E 7¹. — (6) Statuts des texiers de Poitiers 1554, art. 2 et 32 ; délib. du 10 janv. 1553-54, *Reg.* 32. — (7) Mêmes statuts et ordon. précités. — (8) Délib. munic. de Poitiers 12 sept. 1639 rel. aux sergetiers, *Reg.* 90. —(9) Aucune restriction n'est stipulée par la presque totalité des statuts.

teur de la caisse corporative et celui de la confrérie. Aussi est-il chargé de recevoir, concurremment avec les gardes, les droits d'apprentissage et de maîtrise et le produit des amendes (1). Il acquitte les dépenses moyennant quittance, et à la fin de l'année rend ses comptes aux maîtres-gardes et au procureur de la police (2). Il a une part dans l'administration de la corporation. Ainsi, les maîtres-gardes sont tenus de convoquer le boistier aux chefs-d'œuvre et aux réceptions des candidats à la maîtrise (3). C'est le clerc de boîte qui s'occupe de faire avertir les membres de la communauté, quand il y a lieu de les assembler (4). Mais c'est surtout comme chef de la confrérie qu'il est considéré. C'est lui qui perçoit les cotisations destinées à la boîte de cette pieuse association, lui qui organise les fêtes religieuses, lui qui s'occupe du luminaire, lui qui règle les cérémonies funèbres et qui paraît dans ces circonstances avec le bâton noir, insigne de ses attributions (5). Tantôt ses fonctions sont rétribuées au moyen d'une légère cotisation imposée à chacun des maîtres (6), tantôt elles sont gratuites (7).

Quelques corporations seulement, celles des apothicaires

(1) Délib. rel. au clerc de boîte des tireurs d'estaim 19 fév. 1687, *Reg.* 129 — statuts des texiers 1554, art. 2, 32, 38. — Sentence du 13 déc. 1700 rel. aux tisserands de Châtell[t] précitée.—Délib. du 25 juin 1634 rel. au clerc de boîte des chaussetiers à Poitiers, *Reg.* 85.— Lettres pat. de mai 1765 rel. aux menuisiers de Châtell[t].— Statuts des apoth. de Poitiers 1552, art. 19 — des chirurgiens 1711, art. 26.— (2) Mêmes textes.— Procédure des jurés couteliers à Châtell[t]. contre le boîtier 5 mai 1769, *Pagé* p. 126. — Reddition des comptes du receveur des chirurgiens, 23 mars 1751, *coll. Bonsergent*. — (3) Délib. munic. de Poitiers 25 fév. 1640, *Reg.* 91. — Procès v. de réception d'un sergetier à Châtell[t] 23 nov. 1683, *Vienne* E7[1].—Délib. 25 juin 1634 rel. aux chaussetiers de Poitiers, *Reg.* 125. — (4) Statuts des texiers de Poitiers 1554, art. 2, 32, 38. — délib. munic. 10 juin 1647, pour les chaussetiers, *Reg.* 98. — des maçons 1695, art. 2, 3, 14. — (5) Voir ci-dessus, chap. VIII.— (6) Statuts des texiers 1554, art. 3 (cotisation de 3 d. par mois et par maître pour chacun des boîtiers) — 10 s. à Châtell[t]. pour assistance au chef-d'œuvre des sergetiers : pièce citée ci-dessus.—(7) Ex. chez les couteliers de Châtell[t]. — La plupart des statuts ne stipulent aucun salaire.

et des chirurgiens, ont aussi un greffier ou secrétaire, pour remplir certaines attributions dévolues presque partout aux gardes ou aux syndics. Le secrétaire des apothicaires est le dernier maître reçu dans l'année. Il est cependant élu par ses confrères ; l'élection est évidemment une simple formalité. Il demeure en fonctions jusqu'à la réception d'un autre maître. C'est un fonctionnaire subordonné aux maîtres-gardes. Il reçoit leurs ordres, convoque les maîtres aux assemblées, dispose et nettoie la salle de réunion, fait l'appel des aspirants à la maîtrise, lors des épreuves, et accompagne les gardes dans les visites (1). Le greffier des chirurgiens a des fonctions plus relevées. C'est l'archiviste de la communauté, et en même temps son comptable et son secrétaire. A ces divers titres, il garde les papiers, tient les registres et encaisse les recettes de la corporation (2). D'autres communautés désignent encore parmi les maîtres un agent qu'on appelle le *conducteur*, sorte d'introducteur ou de maître des cérémonies qui guide l'aspirant à la maîtrise dans ses visites (3). Plusieurs métiers ont aussi leur *embaucheur*, pour placer les compagnons chez les maîtres, et cette charge est exercée à tour de rôle pendant 3 ou 6 mois, moyennant une indemnité supportée par les compagnons (4). La corporation a l'habitude de prendre ses agents subalternes parmi les jeunes maîtres. Ainsi, chez les chirurgiens, deux de ces jeunes gens sont tenus d'assister aux épreuves des aspirants de campagne, et le dernier

(1) Statuts des apothicaires 1628, art. 7, 10, 12, 19, 52. — (2) Statuts des chirurgiens de Poitiers 1711, art. 16,17, 19, 22, 25, 27.— (3) Statuts des boulangers de Niort 1730, art. 11 —des chirurgiens de Poitiers 1711. art.33. —(4) Délib.munic.du 1er août 1644 rel. à l'embaucheur des tailleurs — des 25 juin 1663, 4 mai et 16 nov. 1676, rel. à l'embaucheur-cordonnier, *Reg.* 96, 113, 125, 126.

reçu est obligé de porter les bulletins de convocation aux funérailles (1). Chez les maçons et les peintres-vitriers, les deux derniers maîtres reçus, ou le dernier seulement, font les courses ordonnées par les jurés et convoquent les membres du métier aux assemblées (2).

Quant aux anciens, ils participent d'une manière plus ou moins régulière aux principaux actes de l'administration de la communauté. Ainsi, le doyen des maîtres, à défaut des gardes-jurés, prend l'initiative des assemblées et préside aux élections (3). Il a dans certaines corporations une des clefs du coffre ou caisse de la communauté (4). Parfois, il est chargé de faire prêter serment aux récipiendaires après lecture des statuts (5). Les anciens, tantôt au nombre de quatre (6), tantôt au nombre de deux (7), examinent dans un certain nombre de corporations, les requêtes des aspirants à la maîtrise de concert avec les jurés (8). Ils donnent quelquefois le chef-d'œuvre (9), assistent aux épreuves et prononcent sur l'admission des candidats (10). Ils surveillent à l'occasion la gestion financière des jurés et gardent les clefs de la caisse (11). Ils ont enfin qualité pour dénoncer au besoin à l'autorité les illégalités commises par les gardes (12). Au reste, clercs de boîte, secrétaires, greffiers, jeunes

(1) Statuts des chirurgiens de Poitiers 1711, art. 4 et 34. — (2) Statuts des maçons de Poitiers 1695, art. 2 et 3 — des peintres-vitriers 1723, art. 5. — (3) Statuts des apothicaires de Poitiers 1628, art. 1, 6, 9 — des chirurgiens 1711, conclusion. — (4) Statuts des boulangers de Niort 1730, art. 3. — (5) Statuts des apoth. de Poitiers 1628, art. 52. — (6) Lettres pat. de mai 1765 rel. aux menuisiers de Châtell'. — (7) Statuts des maçons de Poitiers 1695, art. 1, 4, 11 — des chirurgiens 1711, art. 25 et 34. — (8) Mêmes textes — et statuts des boulangers de Niort 1730, art. 13. — (9) Par ex. statuts des maréchaux de Poitiers 1583, art. 15. — Lettres pat. de mai 1765 pour les menuisiers de Châtell'. — (10) Statuts des maçons de Poitiers 1695, art. 1, 4, 11; des chirurgiens 1711, art. 25 et 34. — (11) Statuts des maréchaux de Poitiers 1583, art. 15. — (12) Par ex. requête des anciens des cordonniers au corps de ville de Poitiers 25 fév. 1640, Rey, 91.

et anciens maîtres, désignés par le hasard de l'âge ou par celui des élections, parfois sans capacité (1), ne sont pas toujours propres à maintenir le prestige de l'administration du métier. Volontiers, comme les maîtres-jurés, ils s'éternisent dans leurs fonctions, au mépris des règlements (2). Ils considèrent la puissance temporaire qui leur est attribuée comme un moyen de se procurer quelque argent (3) ou de goûter quelques douceurs, sous forme de festins et de buvettes, à l'imitation des jurés (4).

Ce serait donc se leurrer d'illusions que de prêter à l'administration des corps de métiers des vertus qu'elle ne posséda jamais dans une très forte mesure. Certes, les pouvoirs conférés aux maîtres-gardes et autres dignitaires des corporations n'avaient rien d'excessif. Avec des hommes intègres, loyaux et appliqués, comme il y en eut sûrement dans les communautés d'autrefois, les statuts et les ordonnances furent un excellent procédé pour maintenir le bon renom du métier et pour protéger le public. Mais il arriva souvent aussi que des administrateurs ignorants, passionnés ou cupides transformèrent ces fonctions en un instrument d'oppression et de ruine.

CHAPITRE VIII

**L'Autonomie des Communautés d'Arts et Métiers en Poitou.
Les Assemblées, les Fêtes, les Confréries, les Institutions
charitables**

Les communautés d'arts et métiers, ou plutôt à vrai dire les

---

(1) Procès-v. de réception d'un boîtier des couteliers 1731 (il déclare ne savoir signer), *Pagé*, pp. 110, 111. — (2) A Châtell^t les boîtiers couteliers, élus pour un an, restent en fonctions 2, 3 ou 4 ans, *ibid*. — (3) Procédure contre le boîtier coutelier (qui porte en compte des courses, démarches et même celles que sa candidature a exigées, pour 24 l.), 5 mai 1769, p. p. *Pagé*, p. 126. — (4) Même document.

corporations jurées seules, possèdent non seulement le droit de nommer les délégués chargés de les administrer, mais elles ont encore des prérogatives qu'elles exercent collectivement. L'une des plus importantes est ce que l'on pourrait appeler la capacité civile ou la personnalité juridique. Cette personnalité leur permet de posséder des immeubles ou même d'édifier, comme les tanneurs, des halles à leurs frais (1), ou encore de les occuper à titre de location. Si les communautés du Poitou furent toujours trop pauvres pour construire ou acheter leur maison et « chambre commune », du moins ont-elles toutes dans quelque couvent un appartement loué pour y réunir leurs assemblées (2). Toutes ont également leur boîte ou « bourse commune (3) », destinée à subvenir « aux affaires du métier (4) », et alimentée par les cotisations des compagnons et des maîtres, par une portion des droits de réception (5), quelquefois par les droits de visite prélevés sur les forains (6), presque toujours par le produit total ou partiel des amendes et des confiscations (7). Maigre trésor d'ailleurs pour la plupart et qui ne dépasse guère

(1) Par ex. à Poitiers la halle du Pilori construite aux frais des tanneurs Délib. munic. 27 sept. 1555, 19 mars 1556-57, *Reg.* 32 et 34. — (2) Voir ci-dessous le paragraphe relatif aux assemblées. — (3) Ainsi nommée dans presque tous les statuts l'expression de « bourse commune » dans une délibér. des chirurgiens de Poitiers, 23 juillet 1755, coll. *Bonsergent,* et dans une délib. munic. rel. aux couturiers, 4 déc. 1536, *Reg.* 20. — (4) Expression des statuts et not. de ceux des apothicaires 1552, art. 3. — (5) Ex. 1 marc d'argent lors de la réception des couturiers (*délib. mun.* du 4 déc. 1536); 4 l. 60 par les apothicaires (*statuts* 1552, art. 3); 4 l. par les menuisiers (délib. munic. 8 août 1611, *Reg.* 66), etc. — les compagnons chapeliers à Châtell^t paient 5 s. à la boîte (statuts 1588, art. 11), etc. (6) Par ex. 6 s. par douzaine de chapeaux visités app^t aux forains (mêmes statuts art. 21). — (7) Ex. délib. mun. de Poitiers 30 avril 1674 rel. aux tailleurs, *Reg.* 123. — Statuts des apothicaires 1552, art. 3 — des bouquetiers 1608, art. 7 — des boulangers 1609, art. 32— Sentence du lieut. g. de Châ^t rel. au produit de la vente d'un coffre confisqué sur un menuisier, 20 août 1672, *Vienne* E 7^t.

une cinquantaine ou une centaine de livres par an (1). Elles peuvent aussi, mais avec l'assentiment de l'autorité, du moins à partir du xvii° siècle, contracter des emprunts, dont l'amortissement est gagé par leurs ressources ou par leurs biens (2). Elles ont la faculté de recevoir des rentes ou legs et d'en constituer au profit d'autres corps (3). Elles disposent de leurs recettes ordinaires à leur gré pour couvrir leurs dépenses habituelles, chauffage et éclairage de la chambre commune, frais de messes et de luminaire, frais de requêtes judiciaires ou de procès (4). Elles ont même des dettes : les tanneurs 1400 (5), les chirurgiens 320 l., les apothicaires 6200 l. (6), les chapeliers 375 l. (7). Pour les rembourser, elles sont fondées, avec la permission des pouvoirs publics, à imposer sur les maîtres des contributions extraordinaires, mensuelles ou annuelles, dont leurs jurés font l'assiette et le recouvrement (8). Elles conservent avec soin

(1) Par ex. comptes des chirurgiens 1751-1757 (en 1751, 130 l. de recettes), *coll. Bonsergent* — compte des apothicaires 1770, 81 l. 14 s., *Bibl. Mun. Mss.*, n° 405 — comptes du syndic des tapissiers de Poitiers 1783 (recettes 60 l. 15 s.), *collection Bonsergent*. — (2) Par ex. actes des chamoiseurs 1615 — des savetiers 1700 — des tanneurs 1684 ; des apothicaires de Poitiers (emprunt de 1000 l. à 5 p. 100 en 1761), *Mss.*, n° 405 — Reconnaissance solidaire d'une rente de 100 l. au principal de 3000 l. due par les apothicaires, 23 juillet 1761, *Mss.* n° 405, précités. — Acte d'emprunt des chirurgiens de Poitiers, 23 juillet 1755 (*coll. Bonsergent*) — des chapeliers de Châtell*. 1694 (*Vienne* E 7¹). — (3) Ex. constit. de rente par les tailleurs de Poitiers au profit du chapitre Notre-Dame, xvii° s. *Vienne* G. 1099. — (4) Ex. comptes des chirurgiens de Poitiers 1750-57 (dépenses de 1751 : 70 l.). — Comptes du syndic des tapissiers 1780-83 (les dépenses varient entre 77 et 85 l.) *coll. Bonsergent*. — (5) Délib. munic. de Poitiers 14 sept. 1682 rel. aux tanneurs, *Reg.* 127. — (6) Délib. de l'ass. des chirurgiens de Poitiers, 23 juillet 1755, *coll. Bonsergent*. — Etat des dettes des apothicaires de Poitiers nov. 1758, *Mss.* n° 405. — (7) Règlement de la dette des chapeliers de Châtell* 20 mars 1694, *Vienne* E 7¹. — (8) En 1694 les chapeliers de Châtell* s'imposent une cotisation de 5 à 20 l. et nomment 3 chapeliers sur les 25 membres de leur corps pour le recouvrement. — En 1755, les chirurgiens de Poitiers font pareille répartition au marc la livre de la capitation. — Les serruriers s'imposent 10 s. par mois pour pareil motif, Délib. munic. 18 janv. 1672, *Reg.* 121.

leurs titres, statuts, privilèges, leurs registres d'assemblées, d'apprentissage, de compagnonnage et de maîtrise, leurs procès-verbaux de visites et de prestations de serment, leurs comptes de recettes et de dépenses, leurs sceaux, leurs pieds, aunes et autres mesures modèles, et les marques particulières des maîtres. Le tout est déposé dans leurs archives, c'est-à-dire généralement dans un coffre fermant à deux ou trois clefs. Le secrétaire ou greffier et les jurés se partagent ces clefs : ils en demeurent responsables (1). Ces précautions ne sont pas inutiles pour les cas litigieux qui peuvent surgir et où les papiers de la communauté jouent leur rôle. La corporation a en effet le droit d'ester en justice, d'intenter des actions civiles et criminelles jusqu'en Parlement, de requérir des commissions pour faire elle-même des actes de poursuite, commencer des procédures (2), vaquer à des saisies dans les maisons ou les ouvroirs et sur les marchés (3). Elle exerce parfois collectivement une sorte de juridiction disciplinaire sur les membres qui ont « offencié au mestier », comme disent les statuts des barbiers (4). Elle a dans d'autres cas le droit de constituer des arbitres choisis par les parties pour juger les différends entre compagnons et maîtres au sujet du contrat de travail (5). Enfin, depuis

---

(1) Par ex. statuts des maçons 1695, art 17 — des impr. libraires 1634, art. 11 — des texiers 1554 — sentence de 1768 à Châtell[t] mentionnant le registre des blasons des couteliers, Arch. Châtell. Reg. no 41 — statuts des apothicaires de Poitiers 1628, art. 65; des chirurgiens 1711, art. 16 ; des boulangers de Niort 1730, art. 3. — (2) Nombreux exemples : ainsi dans les reg. des délib. de Poitiers, procès des tailleurs contre les croquechats 1621 — des apothicaires contre la ville 1630 ; des tanneurs contre les bouchers 1657 etc., Reg. 76, 80, 108 — délib. des chirurgiens 15 juillet 1755, coll. Bonseryent; des apothicaires contre les chirurgiens et les moines 8 nov. 1758, 17 mai 1759. Mss. no 405. (3) Par ex. statuts des boulangers de Poitiers 1609, art. 5 (tous les maîtres ont droit de saisie). — (4) Statuts des barbiers 1410, art. 13 — des apothicaires 1552, art. 5; 1628, art. 8. — (5) Statuts des texiers de Poitiers 1554, art. 13 (2 maîtres désignés comme arbitres).

le xvi⁰ siècle, à Niort, à Poitiers et à Châtellerault, le commerçant possède une juridiction spéciale, celle des juges-consuls, qui le soustrait aux lenteurs ou à l'incompétence de la justice ordinaire (1).

Les corporations poitevines, fières de leurs privilèges, en étalent les signes visibles, à savoir leur blason ou leurs armoiries, leurs bannières et leurs jetons ou méreaux. Les bouchers de Châtellerault portent d'azur à une trinité d'or (2). Les tailleurs de Poitiers sur leur écu de forme ovale à bordure d'or étalent une paire de ciseaux d'or couverts et entourés de branches de lauriers sur champ de gueules (3). Sur la bannière carrée à franges d'or des savetiers et cordonniers de Montcontour se détache une grande botte à l'écuyère accompagnée de deux compas à mesurer et de deux souliers, tandis que sur la bannière verte aux franges dorées des cordonniers de Thouars le compas professionnel seul apparaît (4). Partout, les corporations exhibent les insignes du métier, estimant que le travail vaut noblesse et qu'elles ne sauraient en rougir.

La vie corporative se manifeste activement dans un certain nombre de circonstances, soit dans les assemblées, soit dans les fêtes, soit dans les réunions pieuses organisées par la confrérie, soit dans les solennités funèbres. La corporation est réunie, tantôt périodiquement, tantôt irrégulièrement,

---

(1) Voir ci-dessous livre IV, chap. V. — (2) De Fouchier, les bouchers de Châtell⁺, *Bulletin Antiq. Ouest.* 2ᵉ série, V, 548 — de St-Genis, *Inv. Arch. Châtell⁺.* p. 23, signale un recueil de 27 blasons, rel. aux corps de cette ville. — (3) Un tableau corporatif, art. p. p l'abbé Bleau, *Pays Poitevin*, févr. 1898. — Les couteliers ont des armoiries « de gueules à un St-Jean Baptiste d'argent », Pagé, *la Coutellerie*, p. 121. — (4) *Album des armoiries des corporations de cordonniers de France*, p. p. P. Lacroix, Séré et Régamey, in-4 (15 planches concernent des corporations poitevines).

pour délibérer sur les diverses questions qui intéressent l'ensemble des maîtres. Les plus animées de ces réunions sont les assemblées électorales. Tous les ans à une date déterminée, par exemple en avril pour les tanneurs, le 7 mai pour les imprimeurs, le 15 juillet pour les chirurgiens, à la la fin de décembre pour les apothicaires (1), les maîtres s'assemblent et procèdent au choix de leurs administrateurs, gardes, clercs de boîte, secrétaires, greffiers, embaucheurs, anciens (2). La réunion se tient sans autorisation préalable, en vertu même des statuts (3). Des assemblées extraordinaires peuvent être convoquées, en cas de mort, de maladie prolongée, de faute grave des dignitaires, afin de pourvoir à leur remplacement (4), mais seulement si l'autorité publique en a octroyé la permission (5). Les élections donnent lieu à bien des compétitions et des intrigues. Les candidats se dépensent en « courses et démarches pour mériter les suffrages des maîtres », sauf à s'indemniser une fois élus sur les fonds de la caisse commune (6). Les anciens maîtres et les jeunes maîtres usent souvent, suivant l'expression d'un document du XVII siècle, « de cabales, de praticques et de violences », les uns contre les autres (7). Au besoin, ils

(1) Procès-v. d'élection des jurés tanneurs (19 janv. 1672) à Châtell. Vienne E 7¹ — Statuts des chirurgiens 1711, art. 5. — des impr. libr. 1634, art. 10 — des apothicaires 1628, art. 1, à Poitiers. — (2) Voir ci-dessus les textes cités chap. VII. — Dès 1283, le règl. des selliers de Poitiers montre une assemblée élisant les jurés. *Mss. S-Hilaire*, f. 76. — (3) Ex. statuts des apoth. de Thouars 1617, art. 9; des apoth. de Poitiers 1628, art. 10, etc. Les statuts ne parlent pas d'autorisation. — (4) Par ex. statuts des chirurgiens de Poitiers 1711, art. 5 — des apothicaires, 1628, art. 9. — (5) Voir ci-dessous le paragraphe relatif à la convocation des assemblées. — (6) Procédure du 5 mai 1769 à Châtell. contre un boîtier des couteliers qui porte en compte 24 l. pour le temps des courses et démarches qu'il a été obligé de faire afin de mériter les suffrages des maîtres. *Pagé*, p. 127. — (7) Délib. munic. des 4 juillet et 12 sept. 1639, rel. aux sergetiers; et du 15 janv. 1674 rel. aux menuisiers au sujet des élections. *Reg.* 89, 90, 123.

« empêchent la liberté des suffrages », comme font en 1633 les jeunes maîtres apothicaires (1). Les catholiques prétendent exclure les protestants des dignités corporatives (2), et la jeunesse est toujours prête à s'exclamer contre l'accaparement des charges par les vieux maîtres (3). Les candidats cherchent à enlever les suffrages par leurs promesses ou leur générosité, et une fois élus ils récompensent leurs électeurs, dit une ordonnance, au moyen de « festives et bancquetz qui vont à grosses sommes (4) ». Les scandales sont parfois tels que l'autorité municipale ou royale est obligée d'intervenir, de casser les élections, de convoquer de nouvelles assemblées, ou même, en cas de parité des suffrages, de choisir le candidat qu'elle juge le meilleur (5). Les élections se font en effet à « la pluralité », c'est-à-dire à la majorité des voix (6). Dans quelques corporations, l'électeur fait, avant de voter, le serment de nommer ceux qu'il jugera capables « en conscience ». Puis, chacun émet son suffrage, « en son ordre, » c'est-à-dire par rang d'ancienneté (7).

Dans d'autres circonstances moins régulières les maîtres se réunissent en assemblée pour rédiger leurs statuts (8), ou pour y faire des additions ou des suppressions (9).

(1) Délib. munic. du 31 janv. 1633 rel. aux apothicaires *Reg.* 83. — (2) Délib. mun. du 6 mai 1647 rel. aux élections des jurés éperonniers, *Reg.* 98. — (3) Textes cités ci-dessus et délib. du 14 nov. 1676 rel. aux cordonniers ; de 1672 rel. aux menuisiers, *Reg.* 122, f₀ 28, et 126. — (4) Délib. munic. du 19 juillet 1651 rel. aux serruriers-armuriers, *Reg.* 103. — (5) Délib. munic. du 31 janv. 1633 (considérants), *Reg.* 83 ; et du 2 nov. 1654 rel. aux élections des cordonniers, *Reg.* 105. — (6) Ex. statuts des chirurgiens 1711, art. 5 et autres statuts. Voir ci-dessus chap. VIII. — (7) Statuts des apothicaires 1628, art. 10. — Voir aussi le paragraphe suivant sur la procédure des assemblées. — (8) Préambule et conclusion des divers statuts. — Délib. munic. du 25 sept. 1634 relative aux tapissiers, *Reg.* 85. — (9) Mention de ces assemblées dans des délib. munic. nombreuses, ex. 4 juillet 1639 (conc* les sergetiers), 25 juin 1663 (cordonniers), 10 juin 1647 (id.), 26 juin 1665 (serruriers), *Reg.* 89, 98, 113, 116.

Ces réunions ne peuvent se faire qu'avec l'autorisation préalable de l'autorité publique (1). Tous les membres du métier y sont présents. Il arrive même que des notaires sont invités à assister à l'assemblée, à rédiger et à signer la minute de la délibération (2). Quand les maîtres se sont mis d'accord, le texte de leurs résolutions est soumis aux représentants du pouvoir municipal, seigneurial ou royal, pour être examiné et homologué (3). Tout autre procédure entraîne, outre la cassation des délibérations, des peines disciplinaires contre les promoteurs de l'assemblée (4). Dans d'autres circonstances, c'est l'autorité qui prend l'initiative des réunions. Elle invite les maîtres à se réunir en assemblée pour avoir leur avis sur les modifications à apporter aux statuts (5), sur les règlements de police et d'utilité publique, sur la tarification des produits naturels ou fabriqués, sur la fixation des salaires (6). Là encore, toutes les décisions doivent être prises à la majorité des suffrages (7). S'agit-il d'approuver des statuts et d'en jurer l'observation, l'assemblée des maîtres est convoquée de droit (8). Il en

---

(1) Par ex. statut conc^t les bouchers de Poitiers 1245 — règl^t conc^t les chapeliers xiiie s. — et autres règl. et statuts. — (2) Ex. ass. des cordonniers mentionnée dans une délib. du 11 mai 1676, *Reg.* 125. — (3) Ex. requêtes des cordonniers 25 juin 1663 et 10 juin 1647, 26 sept. 1667, 26 juin 1565, *Reg.* 113, 98, 116, 118 — règl. du xiiie et du xive s. — préambule des statuts. — (4) Ex. en 1245 le conseil de ville casse les règl. arrêtés par les bouchers « *quaedem statuta quae carnifices inter se fecerant auctoritate propria* », règl. des bouchers de Poitiers 1245, précité. — (5) Ex. délib. 18 juillet 1611 rel. aux petits bouchers, *Reg.* 68. — (6) Ex. délib. 5 août 1624 rel. aux bouchers, *Reg* 76 bis — règl. du xiiie et du xive siècle — délib. de janv. 1578 pour le règl. des salaires et produits, *Reg.* 42, etc. —(7) Règl. des bouchers 1245 (*statuta confessata a parte pociori*), — préambule des divers statuts — acte de 1667 rel. aux cordonniers mentionné dans une délib. du 11 mai 1676 (*Reg.* 125), etc. — (8) Conclusion des divers statuts, not. des chapeliers de Châtell^t 26 sept. 1588.

est 'de même pour la promulgation des règlements municipaux ou royaux, pour les sentences et arrêts qui intéressent la corporation, et dont les maîtres réunis entendent la lecture ou ordonnent au besoin l'impression (1).

Les assemblées corporatives sont aussi appelées à faire collectivement certains actes d'administration et de police. Ainsi, elles règlent les affaires de la confrérie, fixent les services annuels à célébrer (2), délivrent les brevets d'apprentissage (3), examinent les requêtes des candidats à la maîtrise, font les enquêtes préliminaires d'usage sur ceux-ci (4), donnent le chef-d'œuvre, procèdent même parfois à l'examen détaillé de l'aspirant (5), ou bien délèguent des commissaires chargés d'y assister (6). Elles statuent enfin sur l'admission ou l'ajournement des candidats (7). Ce sont encore les assemblées qui, « sur l'avis de la plus saine et majeure partie des maîtres, » décident au sujet des instances à engager contre les administrateurs de la corporation (8), contre les métiers voisins (9), contre tous les adversaires de leurs prérogatives. Elles délibèrent sur les oppositions aux procédures, pourvois et appels, après examen des dossiers. Enfin, c'est aux assemblées que sont notifiées en dernier recours les sen-

(1) Délib. munic. 19 avril 1638 conc. les pâtissiers, *Reg.* 88 — lecture d'arrêt en assemblée des chirurgiens 1751, 1755. — (2) Ex. délib. munic. du 6 mai 1647 rel. aux éperonniers, *Reg.* 98. — (3) Statuts des boulangers de Niort 1730, art. 4. — (4) Statuts des boucquetiers 1608, art. 4 ; des apothicaires 1552, art. 18-31 ; 1628, art. 43-51, etc. Voir ci-dessus chap. IV.— (5) Statuts des chirurgiens 1711, art. 12, 15, 23 ; des apothicaires, etc.; et ci-dessus, chap. IV. — (6) Ex. statuts des maçons 1695, art. 1, 4, 11 (élection de 2 anciens pour assister au chef-d'œuvre) — des apothicaires 1552, art. 32 (délégation de 2 maîtres pour l'examen des simples). — (7) Délib. mun. du 6 mars 1684 rel. aux menuisiers ; du 16 octobre 1628 rel. aux fourbisseurs, *Reg.* 128 et 79 — Voir ci-dessus chap. IV autres textes.— (8) Ex. délib. de l'ass. des chirurgiens, 4 août 1755 *coll. Bousergent.*— Statuts des couteliers de Châtell[t] 1571, art. 24 (rel. au procès). — (9) Par ex. délib. munic. de mars 1648 rel. au procès entre tanneurs et bouchers, *Reg.* 99.

tences intervenues dans les litiges (1). Toute l'administration financière est soumise à leur contrôle. Elles désignent leurs mandataires pour encaisser les recettes et en donner quittances (2). Elles examinent le budget des dépenses ordinaires et exceptionnelles (3). Elles votent les emprunts et les impositions extraordinaires, sauf approbation de l'autorité (4). Elles délibèrent sur la répartition des taxes (5). C'est devant elles ou devant leurs délégués que tous les comptables de la corporation, maîtres gardes, clercs de boite ou receveurs, sont tenus de rendre annuellement leurs comptes et déposent leurs pièces justificatives (6). Quelquefois, dans certaines corporations, les maîtres se réunissent enfin, soit dans un but de charité, soit pour organiser des espèces de conférences d'ordre technique en vue de leur instruction (7).

Si l'on en excepte quelques corporations, telles que celles des barbiers et des chirurgiens, où le droit de convocation appartient à un officier spécial (8), dans presque toutes les communautés d'arts et métiers, c'est aux maîtres-jurés, et à leur défaut aux anciens, qu'il appartient de convoquer les

(1) Procès-v. des ass. des chirurgiens 1750-1657, *coll. Bonsergent;* statuts des maçons 1695, art. 18. — Délib. munic. du 27 août 1657 rel. aux tanneurs et bouchers ; du 13 mars 1656 rel. aux cordonniers, *Reg.* 108 et 109 etc. — (2) Ex. délib. de l'ass. des chirurgiens 3 nov. 1750, *coll. Bonsergent;* des apothicaires de Poitiers 21 janv. 1760 et suiv. *Mss.* n° 405.— (3) Procès-v. des ass. des chirurgiens 1752 et suiv.; des apothicaires 1758 et suiv. — (4) Délib. du 14 sept. 1682 rel. à une ass. des tanneurs, *Reg.* 127 — ass. des chirurgiens, 18 juin 1755.—(5) Mêmes textes; délib. munic. 19 sept. 1661 et 18 janv. 1672 rel. à des ass. des serruriers, *Reg.* 112, 121.— Procès-v. d'ass. des apoth. de Poitiers 30 déc. 1758, *Mss.* n° 405.— (6) Statuts des apothicaires 1552, art. 19; des texiers 1554, art. 32 — ass. des chirurgiens, 23 mars 1751, etc. — (7) Par ex. statuts des chirurgiens 1711, art. 2 — voir ci-dessus livre II, chap. XIII pour les médecins.—(8) Statuts des barbiers de Poitiers 1410, art. 13 (convoc. par le lieut. du 1er barbier). — Ass. des chirurgiens de Poitiers 8 mars 1751, *coll. Bonsergent.*

assemblées électorales ordinaires (1). Les gardes négligent-ils de remplir ce devoir, l'autorité publique se substitue à eux (2). Pour toutes les autres réunions, l'autorisation préalable du maire ou du lieutenant-général est requise. Ce sont les pouvoirs publics qui déterminent l'ordre du jour, dont la réunion ne peut s'écarter sans usurpation punissable (3). Il y a même des cas où ces pouvoirs prennent l'initiative de la convocation (4). La réunion une fois décidée ou autorisée, les jurés donnent l'ordre de convoquer les maîtres du métier (5). Ce sont, tantôt le clerc de boîte ou bâtonnier, parfois rétribué pour cet objet (6), tantôt le secrétaire (7), tantôt le dernier maître reçu (8), que l'on oblige à déposer au domicile des maîtres le bulletin ou brevet de convocation, indiquant l'objet de l'assemblée, le lieu, le jour et l'heure où elle doit se réunir (9). La distribution doit se faire 24 heures

---

(1) Statuts des chapeliers de Poitiers 1560, art. 15 ; des apothicaires 1628, art. 9, 10, 11 et 20 — des texiers 1554, art. 38. — Ass. des bouchers mentionnée dans une délib. du 5 août 1624, *Reg.* 76 *bis.* — (2) Ex. délib. du 18 août 1511 rel. aux bouchers, *Reg.* 11 ; des 27 octobre et 8 nov. 1631 rel. aux apothicaires, *Reg.* 82. — (3) Délib. munic. 22 août 1607, 31 janv. 1639, 7 fév. 1639, *Reg.* 89 et 118 ; 13 mars 1657, 16 octobre 1628, 18 janv. 1672, 16 mai 1699, *Reg.* 79, 106, 121, 57 (rel. à des assemblées pour fréries, chefs-d'œuvre, pour règl. financiers ou statuts). — Ord. de mai 1689 contre les bouchers (oblig. de dem. permission et de faire connaître l'objet de l'ass.) (*Reg.* 132) ; 14 déc. 1648 contre les hôteliers ; 29 août 1607 contre les garnisseurs *Reg.* 100 et 118 ; contre les cordonniers 1571, *Reg.* 40 f° 137 — acte d'ass. des savetiers 19 sept. 1700, *coll. Bonsergent* (permission du lieut. de police). — (4) Statuts des chapeliers de Poitiers 1560, art. 15 — délib. du 21 juillet 1550 rel. aux bouchers *Reg.* 31 ; 19 juillet 1651 rel. aux serruriers (ass. élect. ordinaire convoquée par ordon. du maire), *Reg.* 103. — (5) Statuts cités ci-dessus — ass. des chirurgiens 8 mars 1751, *coll. Bonsergent* — procédure relative aux jurés horlogers, 10 janv. 1673, *Vienne* E 7¹ etc. — (6) Acte d'ass. des savetiers 19 sept. 1700, *coll. Bonsergent* — comptes du syndic des tapissiers 1778 (3 l. au clerc de boîte), *ibid.* Voir ci-dessus, chap. VII. — (7) Statuts des apothicaires 1628, art. 10 et 11. — (8) Procédure rel. aux jurés horlogers, 1673 précitée — statuts des chirurgiens de Poitiers 1711, art. 1. — (9) Procès-v. d'ass. des chirurgiens 8 mars 1751, 3 juin 1755, etc. — Acte d'ass. des

à l'avance (1). Le nombre des assemblées est variable. Il y a tous les ans au moins une de ces réunions pour l'élection des dignitaires de la corporation (2). Mais, outre les assemblées électorales ordinaires, il en existe, à l'occasion d'extraordinaires. D'autres réunions, où les maîtres « traitent « de leurs besognes et affaires communes », ont lieu à des époques plus ou moins régulières et à plus ou moins long intervalle. Ainsi les bouchers ont deux assemblées de ce genre par an à Châtellerault (3), tandis que les boulangers de Niort et les chirurgiens de Poitiers se réunissent tous les mois (4), à un jour fixé d'avance (5), et généralement à une heure ou à deux heures de l'après-midi (6). Les maîtres sont tenus d'assister aux réunions, sauf les cas d'absence, d'empêchement ou d'excuse légitime (7). Ceux qui s'abstiennent sans motif d'y paraître sont passibles d'amende (8), et quelquefois même de déchéance temporaire du métier (9). Les dignitaires absents sans excuse s'exposent à une amende double de celle des simples maîtres (10). Un état est

serruriers 26 juin 1665, *Reg.* 116 (délib. munic.) — et statuts cités ci-dessus notes 7 et 8.
(1) Statuts des maçons de Poitiers 1695, art. 2 et 3. — Lettres-pat. du 28 janv. 1614 en fav. des chirurgiens de Poitiers, *Vienne* D. 11. — (2) Voir ci-dessus textes cités au paragr. relatif aux ass. électorales, et le chap. VII. — (3) Statuts des bouchers de Châtell[t] 1520, art. 21. — Les apothicaires en 1759 et 1760 ont à Poitiers 6 assemblées par an, *Mss.* n° 405. — (4) Statuts des boulangers de Niort 1730, art. 4; des chirurgiens de Poitiers 1711, art. 1. — (5) Statuts des chirurgiens, art. 1 (la surveille du 1er lundi du mois). — (6) Mêmes statuts (à 1 heure); mention d'une ass. des bouchers (réunion à 1 heure) mai 1689, *Reg.* 132 ; acte d'ass. des savetiers 19 sept. 1700 (réunion à 2 heures), *coll. Bonsergent.* — (7) Statuts des peintres-vitriers 1723, art. 5; des maçons 1695, art. 3; des apothicaires 1552, art. 44 ; 1628, art. 13; des chirurgiens 1711, art. 1; délib. munic. du 27 juillet 1665 rel. aux serruriers, *Reg.* 116, etc. — (8) Amendes de 5 s., 10 s., 30 s., 1 l. de cire. Textes cités note précédente. — 5 s. chez les menuisiers, ord. du présidial de Poitiers 15 mars 1774, art. 20, précitée. — (9) Statuts des bouchers de Châtell[t] 1520, art. 22 (déchéance pour 1 an). — (10) Statuts des apothicaires de Poitiers 1628, art. 13.

dressé contenant d'un côté les noms des membres du métier présents et ceux des absents de l'autre (1).

Chaque corporation a un local particulier pour ses réunions. C'est ce que l'on nomme la chambre commune ou bureau (2). Les tapissiers-miroitiers ont le leur rue Cloche-Perse et en paient le loyer au prix de 36ˡ en 1779 (3). Généralement, c'est l'une des salles de quelque couvent qui est louée par la communauté à cet effet, moyennant une somme dont chaque maître paie sa quote-part sous le nom de *droit de chambre* (4). Ainsi à Poitiers, les imprimeurs-libraires, les serruriers, les bouchers se réunissent dans le cloître des PP. Cordeliers, auprès du Palais de justice (5), les boulangers au réfectoire du couvent de N.-D. des Carmes (6), les menuisiers dans les bâtiments des Capucins, près des Gilliers (7), les savetiers et les chirurgiens au cloître des religieux Jacobins (8). La chambre qu'ils détiennent est sous le vocable du saint de la corporation. Les chirurgiens par exemple la désignent sous le nom de chambre Saint-Côme (9). Quand une assemblée est convoquée, les maîtres

---

(1) Statuts des apothicaires de Poitiers 1552, art. 44. — (2) Premier terme employé chez les chirurgiens, le second chez les tapissiers. — (3) Comptes du syndic des tapissiers de Poitiers 1779, *coll. Bonsergent*. — (4) Statuts des chirurgiens de Poitiers 1711 art. 19 (ce droit est d'1 l. 10 s.). Les apothicaires paient pour cet objet à leur réception 12 l. chacun ; ils donnent 20 s. aux Cordeliers pour fournir le feu ou le bois les jours d'assemblée 23 juillet 1771, *Mss*. n° 405. — (5) Statuts des impr.-libr. de Poitiers 1634, art. 10 ; délib. du 26 juin 1665 rel. aux serruriers ; de mai 1689 rel. aux bouchers, *Reg.* 116, 132. — (6) Ass. des boulangers 8 juin 1609 mentᵉ dans une délib. mun. m. date, *Reg.* 64. — (7) Délib. munic. du 1ᵉʳ août 1611 *Reg.* 68. — (8) Statuts des chirurgiens de Poitiers 1711, conclusion. — Actes d'ass. des chirurgiens 1750 et sq. — Acte d'ass. des savetiers de Poitiers 19 sept. 1700, *coll. Bonsergent*. — Les apothicaires se réunissent au XVIIIᵉ s. au jardin royal de médecine et parfois aux Cordeliers. *Reg.* de leurs ass. 19 janv. 1759, *Mss*. n° 405. — *Aff. du Poitou*, 29 mars 1787. — (9) Actes d'ass. des chirurgiens de Poitiers 1750 et sq.

prennent place selon leur rang et d'après l'ordre du tableau de réception qui est affiché sur les murs de la salle (1). L'officier spécial chef de la corporation (2), ou bien encore le doyen (3), et généralement les maîtres-jurés exercent la présidence (4). Quand la corporation le juge à propos, des notaires assistent à la réunion pour en dresser procès-verbal officiel (5). A certaines assemblées, les officiers municipaux, seigneuriaux ou royaux ont aussi droit de séance (6). Au XVIIIe siècle, leur présence devient même obligatoire, et c'est sous leur présidence qu'ont lieu les assemblées (7). Le président expose l'objet de la réunion. Pendant les motions ou « propositions », le silence est obligatoire (8). Puis la discussion ou « délibération » s'ouvre. Tous les maîtres ont voix délibérative, c'est-à-dire possèdent le droit de discuter les motions (9). Ils peuvent valablement délibérer quand, suivant l'expression consacrée, « la majeure et plus saine partie des maîtres » est réunie (10), sans dis-

---

(1) Ex. statuts des chirurgiens 1711, art. 13. — (2) Par ex. chez les chirurgiens le lieutenant du 1er chirurgien. Procès-v. d'ass. des chirurgiens de Poitiers 1750 et sq. — (3) Par ex. en 1711 réunion pour approuver les statuts des chirurgiens (statuts de 1711, conclusion). — Voir ci-dessus le parag. relatif à la convocation. — (4) Textes cités ci-dessus même paragraphe. — Acte d'ass. des savetiers 19 sept. 1700, coll. Bonsergent. — (5) Acte d'ass. des chamoiseurs 1615, précité — des savetiers 1700 — des serruriers 1665, etc., précités. — (6) Par ex. assemblées des corporations de Châtell{t} mentionnées dans les statuts. — (7) Ass. électorale des couteliers à Châtell{t} 1757, Reg. 42 (présence du procureur du roi). — Ass. pour reddition de comptes des tapissiers 1779, coll. Bonsergent (présence du procureur du roi, du greffier et du lieutenant de police), etc. Voir ci-dessous, chap. VI et suiv. livre IV. — (8) Par ex. 19 sept. 1700 acte d'ass. des savetiers — statuts des bouchers de Châtell{t} 1520, art. 21 — ass. des chirurgiens de Poitiers 15 juillet 1755. — Acte d'ass. des serruriers 26 juin 1665, Reg. 113 — statuts des chirurgiens 1711, art. 13. — (9) Délibér. munic. de Poitiers 30 mars 1618 rel. aux chirurgiens; du 19 juillet 1651 rel. aux serruriers; 30 avril 1635 rel. aux maréchaux. — (10) Acte d'ass. des serruriers, 26 juin 1665. — Délib. 30 mars 1618 rel. aux chirurgiens, etc.

tinction d'anciens et de jeunes (1). Chacun opine à son tour suivant l'ordre du tableau (2). Pendant les discussions, les maîtres doivent « se porter honneur et respect », s'abstenir de propos injurieux et scandaleux à l'égard de leurs confrères (3). Les délinquants sont frappés d'amende (4) et exclus pour une période plus ou moins longue du droit d'assister aux assemblées (5). La discussion close, les votes sont recueillis (6). La pluralité ou majorité des suffrages est requise pour la validité des décisions (7). Parfois le résultat du vote est contresigné par tous les assistants (8). Des procès-verbaux spéciaux des assemblées doivent être rédigés (9). Les registres des délibérations sont tenus par les soins des maîtres-gardes ou syndics, du secrétaire, du greffier ou du clerc (10).

(1) Délib. munic. rel. aux sergetiers 12 sept. 1639 précitée ; de 1633 rel. aux apothicaires, etc. — (2) Statuts des chirurgiens 1711, art. 13. — (3) Statuts des chirurgiens 1711, art. 14 ; des apothicaires, de Poitiers 1628, art. 58. Ord. du présidial rel. aux menuisiers de Poitiers 15 mars 1774, art. 20. — (4) Amende 2 s. d'or, statuts des apothicaires 1628, art. 58, 62. — (5) Exclusion 2 ans (stat. des apothicaires 1628, art. 62-63) ; 3 mois (stat. des chirurgiens 1711 art. 14). — (6) Acte d'ass. des savetiers 1700, et autres. — Chez les chirurgiens, le vote commence par le plus jeune (statuts 1711, art. 15). — (7) Statuts des chirurgiens de Poitiers 1711, art. 15 et 5 — ass. des horlogers à Châtell[t] 10 janv. 1673, *Vienne* E 7[t] — statuts des maçons de Poitiers 1695, art. 2 — des bouchers 1245 ; des apothicaires 1628, art. 9 ; délib. munic. du 2 nov. 1654 au sujet des cordonniers, *Reg.* 105, etc. — Ord. du présidial rel. aux menuisiers de Poitiers 15 mars 1774, art. 21 ; la délibér. doit même être transmise au lieut. g. de police par les jurés accompagnés de 6 membres dont trois de la minorité. — (8) Ex. statuts des chirurgiens 1701, art. 15 (obligation de signer). — Acte d'ass. des serruriers 19 sept. 1700. — Les assistants peuvent faire opposition pour violation des formes dans les 24 heures (st. des chir. 1711 art. 15) ; délibération du 19 juillet 1651 relative aux serruriers, *Reg.* 103. — Chez les menuisiers (ord. de 1774 précitée) aucune délibération ne peut être inscrite au registre, sans l'autorisation du lieut. g. de police (art. 21). — (9) Actes d'assemblées ci-dessus cités. — On a conservé des fragments de ceux des chirurgiens et des apothicaires de Poitiers pour une partie du xvIII[e] siècle. — (10) Lettres pat. du 28 janv. 1614 rel. aux chirurgiens, *Vienne* D. 11 — procès-verb. des ass. des chi-

Nul doute que ces réunions n'aient contribué beaucoup à l'activité de la vie corporative. Il ne faudrait pas toutefois s'imaginer qu'elles fussent fréquentées avec autant d'assiduité que le demandent les ordonnances et les statuts. Les prescriptions réitérées des règlements prouvent que souvent les maîtres, par négligence ou indifférence, s'abstenaient de s'y rendre. Rarement, ils sont tous présents. Les fragments du registre des assemblées des chirurgiens et le registre des apothicaires prouvent par exemple qu'un quart, un tiers et même quelquefois la moitié des maîtres ne paraissent point (1). Plus d'une fois, les membres assidus en sont réduits à exprimer leur surprise pour le sans-gêne des retardataires et des défaillants (2). Il arrive aussi que les formes légales sont violées par des maîtres impatients ou passionnés. Les réunions ont lieu sans autorisation (3). On y discute des motions contraires à l'ordre du jour ou non prévues par l'autorité (4). Les assemblées manquent de ce calme que les statuts réclament. Les brigues s'y donnent libre cours. Les discussions sont loin de présenter le caractère de courtoisie qui est requis par les règlements. Manœuvres, votes illégaux, obstruction des jeunes à l'égard des anciens (5), participation aux votes de maîtres incapables ou mineurs (6), tous les côtés mesquins qu'ont pré-

---

rurgiens 1750 et s.; des apothicaires de Poitiers. *Mss.* n° 405. — Délib. 12 sept. 1639 rel. aux sergetiers de Poitiers, *Reg.* 90. — Statuts des maçons 1695, art. 17, etc. — Voir ci-dessus textes cités chap. VII, paragraphe final.

(1) Procès-v. des ass. des chirurgiens et des apoth. 1750 et sq. — (2) Ex. assemblée des chirurgiens de Poitiers, 15 juillet 1754 et août 1754. — (3) Textes cités ci-dessus au sujet de la réunion des assemblées. — (4) Ex. délib. munic. 13 mars 1657 rel. aux cordonniers de Poitiers, *Reg.* 106. — (5) Voir ci-dessus les textes cités relatifs aux assemblées électorales, et aux gardes-jurés. — (6) Délib. du 2 nov. 1654 rel. aux cordonniers excluant du vote ceux qui ont moins de 12 ans, *Reg.* 105.

sentés les assemblées en tout temps marquent, semble-t-il, aussi les réunions des corporations du Poitou (1). Ils ne doivent pas faire oublier qu'à tout considérer mieux vaut la libre discussion avec ses inconvénients que le mutisme hébété auquel sont réduits les corps trop asservis.

Les communautés d'arts et métiers se portent avec bien plus d'ardeur aux fêtes qu'aux assemblées. La vie populaire d'autrefois s'y étale et y déborde même avec une joie, une franchise, une exubérance qui rappelle les héros de Rabelais. Le grand écrivain a d'ailleurs pu observer ses modèles pendant son long séjour dans le Poitou et la Touraine. Certaines de ces réjouissances sont le souvenir visible de quelque divertissement d'origine féodale. Telle est la joute des bouchers et des cordonniers qui a lieu à Châtellerault de temps immémorial le jour de la Trinité, et où les membres de ces métiers, en présence de la foule et des officiers du duché réunis, luttent les uns contre les autres à cheval avec des lances ou perches, pour renverser une quintaine ou poteau garni d'une couronne de fleurs (2), au milieu des rires de l'assistance amusée de leurs efforts. Le lendemain, les meuniers de la même ville, armés chacun de deux lances, joûtent en bateau contre un poteau garni d'une guirlande de fleurs et placé au milieu de la Vienne (3). A Thouars, le dimanche de la Trinité, les meuniers de la vicomté rivalisent d'adresse, sous les yeux du peuple assemblé dans les prairies, et s'efforcent de rompre

(1) Ajoutons que les registres parfois ne sont pas tenus. Délib. du 12 sept. 1639 rel. aux sergetiers, Reg. 90. — (2) Livre Noir de Châtell^t. (XVe s. reproduisant des coutumes très antérieures), p. p. A. Barbier, Mém. Soc. des Antiq. Ouest, 1896, p. 423.—Procès-verbal de la joute des cordonniers et des bouchers 6 juin 1757, p. p. de Fouchier Bull. Antiq. Ouest, 2e s. Y, 558. — (3) Livre Noir, op. cit. p. 423 — Procès-verbal de la joute 12 juin 1757, p. p. Godard, II, pp. 114-115.

le pal couronné de fleurs planté dans le lit du Thouet, de le briser en trois morceaux et d'en offrir les débris au vicomte ou à ses officiers. Le vainqueur est ensuite promené en triomphe dans les rues et reçoit en récompense cinq chemises, trois paires de sabots et 6 l. d'argent (1). Il y a des corporations qui célèbrent par des fêtes spéciales certaines périodes de l'année. Depuis la fin du xvi° siècle, les bouchers de Châtellerault, par exemple, fêtent le carnaval par un concours où ils exposent les meilleurs bœufs. Le bœuf reconnu le plus beau par les jurés est *viellé*, c'est-à-dire promené au son d'une musique populaire dans les cantons et carrefours de la ville, après avoir été présenté aux officiers de la sénéchaussée, et son heureux propriétaire est pourvu du monopole de la boucherie de carême (2). Les maîtres et les compagnons saisissent avec empressement toutes les occasions de fêtes. Les plus vantées et celles qu'on célèbre le mieux sont les fêtes du saint de la corporation. On les appelle du nom de *fréries* ou encore de *festiages* (3). Après la cérémonie religieuse, les membres du métier parcourent les rues, les faubourgs et même les environs, enseignes déployées, tambours battants, trompettes sonnantes, et donnent des aubades (4) aux notables ou aux dignitaires de leur communauté. Des repas où s'exerçait le formidable appétit de nos ancêtres accompagnent ces réjouissances. On a conservé le menu de deux de ces agapes auxquelles

---

(1) Imbert, note sur la quintaine des meuniers à Thouars, *Bull. Soc. Stat. D.-Sèvres*, III, 389-412. — (2) Observ. de M. de Fouchier et procès-v. de réception d'un bœuf viellé à Châtell¹ 7 février 1714, *op. cit.*, p. 155. — Autre procès-verbal du 21 février 1759, p. p. Godard, II, p. 18. — (3) Termes employés dans les textes cités ci-dessous. — (4) Par ex. délib. du 8 août 1650 rel. à la fête des vinaigriers de Poitiers, et du 25 juin 1642 rel. aux tailleurs, Reg. 93 et 102.

prirent part les 30 à 40 membres de la confrérie de St-Blaise à Civrai en 1506. Dans l'un, les convives absorbent 2 coutrets de vin blanc, 7 pots de vin rouge, 8 cochons de lait farcis aux œufs, 5 gigots, 8 épaules et une longe de mouton, 26 chapons lardés, sans compter les épices, les fruits et le dessert. Dans le second ils boivent 50 pots de vin ; ils mangent 6 gorets de lait farcis avec 5 douzaines d'œufs, 6 gigots, 6 épaules, une longe, 24 chapons, avec le dessert et les fruits, se servant (luxe suprême) de trois douzaines de verres, et se faisant servir dans de la vaisselle d'étain (1). Réception des maîtres, installation des gardes et dignitaires du métier, visites, tout est prétexte à buvettes, dîners, banquets (2). Ces usages, souvent interdits, n'en persistent pas moins, grâce à la force de la tradition. Ils avaient un côté utile. Ces fêtes sont pour l'artisan d'autrefois une diversion à la tristesse ou à la monotonie de la vie ordinaire. Elles resserrent les liens de la confraternité entre les maîtres. Mais leurs effets ne laissent pas d'être souvent fâcheux. Elles excitent au gaspillage et à l'imprévoyance ; elles ruinent ceux qui en supportent les frais. Les ordonnances municipales constatent que la plupart des communautés sont obérées par les dépenses de ces fréquents « festiages », et que ces réjouissances, parfois hebdomadaires, poussent à la débauche et à la paresse les corporations qui auraient eu le plus de motifs pour ne pas négliger le travail (3).

Les *frairies* ou *confréries* offrent aux membres des métiers

---

(1) Document donné par les *Aff. du Poitou*, 1781, p. 57, et par A. Briquet, *Hist. de Niort*, I, 164. — (2) Voir ci-dessus, textes cités chap. VII. — Délib. du 25 août 1625 interd. les festiages des bouchers — statuts des parcheminiers (*Reg.* 77) 1553, art. 3, etc.; — ord. du présidial de Poitiers conc. les menuisiers 1774, art. 23. — (3) Délib. munic. de Poitiers 6 mai 1686 rel. aux métiers en général et aux saveliers en particulier, *Reg.* 130.

des fêtes moins vulgaires et d'un caractère plus relevé. Chaque corporation a généralement sa confrérie. Dès le xiii° siècle, il est question dans un règlement de celle des éperonniers de Poitiers (1), et tous les statuts des corporations poitevines depuis le xv° siècle mentionnent l'existence de la confrérie du métier (2). Certains métiers libres, par exemple les meuniers et les tireurs d'étaim et cardeurs, au xvii° siècle, obtiennent la permission d'organiser de ces pieuses associations (3). La confrérie est placée sous la protection du saint de la corporation. Celle des boulangers de Poitiers est dédiée à St Honoré (4). D'après une tradition, les pâtissiers, qui ont le même patron, se sont empressés d'orner leur chapelle d'un beau tableau où le saint est figuré en habits épiscopaux, la mitre en tête, la crosse à une main, une large pelle à l'autre, enfournant de petits pâtés (5). Les bouchers de Châtellerault ont établi leur confrérie en « l'honneur de la Trinité (6) ». Les sergetiers et peigneurs de Niort ont pris pour patron St Blaise (7). Les tisserands de Châtellerault ont dédié leur association à la Nativité de la Vierge (8), les texiers en linge Niortais à la

(1) Règl. de 1265 rel. aux *frenarii* de Poitiers. — (2) Voir les textes cités ci-dessus. — (3) Délib. munic. du 19 février 1685 relatant d'autres délibér. du 29 juin 1637 et du 18 fév. 1675 rel. à la confrérie des cardeurs et tireurs d'étaim, *Reg.* 129. — (4) Délib. du 3 juin 1652 rel. à la confrérie des meuniers de Poitiers (nom inconnu), *Reg.* 103 — mention de la confrérie des boulangers de Châtell* acte du 18 mai 1673, *Vienne* E 7¹ — Statuts des boulangers de Poitiers 1609, art. 31 — des pâtissiers 1505-20, art. 13. — (5) La Fontenelle, *op. cit.*, p. 90. — (6) Statuts des bouchers de Châtell* 1520, art. 3 et 21. — Mention de la confrérie des bouchers de Poitiers, délib. munic. 1er juin 1551, *Reg.* 31. — (7) Acte de 1642 relatif à la confrérie des sergetiers et peigneurs de Niort, *Bull. Soc. Stat. D.-Sèvres*, III, 14. — Mention de la confrérie des sergetiers de Poitiers, Délib. munic. 11 sept. 1617, *Reg.* 72. — (8) Sentence du lieut. g. de Châtell* rel. aux tisserands, 13 sept. 1700, *Vienne* E 7¹.

Présentation de la Vierge Marie (1), les tailleurs de Poitiers à la Trinité (2), les corroyeurs, les cordonniers et les gantiers à St-Crépin et à St-Crépinien (3), les peintres-vitriers à St-Luc (4), les menuisiers à « madame Ste-Anne » (5), les serruriers, les maréchaux, les éperonniers, les orfèvres à « monsieur St-Éloy » (6), les imprimeurs-libraires à St-Jean Porte-Latine (7). Les gantiers ont placé la leur sous la protection de Dieu et des trois Maries (8). La confrérie comprend non seulement les maîtres, mais encore les apprentis et les serviteurs ou compagnons, comme le montrent divers statuts, tels que ceux des boulangers, des pâtissiers, des texiers, des corroyeurs, des gantiers (9). En 1538, les compagnons menuisiers ayant voulu former une confrérie distincte de celle des maîtres, le corps de ville de Poitiers s'y oppose, leur interdit de se grouper à part et leur ordonne, pour éviter « d'engendrer débat entre eux », de se régler « selon l'ordonnance des maîtres du métier (10) ». La confrérie a son organisation spéciale. Ses membres élisent an-

(1) Acte du 13 janv. 1657, rel. à cette confrérie Bull. Soc. Stat. D. Sèvres III, 26. — (2) Statuts des tailleurs 1458-61. — Pays Poitevin, 8 fév. 1899 (le tableau des tailleurs 1604). — Mention de la confrérie des chaussetiers sans indication de nom, statuts de 1473, art. 5, 6, 14; de celle des chapeliers (statuts des ch. de Châtell[t] 1588, art. 10). (3) Délib. munic. de Poitiers 24 octobre 1689 rel. aux savetiers, Reg. 132 — statuts des corroyeurs de Poitiers 1457, art. 8, 9, 10, 16 — délib. mr nic. citées ci-dessus rel. aux cordonniers. — (4) Statuts des peintres-vitriers de Poitiers 1723, art. 1. — (5) Statuts des menuisiers de Poitiers 1450-97, art. 1. — (6) Statuts des maréchaux de Poitiers 1583, art. 2, 3, 7 — des orfèvres 1457-67, art. 8 — des éperonniers 1265; des serruriers 1455, art. 1 — délib. munic. 18 avril 1633 rel. aux serruriers, Reg. 83. — (7) Note extraite de l'obituaire de l'église Sainte-Opportune 6 mai 1649 rel. à cette confrérie. Arch. hist. Poitou XV, 353. — (8) Statuts des gantiers xve s. — Autres confréries mentionnées sans indication de nom : tapissiers-miroitiers (comptes du syndic 1779); parcheminiers (statuts 1553, art. 5); chirurgiens 1711, art. 19. — (9) Statuts précités et textes indiqués ci-dessus. — (10) Délib. munic. de Poitiers, 11 fév. 1537-38 rel. aux menuisiers, Reg. 20.

nuellement, en assemblée (1), leur capitaine, leur lieutenant, leur enseigne et leur sergent (2), qui les dirigent dans les cérémonies publiques, leurs procureurs, receveurs ou clercs de boîte qui administrent la caisse de l'association (3). Celles-ci a ses ressources propres versées dans sa *boîte* ou trésor (4); elles proviennent des droits d'entrée ou de réception des apprentis (5), des compagnons et des maîtres (6), des cotisations hebdomadaires (7) ou mensuelles 8) ou annuelles (9), des divers membres du métier, depuis l'apprenti jusqu'au varlet et au patron (10), du produit total ou partiel des amendes disciplinaires (11). Ces redevances

(1) Voir ci-dessus les textes rel. aux assemblées et aux clercs de boîte. — (2) Par ex. la confrérie des merciers de Poitiers qui a 200 membres et celle des merciers de Mirebeau qui en a 80; textes rel. à l'inaug. des foires de Beaumont en Poitou (1619) p. p. *Rédet*, *Mém. Antiq. Ouest* XX, 146. — (3) Voir ci-dessus chap. VII et acte du 13 janv. 1657 rel. à la confrérie des texiers en linge de Niort, précité. — (4) Nom donné par les divers statuts. — (5) Par ex. tous apprentis chez les boulangers de Châtell^t doivent payer 1 l. et demie de cire (acte 18 mai 1673, *Vienne E* 7^1); chez les boulangers de Poitiers (statuts 1609 art. 13) 1 l. de cire; chez les texiers en linge de Niort 20 s. (acte précité); chez les tisserands de Châtell^t. 20 s. ou 1 l. de cire au choix (sentence 13 sept. 1700 précitée); chez les tireurs d'étain à Poitiers 10 s. (délib. 19 fév. 1685 précitée), etc. (6) Ainsi les meuniers donnent 20 l. (délib. 3 juin 1652, *Reg.* 103); les texiers en linge à Niort 5 s. (acte du 13 janvier 1657 précité); les tisserands à Châtell^t. 20 s. (sentence du 13 sept. 1700, précitée); les texiers de Poitiers 15 s. (statuts 1554, art. 2); les corroyeurs 30 s. (statuts 1455, art. 8 et 9); les menuisiers 4 l. (délib. 8 août 1611, *Reg.* 68); les chirurgiens 3 l. (statuts 1711, art. 19), etc. — (7) Par ex. les maîtres pâtissiers paient tous les lundis un hardi ou 3 d., les serviteurs 2 à 1. d. (statuts de 1520, art. 13); les bouchers chaque semaine 1 liard (délib. munic. de Poitiers 1er juin 1551), *Reg.* 31; les gantiers tous les samedis 1 d. (statuts xve s.); les sergetiers 1 double tous les samedis (délib. munic. 11 sept. 1617, *Reg.* 72). — (8) Les texiers en linge en Niort paient 1 sol par mois (acte de 1651); les valets gantiers 2 d. par mois (statuts xve s). — (9) Les maîtres maréchaux à Poitiers paient une cotisation annuelle de 2 s. 6 d. (statuts 1583, art. 17); les maîtres menuisiers de même 2 s. 6 d. (statuts 1450-97, art. 24) et les compagnons 15 deniers; les tisserands de Châtell^t (maîtres) 6 s. par an (sentence du 13 sept. 1700); les boulangers de Poitiers, 5 s. (statuts 1609, art. 31). — (10) Textes cités ci-dessus. — (11) Ex. amendes pour malfaçons et soustraction de serviteurs (statuts des pâtis-

sont acquittées tantôt en nature, sous la forme d'une quantité déterminée de livres de cire pour le luminaire de la confrérie (1), tantôt sous forme pécuniaire (2). Au xvii° siècle, on astreint au paiement les protestants eux-mêmes (3).

C'est avec ce budget que la confrérie subvient à ses diverses dépenses. Parfois elle a sa chapelle construite à ses frais, comme celle que les sergetiers de Niort font édifier en 1642 dans l'église de St-André, près du grand autel, sous les vocables de St Louis et de St Blaise, et qu'ils ornent de vitraux représentant les épisodes de la vie de leurs bienheureux patrons (4). D'autres corporations moins riches n'ont pas de chapelle particulière et désignent tous les ans celle où elles veulent faire célébrer le service divin (5). En général, moyennant une redevance annuelle (6), les confréries s'assurent la jouissance d'une chapelle ou d'un autel dédiés à leur saint, qu'elles entretiennent à leurs frais et qu'elles ornent de leurs tableaux (7). Les bouchers de

siers 1505-1520, art. 8 et 9); 1/2 des amendes des chaussetiers (statuts 1473, art.5,6, 14); le tiers des amendes chez les chapeliers de Châtell'. (statuts 1588, art.6 à 9), les éperonniers de Poitiers (régl. de 1265), et les parcheminiers (statuts 1553, art. 5), etc.

(1) Ex. pour les maréchaux, droit de réception une livre de cire et 30 s. (statuts 1583, art. 7 et 17); pour les tanneurs demi-livre de cire (comme amende) (statuts xv° s.) — corroyeurs (1 l. de cire—statuts 1455); de même pour les chaussetiers (statuts 1473), les tailleurs (statuts 1461); etc. — (2) Textes ci-dessus. — (3) Par ex. les texiers en linge de Niort exigent pour la confrérie 20 s. des apprentis même protestants (acte 13 janvier 1657). — (4) Actes d'ass. des fabriqueurs de Saint-André de Niort 12, 19, 26 janv, 1642 et contrats des 26 janv, et 1er février, p. p. *Frappier*, *Bull. Soc. Stat. D.-Sèvres* III, 14-20. — (5) Par ex. les texiers en linge de Niort (acte du 13 janv, 1657, *ibid.* III, pp. 20-24); les imprimeurs de Poitiers ont leur chapelle d'abord église Sainte-Opportune, puis à l'église Saint-Jean Baptiste (*Obituaire de Sainte-Opportune* 1649, *Arch. hist. Poitou* XV, 353). — (6) Ex. les sergetiers de Niort paient une rente annuelle de 7 l. à la fabrique Saint-André. — (7) Ainsi les menuisiers de Poitiers demandent 10 s. à chaque maître pour réparations des bâtiments de l'église (délib.

Poitiers ont la leur au cloître des Augustins (1), les savetiers aux Jacobins (2), les texiers en l'église des Carmes, de même que les gantiers (3), les chaussetiers à Notre-Dame-la-Grande, les merciers à l'église Notre-Dame-la-Petite (4), les tisserands de Châtellerault à l'église des Cordeliers (5). Les tailleurs de Poitiers qui avaient d'abord leur autel dans la chapelle Ste-Marguerite, au cloître des Frères Prêcheurs (6), ont au xviiᵉ siècle leur lieu de réunion religieuse en l'église abbatiale de la Trinité (7). C'est là que la confrérie célèbre les services destinés à lui assurer la bénédiction divine. La cérémonie la plus importante est la fête annuelle du saint patron de la corporation. Elle a lieu par exemple pour les bouchers de Poitiers le dimanche après la Fête-Dieu, appelé vulgairement le « dimanche Roy » (8), et pour les couteliers de Châtellerault, le jour de la Décollation de St Jean-Baptiste, le 31 août (9). Les maîtres-jurés, procureurs et clercs de boîte se chargent

1ᵉʳ août 1611, *Reg.* 68); les tailleurs ornent leur chapelle d'un tableau que l'on a conservé (*Pays Poitevin* fév. 1899).

(1) Délib. munic. 1ᵉʳ juin 1551, *Reg.* 31. — (2) Délib. munic. 24 oct. 1689, *Reg.* 132. — (3) Statuts des texiers 1554, art. 38; des gantiers xvᵉ s. — (4) Délib. munic. 25 sept. 1656, rel. aux chaussetiers, *Reg.* 107; actes cités par Rédet rel. aux merciers (xviiᵉ s.) *Mém. Antiq. Ouest*, tome XX. — (5) Sentence du 13 sept. 1700. *Vienne, E* 7¹. — (6) Statuts des tailleurs 1458-61. — (7) Abbé Bleau, *le Pays Poitevin*, 8 fév. 1899 (un tableau votif des tailleurs de Poitiers). — (8) Délib. munic. de Poitiers (25 août 1625 (rel. aux bouchers), *Reg.* 77. — (9) Pagé, *la Coutellerie*, p. 124. — Autres fêtes : les tailleurs le jour de la Trinité (statuts 1461); les savetiers à la Saint-Crépin (délib. munic. 24 octobre 1689, *Reg.* 132); les maréchaux le jour de Saint-Eloi (statuts 1583, art. 17); les peintres vitriers le 17 octobre, jour de Saint-Luc (statuts 1723, art. 1); les boulangers à la Saint-Honoré (statuts 1639, art. 1); les vinaigriers le 7 août (délib. munic. 8 août 1650, *Reg.* 102); les chirurgiens le jour des Saints Côme et Damien (statuts 1711); les texiers le jour de la Nativité Notre-Dame (statuts 1554, art. 2); les chapeliers de Châtellᵗ le jour des Saints Jacques et Philippe (statuts 1588, art. 3).

des préparatifs (1). Au jour fixé, dans la matinée, tous les maîtres et membres du métier avec leurs bannières, rangés sur trois rangs en forme de compagnie (2), se rendent à l'église où est célébrée une grand'messe avec toute la pompe nécessaire en pareille occurrence. Le soir, les vêpres sont chantées devant toute la corporation. Les cérémonies durent même parfois pendant deux jours (3). La confrérie, conduite par ses bâtonniers, y déploie toutes les splendeurs de son luminaire. L'autel resplendit de l'éclat des cierges. Des torches que tiennent dans leurs mains un certain nombre de maîtres (4) éclairent jusqu'aux recoins de la chapelle. Quelques corporations, par exemple les tanneurs de Poitiers, mettent leur point d'honneur à faire brûler un cierge de grosses dimensions, appelé la chandelle Notre-Dame, acheté sur le produit de recettes spéciales (5). Pendant l'office, soit à la grand'messe, soit aux vêpres, à un moment donné, tantôt un maître, tantôt plusieurs (6), désignés à tour de rôle, procèdent à la distribution d'un pain bénit ou d'un gâteau destiné à chacun des membres du métier, parfois même à leurs femmes et à leurs enfants (7). Les jeux de paume et de

(1) Ex. délib. 6 mai 1647 rel. aux éperonniers, *Reg*. 98 — statuts des texiers 1654, art. 32 — délib. 19 fév. 1685 rel. au bâtonnier des tireurs d'étaim, *Reg*. 129, et ci-dessus chap. VII. — (2) Délib. munic. de Poitiers 5 août 1625 rel. aux bouchers *Reg*. 77; statuts des chirurgiens 1711. — (3) Par ex. statuts des peintres-vitriers 1723, art. 1. — (4) Sentence du lieut. g. de Châtell^t rel. aux tisserands 13 sept. 1700, *Vienne* E 7^1 — acte du 19 fév. 1685 rel. aux tireurs d'étaim (10 s. par apprenti pour frais et luminaire) et textes cités ci-dessus. — (5) Statuts des tanneurs de Poitiers xve s. — (6) Chez les peintres-vitriers à vêpres; chez les chirurgiens à la messe; dans ces 2 corporations, 1 maître à tour de rôle; chez les bouchers 3 maîtres. — (7) Statuts des peintres-vitriers 1723, art. 1 et 5 (1 pain bénit de 8 boisseaux) — statuts des chirurgiens 1711, art. 34, (pain bénit et gâteau). — Délib. munic. 25 août 1625 rel. aux bouchers (3 pains bénits de 16 boisseaux, *Reg*. 77). — Extrait de l'obituaire de Sainte-Opportune 6 mai 1649 (mention du pain bénit des imprimeurs). — Délib. 6 mai 1686 (pain bénit des savetiers), *Reg*. 130.

boule, le tir de l'arquebuse, servent d'intermèdes, quand la cérémonie religieuse est terminée. Un grand banquet marque la clôture de la fête, « afin d'entretenir, disent les statuts des chirurgiens, l'union entre les confrères (1). »

La ferveur religieuse des corporations ne se contente point de ce service annuel. Beaucoup, telles que les communautés des boulangers et des bouchers, font célébrer plusieurs messes par an (2). Les texiers ont soin de commander une messe en l'église des Carmes aux cinq fêtes « de la « benoiste Vierge Marie », et chaque dimanche de l'année : ils paient pour cet objet une redevance annuelle de 7^l aux religieux (3). Chaque semaine, les sergetiers prélèvent sur chacun des maîtres un double pour faire dire une messe le dimanche (4). Le second dimanche du mois, les tireurs d'étaim et cardeurs font chanter leur office en l'église des Jacobins (5). Le jour de la réception de chaque maître, les chaussetiers prennent soin de se réunir à l'église devant l'image Notre-Dame la Grande, d'y faire célébrer la messe et d'y mettre sur l'autel deux cierges d'un quarteron pièce (6). Les savetiers poussent même la dévotion jusqu'à vouloir, à l'occasion du service hebdomadaire du lundi, distribuer chacun à leur tour un pain bénit (7). Aux jours de processions, notamment lors de la Fête-Dieu ou jour « du sacre »,

---

(1) Par ex. chez les couteliers de Châtellerault, *Pagé*, p. 124. — Statuts des chirurgiens de Poitiers 1711, art. 3 — et ci dessus. — (2) Délib. munic. 1er juin 1551 rel. aux bouchers, *Reg.* 31. — Statuts des boulangers de Poitiers 1609, art. 32. — (3) Statuts des texiers de Poitiers 1554, art. 14. (4) Délib. munic. (11 sept. 1617) rel. aux sergetiers de Poitiers, *Reg.* 72. (5) Délib. munic. du 19 févr. 1685 rel. aux tireurs d'étaim (ils paient 6 d. chacun pour ce service), *Reg.* 129 — (6) Délib. munic. 25 sept. 1656 rel. aux chaussetiers de Poitiers, *Reg.* 117. — De même les tuiliers et chaufourniers de Bourceguin qui, outre une messe solennelle, ont un festin (note de 1774, *Ann. Soc. d'Emul. Vendée* 1891, pp. 66-69). — (7) Délib. munic. du 6 mai 1686 rel. aux savetiers, *Reg.* 130.

comme on l'appelle à Poitiers, la corporation se range dans le cortège. Le clerc de boîte fait apporter à l'église les torches et le gros cierge, ornés de feuilles de fer blanc peintes, sur lesquelles se détachent les armoiries ou l'écusson de la communauté (1). Le boistier lui-même, ou bien les jurés, ou encore les maîtres désignés par la confrérie portent ces torches devant « le corps Nostre-Seigneur Jésus-Christ (2) », et c'est dans un ordre déterminé que les corporations jalouses de leur droit de préséance escortent leurs dignitaires (3).

La confrérie participe aux événements qui attristent la communauté comme aux fêtes où se manifeste la joie de tous. La solidarité corporative ne permet point qu'on oublie les morts. Aussi, chacun des maîtres est-il tenu, sauf le cas d'excuse légitime, et sous peine d'amende, d'assister aux obsèques des maîtres et des maîtresses décédés (4).

(1) Sentence du 13 sept. 1700, rel. aux tisserands de Châtellerault *Vienne* E 7¹ (obligation de porter les torches et le gros cierge de la corporation). — Comptes du syndic des tapissiers de Poitiers 1779 (6 l. pour les 2 torches de la procession). — Statuts des maçons 1695 art. 14 (2 torches) ; des parcheminiers 1553 art. 3 (id.); des texiers 1554, art. 2 ; des peintres-vitriers 1723, art. 1 ; délib. du 1ᵉʳ août 1572 rel. aux apothicaires (oblig. de faire porter 2 torches qui coûtent 24 s.) — Comptes des couteliers de Châtell¹ 1727-29 (38 l. 10 s. au ciergier; 40 s. pour faire porter le cierge ; 42 s. pour 7 feuilles de fer blanc autour des cierges ; 10 l. 10 s. pour la peinture de ces feuilles), *Pagé*, p. 124. — (2) Le boistier et 4 maîtres chez les tisserands de Châtell¹ ; le clerc de boîte et les jurés chez les maçons de Poitiers, etc. Textes cités à la note précédente. — (3) Voir ci-dessous, chap. IX. — (4) Délib. munic. du 19 février 1685 rel. aux tireurs d'estaim (amende de 5 s.). — Statuts des boulangers de Poitiers 1609, art. 31 (amende d'un quarteron de cire pour le luminaire), — des pâtissiers 1520, art. 14 (amende demi-livre de cire). — Délib. munic. 27 juillet 1665 rel. aux serruriers (5 s. d'amende), *Reg.* 116. — Statuts des chirurgiens 1711, art. 4 (id.) — des barbiers 1410 (3 s. d'amende); sentence du 14 janv. 1773 contre 2 maîtres couteliers (3 l. d'amende) *Vienne* E 7¹. — Délib. munic. 22 mars 1610 rel. aux sergetiers de Poitiers 22 mars 1610, *Reg.* 65 — statuts des chaussetiers 1473, art. 14 — des tanneurs xvᵉ s., des corroyeurs 1455, art. 16 ; des maçons 1595, art. 13 ; des peintres-vitriers 1723, art. 1. L'amende est de demi-livre, d'1 livre de cire, de 10 s., etc.

Le clerc de boîte, sur l'ordre des jurés, délivre un bulletin porté par le dernier maître reçu pour inviter les membres du métier aux funérailles (1). Le bâtonnier ou boistier y fait porter ou porte lui-même le gros cierge de la communauté (2). Les maîtres escortent le corps, tenant à la main des torches, fournies aux frais de la corporation (3). Dans une pensée de charité, pour ménager les ressources de la veuve et des orphelins, certaines confréries ont soin de désigner six maîtres qui portent le cercueil, « sans demander aucuns salaires (4) ». Quatre jeunes maîtres forment une sorte d'escorte au corps du défunt, tenant les quatre coins du drap mortuaire (5). Puis quand le défunt ou la défunte ont été conduits à leur dernière demeure, le lendemain (6) ou huit jours après le décès (7), à la diligence du bâtonnier, une messe est célébrée pour le salut de leur âme. Quelques corporations vont jusqu'à faire dire six messes pour le maître, et deux pour le varlet (8). Nul n'est autorisé à se dispenser d'y assister, sous peine d'amende (9) et parfois d'exclusion de la confrérie (10). Tous les ans, le lendemain

---

(1) Textes ci-dessus et en particulier délib. du 27 juillet 1665 rel. aux serruriers; statuts des chirurgiens 1711,art.4 ; des texiers 1554, art. 38; des corroyeurs 1455, art. 16; des maçons 1695, art. 13. — (2) Mêmes textes et notam. statuts des maçons art. 13; des pâtissiers, art. 14. — (3) Sentence du 13 sept. 1700 rel. aux tisserands de Châtell'. — (4) Acte du 2 janvier 1657 rel. aux tisserands de Niort, précité.— (5) Statuts des chirurgiens de Poitiers, 1714, art. 4.— (6) Délib. du 19 fév. 1685 rel. aux tireurs d'estain de Poitiers. — Sentence du 13 sept. 1700 rel. aux tisserands de Châtell'. — Statuts des peintres-vitriers 1723, art 1. La cotisation pour ce service varie de 6 s. à 20 s. par maître. —(7) Acte du 13 janvier 1657 rel. aux tisserands de Niort, précité. — (8) Statuts des pâtissiers de Poitiers 1520, art. 14.— (9) Amende de 5 s. chez les tireurs d'étain de Poitiers; 10 s. chez les tisserands de Châtell'. ; 1 l. de cire chez les chaussetiers de Poitiers (statuts 1473, art. 14); 10 s. chez les menuisiers qui se dispensent d'assister aux obsèques et aux services de leurs « confrères ou consœurs ». Ord. du présidial de Poitiers mars 1774, art. 22. — (10) Acte du 12 janvier 1657 rel. aux tisserands de Niort.

de la fête de la corporation, un obit ou service solennel est célébré pour le repos de l'âme des confrères décédés pendant l'année (1).

Les corporations ne négligent pas davantage leurs devoirs de charité. Chez les boulangers de Poitiers, on prend 9¹ sur les droits de maîtrise et la moitié des amendes, pour alimenter une caisse destinée à subvenir à la « nécessité et « indigence de plusieurs » membres du métier, « tant « maîtres que compagnons (2) ». Les tailleurs se cotisent « afin de secourir les pauvres de leur communauté (3) ». Les apothicaires de Thouars destinent partie des droits de maîtrise au soulagement des indigents de leur profession (4). Les apothicaires de Poitiers réservent une part de leurs deniers et amendes pour nourrir les malades et les impotents, comme pour subvenir au besoin aux frais de leur sépulture (5). Sur les droits d'entrée des apprentis, ils prélèvent un fonds de « secours à l'usage des pauvres serviteurs apo-« thicaires passants » qui ne trouvent pas de travail (6). Les chapeliers, mus par une pensée plus délicate encore, se préoccupent du sort des veuves chargées d'enfants et de l'avenir des jeunes filles. Ils veulent qu'on aide sur les deniers de la boîte non seulement les maîtres et maîtresses « tombées « en quelque pauvreté ou nécessité pour cause de maladie « ou autrement », mais aussi les mineurs et les filles nubiles

---

(1) Ex. extraits de l'obituaire de Sainte-Opportune rel. aux imprimeurs de Poitiers, 6 mai 1649, *Arch. hist. Poitou* XV, 353. — Statuts des peintres vitriers 1723, art. 7; des chirurgiens 1711, art. 2.— Acte du 24 janv. 1657 relatif aux tisserands de Niort (on distribue à cet obit aux frais de la confrérie un pain bénit de la valeur de 25 s.). — (2) Statuts des boulangers de Poitiers 1609, art. 14 et 32; des tailleurs 1458-61. — (3) Statuts des apothicaires de Thouars 1617, art. 3. — (4) Statuts des apothicaires de Poitiers 1552, art. 19. — (6) Statuts des apothicaires de Poitiers 1628, art. 22.

« qui par pauvreté pourraient tomber à faire mauvaise af-
« faire (1) ». Partie du produit des amendes, le tiers, le
quart ou la moitié est généralement prélevée pour les pauvres
et les malades des hôpitaux, de l'aumônerie et de la dominicale (2). Les corporations spéciales, telles que celles des
médecins et des chirurgiens, donnent des consultations gratuites à Poitiers le premier lundi du mois (3), et se distribuent mensuellement par quartier le soin de visiter et de
panser gratis les pauvres nécessiteux (4). En certains cas,
les hôteliers et taverniers sont tenus d'installer dans leurs
salles des troncs pour recevoir les offrandes destinées aux
malades et aux indigents (5). L'esprit charitable des communautés d'arts et métiers s'est donc manifesté de bien des
manières, et l'on ne saurait douter que l'existence des confréries, si elle n'a pas produit les effets merveilleux que lui
attribuent les panégyristes (6), n'ait été souvent un élément
puissant d'entente et de fraternité.

Il est néanmoins hors de doute aussi qu'elles ne furent
pas toujours assez puissantes pour enrayer les divisions, et
que leur idéal fut plus d'une fois oublié. Maîtres et compa-

(1) Statuts des chapeliers de Poitiers 1569, art. 11 et 13. — (2) Délib. munic. 1er mai 1651, rel. aux bouchers (tiers des amendes à l'aumônerie); 27 janv. 1651 rel. aux savetiers et cordonniers (moitié des amendes); 9 avril 1663, rel. aux vivandiers (totalité des amendes), *Reg.* 102 et
113; statuts des apoth. de Thouars 1617, art. 9 (demi ou trois quarts des
amendes aux pauvres). Délib. du 8 août 1611 rel. aux amendes des marchands à Poitiers (applicables à la dominicale). — De même le produit des
confiscations, lettres pat. mai 1765 rel. aux menuisiers de Châtell^t. — (3)
Statuts des chirurgiens de Poitiers 1711, art. 1. — (4) Ibid., art. 12. —
(5) Délib. munic. de Poitiers 14 sept. 1538, *Reg.* 20, f° 614. — (6) L.
Guibert (les Anciennes confréries en Limousin, *Soc. Arch. du Limousin*
1895, p. 339) remarque très justement que la confrérie depuis le xive siècle
n'a nullement resserré les liens entre le patron et l'ouvrier : « les bons rapports, dit-il, venaient des mœurs, des pratiques religieuses, du travail
commun du petit atelier, de la simplicité de la vie ».

gnons étaient loin d'y vivre toujours en parfaite harmonie (1). L'esprit de dévotion y avait des intermittences. Les fêtes religieuses y dégénèrent en occasions de dissipation et de dépense. Une délibération du corps de ville de Poitiers en 1686 constate que la plupart des métiers sont obérés par les fréquentes assemblées auxquelles donnent lieu les services et les pains bénits, et où les artisans non contents de dépenser leur salaire, « se desbauchent tout le jour et ne « travaillent point » (2). L'égoïsme a parmi les maîtres des retours inquiétants qui se traduisent par leur négligence à assister aux obsèques et aux services funèbres, malgré les menaces réitérées et les pénalités dirigées contre les délinquants (3). On peut en conclure que l'autonomie corporative dans ses diverses manifestations, assemblées, fêtes, confréries, a eu certainement d'excellents effets. Elle a entretenu dans les corporations jusqu'au XVIII° siècle une vie assez active, des habitudes de libre discussion, l'esprit de solidarité. Si parfois l'intrigue, les divisions, la paresse et l'égoïsme ont pu se glisser, à la faveur de ces usages, parmi les communautés, on ne saurait juger que l'institution ait été mauvaise, mais seulement qu'elle fut plus d'une fois altérée par les hommes qui en jouirent.

(1) Par ex. délib. munic. du 11 fév. 1537-38 rel. aux compagnons menuisiers de Poitiers, *Reg.* 20. — (2) Délib. munic. du 6 mai 1686, *Reg.* 130. — (3) Délib. munic., 1er juin 1551 sign. la néglig. des bouchers à l'égard des services religieux ; du 22 mars 1610 (le refus des sergetiers d'assister aux obsèques) ; 26 juin 1665 (négligence des serruriers), *Reg.* 31, 61, 110 — et textes cités ci-dessus.

CHAPITRE IX

Le Rôle Social et Politique des Métiers Libres et des Métiers Jurés en Poitou.

La place que les métiers jurés et les métiers libres du Poitou occupèrent dans la société locale ne répondit jamais, semble-t-il, à l'importance numérique des éléments qu'ils renfermaient. Cette importance était cependant considérable. Si les documents font à cet égard défaut pour la période antérieure à la fin du xviie siècle, du moins la lecture des pièces d'origine multiple relatives aux métiers donne-t-elle l'impression du développement à peu près continu de la population industrielle et commerçante. A partir de la seconde moitié du règne de Louis XIV, il est possible de préciser davantage et d'établir quelle place au point de vue du nombre les classes ouvrières occupaient dans l'ensemble des habitants du Poitou. Notons d'abord que la province avait, en 1698, 1004 paroisses, 149.496 feux et comptait 612.621 âmes (1). C'étaient les villes ou gros bourgs pourvus de ce titre qui renfermaient la proportion la plus forte des gens de métier. La capitale du pays, Poitiers, qui comptait vers 1700, 4030 feux, soit environ 18 à 19.000 habitants (2), était surtout le séjour des gens de loi, des fonctionnaires, des membres de l'Université et du haut clergé. Un intendant en 1708 estime que les 65 communautés d'arts et métiers de cette ville ne comprennent guère plus de 1500 personnes (3), et en supposant que chacune d'elles repré-

---

(1) Mém. de l'intendant Maupeou d'Ableiges (1698), p. p. *D. Matifeux*, p. 427. — (2) Etat détaillé de la pop. du Poitou vers 1700, p. p. *D. Matifeux*, p. 509. — (3) L'intendant Doujat au contrôleur général 1708, lettre précitée.

sente une famille ou feu, on arrive à cette conclusion que la population industrielle et commerçante de Poitiers ne devait guère être supérieure au tiers de l'effectif total. C'était à Niort que les classes ouvrières représentaient la proportion la plus forte. C'est là que se trouvait la véritable métropole économique du Poitou. En 1716, sur 2200 feux (1), c'est-à-dire sur 10.000 habitants environ, cette ville ne renferme pas moins de 1950 marchands, fabricants, petits artisans et ouvriers. Commerçants et industriels forment donc les 9/10 de la population niortaise, si l'on admet que chacun d'eux représente à peu près une famille ou feu (8.775 habitants sur 9.900). Le reste se compose d'une centaine d'ecclésiastiques, gentilshommes, avocats, procureurs, notaires et bourgeois, et de 150 laboureurs, vignerons et journaliers (2). En 1744, sur 2.600 feux environ, nos calculs résumant des chiffres partiels, montrent que 1140 maîtres se livrent à Niort à l'industrie et au commerce, c'est-à-dire près de la moitié de la population (3), mais il y faut joindre 1650 ouvriers des manufactures d'étoffes ou des ateliers de chamoiserie et les crocheteurs du port. Il est permis d'en inférer que la population industrielle et commerçante de Niort forme la presque totalité des habitants. Les autres villes du Poitou sont loin d'arriver à une proportion semblable. Saint-Maixent possède en 1698 une population de 7.000 âmes (1128 feux). On y relève le chiffre de 385 marchands ou artisans ; c'est le tiers de la population virile (1200 hommes), et le quart environ des habitants. A Melle, les 85 marchands ou artisans for-

(1) Mém. du subdélégué Chebrou 1716, p.p. L. Desaivre, *Mém. Soc. Stat. D.-Sèvres* 1886, p. 14. — (2) Ibid. — (3) Mém. sur l'élection de Niort. 1744, *ibid.* 1886 p. 270 — donne une statistique détaillée par métier, sans résultat total. — Le mémoire de 1716 permet de compléter cette statistique.

ment aussi à la même date le tiers de la population virile et le quart de la population totale (1500 âmes, dont 250 hommes) (1). A Thouars on compte en 1685, sur plus de 1059 feux, 408 artisans ou boutiquiers (2). A Chef-Boutonne en 1745, on observe pareil fait : sur 256 feux, 80 environ sont représentés par des familles de commerçants ou d'artisans (3). On peut en conclure que l'effectif des classes industrielles et commerçantes dans les villes et gros bourgs du Poitou varie entre le quart et le tiers, plus voisin de cette dernière proportion que de la première.

Dans les campagnes, la proportion est plus faible. Comme l'observe le dʳ Gallot en 1778, pour celles du Bas-Poitou, de la Gâtine et du Bocage, la plus grande partie des habitans est composée de laboureurs, journaliers et vignerons. Les artisans et commerçants ne viennent qu'en seconde ligne (4). Une précieuse statistique, celle du subdélégué Lévesque, dont nous avons relevé et totalisé les chiffres partiels, permet de se faire une idée plus précise encore de la proportion numérique des classes industrielles et commerçantes en dehors des villes. L'élection de Saint-Maixent compte, en 1698, 460 hameaux ou villages et 9.841 feux, soit 46.524 habitants, parmi lesquels 10.415 hommes faits. Or, en défalquant du total la ville de Saint-Maixent, l'on arrive au chiffre de 1679 personnes exerçant une profession industrielle ou commerciale, soit un peu moins de 1/5 de la population totale des campagnes de l'élection. Le

---

(1) Mém. du subdélégué Lévesque sur l'élection de St-Maixent 1698, *Mém. Soc. Stat. D.-Sèvres* 1874 pp. 29 et 32. — (2) Acte relatif à Thouars en 1685, *Bul. Soc. Stat. D.-Sèvres* IV, 366. — (3) Hist. de Chef-Boutonne par B. Filleau, *Mém. Soc. Stat. D.-Sèvres* 1884, p. 240. — (4) Mém. du Dr Gallot sur le Bas-Poitou (1778), *Ann. Soc. d'Emul. Vendée*, 1871, p. 22.

reste se compose de 2834 journaliers, 1353 laboureurs, et 2758 valets ou servantes (1).

Il faut remarquer que la plupart des commerçants et des artisans appartiennent au petit commerce et à la petite industrie. Les métiers de l'alimentation sont particulièrement représentés. Dans les 59 paroisses de l'élection de Saint-Maixent, on ne compte pas moins de 137 meuniers (2), et l'élection de Niort a plus de 200 moulins (3). Bon nombre de paroisses ont de 6 à 11 industriels occupés à la meunerie (4). Après eux, viennent les cabaretiers : ils pullulent déjà, puisque, dans l'élection de Saint-Maixent, on en trouve 109, soit une moyenne de 2 environ par paroisse (5). Les villes sont leur séjour préféré ; il y a 20 de ces commerçants à Saint-Maixent, 21 à Niort (6). Dans cette dernière ville, la plus commerçante du Poitou, le nombre des industriels ou commerçants de l'alimentation s'élève à 112, soit, outre les 21 aubergistes traiteurs, 25 boulangers, 12 fourniers, 9 meuniers, 45 bouchers (7). On observera qu'après la meunerie, ce sont la boulangerie et la boucherie qui occupent la première place parmi ces professions, comme le prouvent l'exemple de Niort et de Châtellerault (8). Les professions qui se rattachent au commerce et à l'industrie des textiles et de l'habillement égalent en général et parfois même dépassent celles de l'alimentation.

---

(1) Mém. de Lévesque (1698) pp. 16 et sq. — Nous avons fait, d'après les chiffres qu'il donne par paroisse, les relevés totaux qu'il ne donne pas. — (2) Calculé d'après les chiffres donnés par Lévesque, paroisse par paroisse. — (3) Mém. sur l'élection de Niort par Chebrou 1716, op. cit. p. 13. — (4) D'après les deux mémoires précités. — (5) D'après le mémoire de Lévesque. — (6) Mém. de Lévesque, p. p. 29 ; Mém. de 1744 sur l'él. de Niort, p. 270. — (7) Mém. sur l'élection de Niort 1744, p. 270. — (8) Ibid. — A Châtell^t, on compte 30 bouchers et 30 boulangers, Mém. mss de Roffay des Pallu, 1738.

A Niort, en 1744, elles comptent un effectif de 218 maîtres, savoir : 34 fabricants, 19 tondeurs ou sergetiers, 18 teinturiers, 23 fil-étoupiers, 79 tisserands, 3 tireurs d'étaim, 4 boutonniers, 14 chapeliers, 24 tailleurs (1). A Châtellerault, les tisserands à eux seuls vers 1738 sont au nombre de 60, les sergetiers de même, ainsi que les cardeurs ; les chapeliers atteignent au chiffre de 20 (2). Dans les campagnes du Bas-Poitou, les tisserands et fileurs constituent après les laboureurs, journaliers et vignerons, jusqu'à la veille de la Révolution, la partie la plus nombreuse de la population (3). A Niort, le travail des cuirs et des peaux sous ses diverses formes occupait 211 maîtres (4), mais c'était un fait exceptionnel. La proportion était bien plus faible ailleurs, à Châtellerault par exemple (5). Au contraire, à peu près partout, les métiers du bâtiment et de l'ameublement attirent un grand nombre de bras. Niort en 1746 a 201 maîtres pour ce travail (6). Châtellerault en 1738 compte environ 110 maçons ou charpentiers et 20 menuisiers (7). La proportion s'abaisse pour les autres professions. Le nombre des maîtres décroît à 83 pour le travail des métaux à Niort (8), à 55 pour l'industrie des transports (9), et à 43 pour les professions relatives aux soins du corps ; encore ce dernier chiffre n'est-il atteint que grâce au nom-

---

(1) Mém. sur l'élection de Niort 1744, p. 270. — (2) *Mém. mss de Roffay des Pallu* 1738. — (3) Mém. du Dr Gallot (1778), p. 22. — (4) Mém. sur l'élection de Niort 1744, p. 270. — (5) Châtellerault a 15 tanneurs et 30 cordonniers en 1738. *Mém. mss de Roffay des Pallu.* — (6) Mém. sur l'élection de Niort 1744 (5 vitriers, 3 tapissiers, 12 menuisiers, 44 charpentiers, 10 charrons, 13 couvreurs, 11 cordiers, 15 sabotiers, 4 chaisiers, 4 piqueurs d'escardes, 13 tonneliers, 56 maçons). — (7) *Mém. mss de Roffay des Pallu* 1738. — (8) Mém. sur l'élection de Niort 1744 (7 orfèvres, 7 potiers d'étain, 15 poêliers, 1 fourbisseur, 4 couteliers, 23 maréchaux, 26 taillandiers-éperonniers, armuriers, serruriers). — (9) Ibid., 39 bateliers et 16 loueurs de chevaux.

bre considérable des chirurgiens et des perruquiers (1). Le commerce proprement dit, comprenant les marchands de blé et de sel, d'étoffes de luxe ou communes, forme à Niort un effectif de 200 à 215 maîtres ou maîtresses, entre les années 1716 et 1746 (2). A Saint-Maixent en 1698, le chiffre est de 100 sur les 120 marchands que comprend l'élection (3).

Dans une société fondée en grande partie sur la loi du nombre, comme celle qui s'est établie depuis la Révolution, le rôle des métiers eût été sinon prépondérant, du moins très appréciable. Il n'en était pas ainsi dans le milieu social de l'ancienne France. La société était trop hiérarchisée, pour que le « commun », comme on l'appelait, pût avoir une grande influence. Le rôle que chaque métier était appelé à jouer dépendait de la place que l'opinion assignait à chacune des corporations. L'instruction, la fortune, les privilèges, tracent entre les métiers des lignes de démarcation que viennent encore compliquer les préjugés et les traditions. En général, les professions qui exigent des connaissances étendues, celles de médecins, d'apothicaires, et même de chirurgiens à partir du xviie siècle, sont en Poitou fort considérées. Les imprimeurs et les libraires, les orfèvres, les marchands de draps de soie, les fabricants ou entrepreneurs de draperie et de bonneterie, les merciers en gros, les banquiers, les tanneurs, les ferrons ou marchands de fer, les marchands de sel, les grands bouchers figurent dans cette

---

(1) Ibid. — 25 perruquiers, 4 médecins, 9 chirurgiens, 5 apothicaires. — (2) Mém. sur l'élection de Niort 1716 et 1744 (en 1716, 200 marchands de draps de soie, de blé, de sel ou fabricants de chamois ou d'étoffes, et 200 petits marchands. En 1744, 170 marchands et 47 marchandes). — (3) Mém. de Lévesque 1698, pp. 16-29. — A Chef-Boutonne (B. Filleau, op. cit. p. 240) nombre des marchands 20, des artisans 50 à 60.

aristocratie d'industriels et de commerçants, qui ont fourni aux villes du Poitou une bonne part des membres de leurs échevinages. De leurs rangs sortent ces familles de haute bourgeoisie, les Gilliers, les Claveurier, les Pidoux, les Contant, les Babinet (1), qui sont passées sans effort de la fabrique et du magasin aux sièges de finance et de magistrature (2). Leur commerce et leur industrie exigent la mise en œuvre de capitaux assez importants, pour que la considération inhérente à la richesse s'attache à leur nom, et l'on verra dès le xvie siècle les villes faire appel au crédit de ces riches marchands (3). La majeure part des métiers est loin de posséder dans la société poitevine cette place élevée. Les artisans et petits commerçants font en général partie de ce quatrième état que les trois autres classes considèrent avec un dédain qui n'est pas toujours mêlé de pitié. Aux inégalités qui résultent de la fortune et de l'opinion s'ajoutent celles qui naissent des privilèges. Dès le xve siècle, les verriers poitevins, par exemple, se considèrent comme gentilshommes (4). Les orfèvres sont exempts de péages et de coutumes pour toutes matières nécessaires à leur profession (5). Les monnayeurs sont commensaux de la maison du roi et comme tels ne paient aucun impôt et ne

---

(1) D'après les registres du corps de ville de Poitiers, xve-xviiie s.— (2) Le jésuite Poitevin Coulon remarque au xviie siècle que « le marchand et l'artisan, s'il est une fois riche, pousse ses enfants sur les sièges de la justice et croit que sa famille est bien parée si quelqu'un des siens peut porter une robe de conseiller », Babeau, *les Voyageurs*, p. 90.— Cette opinion est confirmée par la lecture des registres de l'échevinage et par l'histoire des familles de noblesse poitevine presque toutes sorties de la roture par l'acquisition des charges. — (3) Par ex. à Niort au sujet des marchands du port. Proust, *Revenus et dépenses de Niort*, Mém. Soc. Stat. D.-Sèvres, 1888, p. 261. — (4) D. Matifeux. *Les gentilsh. verriers de Monchamp*. 1860.—(5) Note des *Arch. hist. du Poitou*, XXVI, 287 n., au sujet de 2 verriers du xve s. — Statuts des orfèvres de Poitiers 1457-67, art. 15.

relèvent que de la juridiction spéciale des maîtres des monnaies (1). Une partie des libraires, des imprimeurs et des relieurs, suppôts de l'Université, ont part aux privilèges fiscaux et judiciaires du corps universitaire. Tous les imprimeurs sont fiers d'être placés au-dessus des « arts mécaniques », et de n'avoir à payer ni tailles ni subsides, de n'avoir à subir ni service de guet ou de garde, ni logement militaire (2). Les médecins (3), les chirurgiens (4), et plus tard les vétérinaires (5), sont aussi classés officiellement au nombre des corps privilégiés. Il n'est pas jusqu'aux messagers (6), jusqu'aux écrivains publics (7), jusqu'aux boulangers (8), qui n'aient été pourvus de privilèges particuliers, dont la concession est une marque d'honneur destinée à les élever plus haut dans l'estime publique.

Chaque corporation a donc une place déterminée dans la hiérarchie sociale. En retour des avantages variables qui lui sont concédés, et qui vont du simple droit commun jusqu'au privilège, chacune d'elles est considérée comme astreinte à un véritable service public. Cette conception explique les règlements parfois rigoureux dont les métiers sont l'objet. L'autorité publique se croit fondée à exiger

---

(1) Ordon. du 1er nov. 1350 rel. aux monnayeurs de Poitiers. Ordon. des rois, V, 527. — Leurs privilèges sont confirmés en févr. 1726. On indique encore comme privilégiés les ouvriers monnayeurs dans un acte de réception de l'un d'eux, 21 juillet 1766 (Reg. des délib. munic. n° 181.) — (2) Statuts des impr.-libraires de Poitiers 1634, art. 2 — Déclar. royale du 30 avril 1583, Reg. Poit. in-4°, XVII n° 71. — (3) Les médecins sont en effet classés en dehors des métiers et ont les privilèges universitaires. — (4) Lettres pat. de Charles IX en faveur des chirurgiens mai 1571 Vienne D. 11. — (5) Voir ci-dessus chap. XIII, livre II textes cités au sujet des vétérinaires. — (6) Les messagers sont exempts de gardes, Délib. 15 mai 1595, Reg. 54. — (7) Délib. munic. du 18 mars 1730 exemptant de charges urbaines un écrivain public, Reg. 148. — (8) Statuts des boulangers de Poitiers 1609, art. 34.

d'eux des obligations déterminées par l'intérêt général. Elle astreint les métiers de l'alimentation, de l'éclairage, du chauffage, à procurer continuellement aux habitants les objets de première nécessité. Elle agit de même à l'égard des autres métiers, soit de l'habillement, soit du bâtiment, soit de l'ameublement (1). En vertu de ce principe, elle astreint les apothicaires à fournir gratuitement les pauvres de médicaments (2), les barbiers-chirurgiens à déléguer l'un d'eux pour le service des hôpitaux et des malades indigents (3), sauf en cas de refus, à rétribuer un de leurs confrères à leurs frais (4). Une épidémie se déclare-t-elle, les médecins, chirurgiens, apothicaires peuvent être contraints par les pouvoirs publics « de faire leur devoir » (5). Les empiriques eux-mêmes sont mis à contribution (6). En cas d'incendie, à Châtellerault et à Poitiers, les maçons, charpentiers et couvreurs sont tenus de se rendre au premier coup de tocsin au lieu du sinistre avec leurs haches, cognées, marteaux, pour enrayer le fléau (7). Au xviie siècle, chaque corporation doit fournir deux seaux « et les faire porter, dit une ordonnance, « par deux hommes dudit métier aux accidents de feu où « il y en aura besoin, sous peine de grosses amendes (8). »

C'est par métiers que sont réparties les impositions or-

(1) Voir ci-dessus les 13 chapitres du livre II pour le détail. — (2) Délib. munic. 26 sept. 1595, 11 août 1632 Reg. 55 bis, et 82 ; et autres nombreux textes. — Voir ci-dessus livre II, chap. XIII. — (3) Délib. munic. 8 nov. 1546, 4, 27 juin, 10 nov. 1544, 21 et 22 juillet 1585, 4 juin 1625, 29 déc. 1631, 26 nov. 1635, 9 janv. 1645, 9 mai 1667, 31 janv. 1718, Reg. 28, 32, 45, 79, 82, 86, 96, 117, 137. — (4) Taxe sur les chirurgiens de Poitiers pour payer le chirurgien de l'hôpital, délib. mun. 21 et 22 juillet, 15 octobre 1585, Reg. 45. — (5) Délibér. munic. 14 juillet 1585 et juillet 1587, Reg. 45 et 47. — (6) Délib. munic. du 14 sept. 1665 au sujet d'un empirique (il devra visiter les pauvres de l'aumônerie 3 fois par semaine et fournir gratis les remèdes) Reg. 116. — (7) Règl. de police de Châtell[t] 1749, art. 38. — Ord. du présidial de Poitiers sur les incendies 20 juin 1774, Aff. du Poitou 1774, p. 174. — (8) Ord. du corps de ville de Poitiers juillet 1632, Reg. 82 f° 19.

dinaires et extraordinaires. On convoque les artisans et les marchands aux assemblées de paroisse qui sont chargées de répartir les subsides exigées par la ville ou par l'État. Chaque communauté envoie dans ces réunions ses représentants (1), et cet usage se retrouve aussi bien au xvi° siècle qu'au xviii°. S'agit-il comme en 1522 et en 1590 de quelque imposition extraordinaire à prélever, chaque métier est taxé en raison du nombre de ses membres et de sa richesse présumée (2). Les municipalités et l'État abusent même de cette organisation pour faire supporter aux corporations, surtout dans les deux derniers siècles de l'ancien régime, les charges les plus lourdes (3). L'autorité publique trouve dans les métiers des cadres organisés pour suppléer à l'insuffisance du nombre de ses agents. C'est pourquoi, soit sur la désignation des assemblées de paroisse (4), soit sur l'ordre direct des représentants du pouvoir, la collecte des subventions et emprunts (c'est le nom déguisé des impôts royaux), retombe presque toujours dans les villes, sur les membres des corporations ouvrières. Officiers de finance et de justice, bourgeois vivant noblement, universitaires, industriels et commerçants privilégiés se sont soustraits à cette charge. Rarement, voit-on apparaître parmi les collecteurs un apothicaire, un procureur. Presque toujours, ce sont des artisans ou de petits marchands auxquels le faix

---

(1) Par ex. assemblée à Poitiers du 25 août 1555 pour rép. des taxes, *Reg.* 32; 30 déc. 1640, *Reg.* 90; 10 janvier 1741, *Reg.* 160, etc. — Assemblée du 19 mars 1764 à Châtell‡ pour la prorog. du don gratuit *Godard* II, 135-136. — (2) Répartition par métier du don gratuit de 1522, *Reg.* 17. — Comptes de répartition des taxes 1540, 1552, 1590, octobre. *Arch. Mun.* E n° 52, 300, 308, 1158 etc — (3) Voir ci-dessous livre IV. — (4) Ex. ass. du 30 déc. 1640.— Départ. de la somme de 18,110 l. entre les paroisses de Poitiers nov. 1689 *Reg.* 90 et 132 — répartition de la capitation, janv. 1741, janv. 1764, janv. 1766, *Reg.* n°s 160, 179 et 180.

incombe. Couvreurs et maçons, tourneurs ou galochiers, cordonniers ou savetiers, couteliers, menuisiers, charpentiers, charrons, boulangers, meuniers, blatiers, hôteliers, forment tous les ans la malheureuse cohorte obligée de faire au nom de l'État la collecte des subsides (1). Au XVIII° siècle, quand la capitation et les vingtièmes viennent s'adjoindre aux subventions et aux dons gratuits, c'est sur la classe industrielle et commerçante que le poids pèse le plus lourdement. Les compagnons et apprentis eux-mêmes sont astreints à payer (2). Ce sont les maîtres-jurés ou les syndics, qui, sur ordonnance de l'intendant, dressent les rôles et qui avancent ou versent au Trésor les fonds échus des impositions (3).

Supportant la plus grande part du poids des impôts, les métiers sont encore astreints à subir la charge du service militaire. Dans les villes, telles que Poitiers, ce sont les communautés ouvrières qui forment le principal élément de la milice. De ce chef, au XIII° siècle et même jusqu'au XV°, à titre exceptionnel il est vrai, depuis 1373, les hommes des métiers peuvent être contraints de faire des expéditions à côté des troupes royales au sud de la Loire (4). A partir de Charles V, leur service est restreint au guet et à la garde des remparts de la ville. La milice urbaine à Poitiers comprend alors, c'est-à-dire du milieu du XIV° siècle jusqu'au milieu du XVI°, 4 compagnies groupées par quartiers ou dizaines,

(1) Actes d'assemblées cités ci-dessus. — (2) Ex. ordon. de M. de Blossac pour les impos. de 1764 à Poitiers, *Reg.* n° 179. — (3) Comptes du syndic des tapissiers de Poitiers 1778-79, *coll. Bonsergent;* des receveurs des chirurgiens 1752-54, *ibid.,* etc. — (4) A. Giry, *les Etab. de Rouen* I, 409, 422-423. — Le savant auteur se trompe en affirmant que depuis Charles V la milice ne fait plus d'expéditions. En 1419, une compagnie de cette milice figure au siège de Parthenay, *Reg. des délib. munic. de Poitiers* n° 1, f° 132.

sous le commandement suprême du maire et du sergent-major (commandant de place), et sous la direction particulière de capitaines et autres officiers subalternes (1). C'est en cet ordre que la milice bourgeoise figure encore à l'entrée de Charles-Quint (1539), où elle fait admirer sa belle tenue, ses hacquebutes et ses hallebardes et la musique de ses fifres (2). Réorganisée vers 1569 par le comte de Lude, la milice forme dès lors 6 compagnies de gens de pied sous les ordres du maire, du major et de six capitaines (3). Les métiers y constituent les cadres inférieurs. Nul artisan ou marchand ne peut se dispenser d'y servir, s'il n'est privilégié. Quiconque se refuse au service de garde est frappé d'amende (4). C'est un principe, proclamé parfois même dans les statuts, que les membres des métiers doivent « obéir au maire en gardant les ordonnances, luy aidant « aux fortifications (à la défense) de la ville et faisant ce qui « est nécessaire pour le public (5) ». Pour être dispensé, il faut être occupé à un service d'intérêt général, comme les messagers (6), ou bien appartenir à quelque corps dont les fonctions soient incompatibles avec les exercices militaires, comme les médecins ou les maîtres de l'Université.

Bien mieux, les métiers fournissent au xve et au xvie siècle la plus forte part de l'artillerie municipale. Chaque corporation est astreinte à posséder un certain nombre d'arquebuses

---

(1) Délib. munic. de Poitiers mai 1413, déc. 1417, *Reg.* 1. — Règl. pour le guet et garde de Poitiers, *Thibaudeau, Hist. du Poitou*, III, 97. — (2) Relation de l'entrée de Charles-Quint à Poitiers déc. 1539, *Bibl. Mun. Mss* 242 f°s 77-82. — (3) H. Ouvré, *La Ligue à Poitiers*, p. 94 ; *A Giry* I, 425. — (4) Ex. délib. du 24 sept. 1587 contre Carré apothicaire *Reg.* 47. — (5) Statuts des chapeliers de Poitiers 1560, art. 15. — (6) Délib. du 15 mai 1595 en faveur des 4 messagers de la ville de Poitiers, *Reg.* 54. — De même 2 serruriers et 1 menuisier se font exempter à condition de faire le service de canonniers 2 nov. 1587, *Reg.* 47.

à croc et de boulets de plomb destinés à ces engins ou bien des mousquets avec leurs bandoulières (1). Chez les apothicaires, tout nouveau maître est tenu d'offrir une arme de ce genre (2). De plus, tout métier est obligé, « pour la conservation et défense de la ville », d'avoir au moins une grosse ou moyenne pièce d'artillerie (3). Les métiers libres aussi bien que les métiers jurés peuvent être contraints de fournir leur pièce, comme en 1580, ou de se cotiser pour en payer le prix. D'autres fois, en 1587 par exemple, toutes les communautés ouvrières sont taxées à l'effet de présenter un certain nombre de pièces d'artillerie d'un poids déterminé (4). Ces pièces qui pèsent jusqu'à 6 milliers de livres (5), qu'on orne d'emblèmes tels que les fleurs de lys (6), et qui sont classées sous le nom de bâtardes, couleuvrines, pièces de campagne, reitres et moyennes (7), doivent être montées sur deux roues ferrées et sur affût ou flasque aux frais du métier (8). La corporation fait fondre ses canons par des ouvriers spéciaux avec lesquels elle traite. Les maîtres jurés procèdent à la réception de la pièce, après visite et autorisation des échevins (9). Le métier est encore tenu de posséder le

(1) Ordon. munic. de Poitiers 27 juillet 1537, *Reg.* 20. — (2) Statuts des apothicaires 1552 et 1628. — (3) Statuts des apothicaires de Poitiers 1552, art. 18. — Ordon. munic. du 12 déc. 1537, 10 août 1583, 23 sept. 1585, 10 et 27 mars 1586 etc. *Reg.* 20 et 45. — Voir les textes cités ci-dessous. — (4) Délib. munic. des 17 avril, 5 mai, 15 sept. 1586 (oblig. de fournir chacun 1 pièce pesant 6 milliers dans le délai d'1 mois); 15 juin, 29 déc. 1586, 14 sept. 1587, *Reg.* 45, 46, 47. — (5) Les pièces commandées en 1586 pèsent chacune 6.000 l.; celles de 1587 au nombre de 5 pèsent ensemble 13.550 l. non compris les ferrures et l'attirail. — (6) Ex. la pièce des orfèvres est semée de fleurs de lys. Délib. munic. de Poitiers, 2 janv. 1581, *Reg.* 43. — (7) Inventaire de l'arsenal et fonderie de la ville de Poitiers comprenant entre autres 15 pièces d'artillerie montées et 3 non montées, 8 août 1588 *Reg* 43. — (8) Par ex. les tanneurs paient 12 écus pour monter leur pièce. Délib. munic. 1er juin 1587 *Reg.* 46. — (9) Délib. munic. du 10 janv. 1557-58 et du 27 août 1548, *Reg.* 30 et 36.

matériel de chargement nécessaire. Ainsi, en 1558, les boulangers ont en magasin pour le service de leur pièce 21 l. de poudre à canon en boîtes et 23 boulets (1). Il faut en effet que la pièce montée et ajustée, bien garnie de poudres et boulets, soit prête « au service de la ville », dit une ordonnance, à première réquisition du procureur de la police ou du conseil (2). Pour tenir les métiers en haleine, le corps de ville leur commande, à intervalles irréguliers et non prévus, de « droisser leur artillerie » et de faire « inventaire » de leurs pièces (3) ». Des échevins, désignés par le conseil, vont visiter les pièces et les dépôts de munitions (4). On passe des revues pour constater si le matériel est en bon état et pour opérer le recensement des canons. En 1552, les commissaires se font ainsi représenter 16 pièces montées ; deux métiers qui ont manqué à la revue sont ajournés pour défaut devant le tribunal municipal (5). En 1557, les métiers présentent 21 pièces et on les invite « à les faire monter et bracquer et les fournir de poudres et boulets (6) ». Tantôt en effet l'artillerie des métiers est mise en batterie sur les remparts et aux portes (7), tantôt elle est placée dans une sorte d'arsenal appelé « grange commune et fonderie de la

(1) Délib. munic. 12 sept. 1558, *Reg.* 36 ; les couturiers ont 40 boulets et 12 l. de poudre ; les meuniers 50 boulets et 20 l. de poudre. Délib. d'août 1557, *Reg.* 35. — (2) Délib. munic. de Poitiers 27 août 1548, 21 sept. 1536, 14 sept. 1537, *Reg.* 20 et 30.— (3) Ex. délib. munic. octobre 1539, 16 août 1557, 21 sept. 1536, etc. *Reg.* 20, 22, 35. — (4) Délib. munic. 6 déc. 1429, août 1548, 16 août 1557 etc. *Reg.* 2, 31, 35. — (5) Délib. munic. 28 nov. 1552 (métiers qui comparaissent : barbiers, chaussetiers, texiers, couturiers, pâtissiers, selliers, orfèvres, maréchaux, boulangers-forniers, bouchers, bonnetiers, tanneurs, pintiers, poêliers et vitriers unis, libraires, meuniers, apothicaires) ; défaillent les cordonniers et les marchands en gros, *Reg.* 32. — (6) Délib. munic. 16 août 1557, *Reg.* 35 (comparaissent les mêmes et en plus les poissonniers, les éperonniers, les poulaillers, les merciers). — (7) Délib. munic. 5 sept. 1550, *Reg.* 31.

ville (1), tantôt elle est mise sous la garde des jurés ou des anciens de chaque métier qui en sont responsables (2). Depuis le xvii° siècle, et spécialement depuis la fin de la Fronde, le rôle militaire des métiers est fini. Les villes ont encore une artillerie et des canonniers, mais ce n'est plus que pour les faire figurer aux réjouissances publiques (3). La milice bourgeoise, toujours formée de six compagnies, n'est qu'une force de police ou de parade, dont la haute bourgeoisie accapare les grades et où les corporations ne comptent guère que de simples soldats ou de bas officiers (4). A Poitiers, en 1789, réduite à 4 compagnies, dont l'une la compagnie à cheval, est formée de bourgeois, elle se compose surtout d'ouvriers, les grenadiers et les pompiers. Mais l'état-major ne comprend en général que des bourgeois, échevins, notaires, avocats et de loin en loin quelques membres des corporations les plus réputées, imprimeurs, orfèvres, drapiers, merciers (5). C'est la même organisation qui prévaut à Châtellerault (6). Le rôle utile de cette institution est alors réduit à peu de chose, et les métiers ne figurent dans la milice que pour rehausser l'éclat des cérémonies (7).

C'est à la fois un privilège longtemps très estimé et une

(1) Délib. munic. 31 juillet 1536, 5 sept. 1550, 31 octobre 1548, 15 avril 1551, *Reg.* 20, 30, 31. — (2) Délib. munic. 31 juillet 1542, 31 octobre 1548, 3 fév. 1549, 5 sept. 1550, 28 nov. 1552, août 1557, *Reg.* 25, 30, 31, 32, 35; 2 et 5 janv. 1581 (contre 1 maître juré qui ayant perdu sa pièce est contraint de la faire refaire à ses frais), *Reg.* 43. — (3) Reg. des délib. munic. xvii°-xviii° s. — (4) Lettres du maire de Poitiers nommant un boutonnier sergent dans la milice bourgeoise 1732, *Arch. Munic.* E. 64. — Délib. munic. du 18 mars 1675 confiant aux 6 compagnies la police de foires *Reg.* 124. — (5) La Liborlière, *Souvenirs*, pp. 115-119. — (6) Ordon. du 18 déc. 1785 sur la milice bourgeoise de Châtell^t (divisée en 6 compagnies) *Godard* II. 256. — (7) Ordon. et inf. de 1785 (16 déc.) rel. au service de la milice lors des processions à Châtell^t, *Godard*, II, 254.

charge parfois redoutée que l'obligation pour les métiers d'assister aux principales manifestations de la vie publique. Ainsi, il est d'usage que certaines corporations, par exemple celles des merciers, des drapiers, des bouchers et des marchands, procèdent à l'inauguration des foires. Lorsqu'on inaugure celles de St-Clémentin, près de 2500 commerçants ou industriels venus de Bressuire, d'Argenton, de Mauléon et de Cholet escortent le lieutenant du roi des merciers qui est chargé de dresser procès-verbal de l'ouverture du marché(1). A Beaumont, le lieutenant particulier de la sénéchaussée, Pidoux, va ouvrir la première foire, en compagnie de 200 marchands de Poitiers, de 80 négociants de Mirebeau ou de Chauvigni, et de 35 bouchers venus de la capitale du Poitou. Même assistance à l'inauguration des foires de Chéneché (2). La cérémonie se fait en grande pompe. Les corporations intéressées s'y rendent enseignes déployées, au son des tambours et des fifres. Le lieutenant du roi des merciers, et plus tard, au xvii° siècle, l'officier de la sénéchaussée (3), donnent lecture des lettres de concession des foires ou confient ce soin à un sergent royal, puis le trompette ordinaire du lieu ayant sonné trois fois, le seigneur de la localité remet quelque menue monnaie au président de la cérémonie. On la jette sur le peuple qui la ramasse en criant : « Largesse ! vive le Roy ! ». Le seigneur se fait alors « livrer la foire », ce qui est indiqué par la remise d'une bourse de cuir blanche renfermant 5 deniers. En retour, il fait don aux merciers et à leur chef d'un pavillon de taffetas vert, de 13 tor-

---

(1) Procès-verbal de l'étab[t] des foires de Saint-Clémentin, 15 mai 1584, *Arch. hist. Poitou* XX, pp. 404-412. — (2) Pièces rel. à l'inaug. des foires de Beaumont (1619), p. p. Rédet, *Mém. Antiq. Ouest*, XX, 146-162. — (3) A Saint-Clémentin, c'est le lieutenant du roi des merciers qui préside, à Beaumont, le lieutenant particulier de Poitiers.

ches de cire jaune allumées, de 40 panonceaux à ses armoiries, et d'un bœuf recouvert de tapisseries et de nappes, mené par une corde. Les plus anciens merciers conduisent l'animal aux carrefours du bourg ; ils y renouvellent la lecture des lettres, et chacun d'eux reçoit 25 s. pour son salaire. Enfin, le bœuf est parfois vendu sur place aux enchères et les merciers s'en partagent le prix (1). Parfois, on le ramène en ville avec un cérémonial burlesque, tenant au-dessus de lui un *poesle* ou dais et portant en procession des torches ardentes (2). Ce dernier usage persiste à Poitiers jusqu'au premier quart du XVIIe siècle.

Dans les entrées solennelles de rois (3), de princes (4), de gouverneurs et d'évêques (5), les métiers jurés sont convoqués, et parfois même les communautés non jurées (6). Tantôt, elles comparaissent en corps, rangées en bon ordre, avec leurs hallebardes, hacquebutes et pièces d'artillerie, avec leurs étendards portant l'écusson de France et celui de la ville. Tel est l'aspect que les métiers présentent à l'entrée de Charles-Quint, où ils forment la haie, tandis que l'empereur s'avance sous un poêle mi-parti de drap d'or et de velours bleu, brodé d'or et de fleurs de lys (7). Tantôt, les maîtres-jurés sont seulement chargés d'envoyer des

---

(1) Procès-v. de l'étab. des foires de Saint-Clémentin. — (2) Délib. munic. du 26 août 1619 relative aux merciers et aux cérémonies qui accompagnent leur retour lors de l'inaug. des foires, Reg. 74. — Rédet n'a pas connu ce document. — (3) Ex. entrées de Louise de Savoie 1519 ; de Charles-Quint 1539 ; de Marie de Médicis 1615 ; de Louis XIII 1614 ; d'Elisabeth de Valois 1559, etc. — (4) Ex. entrées du prince de Conti 1719 ; de la duchesse d'Orléans 1722. — (5) Ex. entrée du gouverneur la Vieuville, 24 mars 1605. *Arch. hist., Poit.* XV, p. 197, etc. Mention dans le même volume d'entrées d'intendants et d'évêques. — (6) Ex. délib. munic. de Poitiers, rel. à l'entrée de la Reyne et du légat, 27 déc. 1519, Reg. 17. — (7) Même délibération — Ordon. du 12 nov. 1539 rel. à l'entrée de Charles-Quint, Reg. 22 ; du 5 nov. 1559 (entrée d'Elisabeth de Valois), Reg. 37.

archers et peuvent se faire suppléer par des personnes de moindre condition, pourvu qu'elles ne soient pas « personnes viles », et qu'elles aient des chausses neuves de la même couleur que la casaque brodée ou hocqueton (1). Lorsque le passage d'un grand personnage (2), la naissance d'un prince ou d'une princesse (3), la célébration d'un *Te Deum* pour une victoire ou pour la publication d'un traité (4) donnent lieu au traditionnel feu de joie, les maîtres-jurés des métiers sont aussi avertis par le maire d'y assister avec casaques et hallebardes. Précédés des 12 tambours de la ville, suivis des 4 sergents du maire et du corps municipal, ils forment le cercle autour du bûcher sur la place du Marché-Vieux ou place Royale (5), jouant ainsi le rôle « de pionniers », suivant une appellation locale (6). Le même cérémonial est observé lorsqu'on chante le *Te Deum*, et les métiers forment le cortège qui, de l'hôtel-de-ville à l'église principale, est chargé d'escorter le mois et cent, c'est-à-dire le corps des échevins et des bourgeois (7), pendant que les cloches sonnent à toute volée et que dans la cité où toutes les boutiques sont closes se répandent les flots de la foule (8). Une exécution capitale a-t-elle lieu sur la place du

(1) Ordon. des 20 et 26 nov. 1559, Reg. 27; 7 déc. 1615 (ord. curieuse qui montre que les jurés prêtaient les habits de cérémonie aux figurants et que ceux-ci gardaient les souliers qu'on leur fournissait), Reg. 70. — (2) Documents cités ci-dessus. — (3) Procès-v. des cérémonies à Melle pour la naissance du Dauphin, nov. déc. 1661, Doc. p. p. la Soc. des Antiq. Ouest, p. 134. — Délib. munic. de Poitiers (17 sept. 1729) pour les réjouissances à l'occasion de la naissance du Dauphin, Reg. 146. — (4) Délib. munic. 8 mars 1660 et 8 juin 1713 au sujet des réjouissances à l'occasion de la paix des Pyrénées et de la paix d'Utrecht. — Procès-v. des fêtes du 11 juin 1713, Reg. 110 et 133. — Délib. du 13 août 1726 au sujet des fêtes à l'occasion du rétabl^t. de la santé du Roi, Reg. 144. — (5) Pièces citées aux 3 notes précédentes. — (6) Procès-verbal du 11 juin 1713. — (7) Délib. du 8 mars 1660, précitée. — (8) Délibér. du 17 sept. 1729, précitée. — Ord. du présidial de Poitiers rel. à l'entrée de la duchesse d'Orléans, 3 déc. 1722, Arch. Antiq. Ouest, anc. fonds, n° 622.

Marché-Vieil, le maire avertit les maîtres-jurés des métiers de se trouver à son logis avec leurs livrées et hallebardes ou pertuisanes (1). Les communautés non jurées sont à l'occasion aussi convoquées (2). On autorise cependant certaines d'entre elles à se faire suppléer par des personnes d'attitude convenable, « non abjectes et viles ou de mauvaise mine. »(3)Ce sont en effet les jurés qui sous le nom « d'archers du maire » conduisent le condamné au dernier supplice (4), et qui forment l'escorte municipale au lieu de l'exécution.

Les jours de procession solennelle, notamment à la Fête-Dieu, à l'Assomption, le lundi de Pâques, anniversaire du miracle des Clefs, aux Rogations (5), les métiers figurent, leurs maîtres-jurés en tête, précédant le clergé. Les jurés y portent à la main un flambeau de cire blanche garni de l'écusson de la communauté (6). Leur présence est requise, sauf les cas de dispense, où ils sont tenus de se faire suppléer (7). Soit que la corporation tout entière (8) assiste

---

(1) Délib. munic. de Poitiers 14 et 27 oct. 1630; 31 déc. 1629; 16 déc. 1630; janv. 1631; 2 janvier et 23 octobre 1634; 18 févr. et 24 déc. 1641; 17 nov. 1642; 28 déc. 1665; 4 et 11 janv. 1666; 5 sept. 1672; 11 juin 1713, Reg. 80, 81, 84, 85, 91, 94, 116, 122, 138. — (2) Délib. munic. 28 déc. 1665 et 4 janvier 1666, Reg. 116. — (3) Délib. munic. de Poitiers, 20 et 26 nov. 1557 (au sujet des orfèvres); 14 octobre 1630, 31 déc. 1629 (au sujet des apothicaires), Reg. 37, 80 et 81; les chirurgiens de Poitiers avaient le même droit, arrêt du Grand Conseil 17 nov. 1642, Reg. 94. — (4) Textes ci-dessus — Statuts des maçons 1695, art. 15 — Journal de Denesde (17e s.), Arch. hist. Poitou, XV, 97 — Mss. de Bobinet curé de Buxerolles sur l'histoire du Poitou au xviie siècle, II, 34. — (5) Délib. munic. de Poitiers 31 mai 1638 (au sujet de la Fête-Dieu), Reg. 88. — Lettre de convocation à cette, procession par le syndic des tapissiers de Poitiers, 21 mai 1780, coll. Bonsergent A.5. — La Liborlière, Souv. pp. 130 et 202; et Bulletin de la Soc. d'Agric. de Poitiers VII, 163 (1836) — Ordon. du 5 juin 1778 rel. aux processions de Châtell', Godard, II, 230. — (6) Textes cités à la note précédente et not. lettre du syndic des tapissiers de Poitiers 1780, et ordon. du 5 juin 1788, rel. à Châtell'. — (7) Ordon. munic. de nov. 1628 rel. aux apoth. de Poitiers, Reg. 79. (8) Ainsi la communauté entière assiste à la procession de la Fête-Dieu.

aux cérémonies, soit qu'elle s'y fasse seulement représenter par ses jurés (1), le cérémonial a prévu le costume et la place que chaque corps ou ses représentants doivent avoir. Dans toutes les cérémonies, de temps immémorial, les maîtres-jurés apparaissent revêtus de robes blanches et rouges, parfois avec la casaque brodée, l'épée au côté et une hallebarde à la main (2). On avait conservé certaines particularités du costume d'autrefois, qui, au xviii° siècle, prêtaient à rire, parce que leur archaïsme jurait avec les modes nouvelles. Les pionniers (c'était le nom traditionnel attribué aux maîtres-jurés dans cette occurrence) sont astreints à exhiber un justaucorps rouge et blanc ou teint d'autres couleurs dûment assorties, des culottes, des bas et des souliers, dont les deux côtés de différentes colorations forment un étrange bariolage. Sur la tête, ils ont des chapeaux, bonnets ou bourses, qui, variant avec la corporation et teints de deux couleurs distinctes (3), portant en relief au sommet les insignes de la profession, donnent aux jurés un aspect carnavalesque (4). Aussi conçoit-on que certaines corporations, telles que celles des chirurgiens et des apothicaires, aient, dès le xvii° siècle, manifesté tant de répugnance pour assister à ces cérémonies, et qu'il ait fallu imaginer contre les jurés défaillants tant de pénalités sévères (5).

(1) Tel est le cas pour celle de l'Assomption. — (2) Textes cités à la page précédente et en particulier délib. munic. 5 nov. 1559, 2 mai 1719, 8 mars 1660, 28 déc. 1665, 8 juin 1713, Reg. 37, 110, 116, 133, 138. — Mss. de Bobinet, etc.— (3) Sur ce costume, notice rel. à l'entrée du gouverneur la Vieuville, 24 mars 1665, Arch. hist. Poitou, XV, 197.— Procès-v. du feu de joie du 11 juin 1713 à Poitiers, Reg. 138.—(4) Dessin de la coll. Fonteneau, Mss. de Bibl. Mun. Poitiers n° 547, f° 169. — Aff. du Poitou 1775 pp. 151, 184 — La Liborlière, pp. 130-203 — c'était prob^t le costume du xiv° ou du xv° s. (composé de maillots collants diversicolores). Quicherat, Hist. du Costume en France. — (5) Textes aux deux pages précédentes. En 1640 on dé-

Avoir une place dans les cortèges officiels était en effet pour les corporations une marque d'honneur qu'elles eussent recherché avec empressement, si on ne leur eût imposé un costume suranné. La preuve de l'attachement qu'elles nourrissaient au fond pour cette prérogative est fournie par l'importance qu'elles attachent aux questions de préséance. Ainsi à Poitiers, les métiers marchent aux cérémonies dans un ordre déterminé. Aux 15 premiers rangs, viennent les charpentiers, les meuniers, les tireurs d'étaim, les bonnetiers, les rôtisseurs, les maçons, les huiliers, les couvreurs, les parcheminiers, les cordiers, les selliers-bastiers, les maréchaux et taillandiers, les serruriers-arquebusiers, les tisserands et les menuisiers. Puis, on plaçait les vinaigriers, les savetiers, les cordonniers, les bouchers, les chapeliers-feutriers, les sergetiers, les fourbisseurs et éperonniers, les teinturiers, les chandeliers, les potiers d'étain, les chamoiseurs et gantiers, les vitriers, les tailleurs d'habits, les pâtissiers, les boulangers, les ciriers, les corroyeurs, les tanneurs, les perruquiers, les chapeliers-garnisseurs, les orfèvres, les imprimeurs-libraires, les apothicaires et les chirurgiens. Les jurés de chaque corporation marchent par ordre d'ancienneté, deux à deux, en observant de garder le rang assigné à leur communauté, et ce rang est d'autant plus honorable, semble-t-il, qu'il s'éloigne davantage de la tête du cortège et qu'il se rapproche plus des autorités (1). On estime qu'après les imprimeurs, les

cerne une amende de 200 l. contre les chirurgiens. Délib. munic. 24 déc. 1640, *Reg.* 91 ; 100 l. contre les apothicaires, délib. 31 déc. 1629, *Reg.* 80.

(1) Procès-verbaux rel. à l'ordre des corporations à Poitiers dans les cérémonies juin 1713, juillet 1717, *Reg.* 133 et 136. — Note sur l'ordre des corporations aux processions à Poitiers 17 juin 1783, *coll. Bonsergent.* (L'ordre antérieur est alors un peu modifié ; les apothicaires et chirurgiens n'y figurent plus).

apothicaires et les chirurgiens, ce sont les orfèvres qui occupent le rang le plus honorable. La préséance met donc aux prises les métiers et les pèlerins ou pénitents, ces derniers obligés à leur grand dépit de « prendre la tête des processions » et de laisser le pas aux corporations (1). Parmi les communautés d'arts et métiers elles-mêmes, c'est un grave sujet de discorde que le rang dans les cérémonies. Les épiciers y veulent avoir le pas sur les sergetiers ou fabricants d'étoffes (2), les tailleurs sur les chaussetiers (3). Les ciergiers veulent marcher après les apothicaires (4) et les chirurgiens avant les procureurs (5). Ceux-ci soutiennent que les maîtres-jurés des corporations doivent marcher selon l'ordre de réception du métier à la jurande, ceux-là qu'on doit tenir compte de la dignité de la communauté (6). Il faut des ordonnances des corps de ville, des arrêts des cours de justice (7), voire même du Parlement, pour régler ces graves questions (8).

Ce sont ces minuties qui occupent depuis le xvɪᵉ siècle la plus grande partie de l'activité des communautés ouvrières.

---

(1) Ordre observé par les corporations à la procession de la Fête-Dieu 19 juin 1783, *Arch. Antiq. Ouest. coll.* Bonsergent, A.5. — (2) Note relative à cet ordre, ibid. — (3) Délib. munic. de Poitiers 31 mai 1638 accordant la préséance aux tailleurs sur les chaussetiers, *Reg.* 88. — (4) Délib. munic. de Poitiers 8 mars 1660 au sujet des ciriers (on y décide que les métiers marcheront selon leur ordre de réception), *Reg.* 110. — (5) Procès-v. de la réunion des délégués du tiers-état à Châtell^t 16 mars 1789, *Godard* II, 288. — (6) Délib. munic. du 8 mars 1660, précitée. — (7) Ordon. du présidial de Poitiers 17-19 juin 1783 sur l'ordre de marche des corporations (c'est le suivant : sergetiers, merciers-drapiers, épiciers, ciriers-chandeliers, orfèvres, horlogers, chapeliers, bonnetiers, tailleurs, cordonniers et savetiers, boulangers, bouchers, pâtissiers, limonadiers, aubergistes, architectes et couvreurs, charpentiers, menuisiers, coutelliers, maréchaux, serruriers, ferblantiers, potiers d'étain, miroitiers, selliers, tanneurs, parcheminiers, chamoiseurs, teinturiers), *coll. Bonsergent.* — (8 Arrêt du Parl. de Paris relatif à l'ordre des communautés d'arts et métiers de Châtell^t aux processions 5 juin 1778, *Godard*, II, 230-231.

La morgue de la bourgeoisie, la jalousie des gens de loi, des officiers de finance et de justice, a écarté en effet les métiers de la vie politique. Au Moyen-Age, dans les villes de commune du Poitou, quelques indices permettent d'entrevoir une certaine participation des classes industrielles et commerçantes aux affaires municipales. Des marchands, des artisans arrivent aux charges de la commune. Parmi les échevins au xiii° siècle, on voit figurer des selliers, parmi les maires, des barbiers et des pelletiers ou des descendants de ces industriels (1). Au xiv° siècle, la mairie est occupée à certains moments par des marchands et des drapiers (2). Il y a dans ce milieu actif un attachement profond non seulement à la cité, mais encore à la patrie. Ce sont « les pouvres méchaniques » ou artisans de Niort qui entraînent les bourgeois quand il s'agit en 1372 de chasser la garnison anglaise (3). Mais depuis la deuxième moitié du xv° siècle, le divorce se fait entre les membres des métiers, les conseils ou les pouvoirs locaux, et le pouvoir central lui-même. Le « commun peuple » ne compte plus beaucoup aux yeux des représentants de l'autorité royale. Les riches bourgeois abandonnent l'industrie et le commerce, pour pouvoir vivre noblement et acquérir les charges municipales qui mènent à la noblesse. On ne voit plus figurer, parmi le corps des 75 bourgeois, que les membres des corporations influentes : les médecins, les apothicaires, les merciers, les drapiers et les marchands en gros, les tanneurs, les libraires, les chirurgiens-barbiers, les orfèvres

---

(1) B. Ledain, *Les maires de Poitiers*, p. 244 (G. Barbier maire 1263; Mathieu Pelletier 1273; Baudri sellier échevin 1290).—(2) *Ledain*, pp. 293, 308, 317 (J. Regnauld marchand, H. Larcher drapier). — (3) J. *Froissart, Chroniques*, éd. *Buchon*, II, 647.

et les banquiers (1). Les charges municipales d'échevins et de maires sont même réservées presque uniquement à des gens de robe longue, magistrats, universitaires, officiers de finance et procureurs. Vainement en 1547 et en 1561, à Poitiers et à Châtellerault, la royauté essaie-t-elle de réagir et veut-elle introduire les bourgeois et les notables marchands dans les échevinages (2). Vainement, les gens de négoce s'efforcent-ils à réclamer l'exécution des édits royaux (3). Les officiers de justice et de finance soutenus par le Parlement l'emportent (4). Lorsqu'un maire est choisi parmi les riches marchands, c'est à condition de fermer sa boutique, sans jamais pouvoir la rouvrir (5). On estime que recevoir un poissonnier parmi les pairs ou 75 bourgeois est une concession tellement héroïque que nulle assemblée municipale n'y saurait consentir (6). Exploitée par l'État, méprisée par la bourgeoisie, la masse des métiers végète dans l'insouciance, ne sortant de son inertie qu'aux jours de disette ou d'émeute. Alors ce sont des artisans qui suscitent les mouvements populaires. En 1548, l'émeute de la gabelle prend naissance à Poitiers aux propos séditieux du gantier Legrand (7). Pendant la Ligue, c'est un cordon-

---

(1) D'après les registres municipaux de Poitiers. En 1461, la noblesse n'est accordée aux maires, échevins et conseillers qu'à la condition de vivre noblement (à Poitiers et à Niort), A. Giry, *Les Etab. de Rouen*, I, 261, 267. — (2) Edit de Henri II, octobre 1547, *Isambert*, XIII, 34. — Edit de Charles IX relatif à la commune de Châtell' 1561, *Godard*, I, 16 (édit confirmé en 1565 et 1576). — (3) Délib. munic. (16 déc. 1548) à Poitiers au sujet de la requête des délégués des marchands (parmi lesquels l'imprimeur de Marnef), *Reg.* 80. — (4) A. Giry, *op. laud.* p. 378 (au sujet de Poitiers); Godard I, 16, (au sujet de l'opposition du Parlement à l'édit de 1561). — (5) Délib. munic. de Poitiers (1573) rel. au maire Pierre Pidoux, *Reg.* 42, f° 224. — (6) Opposition du corps de ville de Niort à la réception comme pair de Ph. Boursault, poissonnier, 1605. *Proust, op. cit. Mém. Soc. Stat. D.-Sèvres*, 1888, p. 387. — (7) Délib. munic. de Poitiers 3 sept. 1548, *Reg.* 30.

nier, sorte de tribun de carrefour, qui joue les Bussy-Leclerc et excite une espèce de terreur contre les notables. Son exécution soulève presque une révolte des gens du peuple (1). En 1630, lors de la grande famine qui désole Poitiers, la populace se livre à des désordres, sous l'impulsion de quelques artisans des plus nécessiteux, et refuse de reconnaître l'autorité du maire (2). En 1640, l'insurrection contre les édits royaux commence rue de l'Arceau-Saint-Cyprien, au bruit des injures d'un garçon chapelier contre les sergents et les maltostiers qui « veulent empescher le peuple de boire (3) ». Ce sont des gens de métier qui la dirigent et la propagent jusqu'à Chauvigny (4). L'intendant est obligé pour l'enrayer de décréter de prise de corps ces chefs, le chirurgien Berthonneau, le fourbisseur Bretet, le serrurier Lecœur dit Brusquanbille, le corroyeur Va-Nue-Jambe et l'hôtelier Laurenceau, dit Jean Farine (5). Le gouvernement absolu assure bientôt pour près d'un siècle et demi la soumission résignée des classes ouvrières. Mais en même temps l'influence politique de la bourgeoisie commerçante et industrielle ne cesse de décliner. En 1670, Colbert constate avec mécontentement qu'il n'y a dans les échevinages de Poitiers et de Niort aucun membre qui soit marchand « ni intelligent dans les manufactures (6) ». Il veut mettre un terme à ces errements, mais ils reparaissent presque aussitôt après sa mort et même pendant sa vie (7). Marchands,

---

(1) Ad. Blacvodei, *Opera omnia* (*De Vinculo religionis et imperii*, livre II, pp. 302-306), Paris 1644. — Ouvré, la *Ligue à Poitiers*, p. 165. — (2) Délib. munic. de Poitiers 31 mai 1630 et suiv., *Reg.* 80. — (3) Délib. munic. de Poitiers 26 janv. 1640, *Reg.* 90. — (4) Jug* de l'intendant Villemontée 1640, *Vienne G.* 32. — (5) Même document. — Récit du journal de Denesde 1640, *Arch. hist. Poitou*, XV, 89. — (6) Colbert à l'intendant Rouillé 10 déc. 1670, *Lettres*, pp. P. Clément, II, 591. — (7) Les listes de l'échevinage de Poitiers le prouvent. Les marchands n'y figurent presque

fabricants, artisans ne sont plus réunis que pour répartir les taxes qu'on leur impose de tous les côtés, ou pour nommer des collecteurs. C'est seulement en 1764 que l'édit royal d'août essaie une réforme encore timide, et appelle les diverses communautés à élire les notables qui devront assister les officiers municipaux. Encore, les délégués des métiers sont-ils en nombre restreint. A Châtellerault, sur 14 notables, on en compte 3 nommés par les officiers de justice, police et finance, 2 par le clergé, 2 par les avocats, procureurs et notaires, 1 par les médecins et les bourgeois vivant noblement, tandis que les négociants, les marchands en gros et en détail, les chirurgiens et les apothicaires ont seulement 3 délégués, et que tous les autres artisans ne nomment que 2 mandataires (1). Quelquefois, un marchand prend place parmi les officiers municipaux ; jamais on n'y voit un artisan (2). Cette réforme équitable, aussi timide qu'elle soit, n'est cependant pas appliquée dans toutes les villes du Poitou. A Poitiers en particulier, l'aristocratie de fonctionnaires et de gens de loi ou de bourgeois vivant noblement qui composait le mois et cent empêche l'exécution de l'édit en faisant opposition au Parlement (3). L'ordonnance de novembre 1771 qui supprima les notables survint avant que l'édit de 1764 eut même reçu ici un commencement d'application. C'est à la veille de la Révolution seulement que les communautés d'arts et métiers recouvrent leurs droits, font entendre leur

jamais. — A Châtell¹ cependant une partie des conseillers de ville se prenait parmi les marchands. *Godard*, II, 151.
(1) Délib munic. de Châtell¹. 12 juillet 1765, 1ᵉʳ juillet 1768, 13 juillet 1770, *Godard*, II, 155, 174, 183. — (2) *Ibid.* — (3) Délib. munic. de Poitiers, 9 nov. et 28 déc. 1765, *Reg.* 180 ; — l'examen des registres prouve que l'édit y resta inexécuté.

voix parmi celles des membres du tiers dans les réunions qui réclament le doublement de la représentation du troisième ordre, et dans les assemblées qui précèdent la réunion des États généraux (1). Après un silence de plus de trois siècles, les classes industrielles et commerçantes recouvraient les prérogatives qu'elles avaient exercées à la belle époque du Moyen-Age et que leur avait enlevées le régime despotique. Mais, en retour de l'égalité civile et politique qu'elles allaient conquérir, elles devaient bientôt perdre les privilèges économiques auxquels la plus grande partie d'entre elles étaient surtout attachées.

Au moment où cette double évolution se trouvait sur le point de s'accomplir, le régime corporatif, en Poitou comme ailleurs, était du reste à demi ruiné par ses propres abus. Il n'avait jamais été le droit commun pour les métiers. C'était un régime de faveur réservé en particulier aux métiers urbains, et parmi ceux-ci il ne s'était guère appliqué qu'aux plus nécessaires ou aux plus favorisés. De là pour lui une première cause de faiblesse, à la fin du xviii° siècle, c'est-à-dire à une époque où les corps privilégiés avaient cessé d'être un objet d'envie pour devenir un objet de haine. S'il avait eu autrefois une influence heureuse sur le recrutement et la tenue des professions, par les garanties exigées des apprentis, des compagnons et des maîtres, il n'était pas sans avoir favorisé l'exclusivisme des corporations et sans avoir enrayé leurs progrès. Les inconvénients avaient fini par frapper les esprits bien plus que les avantages. Le régi-

---

(1) Circulaire du maire de Poitiers aux comm[tés] d'arts et métiers 23 déc. 1788, *Reg.* 195. — Procès-verbaux des ass. de 1789 à Poitiers, etc. *Vienne E* 6[4]. — Bibl. Munic. de Poitiers, Fonds Poitevin in-4°. — Doléances du tiers état de Poitou, pp. B. *Filleau*, 1888, in-8. — *Godard*, II, 186.

me corporatif avait certainement développé quelques vertus dans le monde du travail, mais il avait été la source de bien des vices. On ne voit pas que la valeur morale et la condition matérielle des métiers libres aient été aux temps modernes inférieures à celles des métiers jurés. Sans doute ces derniers avaient sur les autres l'avantage d'une certaine autonomie, avec leurs administrateurs élus, leurs assemblées, leurs confréries pieuses ou charitables. Mais les hommes du xviii° siècle se méfiaient des associations. Ils avaient le goût de l'uniformité, et les corporations leur fournissaient des arguments contre elles, comme elles en avaient fourni aux pouvoirs publics jaloux de diminuer leur indépendance. Les exactions, la corruption et l'ignorance de leurs maîtres-jurés, les divisions des patrons entre eux, et celles des compagnons et des maîtres, l'esprit de paresse, de routine et de débauche d'un grand nombre, la manie processive de toutes, les firent regarder comme des corps surannés dont l'utilité ne se justifiait plus. D'ailleurs, les conditions du commerce et de l'industrie changeaient. Les bienfaits de la concurrence apparaissaient dès lors plus grands que ses périls. Nul doute que le régime corporatif n'ait suscité à cette époque l'hostilité de l'opinion éclairée en Poitou comme dans toute la France, et dès le début du siècle on pouvait voir poindre les signes de la réaction exagérée qui, au lieu de le transformer, devait aboutir à le détruire.

LIVRE IV

Les Rapports des Pouvoirs locaux et du Pouvoir
Central avec les Communautés d'Arts et
Métiers, et leur Action sur l'Industrie
et le Commerce en Poitou
(XIe-XVIIIe siècles).

CHAPITRE PREMIER

L'Autorité Seigneuriale et ses Droits sur les Communautés
d'Arts et Métiers, sur l'Industrie et le Commerce,
du XIe siècle à la Révolution.

Bien que les métiers aient joui, depuis le xiiie siècle, en Poitou d'une certaine autonomie, ils n'échappèrent jamais à la tutelle des pouvoirs publics. Seigneurs laïques et ecclésiastiques, échevinages, officiers royaux exercèrent toujours sur eux et sur l'industrie et le commerce un contrôle plus ou moins minutieux, suivant les époques. Celui de l'autorité seigneuriale alla en s'amoindrissant depuis le Moyen-Age, sans cesser d'être tracassier ou gênant. Les cartulaires, les registres censiers, les dénombrements ou aveux montrent d'une manière assez précise ce que furent dans le cours de l'ancien régime les pouvoirs des seigneurs au point de vue économique. Les artisans et les commerçants, qui, d'abord réduits à la condition de serfs ou d'hommes de corps (1), ont ensuite acquis la liberté personnelle, restent les censitaires du seigneur. Tels sont les quatre hommes de chaque métier (*de quocumque ministerio*) que le duc Guillaume VIII autorise l'abbaye Saint-Cyprien à fixer auprès d'elle, en les exemptant de tout service et coutume envers lui (2). Tels sont en-

---

(1) Rôle censier de l'abbaye Ste-Croix 7 août 1132, *Doc. p. p. la Soc. des Antiq. Ouest*, p. 111 — et autres textes cités livre II au sujet de l'origine des divers métiers. — (2) Charte de 1080 en fav. de l'abb. St-Cyprien de Poitiers, *Arch. hist. Poitou*, III, n° 18.

core ces taillandiers, ces couturiers, ces charpentiers, ces feutriers, qui sont mentionnés dans le rôle censier de l'abbaye Saint-Cyprien (1). Le métier se transmet alors parfois comme une sorte de fief tenu de certaines redevances. Dans l'inventaire du domaine de Chizé appartenant au comte de Poitiers, on rencontre au xiii° siècle deux forgerons *fieffés*, qui sont obligés de ferrer les chevaux de leur seigneur, un taillandier qui lui doit fournir des écuelles et tailloirs, un pêcheur feudé (*feudatus*), qui est astreint à lui apporter une certaine quantité de pain, de vin et d'anguilles (2). Un acte de 1394 prouve qu'en Bas-Poitou il y avait encore à cette date des maréchaux-ferrants fieffés soumis à la servitude de ferrerie (3). De là probablement la coutume qui subsista à Melle jusqu'en 1780, et d'après laquelle chaque maréchal ferrant devait annuellement au roi, héritier des comtes de Poitiers, quatre fers à cheval garnis de clous et en état de servir (4).

Le seigneur, qui a été originairement le propriétaire de tous les métiers, s'est réservé, lorsqu'il a affranchi la plupart d'entre eux, le monopole des plus lucratifs ou des plus nécessaires. Partout, jusqu'à la Révolution, le pouvoir seigneurial a gardé ses fours et ses moulins banaux, dont il afferme l'exploitation (5). Outre le monopole des moulins à blé, les seigneurs ont exercé plus ou moins longtemps celui des moulins à drap et des moulins à tan (6). Il en est qui ont gardé le droit de pressoir banal (7); ou pos-

(1) Rôle cité ci-dessus. — Don d'un ferron aux Templiers par le sire de Montaigu, xiii° s. *Cartul. de la Coudrie*, *Arch. hist. Poitou*, II, p. 171, n° 18. — (2) Etat du domaine de Chizé xiii° s. *Arch. hist. Poitou* VII, 86. — (3) Document relatif à la baronnie de Ste-Hermine 1394, p. p. Marchegay *Ann. Soc. d'Emul. Vendée*, 1864, p. 121. — (4) *Aff. du Poitou* 1780, p. 199. — (5) Voir ci-dessus livre II, chap. II et III. — (6) Voir ci-dessus, textes cités livre II, chap. VI et VII. — (7) Charte de 1154 rel. au pressoir

sédé des boucheries banales (1). Ils ont quelquefois maintenu jusqu'au xviii° siècle de singuliers privilèges industriels. A Saint-Léger la Pallu, par exemple, le seigneur a seul le droit de tenir des jeux de quille et de rapeau (2). A Luçon, au xv° siècle, le sire de la Trémoille, seigneur du bourg, nomme le *barbier banal* qui seul a la charge de raser, de tondre et de saigner les habitants à un taux déterminé, et « nul autre n'y peut exercer le fait de barberie sans le congié et licence » du propriétaire du fief (3). A Saint-Maixent, au xiii° siècle, le comte du Poitou possède un ferron, un sellier, un lormier, un fourbisseur, auxquels il transfère le monopole de la vente ou de la fabrication du fer, des selles, des éperons, des épées (4). A Sainte-Hermine en Bas Poitou, le baron a installé 2 maréchaux ferrants, qui seuls peuvent fournir et entretenir de fers les bêtes asines et chevalines (5). Avec le temps, il est vrai, les monopoles s'atténuent, sont rachetés, disparaissent même, et les banalités de moulin et de four restent à peu près seules aux siècles modernes comme le témoignage de l'état antérieur.

Les seigneurs ont aussi pendant longtemps gardé le droit de légiférer en matière économique, et ils ont conservé des pouvoirs de police fort étendus sur les métiers, sur l'exercice de l'industrie et du commerce. Ils peuvent édicter des règlements sur la circulation des denrées et des marchan-

---

banal de Monchamp, p. p. *Marchegay, Ann. Soc. d'Emul. Vendée* 1857, pp. 228-229.

(1) Sur le droit de boucherie banale à Thouars, voir ci dessous textes sur les droits seigneuriaux à Thouars, cités même chapitre. — (2) *Affiches du Poitou* 1776, p. 173. — (3) Lettres du 24 août 1448 rel. au droit du s. de la Trémoille à Luçon, p. p. *Marchegay, Ann. Soc. d'Emul. Vendée* 1858, p. 150. — (4) Boutaric, *St-Louis et Alfonse de Poitiers*, p. 236. — (5) Document rel. à la b. de Ste-Hermine, précité. Ce monopole n'est plus mentionné depuis 1496.

dises, interdire, comme à Châtellerault, l'exportation des noix (1), ou comme à Chauvigny celle des blés (2). Ils règlent la tenue des marchés, fixent les jours de minage (3), statuent sur les conditions de vente des divers produits, blé, pain, viande, poisson, cuir (4). Partout en Poitou, même à la veille de la Révolution, ils font des ordonnances, après avoir consulté les syndics et principaux habitants, sur le commerce des objets les plus nécessaires, tels que les fourrages (5), le bois de chauffage (6), la chaux et les tuiles (7). Ils déterminent les conditions d'exercice des divers métiers : meunerie, boulangerie, boucherie, commerce des fruits, des légumes et du poisson, tenue des hôtelleries et tavernes, et prescrivent les conditions de vente, lieux, heures, publicité, mesures et poids (8). Ils peuvent, s'il leur convient, accorder des privilèges à certaines catégories d'acheteurs (9) et se réserver à eux-mêmes le monopole de la vente de certaines denrées pendant une période déterminée. Tel est par exemple le droit d'estanc du vin ou même celui du blé (10).

(1) Enquêtes d'Alfonse de Poitiers sur les droits du vicomte de Châtellerault, s. d. *Arch. hist. Poitou* VIII, 118. — (2) Ordon. de M. de la Rocheposay, évêque de Poitiers, baron de Chauvigny, xviie s. *Vienne*, G. 32. — Même droit app. au vicomte de Châtell[t], Livre Noir (xve s.) p.p. A. Barbier, *Mém. Antiq. Ouest.* 1896 p. 220. — (3) *Livre Noir*, ibid. — (4) Ord. du sénéchal Jourdain de Loubert pour Fontenay 21 octobre 1343, p.p. Fillon, *Hist. de Fontenay* pp. 47-49. — Acte du 29 avril 1449 rel. aux droits de l'abbé de St-Maixent, *Cartul. de St-Maixent*, II, 234 etc. — Ordon. des seign. de Challans, Palluau, Commequiers, les Sables et autres, xviiie s. citées ci-dessus aux notes du livre II, *Arch. Vendée série B*. — (5) Article du feudiste Moisgas, *Aff. du Poitou* 1785, p. 145. — (6) Voir ci-dessus livre II chap. V, et not. délib. munic. prise de concert avec le chapitre St-Hilaire 3 juillet 1646, *Reg.* 97. — (7) Même délibération — régl. de police de Poitiers 1541 et suiv. arrêtés avec le chapitre St-Hilaire. — (8) Ordon. des sénéchaux de Challans déc. 1733, 3 juin 1758, 19 sept. 1780 ; de Palluau, 9 mars 1769, 9 mai 1774 ; de Commequiers 2 mai 1724, *Vendée* B, 287, 354, 457, 1034, 1029, 1043, 1046, 2776 etc. — (9) Délib. munic. de Poitiers relative au seigneur de Gençay 6 fév. 1662 (privilège accordé aux marchands de Poitiers d'acheter du blé avant tous autres), *Reg.* 112. — (10) Pancarte de l'île d'Yeu (xviiie s.) citée ci-dessous même chapitre, au sujet

Ils exercent ce pouvoir réglementaire, soit par eux-mêmes, soit par l'entremise de leurs sénéchaux, partageant parfois dans les villes leur autorité législative avec les corps municipaux. Ainsi fait à Poitiers le chapitre Saint-Hilaire, seigneur du bourg de ce nom, lorsque le premier mardi de chaque mois, il envoie son doyen et plusieurs chanoines conférer avec le maire et les échevins au sujet de la législation des métiers (1). Bien mieux, l'autorité seigneuriale a tout pouvoir pour concéder aux communautés le monopole de la jurande, pour accorder des statuts corporatifs, « sur l'humble supplication » des intéressés, pour y faire apposer le sceau dans les formes les plus solennelles (2), et pour enjoindre aux sénéchaux et officiers d'en surveiller l'application. Si, dans les campagnes, les seigneurs ne jugent pas à propos d'user de cette prérogative, soit parce que les artisans y sont trop disséminés, soit pour ne pas diminuer la puissance féodale, dans les villes ils se trouvent peu à peu contraints de céder aux vœux des métiers. Ainsi s'organisent en 1520, avec la permission du duc Charles de Bourbon, les bouchers de Châtellerault (3) ; avec celle du vicomte de Thouars et de son sénéchal les bouchers (4) et les apothicaires Thouarçais (5), de même qu'avec la permission de

du droit du seigneur de vendre son blé avant tous autres. — Sur l'estanc du vin à Fontenay en 1258, *Fillon, op. cit.*, p.27; et nombreux aveux cités ci-dessous.

(1) Lettres de relief d'appel 28 fév. 1461 sur la juridiction du chapitre Saint-Hilaire, *Chartes de Saint-Hilaire*, n° 358 — Arrêt des Grands Jours 27 oct. 1541, *ibid.*, n° 389. — Délib. du corps de ville de Poitiers, 3 juill. 1646, 1er oct. 1663, Reg. 97 et 114. — (2) Acte du 29 avril 1449 rel. aux bouchers de Saint-Maixent, *Cartul. de Saint-Maixent*, II, 234. — Lettres du duc Ch. de Bourbon approuvant les statuts des bouchers de Châtell. 1520, *Bull. Antiq. Ouest* 2ᵉ série, V, 546. — (3) Lettres ci-dessus citées. — (4) Sentence des Grands Jours de Poitiers rel. au droit du v. de Thouars d'accorder ou de révoquer les statuts des bouchers, octobre 1454, analysée par *Imbert, Bull. Soc. Stat. D. Sèvres* III, 410. — (5) Préam-

l'abbé et des religieux, naît la corporation des bouchers de Saint-Maixent (1).

Partout où le seigneur est parvenu à maintenir sa haute justice, c'est-à-dire dans 300 paroisses sur 540 de la seule sénéchaussée de Poitiers (2), il a gardé toute juridiction sur l'industrie, le commerce et les corporations, sauf la faculté d'appel réservée aux justiciables. Il n'y a si petit gentilhomme, observe un jurisconsulte du temps de Henri IV, « qui ne prétende avoir en sa propriété la justice de son village ou hameau », ou à défaut celle de son « meunier ou de son fermier », ou même « de sa femme et de son valet » (3), sauf à laisser son tribunal sans exercice ou sans officiers (4), ou à ne tenir ses assises que 2 ou 3 fois l'an (5). Devant ce tribunal que président le sénéchal ou son lieutenant, assistés de l'avocat et du procureur fiscal, du greffier et des sergents que le seigneur a institués (6), comparaissent les artisans et les marchands coupables d'infractions aux règlements de fabrication ou de vente, les ouvriers qui ont enfreint les statuts, les jurés qui rendent compte du résultat des chefs-d'œuvre et des visites (7), les marchands forains demandeurs ou défendeurs, « pour raison du commerce des

---

bule et conclusion des statuts des apothicaires de Thouars 1617, précités.

(1) Acte de 1449 précité. — (2) B. Filleau, Mém. sur les justices du Poitou, *Mém. Antiq. Ouest* 1844, p. 419. — (3) Traité des seigneuries, cité par A. Barbier, *le Livre Noir de Châtell*., p. 298. — (4) Sur 300 justices, il y en a 60 sans exercice, 40 sans officiers, et 50 mal administrées. Beauchet, op. cit., p. 419. — (5) Lettres du roi oblig^t le sénéchal de Saint-Hilaire de Poitiers à tenir ses assises 1 fois par semaine au lieu de 2 ou 3 fois l'an. *Ordon. des Rois*, XX, 311.— de Longuemar, *l'abb^e. Saint-Hilaire, Mém. Antiq Ouest* XXIII, 129. — (6) Ex. aveu du marquis de Pouzauges 10 février 1761, *Ann. Soc. d'Émul. Vendée* 1862, p. 232. — (7) Statuts des apothicaires de Thouars 1617, article 13.— Aveu du seigneur de Tiffauges 21 déc. 1647, *Ann. Soc. d'Émul. Vendée* 1872, p. 213, etc.

foires et des marchés (1) ». L'exécution des ordonnances royales relatives à la circulation des blés et à l'application des règlements édictés depuis Colbert pour les manufactures est aussi confiée aux juridictions seigneuriales, qui s'exercent partout d'ailleurs dans un intérêt fiscal (2).

La police économique a été en effet en grande partie conservée par les seigneurs jusqu'à l'époque révolutionnaire. Leurs agents, ici le sénéchal, comme au bourg Saint-Hilaire de Poitiers et à la Mothe-Achard(3), là le prévôt, comme à Saint-Maixent (4), ou encore le procureur fiscal, comme à Châtellerault (5), aidés des sergents de leur cour, font journellement ou à intervalles réguliers la visite de tous les produits et marchandises exposés en vente, afin « de corriger les abus » et de procéder au besoin aux saisies des articles défectueux (6). Ils peuvent, soit seuls, soit en compagnie des maîtres-jurés, inspecter les ateliers et boutiques (7), et s'ils le jugent à propos instituer *des visiteurs* ou inspecteurs

(1) Procédures au sujet des blés à Saint-Mesmin, la Mothe-Achard, etc., 1709-1771, Arch. Vendée B. 183 et 1013. — (2) Voir ci-dessous, chap. VI et suiv. — Les amendes appartiennent en partie au seigneur ; ainsi à Châtell^t la moitié de celle des bouchers au duc (statuts 1520, art. 3) ; le tiers de celles des apothicaires à Thouars au seigneur (statuts 1617, art. 19). A Poitiers, au bourg Saint-Hilaire, le trésorier du chapitre a le produit des amendes ou *feymidroit* (il vaut 100 s. en 1300, état des revenus du trésorier, *Chartes Saint-Hilaire*, n° 295).—(3) Arrêt du Parl^t 27 oct. 1541 rel. aux droits de police du chap. Saint-Hilaire précité. Procès-v. de visite du sénéchal du chapitre XVIe— XVIIe s. *Vienne G.* 654. — Procès-v. de visite des halles par le sénéchal de la Mothe-Achard 1775, *Vendée*, B. 172. — Ordon. du sénéchal des Sables 1738, *Vendée, B.* 773.—(4) Mémoire de l'abbaye de Saint-Maixent contre le comte du Maine 1457, *Cart. de Saint-Maixent*, II, 250.— (5) Statuts des corpor. de Châtell^t. notam. des bouchers 1520, art. 1 et 3.—(6) Textes ci-dessus - Acte du 29 avril 1449 conc^t les bouchers de Saint-Maixent *Cartul.* II, 234. — Règl^t de 1541 conc^t les droits, de police du chapitre Saint-Hilaire, précité, etc.—Aveu du seigneur de Tiffauges (1647) précité, etc. — (7) Arrêt du Parlement 2 avril 1644 conc^t les droits de police du chap. Saint-Hilaire à Poitiers, *Reg. des délib. munic.* n° 115.— Transaction du 25 août 1621, *Chartes Saint-Hilaire*, XV, 21.— Aveux indiqués ci-dessus.

spéciaux, par exemple pour vérifier le matériel des moulins ou les presses des drapiers (1). L'une de leurs prérogatives essentielles maintenue à travers les siècles et qui dérive de leur droit de police est le pouvoir de tarification. On le voit communément exercé au xviiie siècle par les sénéchaux ou juges des seigneurs, en particulier dans le Bas-Poitou. Ces officiers dressent chaque semaine, avec le concours des boulangers ou des meuniers, la mercuriale ou le tableau du prix des grains et des gros fruits (2). Ils fixent, parfois après des essais minutieux, comme à Luçon, le prix du pain, calculé d'après celui du blé et d'après les frais présumés du boulanger (3). Ils déterminent le prix de la viande suivant les catégories (4). Leurs taxes sont obligatoires pour tous à peine d'amende ou même de plus fortes pénalités (5).

Nul n'a le droit d'ouvrir boutique, d'exercer un métier, d'étaler une marchandise ou denrée dans l'étendue de la seigneurie, sans l'autorisation du seigneur, et ce dernier ne l'accorde que moyennant perception d'un droit. Dans la châtellenie de Civrai, le tavernier devra donc acquitter tous les ans à la fête de Ste-Radegonde un droit de *vigerie* qui est d'un jalon (4 pots de vin) ou d'un dîner pour le sei-

(1) Aveu du seigneur de Tiffauges 1647. — (2) Ordon. du sénéchal des Sables d'Olonne 17 nov. 1727; 17 juillet 1730 au sujet des mercuriales; du sénéchal de Mareuil, 27 juillet 1748, *Vendée B*. 758, 763, 783 ; des officiers de siège à Mirebeau, *Aff. du Poitou* 1780, p. 14. — (3) Règl[t] de police conc[t] les boulangers de Luçon, 13 juin 1772, *Rec. Poit.* in-4, XX, n°27. — Ordon. de police des sénéchaux de Palluau, d'Aizenay, de Commequiers, de la Châtaigneraie, de Saint-Gilles-sur-Vie fixant le prix du pain 1720, 1763, 1773, 1796, 1781, 1787. *Vendée B*. 272, 226, 1092, 1048, 973, 112, 959 — Droits du seigneur de Commequiers 1582, *Ann. Soc. d'Émul. Vendée*, 1858, p. 185. — (4) Taxe de la boucherie à Neuville. *Aff. du Poitou* 1779, p. 59 — *Coutume de Loudun* titre II, art. 31 — Ordon. ci-dessus citées pour le Bas-Poitou — Ordon. du sénéchal de Palluau 1765 et 25 juin 1789 fix[t] le prix de la viande, *Vendée B* 926 et 973. — (5) Par ex. 10 l. d'amende pour contrav. à la taxe du pain, Ord. de police du siège d'Aizenay, 13 juin 1780, *Vendée B*. 112.

gneur et 4 de ses hommes, et en plus payer 12 d. A Châtellerault, les bouchers paieront un droit d'abatage de 2 d. par bœuf ou vache, de 1 d. par mouton, chèvre ou bouc (1). Au bourg St-Hilaire à Poitiers, le tavernier sera astreint à payer par vaisseau de vin vendu 1 d. aux chanoines, et 3 d. au hucheur du chapitre (2). Dans ce même bourg, les boulangers et les fabricants de draps, pour avoir la liberté de vendre ou de fabriquer, verseront une redevance au receveur des chanoines (3). A Usson, tout marchand qui s'avise de dresser son étalage, sans « congé du seigneur », s'exposera à perdre le quart de ses marchandises (4).

C'est encore au seigneur qu'il appartient de permettre au commerçant ou à l'artisan de placer les enseignes des boutiques. Le Livre Noir de Châtellerault enjoint aux taverniers de se soumettre à cette prescription (5). Tous ceux qui vendent des marchandises au poids sont tenus, si le produit vendu pèse plus de 25 l., de se rendre au poids « de monseigneur », dont le prévôt a la garde. Aucun marchand n'est autorisé à détenir de poids ou de crochet qui puisse servir à peser plus de 25 l. A un jour déterminé, tous les marchands, taverniers, tisserands, meuniers et autres hommes de négoce ou de métier présentent au sénéchal ou à son délégué les poids et les balances dont ils sont détenteurs, à l'effet de les vérifier et marquer (6). L'agent seigneurial

---

(1) Procédure du 11 août 1503 sur les droits du seigneur vigier de Civrai. *Aff. du Poitou* 1781, p. 91. — Statuts des bouchers de Châtell^t 1520, art. 24. — (2) Etat des revenus du trésorier de Saint-Hilaire 1300. *Cartul.* I, n° 298. — (3) Aveu de la seign. d'Usson 20 juill. 1679. *Aff. du Poitou* 1781, p. 93. — (4) Livre Noir ou pancarte de Châtell^t, pp. A. *Barbier, Mém. Antiq. Ouest*, 1893, p. 422. — (5) Ibid. — Règl. du sénéchal de Fontenay, 21 oct. 1343, p. p. B. *Fillon* p. 47. — Droits du seigneur de Thouars, p. p. *Imbert, Bull. Soc. Stat. D.-Sèvres*, III, 406. — (6) Pancarte de l'île d'Yeu 1710, *Ann. Soc. d'Emul. Vendée* 1872, p. 168.

perçoit pour le pesage au poids public une redevance variable. A Châtellerault, elle s'élève à 4 d. par cent livres, à 2 d. pour 50 l, et à 1 d. pour 25 l., au xv° siècle (1). Dans l'île d'Yeu, les pêcheurs veulent-ils faire peser leur poisson, ils paient 5 s. 4 d. pour chaque cent. Pour toutes marchandises achetées ou vendues en gros, le droit est de 5 s. 4 d. par quintal (2). Plus générale encore est la prérogative seigneuriale qui consiste à « bailler » et à étalonner les mesures de toute sorte. Les documents du Moyen-Age montrent cette attribution exercée sans restriction par les seigneurs (3). La royauté essaie plus tard de limiter ce pouvoir. La coutume du Poitou rédigée au xvi° siècle réserve le droit de « bailler mesures » aux seuls seigneurs hauts et moyens justiciers. Quant aux bas justiciers, ils ne peuvent le faire, si ce n'est en vertu « de possession ou usance ancienne », antérieure à la réformation du coutumier et « continuée » depuis cette rédaction (4). Encore, s'efforce-t-on de restreindre ce pouvoir à la concession des mesures à blé et à vin (5). Dans la réalité, les restrictions apportées par l'autorité se trouvèrent partiellement inefficaces. Bon nombre de seigneurs gardèrent le pouvoir de donner et d'étalonner les mesures à légumes et à fruits ou à huile et autres liquides. Tel est le cas en particulier pour le seigneur

---

(1) *Livre Noir de Châtell.* p. 422. — (2) Pancarte de l'île d'Yeu, *op. cit.* p. 168. — Les droits du seign. de l'île d'Yeu, p. p. *Fiet, Ann. Soc. d'Emul. Vendée,* 1865, p. 235. — (3) Charte d'Hugues de Thouars sur son droit de bailler les mesures 1222 *Arch. hist. Poitou,* II, 203. — Lettres royaux recon^t le droit de bailler mesures à blé et à vin app^t à l'abbaye Sainte-Croix de Poitiers 1377, *B. Mun. de Poitiers,* Mss. n° 426, 9. — Transaction entre le s. de Mirebeau et le commandeur de Montgauguier sur les droits de haute justice 1285, *Doc. p. p. la Soc. Antiq. Ouest,* p. 97; enquête sur la haute justice du s^r de Parthenay 1255, *ibid.* p. 26. — (4) *Coutume du Poitou,* éd. Lelet, art. 16, 17, 35, 65, 66; pp. 53, 56, 120, 180-181. — (5) *Coutume du Poitou,* art. 16; commentaire de Lelet, p. 53.

de l'île d'Yeu, pour celui du Breuil dans l'étendue de la seigneurie de Civrai, et pour l'abbé de St-Nicolas dans toute la ville de Poitiers et sa banlieue (1). A cet effet le seigneur ou son sénéchal ont, soit chez un prudhomme du lieu, comme à Fontenay (2), soit dans le grenier de leur hôtel, comme à l'île d'Yeu (3), un boisseau modèle, sur lequel tous les habitants doivent régler le leur. C'est ce que l'on appelle le sep seigneurial. Il porte sur son pourtour les armoiries du seigneur. Celui de Poitiers, que les religieux de l'abbaye du Pin avaient obtenu de régler par concession de Richard Cœur de Lion, était décoré des armes des comtes de Poitou (4). Quand le boisseau est vieil et rompu, le seigneur est tenu de le remplacer (5). Le juge du lieu assisté du procureur fiscal et du greffier, en présence des sergents, fait procéder par un homme expérimenté au pesage des mesures neuves, d'abord vides puis pleines, jusqu'à ce que le poids légal ait été atteint. Après plusieurs vérifications, la mesure est marquée ; elle est garnie de cuivre sur les bords, pour mieux en assurer la conservation et le maniement. Le seigneur établit de la même

(1) Droits des seigneurs de Bouin et d'Yeu au xviiie s. *Ann. Soc. d'Emul. Vendée* 1865, p. 235. — Aveu du marquis de Pouzauges (1761), *ibid.* 1862, p. 233 — Charte de 1058 concédant le droit de mesures à sel au prieur de Saint-Nicolas de Poitiers, *Arch. hist. Poitou* I, 7, confirmée par divers arrêts cités ci-dessous. — Procédure d'avril 1508 et aveu du s. du Breuil 1620, *Aff. du Poitou* 1781, p. 93. — Aveu du seigneur de Saint-Léger en Pallu xviiie s., *Aff. du Poitou* 1776, p. 173 ; du seign. de Melle, 20 août 1561, *ibid.* 1781, p. 89. — (2) Règl. du sénéchal de Fontenay 1343 précité. — (3) La coutume du Poitou oblige le seigneur à avoir dans son hôtel son sep ou mesure (art. 66). — Procès-v. rel. aux mesures de l'île d'Yeu cité ci-dessous. — (4) Pièces rel. au droit de boisseau et de minage de l'abbé du Pin 1198-1786, p. p. B. Filleau, *Mém. Soc. Stat. D.-Sèvres* 1868, pp. 1 à 178. — Délib. munic. de Poitiers 11 août 1586 rel. au boisseau du Pin, *Reg.* 46. — (5) Délib. municip. des 24 déc. 1608, 26 mai 1609, 28 juillet 1625, 17 mai 1654, *Reg.* 64, 77, 105 (rel. au boisseau du prieur de Saint-Nicolas).

manière les demi-boisseaux, les quarts et les quartaux, les tierciers ou tiers, et pour les mesures vinaires, les pipes, les busses ou bussards, et leurs subdivisions, jalons, chopines, pintes, pots (1). La coutume astreint le seigneur à ne jamais « changer ne immuer » ces mesures et à enregistrer au greffe seigneurial le procès-verbal de l'établissement des boisseaux et de leurs divisions (2). En conséquence de ce droit, tous blatiers et autres, marchands ou particuliers, ne peuvent acheter ou vendre qu'avec des mesures marquées des armes du seigneur ou taillées par son sergent (3), et en tout cas vérifiées et comparées à la mesure modèle, « ajustées au sep », suivant le terme consacré, par le prévôt ou les autres officiers seigneuriaux, moyennant un droit variable (4). De même pour le sel, les officiers du seigneur visitent et marquent toutes les mesures de chaque quartier, soit dans les magasins, soit sur les marchés, et ils perçoivent en retour des redevances sur les marchands domiciliés ou forains (5). Au XVIIIe siècle, à Poitiers, les agents de l'abbé prieur de St-Nicolas exercent encore cette prérogative au marché du sel, place du Pilori, tous les samedis, exigeant

(1) *Coutume de Poitou*, art. 66. — Procès-v. de règlement des mesures à blé pour la seigneurie de l'île d'Yeu 11 juillet 1765, *Ann. Soc. d'Émul. Vendée* 1862, pp. 234-236. — Aveu du seigneur de Tiffauges 1647, *ibid.* 1872, p. 215. — Procès-v. d'étalonnage des mesures de la châtellenie d'Etables et du chapitre Saint-Hilaire XVIe s. *Vienne* G. 641 et 1006 — Procès-v. d'étalonnage des mesures de l'abbé du Pin à Poitiers 27 octobre 1597, *Reg*. 56. — (2) *Coutume du Poitou* art. 66 — Procès-verbaux précités. — (3) *Coutume du Poitou*, art. 3 et documents ci-dessous. — (4) Pancarte, ou *livre Noir de Châtell*^{t}. pp. 416, 428, 422. — Aveu du s. de Commequiers 1582, *Ann. Soc. d'Émul. Vendée* 1858, p. 185; pancarte de l'île d'Yeu 1710, *ibid.* 1865, p. 235; 1872 p. 168; pancarte de Thouars 1559, p. p. Imbert, *Bull. Soc. Stat. D.-Sèvres* IV, 371. — Ord. du sénéchal de Marcuil, janvier 1759, *Vendée* B. — Aveu du seigneur de Melle 1561, précité, etc. — (5) *Livre Noir de Châtell*^{t}. p. 413. — Charte de 1058 en fav. de l'abbé de Saint-Nicolas à Poitiers, précitée. — Ordon. du sénéchal du prieur de Saint-Nicolas, 14 août 1782, *Arch. Antiq. Ouest*.

1 boisseau par 21 minots, et un droit de mesurage de 2 d. par minot, que prélève le commis de la cour du prieur. Quatre fois l'an, ils vont chez les marchands détaillants vérifier les mesures, confisquer celles qui ne sont pas régulières, condamner les délinquants à l'amende, et prélever leur droit de visite de 2 s. 6 d. (1). Le « regard » ou inspection de tous les boisseaux chez les marchands et fabricants est une prérogative qu'on énonce dans les aveux (2), et le pouvoir de les « bailler » une sorte de fief dont on prête l'hommage (3).

Dans certaines seigneuries, à Châtellerault par exemple, le jour de la fête de Notre-Dame de mars, à l'île d'Yeu, le jour de saint Georges, les habitants, meuniers, boulangers, marchands de sel, épiciers, hôtes, cabaretiers, taverniers, apportent devant les agents seigneuriaux, prévôts, greffiers, sergents, assistés du procureur fiscal, leurs poids et leurs mesures, boisseaux entiers, demis, quarts, tiers, leurs pintes, chopines ou pots et jusqu'à leurs écuelles, pour les faire vérifier et marquer. On rompt celles qui sont défectueuses et le détenteur est condamné à l'amende. Veulent-ils avoir une mesure neuve, ils doivent la faire établir à leurs dépens, puis la présenter à l'agent du seigneur et à son sénéchal ou prévôt qui y apposent deux marques, l'une, celle du vérificateur, et l'autre, celle de la seigneurie. L'opération donne lieu à la perception d'une taxe ou salaire (4). Ainsi, les marchands de moules doivent à Châtellerault un minot, c'est-à-dire un demi-quart de boisseau de leur marchandise pour droit de

---

(1) Même ordon. — (2) Aveu du s. de Melle 1561, précité. — (3) Hommage de Louise de Bédou au roi pour le droit de mesures à vin de la châtellenie de Civrai, 26 avril 1620, *Aff. du Poitou* 1781, p. 93. — (4) *Livre Noir de Châtellerault*, p. 416. — Droits du seigneur ou pancarte de l'île d'Yeu (1710), précitée.

mesurage (1), les épiciers à Thouars une pinte d'huile, les cabaretiers une pinte de vin et quelques pains (2). Enfin, le seigneur possède encore en général le droit d'ajuster les aunes « à drap et à sarge », comme les appelle un aveu de 1561, et les menus poids et balances dont se servent les marchands drapiers, les texiers et autres artisans. Les détenteurs sont soumis aux mêmes vérifications annuelles à l'hôtel seigneurial et aux mêmes inspections sur les marchés (3). Quand la seigneurie est peu importante, le seigneur se contente, pour exercer son droit, de l'aide d'un greffier, d'un sergent ou d'un commis (4). Mais dans les grandes seigneuries, il a un commis-juré spécial pour vérifier les mesures, par exemple un sellier, ou encore, comme à Thouars, un maître visiteur-assureur et ajusteur des poids, aunes, balances et crochets en la châtellenie (5). Le pouvoir royal n'osa supprimer ces prérogatives gênantes. Leur maintien aboutit à cette inextricable multiplicité des mesures dont l'ancien Poitou offre un des exemples les plus curieux. Les ordonnances des intendants, telles que celles de Marillac et Le Nain, prouvent que, sur ce point, la monarchie absolue ne crut pas pouvoir porter atteinte à une tradition plusieurs fois séculaire (6).

(1) *Livre Noir de Chatellerault*, p. 417. — (2) Droits du seigneur de Thouars, p. p. *Imbert, op. cit.*, III, 406. — (3) Pancarte de l'île d'Yeu (1710); pancarte de Thouars (1559); aveu du seigneur de Melle (1561) précités. — (4) Charte d'Hugues de Thouars (1222) au sujet de la Garnasche, précitée— Ordon. du sénéchal du prieuré Saint-Nicolas de Poitiers 1782 et autres documents ci-dessus. — (5) A Châtellerault, le seigneur au xve s. a un sellier commis-juré pour assister le prévôt et le procureur fiscal, *Livre Noir*, p. 416. — Acte de nomination par le duc de la Trémoille, s. de Thouars, d'un maître visiteur ajusteur des poids (xvie s.), etc. *Bull. Soc. Stat. D.-Sèvres*, III, 406. — (6) Ordon. de l'intendant Marillac conf[t] le droit de mesure de l'abbé du Pin, *Aff. du Poitou* 1775, p. 87. — Ordon. de l'intendant Le Nain, 1733, art. 14, recon[t] le droit de mesures app. aux seigneurs, *Arch. Antiq. Ouest*.

Elle fut plus hardie au sujet d'une autre attribution que les seigneurs avaient jadis exercée, à savoir le droit de concéder des foires et marchés. Depuis le règne de Charles V et même antérieurement, le roi seul peut les autoriser en vertu de lettres-patentes (1). Mais l'autorité seigneuriale en obtient assez aisément la concession. Si elle n'a plus le pouvoir d'instituer les marchés et les foires, elle en conserve du moins jusqu'à la fin de l'ancien régime la police et les droits utiles. Le seigneur est généralement le propriétaire du minage ou marché au blé, et de tous les marchés ordinaires. Il a aussi des halles qu'il a fait construire et qu'il entretient pour la boucherie, la panneterie, la poissonnerie, la draperie, la mercerie, la poterie ; il en a établi les étaux et les bancs « qu'il peut remuer et oster à son gré (2). » Les sénéchaux ou les sergents seigneuriaux y exercent les attributions de police, saisissent les voleurs, visitent les marchandises, les aunes, les poids, les mesures, y dressent des procès-verbaux et y infligent des amendes (3). Les prévôts ou fermiers y perçoivent les multiples redevances fiscales que le seigneur s'est attribuées, en compensation de la police et de la protection qu'il exerce sur les industriels et les marchands (4). Services chèrement payés, si l'on songe au nombre des redevances et surtout à leur assiette et à leur mode de perception vexatoires. Souvent, le marchand ou l'artisan ont dans le même lieu les

---

(1) Voir ci-dessous, chap. IV. — (2) *Livre Noir de Châtell*^t. pp. 423-425 ; aveux du marquis de Pouzauges (1761) et du s. de Tiffauges (1647), *Ann. Soc d'Emul Vendée* 1862, p. 233 ; 1872, p. 215. — Pancarte de Thouars 1559, *Bull. Soc. Stat. D.-Sèvres*, IV, 373, 376. — (3) Mêmes documents. — Droits du s. de Saint-Léger en Pallu, *Aff. du Poitou* 1776, p. 173. — Procès-v. de visite des foires par le sénéchal du chapitre Saint-Hilaire 1708 Vienne G. 654. — (4) Par ex. à Thouars 2 d. sur les merciers le jour de marché et 4 d. les jours de foire, 1 d. et 2 d. s'ils n'ont pas de monture. Pancarte de 1559.

agents de plusieurs seigneurs à satisfaire. A Châtellerault, outre le prévôt du vicomte, les prieurs de Saint-Romain et de Saint-Julien, le doyen et le chapitre de la ville réclament aux bouchers et aux taverniers ou cabaretiers, aux tanneurs et aux corroyeurs et aux autres gens de métier, le paiement de droits variés, lors des 8 foires de l'année (1). A Poitiers, le prieur de Saint-Nicolas perçoit des redevances sur le marché au sel (2), le chapitre de la cathédrale Saint-Pierre sur les marchandises exposées à l'époque de la foire du jeudi Saint (3), le chapitre Saint-Hilaire sur les denrées et produits étalés dans le bourg aux jours de marché et de foires, sur le pain exposé aux fenêtres des boulangers, sur chaque fardeau de drap fabriqué (4). Le seigneur des Gilliers prélève dans la même ville un droit de poterie sur tous les pots vendus au Marché Vieil (5). A Briou, dans l'élection de Saint-Maixent, les redevances d'une foire sont partagées entre 3 seigneurs, dont l'un a le quart, l'autre la moitié, et le troisième le dernier quart ; et le produit total s'élève à 22 ou 23^t par an (6)! Dans les bourgs en villages, c'est à peine si, au XVIIIe siècle, ces droits rapportent 30, 40^l, 70^l ou 100^l (7).

Ils n'en sont pas moins gênants pour le commerce et l'industrie, parce qu'ils frappent la plupart des articles, même ceux de première nécessité, et parce qu'ils donnent lieu de

---

(1) *Livre Noir de Châtellerault* p. 423. — (2) Charte de 1058 et ordon. du sénéchal du prieur de Saint-Nicolas 1782, précitées. — (3) Charte de 1081 étab^t les droits du chapitre sur la foire du Jeudi Saint, *Aff. du Poitou* 1775, p. 63. — (4) Sentences des 28 nov. 1444 et du 16 juillet 1527 conf^t les droits du chap. Saint-Hilaire, *Vienne* G. 625. — État des revenus du trésorier de Saint-Hilaire 1300, *Cartul. Saint-Hilaire*, I, n° 298. — (5) Acte de cession des droits de la maison noble des Gilliers, XVIe s., *Vienne* G. 630. — (6) Mém. du subdélégué Lévesque sur l'élection de Saint-Maixent, *op. cit.* pp. 23, 43, etc. — (7) Même mémoire, pp. 23, 43, 48, 59, 75, 31, 35, 38, 48, 51, etc. Sur 9 bourgs pris au hasard et dont plusieurs sont très importants, tels que Melle, le maximum du produit est de 100^l.

la part des agents seigneuriaux à des vexations continuelles. Les plus impopulaires sont les droits de minage, non seulement parce qu'ils renchérissent le prix du blé, mais encore parce que les fermiers des seigneurs cherchent sans cesse à en étendre la perception ou à en accroître la quotité. Ainsi à Poitiers, l'agent de l'abbé du Pin, propriétaire du Minage, prétend lever le droit, non seulement sur les céréales, mais encore sur les noix, les amandes, les fruits et les légumes, non seulement sous la halle, mais encore dans toute l'étendue de la ville et banlieue (1). A Aunay, le minager va percevoir la redevance jusque dans les cabarets (2). A Marans, contrairement à l'usage, les fermiers du minage s'avisent de vouloir lever le droit, même sur les blés invendus (3). Ajoutez des formalités de déclaration et de contrôle telles qu'à Chizé les particuliers, en 1780, ont cessé d'apporter leur blé au marché (4). Les officiers ou les fermiers non contents de prélever la redevance légale, généralement assez élevée (5), se permettent d'exiger des droits plus onéreux et illégaux. Les habitants de Poitiers s'élèvent plus d'une fois contre les « pilleries et exactions » des agents de l'abbé du Pin, préposés au Minage (6). Ceux de Civrai dénoncent la série d'usurpations, en vertu desquelles le droit de minage de leur seigneurie a doublé en l'espace de deux siècles (7).

(1) Délib. munic. de Poitiers 29 nov. 1666; 7 août 1571; 26 déc. 1661, etc., Reg. 117, 40, 112. — (2) Article des Aff. du Poitou 1775, p. 59. — (3) Arrêts du Parl. 7 sept. 1613, 30 mai 1615, 2 mars 1673 au sujet du minage de Marans, Aff. du Poitou 1775, p. 142. — (5) Art. des Aff. du Poitou 1780, p. 74. — (5) Par ex. à Niort la 42ᵉ partie du boisseau et 6 d. par boisseau ; à Saint-Maixent 2 d. par boisseau ; à Mortagne le 12ᵉ du boisseau ; à Champdeniers le 32ᵉ, Aff. du Poitou 1781, pp. 35, 55-56; 1779 p. 108. — (6) Délib. munic. de Poitiers, 15 mars 1666 ; 30 juillet et 7 août 1571, 23 août 1586 ; 3 août 1587 ; 18 août 1632, Reg. 40, 45, 46, 82, 116. — (7) Le droit de minage était à Civrai d'une écuellée par prévendier, (= 8 boisseaux) en 1535 ; il a été élevé à 2 écuellées au xvııɪᵉ siècle. Aff. du Poitou 1775, p. 33, 1781, p. 107.

Ceux de Mortagne signalent une exaction presque analogue (1). Quand le fermier ne peut augmenter la quotité du droit, c'est parfois à la fraude qu'il a recours. Il emploie, pour percevoir la redevance, des boisseaux d'une contenance plus grande que les mesures légales (2). Le commerce des céréales n'est d'ailleurs pas seul frappé. Une foule d'autres produits sont atteints. A Thouars, en vertu du droit de pancarte, le seigneur prélève des taxes d'étalage sur les drapiers et sur les merciers, des droits de halle sur les bouchers (3). A Saint-Maixent, l'abbé perçoit des redevances au marché sur le pain, le bétail, le charbon de bois, le genêt, les cercles, les fromages, les œufs, les aulx, les fruits et même les cendres (4). Dans l'élection de Thouars, les seigneurs exercent, outre les droits de hallage et de plaçage, ceux de lainage sur les bêtes à laine et de langueyage sur les porcs (5). A Châtellerault, le prévôt du vicomte exige sur le vin, l'huile, les noix, des droits de vente, mi-partie en argent, mi-partie en nature. Il prélève un droit d'étalage sur les merciers et les ferronniers, un droit de savetage sur les cordonniers, soit pour la journée, soit pour l'année entière, d'autres redevances encore sur les chaussetiers, les poêliers, les marchands de vaisselle d'étain, les quincailliers, les couverturiers, les drapiers, les tourneurs et les boisseliers, les marchands de mulets et de chevaux (6). Le droit est en gé-

---

(1) A Mortagne au lieu d'une écuellée *par charge*, le droit est prélevé à raison d'une écuellée par *setier*, *Aff. du Poitou* 1781, p. 35. — (2) Délib. munic. de Poitiers 15 mars 1666, *Reg.* 116 (contre les fermiers du minage). — (3) Pancarte de Thouars 1559, précitée. — (4) Acte mention⁴ les droits du sire de Rochefort sur le pain à Saint-Maixent (v. 1150) *Coll. Fonteneau* XVI, p. 15. — Lettres royaux (30 mai 1450) sur les droits de l'abbaye de Saint-Maixent. — Charte de Guy de Rochefort aband. cert. droits à l'abbaye (1067) *Cartul.* I, 227; II, 245. — (5) Arrêt du Conseil (3 fév. 1774) au sujet de ces droits. *Arch. Antiq. Ouest.* — (6) Pancarte ou *Livre Noir de Châtell*ᵗ, précité, pp. 415 et suiv.

néral payable en argent, mais il peut aussi être prélevé en nature. Ainsi, le fermier à Châtellerault est autorisé à s'approprier un ouvrage en acier sur ceux qu'apporte le ferron. Il peut prendre un verre sur le verrier à condition de le remplir d'abord de vin à l'intention de ce dernier (1). A l'île d'Yeu, les marchands de fruits en abandonnent un cent au seigneur (2). A Thouars le ferronnier qui vient étaler aux foires et marchés doit au moins une fois l'an au duc un des meilleurs outils et instruments tranchants de son chargement (3).

Ce n'est pas uniquement le commerce forain qui est atteint, c'est encore le commerce local ou domicilié. Le seigneur a seul qualité pour permettre à l'artisan et au commerçant d'exercer le métier, d'ouvrir boutique et d'étaler leurs produits. Ainsi s'expliquent les redevances que le trésorier de Saint-Hilaire exige à Poitiers des boulangers et des fabricants de draps (4), à Châtellerault la taxe annuelle que les pêcheurs sont astreints à verser, qu'ils aient des chalands pour pêcher ou seulement des benastes (5). A Bouin et à l'île d'Yeu, le pêcheur devra de même abandonner au seigneur une partie de son poisson frais, de ses marsouins et de ses sardines. Le tavernier paiera 1 écu lorsqu'il ouvrira taverne et 1 écu annuellement pour y vendre le vin (6); le boucher donnera tous les ans deux quartiers de bœuf et deux fressanges de porc; le boutiquier au détail payera 3 l. à titre de redevance annuelle (7). A Thouars, chaque habitant tenant boutique ouverte va dans le courant de l'année se pré-

(1) Ibid. — (2) Piet, Les privilèges des îles de Noirmoutiers, Bouin et Yeu, Ann. Soc. d'Émul. Vendée 1865, pp. 230-234. — (3) Aveu du s. de Thouars 20 sept. 1497, pp. Imbert, Bull. Soc. de Stat. D.-Sèvres, III, 390. — Pancarte de Thouars 1559, précitée. — (4) État des revenus du trésorier de Saint-Hilaire 1300, Cartulaire I, n° 298. — (5) Livre noir ou pancarte de Châtellerault, p. 417. — (6) Piet, op. cit. p. 236. — Pancarte de l'île d'Yeu (140) précitée. — (7) Piet, op. cit., pp. 236-240.

senter au prévôt du seigneur duc, le bonnet ou le chapeau à la main et la tête découverte ; les boutiquières sont tenues de se présenter en chaperon coiffé et non en couvre-chef. Marchands et marchandes paient un denier, sauf les chapeliers astreints à donner un chapeau par an, au choix du prévôt (1).

En dehors des taxes exigées sur les marchés, les foires, la vente en boutique, le seigneur possède sous le nom de *levage, de prévôté, de coutume, de barrage*, de véritables droits d'octroi et de douane perçus les uns à l'entrée, les autres à la sortie des bourgs, villages et villes, et parfois à la sortie ou à l'entrée de la seigneurie. A Champdeniers, par exemple, aux barrières du bourg se tient le préposé du seigneur pour percevoir le droit d'entrée sur toutes les marchandises. Il a avec lui des sergents qui tracent avec du blanc d'Espagne une sorte de barre appelée marreau sur l'habit des hommes et des femmes, après l'acquittement de la redevance (2). Les habitants de l'île de Monts, en Bas-Poitou, veulent-ils transporter un tonneau de blé hors de la baronnie, ils paieront au préalable un droit d'exportation de 7 s. 6 d. (3). A Châtellerault les poissonniers devront payer une taxe, soit pour faire entrer, soit pour faire sortir leur poisson (4). A Bouin, le seigneur exige pour toute sortie de blés un droit de congé et de déclaration, sous le nom de droit d'amirauté. A Noirmoutiers, il perçoit 1 boisseau sur chaque charge de 80 boisseaux du blé sortant de l'île ; c'est la *petite*

---

(1) Pancarte de Thouars (1559), précitée, *op. cit.*, pp. 366-367. — (2) D'après les *Affiches du Poitou*, 1774, p. 108. — A Saint-Léger en Pallu, le préposé perçoit les redevances et les verse dans une bourse attachée au bout d'une perche, acte du 8 mars 1764 cité par les *Aff. du Poitou*, 1776, p. 173. — (3) Droits perçus en Bas-Poitou, d'après un acte pp. Marchegay, *Ann. Soc. d'Emul. Vendée* 1858, p. 188. — (4) *Livre Noir* p. p. A. Barbier, *op., cit.* p. 417.

coutume. La *grande coutume* perçue en argent frappe à l'exportation les blés enlevés par les étrangers ou transportés par les habitants. De même à l'île d'Yeu (1). L'exportation du sel est frappée à Bouin, et dans les îles d'Yeu et de Noirmoutiers, de taxes semblables, désignées sous le même nom (2). Celle du vin est astreinte au droit de rouage (3). L'importation elle-même est atteinte. Ainsi au-dessus de 12 boisseaux, les patrons de barque de l'île d'Yeu paient 2 s. par boisseau de froment importé et 1 s. par boisseau d'autres grains (4). Peu d'objets échappent à ces taxes. A Saint-Gilles sur Vie, elles s'appliquent jusqu'aux oignons (5), à Thouars au bois de chauffage (6), à Tiffauges aux prunes, pommes, poires, châtaignes et autres fruits (7), et à peu près partout, au bétail, à la viande, au pain, aux céréales, au beurre, aux légumes et aux fruits, au vin, aux matières premières et aux objets fabriqués (8), transportés soit par charretée de 2 à 4 bœufs, soit à dos de cheval, d'âne ou d'homme (9).

Enfin, pour achever de grever la circulation des denrées et des produits fabriqués, la fiscalité seigneuriale a multiplié d'un bout à l'autre du Poitou, au passage des rivières, sur le cours des fleuves, sur les chemins, les routes et la côte, les droits de port, d'ancrage, de *barrage*, de *travers*, de

---

(1) Piet, Les privilèges des îles d'Yeu, etc. *Ann. Soc. d'Emul. Vendée*, 1865, pp. 231-234. — (2) Ibid. — De même à la sortie de Niort, droit de 5 s. par minot de sel prétendu par le sire de Neuillan. Délib. munic. de Poitiers, 28 avril 1652, Reg. 103; autres pièces 1649, Vienne C. 91. — (3) *Affiches du Poitou* 1781, p. 183. — (4) Pancarte de l'île d'Yeu, 7 août 1678 citée par *Piet, op. cit.*, pp. 230-234. — (5) Pancarte de Saint-Gilles-sur-Vie 1799, pp. Pontdevie, *Ann. Soc. d'Emul. Vendée*, 1885, p. 177. — (6) Droit de bûchage, Pancarte de la prévôté de Thouars 1559, *Bull. Soc. Stat. D.-Sèvres*, IV, 366. — (7) Aveu du seign. de Tiffauges 1647, *Ann. Soc. d'Emul. Vendée* 1872, p. 221. — (8) Aveux et pancartes cités ci-dessus. — (9) Ibid. — Droits du seigneur de St-Clémentin, acte du 15 mai 1584, *Arch. hist. Poitou*, XX, 411.

péage, de *maultôte*, de *pontenage*. Ils se dressent à chaque pas, spécialement sur la Vienne, la Sèvre, l'Argenton, la Vendée et sur les canaux du littoral. On en compte encore une centaine dans la généralité au début du xviii° siècle (1). Primitivement exigés pour indemniser le seigneur de l'entretien des routes terrestres et fluviales, des ponts et des ports, ces taxes ont fini par devenir aussi injustifiées que gênantes. L'autorité seigneuriale s'est désintéressée des voies de communication qu'elle est obligée cependant de maintenir en bon état (2), et les droits ont pullulé, frappant toutes sortes de marchandises. Aux *billettes* ou barrières qui arrêtent au passage chevaux, charrettes, voitures, piétons (3), apparaît l'agent seigneurial qui visite, fouille, examine les paniers, caisses, ballots, et exige la redevance. Grains, fruits, légumes, sel, charges de poisson frais ou sec, résine, toiles, fers et aciers, articles fabriqués, tout est astreint au paiement, soit en argent, soit en nature (4).

La pancarte énonciative des droits affichée au bureau de perception ou sur le poteau du lieu de péage s'allonge démesurément. Celle de Maillé sur la Sèvre n'a pas moins de 120 articles ; pas un objet nécessaire à la vie ordinaire qui n'y soit taxé. Le Juif lui-même y figure assimilé aux bes-

---

(1) *Affiches du Poitou* 1775, pp. 189 et 197. — (2) *Coutume du Poitou*, art. 12. — (3) Aveu du marquis de Pouzauges, 10 févr. 1761, *Ann. Soc. d'Emul. Vendée* 1862, p. 230 (oblig. de tenir des billettes pour avertir les passants). — (4) Ex. enquête d'Alfonse de Poitiers sur le droit de péage du vicomte de Châtell^t, vers 1260, *Arch. hist. Poitou*, VIII, 115. — Tarif du péage de Velluire supprimé en 1766, *Ann. Soc. d'Emul. Vendée* 1869, p. 200. — Péage de Châtell^t xve, xviiie s. *Livre Noir*, pp. 428, 295. — Godard, I, 31 ; II. 299. — Péage de Magné 1224, acte p. p. *Soc. Antiq. Ouest, Rec. de Doc.* (1870) p. 5. — Droits de port et d'ancrage en Bas-Poitou 1484 et sq. *Ann. Soc. d'Emul. Vendée* 1865, p. 235. — à Beauvoir, *ibid.*, 1862, p. 155. — Pancarte de St-Gilles sur Vie 1699, *ibid.* 1872, p. 220. — Aveu du s. de Tiffauges 1647, *ibid.* 1872, p. 220. — Pancarte de l'île d'Yeu 1710, *ibid.* 1872, pp. 167-168.

tiaux, astreint à payer 8 d. de péage, et la Juive enceinte, par une ironie toute fiscale, avec une redevance de 1 s. 4 d. (1). Sur la côte, ce sont les droits de port et d'ancrage perçus au profit du seigneur. Les navires grands ou petits, chargés ou non, y sont astreints à raison de leur contenance ou autrement. Ainsi, à Noirmoutiers, c'est 10 s. 4 d. par vaisseau ou barque, à Bouin 15 d., à l'île d'Yeu 5 s. par bâtiment et 6 s. par tonneau, plus 2 s. 6 d. pour droit de garde-hâvre, que le seigneur est fondé à réclamer (2). A Beauvoir, le navire paiera le droit de *coutume* ou de douane, le droit de certificat ou de *bref*, le droit de quai ou de *planchéage* (3). Ainsi, l'exploitation fiscale des métiers, du commerce et de l'industrie, est devenue la principale préoccupation de l'autorité seigneuriale. Dès le Moyen-Age, cette arrière-pensée formait à vrai dire le fond de l'administration économique des seigneurs. Elle apparaît encore plus nettement à l'époque moderne, lorsque, dépouillés peu à peu de la plupart de leurs attributions, réduits à devenir les auxiliaires soumis de la police royale, appauvris par les nécessités croissantes de l'existence, les seigneurs n'usèrent plus de leurs dernières prérogatives que pour retarder le moment de la ruine complète de leur fortune.

(1) Tarif du péage de Maillé (vers 1740), pp. Marchegay, *Ann. Soc. d'Emul. Vendée*, 1858, pp. 153.155.— (2) Pancarte de l'île d'Yeu 1710, *op. cit.* pp. 167-168. — (3) Les revenus maritimes de la seigneurie de Beauvoir, *Ann. Soc. d'Emul. Vendée* 1862, p. 155.

CHAPITRE II

Le Pouvoir municipal en Poitou et les Corporations industrielles et commerçantes.

Dans les villes pourvues d'administrations municipales autonomes ou villes de commune, qui ne sont à vrai dire que des seigneuries, c'est-à-dire à Poitiers et à Niort, l'autorité dévolue aux maires, aux échevins et aux bourgeois en matière économique présente les plus grandes analogies avec celle que possèdent les seigneurs hauts justiciers. On est étonné de la multiplicité des attributions qui appartiennent au pouvoir municipal, droits législatifs, administratifs, fiscaux, si nombreux et si étendus, qu'ils semblent réaliser l'idéal des municipalités socialistes de nos jours. Au reste, les villes domaniales, telles que Châtellerault, Fontenay, Thouars, sont loin de jouir de pareilles prérogatives. Dans ces derniers centres urbains, c'est le représentant du roi ou du seigneur, le sénéchal ou le lieutenant général de la sénéchaussée, assisté des autres officiers de justice, qui rédige et promulgue les statuts et les ordonnances relatifs aux métiers, qui exerce les droits de police du souverain, et qui rend la justice aux communautés ouvrières (1). S'il y a un corps ou collège municipal, il

(1) Ordon. du sénéchal de Fontenay 1334, précitée. — Statuts des chapeliers et des tanneurs de Châtell[t] 1588-1596. — Registres des audiences de la sén. de Châtell[t] conc. les métiers 1670 et suiv. *Vienne* E 7[t]. — Statuts des apothicaires de Thouars 2 déc. 1617, précités (approb. du sénéchal et du syndic de la ville).

se borne à assister de ses conseils le délégué du suzerain, à lui transmettre ses observations ou griefs, sans intervenir, sinon d'une manière indirecte, dans l'administration économique de la cité (1).

A Poitiers et à Niort, au contraire, dès la concession des chartes de commune, l'autorité municipale représentée par le mois et cent, c'est-à-dire par le maire, les 24 échevins et les 75 bourgeois, apparaît investie des prérogatives les plus étendues. Elle est la maîtresse presque absolue du sort des métiers. Elle leur accorde ou leur refuse à son gré le droit de jurande. Elle règle leur législation organique. C'est à la commune que toutes les corporations reconnaissent, comme le fait celle des texiers, la plénitude du « régime politique », d'après « concessions très antiques des rois de France (2) ». Jusqu'à l'institution des lieutenants de police, c'est le corps de ville qui examine les requêtes en concession de statuts, qui les discute, qui les amende, qui les accorde ou les rejette (3), qui les révise, les suspend, les casse, suivant les suggestions de l'intérêt public (4). C'est un droit si fondé qu'en 1628, les apothicaires de Poitiers ayant d'abord fait homologuer leurs statuts au Conseil privé du roi, la commune proteste, oblige les délinquants à faire amende honorable et à soumettre leurs règlements à l'homologation municipale, de sorte qu'il ne soit apporté aucun

(1) Ex. représ. du corps de ville de Châtell* au sujet des statuts des tailleurs 30 avril 1703, *Godard*, I, 296. — (2) Expression des statuts des texiers de Poitiers 1554. — (3) Délibér. munic. de Poitiers 30 juin 1608 (rel. aux bouxquetiers); du 19 sept. 1661 (rel. aux rôtisseurs); statuts des texiers 1554; des chaussetiers 1473; des maçons 1695, etc.— Voir ci-dessus, livre III, chap. Ier. — (4) Délib. munic. de Poitiers 29 avril 1556 (rel. aux cordonniers); des 20 et 26 octobre 1586 (rel. aux chandeliers, texiers, savetiers) *Reg.* 36 et 46. — Voir aussi livre III, chap. Ier. — Délibér. munic. des 2 et 23 janv. 1595 (révision de tous les statuts), *Reg.* 54.

préjudice à « l'autorité de la maison de céans (1). » Le maire et les échevins, représentants du pouvoir municipal, ont également le droit de modifier les monopoles corporatifs (2), de tempérer leurs rigueurs (3), d'interpréter et de changer les clauses des statuts par leurs ordonnances (4). Ils sont appelés à décider au sujet de la disjonction ou de la réunion des métiers (5), à approuver ou à annuler toutes délibérations des communautés, soit jurées, soit libres (6). Aux archives, dans le coffre municipal, les originaux ou les copies de toutes les lois organiques des corporations figurent à côté des autres titres de la commune, afin que l'échevinage puisse y avoir recours, pour rappeler les corporations au respect des ordonnances (7). Statuts constitutifs, ordonnances additionnelles et interprétatives, décrets approbatifs des délibérations des assemblées corporatives, sont donc du ressort de l'autorité municipale. Ses pouvoirs législatifs s'étendent jusqu'à la rédaction des règlements de toute nature qui déterminent dans le détail les con-

---

(1) Délib. munic. du 16 oct. 1628 rel. aux apothicaires ; du 16 sept. 1577 rel. aux boulangers (qui s'étaient d'abord pourvus auprès du roi) ; du 27 juin 1616 au sujet des contest. rel. aux statuts, *Reg.* 42, 70, 79, etc. — (2) Délib. munic. 29 mai 1644 et du 15 mai 1656 rel. aux ciergiers ; requête des chaussetiers mars 1640 (ils ont eu pend^t. 50 ans le droit de faire même besogne que les tailleurs) ; du 8 fév. 1677 suspendant provisoir^t le monopole des chandeliers etc. *Reg.* 96, 106, 126 ; *Arch. Munic.* D. 75. — (3) Voir ci-dessus livre III chap. IV les droits du corps de ville pour l'octroi de dispenses du chef-d'œuvre, des devoirs financiers, etc. — (4) Délib. munic. 15 octobre 1629 et 18 fév. 1658, *Reg.* 80 et 108. — Voir aussi livre III, chap. I et VII. — Délib. munic. du 4 janv. 1616 rel. aux gainiers et selliers ; 19 nov. 1586 rel. aux potiers d'étain, etc. *Reg.* 70 et 46. — (5) Délib. 1er déc. 1631 rel. aux serruriers et armuriers, *Reg.* 82. — (6) Délib. munic. de Poitiers 21 fév. 1633 rel. aux savetiers et aux cordonniers ; 20 avril 1580 rel. aux pâtissiers ; 5 avril 1610 rel. aux sergetiers ; 11 fév. 1675 rel. aux tireurs d'estaim etc. *Reg.* 83, 42, 60, 124, etc. — Voir ci-dessus livre III, chap. VII. — (7) Délib. munic. 8 juin 1669 rel. aux boulangers ; 31 juillet 1662 rel. aux chamoiseurs ; 17 oct. 1580 rel. au papier des statuts de tous les métiers, *Reg.* 64, 113, 43.

ditions d'exercice de chaque métier. Nul corps n'a qualité pour les rédiger seul. En 1245, les bouchers de Poitiers ayant de leur propre autorité établi un règlement, le conseil les cite à comparaître, casse leur décision, et les oblige à se soumettre à la délibération du mois et cent (1). Jusqu'à la fin du xvii° siècle, c'est le corps de ville qui conserve cette autorité législative si étendue, et tout nouveau maître est forcé en ouvrant boutique de prêter serment d'obéir à la commune et de reconnaître qu'il est « subject aux lois politiques d'icelle (2). »

Parmi ces droits, il en est un, celui de réglementation, dont l'étendue paraîtrait aujourd'hui tellement excessive qu'on ne manquerait pas d'y reconnaître ce que l'on appelle le socialisme municipal. Les règlements, dont le manuscrit St-Hilaire et surtout les registres de l'échevinage nous ont conservé une foule de spécimens, s'appliquent à toutes sortes d'objets, et sont la preuve la plus convaincante de ce fait que longtemps l'ancien régime n'a même pas soupçonné les principes de la liberté économique. Préoccupés avant tout d'assurer l'approvisionnement local et de prévenir les effets dangereux du monopole, les pouvoirs municipaux s'immiscent continuellement dans la vie des métiers. Ils permettent ou interdisent l'exportation des denrées et en particulier des blés, des vins, du bétail, celle des matières premières, telles que les laines, les lins, les chanvres, les cuirs (3) et, même la circulation de certains produits fabriqués. Ils règlent la fabrication des objets, leur mode

(1) Statut ou règlement relatif aux bouchers de Poitiers, 1245 précité. — *Ordinacio capellariorum* (xiii° s.), Mss St-Hilaire f° 79 et autres statuts. — (2) Requête des apothicaires de Poitiers nov. 1628, Reg. 79. — Autres textes cités ci-dessus, livre III, chap. IV. — (3) Voir les textes cités ci-dessus livre II, chap. I à XIII.

d'achat et de vente, les droits et les devoirs des maîtres, des apprentis et des compagnons, la tenue des marchés, et jusqu'au prix des denrées et des produits, jusqu'à la durée du travail, jusqu'au taux des salaires (1). D'abord très courts, au XIII° et au XIV° siècle, et généralement consacrés à fixer quelque point spécial, tel que la qualité des matières premières ou certains procédés commerciaux (2), les règlements municipaux prennent, à partir du XV° siècle, la forme ordinaire des ordonnances royales et en imitent les minutieux développements. Le français rarement employé auparavant s'y substitue partout au latin (3), et l'on observe pour les promulguer des formalités plus précises. Dès le Moyen-Age, ces règlements sont rédigés, soit sur la demande des métiers eux-mêmes, soit sur l'initiative du maire, des échevins ou du procureur de la police, en plein échevinage (*in scabinagio*), et ensuite en plein mois et cent (*in die mensis statuti*). Les membres du métier assistent à la réunion ; leurs noms figurent sur l'acte, de même que ceux du maire et des échevins, et ils prêtent serment d'observer l'ordonnance (4). Celle-ci est ensuite publiée aux carrefours et places, notamment sur le Marché-Vieil, par le sergent de la commune assisté du *clerc* (secrétaire) de l'échevinage et de plusieurs témoins (5). A partir du XV° siècle, ce sont généralement les échevins, le procureur de la police et le maire qui arrêtent le texte des règlements, après enquête et audi-

(1) Voir le livre II passim; et le livre III, chap. II, III, IV, V, VI. — (2) Règlements des bouchers, selliers, chapeliers, drapiers, etc., précités. — (3) Statuts des corporations cités ci-dessus livre III, chap. I. — (4) Règl. rel. aux bouchers de Poitiers (1245); aux poissonniers 1258-1299 (*mss St-Hilaire* f°s 67-69); et autres cités livre III, chap. I. — (5) Règl. rel. aux poissonniers de Poitiers (2 mars 1344) (*coll. Fonteneau* tome LXXIV f° 506); aux bouchers 1245 ; aux bourreliers 1341 ; aux éperonniers 1265 ; aux tondeurs (1399).

tion des intéressés (1). Le lundi de chaque semaine, les échevins se réunissent pour cet objet (2). Chaque mois, le premier mardi, à une heure de relevée, les échevins de Poitiers tiennent de plus une réunion spéciale à laquelle se rendent les délégués du chapitre St-Hilaire pour arrêter les règlements communs à la ville et au bourg (3). Au xvii° siècle l'assemblée générale du mois et cent n'est guère plus convoquée pour les confirmer. On voit que, dès le xvi° siècle, elle n'examine que les règlements généraux les plus importants, se bornant à approuver en bloc les autres (4). Le règlement arrêté est promulgué par le maire « capitaine de la ville », qui y mentionne l'approbation des échevins, conseillers et pairs, le nom de celui qui l'a proposé et l'assentiment du métier, quand le conseil a jugé à propos de le demander. Le texte original signé par le premier magistrat municipal est parfois revêtu du grand sceau de l'échevinage en double queue sur cire verte (5), parfois simplement reproduit à l'état de placard manuscrit ou imprimé, d'après le registre des délibérations du corps de ville (6). Le procureur de la police charge un sergent de publier le règlement à son de trompe aux cantons et carrefours, pendant un nombre déterminé de jours, et spécialement aux jours

---

(1) Délib. munic. du 6 fév. 1596 rel. aux apoth. et droguistes; du 26 sept. 1667 rel. aux cordonniers; 26 sept. 1617 rel. aux tailleurs; 12 déc. 1537 rel. aux tanneurs Reg. 55, 118, 72, 20. — Règlements des xiii° et xiv° siècles précités. — (2) Arrêt du Parl. de Paris 27 oct. 1541, Chartes de St-Hilaire p.p. Rédet, II pp. 190-202. — (3) Arrêt du 27 octobre 1541 précité; autre arrêt du Parlement du 2 avril 1644 rel. aux droits de police de la ville et du chapitre, Arch. Mun. D. 76 et reg. 115 ; délib. munic. du 3 juillet 1646, Reg. 97. — (4) A. Giry, Les Etab. de Rouen, I, 392 ; son assertion est confirmée par les délib. municipales très nombreuses citées dans notre travail. — (5) Statuts des corporations xv° et xvi° siècles précités.— Délib. munic. 12 déc. 1537, Reg. 20. — Ordon. gén. de police janv. 1567, 1634, 1541, etc. — (6) Nombreuses ordonnances municipales citées livres II et III.

de marché (1). L'ordonnance est alors exécutoire, nonobstant appel à l'autorité supérieure, c'est-à-dire au Parlement, sous peine d'amende et de prise de corps (2).

Le pouvoir municipal, qui a édicté les statuts, lois, ordonnances, règlements relatifs aux métiers, à l'industrie et au commerce, se trouve naturellement désigné pour en assurer l'exécution. Il possède dans presque toute son étendue la police économique. Il faut pour, en exercer les prérogatives, l'effort commun du maire, des échevins, des bourgeois et même d'agents spéciaux. C'est au maire qu'appartient le principal rôle. Il veille au maintien de ses droits avec une énergie que ne peuvent lasser les tentatives répétées des officiers royaux (3). Soit seul, soit généralement avec le concours du procureur de la police, d'un certain nombre d'échevins et des sergents de la commune, dès le matin, il se rend aux marchés, à la boucherie, à la poissonnerie, au minage, sur la place Notre-Dame, sur celle du Pilori, au Marché-Vieil. Là il visite les denrées et produits de toute espèce, et en vérifie la qualité (4). Il frappe d'amende les délinquants, ordonne la saisie des marchandises avariées, mal fabriquées ou suspectes, fait appréhender au besoin par ses sergents les industriels ou les marchands fraudeurs ou rebelles, pour les conduire à la prison municipale (5). Parfois accompagné de son cortège ordinaire

---

(5) Ex. délib. munic. 26 oct. 1551 conc. les meuniers, *Reg.* 32 — formule finale de la plupart des ordonnances et règl. — (2) Formule finale de toutes les ordonnances municipales. — (3) Ex. ordon. munic. de Poitiers 22 sept. 1625 au sujet des attrib. du maire; 8 août et 10 octobre 1580 (contre le maître des eaux et forêts au sujet de la visite du poisson) *Reg.* 43 et 77. — (4) Documents cités livre II, chap. I et suiv. — (5) Ordon. munic. de Poitiers 2 janvier 1454-55, rel. aux sergents du maire, *Arch. Munic.* carton M reg. 11, f° 7. — Documents cités au livre II.

d'échevins et de sergents, il pénètre dans les moulins de la ville et de la banlieue afin d'y examiner le matériel et la fabrication (1). C'est dans les boulangeries qu'on le rencontre encore, procédant à l'inspection ou « *regard du pain* », vérifiant le poids et le prix (2). Tantôt, ce sont les bancs des bouchers, des poissonniers qu'il examine, faisant au besoin dresser l'inventaire des viandes ou du poisson qui y sont étalées (3), tantôt les magasins du marchand de sel, le cabaret du tavernier, la boutique du chandelier et du cirier (4), les dépôts du marchand de bois de cercles ou de chauffage (5), les fosses et les cuves des tanneurs (6), la forge du maître serrurier ou de l'orfèvre (7), le moulin du foulon et du chamoiseur (8). C'est à lui que le joueur de paume, le bateleur, le comédien demandent l'autorisation d'exercer leur métier ; à lui qu'ils communiquent le programme de leurs divertissements (9). Il n'est pas jusqu'aux armoires et aux bocaux de l'apothicaire, qu'il ne puisse faire ouvrir, jusqu'à la boutique du barbier chirurgien où il n'ait pouvoir de pénétrer (10), jusqu'aux examens de méde-

---

(1) Délib. munic. de Poitiers 17 août 1551, 23 nov. 1618, 4 juillet 1639, 13 février et 13 mars 1662, *Reg.* 32, 73, 89, 112. — (2) Lettres de Philippe le Bel 22 janvier 1310-11 recon^t à la commune de Poitiers le droit de regard sur le pain, copie mss., *coll. A. Lecointre.* — Délib. munic. 1er août 1661, 13 nov. 1662, 14 juillet 1545, 7 août 1551, *Reg.* 112, 113, 27, 32. — Règl. gén. de police de Poitiers 1541, art. 5 etc. — (3) Voir documents cités livre II, chap. IV et VI. — Délib. munic. de Poitiers, 4 févr. 1548-49, rel. à la visite des boucheries, *Reg.* 30. — Délib. munic. de Niort 1436 et 1457 citées par Proust, *Mém. Soc. Stat. D.-Sèvres*, 1888, p. 341. — Délib. munic. de Poitiers 8 août 1580 et 20 février 1549-50, *Reg.* 43 et 37. — (4) Documents cités livre, chap. V et VI. — Délib. munic. 28 juillet 1550 sur la visite des tavernes, *Reg.* 31. — (5) Documents cités livre II, chap. VI. — (6) Doc. cités livre II, chap. VIII. — Délib. munic. 24 mars 1543 sur la visite des tanneries et des cuirs, *Reg.* 25. — (7) Documents cités livre II, chap. XI. — (8) Ordon. munic. 12 janvier 1632, *Reg.* 82. — (9) Documents cités livre II, chap. XII. — 10) Documents cités livre II, chap. XIII.

cine, où il ne soit appelé au besoin à siéger avec ses échevins, avec droit de statuer sur l'admission du récipiendaire (1). Enquêtes sur la vie et les mœurs des aspirants, assistance au chef-d'œuvre et au dîner des nouveaux maîtres, réception du serment des patrons et des gardes, contrôle des assemblées et de l'administration corporative, il n'est pas un acte important de la vie des métiers qui échappe à la surveillance et à l'autorité du maire (2). Cette autorité s'étend même aux forains qui viennent aux jours de foire étaler leurs produits, et sur lesquels le maire, aidé des maîtres-jurés de la ville, des échevins, du greffier, du procureur de la police et des sergents, exerce une juridiction fort étendue (3).

Le premier magistrat de la commune n'eût pu suffire à sa tâche, s'il n'avait compté sur le concours d'autres dignitaires de la ville et de certains agents municipaux. Il a pour le seconder ou le suppléer, s'il le juge à propos, dans l'inspection du minage, des marchés et des moulins, *le juge des treize*, magistrat nommé à vie par le mois et cent, parmi les plus anciens maires (4), subordonné au maire en fonctions et dépourvu du droit de punition (5). De plus, chaque année, à la fin de juillet, au mois des *offices*, dans l'assemblée générale des 100 membres du corps de ville, on procède à l'élection des échevins ou des bourgeois, chargés de surveiller les métiers et d'inspecter les marchés.

(1) Par ex. délibér. du 2 janvier 1552-53 rel. à l'examen d'un médecin, Reg. 32. — (2) Voir ci-dessus livre III, chap. II, III, IV, VII, VIII. — (3) Par ex. délib. munic. du 27 mars 1536-37 rel. à la visite de la foire au lard; 25 août et 6 oct. 1603 (visite des poêliers et fondeurs forains); 13 janv. 1587 (visite de la foire Saint-Hilaire), etc., Reg. 20, 46, 61. — (4) Délib. munic. de Poitiers 3 juillet 1522 (indications sur le mode de nomination du juge des treize), Reg. 17. — (5) Délib. munic. 20 et 25 février, 6 mars 1549, 21 janvier 1550-51 rel. aux fonctions de juge des treize, Reg. 31. Cette charge disparut dans la seconde moitié du xvie siècle; on n'en trouve plus de mention.

On les désigne sous le nom d'*intendants*, de *visiteurs*, ou de *gardes*, et leur charge est appelée *intendance*. Ainsi, en 1422, on ne compte pas moins de 32 échevins ou bourgeois nommés par le mois, les uns pour l'inspection du vin, des « chairs mortes et du poisson », des huiles, graisses, sel et chandelle, les autres pour la visite des tanneries et corroieries, des cuirs, des houzeaux, des souliers et des bottes ; ceux-ci pour « le fait » de la volaille « et de la sauvagine » (du gibier), ceux-là pour « le fait des chanvres, lins, toiles, fils et cordages, bois et charbons ». Il y en a pour « le regard des laines et des draps », pour la visite des couturiers, gantiers, boursiers, parcheminiers et même pour la surveillance des vendeurs de papier (1). A Niort, à la même époque, le corps de ville désigne 3 échevins ou pairs pour la police du poisson et 4 *visiteurs* des « bêtes vives » destinées à la boucherie (2). A Poitiers, il y a deux échevins visiteurs du pain (3), 2 du vin, 2 ou 3 pour la plupart des autres intendances, 4 pour celle des draps, et 5 sur le fait des graisses (4). Au XVIe siècle, on en trouve 4 pour l'intendance des moulins, 2 pour celle du minage, 11 pour les boucheries, 6 pour le pain, le gibier et la volaille, 1 pour la chandelle, 3 pour la visite des cercles, des pipes, des bussards, du merrain et du bois de chauffage, sans parler de l'échevin qui a la garde des aunes et des poids (5), du visiteur du salpêtre et des visiteurs des draps et laines,

---

(1) Ordonnance du mois et cent de Poitiers 18 nov. 1422 rel. à la nomin. des visiteurs, *Reg.* 2, f° 30. — (2) Délib. du XV° s., citées par Proust, *Mém. Soc. Stat. D.-Sèvres*, 1888, pp. 325, 341. — (3) Ordon. de juill. 1421 rel. à la nomin. des visiteurs du pain à Poitiers, *Reg.* 2, f° 15. — (4) Ordon. de nov. 1422, précitée. — (5) Délib. munic. du 22 oct. 15.7 (chacun des 25 échevins chargé d'1 ou 2 métiers à surveiller). Mois des offices et délib. munic. juillet 1561, 26 juillet 1585, juillet 1599, 27 juillet 1618, *Reg.* 38, 45, 73.

des tanneries et des cuirs (1). En 1664, il n'y a pas moins de 40 échevins ou bourgeois, rien que pour exercer les diverses intendances du sel, du pain, des viandes, du gibier, du bois, des matériaux de construction, de la poissonnerie et des moulins (2). En 1669, c'est un personnel de 49 échevins ou bourgeois dont les services sont requis pour ces diverses inspections (3).

Le nombre des intendants varie pour chaque commerce ou métier. Bien qu'en principe il semble qu'on doive les renouveler tous les ans, certains sont maintenus dans leurs attributions (4). Ils ont des pouvoirs très étendus qui vont au XV° siècle jusqu'à la fixation du prix des denrées et marchandises (5). Leur mission consiste à empêcher tous monopoles, hausses, ventes illicites, à vérifier la qualité des produits, et au besoin leur poids ou leurs dimensions légales. Ce sont surtout la viande, le pain, le poisson, le beurre, le blé, le sel, les fruits qui attirent leur attention (6). Ils peuvent, en cas de flagrant délit ou de rébellion, opérer des saisies, infliger des amendes, sauf à en référer au maire et au conseil (7), auxquels ils sont tenus d'adresser leurs rapports d'inspection verbaux ou écrits (8). La plupart sont nom-

---

(1) Ordon. munic. 26 juillet 1555 (nomin. du visiteur du salpêtre), *Reg.* 32. — Délib. munic. de Niort 1623, citée par Bardonnet, *Mém. Soc. Stat. D.-Sèvres*, 1884, p. 277 — Mois des offices de Poitiers, 1595 et 1599 (*Reg.* 58 et 55) rel. aux visiteurs des draps et des cuirs ou tanneries. — (2) Mois des offices 25 juill. 1664, *Reg.* 115. — (3) Mois des offices, 26 juillet 1669, *Reg.* 120. — (4) Délibér. ci-dessus citées XVI°, XVII° siècle. — (5) Ordon. de nov. 1422 précitée. — (6) Ordon. de juillet 1421 sur la visite du pain précitée, et textes cités ci-dessus et ci-dessous. — (7) Ordon. de juillet 1421, nov. 1422. — Rapport de Lemaye échevin sur les amendes infligées aux meuniers pend. la visite 27 fév. 1602 — Délib. du 24 juillet 1545 sur la visite du pain ; 10 oct. 1651 sur celle des boulangers ; 12 fév. 1550-51, 13 février 1512, 8 fév. 1654, 4 mars 1675 sur la visite du poisson et du beurre, etc. *Reg.* 112, 27, 103, 31, 11, 105, 124. — (8) Nomb. rap. de ce genre dans les reg. des délib. munic. de Poitiers ; ex. rapport de M. de la

més pour l'année; d'autres, les visiteurs du beurre et du poisson, par exemple, changent toutes les semaines. On les choisit sur le tableau des échevins par ordre d'ancienneté(1). En cas de négligence de leur part, le mois et cent leur inflige des avertissements ou des blâmes, sur réquisitoire du procureur de la police (2). Ce dernier est le bras droit du maire pour l'exercice de la police économique. Connu également sous le nom de *procureur fiscal*, de *procureur criminel*, de *procureur de la commune* (3), nommé annuellement par le mois et cent dans l'assemblée générale de juillet, quoique ses fonctions soient le plus souvent en fait viagères (4), parfois assisté d'un assesseur ou substitut (5), il accompagne le maire dans l'inspection des marchés, des foires, des ateliers et des boutiques (6). Au besoin, il procède lui-même aux visites en compagnie des sergents (7). Il joue le rôle de censeur à l'égard des échevins et bourgeois chargés des intendances, signalant leur négligence ou leurs abus (8). Il est le surveillant permanent de la conduite des métiers; il fait part au conseil par ses remontrances des défauts qu'il a observés et propose les règlements nécessaires pour y mettre un terme (9). Il a sur les membres des corporations un certain droit de correction et peut leur

Vessière échevin sur la visite du minage 28 juillet 1572, *Reg.* 41; 26 août 1549, *Reg.* 31.

(1) Délib. munic. 24 mars 1543-44; 12 mars 1536-37; 13 fév. 1512; 18 mars 1526, etc, etc. *Reg.* 20, 25, 11, 17; juillet 1421, *Reg.* 2.— (2) Ex. rap. du procureur (25 juin 1549) contre les échevins visiteurs de Poitiers, *Reg.* 30. — (3) Documents cités ci-dessous. — (4) Mois des offices ci-dessus cités. — (5) Délib. munic. du 5 fév. 1663 ment. ce substitut, *Reg.* 112. — (6) Documents cités livre II, chap. 1er et suiv.; livre IV, chap. II, ci-dessus. — (7) Ordon. de janvier 1454 rel. aux sergents du maire, précitée. — Règl. de police sept. 1634, etc.— (8) Voir ci-dessus note 2. — (9) Ex. remontrances du proc. de la police 25 juin 1549, 2 sept. 1549, 21 août 1617, *Reg.* 30, 31, 72; nombreuses délibérations à ce sujet.

infliger des amendes (1). Investi d'une sorte de tutelle à leur égard, il assiste aux chefs-d'œuvre des aspirants à la maîtrise, donne son avis sur la réception des maîtres, se fait représenter ou exhiber leurs lettres de provision et les certificats qui constatent l'acquittement des droits dus à la ville, est présent à la prestation de serment (2), empêche les artisans d'ouvrir boutique, s'ils n'ont satisfait aux exigences des statuts (3). C'est à lui que les maîtres-gardes dénoncent les fautes du métier (4). C'est devant lui qu'ils rendent compte tous les ans de leurs recettes et de leurs dépenses (5). Nulle requête ne peut être présentée, nulle ordonnance rendue concernant les métiers, sans qu'il soit appelé à donner ses conclusions. Nul acte de la vie des corporations où il ne puisse être admis à intervenir comme représentant de l'autorité municipale (6).

D'autres agents ont des fonctions plus spéciales. Le greffier de la cour de l'échevinage assiste aux réceptions des maîtres, délivre les expéditions des lettres de maîtrise, est tenu d'accompagner le maire dans les visites, s'il en est requis (7). Quelquefois, le corps de ville désigne des

---

(1) Par ex. délib. du 26 févr. 1536-37 rel. à une amende infligée par le procureur à une poissonnière, *Reg.* 20. — Nombreux cas identiques mentionnés dans les reg. des délib. municipales. — (2) Voir ci-dessus, textes cités livre III, chap. IV. — Statuts des chapeliers de Poitiers 1560, art. 2. — Délib. munic. 2 nov. 1615, *Reg.* 70. — Règl. de police de sept. 1634. — (3) Voir ci-dessus livre III, chap. IV. — Par ex. délib. munic. 3 nov. 1603 rel. à un menuisier, *Reg.* 61. — (4) Règl. de police de Poitiers janv. 1567, sept. 1634, etc. Voir ci-dessus, livre III, chap. VIII. — (5) Voir livre III, chap. VIII, textes cités — Ex. avis du procureur sur la requête des chapeliers de Poitiers 11 avril 1689; 11 sept. 1511 au sujet des hôteliers; 25 août 1549 au sujet des meuniers, *Reg.* 11, 31, 132. — (6) Voir ci-dessus textes cités livre III, chap. IV, VII, VIII. — Délib. munic. 21 juillet 1550, rel. à l'élection des jurés bouchers, *Reg.* 31. — (7) Voir ci-dessus livre III, chap. Ier et IV. — Délib. munic. du 21 juill. 1550 sur la présence du greffier aux visites, *Reg.* 31.

inspecteurs rétribués ou non par lui ; par exemple le *visiteur* du poisson à Niort au xvi° siècle (1), les *prudhommes visiteurs* des laines et des draps à Poitiers au xiv° siècle (2), le *prudhomme visiteur et marqueur des cuirs* choisi annuellement parmi les plus anciens cordonniers et dépositaire du marteau municipal, à Poitiers et à Châtellerault (3). La commune nomme encore tous les ans un horloger ou un serrurier avec le titre de visiteur des mesures, *garde-sep* des poids, balances, crochets et aunes, chargé de les ajuster et visiter (4). Elle désigne un *maître des œuvres* de maçonnerie et de charpente qui s'occupe non seulement des édifices municipaux, mais encore, sur l'ordre du maire, de l'installation matérielle des logements, des ateliers et des boutiques (5). Elle nomme même jusqu'à la fin du xvi° siècle une partie des officiers de la monnaie, à savoir les deux gardes, le contre-garde, le tailleur et l'essayeur (6). Enfin elle a des sergents ou *archiers* ordinaires au nombre de 4, dont le service est déterminé par un grand nombre de règlements depuis le xv° siècle. Ces agents, qui prêtent serment avant leur entrée en charge, sont revêtus d'une casaque brodée aux armes de la ville. Tous les matins, ils vont prendre les ordres du maire ou du procureur, et ils ne peuvent s'absenter sans leur permission (7). Ils accompagnent

---

(1) En 1580, ce visiteur est encore rétribué; la charge est supprimée en 1623 et exercée dès lors par le maire, Proust, *Mém. Soc. Stat. D.-Sèvres* 1888, p. 325. — (2) Statuts de 1320 et de 1377 au sujet des drapiers de Poitiers, précités. — (3) Voir ci-dessus livre III, chap. VII ; livre II, chap. IX. — Délib. munic. 21 oct. 1630 rel. au marqueur des cuirs, *Reg.* 81. — (4) Mois des offices 1561, 1585, 1618, 1664, 1669, précités. — (5) Mois des offices ci-dessus indiqués ; délib. munic. du 8 août 1580, 29 octobre 1582, 11 août 1572 rel. aux m. des œuvres de la ville, *Reg.* 41, 43, 44, etc. — (6) Délib. munic. 17 et 25 nov. 1550, 14 août 1586, 14 nov. et 19 déc. 1586, *Reg.* 31, 46, 48. — (7) Ordon. de janvier 1454 rel. aux sergents du maire, précitée. — Mois des offices précités, notamment celui du 25 juillet 1664.

le maire, le procureur, les échevins, les maîtres jurés des métiers, dans la visite des marchés et des ateliers, procèdent aux saisies (1), assignent les places aux marchands sous les halles ou sur la voie publique (2), procèdent aux enquêtes, signalent les infractions aux règlements dans leurs rapports journaliers (3), surveillent le chef-d'œuvre des aspirants à la maîtrise (4). Ils reçoivent en général comme indemnité pour ce dernier service et pour les visites un salaire déterminé (5), et pour les saisies qu'ils opèrent ou les infractions qu'ils signalent, le tiers des amendes (6). Toute connivence ou familiarité excessive de leur part avec les artisans ou avec les marchands est punie, parfois même de révocation (7).

C'est en effet avec la plus grande vigilance que la commune exerce ses pouvoirs de police, et c'est avec un soin jaloux qu'elle veille à leur conservation. Tandis que dans les villes domaniales, comme à Châtellerault, le corps municipal n'est appelé à participer à ces prérogatives qu'avec l'assentiment, sous les ordres et sous le contrôle du lieu-

---

(1) Ord. de janv. 1454 — Délib. munic. de Poitiers 12 août 1549, 24 août 1603, 26 déc. 1644, 10 oct. 1645, 1er sept. 1659, Reg. 31, 61, 96, 97, 110. — Délib. du 20 fév. 1612 (toute saisie non faite par les sergents est nulle), Reg. 168. — (2) Documents cités note précédente, en particulier délib. du 24 août 1603. — (3) Ex. statuts des pâtissiers de Poitiers 1520, art. 2. — Textes cités livre III, chap. IV, et ci-dessous livre IV, chap. II. — Ordon. de janv. 1454, etc. — (4) Ex. statuts des pâtissiers de Poitiers, 1520, art. 5; des maréchaux 1583, art. 7; des boulangers 1609, art. 14, etc. Voir ci-dessus livre III, chap. IV. — (5) Par ex. 20 s. par visite chez les boulangers (statuts 1609, art. 2); il leur est défendu d'accompagner les jurés dans leurs visites sans permission du maire (délib. munic. 14 janv. 1619, Reg. 73). — (6) Délib. munic. de Poitiers 26 août et 14 sept. 1538 ; 14 août 1517 (tiers des amendes au-dessous de 6 l. ; et 40 s. pour celles au-dessus), Reg. 20 et 72. — (7) Délib. munic. du 21 janvier 1658 (révoc. d'un sergent qui va boire avec un poulailler) Reg. 108.

tenant-général de la sénéchaussée (1), à Poitiers et à Niort le collège des cent pairs possède ces attributions dans toute leur plénitude. Maints arrêts les ont confirmées (2). Aussi tous les statuts des métiers prescrivent-ils aux maîtres un serment spécial d'obéissance à l'égard du maire et du corps de ville (3). Les membres de toutes les communautés jurées ou non ne sauraient se départir du respect qu'ils doivent aux représentants de l'autorité municipale, sans s'exposer à des poursuites criminelles (4). Quand le maire, les échevins, le procureur ou leurs délégués visitent les marchés, toute perquisition leur est permise. Ils vont vérifier le poids et la cuisson du pain (5), la fraîcheur du poisson (6), la qualité des viandes, des laines, des cuirs, des draps et autres produits, et jusqu'à la contenance des charrettes chargées de pierres (7). Rien ne doit être soustrait à leurs regards, et pour certains métiers ils exigent des marchands le serment de ne rien dissimuler (8). Ils vont de banc en banc, d'étal en étal, constater si le marché est suffisamment garni (9), veiller à la publicité des ventes (10),

(1) Délib. du corps de ville de Châtell' 17 janvier 1698, à ce sujet, Godard, I, 282. — (2) Arrêts des Grands Jours 1455 conf. les droits de police de la commune de Niort, Favre, *Hist. de Niort*, pp. 113-114. — Arrêts du Parl. de Paris 1621 et suiv. pour Poitiers, précités. — (3) Voir ci-dessus livre III, chap. IV. — (4) Ex. délib. du 5 février 1603 prescrivant une inform. contre les bouchers, *Reg.* 112. — (5) Statuts des boulangers de Poitiers 1609, art. 3. — (6) Ex. délib. mun. 12 fév. 1536-37 ; 14 mars 1546-47, *Reg.* 20, 28. Voir ci-dessus, livre II, chap. V. — (7) Statuts des bouchers de Poitiers xve s. — délib. munic. 25 août 1625 rel. aux bouchers (*Reg.* 77) — statuts de 1320 et de 1377 sur la visite des draps. — Délib. munic. 3 fév. 1631 (visite des moulins), *Reg.* 81. — Règl. de 1341 au sujet des bourreliers — Délib. munic. 15 octobre 1537 sur la charretée de pierre, *Reg.* 20. — Mois des offices au sujet des tanneries, etc. — Voir aussi le livre II, chap. Ier et XIII — e. le livre III, chap. VII. — (8) Par ex. pour les poissonniers, délib. munic. 14 mars 1546-47, *Reg.* 28. — (9) Ex. délib. munic. 7 janvier 1548-49, *Reg.* 30 — et livre II, chap. I et suiv. — (10) Délib. munic. 14 octobre 1544, 16 oct. 1587, *Reg.* 26 et 45 — Voir livre II, chap. I et suiv.

20

empêcher les monopoles (1), s'enquérir de l'exécution des mesures de salubrité (2), de l'ouverture et de la fermeture légale des ventes (3). Ils punissent les vendeurs à faux poids (4), les monopoleurs, les accapareurs (5), et les poursuivent même, en cas de nécessité, jusque sur le territoire des juridictions voisines (6). C'est le maire qui est juge des tolérances que l'on peut accorder au commerce. Seul, dans la ville et banlieue, il peut octroyer des passeports pour l'exportation des blés, du pain, de la farine, du sel, du vin, du bétail, et autres denrées ou matières de première nécessité (7). Il peut même statuer sur le mode de paiement des marchandises et contraindre les marchands à recevoir telle variété de monnaie usuelle qu'il juge à propos (8).

Quand les foires sont annoncées, les magistrats municipaux se préoccupent d'y assurer le bon ordre en mettant sur pied chaque jour deux « escadres » de chaque compagnie de la milice bourgeoise (9). Puis, en compagnie des maîtres jurés, ils viennent vérifier la nature et la qualité des marchandises, les poids, les mesures, les aunes,

---

(1) Ex. délib. munic. 1er octobre 1537 contre les accap. de suifs; août 1547 contre ceux de cercles, etc., *Reg.* 20 et 29. — Voir livre II, chap. Ier et suiv. — (2) Ex. règl. de 1494 relatif aux poissonniers, précité. — Voir livre II, chap. IV et V. — (3) Voir livre II, chap. Ier et suiv. — Délib. 12 fév. 1536-37, *Reg.* 20. — (4) Ex. délib. munic. 29 janv. 1533-34, 9 févr. 1579, etc., *Reg.* 32 et 42. — Voir ci-dessus, livre II, chap. II et suiv. — (5) Voir ci-dessus livre II, not. chap. I, II, III, IV et suiv. ; jusqu'au XIe. — (6) Arrêt du Parl. du 27 octobre 1541 sur le droit de visite du maire de Poitiers au bourg Saint-Hilaire, *Cartul.* II, n° 89. — Délib. munic. du 18 nov. 1538 et 6 oct. 1636 (droit du maire de faire visite dans ce bourg et d'y condamner les artisans à l'amende, en cas de négligence du chapitre), *Reg.* 20 et 87. — (7) Délib. munic. de Poitiers, 21 mai 1587, *Reg.* 46. — (8) Délib. munic. du 20 octobre 1586 ord. aux marchands de prendre en paiement les liards vieux et monnaies de France, *Reg.* 46. — (9) Nombreuses ord. munic., par ex. 2 mars 1654, *Reg.* 105.

prononcer les amendes et procéder aux saisies nécessaires (1). Ils défendent et font triompher leurs droits en cette matière contre leurs rivaux, notamment contre les maîtres de la monnaie, contre ceux des eaux et forêts (2), contre le lieutenant du roi des merciers (3). D'autres fois, c'est dans les cabarets, les tavernes, chez les logeurs, qu'ils font leurs inspections. Pour cette police spéciale, la ville est divisée en quartiers confiés chacun à des *examinateurs* ou *enquesteurs* choisis parmi les échevins et les bourgeois. Grâce à eux, on espère empêcher, comme le déclarent naïvement les ordonnances, « les adultères, con-
« cubinaiges, volleries, blasphèmes et maquerellages qui
« pullulent, et autres exécrables vices contre l'honneur de
« Dieu et la religion chrétienne (4). » Non moins suspects que les hôteliers, taverniers et logeurs, les meuniers, les boulangers, les bouchers, les chandeliers reçoivent fréquemment dans leurs moulins et leurs boutiques la visite du maire et des échevins (5). Ne se fiant qu'à demi aux rapports des maîtres-jurés, les visiteurs ou intendants vont sur place vérifier « les œuvres » des drapiers et des chapeliers, des bourreliers et des tanneurs (6), et autres membres des divers corps de métiers. A Poitiers, ils maintiennent ces prérogatives non sans difficultés et non sans luttes. Le bourg Saint-Hilaire, soumis à la juridiction du chapitre, est l'asile des « mauvais garçons », artisans ou commerçants peu scru-

---

(1) Délib. munic. 13 et 17 juillet 1609, *Reg.* 65. — Arrêt du 25 août 1621 sur la visite de la foire Saint-Hilaire, *Cartul.* II, n° 420. — (2) Voir ci-dessus, chap. V et VI. — (3) Délib. munic. 13 et 17 juillet 1609 contre le lieutenant du roi des merciers, *Reg.* 65. — (4) Délib. munic. 20 février 1549-50, 13 nov. 1587, etc., *Reg.* 31 et 47. — Ord. de police cités livre II, chap. VI. — (5) Voir ci-dessus, livre IV, chap. II, les documents cités au sujet du maire et des visiteurs. — (6) Textes cités livre II, chap. VII et VIII, et ci-dessus, livre IV, chap. II.

puleux. Le corps de ville se fait reconnaître le droit d'y procéder aux visites des ouvrages (1). Mais moins heureux à l'égard du président de la Cour des monnaies, les magistrats municipaux, après de longues contestations, se voient dépouillés de leurs droits de contrôle sur les orfèvres et les monnayeurs (2).

Afin de faciliter la surveillance des métiers et d'établir la responsabilité de chaque maître, le greffe de l'hôtel de ville contient le dépôt général des marques. Chacun des maîtres est tenu d'y déposer ce que l'on appelle son *marc* ou son *poinçon*. Ainsi font en particulier les boulangers, les chandeliers et les ciriers, les texiers et les drapiers, les maréchaux et les couteliers, les orfèvres et les parcheminiers (3). C'est là encore que la ville conserve les *sceaux* ou *marques* officielles que ses visiteurs ou agents impriment sur les produits loyalement fabriqués. Chaque maire, en quittant sa charge, transmet par exemple à son successeur, avec le sceau d'argent de la ville, « le moule à faire les sceaux touchant la draperie » et les coins « à marquer les draps » (4). Il lui lègue aussi le marteau municipal, orné des armes du roi, à savoir 3 fleurs de lys gravées, et des armes de la ville (le lion rampant), qui sert à marquer tous les cuirs (5). Bon nombre de produits ne peuvent en effet être mis en circulation sans recevoir le plomb, le poinçon ou la marque officiels de la commune. Il en est ainsi pour

(1) Arrêts du Parlement de Paris 27 octobre 1541, 25 août 1621, précités. — (2) Voir ci-dessous livre IV, chap. VI et VII. — (3) Statuts des maréchaux de Poitiers 1583, art. 14; des parcheminiers 1533, art. 7 ; des orfèvres 1457-67; règl. de 1541, art. 3 relatif à la marque des boulangers, etc. — Voir ci-dessus, livre II. — (4) Délib. munic. du 18 juillet 1550, Reg. 31. — Voir sur le marc municipal des draps à Niort, H. Proust, *Mém. Soc. Stat. D.-Sèvres*, 1888, pp. 355, 359. — (5) Délib. munic. 11 fév. 1578, 19 août 1585, 9 janv. 1595, Reg. 42, 45, 54 — Voir aussi livre II, chap. VIII.

les draps, les cuirs(1), les tuiles (2), les vaisseaux vinaires appelés pipes et bussards (3), les ouvrages d'orfèvrerie(4). L'installation matérielle elle-même des ateliers et des boutiques est du ressort de la police municipale. En vertu du droit de grande et de petite voirie que la commune de Poitiers a gardé, malgré les Trésoriers de France, jusqu'à la fin du xviie siècle (5), le maire et les échevins sont maîtres d'indiquer les emplacements des marchés et des foires, de statuer sur la disposition intérieure des halles (6), sur l'apposition des auvents des ateliers (7), sur l'établissement des enseignes (8), sur la construction des moulins et usines à proximité des rivières ou étangs (9). Bien mieux, nul industriel ou commerçant ne saurait s'établir en ville et y ouvrir boutique sans l'autorisation des représentants de la commune. Il faut, avant de se fixer dans la cité, faire une déclaration au maire, subir son enquête qui porte sur l'origine, la vie, les mœurs, les qualités, « la preudomie, religion, fidélité au service du Roy, suffisance et capacité » du requérant (10). Quand le postulant a produit les pièces

(1) Statuts de 1320 et de 1377 rel. aux drapiers de Poitiers, précités. — Délib. munic. 29 août 1588 et 21 oct. 1630, Reg. 88 et 41 — Voir aussi livre II, chap VIII. — (2) Voir ci-dessus, livre II, chap. IX. — (3) Délib. munic. 17 déc. 1537, Reg. 20 — et textes cités livre II, chap. IX. — (4) Statuts des orfèvres 1457-67, et ci-dessous livre IV, chap. VI. — (5) Arrêts du Conseil d'Etat 30 sept. 1665, 7 déc. 1700, Arch. Munic. D. 86 et 92. — (6) Voir ci-dessus livre II, pour la police des marchés et foires. — (7) Ex. délib. munic. de Poitiers 30 octobre et 11 déc. 1542, Reg. 25. — (8) Par ex. délib. munic. des 19 juillet, 9 et 16 août 1666, Reg. 117 ; les sergents du maire reçoivent 5 s. par enseigne. — Même après la fin du xviie siècle, le corps de ville permet seul d'ouvrir boutique, de mettre et de raccommoder les ballets et les appuis et de poser les enseignes. Délib. munic. 19 juillet 1717, Reg. 136. — (9) Par ex. délib. munic. autor. un foulon à s'établir sur l'étang de Montierneuf, juillet 1542, Reg. 24. — (10) Régl. de police de Poitiers 1541, 1567, 1578, 1634 etc. — Lettres pat. du 9 nov. 1617 confirm. les prérog. du corps de ville de Poitiers à ce sujet; Délib. munic. 18 nov. 1619, 13 janv. et 4 mai 1620, 15 octobre 1635, 3 juin 1652, 24 nov. 1659, Reg. 74, 73, 86, 103, 110, etc.

nécessaires et prouvé sa moralité ou ses aptitudes, il est admis à s'établir, mais non sans avoir prêté serment d'orthodoxie et juré d'observer loyalement les statuts, « de bien servir le Roy et la ville (1). »

De même, le maire a seul qualité pour autoriser au séjour les industriels nomades, colporteurs, bateleurs, comédiens, joueurs de blanques, opérateurs, chimistes, marchands forains (2). Nul membre des métiers jurés ou non jurés n'est admis à exercer sa profession et à ouvrir boutique, sans la permission de la commune. Quiconque s'avise de transgresser cette loi est passible d'amende et parfois de prise de corps (3). Dans les corporations jurées, l'aspirant à la maîtrise ne saurait être reçu, sans avoir appelé le procureur de la police et un sergent municipal à assister au chef-d'œuvre (4). Le corps de ville est le juge de la capacité des candidats. Il peut donc casser la décision de la corporation et des maîtres-gardes, admettre des aspirants sans examen, faire recommencer les épreuves, déclarer admis des candidats que la communauté a rejetés (5). C'est sur le rapport du procureur de la police, dans lequel sont indiqués les résultats du chef-d'œuvre, le nom et le prénom du récipiendaire, la date précise des épreuves, que les échevins et le maire procèdent à la réception des nou-

---

(1) Mêmes textes. — Ordon. de police de Poitiers, 19 juillet 1632; sept. 1634. — (2) Délib. munic. 24 avril 1537; 22 juillet 1555 au sujet de bateleurs; du 3 mars 1659 au sujet d'un marchand de Lyon organisateur de blanques — du 25 juin 1625 et du 30 juillet 1629, au sujet d'opérateurs et chimistes etc. Reg. 20, 32, 80, 109; Arch. Vienne D.12. — (3) Délib. munic. 3 juin 1652, 24 nov. 1550, 21 mai 1543, 7 juin 1632, 26 octobre 1654, 19 août 1549, Reg. 25, 31, 82, 103, 105. — Ord. de police précitées. — (4) Voir ci-dessus livre III, chap. IV. — Ordon. gén. de police du 25 juin 1629, Reg. 79. — (5) Voir ci-dessus livre III, chap. IV. — Délib. du 21 nov. 1552 (autorisant à exercer un médecin refusé par la Faculté de médecine de Poitiers), Reg. 32 etc.

veaux maîtres et reçoivent leur serment (1). Ce droit est reconnu à la commune dès le xiiie siècle (2). Il faut aussi que le récipiendaire présente l'acquit des droits qu'il est tenu de payer à la ville et l'acte de l'assemblée corporative attestant qu'il a été jugé digne de la maîtrise (3). Formalités souvent négligées ou violées, si l'on en juge par la multiplicité des ordonnances qui en prescrivent l'exécution (4). C'est à l'hôtel-de-ville, en présence du corps échevinal, que la prestation de serment devrait se faire. Elle se fait en réalité parfois au logis du maire, sauf ratification ultérieure des échevins (5). Enfin, toute l'administration des corporations est sous le contrôle permanent de l'autorité municipale. Le maire et les échevins veillent au maintien des règlements corporatifs, à la loyauté des rapports entre compagnons et maîtres (6). Ils statuent sur la nomination des gardes-jurés ; ils reçoivent leur serment ; ils valident ou cassent les décisions des assemblées électorales (7). Le procureur de la police, les sergents, le maire assistent aux visites des gardes (8). Ils citent les administrateurs de la corporation à comparoir pour rendre compte

---

(1) Voir ci-dessus livre III, chap. IV. — Ordon. du 10 avril 1616 sur la réception des maîtres des métiers à Poitiers, Reg. 70. — (2) Mandement de Philippe le Bel au sénéchal de Poitou, 1er samedi de nov. 1295, titre mentionné dans un inventaire des Arch. municipales de Poitiers du xvie siècle, coll. A. Lecointre. — (3) Voir ci-dessus livre III, chap. IV. — Délib. munic. 19 août 1549, 29 janvier 1635, 30 juillet 1635, 26 mai 1636, 8 juin 1637 (les réceptions doivent se faire à l'hôtel de ville et non à la maison du maire), Reg. 31, 85, 86, 87 etc. — (4) Ex. ordon. munic. 21 juillet 1550, 27 juillet 1615, 29 août 1644, 7 juin 1649, Reg. 31, 70, 96, 100. Il n'est pas d'année où quelque ordon^e semblable ne soit rendue. — (5) Ordon. munic. du 8 juin 1637, Reg. 87. — (6) Voir ci-dessus livre III, chap. I, II et III. — Ordon. munic. du 29 janvier 1635 contre un garçon poêlier, Reg. 85. — (7) Voir ci-dessus livre III, chap. VII. — (8) Ibid. — Délib. munic., 31 janv. 1633 concl^t les visites des apothicaires, Reg. 83.

de leurs actes (1). Il ont droit d'admonestation, de blâme et de contrainte à l'égard du corps de métier (2), et celui-ci ne peut rien modifier ou organiser sans l'autorisation du maire et des échevins (3). Assemblées de toute espèce (4), fêtes (5), modifications aux statuts et règlements, emprunts, établissement de taxes (6), le métier ne peut rien décider ou entreprendre sans l'autorisation de l'échevinage. La commune peut même décréter l'obligation du travail, et interdire les grèves, lorsque l'approvisionnement des particuliers est menacé (7). C'est ainsi que la tutelle administrative devient le correctif naturel des privilèges et du monopole des métiers.

Parmi les prérogatives spéciales dont la commune jouit, il en est deux dont elle se montre fort préoccupée, à savoir le droit de poids et mesures et le droit de taxation. A Poitiers et à Niort, la commune possède seule le pouvoir d'établir des poids publics ou *poids le roi*. Dans les uns, on pèse, jusqu'à la fin du XVI° siècle, le blé et la farine (8).

(1) Voir ci-dessus livre III, chap. VII. — Délib. du 18 déc. 1628 conc. les apothicaires, *Reg.* 79. — (2) Voir ci-dessus livre II et livre III. — Ex. délib. du 14 juillet 1585 (blâme contre les médecins, chirurgiens, apothicaires et réquisition), *Reg.* 45. — (3) Voir ci-dessus livre III, chap. VI à XI. — En 1589, un apothicaire ayant fait de la thériaque sans permission, le conseil de ville interdit aux apothicaires et autres quelconques « d'aulcune chose entreprendre sans avoir au préalable sur ce l'authorité et commandement du maire et des échevins », délib. 1er mai 1589, *Reg.* 48. — (4) Voir ci-dessus livre III, chap. VIII. Délib. munic. de Poitiers 16 mai 1599, 29 août 1667, mai 1689, *Reg.* 57, 118, 132. — (5) Délibér. municip. 23 juin 1642, *Reg.* 93. — (6) Voir ci-dessus livre III, chap. VIII. — Délib. municip. 27 juillet 1665, 18 fév. 1675, 14 sept. 1682, *Reg.* 116, 124, 127. — (7) Ex. délib. munic. 4 juillet 1622 et 13 mars 1578, contre les bouchers, *Reg.* 76 et 42. — Autres cas cités livre II, chap. III et suiv. — (8) Il y en a à Niort aux 3 portes de la ville au XV° s., Proust, *Mém. Soc. Stat. D.-Sèvres*, 1888, 320. — Pour Poitiers, voir notre livre III, chap. II. — Ord. munic. de Poitiers 30 juillet 1571 conc. l'étab. de poids pour « poiser les bleds et farines », *Reg.* 40. — Ordon. munic. du 27 août 1460 au sujet de ces poids ; et de mai 1438 pour établir des poids aux 4 portes de la ville, *Reg.* 3 et 4.

Dans les autres, auxquels sont réunis plus tard les premiers, tous les marchands et artisans sont tenus de faire peser les marchandises dont le poids excède 25 livres (1). Des poids de fer, variant de 1000 l. à 1 livre, y sont disposés avec les fléaux et balances, de manière à répondre aux nécessités du commerce (2). Quiconque détient dans sa maison des balances, crochets ou poids au-dessus de 25 l. est sujet à la confiscation et à l'amende (3). De plus, c'est à la commune qu'il appartient de régler et de poinçonner ou de marquer les boisseaux des hôteliers, fourniers et meuniers (4), les poids de cuivre des marchands ou particuliers, pourvu que ces poids soient inférieurs à 25 livres (5), et les aunes des commerçants domiciliés ou forains (6). L'horloger garde-sep des mesures municipales est seul

(1) Règl. de police de Poitiers 1541, art. 26, 27; de 1567 et de 1634. — Ordon. munic. du 17 sept. 1537, Reg. 20; 3 sept. 1607 (le poids public est établi au lieu de la Fonderie près de la Boucherie du Marché Vieil), Reg. 63. — Lettres patentes du 8 sept. 1779 conc. le poids public de la ville de Poitiers. Recueil de Simon et Nyon. — (2) Délibér. munic. des 24 juillet et 2 janvier 1617, 24 nov. 1618 mentionnant les poids dont on use au poids public (un poids de fer pour 1600 l.; 2 balances pour 300 l. et 4000 l.; des poids pesant 164 l., 55 l., 40 l., 33 l., 25 l., 24 l., 16 l., 11 l., 4 l., 3 l., 2 l., et 1 l.), Reg. 71, 72, 73. — Pour le poids le roi de la ville de Niort, voir Mém. Soc. Stat. D.-Sèvres, 1888, p. 315. Celui-ci est affermé 28 l. 17 s. 6 d. en 1454; à Poitiers 10 l. en 1504. — (3) Règlements précités. — Ordon. munic. citées ci-dessus, et autres des 10 et 31 août 1676, Reg. 126. — (4) Règl. de police de Poitiers 1567, sept. 1634; ordon. du présidial, janv. 1700; et de l'intendant Le Nain 1733, art. 14. — Ordon. munic. de Poitiers 30 mai 1616, 25 nov. 1624, 17 nov. 1636, 15 mars 1666, 12 janvier 1652 (sur le marc municipal pour les boisseaux et l'obligation de les faire contremarquer). Reg. 71, 76 bis, 82, 87, 116. — Règl. de police de Châtell[t] 1749, art. 101, 102. Les corps de ville conservent ce droit au xviiie siècle. Il existe dès le xive siècle, voir ci-dessous chap. IV. — (5) Lettres de Ph. le Long à ce sujet en faveur de la commune de Poitiers, ci-dessous chap. IV. — Règl. de police de Poitiers 1541, 1567, 16 juillet 1632, sept. 1634, 29 janv. 1700. — Ord. du présidial 12 juillet 1701, Arch. Antiq. Ouest. — Règl. de police de Châtell[t] 1749, art. 101-102. — (6) Ord. munic. de Poitiers 20 fév. 1540, 1541; 5 mars 1531-32. Reg. 20 et 23; et textes ci-dessus (le maire, 1 échevin et 1 bourgeois surveillent cette opération).

délégué à l'étalonnage et à la marque de tous les poids et mesures des particuliers (1). La détention de mesures ou d'aunes non marquées du marc municipal, de poids de fer, d'étain, de plomb ou de pierre est considérée comme une fraude digne de sévères pénalités (2). Les ouvriers du bâtiment sont également astreints à faire marquer de la marque municipale les pieds-le-roy et les toises qu'ils détiennent (3). Les texiers doivent conformer leurs aunes aux deux verges de fer attachées au poteau de la ville et les présenter au marc, pour attester cette conformité (4). Dans l'hôtel municipal, on garde encore avec soin ce qu'on appelle les « jauges des pipes et bussards », d'après lesquelles doivent être réglées les contenances des vaisseaux vinaires, et ces vaisseaux portent aussi la marque de leur capacité (5). Enfin, on y conserve les moules officiels des tuiles et des briques (6), qui servent à déterminer les dimensions de ces matériaux. Pour vérifier la loyauté des mesures, aunes et poids, et pour constater la présence ou l'absence de la marque obligatoire, le maire, assisté d'échevins et de sergents, visite les boutiques (7), parcourt les marchés et les foires, procède aux saisies et prononce les amendes (8). Vainement le roi des merciers et son

---

(1) Règl. de police de Poitiers 1567, sept. 1634. — Délibér. munic. du 6 août 1674 au sujet de l'horloger garde-sep. *Reg.* 124. — (2) Ordon. citées à la note 6, page 314 ; en 1701 l'amende est de 30 l. à Poitiers. — Sentence de l'échevinage, janv. 1324-25, contre un boucher de Poitiers qui a employé des crochets pesant plus de 25 l. et non marqués, *Mss. Saint-Hilaire* fº 82. — (3) Règl. de police de Poitiers 1567-1634, 12 juillet 1701 précités. — (4) Statuts des texiers de Poitiers 1554, art. 36. — Délib. munic. du 27 nov. 1628. *Reg.* 79. — (5) Délib. et ordon. munic. de Poitiers, 27 août 1543, 5 mars et 14 sept. 1537, 18 juillet 1550, *Reg.* 20, 25, 31 — et ci-dessus livre II, chap. IX. — (6) Voir ci-dessus livre II, chap. IX. — (7) Délib. munic. 26 juin 1618 et 27 fév. 1651, *Reg.* 72 et 102. — Ordon. de police 1541 et sq. précitées. — (8) Délib. munic. 11 déc. 1559, 28 juillet et 4 août 1581, 26 juin 1611, 21 mai

lieutenant prétendent-ils disputer au maire ce droit de visite, sauf à borner leurs prétentions à l'assister pendant l'inspection. La commune maintient victorieusement contre eux la plénitude de sa prérogative (1).

A Poitiers, le pouvoir municipal en matières de mesures n'est limité que par les droits séculaires de l'abbé du Pin et du prieur de Saint-Nicolas. Le premier tient d'une charte accordée par Richard Cœur de Lion à ses prédécesseurs, le privilège de garder dans son hôtel de la rue du Moulin-à-Vent, paroisse de St-Didier, le *sep* ou boisseau officiel, sur lequel tous les boisseaux destinés à mesurer les grains, les légumes et les fruits, dans l'étendue de la ville et de la banlieue, doivent être réglés (2). Le second, depuis la fin du xi° siècle, possède le boisseau ou *sep* légal destiné à régler les mesures à sel (3). Mais la commune n'a pas tardé à revendiquer et à obtenir un droit de contrôle sur les agissements de ces deux seigneurs ecclésiastiques ou de leurs fermiers. Elle a exigé que les artisans, marchands et particuliers fissent contremarquer leurs boisseaux au sep ou boisseau municipal, entouré de bandes de cuivre et déposé à l'hôtel-de-ville ou au logis d'un échevin (4). Elle a voulu que tout boisseau fût marqué du marc municipal, portant les armes du roi et de la ville mi-parties, au-dessus du marc de l'abbé ou du prieur (5). Elle a essayé, par de fré-

1554, au sujet de la visite des poids et mesures dans les foires et marchés, *Reg.* 32, 37, 46, 54, 65, etc.

(1) Délibér. citée à la note précédente (1581). — (2) Voir sur ce droit Beauchet-Filleau, *Mém. Soc. Stat. D.-Sèvres* 1868 pp. 1 à 178. — (3) Voir ci-dessus, livre IV, chap. I. — (4) Règl. de police de Poitiers 1567, 1634, etc. — Délib. munic. 21 juillet et 14 août 1586, 8 juin 1587, 30 mai 1616, 19 et 26 janvier 1632, 30 avril 1635, 17 nov. 1636, 4 juillet 1644, etc. *Reg.* 46, 70, 82, 85, 87, 95. — (5) Délib. munic. de Poitiers 15 mars 1666 *Reg.* 116.

quentes comparaisons entre le boisseau de la commune et les seps du Pin et de St-Nicolas, par des enquêtes confiées au maire, aux échevins, au procureur de la police et à des notables (1), d'empêcher l'extrême diversité sans cesse dénoncée et toujours renaissante des mesures qu'emploient les industriels et les particuliers (2).

Le droit de taxation qui appartient à l'autorité municipale est le correctif naturel du monopole accordé aux maîtres et des coalitions qu'ils peuvent former contre les consommateurs. « Cette maison, déclare formellement le corps de ville de Poitiers en 1665, est fondée à reigler le taux de toutes les denrées, lorsque les marchands ou revendeurs les veulent surenchérir (3). » Une première précaution d'ordre général est prise à cet égard. Elle consiste à interdire à tout industriel ou commerçant de hausser pendant la vente le prix de la marchandise (4). La tarification s'exerce d'autre part à titre préventif d'une manière à peu près permanente et normale pour un certain nombre d'objets de première nécessité, notamment pour le pain, la viande, le beurre, le sel, le vin, la chandelle et le bois de chauffage. Mais c'est seulement en cas de disette que le conseil des échevins taxe le prix des blés (5). Il a d'ailleurs alors bien

(1) Délib. munic. précitées, et en outre délib. des 6 fév. 1612, 9 août 1621, 6 juin 1622, 26 août 1621, 10 nov. 1625, 2 oct. 1628, 21 janv. 1586, etc. *Reg.* 68, 76, 76 bis, 77, 79, 130 (rel. au boisseau du Pin). — Délib. munic. du 17 mai 1654, rel. au boisseau de l'abbé de Saint-Nicolas, *Reg.* 107, et autres citées livre IV, chap. Ier. — (2) « A peine est-il possible de rencontrer 2 boisseaux semblables, mesme ung seul » dans la ville, dit le règl. de sept. 1634. — Mêmes constatations dans les ordonnances ci-dessus citées. — (3) Ord. munic. du 28 déc. 1665, *Reg.* 116. — Régl. de police de 1541, art. 1 — Ordon. de nov. 1422, précitée, etc. — (4) Régl. de police de 1541, art. 1 — Voir aussi le livre II, chap. I et suiv. — (5) Par ex. ordon. du corps de ville de Châtellerault 18 mars 1662, *Godard*, I, 219 ; du 18 mars 1595 et 7 juin 1622 à Poitiers, *Reg.* 55 bis et 76.

d'autres pouvoirs, tels que celui de faire le dénombrement des grains et fèves, et d'en opérer la saisie, à condition d'en payer le prix officiel (1). Au contraire, la taxe du pain n'a cessé d'être appliquée constamment depuis le Moyen-Age jusqu'à la Révolution. Le prix légal varie suivant la qualité du pain, suivant la valeur du blé, du sel et du bois de chauffage ou encore de la main d'œuvre, et suivant le bénéfice raisonnable du boulanger (2). Parfois, le conseil des échevins, pour se rendre compte du taux de revient de la livre de pain, fait moudre et boulanger un setier de froment (3). En général, il se contente de convoquer tous les samedis 3 ou 4 délégués des boulangers pour arrêter avec eux la taxe officielle (4). Deux extraits de ce document, signés du greffier de la ville, sont affichés à Poitiers le dimanche par les soins des maîtres-jurés, l'un, à la porte ou à la croix de Notre-Dame-la-Grande, l'autre à celle de l'hôtel-de-ville (5). La difficulté n'est pas de rédiger la taxe, mais bien de la faire observer. Les délibérations du corps de ville de Poitiers prouvent qu'on l'observe mal et que les rigueurs du pouvoir sont irrégulières (6). Il n'est pas rare pour l'éluder que le boulanger use de faux poids ou fasse le pain léger (7). D'ailleurs, le système de la taxation manque

(1) C'est ce qui a lieu en 1662 à Châtellerault ; en 1567, à Poitiers (arrêt des Grands Jours 10 sept. 1567, *Arch. Munic.* D. 52). — Voir ci-dessus livre II, chap. Ier. — (2) Pour les taxes du pain du xive siècle, voir textes cités livre II, chap. III. — Ordon. munic. de Châtellt 15 fév. 1631, Godard, I, 75. — Délib. munic. de Poitiers, juillet 1421, 16 juil. 1537, 25 juillet 1544. *Reg.* 2, 20 et 25 et autres citées ci-dessous. — (3) Délib. munic. de Poitiers 8 août 1552, *Reg.* 32. — (4) Délib. munic. 16 sept. 1549, 11 août 1631, 1er août 1661, etc. *Reg.* 31, 82, 112. — Statuts des boulangers de Poitiers 1609, art. 24. — (5) Statuts des boulangers de Poitiers 1609, art. 24. — Délib. munic. du 1er août 1661, *Reg.* 112. — (6) Nombreuses délib. à ce sujet, par ex. 29 déc. 1586, 30 juillet 1674, *Reg.* 46 et 124 ; ordon. munic. du 26 août 1543 (menaçant les boulangers d'amende et de prison), *Reg.* 25. — (7) Ex. ordon. munic. de Poitiers 22 août 1549 et 17 juillet 1559, *Reg.* 31 et 37 ; et textes cités livre II, chap. III.

de souplesse. L'autorité municipale maintient parfois les mêmes prix sans tenir compte de la cherté du bois ou de la hausse des salaires des compagnons, ou des conditions des marchés antérieurs contractés par l'industriel (1). Le boulanger, quand le blé diminue, prétend maintenir le taux précédent, pour s'indemniser des pertes qu'il a subies dans la période de hausse (2). De là une lutte incessante entre l'industriel lésé dans ses intérêts et le pouvoir désireux de ne pas laisser péricliter les intérêts du public (3). En temps de carême, il est aussi d'usage que le conseil des échevins taxe la viande de boucherie, la volaille et le gibier (4), ainsi que le poisson (5). D'ailleurs, il est toujours loisible au maire et au conseil, toutes les fois qu'ils le jugent à propos, de tarifer le mouton, le veau, le bœuf, le porc, à la livre, soit pour une saison, soit pour toute l'année (6). Le fait se produit fréquemment. Il n'est pas rare non plus que, soit avec le concours des poissonniers et beurriers, soit sur l'avis des commissaires municipaux, soit de son propre mouvement, le maire se décide à fixer le prix de la livre de poisson (7) et celui de la livre de beurre vendu en gros ou en détail (8).

(1) Requête des boulangers de Poitiers 5 sept. 1580, 21 juillet 1586, 29 juin 1587, *Reg.* 43 et 46. — (2) Délib. munic. de Poitiers 21 juillet 1586, 4 nov. 1591, *Reg.* 46 et 51, etc. — (3) De là les accusations de manœuvres pour faire renchérir le prix du pain lancées contre les boulangers ; ex. ordon. munic. de Châtell^t 15 fév. et 5 avril 1631, *Godard*, I, 75 et 76. — Voir aussi textes cités livre II, chap. III. — (4) Voir ci-dessous livre IV, chap. III. — (5) Voir ci-dessus livre II, chap. V. — (6) Ordon. munic. du 1er mai 1651, 13 mars 1578, 21 avril 1791 sur la taxe de la viande, *Reg.* 102, 42, 198. — Il y a des ordon. analogues dans un très grand nombre de registres municipaux. — (7) Ex. ord. munic. de Poitiers 1512-13, 31 janvier 1578, 28 nov. 1650, 19, 24, 26 février 1652, 5 mars 1686, *Reg.* 11, 42, 102, 103, 104, 130. A Niort, en 1653 le corps de ville taxe les sardines à 5 s. le quarteron, *Mém. Soc. Stat. D.-Sèvres* 1888, p. 327. — (8) Délib. munic. 19 août 1552, 26 janv. 1632, 31 octobre 1639, 14 mars 1661, *Reg.* 104, 82, 90, 111. La taxe est arrêtée, tantôt après avoir entendu les beurriers, tantôt sur l'heure.

C'est en plein conseil, et, sauf ratification du mois et cent, qu'à l'occasion, surtout en temps de hausse exagérée, on détermine le prix du minot et du boisseau de sel (1). Au reste, pour toutes ces denrées, le maire ou les échevins ont le pouvoir de faire appliquer, dans les cas particuliers qu'ils observent et sur le marché même, les ordonnances générales qui interdisent aux marchands de vendre au delà du prix raisonnable (2). S'agit-il du vin, souvent le corps de ville arrête le taux de la vente au détail et l'impose aux tavernes, cabarets et hôtelleries (3). Le prix du cent de suif et surtout celui de la livre de chandelle sont en général réglés d'une manière régulière par l'autorité municipale (4). Il en est de même du prix de la poudre et du salpêtre (5). Mais pour les autres produits, foin, avoine, paille, prix du logement et de la nourriture dans les hôtelleries, pour le taux des vêtements, des cuirs, des peaux, des chaussures, des bois de construction, des tuiles et de la chaux, du fer brut et des ouvrages de maréchalerie ou de serrurerie, du parchemin et du papier, la taxation n'apparaît que comme une mesure extraordinaire prise en cas d'affluence anormale, comme en 1612, ou en cas de baisse excessive de la valeur de l'argent, comme en 1578, ou en cas de manœuvres des mar-

---

(1) Ordon. munic. de Poitiers conc. la taxe du sel, janv. 1553, 6 fév. 1553-54, 4 sept. 1621, 12 sept. 1644, 6 fév. 1645, 17 août 1650, 26 août et 16 sept. 1652, 3 nov. 1660, 3 et 6 octobre 1661, etc. *Reg.* 32, 76, 92, 102, 104, 104, 111, 112. — (2) Ordon. citées ci-dessus, et textes cités livre II, chap. IV et suiv. — (3) Textes cités livre II, chap. VI. — Ordon. munic. de Poitiers 14 sept. 1579, 2 sept. 1540, 26 avril et 14 sept. 1654. 8 nov. 1655, 11 févr. 1658, 2 juin et 24 nov. 1664. *Reg.* 42, 91, 105, 106, 108, 114, 115. — (4) Ex. ordon. munic. janv. 1578, 12 sept. 1634, précitées, 11 octobre 1546 (*Reg.* 28); — autres textes cités ci-dessus livre III, chap. VI. — (5) Ord. munic. 9 avril 1543, 6 janv. 1544-45, 3 mai 1573, 15 mai 1587, 9 juin 1588, 28 fév. 1628, 30 mai 1633, 8 octobre 1635, *Reg.* 25, 26, 45, 48, 71, 83, 86.

chands et industriels (1). En principe, le pouvoir de taxer les salaires semble alors une attribution très légitime de l'autorité municipale. Dans le cas de contestations entre patrons et ouvriers, artisans et habitants, le maire, jouant le rôle d'arbitre, fixe le prix raisonnable dû par l'employeur à l'employé. Pour certaines catégories d'industriels, les paveurs, les messagers, les hôteliers par exemple, il est admis qu'il peut toujours déterminer la rémunération qu'ils sont fondés à recevoir (2). Rarement, comme en 1578, il tarife les salaires de tous les corps de métier (3). Le plus souvent, il se borne à ratifier par sa décision quelque convention particulière prise à cet égard par la corporation intéressée (4).

Il est naturel qu'ayant le droit de réglementer l'exercice de l'industrie et du commerce, la commune ait le pouvoir judiciaire, c'est-à-dire qu'elle soit chargée de faire appliquer les statuts ou les ordonnances municipales. Suivant la tradition, maintes fois confirmée jusqu'à la fin du xvii° siècle par les arrêts du Parlement; le maire et les échevins, à Poitiers, sont seuls juges de la police et de la justice prévôtale ordinaire, civile et criminelle dans la ville et sa ban-

(1) Ex. ordon. du 20 sept. 1612 (passage du duc de Pastrana) fixant le prix des objets. *Reg.* 68 bis; 24 août 1620 (passage du roi); 21 août 1634 (à propos des Grands Jours). *Reg.* 75 et 85, 28 déc. 1615. *Reg.* 70; — janv. 1578, *Reg.* 42. — Ordon. munic. 25 et 27 août 1607 sur le prix des cuirs; 30 nov. 1654 (réunion des tanneurs et cordonniers pour mettre un prix raisonnable). *Reg.* 63, 104. — Délib. munic. de Poitiers, 20 août 1669, 29 août et 5 sept. 1689 sur le prix des matériaux de construction, *Reg.* 119, 132 — règl. général de janv. 1578. — (2) Voir ci-dessus livre II, chap. X et XII, et livre III, chap. VI. — Ord. de janv. 1578, 23 et 30 oct. 1600 sur le salaire des hôteliers, *Reg.* 42 et 59. — (3) Ordon. munic. de janv. 1578. *Reg.* 42. — (4) Ex. délib. munic. 12 juin 1684, rel. aux salaires des garçons cordonniers, *Reg.* 128. — En cas de contestations entre l'ouvrier et le particulier le maire peut être appelé à fixer le prix raisonnable qui est dû (stat. des maçons de Poitiers 1695, art. 23).

lieue. C'est à eux, privativement à tous autres, qu'appartient
« la cognoissance et intendance sur tous les arts et métiers »,
et le droit de connaître de tous procès et différends relatifs
aux communautés ouvrières (1). Aussi, en cas de contestations, soit à propos des statuts corporatifs, soit à propos de
la police des métiers, il est interdit, sous peine d'amende,
aux gardes et aux maîtres de se pourvoir en première instance ailleurs qu'au tribunal municipal, et en appel ailleurs
qu'au Parlement (2). Le corps de ville ne maintient, il est
vrai, ces prérogatives que par une lutte incessante contre le
lieutenant général, le lieutenant criminel, le procureur de la
sénéchaussée (4) et contre le prévôt des maréchaux (3). Mais
il a constamment gain de cause, et le présidial n'est fondé
à intervenir que si l'échevinage néglige d'exercer les attributions dévolues à la commune (5). C'est pourquoi l'autorité municipale montre tant de zèle dans l'exercice de sa juridiction. A l'hôtel-de-ville, siège un tribunal ou cour de
l'échevinage que le maire ou à son défaut l'un des échevins
préside à tour de rôle pendant un mois, selon l'ordre du
tableau (6). Les échevins officiellement désignés, quand ils
remplissent cette fonction, sous le nom de *conseillers* du
roi (7), servent d'assesseurs au président. Le maire les

---

(1) Jugement de 1317 rel. aux droits de police de la commune de Poitiers cités par Giry, I, 485.— Sentences de l'échevinage rel. aux métiers, XIIIe et XIVe siècles, Mss. St-Hilaire, Bibl. Mun. n° 391. — Délib. munic. du 31 octobre 1530 (contenant les termes mis entre guillemets), *Reg.* 81. — Arrêts ci-dessous cités. — (2) Arrêts du Parlement de Paris des 31 août 1682, 19 mars 1687, 13 mars 1685, art. 25, *Arch. Mun.* D. 87 ; *Rec. Poit.* in-4°, tome XI. — Statuts des parcheminiers 1553, art. 1 ; des maçons 1695, art. 16. — (3) Voir ci-dessous, chap. V et VI. — (4) Voir ci-dessous chap. V. — (5) Arrêt du Parlement, 31 août 1682. — (6) Rôle en latin des audiences de l'échevinage de Poitiers 1287, *Arch. Munic.* D. 2 (ces audiences ont lieu le mardi et le vendredi). — Ordon. munic. du 27 juillet 1674, *Reg.* 124. — (7) Arrêt du Parlement de 1682.

choisit en nombre plus ou moins grand (1), parmi les plus capables, pour l'assister dans sa tâche. Un magistrat spécial, le juge des treize, jusqu'au milieu du xvi° siècle, partageait avec le chef de la commune la juridiction de police relative aux métiers (2). Il disparaît ensuite et c'est avec le personnel ordinaire de l'échevinage, ou même quelquefois avec le mois et cent entier, que le maire assure le fonctionnement du tribunal municipal (3). Le tribunal, ou cour ordinaire civile et criminelle de la ville, siège en général deux fois par semaine, le mardi et le vendredi au xiii° siècle (4), et plus tard le lundi (5), le mardi (6), ou le mercredi ou le jeudi (7), pour la police des métiers. Le procureur de la police y joue le rôle de ministère public. Le greffier municipal y rédige le procès-verbal de l'audience et le libellé des arrêts (8).

La compétence de ce tribunal s'étend à toutes les affaires civiles et criminelles qui concernent les corporations jurées ou non jurées. Différends relatifs à l'interprétation ou à

(1) Ex. 4 échevins dans une séance de sept. 1658, 6 échevins dans une autre du 22 janvier 1657, 2 échevins dans une séance du 21 juillet 1604; d'autres fois, on voit siéger tous les échevins et même le mois et cent entier, par ex. le 25 mai 1542. *Reg.* 109, 107, 61, 24. — (2) Ce juge est mentionné dans une déclaration du lieutenant criminel du 16 fév. 1528-29, *Arch. Mun.* D. 34. — Délib. munic. 2 sept. 1549 (boulangers cités devant le juge des treize pour observ. des statuts); (même jour autre assign. contre les tanneurs et corroyeurs); 21 oct. 1539 (condamn. de tanneurs et corroyeurs par le juge des treize); 17 janv. 1549-50 (descente par le juge des treize chez « une macquerelle qui tient avec des escolliers des filles malfamées »). *Reg.* 31. — Nous n'avons plus trouvé de mention de ce juge dans les registres ultérieurs. — (3) Textes cités note 1 pour Poitiers. — Procès relatif aux tondeurs en 1617 à Niort, Bardonnet, *Ephémérides*, p. 315. — (4) Dès 1465 un acte cité dans un registre de l'éch. de Poitiers accorde au maire le droit de faire tenir sa cour par un homme capable sans lui payer de gages, *Arch. Munic.* M. reg. 11, f° 35 — Rôle des audiences de 1287 précité. — (5) Statuts des bouchers de Poitiers xv° s. — (6) Délib. munic. 23 juin 1690, *Reg.* 132. — (7) Délib. mun. 23 août 1632, 22 janvier 1657, *Reg.* 66 et 107. — (8) Mois des offices annuels en juillet pour la désignation du procureur et du greffier. Reg. des délib. munic. xv°-xvii° s.

l'exécution des statuts et règlements, conflits d'attributions entre les métiers, maintien des privilèges (1), délits concernant la fabrication, le commerce, les foires (2), procès entre maîtres, contestations entre patrons et employés (3), litiges ayant pour origine le jugement du chef-d'œuvre et l'administration des communautés, la cour de l'échevinage est fondée à tout examiner et (4) à tout juger. En cas de flagrant délit, le maire ou les échevins font opérer les saisies par le sergent municipal. Ils peuvent entendre les parties sous la foi du serment et prononcent l'amende ou la confiscation. Mais le tribunal échevinal réuni prononce ensuite; il confirme ces décisions ou les annule, remet ou modère les pénalités (5). La cour de l'échevinage est aussi directement saisie en beaucoup de cas, soit par les intéressés eux-mêmes, soit par le maire et les échevins, soit par le procureur de la police (6). C'est le maire ou plus souvent encore le procureur de la police qui confie aux sergents le soin de remettre aux parties le décret d'ajournement (7), lorsque le conseil a statué sur l'admission de la plainte ou

---

(1) Textes cités ci-dessus livre III, chap. I et livre II. — Règl. de police de sept. 1634; ordon. munic. 25 janv. 1633; délib. 21 mai 1588, *Reg.* 83 et 47. — (2) Textes cités ci-dessus livre II. Sentence arbitrale de 1207 recon. au maire et aux échevins de Poitiers la juridiction de la foire d te des Lépreux, *Bibl. Munic. Mss. St-Hilaire* f° 52. — Sentence de l'échev. au sujet d'un march. de draps de Parthenay 25 mai 1542.*Reg.* 24. — (3) Textes cités ci-dessus, livre III, chap. II, III, IV. — (4) Textes cités livre III, chap. IV, VII, VIII.—(5) Textes cités ci-dessus livre III, chap. VII.— Règl. de police de Poitiers sept. 1634 — statuts des boulangers de Poitiers 1609, art. 2 et 5.—Délib. du 13 janv. 1587 (au sujet de la visite de la foire Saint-Hilaire et des amendes décernées contre un serrurier et des merciers); 13. nov. 1602 (saisie et amende contre un boulanger); 13 fév. 1512-13 (saisie et amende contre une poissonnière), etc. *Reg.* 46, 113, 11. — (6) Les registres des délib. municipales contiennent de nombreux exemples de ces 3 cas. — (7) Ex. de décret d'ajournement rendu par le maire, délib. munic. de Poitiers 4 déc. 1507 (au sujet d'outrages à un maître-juré) *Arch. Munic. N.* 44.

de la requête (1). Parfois, soit pour les appels des condamnations entraînées par les flagrants délits, soit pour les causes dont le tribunal est saisi directement, une enquête ou information est ordonnée. Le maire, les échevins, ou le procureur de la police la dirigent et font leur rapport; ils donnent même une sentence provisoire dont les parties font appel au conseil ou cour de l'échevinage qui statue et qui les assigne s'il y a lieu (2). Les inculpés ou les plaideurs comparaissent en personne; ils peuvent se faire assister d'un procureur, muni de leur pouvoir (3). Ils déposent leurs pièces aux mains du procureur de la police (4); ils produisent leurs témoins qui déposent après avoir prêté serment (5). On entend ensuite les moyens de la partie ou la plaidoirie de son procureur (6), le rapport du ministère public ou son réquisitoire et ses conclusions, et la cour échevinale prononce. Tantôt elle statue en assemblée plénière des

(1) Ex. décret d'ajournement contre les meuniers de Poitiers 1560, *Arch. Mun. D.* 49; délib. munic. 25 avril 1511 (contre les boulangers); 21 janv. 1548-49 (contre les armuriers), *Reg.* 11 et 30. — (2) Délib. munic. 11 mars 1536 (contre les poissonniers, sur rapport des échevins-visiteurs); 7 mars 1512 (*ibid.*); 3 janv. 1573 (sur requête des rôtisseurs); 1er fév. 1644 (sur requête d'un chirurgien); 2 nov. 1665 (sur requête des selliers); 22 janv. 1674 (sur requête des enjoliveurs), *Reg.* 20, 11, 41, 95, 46, 123. — (3) Ex. enquête contre un tailleur pour embauchage d'ouvrier 1665, *Arch. Munic.* N, 48. — Délibér. munic. 30 sept. 1647 (enquête confiée au maire au sujet des pâtissiers); 24 nov. 1550 (au sujet de l'appel des pâtissiers contre le juge criminel); 23 août 1546 (rejet d'appel d'un compagnon menuisier); 4 oct. 1655 (au sujet de l'appel des jurés tanneurs contre la sentence du maire), etc. et textes ci-dessus, note 4. *Reg.* 99, 31, 28, 106. — (4) Délib. de l'échevinage de Poitiers 29 mars 1639 (au sujet de deux boulangers); 7 fév. 1639 (au sujet des bouchers), autorisant l'emploi de procureurs. — Procédure et sentences de la cour de l'échevinage au sujet de marchandes de Poitiers accusées de vol de fruits aigres (*aigrest*) 1272 *Mss St-Hilaire*, f° 65 (comparution en personne); ce dernier cas est le plus fréquent. — (5) Textes cités aux notes précédentes. — (6) Textes cités ci-dessus — Séance de l'écher. 24 oct. 1689 (procès entre cordonniers et savetiers; les procureurs exposent les moyens), *Reg.* 132. — Dans beaucoup d'autres cas, on entend simplement les parties. — (7) Délibérations citées

échevins ou même du mois et cent (1), tantôt elle renvoie le jugement au maire ou à des commissaires choisis parmi les échevins, se bornant ensuite à ratifier leur décision (2), tantôt elle prononce aussitôt en séance du tribunal (3). Le greffier rédige l'arrêt avec les formes et la conclusion obligatoires (4), et la sentence est ainsi notifiée, soit aux parties, soit aux maîtres jurés du métier (5). Au besoin, elle est lue, publiée et affichée aux cantons et carrefours, et mise à exécution par les soins des huissiers et des sergents municipaux (6). Les pénalités que la cour prononce au sujet des délits des métiers sont variées et souvent graves. Outre l'amende contre les délinquants, outre la confiscation et la vente des marchandises ou produits, le tribunal municipal peut infliger au commerçant et à l'industriel la suspension et la déchéance du métier (7). Il dispose aussi de peines afflictives et infamantes, par exemple la destruction de l'objet frauduleux, denrée, drap, cuir, par le feu ou par l'eau (8). Il peut faire emprisonner le marchand ou l'ar-

---

ci-dessus. — La formule ordinaire des sentences de la cour mentionne la présence et le réquisitoire ou les conclusions du procureur de la police : ex. 24 octobre 1689.

(1) Ex. sentence 24 déc. 1587 contre les texiers en mois et cent, *Reg*. 47 ; une foule d'autres sentences sont rendues par les échevins en conseil du lundi. — (2) Ex. délib. munic. du 3 août 1654 conc. les cordonniers (renvoi au maire); 14 juin 1649 rel. à un tailleur (id.); 13 mai 1658, 5 nov. 1655, 22 janvier 1674 (renvoi aux échevins), *Reg*. 105, 100, 108, 86, 123. — (3) C'est un cas assez fréquent, comme l'attestent les registres des délibérations de la commune de Poitiers. — (4) Ordon. municipale de Poitiers, 16 oct. 1628, *Reg*. 79. — (5) Ex. délib. munic. du 18 avril 1633 rel. aux serruriers *Reg*. 83. — (6) Formule ordinaire des sentences relatées en grand nombre dans les registres municipaux ; par ex. 27 juin 1690 concernant les bouchers, *Reg*. 132. — (7) Sentences nombreuses cond. à l'amende (textes ci-dessus livre II); le proc. de la police en poursuit le recouvrement, délib. 23 nov. 1665, *Reg*. 116. — Délib. 7 mars 1512 conc. la saisie et la vente de poisson. *Reg*. 11. — Pour la suspension, même sentence, et autres cas cités livre II. — (8) Ex.

tisan coupables (1). Il peut leur faire administrer le fouet
ou les verges publiquement par la main du bourreau (2).
Il lui est loisible de les faire exposer en place publique dans
une cage de fer suspendue à un poteau et qu'on nomme la
cigogne (3). Enfin il lui est permis de les bannir du territoire de la cité et de la banlieue (4). La sentence de la cour
municipale est sans appel pour toutes les causes qui concernent la police ordinaire des métiers (5). Ce n'est que
pour les procès civils et criminels importants qu'on admet
les parties à interjeter les appels devant le Parlement (6).
C'est devant cette juridiction suprême que le corps municipal lui-même va soutenir au besoin les corporations mena-
cées dans leurs privilèges et statuts (7).

En échange de la protection qu'ils trouvent dans l'autorité municipale, les métiers sont sujets à des redevances
nombreuses au profit des officiers municipaux ou de la
ville elle-même. Quoique moins oppressive et moins gênante
que la fiscalité seigneuriale, la fiscalité des communes ne
laisse pas d'être onéreuse, soit à l'égard des corporations,

sentence du 26 avril 1408 ord. de brûler les cuirs d'un marchand de
Vivonne Mss St-Hilaire, f° 86. — Statuts des bouchers de Châtell* 1520 (la
viande altérée jetée à l'eau). — Voir ci-dessus livre II, chap. IV et V. —
Règl. de 1320 et 1377 pour les drapiers.
(1) Ordon. de police 1541, 1567, 1578, 1634, etc. pour Poitiers — pour
Niort, faits cités par Proust, *Mém. Soc. Stat. D.-Sèvres* 1888, p. 357. — (2)
Voir ci-dessus livre II chap. II pour les meuniers — la peine du fouet est
aussi appliquée à Niort à ceux qui enfreignent la police des marchés, *Mém.
Soc. Stat. D.-Sèvres* 1888, p. 357. — (3) Acte du 13 mars 1395-96 mentionné
dans un inv. du xvi° siècle par lequel il est dit que G. Taveau maire fit
faire un pilori ou *cigogne*, Arch. Munic. série M., reg. B. — Délib. munic.
13 fév. 1512; 30 juillet 1590; 12 mars 1608; 13 août 1674, Reg. 11, 50,
118, 124. — (4) Ordon. de police des xvi° et xvii° siècles. — (5) Arrêt du
Parlement août 1682 précité. — Délib. munic. juillet 1689, Reg. 132. —
(6) Ordon. royale de 1539, art. 160 citée dans la délib. munic. du 1ᵉʳ février 1588, Reg. 47. — (7) Délib. munic. du 14 déc. 1587 conc. une requête
des apothicaires; des 6 août 1657 rel. aux cordonniers, 19 juin 1690 rel.
aux chapeliers, Reg. 47, 108, 132, etc.

soit à l'égard de l'industrie et du commerce. Parmi les droits multiples exigés des maîtres, il en est qui sont destinés à indemniser le maire des soins qu'il donne à la police des métiers. Ainsi les nouveaux maîtres paient au premier magistrat municipal, dans certaines communautés, une redevance pécuniaire, 20 s. chez les boulangers et les maréchaux (1), 4 écus d'or et 1 pistole chez les tireurs d'armes (2). D'autres fois, c'est à un dîner, comme chez les gantiers, que le récipiendaire invite le maire (3). Les pâtissiers lui offrent un plat du métier et une boîte d'oublies, ou encore un bon plat et un pâté qu'ils lui font présenter à domicile (4). C'est parfois la corporation tout entière qui est tenue à l'égard du maire d'une redevance annuelle. Ainsi à Niort, chacun des petits bouchers lui doit, à l'occasion de son installation, et de plus à la fête de St André, un demi-mouton et le quart d'un gros veau de lait (5). Les grands bouchers lui présentent la veille de Noël la meilleure poitrine de bœuf (6). A Poitiers, le samedi qui précède le mardi-gras, les bouchers sont tenus d'offrir un présent, pris dans la meilleure viande qu'ils détiennent, « à la discrétion du conseil et du maire (7). » Lorsque celui-ci fait sa visite au marché de la poissonnerie, il lui est permis de choisir et de prendre sur chaque chargement la plus belle lamproie (8). Le 14 juillet, lorsqu'il inaugure sa mairie par

---

(1) Statuts des boulangers de Poitiers 1609, art. 14; des maréchaux 1583, art. 7. — (2) Statuts des tireurs d'armes 1629, art. 6 et 12 (4 écus pour la mairesse, une pistole pour le maire). — (3) Statuts des gantiers de Poitiers, 23 mars 1468-69, Mss St-Hilaire f° 91. — (4) Statuts des pâtissiers de Poitiers, 1505-20, art. 10. — (5) Droit mentionné par Augier de la Terraudière, *le Trésor de Niort*, p. 292, et Proust, *Mém. Soc. Stat. D.-Sèvres* 1888, p. 347.—(6) Même source.—(7) Délibér. mun. du 19 fév. 1635, Reg. 85 (ce droit existe de toute « ancienneté »). — (8) Délib. munic. 20 fév. 1549-50, Reg. 31.

le festin traditionnel, un vieil usage oblige les meuniers à lui fournir la jonchée (1). Les autres officiers ou agents de la commune ne sont pas oubliés. Le procureur de la police a parfois sa part dans les droits pécuniaires que paie le nouveau maître (2). Il figure à côté du maire au dîner offert par le récipiendaire (3). Il en est de même du greffier (4). Quelquefois, c'est le corps de ville entier qui est appelé à bénéficier de la redevance exigée du métier. Ainsi, chez les ciergiers, chacun des maîtres reçus dans l'année est astreint à faire remettre à l'hôtel-de-ville, au maire, aux échevins et aux bourgeois, 30 torches de cire jaune ou 30 flambeaux pour les processions de St-Hilaire, de Pâques et de la Fête-Dieu (5). La caisse municipale reçoit les droits qui sont destinés à la commune et que chaque nouveau maître est tenu de verser. La redevance est souvent élevée. Si les maréchaux ne donnent que 10 s. (6), les texiers que 15 s., les tondeurs et les maçons que 20 s. (7), les serruriers, les parcheminiers et les sergetiers, les chapeliers et les tanneurs que 30 s. (8), les couturiers paient 100 s. ou la moitié d'un marc d'argent (9), les armuriers un écu et demi (10), les pâtissiers 1 écu d'or (11), les orfèvres un marc d'argent

(1) Délib. munic. 14 juillet 1536, Reg. 20, f° 5. — (2) Par ex. 20 s. chez les boulangers (statuts 1609, art. 14). — (3) Statuts des gantiers 1469 — des pâtissiers 1505-20. — (4) Mêmes statuts. — (5) Délibér. munic. 29 avril, 20 mai, 24 et 29 juin 1647, 8 juin et 13 juillet 1675, Reg. 98 et 125. — (6) Statuts des maréchaux de Châtell^t 1573, art. 2. — (7) Statuts des texiers de Poitiers 1554, art. 2 et 14; des maçons 1695, art. 11; délib. 21 mai 1543 rel. à un tondeur, Reg. 25. — (8) Statuts des parcheminiers 1553, art. 3; des serruriers 1455, art. 2; des chapeliers 1560, art. 3 et 4; de Poitiers — des tanneurs de Châtellerault 1596, art. 1; des chapeliers 1588, art. 3 et 4. — Délib. munic. de Poitiers 20 mars 1651 rel. à un sergetier, Reg. 102. — (9) Délib. munic. de Poitiers 3 fév. 1542, 4 déc. 1536, Reg. 25 et 21. — (10) Délib. munic. de Poitiers 21 janv. 1548-49, Reg. 30. — (11) Statuts des pâtissiers de Poitiers, 1505-20, art. 6.

ou 3 écus (1), les boulangers 8 l. (2). On en voit même, comme les boucquetiers, astreints à payer chacun une redevance annuelle de 20 l. pour droit de maîtrise (3). Dans certaines circonstances et pour quelques corporations, on autorise ou on exige des redevances en nature. Ainsi, un menuisier sera reçu maître en donnant à l'Hôtel-Dieu un grand châlit de la valeur de 6 écus (4), un autre en promettant d'entretenir toute sa vie les meubles, portes et fenêtres des aumôneries et hôpitaux (5). Les apothicaires devront fournir, pour l'armement de la milice, à chaque réception de maître, deux mousquets avec leurs fourchettes et bandoulières, redevance remplacée à partir de 1628 par « un tableau de plate peinture en huile » de la valeur de 30 l., destiné à orner les salles de l'hôtel-de-ville (6). Au reste, les redevables esquivent autant qu'ils le peuvent le paiement de ces taxes. En cinq ou six ans, il arrive que la ville par sa négligence a perdu de ce chef près de 260 écus (7), et parfois dix ans se passent sans qu'on ait recouvré les droits (8). Ajoutez les résistances qu'opposent certains corps de métiers (9), les malversations des agents qui perçoivent les taxes (10), l'habitude qui s'est

(1) Statuts des orfèvres de Poitiers 1456-57, 4 janvier, art. 9. — (2) Statuts des boulangers de Poitiers 1609, art. 14. — (3) Statuts des boucquetiers de Poitiers 1609, art. 18.— (4) Délib. munic. de Poitiers 14 avril 1758, *Reg.* 56. — (5) Délib. munic. 27 févr. 1640, *Reg.* 90.— Délib. munic. 6 mai 1596, *Reg.* 55 bis.— (6) Statuts des apothicaires 1552; 1628, art. 54; délib. munic. nov. 1628, 27 mai 1647, 14 janv. 1630, 4 juillet 1639, 7 et 21 février, 14 août et 25 sept., 2 et 23 oct., 8 nov., 14 déc. 1656; 22 octobre et 19 nov. 1657; 7 janv. 18 février, 6 mai et 17 juin, 29 juillet, 26 août 1658; 29 janv. 1659 (la valeur finit par être modérée à 20 l.), *Reg.* 79, 80, 89, 98, 106, 107, 108 et 109. — (7) Délib. munic. 24 nov. 1550, *Reg.* 131. — (8) Ordon. munic. 25 juin 1629, *Reg.* 79.— (9) Délib. citées ci-dessus à la note 6 conc. les apothicaires de Poitiers.— Délib. munic. 14 mai 1635 conc. les parcheminiers, *Reg.* 85. — Délib. munic. 17 juillet 1615; 10 juillet 1617, 4 juillet 1639, 21 mai 1640, 27 fév. 1651 conc. les métiers, *Reg.* 70, 71, 89, 90, 102. — (10) Délib. munic. 5 avril 1512, *Reg.* 11.

introduite, et qu'on essaie vainement d'extirper, d'après laquelle on procède à la réception des maîtres sans exiger la présentation des certificats ou acquits signés du receveur constatant le paiement (1), et on comprendra comment la ville ne parvient à tirer de ces redevances qu'un médiocre profit. Un compte fort curieux de la fin du xviie siècle évalue ces droits pour une année à 4 écus d'or, 6 écus ordinaires, et 53 l. 5 s., c'est-à-dire au total à une centaine de francs (2).

Les métiers ou bien leurs membres à titre individuel sont obligés, en d'autres occasions, de satisfaire aux exigences de la commune ou de ses agents. La corporation se fait-elle octroyer des statuts ou en obtient-elle le renouvellement, elle paie une certaine redevance en argent au secrétaire ou au greffier (3). Un industriel, un artisan, un commerçant veulent-ils poser une enseigne dans la ville ou les faubourgs, il faut qu'ils paient 3 l. 4 s. aux sergents du maire (4). La commune possède le pouvoir de marquer les draps pour en constater la qualité. L'apposition du marc à drap, c'est-à-dire de chaque plomb, donne lieu à Niort, au xvie siècle, à la perception d'un droit de 10 s. 5 d. par pièce (5), et à Poitiers, au xive siècle, à celle d'une redevance de 2 d., pour frais

---

(1) Délib. munic. citées ci-dessus et notam^t 17 juillet 1615 et 6 août 1567, *Reg.* 70 et 108. — On accorde aussi des modérations des droits aux fils de maîtres et des exemptions aux domestiques du maire, délib. munic. 5 février, 21 mai 1635, 9 nov. 1637, 28 mai et 12 juin 1635, *Reg.* 85 et 88. — (2) Etat des droits dus à la ville de Poitiers, pour la réception des maîtres des métiers, fin xviie siècle, *Arch. Munic.* D. 93. — C'est le receveur qui reçoit ces droits, délib. 16 août 1660, *Reg.* 111. — (3) Par ex. les serruriers paient 1 écu 10 s. pour renouv^t de leurs statuts. Délib. munic. de Poitiers, 20 juin 1583, *Reg.* 44. — (4) Délib. munic. de Poitiers 1er mai 1602, 23 août 1667, *Reg.* 112, 117. — (5) Sur ce droit de marc à drap aliéné par la ville de Niort aux tondeurs en 1595 et subsistant encore en 1666, H. Proust, *Mém. Soc. Stat. D.-Sèvres* 1888, pp. 359-360.

d'enseigne (marque) et d'aunage(1). Parfois, le visiteur ou inspecteur municipal, rétribué ou non par la commune(2), est fondé à réclamer, pour droit de visite, une portion des marchandises mises en vente (3). Mais, de toutes ces taxes, la plus fructueuse est certainement le *faymidroit*. On désigne sous ce nom les amendes qui frappent les boulangers, les bouchers, les poissonniers et en général le commerce de l'alimentation. A Niort, la perception en est longtemps affermée au xv° et au xvi° siècle (4). Une partie des autres amendes stipulées par les statuts des métiers pour infraction aux divers règlements revient aussi légalement, soit au maire (5), soit à la commune (6). Elles sont généralement destinées à la chapelle de l'échevinage, aux hôpitaux (7), aux travaux et autres « nécessités » de la ville (8). La proportion allouée varie entre la moitié et le tiers (9). Les sergents qui procèdent au recouvrement de ces amendes en perçoivent la moitié, et au xvii° siècle le tiers, au-dessous de 6 l. (10). Le conseil et le maire peuvent remettre ou modérer

---

(1) Statut munic. de Poitiers (1320) conc' les drapiers précité. — (2) A Poitiers, les visiteurs ne sont pas rétribués. A Niort, le visiteur du poisson reçoit 100 s. en 1580, et 5 écus 2/3 par an en 1600, *Mém. Soc. Stat. D.-Sèvres* 1888, p. 327. — (3) A Niort, le même visiteur prend quelque chose sur chaque charge de poisson, *ibid*.— (4) Sentence de la sénéch. de Poitiers condamnant le fermier du *faymidroit* de la commune de Poitiers à payer 30 s. de ferme, 1ᵉʳ juin 1540, *Arch. Mun.* F. 111. — Détails sur le faymidroit à Niort (affermé 23 l. à 35 l. aux xvᵉ et xvᵉ siècles, et racheté ensuite, existant encore en 1605) H. Proust, *Mém. Soc. Stat. des D.-Sèvres*, 1888, pp. 355-358. — (5) Statuts des corroyeurs 1457 (moitié des amendes au maire) — des pâtissiers 1505-20, art. 8 et 9 (id.). — (6) C'est le cas le plus général : elle en a le plus souvent la moitié (statuts des gantiers de Poitiers 1277 — parcheminiers 1553, art. 5 — texiers 1554, art. 13 — éperonniers 1265, etc.) ; parfois les 2/3 (statuts des bouchers de Poitiers xvᵉ s. — des boucquetiers 1608, art. 2). — (7) Règl. de police de Poitiers sept. 1634 ; délib. munic. 17 avril 1651, 24 mars 1659, 13 nov. 1662, etc. *Reg.* 102, 109, 113. — Cas très nombreux. — (8) Ex. délib. 13 nov. 1662 précité, et statuts des corporations. — (9) Textes ci-dessus. — (10) Délib. munic. 24 déc. 1537 (le

cette pénalité pécuniaire (1). Tous les premiers mardis du mois, ils ordonnent la perception des amendes (2), et les sommes qui en proviennent sont mises dans une boîte dont le maire a l'une des clefs, et le receveur municipal l'autre (3). Cet agent est tenu d'en rendre compte (4) et de les enregistrer, parfois avec le concours du secrétaire, qui, moyennant une légère rétribution (5), se charge de tenir les deux registres où les amendes sont inscrites (6).

En vertu de ses droits de haute justice, la commune a aussi le droit d'établir des poids publics ou poids le roi, et d'obliger les marchands à y peser leurs marchandises (7). Elle prélève à cette occasion une taxe variable; et elle tire de cette ferme un revenu assez élevé (8). La commune a établi des halles pour la boucherie et la poissonnerie ; elle en loue directement les étaux, ou bien elle en confie la location à un fermier moyennant une redevance fixe (9). Elle prélève

---

tiers jusqu'à 10 l.); 21 avril 1653; 21 sept. 1665 (le tiers au-dessous de 3 l., rien dans les amendes supérieures), *Reg.* 20, 109, 116.— Les sergents ont de plus des droits de présence pour assistance au chef-d'œuvre des maîtres, par ex. 8 s. chez les boulangers (statuts des boul. de Poitiers 1609, art. 14. — Délib. munic. 25 août 1659, *Reg.* 110 ; 5 s. outre la nourriture chez les pâtissiers (statuts de 1520.)

(1) Délib. munic. 27 avril 1626, *Reg.* 77. — Régl. de police de Poitiers sept. 1634. — (2) Délib. munic. 8 mai 1651, *Reg.* 102. — (3) Délib. munic. 26 fév., 12 mars 1536-37 — les sergents versent les amendes au receveur, délib. mun. 20 nov. 1662. *Reg.* 20 et 113. — Le maire sortant de charge rend compte des deniers provenant des droits d'entrée, amendes, etc. Le receveur tient registre du tout. Délib. munic. fin juillet 1544, *Reg.* 26. — (4) Délib. munic. fév. mars 1536-37 précitées. — (5) Il a 1 d. par petit registre et 10 d. par grand registre. — (6) Délib. munic. de Poitiers 24 juillet 1545, *Reg.* 27. — (8) Voir ci-dessus, même chapitre. — (7) Le poids le roi à Niort est affermé 28 l. 17 s. en 1554, 100 l. pour 3 ans en 1688, 300 l. en 1724. Le droit perçu hors le temps des foires est de 8 d. par cent livres, de 16 d. pendant les foires. *Mém. Soc. Stat. D.-Sèvres*, 1888, pp. 314-324. —A Poitiers en 1541, on perçoit 10 d. par charge. Régl. de police de 1541, art. 32. — (9) Délib. munic. 14 juillet 1421 sur la boucherie Sainte-Radegonde à Poitiers (chaque boucher paie 10 d. par place), *Reg.* 1. — Délib. munic. 8 août 1552 sur la ferme de la Grande Boucherie à Poitiers, *Reg.* 32. — Bail à

des droits de plaçage sur les marchands qui étalent leurs produits en plein air dans les marchés publics (1), sur les poissonniers qui utilisent les douves de ses fossés (2), sur les sauniers qui étendent leur sel dans les balins ou toiles rousses aménagées le long du marché réservé (3). Enfin, pour subvenir à leurs dépenses, les villes, comme Niort et Poitiers, ont établi des droits de *barrage*, de *soquet*, d'*entrage* à leurs portes sur les marchandises transportées par les bêtes de charge (4), des droits de *coutume* sur celles qu'on transporte par bateau (5). Les boissons ont été ensuite frappées par des taxes d'octroi (6) et bientôt, à partir du xviie et du xviiie siècle, des droits de tarif ont grevé toutes les variétés de marchandises à leur entrée dans les villes (7).

ferme de la halle de la Poissonnerie à Poitiers pour 410 l. (1673, 19 juin), *Arch. Mun. F.* 144. — Délib. munic. 13 mars 1578 fixant à 25 l. par an et par banc la redevance sur les bouchers, *Reg.* 42. — A Niort la poissonnerie est affermée 60 à 80 l. par an au xviiie siècle; 100 l. en 1789; la boucherie produit par an 80 à 110 l. les bancs sont affermés de 12 l. à 2 l. chacun, Proust, *Mém. Soc. Stat. D.-Sèvres*, 1888, pp. 324-338, 339-348.

(1) Par ex. à Poitiers, sur les poissonniers vendant les jours maigres à la place du Marché Vieil. — Délib. munic. 5 août 1630, *Reg.* 81 — autres textes cités livre II, chap. III, IV et V. — (2) La douve Saint-Cyprien est louée à cet effet 23 l. en 1612; les poissonniers paient 5 s. la charge pour y mettre leur poisson. Bail à ferme de 1622, *Arch. Munic. F.* 134; autre bail 1656, 22 nov.; ibid F. 142. — (3) Ferme des balins du sel place du Pilori à raison de 8 l. par an, délib. munic. de Poitiers, 29 juillet 1647, *Reg.* 98. — (4) Histoire du droit de barrage à Niort, Proust, *Mém. Soc. Stat. des D.-Sèvres* 1888, pp. 120-147 (existe dès 1260, se prélève aux portes sur la circulation des marchandises.) — Sur le soquet ou barrage à Poitiers depuis 1352, *Arch. Munic. série II.*, cartons 21 et 22. — (5) Sur le droit de coutume à Niort, depuis 1285, étude de H. Proust, *Mém. Soc. Stat. des D.-Sèvres*, 1888, pp. 242-292. — (6). Sur les octrois à Niort depuis 1412, H. Proust, *op. cit.*, pp. 181 et sq. — (7) Sur le tarif de 1718 (146 art.) à Niort, H. Proust, *op. cit.*, pp. 181-242. — Sur le tarif à Poitiers et l'octroi perçu sur toutes les marchandises (1467-1610), réduit ensuite à l'entrée du bois et du poisson, *Arch. Munic.* H. 28 à 44. — Arrêt du Conseil du 7 juil. 1040, était un tarif général à l'entrée de Poitiers, *Arch. Munic. I.* 48, — *Reg.* 90 des délib. munic. f° 229. — Sur les octrois et dons gratuits de la même ville au xviiie siècle *Arch. Munic. II.* 65 et suiv.

A côté de ces droits d'entrée ou de circulation, payables, soit en argent, soit en nature, il en est d'autres qui ont été établis sur la vente au détail du vin (1), du pain (2), du bétail à pied rond et à pied fourché (3) et enfin du sel (4).

L'autorité municipale, qui, au point de vue de l'exploitation fiscale, ressemble singulièrement au pouvoir seigneurial, s'est réservé, comme ce dernier, certains monopoles industriels ou commerciaux. La commune possède longtemps ses moulins et ses fours banaux qu'elle afferme (5). Pendant le carême, elle s'attribue le monopole de la vente des viandes de boucherie, du gibier et de la volaille, et elle l'adjuge aux enchères (6). En temps de disette, le corps de ville entreprend le commerce des blés, afin de maintenir les cours à un prix raisonnable et de secourir les indigents. Pendant la famine de 1483, il distribue ainsi à Poitiers, tous les samedis, 4 boisseaux par tête aux habitants de la châtellenie (7). A l'époque de la disette de 1630, la commune achète des blés qui valent 40 s. le boisseau au mar-

---

(1) Droit du 10e du vin à Niort, H. *Proust, op. cit.* 1888, pp. 152-181. Sur le 10e du vin à Poitiers appelé appetissement ou chiquet depuis le xive siècle jusqu'au xviiie *Arch. Munic. série G*, cartons 19 et 20. — Cette taxe existe aussi à St-Maixent et à Parthenay. — (2) Adjudic. des grandes ventes du pain et du vin à Poitiers octobre 1537, 5 nov. 1569, *Reg.* 20 et *Arch. Mun. série F.* 121. — (3) Lettres du receveur du duc de Berry mention[t] le droit municipal sur les ventes et échanges des bêtes à pied rond et à pied fourché (26 août 1377). — Aveux et actes d'hommage, 1419, 1548. — Procès-v. d'adjudic. de 1537 et 1569 — Requête du fermier du pied fourché, 21 nov. 1639, *Arch. Munic. Reg.* des délib. nos 20 et 90 — série *F*, nos 13, 154, 113. — (4) Le droit d'*ouillage* du sel consiste à Poitiers, pour la commune, à percevoir 6 *oulées* de sel ou 2 s. 6 d. par charretée de cette denrée entrant en ville. Acte du 20 août 1292, *Arch. Mun. F.* 13. — Requête de la commune 1545 *ibid. F.* 113. — Délib. munic. octobre 1537, sept. 1544, févr. 1544-45 ; 22 mai 1651 (à cette date il est tombé en désuétude), *Reg.* 20, 22, 26, 113. — (5) Voir ci-dessus livre II, chap. II et III. — (6) Voir ci-dessous livre IV, chap. III. — Sur la boucherie de carême à Niort affermée 100 à 210 l. au xviie siècle, *Proust, op. cit.* 1888, p. 348. — (7) Délib. munic. de Poitiers 1er mars 1482-83, *Reg.* 7.

ché pour les distribuer au prix de 35 s. aux pauvres (1). En
1631, à Châtellerault, le corps municipal s'engage pour une
somme de 8000 l. auprès des marchands blatiers (2). En
1739 et 1740, au moyen de souscriptions, la municipalité
peut acheter des céréales et faire des distributions de
pain (3). Des faits analogues se reproduisent à l'époque des
disettes de 1770, de 1789 et de 1791, soit à Châtellerault,
soit à Poitiers (4). A l'occasion, le corps de ville se fait entrepreneur d'industrie. Non seulement, il autorise les habitants à employer de force les oisifs, vagabonds ou « caïmans » valides, mais encore il organise en 1657 de véritables maisons de travail dans les hôpitaux où on enferme les
mendiants (5). Il subventionne ou protège des établissements industriels. C'est ainsi qu'en 1488, à Poitiers, l'échevinage appelle un armurier de Tours, lui paie des frais
de déplacement, lui fait construire une usine au Pré l'Abbesse sur le Clain, afin de rétablir dans la capitale du Poitou la vieille industrie des armes alors déchue (6). De même
pendant près d'un siècle, le corps de ville essaiera de développer les ateliers de draperie, dont le roi Charles VIII a
tenté de doter Poitiers (7). Efforts le plus souvent infructueux
sans doute, mais dont le spectacle n'est pas sans intérêt,

(1) Délib. munic. de Poitiers 25 nov. 1630, Reg. 81. — Journal du ferron
Denesde (1630), Arch. hist. Poitou, XV, 61. —(2) Délib. du corps de ville de
Châtellerault 6 mars 1631. Godard, I, 76. — (3) Délib. du corps de ville de
Châtell^t mai 1739 et 1740, Godard, II, 76. — (4) Délib. munic. 6 mars et 13 mai
1770, 28 mai 1790 à Châtellerault, Godard, II, 181-182, 322. — Délib. munic. de Poitiers 12 mai 1770 (1500 l. pour achat de blés) Reg. 183. — Pour
la disette de 1789 et 1790, Corresp. de Thibaudeau, p. p. H. Carré et P.
Boissonnade 1898 in-8°, pp. 17, 20, 98. — (5) Régl. gén. de police de Poitiers 1567. — C. de la Ménardière. Les étab. charitables à Poitiers, Mém.
Antiq. Ouest, XXXVII, 3. — (6) Délib. munic. du 18 févr. 1489-90 rel. à cet
étab. Arch. Munic. D. 23, et étude de Redet, De qq. étab. industriels à
Poitiers au XVe siècle, Mém. Antiq. Ouest 1re série, IX, p. 348. —(7) Voir
ci-dessous, livre IV, chap. V.

lorsqu'on cherche à déterminer le rôle de l'autorité municipale dans la vie économique d'autrefois. Ce rôle apparaît plus actif encore, plus varié et plus minutieux que celui du pouvoir seigneurial. Intéressées à la prospérité des corps de métiers, à leur bonne tenue et à leur discipline, les communes du Poitou montrèrent toujours à l'égard des corporations une sollicitude particulière. La surveillance qu'elles exercèrent sur ces communautés, sur l'industrie et le commerce, est attestée par des milliers de délibérations ou d'ordonnances qui témoignent du zèle et du dévouement des officiers municipaux. Mais il faut remarquer aussi que ce contrôle dégénéra de plus en plus en manie de réglementation tracassière et en fiscalité parfois oppressive. Moins dure que celle des seigneurs et peut-être que celle du roi, la tutelle municipale, d'ailleurs justifiée par l'état social et économique de l'ancien régime, n'a été d'ailleurs une sauvegarde très efficace, ni pour les intérêts du public ni pour ceux du travail lui-même.

CHAPITRE III

Les Rapports de l'Eglise avec les Communautés d'Arts et Métiers en Poitou.

L'action de l'Eglise sur les communautés d'arts et métiers en Poitou ne nous est guère connue que pour les trois derniers siècles de l'ancien régime. On sait l'influence que les maximes des docteurs, tels que St Thomas, ont exercée sur l'économie politique du Moyen-Age, et combien les idées du socialisme chrétien, plus ou moins clairement développées dans leurs écrits, ont fortifié la tendance naturelle qui se manifeste de plus en plus parmi les représentants de l'autorité publique vers la réglementation du travail (1). De même, l'esprit chrétien ne fut pas étranger à cette émancipation progressive des travailleurs qui a été l'honneur de la seconde moitié du Moyen-Age.

Mais les documents nous font défaut au sujet du rôle que l'Eglise a pu jouer dans l'Ouest de la France à ce double point de vue. Il semble même que les seigneuries ecclésiastiques, plus soucieuses de leurs avantages temporels que de leur mission spirituelle, aient montré un médiocre empressement à renoncer aux prérogatives qu'elles exerçaient à l'égard des artisans. Il n'y a pas lieu de s'en étonner. On sait qu'à peu près partout les communes naissantes furent l'objet de la méfiance des évêques ou des abbés. Toute association nouvelle devait inspirer des inquiétudes à un pouvoir aussi engagé dans les intérêts temporels que l'était alors le pouvoir ecclésiastique. Comme les autres seigneurs, les grands propriétaires de l'ordre du clergé, évêchés, abbayes, chapitres ne pouvaient voir avec indifférence leurs revenus diminués et leurs prérogatives amoindries par la constitution de métiers libres et surtout de corporations jurées. Aussi s'explique-t-on la longue résistance que telle seigneurie ecclésiastique, comme l'abbaye de Saint-Maixent, opposa à la suppression des droits fiscaux qui frappaient l'industrie (2), et le soin avec lequel telle autre conserva, comme le chapitre Saint-Hilaire, ses monopoles industriels de moulin et de four banaux (3). Les hauts et moyens

---

(1) Brants, *Les théories économiques au XIIIe et au XIVe siècle*, in-12, 1895. — Ch. Jourdain, *Des commenc. de l'Econ. politique dans les écoles monastiques du Moyen Age*, Mém. Acad. des Inscr., XXVII (1874). — (2) Ex. conflit entre l'abbaye de St-Maixent et les tanneurs, acte de 1210, *Cartul. St-Maixent* II, 30. — (3) Voir ci-dessus livre II, chap. II et III.

justiciers appartenant à l'Église n'ont pas eu d'autre politique économique que les hauts et moyens justiciers laïques, et jusqu'à la Révolution ils ont conservé à l'égard de la police des métiers des attributions absolument identiques (1).

Au reste, si, comme puissance temporelle, l'Église n'a guère eu plus d'action que le pouvoir seigneurial, elle a exercé une influence bien plus profonde par la puissance spirituelle dont elle était la détentrice. L'histoire des corporations poitevines montre que le lien religieux est l'un des plus puissants qui aient uni les classes industrielles et commerçantes. Les confréries entretinrent dans les communautés d'arts et métiers la soumission à l'autorité ecclésiastique et à ses préceptes. Au XVIIe siècle en particulier, on proclame que le but de ces associations « est l'accroissement de la « gloire de Dieu et l'édification des âmes ». Nulle confrérie ne peut s'établir « sans le bon plaisir de l'évêque et du curé de la paroisse (2). » Les gens des métiers placés ainsi sous la direction du clergé lui-même doivent suivre docilement l'impulsion du pouvoir religieux. Leurs associations, mises sous l'invocation de la Divinité ou de la Vierge et des saints, sont autant de sociétés pieuses dont l'obéissance et le zèle sont entretenus par l'éclat des fêtes annuelles et des processions générales, par la tradition des messes quotidiennes, hebdomadaires ou mensuelles, et par celle des services funèbres et des anniversaires (3). Un moment ébranlé par la Réforme, le sentiment d'attachement des

(1) Voir ci-dessus livre IV, chap. Ier pour les droits seigneuriaux de l'évêché de Poitiers, du chapitre St-Hilaire, de l'abbé de St-Nicolas, de l'abbé du Pin etc. — (2) Acte du 13 janvier 1657 rel. à la confrérie des tisserands de Niort, *Bull. Soc. Stat. D.-Sèvres*, III, 21. — Les réformés sont astreints à contribuer aux dépenses des confréries. Acte ci-dessus. — Lièvre, *Hist. des protest. du Poitou*, I, 211. — (3) Voir ci-dessus livre III, chap. VIII.

métiers à la foi catholique reprend une grande intensité sous l'énergique impulsion des ordres religieux et de l'autorité publique; il ne se démentira guère jusqu'à la fin de l'ancien régime.

L'Église est en effet armée pour maintenir parmi les métiers l'esprit d'orthodoxie et l'obéissance à ses ordres. Elle est un des grands pouvoirs de l'ancienne société, de sorte qu'elle voit dans les attaques dirigées contre elle une menace pour l'ordre social lui-même. La royauté, les échevinages, l'autorité seigneuriale prescrivent l'observation de ses lois et lui prêtent l'appui du bras séculier. On ne saurait, sans s'exposer à de graves pénalités, manquer au respect qui est dû au costume ecclésiastique. Il est défendu aux comédiens de le produire sur le théâtre (1), aux particuliers de le revêtir, même sans intention délictueuse. Un compagnon tailleur de Poitiers en 1616 s'avise de paraître dans la rue avec l'habit de Cordelier. On le saisit sur la place Notre-Dame; on l'emprisonne quelques jours; son maître est blâmé et frappé de 30 l. d'amende (2). Les ordonnances royales et municipales, de même que les statuts des métiers interdisent sous les peines les plus sévères aux maîtres, et compagnons « de jurer et blasphémer le nom de Dieu », de tourner en dérision les mystères et les cérémonies de l'Église, de se promener dans les édifices du culte pendant le service divin, d'y garder une attitude négligée, d'y commettre des irrévérences, d'y rompre le silence pour parler de leurs affaires, voire même d'y râper du tabac à priser (3). Avant le

---

(1) Voir ci-dessus livre III, chap. XII. — (2) Délib. munic. de Poitiers 13 juin 1616, Reg. 70. — (3) Règl. de police de Poitiers janv. 1567, art. 1; janv. 1578; 19 juillet 1632; 29 janv. 1700, art. 1; ordon. de l'intendant Le Nain 1733, art. 1; statuts des boulangers de Niort 1730, art. 32 (contre les ouvriers blasphémateurs).

xviii° siècle, les délinquants sont parfois punis du fouet, parfois exposés dans la cage de la cigogne près du marché, et conspués par la populace (1). On se contente, cinquante ans avant la Révolution, de leur infliger une grosse amende (2). C'est encore sous l'influence de l'Église que la loi civile astreint les métiers à participer aux diverses manifestations de la vie religieuse, communion pascale, confession et processions. Les communautés qui s'abstiennent d'assister à ces dernières cérémonies, les membres des corporations qui ne décorent pas leurs maisons de tentures, au moment du passage du Saint-Sacrement, sont passibles de peines pécuniaires (3). Les protestants eux-mêmes sont obligés de laisser tendre le devant de leur domicile dans ces jours de solennités catholiques, et de se découvrir dans les rues au passage du cortège. Le produit des amendes sert à entretenir les lampes qui brûlent devant le tabernacle (4).

L'observation rigoureuse des règlements d'abstinence édictés par l'Église forme encore l'objet des préoccupations de l'autorité séculière. Les ordonnances de police, même au xviii° siècle, interdisent aux aubergistes, cabaretiers, bouchers, poulaillers, rôtisseurs et autres marchands, de vendre ou de servir de la viande pendant le temps du carême et autres époques ou jours prohibés. Il faut une permission expresse, octroyée par le clergé, pour qu'ils puissent délivrer à leur clientèle des aliments défendus (5). Cette prohibition

(1) Voir ci-dessus chap. II, livre IV, au sujet de la pénalité de la cigogne. — (2) Régl. de police de Châtellerault 1749, art. 1 à 4 (amende de 20 l.). — (3) Régl. de police ci-dessus cités et not. celui de Châtellerault. Voir aussi le livre III, chap. VIII. — (4) Décision de 1580-84 rel. aux protestants de Chauvigni, Lièvre, *op. cit.*, I. 211 — Décision des com. du roi au synode de Loudun 1611, *ibid.*, I. 281. — Décisions des Grands Jours et du présidial de Poitiers citées par J. Filleau. *Décisions catholiques*, in-f°, pp. 30, 91, 120. — (5) Ordon. de police xvi° et xvii° s. précitées. — Voir ci-dessus livre II,

s'étend même, à certains moments, en particulier pendant le carême, aux œufs et au fromage. Il faut en 1652 une démarche expresse des échevins de Poitiers auprès de l'évêque et du chapitre cathédral, pour que la population obtienne la permission de consommer cette dernière substance, « attendu la disette et cherté de toutes choses et le soulage-« ment des artisans (1) ». En temps normal, pendant le carême, le commerce ne peut vendre la viande, la volaille, le gibier qu'aux établissements hospitaliers et qu'aux particuliers malades ou infirmes munis d'une autorisation du curé de la paroisse et du médecin, visée de plus, au XVIIIe siècle, par le lieutenant général de police du lieu (2). Encore, les pouvoirs publics se réservent-ils de désigner le boucher et le poulailler qui seuls pourront faire le débit des denrées interdites, et qui, à peine de confiscation et d'amende, seront autorisés à les céder aux catégories de consommateurs auxquels elles sont réservées (3). Ainsi se maintient jusqu'à la Révolution, dans toutes les villes du Poitou, ce que l'on nomme la boucherie de carême, adjugée tous les ans au plus offrant enchérisseur, et dont le produit d'enchère est attribué aux hôpitaux (4). Le seul adoucissement à cette législation consiste, au XVIIIe siècle, à ne plus punir que la consommation *publique* des aliments proscrits (5), soit à

chap. IV. — Régl. de police de l'intendant Le Nain 1733, art. 1. — Ord. du présidial de Poitiers 1665, rapportée par J. Filleau, *Décisions Catholiques* p. 92. — Sentence du siège de Melle contre les bouchers qui tuent des animaux et vendent de la viande en carême 1648, *Arch. D.-Sèvres*. E. 1032.

(1) Délib. munic. de Poitiers 19 févr. 1652, *Reg.* 103.— Journal de Denesde, *Arch. hist. Poitou*, XV, 165.— (2) Voir ci-dessus livre II, chap. IV. — (3) Ord. du présidial de Poitiers, 15 fév. 1746, *Arch. Antiq.Ouest.*— (4) Sur la boucherie de carême à Châtellerault en 1765, *Godard*, II, pp. 147-148 — à Niort en 1780 Bardonnet, *Ephémérides* p. 260. — *Affiches du Poitou* 1780, p. 28 — à Melle en 1648 *Deux-Sèvres* E. 1032 — b il de celle de St-Maixent 1777, *Deux-Sèvres* E. 1041 — à Poitiers, textes cités livre II, chap. IV. — (5) Ord. du présidial de Poitiers 15 févr. 1746, précitée.

domicile, soit dans les cabarets. Nul n'est excepté de cette loi, et l'on a des arrêts des Grands-Jours de Poitiers qui punissent de 500 l. d'amende, voire même de punition corporelle, les protestants qui donnent à manger de la viande « aux jours prohibés par l'Église ès hôtelleries et cabarets (1) ». Le lieu où se tenait la prêche à Poitiers, appelé les Quatre-Piquets, au faubourg de la Cueille-Mirebalaise, n'est pas exempté de ces dispositions (2).

L'Église n'attache pas moins de prix à l'observation du repos prescrit les jours de dimanches et de fêtes. Le nombre de ces jours est considérable; il s'élève à 107 par an avant la réforme de Colbert qui en fit disparaître 38 (3). Encore les évêques, tels que celui de Poitiers, qui consentirent à seconder les vues de ce grand ministre, se heurtèrent-ils sur ce point à l'opposition d'une partie de leur clergé (4). Pendant ces journées consacrées au culte, tout travail, tout commerce sont interrompus. Toutes les boutiques doivent être closes (5). Les foires et les marchés sont prohibés (6). Un mandement de l'évêque de Poitiers daté de 1707 défend encore à « tous meuniers de moudre les dimanches et festes, « à moins qu'il n'y ait une vraye nécessité, et qu'ils n'ayen.

(1) Arrêts des Grands Jours de Poitiers 29 nov. et 23 déc. 1634, rapp. par J. Filleau, *Décisions Cath.* p. 91. — (2) Jug. du présidial de Poitiers, 25 févr. 1645, *ibid.* p. 91. — (3) Joubleau, *Hist. de Colbert*, I, pp. 301-302. — On connait le mot du savetier de la Fontaine. « On nous ruine en fêtes ». En 1560, le clergé poitevin reconnaissait lui-même la nécessité d'en diminuer le nombre, Remontrances et Doléances du clergé du Poitou 29 octobre 1560 *Arch. hist. Poitou*, XX, 347. — (4) Mandements du chapitre St-Hilaire de Poitiers ord. la céléb. des fêtes supprimées. 1682-84 *Vienne* G. 550. — (5) Ord. de police de Poitiers janv. 1578, 19 juillet 1632, sept. 1634, 29 janv. 1700, 1733. — Ord. munic. de Châtellerault 24 mai 1642 (*Godard*, I, 147). et de 1749 art. 1 à 4. — Arrêt du Parl. de Paris 13 juillet 1779. *Rec. Simon.* — Ordon. mun. de Poitiers 27 déc. 1632, *Reg.* 83. — (6) Mêmes ordon., not. celles de Le Nain 1733, art. 1 pour Poitiers, et de 1749 pour Châtell^t, art. 4.

« la permission de leur curé, comme en temps de séche-
« resse ou autre besoin pressant et public, et non pour le
« besoin des particuliers qui doivent plutôt emprunter de
« la farine les jours de dimanche ou festes que d'obliger le
« meunier à moudre pour eux. Et même, en cas de néces-
« sité, ajoute l'évêque, nous défendons absolument de faire
« moudre leur moulin pendant le temps du service divin
« de la messe paroissiale où on fait le prône et des vêpres
« et processions, auquel service ils assisteront et feront
« assister leurs valets et leurs familles, les festes retran-
« chées où ils peuvent travailler, après avoir entendu la
« messe, suffisant pour leur donner le temps de satisfaire
« le public. Défendons pareillement ausdits meuniers et à
« leurs valets de voiturer le bled ny la farine lesd. jours
« de dimanches et festes, si ce n'est après les vespres dites
« dans l'église paroissiale, après lesquelles seulement
« nous leur permettons de le charger et voiturer, pour con-
« descendre en quelque manière à leurs besoins et à leur
« peu de piété, car ceux qui sont exacts à leur devoir ont
« soin de ne le faire que la veille ou le lendemain de bon
« matin (1). » Quant aux boulangers, ils ne peuvent cuire
leur pain les jours fériés, ni travailler au-delà de minuit la
veille de ces jours, à moins qu'il n'y ait deux jours de fête
qui se suivent (2). Néanmoins, on les autorise à ouvrir leur
boutique à demi et sans étaler, sans vendre sur la place

---

(1) Mandement et ordonnance de M. l'Evesque de Poitiers pour la sainte et pieuse observance des dimanches et fêtes, 23 mars 1707. imp. *Rec. Poitev.* in-12, tome V n° 6. — Sentence de l'échevinage de Poitiers 30 octobre 1617 contre deux meuniers, *Reg.* 72. — (2) Règl. de police de Châtell¹ 1749, art. 10 et 7. — Ils ne peuvent même vendre « en la place », mais seul¹ en «ou-vroir » aux 4 fêtes les plus solennelles, Statuts des boulangers de Poitiers 1609, art. 25.

publique, et à condition de fermer absolument pendant la messe de paroisse et les vêpres. « S'ils sont pressez d'ou-
« vrage, dit le mandement épiscopal de 1707, ils pourront
« même se livrer à leur travail, attendu la nécessité du pain
« pour le secours de la vie humaine (1). » Une interdiction semblable frappe les pâtissiers, sauf en cas de « grande nécessité », par exemple « quand il y a un prince du sang ou un grand seigneur en ville », et à condition de se pourvoir de l'autorisation de la police. Le colportage des oublies aux jours fériés et à ceux de jeûne n'est même pas épargné (2). En 1618, la veuve d'un pâtissier s'étant avisée de faire cuire gratuitement dans son four, sans toutefois le chauffer, des pains « de cousteaux », pour le compte de l'église de Montierneuf, est mandée à l'échevinage et n'échappe qu'à grand'peine à l'amende (3). Les bouchers doivent dépecer le samedi. Le dimanche, l'étalage leur est interdit, soit sur les places, soit dans les cimetières à la campagne, soit aux portes des églises, soit même sur leurs fenêtres et à boutique ouverte (4). Cette prohibition concerne également les poissonniers, les fruitiers, les marchands d'herbes et d'autres comestibles (5) « L'on doit se pourvoir de tout cela
« les jours ouvriers et les jours de marché, dit l'évêque de
« Poitiers, et non le saint jour de dimanche. Quand, par
« une nécessité absolue, on ne pourra se fournir de certaines

---

(1) Mandement de l'évêque de Poitiers 1707 précité. — (2) Statuts des pâtissiers de Poitiers 1505-20, art. 10 et 12. — (3) Délib. munic. et sentence du 16 mai 1618 à Poitiers, *Reg.* 73. — (4) Statuts des bouchers de Poitiers, xve s. — Ord. munic. de Poitiers, 12 juillet 1557, 27 juillet 1615, 27 déc. 1632, *Reg.* 34, 70, 83. — Acte du 29 avril 1449 rel. aux bouchers de St-Maixent, *Cartulaire*, II, p. 234. — Ordon. munic. de Châtell^t 24 mai 1642, *Godard*, I. — (5) Ordon. munic. de Poitiers 27 juillet 1615, précitée. — Sentence de police des Sables contre 5 marchandes de coquillages et de fruits qui ont étalé le jour de la Toussaint 29 nov. 1784, *Vendée* B. 809.

« choses que le jour de dimanche ou feste, ce qui n'arri-
« verait pourtant pas, si on avait là-dessus une précaution
« chrétienne et obéissance à l'Église, pour lors ce n'est
« point dans la place... ni dans la rue, qu'il est permis de
« vendre et d'acheter, mais dans les maisons particulières
« et boutiques entre'ouvertes, où on peut tolérer qu'on vende
« ce qui est nécessaire pour la vie, et non pas toutefois
« pendant le service divin (1). » Les texiers et tailleurs
n'ont pas davantage le droit de besogner après minuit, la
veille des dimanches et fêtes, si ce n'est pour achever leur
ouvrage, ou bien pour exécuter les habits de noce ou de
deuil, ou encore ceux des seigneurs et des dames de sang
royal (2). « Défendons à tous ouvriers, est-il dit dans le
mandement de 1707, comme tailleurs, blanchisseuses,
cordonniers et autres semblables de travailler au delà de
minuit la veille desdites fêtes; leur enjoignons de se corriger là-dessus de leur mauvaise habitude qui les damnera
infailliblement, s'ils n'y prennent garde (3). » Pour ce motif,
on clôt à Poitiers le Palais de Justice où vendent les merciers (4). Les corroyeurs, au son des cloches annonçant les
vêpres à Notre-Dame-la-Grande le samedi, ferment leurs
ateliers (5), et les éperonniers leurs fenêtres (6). Les maréchaux éteignent leur forge et refusent de ferrer les chevaux,
sauf pour les passants pressés (7). Les barbiers et les étuvistes ne doivent pas admettre de client dans leurs établiss-
sements, à moins de permission spéciale du lieutenant du

(1) Mandement de l'évêque de Poitiers 1707 — (2) Statuts des tailleurs de
Poitiers 1458-61 — des texiers 1554, art. 34. — (3) Mandement de l'évêque
de Poitiers, 1707. — (4) Délib. munic. de Poitiers 26 octobre 1545, Reg. 27.
— (5) Statuts des corroyeurs de Poitiers 1455, art. 17. — (6) Régl. des
éperonniers de Poitiers 1265. — (7) Statuts des maréchaux de Poitiers 1583,
art. 11; des maréchaux de Châtell^t 1573, art. 15.

premier chirurgien du roi (1). « Défendons à tous perru-
« quiers sur leur conscience et au péril de leurs âmes, pro-
« clame l'autorité ecclésiastique, de tenir leur boutique
« ouverte, au moins pendant le service divin de leur
« paroisse le matin et après midy, auquel ils assisteront et
« fermeront cependant leur boutique, soit à la ville, soit à
« la campagne, leur déclarant que s'ils n'obéissent en ces-
« sant de travailler pendant ledit temps, ils offensent Dieu
« grièvement et sont cause de l'offense que commettent
« leurs garçons qui souvent perdent la messe pour s'enga-
« ger au travail; défendons à tous confesseurs de leur don-
« ner l'absolution s'ils n'exécutent notre ordonnance (2). »

Il va de soi que la fermeture des hôtelleries, cabarets, jeux de boule et autres lieux de plaisir est exigée par la police pendant la messe paroissiale, pendant les vêpres et les processions (3). On enjoint même aux cabaretiers et tenanciers d'établissements publics d'assister aux offices avec leurs familles et leurs domestiques. On leur défend de donner à boire « dans ce temps là à toutes personnes sur-
« tout domiciliées dans la paroisse et aux environs, excepté
« aux voyageurs étrangers et qui ne pourront différer abso-
« lument de prendre leur repas jusque après l'office divin ».
On leur interdit d'accepter des clients à heure indue, c'est-à-dire après 8 heures du soir en hiver et 9 heures en été, car s'ils contreviennent à ces lois, « ils sont responsables des scandales et des péchés qui se commettent chez eux (4). »

(1) Statuts des barbiers de Poitiers 1410.— Ordon. du présidial de Poitiers 15 déc. 1753, *Arch. Antiq. Ouest.* — (2) Mandement de l'évêque de Poitiers 1707. — (3) Ord. de police de 1567, 1578, 1634, 1710, 1733, 1749 préci-tées. — Délib. du corps de ville de Poitiers 19 déc. 1667, *Reg.* 118. — Arrêt du Conseil 4 janv. 1724. *Vendée* B. 788. — Voir aussi livre II, chap. VI. — (4) Mandement de l'évêque de Poitiers 1707.

En vertu de ses prérogatives comme gardienne de la loi religieuse et de la morale, l'Église s'oppose aux représentations des comédiens, « farseurs » et bateleurs, surtout en temps de carême et de pénitences générales, où il s'agit avant tout « de prier Dieu (1). » Ce zèle va si loin que toute circulation des transports est interdite, et qu'on ne peut, les jours de dimanches et fêtes, charroyer ni blé, ni vin, ni bois, ni foin, ni paille, ni autres produits, sous peine de grosses amendes (2). Les portiers qui laissent entrer les charrois en ville au lieu de tenir les barrières fermées sont condamnés à l'amende, jetés en prison et destitués (3). Il n'y a de tolérance que pour les rouliers de passage et autres personnes engagées en chemin « dans le cours d'un long voyage (4). »

Les réformés sont astreints à l'observation des fêtes catholiques, contraints de s'abstenir de tout travail et de tout commerce (5). En 1645, par exemple, les religieux Feuillants de Poitiers ayant dénoncé deux bouchers protestants qui ont écorché et mis en vente un bœuf le jour de la Toussaint, les délinquants sont condamnés à 15 l. d'amende applicables, moitié aux pauvres, moitié à l'entretien de la lampe du Saint-Sacrement dans l'église de la paroisse, afin d'empêcher que ces désordres n'attirent sur la ville « la juste indignation de Dieu (6) ». Les poursuites

(1) Délib. munic. de Poitiers 28 août 1533, Reg. 32. — Voir ci-dessus, livre II, chap. XII. — (2) Ordon. de police de Poitiers 19 juillet 1632 — sept. 1634 — janv. 1700. — Délib. munic. des 24 octobre 1559 et 27 déc. 1632, 16 janvier et 20 octobre 1634, Reg. 27, 83, 84. — (3) Ordon. munic. de Poitiers conc. le portier de la Tranchée, 3 août 1665, Reg. 116. — (4) Délib. munic. 16 janv. 1634 précitée. — Mandement de l'évêque de Poitiers 1707. — (5) Ordon. du lieut. g. du présidial de Poitiers 13 nov. 1646, 15 nov. 1652, et des Grands Jours 23 déc. 1634, J. Filleau, Décisions Catholiques pp. 46, 47, 49. — (6) Sentence du présidial de Poitiers à la requête des Feuillants 27 avril 1645, J. Filleau, op. cit., p. 46.

peuvent être intentées à la requête des curés (1), bien que d'abord il soit nécessaire d'obtenir l'intervention du procureur du roi (2). Certains se montrent si zélés que leur action risque d'être excessive. Tel est ce curé de Saint-Gilles-sur-Vie qui, au xviii° siècle, fait entamer une procédure contre un fripier, un boulanger et un cabaretier coupables d'avoir étendu leur lessive le dimanche (3). D'autres au contraire sont d'humeur tolérante, comme les membres du chapitre Saint-Hilaire de Poitiers. Le corps de ville gourmande l'indulgence de ces ecclésiastiques et prétend que dans le bourg les artisans travaillent les jours de fête comme à l'ordinaire ou tiennent leurs boutiques ouvertes. Il est piquant de voir des laïques plus pieux que des hommes d'Eglise, faire la leçon à ceux-ci, se préoccuper du scandale et intervenir pour l'empêcher, en vue « de la gloire de Dieu (4). » Au reste, longtemps, les corporations elles-mêmes et la foule veillent à l'observation de ces règlements religieux, soit par attachement sincère à la foi catholique, soit par jalousie professionnelle. On voit au xvi° siècle, les bouchers et les boucquetiers de Poitiers dénoncer leurs confrères coupables de violation du repos dominical (5). On voit le peuple signaler avec indignation des maçons qui travaillent un jour de fête (6). Au cœur du xviii° siècle, les bouchers de Châtellerault font homologuer une décision de leur assemblée qui, en vue d'assurer « le respect du saint jour de dimanche »,

(1) Réponse des protestants de Niort à la requête des catholiques 1623, citée par Lièvre, op.cit. I.304.— Autre exemple cité à la note 4 ci-dessous. — (2) Réponse des protestants de Niort 1623.— (3) Procédure dev. le sénéchal de St-Gilles sur Vie 18 janv. 1774, Vendée B. 1104. — (4) Délib. munic. de Poitiers 16 janv. et 6 octobre 1635, Reg. 84 et 87. — (5) Requête des boucquetiers de Poitiers au corps de ville; des bouchers de Poitiers 5 août 1549 et août 1577, Reg. 31 et 42.— (6) Délibér. munic. de Poitiers, 3 mai 1573, Reg. 41.

interdit d'égorger les animaux le samedi et de mettre en vente les viandes le dimanche matin après 9 heures (1).

L'affaiblissement des croyances se manifeste cependant, surtout au XVI° siècle, puis pendant les cent années qui précèdent la Révolution. Le mandement de l'évêque de Poitiers, la Poype de Vertrieu, s'en plaint amèrement en 1708 : « Les festes de Notre Seigneur Jésus Christ, « celles de la Sainte Vierge et des autres saints sont « profanées dans le diocèse en plusieurs manières, soit par « les œuvres serviles que la plupart des artisans, mar- « chands, meuniers, boulangers, charetiers et gens de la « campagne se licentient de faire dans ces saints jours, « sans aucune nécessité vraye, et sans la permission de « leur curé, soit par les foires..., soit en fréquentant les « cabarets et surtout pendant le service divin de la messe « paroissiale et des vespres (2). » A Niort, on constate l'irrévérence que montrent les ouvriers à l'égard de l'observation des jours de fête, et les amendes se multiplient de ce chef (3). A Poitiers, le présidial observe qu'en dépit des prescriptions relatives au respect des lois religieuses « l'on voit avec scandale la majeure partie, des marchands de la ville débiter leurs marchandises » aux jours fériés, et les autres « exercer librement leurs arts et métiers (4) ». L'É-

(1) Requête des bouchers de Châtell[t] pour homolog. d'un acte d'ass. 11 fév. 1759, p. p. *de Fouchier, op. cit.* p. 549.— (2) Mandement de l'évêque de Poitiers 1707. — Ordon. munic. de Poitiers 26 octobre 1545, *Reg.* 27 (nombre de marchands et artisans « ouvrent boutique et besoignent les jours de festes commandées »). — Remontrances du clergé des diocèses de Poitiers, Luçon et Maillezais 29 octobre 1560 (« à présent, dit-il, la plupart du peuple ne veult solemniser les festes, quelques injunctions qui de ce puyssent lui estre faictes par les évesques. ») (*Arch. hist. Poitou*, XX, 347. — (3) Elev. et fréquence des amendes pour cet objet constatée par H. Proust, *Mém. Soc. Stat. Deux-Sèvres* 1890, p. 353. — (4) Ordon. du présidial de Poitiers, 14 sept. 1751, *Arch. Antiq. Ouest.*

glise, secondée par l'autorité publique, lutte jusqu'au bout contre ces nouvelles tendances, sans pouvoir les enrayer (1).

Investi d'un droit de surveillance générale sur la conduite et les mœurs, le clergé s'applique spécialement à empêcher la diffusion des idées qui pourraient nuire à la foi. De là, le contrôle particulier qu'il exerce sur les livres et sur ceux qui font métier de les éditer ou de les répandre. Les imprimeurs, libraires et éditeurs de Poitiers sont astreints à n'imprimer et à ne vendre que des ouvrages approuvés par les docteurs, sous peine de confiscation et d'amende (2). En 1588, le maire ayant découvert, dans la boutique de deux libraires et en « maisons particulières », des traités qu'il soupçonne « d'estre réprouvez par notre saincte mère Église catholique, apostolique et romaine », les renvoie à l'examen de l'évêque. Les ouvrages examinés par ces théologiens sont censurés comme « pleins d'hérésie » et l'évêque certifie par une attestation scellée de ses armes qu'il est nécessaire de les détruire. Le corps de ville les fait brûler par la main du bourreau sur la place Notre-Dame, à l'issue du marché, condamne à l'amende les libraires détenteurs, et interdit à tous manants et habitants d'avoir « en leurs maisons aucuns livres réprouvés par l'Église, à peine de punition exemplaire (3) ». La prohibition, tantôt appliquée, tantôt éludée, reste en vigueur jusqu'à la Révolution. En 1646, une ordonnance de l'intendant du Poitou, d'Argenson, interdit la vente de

(1) Nombreuses ordon. munic. et amendes à ce sujet à Poitiers, ex° 4 août 1608 (contre un brodeur), 2 mai 1639 (contre un éperonnier), Reg. 64 et 89. — Ordon. du présidial de Poitiers pour l'obs. des fêtes et dimanches, 15 nov. 1774, Aff. du Poitou 1774, p. 201. — (2) Statuts des impr. libraires de Poitiers 1634, art. 3. — (3) Ordon. munic. de Poitiers contre les libraires André et Barillet, 11 et 18 janvier 1588, Reg. 47.

tous livres de piété à l'usage des Réformés, menaçant les merciers et colporteurs de 500 l. d'amende et de punition corporelle s'ils s'avisent d'en faire le trafic (1). Au moment des persécutions contre les jansénistes et les protestants, la sévérité redouble. C'est ainsi qu'en 1653 le libraire poitevin Amassard est poursuivi, ainsi que ses distributeurs, pour avoir imprimé une lettre de l'archevêque de Sens favorable au jansénisme (2), et qu'en 1685 les ouvrages de la boutique du libraire réformé Bureau, à Niort, sont saisis et détruits par la police (3).

L'Église s'efforçait à enrayer le mouvement de toutes manières, en présence du progrès des doctrines hétérodoxes. Ce n'étaient pas uniquement la librairie et l'imprimerie qui suscitaient ses craintes. Tous les métiers paraissaient envahis. Au xve siècle, elle ne semblait encore redouter que la présence des excommuniés parmi les artisans (4). Au xvie, la Réforme grandissante menaçait de tout emporter. L'indifférence se glissait parmi les corporations, moins attentives à célébrer leurs offices et à entretenir leurs confréries(5). Le calvinisme gagnait rapidement du terrain dans les milieux populaires. En 1534, une servante des Essarts, suspecte d'adhésion aux doctrines nouvelles, était brûlée vive à Fontenay. En 1537, un marchand de St-Maixent, Guillemard, se voyait condamné à l'amende honorable pour avoir insulté une procession. Un libraire de Poitiers mou-

(1) Ordon. de l'intendant d'Argenson,18 janv.1646, citée par H. Clouzot, *l'Impr. à Niort*, pp. 484 et 472. — (2) Note sur le libraire Amassard et les jansénistes à Poitiers, déc. 1653, p. L. Desaivre, *Bull. Antiq. Ouest* 2e série, V,367.— (3) H. Clouzot, Une saisie de livres protestants en 1685,*Rev. Poit. et Saint.* 1895, p. 370. — Id., *l'Imprimerie à Niort*, p. 477. — (4) Statuts des bouchers de Poitiers xve s. — et de Châtell^t 1520 — (5) Requête des Augustins de Poitiers contre les bouchers 1er juin 1551,*Reg.* 31.

rait sur le bûcher en 1541 pour crime d'hérésie. C'était le fils d'un marchand, Pierre Denfer, qui prêchait la Réforme en Bas-Poitou et qui se faisait l'apôtre des tisserands et des tondeurs de draps de Breuil-Barret. Le clergé se plaignait en 1560 de ces ministres, semblables à des « loups ravissants », qui lui enlevaient l'âme du peuple. Deux ans plus tard, c'étaient des gens de métiers et des commerçants, notamment un banquier et un apothicaire, qui ouvraient les portes de Poitiers au chef protestant Ste-Gemme, et qui saccageaient avec lui les églises St-Pierre et Notre-Dame, mutilant ou brûlant les statues des saints (1). La diffusion des idées de la Réforme parmi les communautés ouvrières effrayait dès 1546 le Parlement, au point qu'il ordonnait à toutes gens « demeurant en la ville de Poitiers et dans le diocèse d'icelle, mesmement à *gens mécaniques et de petit estat* », de remettre aux officiers de justice dans la huitaine, sous peine de confiscation des biens et de prise de corps, tous livres en langue française concernant l'Écriture sainte ou la religion chrétienne, c'est-à-dire tous ouvrages hérétiques (2). En dépit de ces mesures, le protestantisme se propageait, principalement parmi les métiers libres, surtout dans les campagnes du Bas-Poitou. A Poitiers même, dans le premier tiers du xviie siècle, une ordonnance municipale atteste la présence d'un grand nombre d'artisans de la religion « prétendue réformée (3) ». A Niort, les protestants forment le 5e de la population, et presque tous sont des ouvriers, des fabricants, des commerçants (4). Il en est de

(1) Lièvre. *Histoire des protestants du Poitou*, tome Ier, pp. 27, 35, 39, 41, 51, 57, 85, 113, 116. — (2) Arrêt du Parlement de Paris, 21 octobre 1546 conf. la sentence de la sénéch. de Poitiers, J. *Filleau, op. cit.* p. 22. — (3) Ordon. munic. de Poitiers 23 avril 1629 pièce annexée au Reg. des délib. n° 79. — (4) H. Proust (note sur la pop. de Niort), *Mém. Soc. Stat. D.-Sèvres*, 1888, p. 153. — *Bulletin*, id., 1887, p. 506.

même à Thouars (1) et à Châtellerault (2). D'après Colbert de Croissy, ils constituent en 1664 la 10ᵉ partie du peuple de la province et la moitié de la noblesse (3). Peu à peu exclus des charges de justice et de finances, ils se sont réfugiés dans l'exercice des professions industrielles et commerciales, où leur prépondérance alarme les chefs de l'Église.

Ainsi s'explique l'effort continu et tenace que le clergé, soutenu par la bourgeoisie et le peuple catholiques, dirigea contre les protestants, pour leur fermer en Poitou l'accès des corporations. Dès le xvᵉ siècle et le début du xvıᵉ, certains statuts interdisent pour un temps plus ou moins long l'exercice du métier aux excommuniés (4). Quand la Réforme a commencé ses progrès, on exige que les aspirants à la maîtrise, par exemple chez les apothicaires et les chirurgiens, soient « personnaiges bien et catholicquement vivants (5). » Il faut, même pour un essayeur de la monnaie, réunir à l'expérience professionnelle l'exercice de la religion catholique (6). Malgré ces précautions, les doctrines nouvelles se répandaient parmi les artisans. Aussi, dans les villes telles que Poitiers, le parti orthodoxe, stimulé par l'Église, prend-il une attitude énergique. En 1586, une ordonnance municipale enjoint à tous réformés, tant maîtres que serviteurs, d'apporter au logis du gouverneur une profession de foi catholique faite devant l'évêque (7). L'édit

---

(1) A Thouars le tiers, Dupin, *Stat. des D.-Sèvres*. p. 17. — (2) Sᵗ-Genis, *Inv. des Arch. de Châtellerault*, p. 13, note. — (3) Rapport de Colbert de Croissy sur le Poitou (1664), *p. p. D. Matifeux* p. 22. — (4) Statuts des bouchers de Poitiers, xvᵉ s. art. 9 — des bouchers de Châtellᵗ 1520, art. 2. — (5) Statuts des apothicaires de Poitiers 1552, art. 26. — Requête d'un chirurgien asp. à la maîtrise, délib. munic. du 16 déc. 1591, *Reg*. 51. - (6) Délib. munic. de Poitiers 14 mars 1580 pour la réception d'un essayeur de la monnaie, *Reg*. 42. — (7) Délib. munic. de Poitiers, 12 févr. 1586, *Reg*. 45.

de Nantes arrête un instant la lutte : les protestants en profitent pour envahir les métiers, et même les professions les plus estimées. En 1607, ils inspirent à la Faculté de médecine de Poitiers une protestation contre l'établissement des Jésuites, et ils portent l'un des leurs au décanat (1). Mais la répression de la révolte des huguenots par Richelieu porte à leur influence un coup fatal. A partir de ce moment jusqu'à la Révocation de l'édit de Nantes, l'Église s'applique à exclure les protestants des corporations jurées et à les poursuivre de métier en métier, avec une ténacité qui ne se dément jamais. Le corps de ville de Poitiers seconde ses plans et met à leur service un zèle infatigable. Déjà, pendant l'expédition contre la Rochelle, les huguenots avaient été frappés par lui de taxes spéciales pour l'entretien des gardes aux portes de la cité (2). Au mois d'avril 1629, il rendait une ordonnance dont le retentissement fut très grand en Poitou, et dont le clergé de la province ne cessa de réclamer la stricte exécution. Les échevins de Poitiers avaient prétexté les plaintes qu'ils recevaient journellement des maîtres des métiers jurés, « au sujet de ceux
« qui font profession de la religion prétendue réfor-
« mée, fort nombreux en cette ville », sans parler de ceux qui « viennent journellement s'y habituer ». De là, disaient-ils, « de grands différends aux compagnies où ils s'intro-
« duisent, et même parmi les artisans et gens de mestiers,
« qui s'opposent tousjours à leur réception, ce qui pour-
« rait enfin causer de grands scandales, voire même des

---

(1) Pascal Lecocq. — En 1620, outre le doyen il y a 4 médecins protestants à la Faculté de médecine (acte du 17 août 1620, *Vienne* D. 5). — Sur la protestation de la Faculté en 1607, Thibaudeau, *Hist. du Poitou*, III, 168. — (2) Délib. munic. de Poitiers 29 juillet 1624 rel. à la taxe des huguenots, *Reg.* 76 bis.

« séditions préjudiciables au service du Roy, repos et
« tranquillité de ladite ville ». L'échevinage poitevin ordonnait donc, pour faire droit à la requête des maîtres
catholiques, « et sous le bon plaisir du Roy, qu'aucun de la
« religion prétendue réformée ne serait reçu maistre en
« aucun mestier juré, et que désormais ceux qui se pré
« senteraient pour estre reçus feraient profession de la reli
« gion catholicque, apostolicque et romaine, et feraient
« serment ès mains de M. le maire de vivre et de mourir
« en icelle (1). » Le présidial de Poitiers aide le corps de
cette ville dans la surveillance exercée sur l'admission des
maîtres des corporations (2). On essaie de chasser les médecins et les apothicaires protestants de leurs communautés (3). En 1643, sur la requête de l'évêque, M. de la
Rocheposay, l'assemblée du clergé décide de faire prendre
à tous les maîtres l'engagement de vivre et de mourir dans
la foi orthodoxe. Il réclame l'exécution stricte de l'ordonnance municipale de 1629. L'entrée des réformés dans les
métiers jurés « trouble, dit-il, l'ordre saintement établi par
ces ordonnances et blesse les intérêts de Dieu et de l'Église ».
C'est pourquoi l'évêque et son clergé déclarent s'opposer à
toute réception de maîtres huguenots, menaçant, en cas de
résistance, de faire citer au Conseil privé du Roi les gardes
qui procéderaient à ces réceptions et les maîtres qui les consentiraient (4). On ferme aux protestants l'accès des diverses

(1) Ordon. du corps de ville de Poitiers 23 avril 1529, pièce annexée au *Reg.* n° 79 et souvent invoquée dans la suite. — (2) Sentences citées par Filleau, *Décisions cath.* pp. 27, 72, 83, 70 et 542. — (3) Mesures vexatoires du doyen Pidoux contre les protestants, voir Dʳ Jablonski, *op. cit.* feuil. 40. — Actes d'opposition du présidial de Poitiers à la réception d'apothicaires huguenots 18 juillet 1640, 18 sept. 1655, Filleau, *op. cit.* p. 543. — (4) Délibération de l'assemblée du Clergé du diocèse de Poitiers, 15 janv. 1643, p. p. J. Filleau, *op. cit.*, p. 542.

maîtrises, par exemple de celles d'apothicaire (1), ou encore de rôtisseur (2). On se montre même difficile pour leur permettre d'habiter la ville à titre de simples compagnons ou de maîtres libres (3). La rigueur est surtout très grande, quand il s'agit d'une profession dont l'influence peut être puissante, comme celle de maître d'armes, de chef d'académie d'escrime et d'équitation, ou telle que celle d'imprimeur-libraire. Aussi, en 1646, le corps de ville refuse-t-il d'autoriser un calviniste à ouvrir un manège à Poitiers, parce que, dit-il, un huguenot « ne saurait pratiquer les dits exercices et instruire la noblesse, estant de très dangereuse conséquence (4) ». Nul ne peut être admis parmi les imprimeurs, déclarent de même les statuts de 1634, s'il ne fait profession de la foi catholique ; « quiconque s'en départira sera dès l'heure interdit jusques à ce qu'il aye abjuré son erreur (5) ». Les protestants ont-ils, malgré ces défenses, pénétré dans les corporations ou bien s'y trouvent-ils en vertu de droits antérieurs à l'ordonnance de 1629, on s'arrange de manière à les exclure des charges de gardes-jurés, créant à leur encontre une sorte d'incapacité administrative (6).

Sous les ministères de Mazarin et de Colbert, le pouvoir central montre plus de modération que les pouvoirs locaux. En 1656, la Chambre de l'édit du Parlement de Paris fait

(1) Opposition du corps de ville de Poitiers à la réception de l'apothicaire Garnier 2 oct. 1656, *Reg.* 107. — (2) Délib. munic. de Poitiers 15 oct. 1635 (serment de catholicité exigé d'un rôtisseur), *Reg.* 86. — (3) Délib. munic. 24 sept. 1629 rel. à un tailleur Flamand réformé, *Reg.* 80. (4) Délib. munic. 11 juin 1646 au sujet du s. Lamothe-Ternant (on l'autorise cependant à condition de ne tenir aucun écolier catholique), *Reg.* 97. — (5) Statuts des impr. libraires de Poitiers 1634, art. 1. — (6) Délib. munic. 6 mai 1647 cassant l'élection d'un garde éperonnier protestant. *Reg.* 98.

recevoir, malgré les échevins de Poitiers, un apothicaire protestant à la maîtrise (1). En 1663, l'intendant Pellot s'efforce par ses observations d'empêcher les échevins de Poitiers d'édicter un règlement qui interdit à peine de 500 l. d'amende aux maîtres-jurés de recevoir les aspirants de la religion prétendue réformée (2). Quelques années avant la Révocation, Louvois lui-même proteste contre le projet d'interdire la médecine, la pharmacie et la chirurgie aux protestants du Poitou (3). Mais le mouvement orthodoxe est plus fort que la prudence de l'administration. Tandis qu'on dispense de simples compagnons catholiques des épreuves de la maîtrise, pourvu qu'ils soient protégés du clergé (4), on poursuit contre les huguenots une campagne d'exclusion. En 1645, l'Université de Poitiers défendra à ses messagers d'employer des commis protestants. A Châtellerault, les calvinistes, qui forment cependant le tiers du commerce local, sont exclus des fonctions de juges consulaires (5). Onze ans plus tard, dans un mémoire, les réformés du Poitou se plaignent qu'on ne reçoive plus à Poitiers d'apothicaires et de médecins protestants (6). On essaie même de leur faire interdire le métier d'hôtelier et de cabaretier (7), et à Niort, on refuse de recevoir tout boucher qui n'est pas catholique (8). Aussi, les huguenots se réfugient-

(1) Délibér. 2 octobre 1656 précitée. De même le 24 sept. 1629. — (2) Délib. munic. de Poitiers 28 juin 1666 et 11 juillet 1667 maintenant une décision de 1663, *Reg.* 116, 117.— (3) Camille Rousset, *Hist. de Louvois*, III, 444. — (4) Délib. munic. 7 et 14 juin 1666 adm^t à la maîtrise sans examen le cordonnier Parisien Moreau « controversiste du clergé de France », *Reg.* 116. — (5) *Décisions catholiques de J. Filleau*, pp. 587, 642, 719. — (6) Mémoire des réformés du Poitou 1657, dans Elie Benoît, *Histoire de l'Édit de Nantes*, III, 291. — (7) *Mémoires du Clergé*, I, 1125. — (8) Acte de réception d'un boucher à Niort 15 février 1674 cité par Proust, *Mém. Soc. Stat. Deux-Sèvres* 1888, p. 345. — De même à Poitiers un pintier qui s'est fait protestant est menacé d'exclusion, 3 février 1648, *Reg.* 99.

ils dans les campagnes, parmi les métiers libres, jusqu'au moment où la Révocation de l'édit de Nantes les jette sur le chemin de l'exil, au grand détriment de la prospérité du Poitou (1).

Suivant l'expression de Jurieu, ils « emportèrent avec eux le commerce » de la France pour un quart de siècle (2). Ils ne formèrent plus dès lors qu'une minorité, dont la fermeté ne se démentit pas dans la persécution. Au nombre des fidèles des assemblées du désert figurèrent au premier rang les cardeurs de laine de Pouzauges et de Montcoutant, les bonnetiers de Saint-Maixent, les artisans du Bas-Poitou (3). Mais la masse des maîtres et des compagnons se trouva dès lors rattachée de plus en plus au catholicisme. Nul ne put entrer dans une corporation sans certificat de catholicité. Cette clause fut insérée dans les statuts des métiers et renouvelée dans les ordonnances de police des intendants (4). C'est ainsi que l'Église du Poitou parvint à sauver l'orthodoxie dans le monde du travail. Elle avait mis toute sa ténacité, toute sa force au service de ses plans. Elle avait patiemment fondé son influence sur les métiers, établi son autorité sur les confréries, surveillé parmi les communautés ouvrières l'exécution de ses lois, empêché l'hérésie de jeter parmi elles de profondes racines, réalisé enfin un idéal de domination spirituelle qui ne devait prendre fin qu'avec l'ancien régime.

(1) Voir ci-dessus livre Ier, chap. III. — (2) *Lettre pastorale de Jurieu* XIXe (juin 1688): « Les protestants ont emporté le commerce avec eux ». — (3) Lièvre, *Hist. des protestants du Poitou*, II, 183, 193, 211, 221. — (4) Statuts des maçons de Poitiers 1695, art. 4 ; des peintres vitriers, id., 1723, art. 5; des boulangers de Niort 1730, art. 11. — Ordon. de l'intendant Le Nain 1733, art. 1. — Acte d'ass. des apothicaires de Poitiers pour la réception d'un aspirant 14 juin 1767 (certificat et serment de catholicité exigés), *Bibl. Munic. reg.* n° 405. — Procès-v. d'ass. des fabr. d'Argenton 15 août 1715 (oblig. de professer le catholicisme), *Vienne* C. 36.

CHAPITRE IV

Les Relations primitives de la Royauté avec les Communautés d'Arts et Métiers et avec l'Industrie et le Commerce au Moyen-Age en Poitou.

La royauté française se trouve, dès le XIe siècle, en vertu des principes du droit romain et du droit canonique, investie théoriquement, à l'égard du travail, de droits bien plus étendus que ceux dont les seigneurs, les communes et l'Église se sont trouvés pourvus. Non seulement, le roi se considère comme le propriétaire éminent de tous les métiers, mais encore il se croit par ses fonctions elles-mêmes tenu de régler la police intérieure des communautés, de déterminer les conditions de la production industrielle et de la circulation commerciale, de fixer même le taux des salaires et le prix des produits (1). En fait, l'action de la royauté ne paraît guère s'être fait sentir d'une manière constante et forte que dans les anciens domaines des Capétiens. Le Poitou, conquis partiellement par Philippe-Auguste, entièrement par Louis VIII et saint Louis, n'a été rattaché que lentement à la France. Les princes apanagistes et les rois Capétiens ou Valois y exercèrent d'abord surtout l'autorité économique que possédaient les comtes, dont ils étaient les héritiers, autorité qui était, à peu de chose près, identique à celle des seigneurs hauts justiciers. Mais peu à peu ils accrurent ces pouvoirs par une série de lents progrès dus surtout au zèle de leurs officiers, sénéchaux et prévôts. Il est d'ailleurs difficile de suivre, à cause de la pénurie des textes, le développement des prérogatives économiques de la royauté.

(1) Voir à ce sujet le travail de Ch. Jourdain, cité au chapitre précédent.

Au moment où le Poitou est conquis par la dynastie Capétienne, peu de métiers sont organisés en corporations jurées. Presque partout, le pouvoir royal se trouve en présence de communautés libres, dépourvues de cette force que donnait l'association unie par le serment. Il lui était facile de les diriger. Ni les Capétiens ni les Valois ne disputèrent cependant aux seigneurs laïques et ecclésiastiques, pas plus qu'aux communes de Niort et de Poitiers, le droit de concéder les statuts aux communautés d'arts et métiers. Ils leur laissèrent également en général l'initiative des règlements relatifs à l'exercice de l'industrie et du commerce. A Poitiers en particulier, les statuts et règlements qui nous ont été conservés par le manuscrit Saint-Hilaire sont élaborés au xiiie et au xive siècle par le maire, les échevins, et par le mois et cent ou assemblée générale des cent pairs (1).

Le roi revendique seulement le droit de confirmation des statuts. Son sénéchal est fondé à réclamer communication des ordonnances municipales relatives aux métiers; il leur donne ou refuse son approbation. Il est même admis à coopérer à leur rédaction ou à y introduire des amendements. On possède des preuves frappantes de cette ingérence. Le 1er juillet 1272, le règlement sur l'aigrest et les regrattiers est élaboré par le maire et les échevins de Poitiers, en présence du lieutenant du sénéchal de Poitou, Gilles de la Salle, et du prévôt de la ville, Huguet Ravard (2). Plus probant encore est le texte du règlement ou statut des poissonniers de Poitiers. Cette ordonnance a été rédigée le 10 février 1258-59, par le maire de Poitiers Jean de Berry et par l'échevinage,

---

(1) Statuts du xiiie et du xive siècle, reproduits dans le *Mss St-Hilaire*, Bibl. Munic., n° 391. — (2) Règlement sur l'aigrest, 1er juillet 1272, *Mss St-Hilaire*, f° 65.

mais avec la collaboration du sénéchal de la province, Thibaut de Neuvy. Plus tard, le sénéchal de Poitou et de Limousin, Jehan de Saint-Denys, confirme ce statut en février 1297-98, « eu sur ce diligent conseil, dit-il, en la pleine
« assise de Poitiers. Lesqueux ordonnances et établisse-
« ments, ajoute-t-il, ratiffions et confirmons, et voulons et
« donnons en commandement à tous nos subjects et aux
« allouhès nostre sire et dudict majour de Poictiers, que ils
« lesdits establiments et ordonnances facent tenir et gar-
« der, *retenu à nous et audict majour que nous puissions*
« *croistre, mervier, corriger, amander et déclarer* ausdits
« establissements et ordonnances, s'il nous plaisoit et nous
« voyions qu'il feust à faire (1) ».

Il y a mieux encore. Le pouvoir royal ne se borne pas à confirmer, à corriger ou amender les statuts et règlements émanés de l'autorité municipale et féodale. De plus en plus, il prend l'initiative d'édicter des ordonnances d'ordre général et d'octroyer directement des privilèges particuliers. Ainsi, le roi concède l'organisation des monnayeurs de France aux monnayeurs de Poitiers en 1350 (2). En août 1410, le duc de Berry accorde aux barbiers du Poitou le droit de former des corporations jurées, et le Dauphin Charles, régent du royaume, confirme cette concession de statuts en 1420 (3). Dans ces deux cas, le pouvoir central agit sans l'entremise des pouvoirs locaux. Déjà apparaît dans ces concessions l'idée préconçue d'établir quelque

---

(1) Règlement relatif aux poissonniers de Poitiers 10 février 1258-59, confirmé le 12 févr. 1297-78, *Mss St-Hilaire*, fos 67-69; *coll. Fonteneau*, XXIII, fo 293. — (2) Ordon. de nov. 1350 en faveur des monnayeurs de Poitiers, *Ordon. des rois*, V, 327. — (3) Lettres pat. du Dauphin Charles, régent du royaume, en faveur des barbiers du Poitou janv.-février 1419-20, *Arch. hist. Poitou*, XXVI, pp. 355 et sq.

unité dans l'organisation corporative, en donnant aux corporations provinciales les règles usitées parmi les corporations parisiennes. C'est pourquoi les monnayeurs de Poitiers recevront les privilèges de ceux du serment de France, et les barbiers de Poitou la plupart des articles qui régissent les barbiers de Paris (1).

Si l'autorité locale peut édicter des ordonnances relatives à la circulation des denrées ou marchandises et à la production industrielle, applicables dans l'étroite limite de sa juridiction, l'autorité royale, en vertu des droits de suzeraineté qui lui appartiennent en propre, se croit autorisée à légiférer dans toutes les circonstances où l'intérêt général lui prescrit de réglementer l'industrie, le commerce et les métiers. Ainsi Charles IV ordonne au sénéchal de Poitou d'empêcher l'exportation des laines de toute espèce et des animaux qui les produisent, celle des peaux en laine, des matières tinctoriales, guesde, garance, gaude, brésil, tartre, alun, cendres gravelées et de tous draps en toile ou non achevés (2). Le but de cette prescription est de favoriser les tisserands et drapiers du royaume. De même, afin d'empêcher les disettes, le sénéchal de la province est autorisé à interdire l'exportation des blés et des vins (3), à moins que le prince lui-même ne prenne l'initiative de cette prohibition comme en 1419. Seul, il autorise ou fait autoriser par ses officiers les particuliers et les communautés munies des

---

(1) Textes cités aux deux notes précédentes. — (2) Lettres de Charles IV au sénéchal du Poitou et autres sénéchaux enjoignant d'observer les ordonn. sur la draperie et l'exportation des laines et autres marchandises 16 juin 1324. Ordon. des Rois, XI, 487-490. — (3) B. Ledain, Alfonse de Poitiers, p. 40 (d'après l'ordon. de 1255). — D'après Boutaric, St-Louis et Alfonse de Poitiers, p. 162 ; en Poitou, le sénéchal n'aurait pas eu ce pouvoir ; il ne donne pas de preuve à ce sujet.

passeports qu'il délivre, à enlever en Poitou les quantités de blé nécessaires à leur subsistance (1). C'est encore le roi qui concède les privilèges économiques, administratifs ou financiers aux collectivités commerçantes et aux corporations. Telles sont les concessions de ports, de péages ou de tarifs, de foires et de marchés faites en faveur des villes, bourgs et seigneuries. On voit par exemple, en 1385, Mathieu, abbé de Saint-Denis, et Simon de Nesle, lieutenants de Philippe le Hardi, accorder à la ville de Niort l'établissement d'un port franc sur la Sèvre, avec le droit de faire librement le commerce sur la rivière jusqu'à Marans et de percevoir un tiers des droits de navigation pour l'entretien du lit du fleuve ou des quais (2). Le duc de Berry, apanagiste du Poitou, rétablira ces privilèges en juillet 1377 (3). La royauté s'arroge le pouvoir exclusif de concéder les foires et les marchés, pouvoir qui en Poitou, au début du xiiie siècle, appartenait encore aux seigneurs, du moins aux hauts justiciers (4). L'autorisation du prince apanagiste, dès l'époque d'Alfonse de Poitiers, et ensuite celle du roi sont requises pour l'établissement de ces réunions commerciales. On n'accorde la permission qu'après une enquête dirigée par le sénéchal et qui prouve que cette concession n'est pas nuisible aux intérêts du roi, mais plutôt avantageuse à l'État et au public (5). Maintes lettres

---

(1) Lettres pat. port. déf. de transporter les blés hors du Poitou 27 sept. 1419. — Lettres pat. perm. aux Rochellois de s'approv. de blé en Poitou, 19 nov. 1719, *Arch. hist. Poitou*, XXVI, n°s 995, 997. — (2) Lettres de concession d'un port franc à Niort, mai 1285, p. p. Gouget, *op. cit.* pp. 94-95. — (3) Lettres d'étab[t] de la coutume de la Sèvre par le duc de Berry, 1er juillet 1377, *ibid.* pp. 95-98. — (4) Ex. charte de Hugues X de Lusignan concédant à l'abbaye de Valence une foire annuelle octobre 1239, *Arch. hist. Poitou*, XX, p. 261. — (5) Par ex. lettres de Philippe le Long autorisant Hugues de Bauçay à établir un marché à Champigny-sur-Veude, juin 1317

patentes octroyées pour cet objet prouvent qu'avant le règne de Charles V, auquel on attribue d'ordinaire cette innovation, la royauté s'était saisie de cette prérogative, qu'elle conserva avec soin jusqu'à la Révolution (1). A certains corps de métier, elle octroie des avantages spéciaux destinés à assurer leur recrutement ou à récompenser leurs services. Les monnayeurs de Poitiers sont déclarés commensaux du roi, et à ce titre exempts d'impôts, péages, tailles, corvées et autres charges publiques ou locales, sans compter la jouissance d'une juridiction spéciale, celle des généraux des monnaies (2). Les barbiers ont reçu sur ce dernier point des avantages analogues (3). Les verriers, tels que ceux de Montreuil-Bonnin (4) et de Monchamp, obtiennent le privilège de noblesse et l'exemption de tailles et de fouages (5). Enfin, le pouvoir législatif du souverain s'étend jusqu'à la détermination des rapports entre ouvriers et maîtres, jusqu'à la fixation des conditions du travail et du commerce, jusqu'à la tarification des salaires et des produits (6).

La royauté exerce en effet dans le Poitou un certain con-

(la concession est faite après enquête d'où il résulte que *nobis et rei publicae commodum exinde provenire*), *Arch. hist. Poitou*, tome XI, n° 3. — De même dans les textes cités ci-dessous.
(1) Ex. lettres pat. de 1317 ci-dessus; autres lettres instit. un marché à Maillezais à la requête de l'évêque, février 1321 — confirmant l'établ[t] d'un marché à Champagné St-Hilaire à la requête du chapitre 1269; mars et août 1329 *Arch. hist. Poitou*, XI, n° 91; création de 2 foires à la Chaize-Giraud avril 1384; de 4 foires et d'un marché à Vouillé octobre 1386; de foires à Valence, Queaux, Thouars etc. *Arch. Hist. Poitou* XXI, pp. 219, 235-37; XXIV, p. 12. — (2) Ordon. du roi Jean, nov. 1350, citée ci-dessus. — (3) Lettres pat. du régent en faveur des barbiers du Poitou 1420, précitées. — (4) Mention dans les comptes d'Alfonse de l'hommage-lige d'un verrier feudé de Montreuil-Bonnin (s. d.), *Arch. hist. Poitou*, IV, 59. — (5) Lettres patentes de Charles VI en faveur des verriers de Mouchamps en Bas Poitou, p.p. Dugast-Matifeux, *Les gentilsh. verriers de Mouchamps*, pp. 213-215. — (6) Ordonnances du sénéchal de Poitou 1307 et 1422 portant règlement sur le commerce, le prix des vivres et des produits à Poitiers, précitées.

trôle sur l'administration des métiers. Ce contrôle est d'ailleurs moins direct et moins actif qu'à Paris et que dans l'ancien domaine des rois de France(1). En Poitou, il n'y a de trace du pouvoir exercé par les officiers de la couronne que dans les documents relatifs à deux communautés, celle des ouvriers du bâtiment et celle des barbiers-chirurgiens. On trouve au xv° siècle la mention de Jehan de la Grange, *maître des œuvres du Roy en son pays de Poitou*, et qui exerçait à Poitiers, semble-t-il, une certaine juridiction sur les architectes et les maçons (2). Les attributions du premier barbier du roi à l'égard des barbiers poitevins sont mieux connues. Il institue dans chaque ville des lieutenants qui ont « regard et visitation sur tous les barbiers » du ressort. C'est lui ou son lieutenant qui permet à ces industriels d'exercer le métier et de placer des enseignes. Les barbiers sont tenus de leur obéir, sous peine d'y être contraints par les officiers royaux, et doivent porter leurs procès devant eux s'ils ne veulent encourir l'amende(3). Quelques corporations se trouvent aussi déjà soustraites à l'autorité des pouvoirs locaux au point de vue administratif. L'élection des gardes-jurés des métiers était généralement soumise à l'approbation du maire ou à celle du seigneur du lieu (4). Or, en 1410, on voit que les barbiers de Poitou sont soustraits à la règle, et que le sénéchal, agent du roi, est seul pourvu du droit de confirmer le choix des jurés de cette communauté (5). Tou-

---

(1) Sur les pouvoirs des grands officiers à l'égard des métiers parisiens, voir G. Fagniez, *l'Industrie et la classe ind. à Paris*, pp. 134 et sq.; et E. Levasseur *op. cit.* I, 532. — (2) Mention de J. de la Grange dans un acte du chap. S.-Hilaire antérieur à 1450, *Arch. Vienne* G. 1025. — (3) Statuts des barbiers du Poitou 1410, 1, 6, 7, 10, 11, 12-13. — (4) Voir ci-dessus livre IV, chap. I et II — et livre III, chap. VII. — (5) Statuts des barbiers de Poitou 1410, art. 2.

tefois, il y a encore loin de cette mainmise timide et restreinte sur les corporations à la subordination dans laquelle celles-ci se trouveront placées à partir du xvii° siècle. On sent que le pouvoir central au Moyen-Age a d'autres préoccupations que l'asservissement des métiers.

Il abandonne en général aux sénéchaux et à ses autres officiers la police de l'industrie, du commerce et des communautés. Ceux-ci usent de cette prérogative, même en dehors du domaine, par exemple sur le territoire de la commune de Poitiers, dans les circonstances exceptionnelles. Ainsi, à l'époque du séjour de la cour, en 1307 et en 1422, c'est le sénéchal du Poitou qui édicte les règlements d'ordre économique, tandis qu'en temps normal le maire de Poitiers se réservait ce soin avec le concours de l'échevinage. Ces ordonnances montrent quelle était l'étendue des pouvoirs de police des représentants du roi. Ils peuvent astreindre les ouvriers au travail à peine de prison et de bannissement, obliger les marchands à approvisionner les marchés, sous menace de confiscation et d'emprisonnement, interdire l'exportation de certaines marchandises, prescrire les lieux de vente, la déclaration des achats, le mode de paiement, l'usage de certaines mesures, fixer le maximum de la journée de travail, le taux des façons données par les maîtres et compagnons, et enfin le prix des objets fabriqués et denrées. Ils commettent pour l'exécution des règlements, soit des inspecteurs spéciaux ou *prudhommes*, comme en 1307, soit tous les officiers royaux et sergents (1). Dans le domaine,

---

(1) Ordonnances du sénéchal de Poitou portant règl. pour le commerce, le prix des vivres, etc. 1307 et 1422. *Archives hist. Poitou*, VIII, 403; XXVI, pp. 380 et sq. Ils peuvent même frapper d'amende les bouchers coupables de fraude dans la vente des viandes, les commerçants en particulier qui achè-

le sénéchal ou le prévôt exerce d'une manière régulière et constante les nombreux pouvoirs de police relatifs aux métiers, aux achats, aux ventes, dont les communes et les seigneurs justiciers sont pourvus. On en a pour preuve le règlement dressé au xiv° siècle par le sénéchal de Philippe VI à Fontenay, Jourdain de Loubert (1). Outre la police des sujets directs du roi, il n'est pas rare que les officiers royaux revendiquent celle des justiciables des seigneuries ou des communes. En vertu du droit général de surveillance que le souverain possède, ils recherchent les privilèges économiques usurpés ou arbitrairement étendus. Ainsi, Alfonse de Poitiers commande au sénéchal de Poitou de faire une enquête au sujet du marché institué par le comte d'Eu, seigneur d'Exoudun(2), et il conteste au seigneur de Bonneuil le pouvoir de donner des mesures à blé et à vin (3). Chargés du maintien de la paix publique, les agents royaux se font les protecteurs du commerce contre les brigandages des seigneurs (4). Entraînés par leur zèle et afin d'accroître l'autorité souveraine, ils n'hésitent point à empiéter sur les prérogatives légitimes de l'autorité locale. Les enquêteurs d'Alfonse sont obligés à Montmorillon de réprimer les entreprises du prévôt royal qui prétendait réglementer la vente du poisson et obliger les marchands à solliciter sa

---

tent les denrées avant l'heure légale ou qui fraudent les droits de vente. Enquête de 1247 à Poitiers et plaintes contre les prévôts du roi, *Arch. hist. Poitou*, XXV, 283, 284, 278, 290.

(1) Règl. de police de Fontenay, par le sénéchal Jourdain de Loubert, 21 octobre 1343, p. p. B. Fillon, *Hist. de Fontenay*, p. 47. — (2) « De mercato novo comitis Augi utrum sit novum aut vetus... addiscatis, et si inveniatis quod de novo factum fuerit inhibeatis ei ex parte nostra ne sustineat de cetero mercatum ibi esse ». *Enquête d'Alfonse de Poitiers (vers 1258)*. *Arch. hist. Poitou* VIII, 159-160. — (3) Enquête sur le droit de mesures à blé et à vin du s. de Bonneuil (s. d.), *Arch. hist. Poitou*, VIII, 73. — (4)

permission (1). A Poitiers, Philippe le Bel désavoue son prévôt, parce que celui-ci, au mépris des droits de la commune, s'arrogeait l'exercice de la police des métiers et des marchés, revendiquait l'inspection des boulangers forains, et se donnait le pouvoir de les frapper d'amende ou de saisir leur pain (2). Un peu plus tard, en 1320, Philippe le Long interdit à son sénéchal de Poitou de contester au maire et aux échevins le pouvoir de marquer et de saisir les boisseaux des meuniers, des fourniers et des taverniers (3). Il est vrai qu'en d'autres circonstances l'autorité royale fait valoir ses prérogatives aux dépens des pouvoirs locaux, lorsque ceux-ci donnent prise à son intervention par leurs excès. Les religieux de l'abbaye du Pin, possesseurs sans conditions, depuis Richard Cœur de Lion, du minage de Poitiers, abusaient de leur privilège en refusant de donner les mesures à blé aux habitants de la commune ou en ne livrant ces mesures que sur gages. Le sénéchal de Poitou, vers 1303, intervient en faveur des habitants contre les moines (4). Bien mieux, le roi oblige les religieux à modérer leur droit de minage, puis à partager avec lui le revenu de ce droit, à appeler un sergent royal pour le percevoir, et à marquer les mesures d'une fleur de lys (5). Il fait aussi exercer par

Acte de 1268 relatif à Maurice de Belleville s. de la Garnache en Bas-Poitou, pp. *Marchegay, Ann. Soc. d'Emul. Vendée* 1857, p. 240.
(1) B. Ledain, *Alf. de Poitiers*, p. 51 (d'après les enquêtes d'Alfonse).— (2) Mandement du roi au sénéchal de Poitou (31 déc. 1295) sur la police des métiers et des marchés de Poitiers (mention dans un inventaire du xvie siècle). — Lettres de Philippe le Bel au sénéchal de Poitou 12 janv. 1310-11, copie, *coll. A. Lecointre.* — (3) Lettres de Philippe le Long au sénéchal de Poitou 16 févr. 1320-21, copie, *coll. A. Lecointre* — (4) Jugement du sénéchal de Poitou contre les religieux du Pin au sujet du minage, s. d. (vers 1303) *Mss. St-Hilaire*, f⁰ 45 — Thibaudeau, *Abrégé de l'histoire du Poitou*, II, 356. — (5) Arrêt du Parlement confirmant un jugement du sénéchal de Poitou sur le minage de Poitiers janv. 1287-88;— autre arrêt de

ses officiers une certaine surveillance sur les foires. A Poitiers, s'il confirme le privilège accordé par Richard à la famille Berland de louer des magasins ou des places aux halles pendant la foire de la mi-carême (1), il n'a pas abandonné la police de ces grandes assises commerciales, et son prévôt y fait visite sur les marchands (2).

Dès le Moyen-Age, la royauté cherche également à s'attribuer la juridiction directe ou d'appel sur les métiers. Cette tendance se manifeste en Poitou, quoique d'une manière moins active que dans l'ancien domaine royal. En général, le roi ou ses officiers se contentent d'y examiner en première instance les causes de leurs sujets directs, exerçant à cet égard les attributions ordinaires du pouvoir seigneurial. Ainsi, les comptes d'Alfonse de Poitiers mentionnent des amendes prononcées contre des marchands coupables d'avoir frelaté leur vin ou d'avoir employé de fausses mesures (3). Ils signalent des procédures entamées pour la répression d'injures faites à des commerçants (4). Mais peu de métiers poitevins en dehors du domaine sont directement soumis à la juridiction royale. On ne rencontre que deux exemples de ce cas ; l'un est relatif aux monnayeurs de Poitiers, l'autre aux barbiers du Poitou. Les premiers

---

janv. 1306. — Lettres de Ph. le Bel février 1306-1307. *Arch. Munic.* D. 3, et 5 — *Thibaudeau*, II, 358.

(1) Lettres royaux d'avril 1323 conf[t] le privilège des Berland rel. aux Halles de Poitiers, *Arch. hist. Poitou*, XI, n° 101.— (5) Sentence de G. Lescuyer, lieut. du sénéchal de Poitou, au sujet d'une amende décernée par le prévôt de Poitiers contre un marchand Niortais qui est venu étaler des étoffes à Poitiers (jeudi emprès l'Incarnation, 17 mars 1206-1207), (*Mss. St-Hilaire* n° 391, f° 55. — (3) Comptes de 1261 cités par Boutaric, *St-Louis et Alf. de Poitiers*, p. 261. — Comptes de 1245 : amende de 6 l. contre les hommes du Blanc (*de Oblinco*) *pro falsis mensuris pro doliis*, *Arch. hist. Poitou*, IV, 98.— (4) Ex. amende de 10 s. pour injure faite à un marchand, comptes d'Alfonse de Poitiers (1245), *Arch. hist. Poitou*, IV, 111.

sont soumis à la juridiction d'un officier royal, le prévôt
des monnaies, les seconds à celle du premier barbier du roi
ou de son lieutenant. Les enquêtes pour ce dernier métier
sont réservées au procureur royal, et les appels ou amendements aux sénéchaux ou prévôts du roi (1). Mais, dans un
grand nombre de circonstances, en vertu du principe de
l'appel ou en vertu du droit d'évocation exercé par les fonctionnaires royaux, les causes qui concernent les communautés ouvrières ou la police économique des seigneuries
et des communes sont portées devant la juridiction royale.
Tel a été le cas pour les contestations entre la commune de
Poitiers et l'abbaye du Pin au sujet du minage (2). Le roi
réserve même parfois expressément à ses officiers le pouvoir
de juger les appels. Lorsqu'en 1321 il confirme à la commune
de Poitiers la juridiction relative aux mesures, il stipule
qu'en cas d'opposition à la sentence de l'échevinage le
sénéchal pourra faire comparaître rapidement les parties et leur rendre « un complément de justice » (*partibus
faciat justitiæ complementum*) (3). Bien que l'officier royal
n'ait pas le droit de frapper d'amende les sujets des seigneurs ou de la commune, il lui arrive de s'arroger le pouvoir d'infliger cette peine. C'est ainsi qu'agit le prévôt de
Poitiers en 1307, lorsqu'il prétend soumettre à une amende
de 60 s. 1 d. un marchand communier de Niort, qui, pendant la foire de Poitiers, a emballé ses étoffes sans la permission du fonctionnaire royal (4). De là des conflits où le
prévôt se trouve parfois désavoué (5), mais d'où ressort

(1) Lettres du roi Jean 1350 en fav. des monnayeurs de Poitiers précitées. — Statuts des barbiers du Poitou 1410, art. 9, 11, 12. — (2) Textes
cités ci-dessus p. 368, notes 4 et 5. — (3) Lettres de Philippe le Long 16 février 1320-21, précitées. — (4) Sentence de Guil. Lescuyer, lieut. du sénéchal
1306-1307, précitée. — (5) Ainsi en 1307, en 1311, en 1321 dans les diffé-

clairement la tendance des agents de la royauté à empiéter sur les juridictions ordinaires pour étendre abusivement la juridiction royale.

La préoccupation principale du pouvoir central pendant cette période paraît avoir été l'exploitation fiscale de l'industrie et du commerce. Bien que la royauté ait dès lors un horizon d'idées bien plus large que le pouvoir seigneurial, elle ne laisse pas d'être comme celui-ci fort besogneuse. Aussi conserve-t-elle et accroît-elle avec soin les sources de revenu qu'elle tire du travail des artisans et des marchands. Le roi possède, au xiiie siècle et au xive, des monopoles industriels et commerciaux nombreux dont il use à la façon des seigneurs. Il a ses moulins à Poitiers (1), à Montmorillon (2), à Coulon (3), à Cherveux (4), à Prahec (5), à Courson (6), à Frontenay (7), et il les afferme avec la contrainte ou droit de moulange. Il possède ses fours banaux, par exemple à Frontenay et à Luçon (8). Il a ses salines et il octroie à ses favoris le monopole de la vente du sel, sinon d'une manière permanente, du moins en certaines occasions (9). Il s'est réservé la fabrication des monnaies (10). Certains métiers sont sa propriété et il les concède en fief. A Saint-Maixent, il a seul le droit d'avoir des Juifs. Seul, il

rends avec la commune de Poitiers — Lettres de relief d'appel du chapitre St-Hilaire contre le prévôt de Poitiers pour ses entreprises sur leur justice, xve s., *Cartul. de St-Hilaire* p. p. Rédet, *Mém. Antiq. Ouest*, XV, n° 358.

(1) Mention de ces moulins dans les comptes d'Alfonse, *Arch. hist. Poitou*, IV, 99. — (2) Bail à ferme des moulins du roi à Montmorillon fait par le sénéchal de Poitou, juillet 1308 *Arch. hist. Poitou*, XI, n° 19. — (3) Comptes d'Alfonse, *Arch. hist. Poitou* IV, 120. — (4) *Arch. hist. Poitou* IV, 54. — (5) *Arch. hist. Poitou*, IV, 142, 181. — (6) Comptes d'Alfonse, *Arch. hist. Poitou*, VIII, 420. — (7) *Arch. hist. Poitou*, IV, 181. — (8) *Arch. hist. Poitou*, VIII, 19 ; IV, 181. — (9) Lettres du roi Jean, sept. 1350 accordant à Raoul de Caours les salines de Beauvoir et au comte de Lancastre (1350), le monopole de la vente du sel de ces salines, *Arch. hist. Poitou*, XX, pp. 27, 31, 241. — (10) Voir textes cités ci-dessus livre II, chap. XI.

désigne le ferron qui dans cette ville monopolise le commerce du fer, le sellier, le lormier, le fourbisseur qui détiennent la fabrication et la vente exclusive des équipements, des éperons, des mors, des épées (1). Il a dans la forêt de Montreuil des verriers qui sont ses hommes liges à charge de redevance (2). A Cherveux, pendant trois semaines de l'année à son choix, il possède le monopole de la vente du vin (*bannum seu stangium*) (3). Il est propriétaire de halles à Fontenay, à Luçon, à Niort, à Poitiers, et il en loue les étaux (4) ; il y perçoit des redevances (*cens*), des droits de diverse nature appelés menues coutumes, stationnement (*calcagium*), étalage (*estalagia*) et garde (5). Au XVIIe siècle, son domaine à Niort comprend encore les revenus de l'étalage de la poissonnerie, de la boucherie, de la panneterie, de la toiletterie, de la jaconnerie, de la vacherie, de la ferronnerie, du poil foulé ou à fouler, du pertuisage, du minage et chappelage de tous grains et farines, de la draperie, des bois ouvrés ou à ouvrer, et du marc de la tapisserie. A Fontenay, à la même époque, les fermiers du domaine perçoivent des droits aux halles et foires sur la cuirasserie, la blanconnerie (peaux blanchies), la mercerie, l'épicerie et autres produits (6). Le roi possesseur des emplacements des foires, par exemple à Talmont, à Luçon, à Olonne, à Sanxay, y loue moyennant redevance le droit d'étaler ou de vendre (7). Ailleurs, sur les

(1) Boutaric, *St-Louis et Alfonse de Poitiers*, p. 236. — (2) *Guillelmus Acarier vitrearius ligius debet servire de vitreis ad mensam de comitis apud Monsterolium, sit comes aut non sit.* Comptes d'Alf. de Poitiers, *Arch. hist. Poitou*, IV, 59. — (3) Boutaric, *St-Louis et Alfonse de Poitiers*, p. 240. — (4) Comptes d'Alfonse de Poitiers, *Arch. hist. Poitou*, VIII, 10, 11, etc. — Boutaric, p. 269. — (5) Boutaric pp. 236 et suiv. — Ledain, *Alf. de Poitiers*, p. 52. — (6) Rapport de Colbert de Croissy sur l'état du Poitou (1664), p. p. D. Matifeux, pp. 167-168. — (7) Comptes d'Alfonse de Poitiers, *Arch. hist. Poitou*, IV, 38, 50; VIII, pp. 25, 30, etc.

ports fluviaux, tels que celui de Niort, il perçoit une part des droits de navigation qui frappent le vin, le miel, la cire, les poissons, les épices, le sel, les peaux, le fer et autres produits, droits qui sont connus sous le nom de *coutume* et *rivage*, et dont le duc de Berry accroît encore le taux (1). Sur la côte du Bas-Poitou, à Saint-Benoît, à Talmont, à Olonne, à Marans, il prélève des taxes douanières ou *coutumes*, sans parler du droit *de bris* ou d'épaves (2). En beaucoup de lieux, il étalonne et contrôle les mesures et les poids, soit pour les céréales, soit pour le vin (*droit de jalonage*) et les liquides (3). Il perçoit à son profit les amendes de justice ou de police infligées aux marchands ou artisans violateurs des règlements économiques, comme à Poitiers (4). Il a sous le nom de péages (*pedagia*), de leudes (*levagia*), de vigeries (*vigeriae*), de *prevôté*, de *maltôte*, des redevances sur la circulation et la vente des marchandises, denrées et objets fabriqués, au passage des routes, aux portes des villes, soit à l'entrée, soit à la sortie. Il prélève ces droits en nature ou en argent. Ainsi, à Saint-Maixent, le marchand de poisson est tenu de livrer à l'agent du prince une lamproie ou une alose par charge (5).

Un document précieux, le tarif de la prévôté de Poitiers, indique dans le détail le taux des droits prélevés sur

---

(1) Lettres de 1285 et de 1377 relatives au droit de coutume de la Sèvre, pp. Gouget, *op. laud.* pp. 94-98. — (2) Comptes d'Alfonse 1245, 1259, *Arch. hist. Poitou*, IV, 101 ; VIII, 13 et suiv. — (3) Droit de pesage des blés à Montreuil-Bonnin, comptes d'Alfonse de Poitiers, *Arch. hist. Poitou*, VIII, p. 27. — Droit de jalonage à Ardennes, Boutaric, *op. laud*, pp. 236 et sq. — (4) Règl. pour les regrattiers de Poitiers 1er juillet 1272 (le prévôt reçoit les « gages » de ceux qui ne sont pas de la commune), *Mss. St-Hilaire*, f. 59 — et autres règlements de ce recueil. — (5) Péages de Mauzé, de Jaulnay, de la Roche-sur-Yon, de Talmont, comptes d'Alfonse de Poitiers, *Arch. hist. Poitou*, IV, 104 ; VIII, 30, 21, 123 — péage de Montmorillon et droit sur les ventes à St-Maixent, Boutaric, pp. 235 et sq.

la plupart des produits. Les uns frappent la marchandise sur le marché, au moment de la vente (*venda*) : ils s'appliquent aux matières premières, telles que le fer, les drogues tinctoriales, aussi bien qu'aux articles fabriqués, tels que les draps et la quincaillerie, et n'épargnent même pas le pain, la viande, les aulx et les oignons. Les autres, à savoir les droits de *vigerie* et de *prévôté*, perçus avec plus de rigueur encore et sur un plus grand nombre d'articles, sont levés pour l'entrée ou pour le simple transit des produits. Presque toutes les matières nécessaires à l'industrie, peaux, laines, minerais, drogues, sont atteintes. Les denrées ne sont pas oubliées, et il y a peu d'exceptions pour les articles industriels. D'ailleurs, rien de plus chaotique que ce tarif, où des exemptions sont prévues à certains jours et pour certaines catégories de personnes, où un produit taxé à la vente peut ne pas l'être au moment de l'entrée, où enfin la quotité varie à l'infini. La perception n'est guère moins bizarre : le droit est tantôt exigible en argent, c'est-à-dire en sous et deniers, tantôt payable sous forme de prélèvement sur la marchandise. Ainsi, le vendeur de sel doit payer six oulles par charretée et 3 oulles par cheval (1). Il arrive de plus que le prévôt s'adjuge arbitrairement des redevances plus élevés que celles du tarif. En 1447, le corps de ville de Poitiers, ému des plaintes formulées à cet égard, prescrit des recherches dans ses archives pour ramener les taxes à l'ancien taux (2). Certaines de ces taxes disparurent, d'autres appartenaient encore au domaine du roi peu avant la Révolution. On per-

---

(1) Tarif de la prévôté de Poitiers ou « *costumes et ce que l'on doit paier de ventes, péages, vigerie et autres choses* » (en latin) (s. d., probablement fin XIII° ou 1re moitié XIV° siècle, d'après la forme), *Mss. St Hilaire* f° 46-50. — (2) Délib. munic. de Poitiers, 17 avril 1447, *Reg.* 3.

cevait en 1780 pour droits de prévôté 1 carolus ou 10 d. par charge de poisson d'eau vive ou de mer, 4 d. par charge de carpes mises dans le réservoir de la porte Saint-Cyprien, 2 s. par charge de beurre, 2 œufs ou 5 deniers par charge d'œufs, 2 d. par charge de fruits ou de légumes, 1 sou par charretée de cercles, 5 s. payables à la foire de la mi-carême par chacun des marchands tanneurs forains qui exposaient leur marchandise au Poids-le-Roi, 5 s. par charretée de verrerie exposée en vente dans la ville et banlieue (1). C'étaient les derniers vestiges de l'ancien tarif du Moyen-Age et des droits fiscaux nombreux qu'il énonçait. La royauté n'avait cependant pas abandonné pendant les temps modernes les traditions de fiscalité qu'elle appliquait aux produits du commerce et du travail. Elle les avait même aggravées. Aux droits anciens elle en avait substitué ou ajouté de nouveaux. Mais en même temps, consciente de sa force grandissante, jalouse de ses prérogatives, elle étendait sa juridiction, sa surveillance et son contrôle sur le monde du travail, enlevant peu à peu aux pouvoirs locaux leurs attributions, et aux communautés industrielles et commerçantes leurs libertés.

CHAPITRE V

Les Progrès de l'Autorité Royale dans le Domaine Economique en Poitou pendant la première période de l'âge moderne (1453-1589).

L'action de la royauté, encore peu sensible au Moyen-Age, se manifeste, en effet, dans le Poitou d'une manière plus fréquente et plus énergique à partir de la fin de la guerre de

(1) Article relatif aux droits de prévôté à Poitiers, app[t] à l'apanage du comte d'Artois, *Aff. du Poitou*, 1780, p. 39.

Cent Ans. Bien que théoriquement investi de l'autorité législative dans toute sa plénitude, le roi était assez rarement intervenu dans l'Ouest, soit pour réglementer l'industrie et le commerce, soit pour dicter des lois aux métiers. Depuis le règne de Charles VII, au contraire, le pouvoir central use souvent du droit de confirmer les statuts des corporations. En 38 ans, de 1461 à 1498, le recueil des Ordonnances ne renferme pas moins de 128 lettres patentes promulguées pour approuver les règlements d'autant de métiers jurés. L'usage s'établit, pour les corporations désireuses de fortifier leurs privilèges, d'avoir recours à la confirmation royale. A Poitiers, les tailleurs d'habits ou couturiers (1), puis les barbiers en 1461 (2); les chaussetiers en 1474 (3); plus tard les apothicaires (4) en 1541 obtiennent cette approbation. Certaines communautés la font même renouveler au début de chaque règne, par exemple les barbiers et les apothicaires (5). Si les métiers poitevins n'eurent pas recours plus souvent à la confirmation royale, c'est probablement parce qu'elle n'était accordée qu'après des formalités longues et coûteuses. Ils préférèrent pour la plupart s'en tenir à l'approbation de l'échevinage. Ailleurs, dans les villes domaniales, telles que Châtellerault, les métiers intéressés sollicitent aussi rarement les lettres patentes de confirmation. Mais il est de règle que les officiers du roi, lieutenants généraux et procureurs de la sénéchaussée, examinent et concèdent les statuts corpora-

---

(1) Lettres patentes du roi (mars 1461) approuvant les statuts des tailleurs de Poitiers, du 29 juin 1458, *Ordon. des rois*, tome XV, p. 402. — (2) Lettres patentes du roi (mars 1472-73) approuvant les statuts des chaussetiers de Poitiers du 25 janvier 1472. *Ordon. des rois*, XVII, 566. (3) Lettres pat. de Louis XI (janv. 1461-62) et de Charles VIII (nov. 1485) confirmant les statuts des barbiers de Poitou, *Ordon. des rois*, XIX, 611. — (4) Lettres pat. de François Ier (8 juin 1641) et de Henri II (26 avril 1551) approuvant les statuts des apothicaires de Poitiers, *Vienne*, D. 10. — (5) Les barbiers en 1420, 1462, 1485; les apothicaires en 1551.

tifs, reçoivent le serment des intéressés et président à la formation de la corporation (1).

On sait que la royauté, désireuse d'étendre son pouvoir direct sur tous les métiers et d'uniformiser leurs règlements, enjoignit, d'abord par l'ordonnance d'Orléans, en 1560, puis par l'édit de 1581, le dépôt des statuts de toutes les corporations du royaume, sous prétexte de les réviser et corriger. Elle menaça de déchéance les communautés qui ne feraient pas confirmer leurs règlements, et elle prétendit obliger les métiers libres à se grouper partout en jurande (2). Ces dispositions ne paraissent avoir eu en Poitou qu'un effet insignifiant. Au xviiie siècle, même à Poitiers, le nombre des métiers libres était encore fort supérieur à celui des communautés jurées. Le seul résultat de cette tentative fut d'inciter quelques rares communautés, celle des chapeliers de Châtellerault par exemple, à solliciter des statuts, « conformément aux ordon« nances du Roy, qui veulent, disaient ces artisans, que « les estats et mestiers ès villes royales et policées soient « jurez (3) ». La royauté obtint plus aisément et sans employer de moyens violents, par le seul prestige que commençait à exercer la capitale du royaume, l'extension de la législation des métiers parisiens aux métiers de la province. Déjà en 1457, les orfèvres de Poitiers invoquent l'exemple des statuts de leurs confrères de la capitale (4). En 1539, quand il s'agit de réglementer les meuniers, le corps de ville

---

(1) Statuts des couteliers 1571 ; des maréchaux, 13 juillet 1573; des chapeliers (1588) de Châtell^t, précités. — (2) Ordon^e d'Orléans, déc. 1560, art. 98; Edit de décembre 1581; Isambert, tome XIV, n° 8, p. 64.— Fontanon, 1,1093. — (3) Expressions du préambule des statuts des chapeliers de Châtell^t 1588, *Vienne* E 7^t. — (4) Statuts des orfèvres de Poitiers, 4 janvier 1456-57, art. 15, *Mss.* St-*Hilaire*, f° 94.

est d'avis qu'il « se faut régler selon la ville de Paris » (1).
Les métiers eux-mêmes requièrent la concession des
lois corporatives usitées dans ce grand centre. Lorsque les
fourniers poitevins sont sur le point d'être érigés en métier
juré, ils demandent « d'être policez selon les statuts que
« ceux de leur dit mestier gardent et observent en la ville
« de Paris (2) ».

La royauté ne se borne pas à surveiller de plus près l'organisation des corporations, elle exerce encore sa puissance législative en essayant de régler le commerce et l'industrie d'une manière directe ou indirecte. Elle surveille particulièrement le trafic des céréales. Ainsi en 1482, Charles VIII rend une ordonnance publiée en Poitou et insérée dans le Coutumier de la province pour prohiber la vente des blés en vert (3). Ce sont les officiers royaux, d'abord le sénéchal, puis le gouverneur de la province, ou le lieutenant du Roi qui accordent les passeports d'exportation et qui font les enquêtes sur l'abondance des récoltes (4). Les règlements municipaux et seigneuriaux d'une certaine importance sont soumis à la ratification de la cour royale suprême, à savoir le Parlement de Paris, soit que celui-ci délègue ses pouvoirs aux commissions ambulatoires appelées Grands Jours, comme en 1541, soit qu'il les exerce au siège principal de sa juridiction, comme en 1567 (5). Le Parlement jouit de ce con-

---

(1) Délib. munic. de Poitiers, 10 mars 1538-39, Reg. 20. — (2) Délib. munic. de Poitiers, 19 octobre 1511, rel. au projet de statuts conc^t les fourniers, Reg. 11. — (3) Ordon. de Charles VIII (1483), rel. à la vente des blés, à la suite du *Coutumier du Poitou*, in-fol. gothique 1486. — (4) Ex. délib. munic. du 18 oct. 1553 relatant les lettres de M. d'Estissac, lieut. du Roi en Poitou, qui demande aux échevins un rapport sur la récolte, Reg. 32. — (5) Arrêt des Grands Jours au sujet du règlement de police de Poitiers, 1541, précité. — Arrêt du Parlement de Paris, 18 janv. 1567 con-

trôle au nom du roi, non seulement sur les ordonnances de police locale d'un caractère général, mais encore sur les règlements relatifs à des métiers particuliers, tels que ceux des meuniers, des poulaillers, des fourniers, des blatiers, des revendeurs (1). Le pouvoir royal peut intervenir dans la police économique, soit spontanément, comme en 1578, soit sur la demande de l'autorité locale, comme en 1587, soit même sur la requête de la corporation intéressée. Ainsi, en 1511, le corps municipal de Poitiers ayant voulu constituer les boulangers en métier juré et leur octroyer le monopole de la vente du pain, les taverniers et les revendeurs mécontents « font bruit que l'on veult affamer la ville, et que
« là où on les vouldroit contraindre garder ladite ordon-
« nance, qu'ils en feroient plaincte au Roy (2). » La menace produisit-elle son effet? On l'ignore ; en tout cas, il semble bien que, pour cette fois, le monopole des fourniers ait été écarté (3).

Le droit du roi n'est pas d'ailleurs borné à l'approbation des règlements des pouvoirs locaux. Le souverain, de plus en plus persuadé qu'il a le devoir de donner à ses sujets la meilleure police, commence à multiplier les ordonnances destinées à assurer la loyauté des transactions et la probité de l'industrie. Il s'applique à réglementer la fabrication et le mode de vente; il va même jusqu'à vouloir fixer le prix des produits naturels ou fabriqués et le taux des salaires. Dès 1490, le roi interdit le commerce des draps de Poitiers, de

firmant l'ord^e de police du corps de ville de Poitiers des 25 nov. et 2 x^{bre} 1566, précité.
(1) Délib. munic. de Poitiers, 12 janv. 1587, ord^t l'impression d'ordonnances sur la police économique approuvées par le Parlement, *Reg.* 46. —
(2) Délib. munic. de Poitiers, 13, 17, 27 octobre 1511, *Reg.* 11. — (3) Voir ci-dessus livre III, chap. Ier.

Parthenay et de Bressuire, s'ils ne sont bien fabriqués, c'est-à-dire s'ils n'ont été mouillés, tondus, retraits, prêts enfin à être mis en œuvre. Il enjoint de n'employer pour les allonger ni poulies ni autres engins. Il s'agit par ces mesures de préserver de la fraude « le pauvre et menu peuple, « pour ce que quand ils cuident avoir un bon habillement, « et s'il pleut et tombe eau sur ledit habillement, il est in- « continent perdu, parce que le drap n'avoit esté mouillé ni « retraité, et leur est après si estroit et de si mauvaise sorte « et couleur qu'il leur est de nul proffict et avantage » (1). Une autre ordonnance royale oblige les fabricants à faire les draps « des lez (largeurs) et nombre de fils » accoutumés, et prohibe l'usage des presses de fer ou d'airain qui altèrent le tissu ou en dissimulent les défauts, sous peine d'amende arbitraire (2). Une partie de ces prescriptions et d'autres semblables sont insérées dans le texte de la coutume du Poitou au xvi° siècle. « Nuls de quelque estat ou « condition qu'ils soient, demeurans en la sénéchaussée de « Poitou, dit encore l'article IX de ce recueil, ne pourront « tirer ou faire tirer à poulies ny autres engins, les draps de « laine, qu'ils feront ou feront faire ou auront achepté pour « les revendre, ny iceux draps farder de bourre ny d'autre « chose qui s'y puisse appliquer, ains seront tenus les mar- « chands les façonner deuement et sans fraude ». On n'autorise que l'emploi des presses à la mode de Paris, c'est-à-dire en bois ou en papier. La coutume insiste aussi sur l'obligation de ne vendre les draps de laine qu'après les

---

(1) Déclaration royale portant règlement pour la fabrique (et la vente) des draps à Tours, 8 août 1490, *Ordon. des rois*, XX, 243. — (2) Ordonnance de Louis XII (sans date) au sujet de la fabrication et du prix des draps, vêtements, etc., art. 6, Fontanon, 1.927.

avoir mouillés et retraits à « apprest d'eau », suivant l'usage, le tout sous menace des pénalités accoutumées (1). L'ordonnance d'Orléans en 1560 renouvelle ces prohibitions et ces injonctions (2). Aussitôt après, le corps de ville de Poitiers en prescrit l'observation aux artisans, tailleurs, chaussetiers, couturiers et autres (3). Puis vient le fameux règlement de 1571, première ébauche de la grande ordonnance de 1669, et qui s'applique à toutes les manufactures de tissus du royaume. Elle signale et prohibe les fraudes des fabricants et leur prescrit de remettre les lames et rots des métiers à tisser à l'ancienne *moison* ou largeur. Celle des draps du Poitou est fixée à 1 aune de large et 24 aunes de long (4).

Mal observés bien que multipliés au xvie siècle, les règlements royaux de fabrication ont eu une fortune semblable à celle des ordonnances qui ont pour objet de réglementer les ventes. Une mesure fort utile, l'unité des poids et mesures, avait déjà été projetée par Philippe le Long et par Louis XI. François Ier tente d'uniformiser l'aunage, stipule que toutes les aunes en usage dans les provinces, et parmi lesquelles il cite celle de Poitiers, seront marquées aux armes du roi et réduites à l'aune royale, c'est-à-dire à 3 pieds, 7 pouces, 8 lignes. Il décrète qu'il n'y aura qu'une forme d'auner ou de mesurer (5). La coutume de Poitou prescrit en effet aux marchands de draps de mesurer « par le fust », c'est-à-dire par la tête et non autre-

---

(1) *Coutume du Poitou*, titre Ier, art. 9, 10, 11 (rédaction du xvie siècle); la rédaction imprimée en 1486 ne contient pas ces prescriptions. — (2) Ordonn[e] d'Orléans 1560, art. 146, Fontanon, I, 1025. — (3) Délib. munic. de Poitiers, 6 oct. 1561, *Reg.* 38. — (4) Edict du Roy touchant la manuf. des draps, mars 1571, Fontanon, I, 1032-1034. — (5) Ordon. d'avril 1540 touchant l'uniformité des aunes, Fontanon, I, 974.

ment (1), et le règlement des Grands Jours de Poitiers arrêté en 1541 ne permet dans les foires que l'usage de l'aune du roi (2). Mais sur ce point, on se heurta aussi aux résistances de la routine. En 1545, les marchands du Poitou se servaient encore de l'ancienne aune plus courte que celle de Paris, si bien que le maire de Poitiers devait ordonner une enquête et l'examen de toutes les mesures, pour les conformer à celle du Roi (3). Treize ans plus tard, le Parlement lui-même déléguait le conseiller Guillaume Viole dans la province pour procéder à la réduction des poids et mesures qui n'avait pas été jusque-là entreprise, et imposait de ce chef à la commune de Poitiers une redevance de 400 l. (4). Néanmoins, en 1561, on requiert encore la réforme des poids et aunages dans la capitale du Poitou (5). Les règlements, tels que celui de janvier 1578, menacent d'une amende de 50 écus tous ceux qui se serviront d'autres poids que ceux de marc, d'autres aunes que de celle du roi, d'autres mesures à sel que le minot de Paris (6). Il ne paraît pas qu'ils aient eu plus de succès que les ordonnances précédentes.

Le pouvoir royal est mieux obéi quand il ne heurte point les intérêts locaux et les préjugés dominants. C'est sans hésitation qu'on recourt à lui pour l'établissement des marchés et des foires dont le nombre va s'accroissant rapidement en

---

(1) *Coutume de Poitou*, titre Ier art. 8. — (2) Arrêt des Grands Jours homolog^t le règl^t de police de Poitiers, 1541, art. 30. — (3) Ordon. munic. de Poitiers, 16 mars 1544-45, *Reg*. 26. — (4) Ordon. royale de 1557 pour la réduction des poids et mesures à une seule forme. Fontanon, I, 976. — Délib. munic. de Poitiers, 8 août 1558, rel. à la commission donnée le 6 mai à Guill^e Viole, conseiller au Parl^t, pour la réduction des poids et mesures en Poitou. *Reg*. 36. — (5) Délib. munic. de Poitiers, 24 nov. 1561, 27 janvier 1561-62 pour l'exéc. des lettres patentes du roi sur le fait des poids et aunages. *Reg*. 38. — (6) Règl^t gén. de police pour le Poitou, janvier 1578, précité.

Poitou (1). Le commerce fait volontiers appel aux officiers du prince contre les prétentions excessives des seigneurs (2). C'est ainsi que dans la coutume est insérée l'obligation pour les péagers d'entretenir les ponts, ports et passages (3). En général, le pouvoir royal se borne à régler la police des principales industries ou des principaux commerces, tels que celui de la draperie. Mais à mesure qu'on avance dans le courant du xvi° siècle, les prescriptions réglementaires s'accroissent. Après la draperie et la sergetterie, Henri III réglemente les cuirs et les vaisseaux vinaires ou pipes et bussards, détermine leur fabrication et leurs dimensions (4). Bien mieux, il prescrit pour chaque province la rédaction de règlements minutieux où tout se trouve prévu : police des blés, de la meunerie, de la boulangerie, des métiers alimentaires, des industries de l'habillement, du bâtiment, du fer, des transports. On a conservé celui qui concerne le Poitou : c'est une sorte de code industriel et commercial assez étendu. Il fut rédigé en janvier 1578 par Jehan Mereteau, conseiller au Parlement, commissaire député par le Roi pour l'exécution des édits sur la police en Poitou, Saintonge et Limousin, avec le concours de Pierre Rat, prési-

(1) Lettres pat. de févr. 1468-69 pour l'établ de foires et marchés à St-Maixent ; déc. 1477 à l'Hermenault ; 1481, janv. et mars à St-Loup, à Dissay et Vendeuvre ; 1481, juillet, à Angles *Ordon. des rois*, XVII, 190 ; XVIII, 323 ; 599, 618, 671. — Lettres patentes concédant 2 foires et 1 marché au bourg St-Hilaire de Poitiers, nov. 1498, *Cartulaire*, II, n° 375. — Lettres pat. de mars 1478 concédant 3 foires et 1 marché au bourg de Mondion. B° *Munic. Poit. Mss.* n° 478, 6. — Lettres pat. de 1487 port. établ de foires et marchés à la Flocellière. *Ann. Soc. d'Emul. Vendée*, 1875, p. 32, etc. — (2) Assign. devt le sénéchal du Poitou contre le prieur de St-Nicolas de Poitiers, qui prend un devoir excessif sur le sel, 26 juillet 1555, *Reg.* 32. — Ordon. d'Orléans 1560 (art. 138) obligeant les seigneurs à mettre en lieu public le tarif ou pancarte de leurs droits avec défense de percevoir davantage. — (3) *Coutume du Poitou*, titre 1er, art. 12, édit. Lelet, p. 45. — (4) Voir ci-dessous les textes cités à propos des droits de marque.

dent au présidial de Poitiers, et de René Brochard, lieutenant général de la sénéchaussée, l'un des ancêtres de Descartes. Les délégués royaux eurent d'ailleurs soin de consulter pour la rédaction « bon nombre de notables échevins et bourgeois de Poitiers », et d'entendre « les remontrances des marchands et artisans sur ce mandez (1) ».

Ce document montre chez le souverain une autre préoccupation persistante, celle de déterminer le prix des objets et le taux des salaires. On avait déjà essayé dès 1510 de confier aux juges royaux dans chaque localité la taxation des vivres et des marchandises, opération qu'ils devaient renouveler tous les trimestres (2). L'ordonnance du 21 novembre 1577 avait eu ensuite pour objet de tarifer la plupart des objets fabriqués (3). Le règlement du 25 janvier 1578 est une application locale de cette ordonnance, et on y voit le pouvoir central s'efforcer à prescrire le salaire de chaque corps de métier et la valeur de chaque variété de produits, depuis les matières alimentaires jusqu'au fer, au papier et au parchemin (4). La tentative était audacieuse, et il ne paraît pas qu'en Poitou elle ait eu un effet durable, à en juger par le silence des documents. Si elle avait été suivie d'exécution, on aurait probablement conservé quelque trace des difficultés d'application qu'elle soulevait, et il n'en est resté aucune.

Il ne semble pas non plus que l'action de la royauté ait été très efficace en Poitou, lorsqu'elle s'efforça à donner une police meilleure aux métiers. Quelques statuts corporatifs

---

(1) Ordonnance du Roy sur le faict de la police de Poitiers et des autres villes du Poitou, 22-25 janvier 1578, *Rec. Poit.*, in-12, tome XXI, n° 8. — (2) Ordon. royale du 21 nov. 1519, Fontanon, I, 928. — (3) Ordon. royale du 21 nov. 1577, Fontanon, I, 832-833. — (4) Ordonnance du Roy sur le faict de la police de Poictiers, 1578, précitée.

font allusion aux ordonnances royales qui interdisent aux maîtres de « se fortraire » les apprentis et les compagnons (1). D'autres ne manquent pas de prohiber, suivant les prescriptions du pouvoir royal, les banquets ruineux exigés des nouveaux maîtres (2). Les règlements, tels que ceux de 1567 et de 1578, répétant les dispositions des édits du roi, prétendent imposer l'obligation du travail et bannir l'oisiveté, empêcher les monopoles, les accaparements, les ventes clandestines (3). Mais la persistance des abus est attestée par la fréquence même des sentences ou ordonnances locales qui cherchent à réprimer les maux auxquels le pouvoir central s'efforçait à mettre un terme (4).

La royauté fut plus heureuse lorsqu'elle tenta de soumettre les métiers à l'ingérence administrative. Les communautés s'habituèrent aisément à considérer le recours à l'autorité royale comme une garantie contre les excès de l'autorité locale. L'exemple des taverniers et des revendeurs de Poitiers en 1511 le prouve (5). On ne sait de quelle manière les corporations poitevines accueillirent les innovations de la royauté qui portaient atteinte à leur monopole. Les documents font défaut. On ignore aussi l'accueil qu'elles réservèrent à ces maîtres qui achetaient du roi, depuis l'époque de Louis XI, le droit d'exercer un métier en vertu de lettres de maîtrise. Un article des statuts des couteliers de

---

(1) Ex. statuts des chapeliers de Poitiers 1560, art. 9; des parcheminiers, 1553, art. 3. — (2) Par ex. les parcheminiers 1553, et les texiers 1554. — Voir ci-dessus, livre III, chap. VIII. — (3) Règlements de police pour Poitiers et le Poitou, 1567 et 1578 : ces règlements enjoignent de faire apprendre un métier aux enfants, contraignent les mendiants valides, à peine du fouet, à travailler, permettent aux particuliers de les y contraindre. — (4) Voir les textes nombreux cités au livre II, chap. I à XI. — (5) Délib. munic. de Poitiers, octobre 1511, Reg. 11 (recours au roi contre une ordonnance municipale).

Châtellerault semble indiquer que les communautés du Poitou ne se résignèrent point à les admettre sans conditions, et qu'elles maintinrent à leur égard l'obligation du chef-d'œuvre (1). Le roi avait ses artisans suivant la cour qu'il dispensait des règles ordinaires, c'est-à-dire des examens, des visites et des droits de confrérie. Leur privilège n'était guère gênant dans une province où les résidences royales n'abondaient point. Aussi les corporations poitevines paraissent-elles l'avoir admis sans difficulté. Les statuts des tailleurs de Poitiers, par exemple, stipulent que le taillandier du roi ou des princes du sang sera admis à exercer dans cette ville, sans être reçu par les gardes-jurés (2). Certains métiers sont déjà astreints à solliciter l'investiture du souverain. Ainsi, les messagers de la commune de Poitiers doivent se faire recevoir en Parlement et solliciter des lettres de provision du roi (3). L'Etat a aussi ses imprimeurs-jurés auxquels il alloue le monopole de l'impression des lettres patentes, édits et actes administratifs, se réservant de tarifer le prix de ces imprimés (4). Le roi tend même à se considérer comme le propriétaire éminent du travail de ses sujets, et à ce titre il exerce à l'égard des métiers le droit de réquisition, dans les circonstances extraordinaires. Ainsi en 1580, pour repeupler Arras (5), on prend dans la capitale du Poitou un certain nombre d'artisans. En 1587, tous les marchands et habitants de Poitiers sont invités par Henri III à former pour son usage un magasin de blés et de

(1) Statuts des couteliers de Châtell[t] 1571, art. 1. — (2) Statuts des tailleurs de Poitiers 1458-61. — Délibér. munic. de Poitiers 26 janv. 1587, rel. à Jehan Blanchard, *messaigier* ordinaire de la ville, Reg. 46. — (4) Délib. munic. de Poitiers rel. à la plainte d'Aymé Mesnier, imprimeur juré de la ville (et du roi) contre Pierre de Marnef, 21 mai 1588, Reg. 47. — (5) Délib. munic. 30 mai 1580, Reg. 7.

vins (1). Pendant tout le cours du xvi° siècle, la ville est obligée de fournir à l'État des quantités déterminées de salpêtre et de mettre à la disposition du pouvoir central les salpêtriers qui y sont établis (2). Les métiers groupés en compagnies sont au service du roi autant qu'à celui de la ville, et leur artillerie est marquée aux armes du prince, pour bien montrer qu'ils n'en sont que les détenteurs (3).

La royauté est cependant moins envahissante que ses agents. Ceux-ci cherchent, avec une ténacité que rien ne rebute, à soustraire les métiers à l'autorité des pouvoirs locaux. Certaines communautés, celle des barbiers-chirurgiens par exemple, continuent à être placées sous la direction d'un officier du roi (4). De même, le maître des œuvres du roi en Poitou exerce une juridiction, d'ailleurs restreinte, sur les ouvriers du bâtiment (5). Mais d'autres officiers royaux travaillent à entamer les prérogatives qu'exerce l'autorité municipale ou seigneuriale en matière de police et de juridiction à l'égard des communautés ouvrières. Parmi eux figurent les lieutenants du roi des merciers, les généraux des monnaies, les maîtres des eaux et forêts, les prévôts de la maréchaussée, et surtout les lieutenants civils et criminels des sénéchaussées et présidiaux. Les premiers, délégués du roi des merciers, ont des pouvoirs étendus sur le

---

(1) Ordonn. munic. de juin 1587, *Reg.* 46. — (2) Délib. munic. du 1er avril 1538 rel. aux 15 milliers de salpêtre exigées par le roi; 31 mars 1541 (15 milliers); 18 juin, 30 octobre 1543 (autres 15 milliers); 27 décembre 1544 (5 milliers); mars 1547-48 (10 milliers); 21 décembre 1553; 12 octobre 1553 (5 milliers); 21 janv. 1553-54 (10 milliers); 8 août 1558 (4 milliers), etc. *Reg.* 20, 23, 25, 26, 29, 32, 36. — (3) Textes ci-dessus livre III, chap. IX, et notamm¹ lettres pat. du roi 16 oct. 1586 rel. à l'artillerie de la ville de Poitiers, *Reg.* 46. C'est Louis XI qui organisa les métiers en compagnies armées, H. Sée, *Louis XI et les Villes*, p. 313. — Levasseur, *op. laud.* I, 469. — (4) Statuts des barbiers de Poitiers 1461, 1483. — (5) Délib. mun. du 27 mars 1553 mentionnant le maître des œuvres du roi en Poitou, Fr. Lamoureux, *Reg.* 32.

commerce local ou forain, et président à l'inauguration des foires et marchés (1). On les voit encore en 1584 sous le nom de maîtres généraux visiteurs de mercerie s'acquitter de cette dernière attribution en Poitou (2). Ils tentaient d'ailleurs, suivant la coutume, d'étendre leurs attributions. Ils percevaient illégalement des taxes sur les marchands poitevins, si bien que le lieutenant du roi des merciers dans cette province fut décrété d'arrestation en 1586 (3). Ils revendiquaient aussi le droit de visite sur les poids et mesures avec une part des amendes décernées pour ce motif (4). Ils excitèrent si bien les plaintes des pouvoirs locaux et la méfiance du pouvoir central que, supprimés une première fois en 1544, ils finirent par disparaître en 1597 (5). A Poitiers, le corps municipal possédait toute juridiction sur les orfèvres et présentait les officiers de la monnaie. En 1556, le roi institue un prévôt de la monnaie qui reçoit « cognoissance et juridiction » sur le premier métier comme sur le second, et qui prétend procéder à l'admission des maîtres et recevoir leur serment. De là une querelle qui durera près d'un siècle entre les prévôts ou gardes de la monnaie et l'échevinage (6). Le maître des eaux et

(1) Ordon. royale d'août. 1448 rel. aux rois des merciers, *Ordon.* XIV, 27-30. — (2) Procès-v. d'inaug. des foires de Saint-Clémentin 1584, *Arch. hist. Poitou*, XX, 404. — (3) Délib. munic. de Poitiers 28 juillet et 4 août 1585 rel. à l'arrest. et au procès de Louys Nicollas, lieut. du roi des merciers en Poitou, inculpé d' « exactions et larcins » *Reg.* 46. — (4) Délib. munic. du 21 mai 1554 contre le roi des merciers, *Reg.* 32. — (5) Levasseur, *op. laud.*, I, 514.— (6) Sur le droit de présentation et de nomination des officiers de la monnaie par la ville de Poitiers, délib. mun. du 25 nov. 1550, *Reg.* 31; et ci-dessus livre IV, chap. II; livre II, chap. XI. — Edict et règl[t] sur les monnaies et opposition du corps de ville à l'instit. du prévôt, 30 sept. 1556, *Reg.* 34; 8 nov. 1552, *Reg.* 35; etc. La ville conserva jusque vers 1588 la nomination des officiers de la monnaie, délib. munic. nov. et 19 déc. 1588. *Reg.* 48; 14 août 1586. *Reg.* 46; de même elle garde la juridiction sur les orfèvres. Arrêt de 1637 cité au chapitre suiv. résumant la procédure entre la ville et le garde de la monnaie.

forêts se permet de disputer au maire et aux échevins la police du marché au poisson. Il veut empêcher les sergents municipaux de visiter la Poissonnerie, et il emploie à l'égard du premier magistrat de la commune des paroles « indiscrètes et dédaigneuses », au point que le conseil des échevins décrète l'intrus de prise de corps (1). Le prévôt des maréchaux prétend se réserver, au mépris des droits du maire, la délivrance des passeports d'exportation pour les denrées et marchandises (2). Les officiers de justice se distinguent par leur acharnement à contester les prérogatives du pouvoir local. L'arrêt des Grands jours de 1541 reconnaît au lieutenant-général de la sénéchaussée de Poitiers le droit de pourvoir aux règlements de police économique, quand la surveillance des officiers municipaux ou seigneuriaux est en défaut(3). Les officiers du roi, lieutenants-généraux, procureurs criminels, avocats généraux, aspirent à une autorité plus régulière que celle-là sur les métiers. En 1512, ils reçoivent la requête d'un maître parcheminier poursuivi par les jurés de la corporation et évoquent le procès, malgré les protestations de la juridiction municipale (4). Ils contestent les pouvoirs du maire et du juge des treize dans les affaires de police(5). En 1533 et 1553, ils s'arrogent une prérogative réservée à l'autorité municipale, celle d'autoriser l'exercice de certaines industries foraines (6). Ils entreprennent de connaître d'une cause relative aux

---

(1) Délib. munic. de Poitiers 8 août 1580 au sujet des prétentions du maître des eaux et forêts du Poitou, *Reg.* 43. — (2) Délibér. munic. de Poitiers, 24 août 1586, *Reg.* 46. — (3) Arrêt des Grands jours de Poitiers 1541 précité. — (4) Délib. munic de Poitiers 5 avril 1512, *Reg.* 11. — (5) Acte du lieut. criminel Pidoux 19 fév. 1528-29, *Arch. Mun.* D. 34; prouve qu'antérieurement il contestait la juridiction municipale. — (6) Délib. munic. de Poitiers 3 juillet et 28 août 1553 contre le lieut. criminel Berthelot au sujet des bateleurs, *Reg.* 32.

maîtres barbiers (1). Vers la même époque, l'avocat du roi au présidial s'avise de faire « la visitation » du poisson vendu au Marché-Vieil (2). La royauté n'ose encore soutenir les prétentions injustifiées de ses agents. Mais elle leur réserve dans la plupart des villes la connaissance des affaires de police (2). Elle les charge de surveiller l'exercice de plusieurs industries nouvelles, telles que l'imprimerie (4). Elle leur délègue enfin la police économique en cas de contestation entre les pouvoirs locaux (5) ou de négligence dans l'administration de ces derniers. Toutefois, si elle cherche à étendre son contrôle sur le commerce et l'industrie, ce n'est point uniquement dans l'intérêt de sa puissance. Elle recherche les réformes qui peuvent améliorer la situation des communautés industrielles et commerçantes. Rien ne le prouve mieux que l'édit par lequel elle s'efforce à rouvrir aux marchands l'accès des échevinages (6), et l'ordonnance en vertu de laquelle elle institue la juridiction expéditive des tribunaux consulaires. Niort en 1565 (7), Poitiers en 1566 (8) sont dotés de cette institution excel-

---

(1) Délib. munic. du 28 août 1553 contre le lieut. criminel au sujet de la police des barbiers, *Reg.* 32. — (2) Délib munic. du 12 août 1549 contre Macé avocat, *Reg.* 31. — (3) Par ex. à Châtellerault où les m. jurés font leurs rapports au procureur du roi et où la sénéchaussée connaît des affaires des métiers. Statuts des couteliers 1571, des maréchaux 1573, des chapeliers 1588. — (4) Règl. gén. pour le Poitou 1578 (défense d'imprimer sans permission de justice). — Délib. munic. du 25 janv. 1588 contre un écrivain auteur de libelles et qui a fait appel de la sentence municipale au lieut. gén. criminel ; la ville conteste le droit de celui-ci, *Reg.* 47. — (5) Commission du Conseil du roi au sénéchal du Poitou pour exercer la police dans le bourg St-Hilaire, 20 oct. 1566, *Arch. mun.* D. 48. — (6) Voir ci-dessus, livre III, chap. IX. — (7) Lettres patentes de Charles IX établ[t] la juridiction consulaire à Niort (15 octobre 1565) (1 juge et 2 consuls élus par 20 marchands délégués d'un collège de 30 autres marchands), Bardonnet, op cit. p. 299. — Breuillac, *La juridiction consulaire à Niort*, 1885, in-8. — (8) Edit du roi (mai 1566) sur l'élection d'un juge et 3 consuls des marchands en la ville de Poitiers, *coll. Fonteneau*, XXIII fol.

lente qui rendit de grands services au commerce du royaume.

Soucieuse du développement de la richesse publique, la royauté favorise les travaux destinés à améliorer les voies de communication terrestres et fluviales (1). Au moyen des concessions de privilèges, elle aide les métiers les plus utiles à se relever et à s'accroître. Les serruriers de Poitiers par exemple sont exempts de l'impôt de 12 d. par livre levé sur la profession « de serrurerie (2) ». Les orfèvres de la même ville sont exemptés de péages, coutumes et autres droits pour toutes ventes ou achats relatifs à leur art (3). Les imprimeurs-libraires et relieurs sont dispensés de guet et de garde, de tailles et de gabelles (4). Les chirurgiens reçoivent à leur tour de la libéralité de Charles IX d'importants avantages du même genre (5). Le pouvoir royal provoque la création d'établissements industriels, leur accorde des exemptions de taxes qui équivalent à des subventions, oblige les villes à leur octroyer des subsides. La formation des manufactures royales de soieries à Lyon et à Tours est la manifestation la plus fameuse de cette activité nouvelle de l'État monarchique. Mais sur bien d'autres points la sollicitude royale dut aussi s'exercer. A Poitiers en particu-

---

173-183 — *Arch. hist. du Poitou*, XV, 248, liste des juges-consuls de Poitiers. — Voir au point de vue général, l'étude l'E. Glasson, *Les juges et consuls des marchands* (*Nouv. Rev. hist. du Droit français et étranger*, janv.-févr. 1897).

(1) Voir ci-dessus, livre Ier, chap. II pour ces travaux. Projet de canalisation du Thouet au xvᵉ siècle, *Bull. Soc. stat. D.-Sèvres*, I, 383. — (2) Lettres patentes rel. aux serruriers de Tours qui reçoivent le privilège de ceux de Poitiers, en raison des difficultés de leur métier 1474. *Ordon. des rois*, XVIII, 109. — (3) Statuts des orfèvres de Poitiers 1458-67. — (4) Statuts des impr. libraires et relieurs de Poitiers 1634, art. 2, rappelant ces privilèges. — Déclar. royale du 30 avril 1583 en faveur des imprimeurs *Rec. Poit.*, in-4, XVII, nº 71. — (5) Lettres patentes de Charles IX (mai

lier, Louis XI eut l'idée de favoriser l'organisation d'ateliers de draperie. Il exempta de l'impôt sur les laines les marchands de cette ville, « afin qu'ils soient tenuz, disait-il, lever et droissier drapperie de draps de laine » et « peupler et fortifier ladite ville (1) ». Ajourné pendant quelques années, ce projet ne reçut un commencement d'exécution que sous Charles VIII. Les notables firent venir des drapiers, des teinturiers et des foulons, et ils profitèrent en février 1487 du passage de Charles VIII pour demander au chancelier Rochefort l'exemption d'impôts en faveur des industriels organisateurs de la manufacture de draps. Le chancelier promit son concours, et en avril 1488 des lettres patentes du roi, publiées en exécution de cette promesse, accordèrent à la ville de Poitiers dispense de toutes impositions sur les draps de laine, les laines filées ou à filer, lins, chanvres, tapisseries, serges, toiles, courtepointes, chausses, robes et chapeaux, et sur les matières tinctoriales, guesde, garance et alun. La franchise s'étendait même à la mercerie et à la pelleterie, aux draps d'or et de soie, aux couettes, coussins et plumes, aux billettes d'acier, et à la quincaillerie, poêlerie, batterie d'étain, plomb et cuivre, à l'espéerie, aux ouvrages des armuriers, des gantiers et des boursiers, au parchemin et au papier (2). La Chambre des Comptes prétendit restreindre le privilège aux matières premières et aux produits fabriqués qui dépendaient du mé-

---

1581) en faveur des chirurgiens, *Vienne*, D. 11. — *du Poitou*, II, 81.
(1) Thibaudeau, *Hist. du Poitou*, II, 81. — (2) Sur la réception faite à Charles VIII à Poitiers, 19-21 février 1487. *Arch. Munic.*, série M. reg. 11, l. 42. — Inventaire des privilèges de Poitiers, *Bibl. Munic. Mss.* n° 385, f° 683. — Lettres patentes de Charles VIII en faveur de la draperie de Poitiers, avril 1488. *Ordon. des rois*, XX, 127. — Original aux *Arch. Mun. de Poitiers* A. 31, pp. Rédet, *De quelq. états industriels à Poitiers*, *Mém. Antiq. Ouest*, 1re série IX, 364.

tier de draperie. Mais les échevins de Poitiers objectèrent que l'exemption accordée pour les autres objets leur permettait d'en faire l'échange dans de bonnes conditions et d'acheter ensuite les laines et les autres matières nécessaires à la manufacture projetée, pour laquelle ils avaient d'ailleurs fait venir des ouvriers étrangers (1). Charles VIII, accédant aux vœux des requérants, permit que ses lettres patentes eussent plein et entier effet (2).

Les registres des délibérations municipales mettent à même de suivre jusqu'à son déclin cette institution dont la royauté avait favorisé la naissance. La manufacture de draps de Poitiers créée sous ses auspices dura près d'un siècle (3), mais n'eut qu'une existence précaire et difficile. Pas plus que celles de Lyon et de Tours, elle ne fut une vaste agglomération d'ouvriers, une sorte de grande fabrique. Elle se présente simplement sous l'aspect d'un groupement de petits patrons disséminés dans la ville et employant chacun quelques ouvriers. D'ailleurs, elle ne devait ni montrer l'activité, ni obtenir le succès des ateliers tourangeaux et lyonnais. L'organisation n'en est pas moins fort curieuse. Elle montre ce que furent les premières manufactures créées sous les auspices de l'Etat, c'est-à-dire des groupements industriels placés sous la direction des corps municipaux et dénués de liberté. La fabrique de draps de laine de Poitiers, désignée sous le nom « de draperie », a d'abord un but analogue à celui des créations semblables

---

(1) *Rédet, op. cit.*, p. 365. — *Arch. Mun. reg.* 11, l. 42. — (2) L'enreg^t à la Ch. des comptes eut lieu le 3 février 1489 ; le 23 février la ville réquisitionne les presses de deux marchands pour la draperie (Délib. du 23 févr., du 31 mars et du 27 mai) *Arch. munic.* D. 22, l. 9 ; *M. reg.* 11, l. 42. — (3) Rédet déclare qu'il n'a pu en suivre l'histoire au-delà de 1490 ; la lecture des registres municipaux nous a permis de la reconstituer jusqu'en 1582.

entreprises avec les encouragements et sur l'initiative de la royauté. Elle est destinée à « peupler, entretenir et augmenter » une des « plus grandes, anciennes, fortes et principales cités du royaume », qui a beaucoup souffert des guerres anglaises (1). Une fois « bien droissée », elle servira à « l'entretènement des gens mendiants et des pauvres (2), dont il y a grand et effréné nombre en ville (3) ». Elle permettra d'employer les pauvres enfants à « apprendre les uns draper et les autres escarder (4) », sans compter les jeunes filles qu'on peut occuper à filer les laines pour faire lesdits draps » et qui se rendent ainsi utiles (5). Telles sont les préoccupations d'ordre social et économique qui guident le pouvoir promoteur de l'entreprise. Pour l'exécuter, l'échevinage groupe les 20 ou 25 drapiers drapants de Poitiers (6). Il les contraint, sous peine d'amende, d'emprisonnement et de déchéance de leurs privilèges, à entretenir « le lanifice et à faire draperie (7) ». Il les ajourne périodiquement devant le maire ou au conseil pour rendre compte de leur production (8). Le procureur de la police et les échevins sont chargés de visiter les ateliers et de vérifier les déclarations des redevables (9). Chacun des drapiers est tenu de fabriquer un nombre déterminé de pièces

---

(1) Lettres patentes de Charles VIII, avril 1488 (pour ce que ladite ville qui est de grand avenir et la plupart vague et mal peuplée).— (2) Délibér. munic. de Poitiers en faveur de la draperie, 27 nov. 1536, Reg. 24. — (3) Délib. munic. de Poitiers, 25 janv. 1543-44, au sujet de la draperie, Reg. 25.— (4) Délib. munic. du 28 janv. 1543-44, Reg. 25. — (5) Délib. munic. 20 décembre 1557, 27 août 1582 Reg. 35, 44.— (6) Délib. munic. 28 juillet 1550 pour faire dresser la draperie, Reg. 31.—(7) Délib. munic. du 5 mars 1536-37; du 28 juillet 1550; 15 juillet 1541; 27 août 1582, Reg. 20, 23, 31, 44.— Ordon⁶ munic. 18 oct., 18 nov., 17 décembre 1555, Arch. Mun. M. 43, n° 18.— (8) Délib. citées ci-dessus.— Délib. munic. du 13 octobre 1511, Reg. 11; 25 janv. 1543-44, Reg. 25 etc. — (9) Délib. munic. du 14 sept. 1538, Reg. 20, etc.

de drap. En 1537, cinq de ces industriels, à un moment où les laines sont fort chères, demandent qu'on se contente de 4 pièces pour chacun d'eux. Le conseil refuse et leur inflige une amende de 100 s. par chaque pièce manquante au total exigé (1). Une délibération de 1544 montre l'échevinage aux prises avec les drapiers. Ceux-ci, sommés de déclarer leurs intentions, offrent les uns 60 pièces, les autres 50 ; ceux-ci 30, ceux-là 20, 15, 12, 5 et 6. On en trouve même un qui promet jusqu'à 200 pièces, si on le fournit de laines et de flandières. En résumé, 17 drapiers s'engagent à produire environ 650 pièces (2). Pour réunir les fonds nécessaires à cette entreprise collective, on requiert les membres des 21, puis des 23 ou 24 métiers jurés de la ville (3), ainsi que les riches marchands, de verser une somme déterminée pour l'achat des laines ou des draps. On voit par exemple des pelletiers et des orfèvres astreints à faire fabriquer un nombre fixe de ces tissus (4), et un marchand de soieries obligé de donner 200 l. pour cet objet (5). L'argent obtenu est parfois, semble-t-il, versé dans une « bourse commune » destinée à alimenter la manufacture (5). Afin de maintenir cette institution, le corps de ville a soin d'interdire l'exportation des laines, sous peine de grosses amendes, à toutes sortes de commerçants (6). Il essaie d'empêcher les monopoles des reven-

---

(1) Délib. munic. du 5 mars 1536-37 rel. à 7 drapiers, *Reg.* 20. — (2) Délib. munic. du 28 janvier 1543-44, *Reg.* 25. — Délibér. munic. 18 août 1511, 23 juillet et 17 septembre et 9 octobre 1537, 27 nov. 1536, 14 sept. 1538, 2 octobre 1559, 18 octobre 1555, 15 juillet 1541, 21 et 25 janvier 1543-44, 3 mai 1557, 27 août 1582, *Reg.* 11, 20, 23, 25, 32, 34, 37, 44. — (3) Délib. 1er octobre 1537, *Reg.* 20 ; du 14 janvier 1555-56 (rel. à un orfèvre qui refuse de faire la draperie pour sa part), *Reg.* 32. — (4) Délib. munic. du 23 juillet 1557, *Reg.* 35. — (5) Délib. munic. du 25 janvier 1543-44, rel. à une réunion des marchands pour le lanifice, *Reg.* 25. — (6) Ordon[e]

deurs (1). Il fait maintenir les moulins à foulon sur le Clain, s'oppose à ce qu'on les convertisse en moulins à blé (2). Il consacre au foulage le moulin de Chassaigne qui appartient à la commune (3). Tous ces soins se heurtent à la mauvaise volonté des fabricants, qui, ne trouvant pas sans doute un marché rémunérateur pour cette entreprise municipale et royale, bravent les diverses ordonnances (4). Ceux qui s'y soumettent usent de fraudes variées. Ils enlèvent les marques officielles ou sceaux apposés aux draps (5), sans doute pour les faire servir à marquer les tissus qu'ils n'ont pas fabriqués, mais seulement achetés. Ils prétendent faire accepter au lieu de draps des serges drapées qui exigent un nombre bien moins grand d'artisans (6). Ils empruntent des draps à leurs voisins, les louent ou les prêtent alternativement, pour les présenter à la visite municipale (7). Ils laissent les cardeurs et peigneurs inoccupés la plus grande partie de l'année et se plaignent ensuite quand ces ouvriers délaissent leurs ouvroirs pour se rendre aux champs (8). La manufacture de draperie de Poitiers finit donc comme il était aisé de le prévoir. En 1582, le Conseil privé du roi ayant supprimé les privilèges accordés par Charles VIII, elle termina une existence que la contrainte seule avait artificiellement prolongée (9).

munic. 18 nov. et 17 décembre 1555, Reg. 32; et Arch. Mun. M. 43, n° 18; du 4 mars 1542-43, Reg. 25.

(1) Ordon^e munic. 1er octobre 1537, Reg. 20. — (2) Délib. munic. 8 nov. 1540, février 1540-41, Reg. 23. — (3) Délib. munic. 28 juillet 1561, Reg. 38. — (4) Délibér. citées ci-dessus aux pages précédentes, — Délibér. du 28 juillet 1550; ordon^e munic. du 11 août 1572, 20 décembre 1537, Reg. 31, 41, 35. — (5) Délib. munic. du 4 mars 1542-43, Reg. 25. — (6) Délib. munic., 26 août 1538, Reg. 20. — (7) Ordon^e mun. du 8 octobre 1537, Reg. 20. — (8) Délib. munic. 28 janvier 1543-44, Reg. 25. — (9) Délib. munic. du 15 octobre 1582 ment. la révocation des lettres pat. de Charles VIII, Reg. 44. — On peut signaler aussi comme établ^t favorisé par l'Etat la verrerie de l'Argentière où Fabiano Salviati, verrier de Murano, organisa en 1572

La royauté, qui s'efforçait à favoriser la naissance et les progrès de l'industrie, avait, au reste, compromis plus d'une fois son œuvre par ses exigences fiscales. Les péages et les taxes de circulation, joints aux guerres civiles, ont, au témoignage de Guillaume Bouchet, ruiné au xvie siècle le commerce du Poitou (1). Les impôts directs, d'après le Vénitien Cavalli, pèsent sur le pays poitevin et quelques autres provinces (2), d'un poids écrasant. De plus, les professions industrielles et commerciales ont à supporter les exactions dont les surcharge un pouvoir besogneux. Tantôt il astreint les nouveaux maîtres à des droits de réception fort onéreux (3), tantôt il impose aux métiers le paiement de contributions spéciales pour l'armement du royaume (4). Il essaie à plusieurs reprises d'établir en Poitou le monopole de la vente du sel, au risque de ruiner la région (5). Il frappe le commerce du bétail et des denrées de droits tels que Poitiers prétend payer de ce chef autant que toute la Touraine (6). Les fermiers royaux effraient de leurs exigences les beurriers et les charbonniers au point de compromettre l'approvisionnement de la capitale de la province (7). Le commerce du vin se trouve frappé d'impositions variées (8).

la fabric. des ouvrages de Venise ; le comte du Lude, gouverneur du Poitou, lui accorde l'exemption du logement militaire, B. Fillon, *l'Art de terre*, pp. 196, 285.

(1) G. Bouchet, *35e Sérée*. — (2) Relation du Cavalli 1546, *Rel. des Ambas. Vénitiens* I, 297. — (3) Edit de 1581 astreignant les maîtres à payer 1 à 3 écus dans les bourgades, 10 à 30 dans les villes, Fontanon I, 1093. — (4) Voir ci-dessus, livre III, chap. IX. — Lettres pat. du roi pour contraindre les métiers à contribuer au paiement de l'artillerie, délib. munic. 15 juin 1586, *Reg.* 46. — (5) Délib. munic. 14 août 1544 au sujet de l'étab^t de magasins du sel en Poitou, *Reg.* 26. — Sur la révolte de la gabelle en 1549, *Thibaudeau* II, 224. — (6) Doléances du corps de ville de Poitiers 26 août 1552, *Reg.* 32. — (7) Délib. munic. du 5 févr. 1542-43 au sujet des prétentions du fermier du roi sur les beurriers (il veut lever 20 à 25 s. par charge de beurre au lieu de 7 s. 6 d.) et les charbonniers (on veut les astreindre à payer pour le charbon l'entrée de la ville) *Reg.* 25. — (8) Ex. imposition de 15 s.

La draperie n'est pas épargnée, et la ville, menacée de voir déserter ses foires par les marchands d'Orléans et de Normandie, est contrainte de prendre à sa charge la ferme du droit sur les draps de laine (1). La plaie la plus intolérable de l'industrie et du commerce est surtout due aux créations d'offices. Toute innovation ou réforme se traduit en effet par quelque charge au préjudice des artisans et des marchands. Pour réformer les aunes, on demande 400 l. à Poitiers (2). Pour vérifier la qualité et les dimensions légales des draps et serges, on exige un droit de marque ou de sceau, et on crée des offices d'auneurs des draps et toiles, comme à Châtellerault (3), de contrôleurs et marqueurs de draps et serges, comme à Poitiers (4). Ces offices affermés donnent lieu à la perception de taxes : 12 d. par livre sur les tissus fabriqués, 3 s. par écu sur les draps vendus. On y veut soumettre à la fois les drapiers, les sergers, les tisserands, les foulons et les teinturiers, y astreindre même les tissus fabriqués pour les particuliers (5). Les intéressés et les corps municipaux ont beau protester et engager des procès : la force les oblige à se soumettre (6). Les tanneurs, les corroyeurs et autres industriels qui travaillent les cuirs, assujettis au contrôle de l'État, se trouvent également atteints par les exigences fiscales (7).

par pipe de vin. Délib. munic. 27 août 1582, *Reg.* 40. Anciens 5 sous (en 1561).

(1) Délib. munic. de Poitiers, 15 mars 1550-51 sur la ferme du droit des draps de laine, *Reg.* 31. — (2) Délib. munic. 8 août 1556, *Reg.* 36. — (3) Sur les offices d'auneurs des toiles à Châtell^t notamment en 1576, Blanchard, *Compil. chronol.* n°s 1102, 1191, 1146 ; Brillon, *Dict. des arrêts* I, 335. — (4) Edits du roi de février et du 22 mars 1582 et déclar. interprêt. du 22 déc. au sujet du droit de marque des draps, *Fontanon* I, 1035, 1038. — Délibér. munic. de Poitiers, 20 août 1582 et suiv, *Reg.* 44. — (5) Délib. munic. de Poitiers 20 août et 3 sept. 1582, 21 janvier 1583, 29 août 1588, *Reg.* 44 et 48. — (6) Ex. les drapiers en 1582 ; les foulons et teinturiers en 1583. — (7) Délib. munic. d'août 1580 au sujet des tanneurs, *Reg.* 43, f° 28.

La royauté se mêlant de régler la fabrication des futailles, pipes et bussards, c'est une nouvelle source d'extorsions. En 1556, l'échevinage s'oppose aux « exactions » du fermier royal chargé de lever l'imposition sur les tonneliers, et qu'il désigne sous le nom de « fermier du bois rond et carré (1). » En 1577, il refuse le droit d'exercer au jaugeur royal des pipes et bussards, qui revendique aussi, au détriment de quelques pauvres gagne-deniers, le monopole de crieur de vin (2). Deux ans après, surgit un nouveau pourvu d'office qui s'intitule *maître jaugeur visiteur marqueur général des futailles et tonneaux servans à contenir les vins, tasteur desd. vins entrans à Poitiers et autres villes et lieux du Poitou et Mirebalais, crieur et huche d'iceux* (3). Il est chargé de mesurer les futailles exposées en vente au sep et étalon de la ville, d'en vérifier la contenance, d'obliger les vendeurs à conclure des marchés loyaux, de marquer les vaisseaux vinaires, de tâter et de goûter les vins vendus en gros, pour savoir s'ils sont marchands, et d'avertir l'acheteur et au besoin les juges. Il perçoit pour son salaire de mesureur 8 d. à 6 d. par pipe, 4 à 3 d. par bussard, et pour son salaire de tasteur, 10 d. par pipe et 5 d. par bussard. Il peut déléguer ou désigner des commis pour crier le vin dans les cantons et carrefours. Ces agents, porteurs d'une sonnette blanche, d'un beau pot et d'un hanap, se mettent à la disposition des vendeurs, auxquels ils réclament 8 d. par pièce à vendre (4). La ville de Poitiers avait dû déjà,

---

(1) Délibér. du 9 mars 1555-56 sur requête des tonneliers, *Reg.* 33. — (2) Délib. munic. du 27 octobre 1577 contre Le Roy, acq. de l'office de jaulgeur de pipes et crieur de vins en Poitou, *Reg.* 42. —(3) Délibér. munic. du 5 octobre 1579, au sujet d'Etienne Carré acq. de cet office, *Reg.* 42, f° 1018.— (4) Provisions accordées par le corps de ville de Poitiers à l'officier jaugeur, 5 sept. 1580, *Reg.* 43, f° 79.

quelques années auparavant, se résoudre à affermer un office de jaugeur à raison de 100 l. par an. Il lui fallut encore racheter l'office de *mesureur-crieur-tasteur*, après 9 ans de contestations, au prix de 400 écus de capital et de 33 écus 1/3 de redevance annuelle pendant 5 ans. Elle obtenait, il est vrai, en compensation le droit illusoire d'exercer à son profit cette charge dans tout le Poitou (1).

Ce n'étaient là cependant que des essais timides en regard des exigences que la royauté devait multiplier au xvii° et au xviii° siècle. Le système était ébauché sur ce point comme sur les autres par les Valois. Les Bourbons allaient le reprendre, travailler à mettre les métiers dans leur dépendance complète, et placer l'industrie et le commerce sous leur direction absolue.

CHAPITRE VI

La Royauté et son Action au point de vue Economique en Poitou, depuis le Règne de Henri IV jusqu'au Ministère de Colbert (1589-1661).

L'effort de l'administration royale à l'époque des Valois avait été intermittent; les résultats qu'elle obtint furent minimes. Avec deux administrateurs de génie, Henri IV et Colbert, la puissance économique de la royauté s'affirme. Le système réglementaire est fondé. Les métiers tombent sous la tutelle royale. L'Etat s'applique à diriger l'activité industrielle et commerciale, et se fait payer ses services en exploitant le travail. Les documents permettent de suivre

---

(1) Délibér. munic. de Poitiers, 20 août 1580, avril-mai 1581, 21 juillet et 1ᵉʳ sept. 1586, 4 février, 2 mars, 8 juin, 24 août, 29 nov. 1587, mars-avril, 11 décembre 1588, *Reg.* 43, 46, 47, 48.

en Poitou ce mouvement ascensionnel de l'autorité monarchique dans l'ordre des faits économiques.

La province avait beaucoup souffert des guerres de Religion. Insécurité des routes, pillages des soldats, insubordination des classes populaires, luttes sanglantes des partis, tout s'était réuni pour décourager l'industrie et le commerce. L'administration de Henri IV rétablit l'ordre et l'obéissance, rend à l'État son prestige, et s'efforce à restaurer la prospérité publique. La circulation des denrées et marchandises est facilitée par la réfection des chemins, la réorganisation du service des postes et messageries, les travaux de canalisation du Clain (1). L'édit de Nantes donne au Poitou, alors si divisé entre catholiques et protestants, quatorze ans de tranquillité relative. Le trafic se rétablit. Niort, Marans, Luçon bénéficient surtout de ce relèvement du commerce poitevin (2). Le roi favorise le développement de l'industrie : il stimule l'initiative des industriels. Il provoque la naissance des établissements et en aide les progrès. C'est sous les auspices de Henri IV que quatre entreprises industrielles, à savoir l'exploitation des mines, la sériciculture et la fabrication du verre et du fer, sont tentées en Poitou. On y avait découvert en 1560 des gisements miniers (3). En 1603, à la suite d'une enquête ordonnée par le roi et dont les historiens Palma Cayet et de Thou ont transmis les résultats (4), on projeta de nouveau d'exploiter les mines de plomb et d'antimoine de la province, spé-

(1) Voir ci-dessus livre Ier, chap. III — et G. Fagniez, *Économie sociale de la France sous Henri IV*, 1897, in-8°. — (2) G. Fagniez, p. 162. — (3) Lamé-Fleury, *De la législation minérale sous l'ancienne monarchie*, p. 48, cité par Fagniez, p. 32. — (4) Thou (de), *Histoire latine*, VI, 156 (an 1603). — Palma Cayet *Chronol. Septen.* (1652), coll. *Michaud*, XIII, p. 208 (ne parle pas des mines du Poitou).

cialement à Melle (1). « J'ai appris, écrit un agent anglais à Cécil, le 20 août 1599, qu'on a découvert en Poitou et en Auvergne des mines d'argent, dont on peut retirer un réel profit (2) ». Mais il est douteux que ces mines aient été réellement exploitées. Quant aux gisements d'antimoine, ils furent quelques temps abondants, et s'épuisèrent ensuite, de sorte qu'à la fin du xviie siècle il fallut recourir à l'antimoine de Hongrie. « Il y a un temps, observe un mé-
« moire du commerce parisien rédigé vers 1700, qu'on a
« trouvé de ces mines en Auvergne et en Poitou, en si
« grande quantité qu'on en envoyait dans tous les païs
« étrangers, mais ces mines ont manqué totalement (3) ».

La création de magnaneries et de plantations de mûriers dans la province sollicita encore plus vivement l'attention du grand roi. On a déjà étudié, d'après les procès-verbaux de la Commission du commerce instituée par Henri IV, cette tentative originale à laquelle présidèrent le souverain et son principal auxiliaire, Barthélemy Laffemas (4). C'est en 1604, après des essais tentés dans les généralités de Paris, Lyon, Orléans et Tours, que le roi résolut d'essayer dans la généralité de Poitiers, l'introduction de la sériciculture destinée à affranchir la France du

---

(1) F. Rondier, *Les Mines de Melle*, 1870, p. 10. (Commission du 20 octobre 1603 pour l'expl. des mines de Melle). M. Rondier croit que ce projet ne fut pas suivi d'exécution (pp. 7 à 13). — *Bull. Soc. Stat. D.-Sèvres*, I, 226-238. — (2) H. Neville à Cecil 20 août 1599, *Sir Ralph's Winwoods Memorial of affairs of State* 1725, I. 93; cité par Fagniez, pp. 33-34. M. Fagniez ne paraît pas avoir connu la brochure de Rondier. — (3) Mémoire des députés pour Paris au Conseil du Commerce, s. d. (1700). *Bibl. Munic. de Poitiers* mss. n° 289. — M. Fagniez n'a pas connu ce détail qui se rapporte probablement à l'exploitation des mines d'antimoine du Poitou sous Henri IV; c'est la seule époque où on puisse la placer. — (4) Procès-verb. de la commission du Commerce (1602-1605), p. p. Champollion, *Doc. hist. inéd.*, tome IV. — G. Fagniez, pp. 105-117.

tribut qu'elle payait à l'Italie pour se fournir de soies brutes. Un contrat du 23 décembre 1603 signé entre l'État et deux bourgeois de Paris, Jean le Tellier et Hugues Crosnier, stipulait la plantation de 100.000 mûriers blancs de deux ans en Poitou, la distribution de 125 l. de vers à soie, de 200 onces d'œufs, et de 2.000 exemplaires d'une instruction rédigée pour guider les sériciculteurs. Le roi attribuait aux entrepreneurs une subvention de 18.000 l. (=52.612)(1). Le gouverneur du Poitou, Sully, accorda son appui à l'entreprise (2). Dès le mois de mars 1604, quatre pépinières devaient être organisées dans la généralité, pour remplacer gratuitement les mûriers morts pendant l'année ; elles étaient tenues d'avoir au moins 50.000 mûriers (3). Les pépinières furent effectivement créées à Poitiers, Niort, Mauléon (Châtillon-sur-Sèvre) et la Rochelle (4). Mais on s'aperçut bientôt que la population montrait peu d'empressement à demander aux élus chargés de la distribution les plants de mûriers et les semences de vers (5). D'ailleurs, on crut devoir autoriser les entrepreneurs de magnaneries ou leurs commis, à s'approprier gratuitement les feuilles de mûriers, à la condition que ces industriels enseigneraient aux habitants des paroisses à nourrir les vers et à filer la soie (6). C'était enlever aux particuliers l'appât du bénéfice qu'ils pouvaient retirer de la plantation, pour leur offrir en échange un avantage incertain. Les paysans, spécialement en

---

(1) Contrat passé le 23 déc. 1603 avec les entrep. pour la gén. du Poitou, *Procès-verbaux*, pp. 175-180. — (2) *Procès-verbaux de la commission du commerce*, 21 oct. 1603, p. 127. — (3) Contrat du 23 déc. 1603. — (4) Rapport du commis du contrôleur général 14 mai 1604. *Procès-v.* p. 191. — (5) Ordon. du 9 déc. 1603 pour la distrib. des graines de mûriers. *Procès-v.* pp. 138-140 ; contrat du 23 déc. 1603. — (6) Ordon. du 1er juin 1604, *Procès-v.* p. 199.

Bas-Poitou, préférèrent s'occuper au travail des salines. Ils ne voulurent « prendre charge ni peyne de cultiver les dits meuriers », qu'il fallut distribuer aux gentilshommes de la province (1). L'entreprise paraît donc avoir échoué.

Deux autres établissements semblent avoir mieux réussi. L'un fut fondé par un gentilhomme poitevin, Balthazar Prévost, écuyer, sieur de Lavigerie, en vertu de lettres patentes de Henri IV, dont nous avons retrouvé le texte. Il avait fait expérience devant le roi à Nantes « d'une invention de fers utiles pour les chevaux ». On lui octroie, le 6 décembre 1598, le privilège de fabriquer ces fers à l'exclusion de tous ferrons, éperonniers, maréchaux et ouvriers quelconques, avec le monopole de la vente et le droit de les marquer à ses armes. Les contrevenants sont punis de 10 écus d'amende et de bannissement en cas de récidive. Il est probable que l'inventeur eut quelque succès, puisque, en 1610, il adresse requête à l'échevinage de Poitiers pour revendiquer l'exécution des lettres-patentes (2). Plus vivace et plus florissante encore a été la verrerie fondée en Poitou sous les auspices du roi par l'Italien Vincent Sarode, l'organisateur en 1597 de la verrerie de Melun. Des lettres patentes du 4 mai 1600 l'ayant autorisé à s'établir dans diverses généralités, parmi lesquelles figure celle de Poitiers, « pour faire toutes sortes d'ouvraiges de verre comme ils faisoient à Venise et tous aultres lieux, sans brusler bois ou charbon » (3), il s'installa à la Fosse de Nantes et à Vendrennes en Bas-Poitou, où sa fabrique de verroterie, d'émaillerie et de

(1) Rapport du commis 14 mai 1604.— (2) Enreg. des lettres-patentes du Roi (6 déc. 1598) et du grand écuyer Bellegarde (18 nov. 1598) en faveur du sieur de Lavigerie, *Reg. des délib. munic. de Poitiers* (22 févr. 1610) n° 63, f° 105.—(3) Lettres patentes du 4 mai 1600 en faveur de V. Sarode. Gerspach *la Verrerie*, pp. 200-201. — B. Fillon, *l'Art de terre*, p. 205.

faïence devait durer près de deux siècles. Quelques années auparavant, un autre Italien, Giovanni Ferro, auquel Henri IV accorda des lettres de naturalisation, fondait une verrerie de verre et de cristal à Machecoul (1).

Reprenant les dispositions de l'édit de décembre 1581, Henri IV s'efforçait, par l'ordonnance d'avril 1597, de généraliser le régime des corporations, en concédant la jurande à tous les métiers, sous réserve du serment et du paiement de certains droits. C'était enlever aux pouvoirs locaux une prérogative à laquelle ils tenaient et imposer aux corporations de lourds sacrifices. Aussi, le corps de ville de Poitiers fit-il opposition à l'édit. Le sénéchal de Poitou, prenant fait et cause pour les échevins, en empêche la publication et l'exécution. Un arrêt du Conseil du 28 novembre 1598 ordonne de passer outre (2). L'échevinage persiste, et, le 11 janvier 1599, il déclare s'opposer « formellement à ce que l'édit puisse avoir lieu en ladite ville et fauxbourgs, comme contraire aux privilèges d'icelle (3) ». Mais, devant l'effervescence qui se propage parmi les artisans, il se résigne, le 11 mai, à interdire les réunions des communautés et à leur enjoindre de se soumettre aux ordonnances (4), tout en revendiquant son droit de recevoir et d'instituer les maîtres des métiers. Le 16 mai, toutefois il enjoint encore aux métiers libres qui voudront obtenir la jurande de présenter en premier lieu leurs projets de statuts au maire. Le droit d'approuver ces statuts est seul réservé à l'autorité royale (5). Peu de métiers

(1) Gerspach p. 200.— (2) Arrêt du Conseil 28 nov. 1598, *Bibl. Nat. Mss. Fr.* 18, 163, f⁰ 93. — (3) Délib. munic. de Poitiers 11 et 18 janvier 1599, touch. l'opposition à l'édit sur les métiers ; assign. du maire dev. le Parlement 11 mars 1599 ; délibér. munic. 13 avril 1599 à ce sujet, *Reg.* 57. — (4) Délibér. munic. du 11 mai 1599, *Reg.* 57. — (5) Délib. munic. des 11 et 16 mai 1599.

du reste profitèrent de cette faculté. On ne voit guère à Poitiers que les chandeliers (1) et les boulangers (2) qui aient sollicité l'approbation royale et l'octroi de lettres patentes. En général, les métiers se contentent de requérir le consentement de l'autorité locale, et celle-ci, en approuvant les statuts, invite les intéressés à se pourvoir auprès du roi, pour obtenir des lettres de confirmation, et auprès du Parlement, pour faire vérifier ces lettres (3). Les communautés ont sans doute le désir de faire jurer leur profession « à « l'instar de Paris, d'Orléans et de Tours (4) ». Mais on comprend qu'elles aient reculé devant les formalités onéreuses de l'approbation royale, et qu'en fait l'édit de 1597 soit resté inexécuté.

La royauté prétend aussi rendre l'accès des corporations plus facile, en se faisant d'ailleurs un revenu de cette faculté. L'édit de 1597 autorise le roi à créer dans chaque métier trois maîtrises dont les titulaires, pourvus de lettres du prince, seront exempts du chef-d'œuvre (5). Les corporations de Poitiers durent se soumettre à cette prescription (6), et une ordonnance du corps de ville interdit en octobre 1601 aux maîtres de recevoir des aspirants, avant que les compagnons pourvus « de lettres de Sa Majesté » n'eussent été admis dans le métier (7). Mais les commu-

---

(1) Délibér. munic. du 16 mai 1599 rel. aux chandeliers, *Reg*. 57. — (2) Lettres patentes de Henri IV, sept. 1609, conf^t les statuts des boulangers de Poitiers, mentionnées dans la copie de ces statuts, *Arch. antiq. Ouest*. Ces statuts furent aussi confirmés par Louis XIII (déc. 1613) et enregistrés au Parlement le 21 nov. 1616. — (3) Délib. munic. (11 et 16 mai 1599) à Poitiers, *Reg*. 57. — Statuts des tanneurs de Châtell^t 15 mars 1596 concédés par la sénéch. et le corps de ville, conf. par lettres patentes d'avril 1615, *Vienne* E 7^1. — (4) Statuts des boulangers de Poitiers juin 1609, préambule. — (5) Edit d'avril 1597, art. 1. Isambert, XV, n° 111. — (6) Cette disposition de l'édit provoqua en partie l'émeute du 11 mai 1599 à Poitiers, *Reg*. 57. — (7) Délibér. munic. d'octobre 1601, *Reg*. 60, f° 35.

nautés résistèrent vivement, lorsque le pouvoir central essaya de rétablir le contrôle des mesures à sel et la marque des cuirs (1). Le roi inaugurait en effet la politique réglementaire et se préparait à soumettre les diverses industries à la surveillance de ses agents (2). Dans cette voie, il était inévitable que les officiers royaux se heurtassent non seulement à l'opposition des corporations, mais encore à celle des pouvoirs locaux menacés dans leurs prérogatives. Outre le conflit séculaire entre les corps municipaux et les officiers de justice qui devait se prolonger jusqu'au début du XVIIIe siècle (3), on voit en effet sous Henri IV se continuer la lutte de la juridiction municipale contre les anciens et les nouveaux fonctionnaires du roi. L'échevinage a d'abord à combattre la Cour des Monnaies. En janvier 1551, un édit royal, ayant institué cette Cour, avait attribué au prévôt, représentant des généraux des monnaies, le droit d'examiner les orfèvres, de recevoir leur serment et leur caution et de faire insculper la marque des maîtres sur la table de cuivre de l'hôtel. Les gardes héréditaires essayeurs et tailleurs des monnaies avaient hérité en 1581 des attributions du prévôt, mais à Poitiers les échevins avaient refusé de reconnaître leur juridiction sur les orfèvres. En 1599 et en 1600, les maîtres des monnaies revenant à la charge prétendent exercer le droit de visite sur les maîtres de l'art d'orfèvrerie. Le corps de ville résiste; le procès est évoqué devant la Cour des monnaies, auquel le Conseil du roi, saisi par les échevins, le renvoie encore en 1602 et 1603, et la Cour s'empresse de

---

(1) Voir ci-dessous même chapitre. — (2) Les procès-verbaux de la Commission de commerce prouvent qu'on prépara des règlements pour les diverses industries et métiers. — (3) Délib. du 25 juillet 1600 (conflit avec le lieutenant criminel au sujet de la police des comédiens), *Reg.* 59.

rendre un arrêt qui confirme les prétentions du garde (1).
Mais l'échevinage ne se tient pas pour battu, et, prenant sa
revanche en 1606, obtient une sentence par provision qui
le maintient « dans la juridiction et police des orfèvres (2) ».
La Faculté de médecine de Poitiers de son côté était obligée de protester contre les prétentions de deux commissaires qui s'étaient fait donner par le roi le pouvoir de recevoir les apothicaires et les chirurgiens dans les villes et
bourgs, au mépris des droits des médecins et des corps
municipaux (3). L'échevinage de la capitale du Poitou
repoussa avec une égale énergie les prétentions du lieutenant du roi des merciers. En dépit de l'édit de 1597 prescrivant la suppression de cet office, un particulier nommé
Jean Boucquet avait obtenu du Parlement un arrêt qui lui
permettait de procéder à la visite des marchandises, poids
et aunes, et même à celle des moulins, dans les principales
villes, parmi lesquelles figurait Poitiers. Le corps municipal
s'empressa à cette occasion de revendiquer ses prérogatives auprès du procureur général (4). On ne sait s'il obtint
gain de cause; mais c'est la dernière mention qu'on rencontre dans les registres de la commune au sujet de ce
célèbre office.

La fiscalité monarchique ne s'arrête pas non plus sous

---

(1) Délibér. munic. de Poitiers 24 août 1599 et 23 sept. 1600 au sujet des
prétentions des maîtres de la monnaie, *Reg.* 58. — Arrêt du Conseil privé
15 juin 1630 (faisant l'historique du conflit et mentionnant les arrêts du
3 avril 1602 et du 7 février 1613), *Reg.* 81. — (2) Arrêt du Conseil 28 déc.
1606, cité dans une délib. munic. du 29 avril 1618, *Reg.* 73. — (3) Lettre
de la Fac. de médecine de Paris à celle de Poitiers 1598. *Vienne* D. 11. —
(4) Délib. munic. du 26 juin 1595 (au sujet du lieut. du roi des merciers); 13 juillet 1609 (contre Boucquet, s. d. lieut. du roi des merciers).—
Arrêt du Parlement 17 juillet 1609 sur ce me visiteur, *Reg.* 54, 64, 65.

le règne de Henri IV. D'abord, l'édit de 1597 astreint tous les marchands et artisans à payer un droit, variant de 1 écu sol (9 fr. 50) à un demi-écu (4 fr. 75) dans les centres importants, réduit à la moitié dans les petites villes. Une première fois, les huissiers royaux chargés de notifier cette disposition aux Poitevins revinrent à Paris sans avoir rien pu obtenir (octobre 1598). Ils reparurent au mois de mai 1599 porteurs d'une contrainte contre les arts et métiers de Poitiers pour obliger les maîtres à se pourvoir des lettres de maîtrises délivrées par le roi et à payer le droit d'un écu. Le 11 mai, les gardes des communautés étaient réunis au logis du lieutenant-général, lorsque 7 à 800 artisans envahirent l'assemblée, la menace à la bouche, refusant tout paiement. Cette scène de désordre effraya la bourgeoisie. Le mois et cent interdit aussitôt toute réunion des métiers et prit des mesures pour contraindre les maîtres au paiement (1). Un peu plus tard, en 1606, on imaginait un règlement pour la vérification ou la réformation des mesures à sel en Poitou et dans les provinces voisines. L'édit qui instituait ce nouvel impôt vexatoire ne fut révoqué qu'en 1610 (2). Plus onéreuse encore devait être la marque des cuirs destinée à durer jusqu'à la fin de l'ancien régime. L'édit de janvier 1596 avait rétabli les offices de contrôleurs, visiteurs et marqueurs des cuirs, en leur attribuant des redevances perçues sur les fabricants. Cette taxe fut vivement ressentie dans une province où l'industrie

(1) Délibér. munic. de Poitiers 1598, mai 1599 (11 et 16 mai), *Reg.* 57. — (2) Le corps de ville de Poitiers avait aussi obtenu, en 1600, du roi le droit de jauge des pipes et bussards qui s'exerçait uniquement aux environs, délib. munic. 30 sept. 1600, *Reg.* 59. — Edit royal portant règl. des mesures à sel en Poitou et établ^t d'officiers mesureurs, révoqué par la déclaration du 22 juillet 1610, *Aff. du Poitou*, 1779, p. 38. — Forbonnais, *Rech. et Consid. sur les Finances*, I, 244.

de la mégisserie et de la tannerie se trouvait alors fort développée. Le choix de ces fonctionnaires était d'ailleurs déplorable. On avait nommé à Poitiers pour exercer cet office, qui eût exigé des connaissances spéciales, un fourrier de la grande écurie du roi (1). Aussi l'impôt fut-il très mal accueilli. Dès 1596, il provoquait une émeute à Châtellerault (2). En 1600, lorsque les fermiers de la marque des cuirs se présentèrent à Poitiers, le corps de ville, revendiquant comme une de ses prérogatives essentielles la visite des tanneurs, se refusa à les installer. Ils durent se pourvoir devant le lieutenant-général et obtenir une sentence du maître des requêtes en mission dans le Poitou (3). L'échevinage, en dépit de tout, prit fait et cause pour les tanneurs et les corroyeurs, leur enjoignit de ne tolérer que l'apposition du marc municipal, interdit au marqueur et visiteur royal d'apposer le sien, à peine de 100 écus d'amende, et délégua le maire à l'inspection des boutiques et tanneries (4). La résistance se prolongea longtemps ; on ignore quel en fut le résultat. D'un caractère plus général, l'impôt du sol pour livre établi sous le nom de pancarte en 1597, sur la vente des denrées et marchandises, suscita une opposition plus violente encore. Le sieur d'Alloneau, conseiller à la Cour des Aides, chargé d'en surveiller la perception, se heurta à la résistance unanime du corps de ville de Poitiers (5). Niort ne se montrait pas mieux disposée (6). Le roi ayant voulu, en

---

(1) Edit de janvier 1596, Fontanon I, 1168. — Arrêt du Conseil 13 oct. 1607, rel. à l'office de marqueur à Poitiers, *Bibl. Nat. Mss.* fr. 18,172, f⁰ 29 ; Fagniez p. 86. — (2) Arrêt du Conseil 15 février 1595, *Bibl. Nat. Mss.* fr. 18, 12 ; Fagniez, p. 87. — (3) Délib. munic. de Poitiers 4 sept., 23 octobre, 6, 10, 14, 18 nov. 1600, *Reg.* 59. — (4) Délib. des 14 et 18 nov. 1600. — (5) Délib. munic. de Poitiers 25 nov. 1597 au sujet de la pancarte, *Reg.* 56. — (6) Sur la pancarte ou sou pour livre à Niort, Proust, *op. cit. Mém. Soc. Stat., D-Sèvres* 1888, p. 148.

1601, vaincre l'opposition des Poitevins, délègue vainement à Poitiers le conseiller d'État Damours. Le maire et cent refuse de se rendre à la conférence que l'envoyé royal convoque au Palais. Damours est assailli à l'hôtellerie Saint-André par une émeute de femmes maudissant l'affameur (1). Il fallut l'intervention du gouverneur, le duc d'Elbeuf, celle de l'évêque, et la menace d'une exécution militaire, pour forcer l'échevinage à offrir 4000 écus en remplacement de la pancarte (2). On trouva à grand'peine quelques marchands pour affermer cet impôt impopulaire qui fut remplacé en 1602 par d'autres taxes (3). Le nom de l'impôt avait changé, mais le commerce continua à être frappé par la taxe du sol pour livre, comme le prouvent en 1610 les plaintes des boulangers et des poissonniers de Poitiers (4).

Les communautés du Poitou ne tardèrent pas cependant à regretter le régime qu'elles avaient connu au temps de Henri IV. S'il avait été dur et oppressif, il s'était à l'occasion montré bienfaisant. Le demi-siècle qui suit est une période de despotisme intermittent dominé par les inspirations d'une fiscalité aux abois. La tradition centralisatrice s'affirme. La tendance déjà très marquée vers l'organisation des métiers libres en métiers jurés sous la tutelle royale, et sur le modèle des corporations parisiennes, se manifeste toujours. En 1628, les apothicaires de Poitiers, procédant

---

(1) Délib. munic. du 18 janv. et 31 août 1599, sur l'établ. de la pancarte à Poitiers, *Reg.* 57, 58. — (2) Délib. munic. de Poitiers 29 avril, 7 mai, 9 mai, 21 mai, 10 juin 1601, *Reg.* 59. — H. Ouvré, la *Ligue à Poitiers*, pp. 371-382. — Délib. munic. de Poitiers, 4, 8, 12, 22, 29 juin 1601, *Reg.* 59. — (3) Délib. municip. de Poitiers août 1601, *Reg.* 60. — Edit du 2 octobre 1602 supp.t la pancarte et levée de 5.000 l. sur Poitiers, *Reg.* 61. — Ouvré, *op. cit.* p. 388. — (4) Requête des boulangers et des poissonniers contre le fermier du sol pour livre, 11 janv. et 22 févr. 1610, *Reg.* 65.

à la révision de leurs statuts, s'adressent d'abord à la chancellerie royale (1). Lorsque les libraires imprimeurs et relieurs veulent se donner des statuts, ils prennent pour modèle ceux de la ville et Université de Paris. Ils sollicitent les lettres patentes du roi, l'approbation de la sénéchaussée et du Parlement (2). L'édit de 1597, toujours en vigueur, quoique en grande partie inobservé, sert de prétexte aux communautés désireuses d'obtenir la jurande. Mais à Poitiers, le corps de ville maintient ses droits sans défaillance et les fait triompher sans grande difficulté à l'égard de la plupart des métiers (3). A Châtellerault, au contraire, les officiers royaux affermissent leur autorité sur les communautés, et quand celle des sergetiers veut se réorganiser, en 1656, c'est le Conseil du roi et le Parlement qui lui accordent ses statuts (4). Ce sont encore les officiers de justice qui président à l'inauguration des foires (5) et qui sont chargés de faire exécuter les ordonnances royales souvent renouvelées, mais peu suivies, relatives à l'emploi de l'aune et du pied de Paris comme mesures de longueur (6). Trop absorbé par d'autres préoccupations, le pouvoir royal abandonne volontiers au pouvoir local le soin de faire les règlements de police économique. Les plus importants

(1) Délib. munic. de nov. 1628, protestant contre ce fait, Reg. 79. — (2) Statuts des imprimeurs libraires et relieurs de Poitiers (approuvés par la sénéchaussée 14 octobre 1634, par les Grands Jours 17 nov. 1634, et par lettres patentes du Roi, octobre 1634). — (3) Par ex. requête des tireurs d'étain (11 août 1642) à Poitiers, en vue d'être groupés en métier juré, Reg. 94. — Les délib. munic. citées livre II et III prouvent qu'à Poitiers, l'échevinage continue à examiner, approuver, modifier les statuts des métiers. — (4) Statuts des sergetiers de Châtell[t] présentés à la sénéch. puis au Conseil du roi, mars 1656, octroyés par lettres patentes de Louis XIV, enreg. au greffe le 13 juillet 1657, Vienne E 7[t]. — (5) Inaug. des foires de Beaumont 14 août 1619 par Pidoux, lieut. part. en Poitou, procès-verbal p. p. Rédet, Mém. Antiq. Ouest XX, 146-162. — (6) Arrêt de régl. des Grands Jours de Poitiers sept. 1634, précité.

sont seuls soumis à la ratification du Parlement (1). Dans les communes, telles que Poitiers, l'activité législative de l'échevinage s'exerce alors avec une indépendance presque absolue. D'un autre côté, les vastes entreprises de Henri IV ont été abandonnées en grande partie, et peu d'industries nouvelles apparaissent en Poitou. Quelques verreries seulement s'élèvent à la faveur des lettres patentes royales, par exemple celle que vient établir l'Italien Lorenzo Rossi (2). Mais c'est l'initiative privée qui introduit à Châtellerault la broderie (3), qui y maintient la prospérité de la coutellerie (4), et qui assure à St-Maixent le renom obtenu par le commerce de ses serges (5). C'est encore cette initiative, secondée par le corps de ville, qui permet d'organiser à Poitiers le premier dépôt de mendicité ou Hôpital des pauvres renfermés, destiné, avec le concours d'artisans du lieu, à former au travail les vagabonds et les mendiants (6).

La préoccupation principale de l'administration royale, pendant ces cinquante années, paraît avoir été de favoriser l'extension des pouvoirs de police de ses fonctionnaires, au préjudice de l'autorité locale, et d'imaginer des expédients

(1) Par ex. celui de sept. 1634, précité. — les autres nombreuses ordonnances de ce temps sont publiées sans cette homologation. — (2) En 1647 il y avait aussi à Ferrière parc d'Aulnay une verrerie établie par Segurault et Vincent de Pise. — Lettres pat. de 1627, en faveur de Lorenzo Rossi pour établir avec Jean-Marie Perrot une verrerie en Saintonge, Angoumois, Poitou ou autres lieux (vérif. des privilèges par l'élection de Niort, art. 1er), Bull. Soc. Stat. D.-Sèvres, IV, 615-616. — (3) Inv. des Arh. de Châtell^t, p. p. V. de St-Genis, p. XXVI: la broderie aurait été introduite par des religieuses émigrées de Lorraine. — (4) Attestée par Zinzerling (J. Sincerus), dans l'*Itinerarium Galliae* 1612, Robert du Dorat (1630), et Golnitz, *Ulysses belgico-gallicus* (1631). — (5) Voir ci-dessus livre Ier, chap. III. — (6) Articles en forme de règlement... pour l'étab^t d'un hôpital des pauvres renfermés à Poitiers, autorisés par le Conseil du Roi 1657. *Arch. Mun.*, D, 83. — Statuts de l'hôpital des pauvres renfermés (l'art. 22 dispense du chef-d'œuvre les artisans qui enseigneront pendant 3 ans leur métier aux pauvres) 1658, *Rec. Poit.*, in-4, tome X, *Bibl. Mun.*

fiscaux, pour exploiter au profit du Trésor l'industrie et le commerce. Les agents des finances et les traitants, auxquels on vend les passeports d'exportation des blés, s'ingénient à entraver le commerce des blatiers et des particuliers, spécialement par la voie de la Sèvre (1). Le Parlement a eu beau reconnaître à la commune de Poitiers la juridiction sur les métiers et les droits de police économique (2), le lieutenant général et les officiers de la sénéchaussée n'en disputent pas moins au corps de ville le pouvoir d'autoriser les artisans à ouvrir boutique et de juger les procès des métiers (3). Non contents d'exercer leur autorité sur certaines corporations soustraites à la police municipale, par exemple sur celle des imprimeurs (4), les juges du présidial prétendent évoquer devant eux les différends des autres communautés, telles que celle des apothicaires (5). A plusieurs reprises, des conflits se produisent jusqu'à l'arrêt de 1644 où le Parlement rejette les prétentions de la sénéchaussée (6). « La juridiction du maire et des échevins, dit cependant le chef de la commune en 1628, est « grandement affaiblie par messieurs les juges royaux ». Le mauvais exemple se propage et le corps de ville craint que les métiers n'en arrivent à se soustraire à son autorité (7). De ce côté, le danger est

(1) Lettre du maire de Niort au corps de ville de Poitiers et délib. de celui-ci, 16 nov. 1648, Reg. 100 — (2) Arrêt des Grands jours de Poitiers sept. 1634 préambule, Arch. Mun. D, 74. — (3) Délib. munic. du 4 juin 1629 au sujet de la permission d'ouvrir boutique accordée par la ville à la veuve d'un chirurgien (les chirurgiens s'étaient pourvus au présidial), Reg. 79. — Délib. munic. du 29 nov. 1621 (au sujet d'un procès des savetiers); 4 mai 1637 (au sujet des boulangers forains); 16 janv. 1645 (au sujet des jurés tanneurs; 13 mai et 17 juin 1652 (au sujet des vitriers); 25 nov. 1652 (au sujet d'un serrurier), Reg. 76, 87, 96, 103, 104. — (4) Statuts des imprimeurs-libr. de Poitiers 1634, art. 5, et 12. — (5) Délib. munic. de Poitiers 16 octobre 1628, 16 février 1632, 10 et 17 janv. 1633, 9 janvier 1634, Reg. 79, 83, 84. — (6) Arrêt de 1644 cité ci-dessus livre IV, chap. II. — (7) Délib. munic., du 16 octobre 1628 précitée.

provisoirement écarté. Mais sur d'autres points, la juridiction municipale recule. En certains cas, le maire doit partager avec le grand prévôt du roi le droit de taxer le vin, le pain, la viande et le bois (1). Le maître des œuvres municipal est obligé de procéder de concert avec le maître des œuvres royal à la visite des constructions élevées par les maçons sur les places publiques, rues et avenues (2). La querelle du corps municipal avec le prévôt ou garde de la monnaie, un moment assoupie, renaît en 1617. Après diverses péripéties, transactions, procédures au Conseil privé et à la Cour des monnaies, l'autorité du maire et des échevins succombe. Les arrêts de 1635 et de 1639 reconnaissent au juge et garde de la monnaie de Poitiers toute juridiction et droit de visite sur les orfèvres. Ils l'autorisent à examiner le chef-d'œuvre des aspirants à la maîtrise d'orfèvrerie, à recevoir le serment des maîtres, à accepter le dépôt de leur caution et de leur poinçon. L'échevinage est ainsi dépouillé de ses prérogatives séculaires (3). Il en est de même à Châtellerault, après une lutte de 12 ans entre la sénéchaussée et les officiers municipaux d'une part, et les officiers de la monnaie de l'autre (4). Depuis la fin du XVIe siècle, les

---

(1) Délib. munic. de Poitiers, du 24 août 1620, mentionnant un règl^t de ce genre arrêté de concert avec le grand prévôt, Reg. 75. — (2) Délib. munic. de Poitiers rel. à l'abbé maître de *massonne* et *charpente* pour le roy en Poictou, 1er octobre 1629. Reg. 80. — (3) Délib. munic. de Poitiers 3 juillet 1617, 29 avril 1618, 22 juillet 1619, 9 mars 1620, 15 sept. 1625, 14 janvier, 18 févr., 15 avril 1630 relatives au différend entre la ville et Leclerc, garde de la monnaie, au sujet du droit de réception, serment, police, juridiction des orfèvres, Reg. 71, 73, 74, 77, 80. — Arrêt du Conseil privé 15-16 juin 1630; délib. munic. des 12 juillet 1630, 28 juillet 1636, 13 et 27 juin 1639, Reg. 80, 81, 87, 89 — Arrêts du Conseil privé 28 avril 1637 et des requêtes de l'hôtel 5 juin, Rec. Poit. in-4° XXI n° 78. — (4) Délib. du corps de ville de Châtell^t 16 juillet 1625 au sujet de la jurid. sur les orfèvres revendiquée par Leclerc, Godard, I, 40-41. — Arrêt de la Cour des monnaies 4 mai 1637 en faveur de Leclerc, garde de la monnaie de Poitiers Rec. Poit. in-4°, XXI, n° 78.

ouvriers monnayeurs ont été soustraits à l'action du corps de ville de Poitiers. En 1633, les salpêtriers sont placés à leur tour sous la dépendance directe du grand maître de l'artillerie et de l'intendant des poudres, qui fixent désormais seuls, sans intervention des échevins, le prix de vente des produits de cette industrie (1). L'imprimerie et la librairie sont mises sous la surveillance étroite du pouvoir central. « Les imprimeurs, dit Agrippa d'Aubigné, n'ont plus « de voix libre ». Lui-même l'apprend à ses dépens, lorsqu'un arrêt du Parlement, en 1620, ordonne que l'Histoire Universelle imprimée à Maillezais sera saisie et brûlée par la main du bourreau (2). Imprimeurs et libraires sont sous le contrôle permanent de la justice royale et du clergé (3). Les pouvoirs locaux n'exercent sur eux aucune juridiction.

L'autorité municipale avait jusqu'en 1646 possédé le droit d'autoriser l'ouverture d'académies « pour instruire la jeunesse aux arts et sciences, tant pour monter à cheval que tirer des armes ». Cette faculté est réservée désormais au prince, et il faut des lettres patentes revêtues du grand sceau du Roi, pour que les particuliers puissent ouvrir ces établissements (4). L'usage s'introduit aussi peu à peu de réserver au souverain le pouvoir de permettre la vente des remèdes, baumes et antidotes dans l'étendue des provinces (5). Le

---

(1) Textes cités livre II, chap. XII, et not. délib. munic. 28 fév. 1628, 30 mai 1633, 8 octobre et 21 oct. 1635, *Reg.* 78, 83, 86. — (2) *Mém. d'Agrippa d'Aubigné*, éd. Réaume 1878, tome Ier. — Arrêt du Parl^t de Paris, 2 janv. 1630, ordon. la confiscation de l'Histoire Universelle, cité par Clouzot *l'Impr. à Niort*, p. 455. — (3) Statuts des impr.-libraires de Poitiers 1634, art. 3 et 12. — (4) Lettres du roi et du secrétaire d'État Le Tellier au corps de ville de Poitiers, 10 et 31 déc. 1646, *Reg.* 98. — (5) Lettres patentes du 15 mars 1623, 23 mai 1624, 19 déc. 1625 en faveur de D. Descombes citées dans les délib. munic. de Poitiers 2 sept. 1624 et 27 mai 1628, *Reg.* 77 et 78. — Le premier chirurgien barbier en revanche fait homologuer par lettres du roi du 28 janv. 1614 les pouvoirs de ses lieutenants en Poitou, *Vienne* D. 11. —

premier médecin du roi essaie, vainement d'ailleurs, d'étendre sa juridiction et celle de ses commis sur les médecins, les chirurgiens et les apothicaires du Poitou(1). Enfin, les officiers royaux, et le roi lui-même parfois, se montrent volontiers peu tolérants à l'égard des huguenots. Le présidial de Poitiers fait aux gens de métiers qui appartiennent à la religion protestante une guerre continuelle (2), et l'on voit le souverain ordonner en 1630 à la Faculté de médecine de l'Université l'exclusion des médecins réformés (3).

Aux préoccupations d'ordre religieux ou politique, le pouvoir central mêle des préoccupations d'ordre fiscal. Le trésor pendant ce demi-siècle est un gouffre sans fond, où se déversent les contributions extorquées à l'industrie et au commerce. Les lettres de maîtrise sont un des nombreux moyens, dont le gouvernement se sert pour battre monnaie. Afin d'en trouver le placement, il ne craint pas de renoncer à son intolérance, et il en pourvoit jusqu'à des compagnons protestants (4). On institue des maîtres par lettres royales dans tous les métiers. Exempts du chef-d'œuvre et des droits de réception (5), parés du titre de selliers, de cordonniers, d'étuviers, de garnisseurs, de menuisiers, de fourbisseurs, de boulangers du roi ou des

Délib, 15 déc. 1630 rel. à un procès entre l'échevinage et les chirurgiens de Poitiers, Reg. 81.
(1) Arrêt du Grand Conseil déboutant Héroard, 1er médecin du roi, de ses prétentions, à la requête de la Faculté de médecine, des m. gardes des apothicaires et épiciers de Poitiers etc. 21 juillet 1611, Vienne D. 11.— Lettre de la Fac. de médecine de Paris à celle de Poitiers (1618), en vue d'une entente contre Héroard, Vienne, D. 11.— (2) Voir ci-dessus livre IV, chap. III. — (3) Lettre du roi au maire de Poitiers, ord^t de s'opposer à l'admission de médecins protestants, et délib. de la Fac. de médecine 15 avril 1630, Vienne D. 5. — (4) Délib munic. de Poitiers 3 et 17 février 1648 au sujet d'un pintier, Reg.99. — (5) Ex. lettre de maîtrise du métier de boulanger à Poitiers délivrée à Fr. Jousselin, 23 juillet 1655, orig. parch. Vienne E 7².

princes (1), ces industriels ont acheté à beaux deniers comptants ces diverses faveurs. Ils se heurtent d'ailleurs souvent à l'opposition du corps de ville, qui revendique ses prérogatives relatives à la réception des maîtres (2). Ils sont l'objet de la haine (3), et même des mauvais traitements des métiers jurés (4). Mais ils finissent par vaincre les résistances en partie légitimes que leur opposent échevinages et corporations. Le pouvoir central en effet multiplie sans mesure les lettres de maîtrise et les afferme à des financiers ou partisans (5), qui accablent les métiers de vexations (6). Ainsi, en 1638 et en 1640, 4 maîtrises sont créées dans chaque corporation à l'occasion de la naissance du Dauphin, et 2 en l'honneur de la naissance du duc d'Anjou (7). En 1643, on institue 8 maîtrises par métier juré (8). Les fermiers chargés de la vente des lettres empêchent les artisans de se faire recevoir avant qu'elles n'aient été vendues. Il n'y a même pas d'exception pour

(1) Délib. munic. de Poitiers, 1er fév. 1644 (rel. à un barbier étuviste); 29 mai 1651 (relat. à un sellier); 26 août 1652 (relat. à un m^e garnisseur de chapeaux de S. M. à Poitiers); 8 et 15 avril 1652 (rel. à un menuisier); 19 août 1652 (rel. un cordonnier du roi); 8 avril 1652 (rel. à un m^e boutonnier du roi); 19 févr. 1652 (rel. à un boulanger); 8 mars 1652 (rel. à un m^e menuisier de « la Reyne »), Reg. 95, 102, 103, 104. — Lettre de maîtrise pour un boulanger à Châtell^t 1644 ; pour un fourbisseur à Poitiers 1610, Bibl. Mun. Poitiers Mss n° 452, 19-20. — (2) Délib. citées aux notes précédentes et suivantes. — (3) Mêmes délibérations. — (4) Par ex. délib. munic. 1er et 8 fév. 1644 au sujet des mauvais traitements infligés à Babeau, estuvier, par les chirurgiens de Poitiers, Reg. 95 ; 24 févr. 1653 (saisie sur un m. cordonnier du roi), Reg. 104, etc. — (5) Délib. munic. du 15 oct. 1610 (contre un partisan vendeur de lettres de maîtrise), Reg. 65. — En 1635 le fermier des lettres est M. Dupillé, bourgeois de Paris, qui commet pour la vente à Poitiers, Girault, greffier du présidial; en 1641 un sieur Vaultier ; en 1643, un Poitevin nommé Barré; en 1649, un certain Gervais; en 1660, Barré, mandataire de Pierre François, contrôleur du domaine d'Amboise. — (6) Ex. délib. munic. 7 nov. 1650, contre Barré, Reg. 102. — (7) Mention d'édits du roi de sept. 1638 et octobre 1640 à ce sujet dans une délib. munic. du 15 avril 1641, Reg. 91. — (8) Délib. munic. 30 nov. 1643, Reg. 95.

les fils et les gendres de maîtres (1). Quant aux pauvres, leurs intérêts sont encore plus sacrifiés (2). Cette opération donne lieu à une foule d'extorsions. Le fermier consent à fermer les yeux, à laisser procéder à la réception des maîtres non pourvus de lettres, pourvu qu'on « lui baille quelque argent », par exemple une pistole (3). Les habitants sont « molestés », et ce système contribue « à la ruine » des métiers (4). L'ingéniosité fiscale se révèle du reste par bien d'autres d'expédients dont les industriels et les commerçants font les frais. On astreint parfois les meuniers, les blatiers, les boulangers à fournir pour le service du roi les blés, les farines et le pain (5), sans s'inquiéter des conséquences de ces réquisitions inopinées. On reporte les lignes de douanes (*traites*) jusque sur la Sèvre, au grand préjudice du commerce du Poitou (6). On impose un sol pour livre sur les denrées de première nécessité, blé, farine, pain, viande, poisson (7). On invoque le faux saunage pour essayer d'enlever à la province le privilège d'exemption de la gabelle et le libre trafic du sel, en 1617, en 1634, en 1651, en 1652,

(1) Délib. munic. 15 octobre 1610, 5 février, 30 avril 1635 (celle-ci déclare cette institution préjudiciable à la liberté publique), 23 et 30 nov. 1643, 2 août 1649, 7 nov. 1650, 7 août 1651, 10 août 1654, 19 et 26 octobre 1654, *Reg*. 65, 85, 95, 101, 102, 103, 105. — (2) Délib. munic. 7 nov. 1650, 16 octobre 1651, 31 août 1654, *Reg*. 102, 103, 105. — (3) Délib. munic. 24 et 31 août 1654, *Reg*. 105. — (4) Délib. munic. 14 nov. 1650, 10 août 1654, *Reg*. 102 et 105. — (5) Ex. délib. du corps de ville de Châtell^t, 29 août 1620 (réquisition de blés et de 15.000 pains de munitions par jour), *Godard*, I, 18 — du corps de ville de Poitiers 29 octobre 1651 (réq. des blés et farines pour le serv. du roi), *Reg*. 103. — De 1626 à 1628, on réquisitionne aussi les tailleurs et on astreint Poitiers à fournir des habits aux troupes. — (6) Délibér. du 21 déc. 1620 à Poitiers (députation de la ville de Niort au sujet des traites reportées sur la Sèvre), *Reg*. 75 — sur l'établ^t de bureaux de traites à la lisière du Poitou 1624, Bardonnet, *Ephémérides*, p. 311. — (7) Délibér. de Poitiers du 10 sept. et 17 nov. 1614 au sujet du sol pour livre imposé par arrêt du Conseil, *Reg*. 69.

en 1656 (1), tentatives qui échouent devant l'attitude menaçante des populations. Mais, moins heureux, malgré les émeutes de 1630, de 1639 et de 1640, les cabaretiers et hôteliers sont contraints de subir les impôts du 6e et du 10e sur la vente des vins (2). Tous les métiers jurés sont frappés, tantôt ensemble, tantôt séparément. En 1612, on imagine d'exiger d'eux une taxe pour la confirmation des statuts. Un commis vient à Poitiers décerner des contraintes contre les récalcitrants. Les métiers résistent, en particulier les tanneurs, taxés à raison de 200 l., et les apothicaires (3). Le corps de ville se joint à eux, et après quatre ans de procès et de démarches, il obtient enfin un arrêt qui décharge les communautés d'artisans du droit de confirmation (4). Le contrôle de la fabrication et de la vente des cuirs et des toiles donne lieu à des contestations non moins aiguës. En 1617, les tanneurs, les corroyeurs, les gantiers, les boursiers, les aiguilletiers et les chamoiseurs de Poitiers sont en lutte avec le fermier de la marque des cuirs et des peaux (5). L'aunage des toiles est si incommode que les

(1) Délib. munic. 20 nov. 1619 et 13 février 1634, Reg. 74 et 84 ; autres délib. des 31 juillet 1651 au sujet de l'impôt du sel, Reg. 103. — Déclar. du 13 sept. 1651 et arrêt du Conseil 19 juillet 1652 suppr^t l'impôt du sel en Poitou et rétabl^t la liberté du commerce, Reg. 103 f°s 88-99 ; et 104 f°s 39-41. — Délib. du 1er déc. 1656 à Poitiers, Reg. 107. — (2) Délib. munic. 6 août 1629 contre le 10e (opposition des hôtes et cabaretiers), Reg. 80. — Sur les émeutes de 1630, 1639 et 1640, Reg. des délib. munic. de Poitiers, n°s 80, 89, 90 — journal de Denesde, Arch. hist. Poitou, XV, 89.— (3) Délib. munic. de Poitiers 14 avril 1612, 11 janvier 26 avril, 19 déc. 1616, 25 janvier et 11 déc. 1617 au sujet du droit de confirmation des métiers, Reg. 68, 70, 71, 72. — (4) Lettres patentes du roi décharg^t du droit de confirm. les communautés de Poitiers, mention. dans une délib. munic. du 11 juin 1618, Reg. 72. — (5) Contrat des m. chamoiseur-gantiers, aiguilletiers, boursiers, mégissiers avec le corps de ville de Poitiers au sujet du procès contre Raoulquin de Lannoy, fermier de la marque des cuirs et peaux 1615, 17 février, orig. parch. Arch. Mun. D. 60. — Arrêt du conseil

marchands, tantôt s'associent pour l'affermer à bas prix (1), tantôt se coalisent pour en empêcher la perception (2). Les contrôleurs-visiteurs et marqueurs des toiles, non contents de percevoir 6 d. par pièce et 1 d. par aune, c'est-à-dire les droits antérieurement établis, ont obtenu, en 1629, la faculté de prélever une nouvelle taxe de 3 à 6 s. par pièce. A Châtellerault, le commerce local, menacé de mort par cette mesure, est contraint de racheter au prix de 2.300 l. l'office du contrôleur (3). La création d'offices est en effet une ressource pour le roi. Mais elle devient une charge intolérable pour les communautés obligées de les racheter ou de payer aux titulaires des droits de visite. Avec les contrôleurs de cuirs et de toiles, le Poitou connut aussi les inspecteurs royaux des boucheries et les langueyeurs de porcs officiels (4), les officiers maîtres jurés de maçonnerie, les contrôleurs de charpente, et les clercs d'écritoires (5), dont les fonctions se vendaient au plus offrant et dernier enchérisseur. La tutelle royale, dégénérant en exploitation sans frein, n'avait même plus comme compensation le souci des intérêts de l'industrie et du commerce.

CHAPITRE VII

L'Administration Économique de Colbert en Poitou (1661-1683.)

Il faut arriver jusqu'au ministère de Colbert pour rencon-

en faveur de Lannoy, cité dans une délib. munic. de Poitiers, 7 mai 1618, *Reg.* 72.
(1) On voit à Châtell* un droit d'aunage des toiles de 1 d. par pièce affermé à la ville. Délib. 25 nov. 1619, 6 sept. 1629, *Godard*, I, 14, 57 — un autre perçu en 1629.— Délibér. du 25 nov. 1626 au sujet de la ferme faite par les marchands, *Godard*, I, 44.— (2) Délib. et ordon. du corps de ville de Châtell* contre les marchands, 7 mai 1648, *Godard*, I, 160. — (3) Délib. munic. de Châtell*, au sujet du nouveau contrôle et marque des toiles 17 févr., 8

trer de nouveau un administrateur épris du bien public, préoccupé à la fois de donner au pouvoir central la direction absolue des corporations, et d'aider au développement de la richesse générale par la protection éclairée accordée au travail.

Les principes dont le grand ministre s'inspira sont indiqués à maintes reprises dans sa correspondance. Il jugeait l'initiative privée trop faible ou trop routinière pour entreprendre le relèvement de l'industrie et du commerce. La royauté seule lui paraissait capable d'assumer cette tâche. Il pensait qu'il fallait faire revivre ou créer partout des foyers industriels et commerciaux, pour permettre au royaume de se passer de l'étranger et pour arrêter l'exportation de ses réserves monétaires. Aussi ne tenait-il aucun compte des aptitudes de chaque province, ni des tendances des divers groupes de la population du pays. La résistance, les obstacles naturels ou artificiels l'irritaient, et il taxait volontiers de paresse les provinciaux qui n'adoptaient pas ses plans avec empressement. Le zèle ardent qui l'animait à l'égard du développement de l'industrie française se trahit dans les efforts qu'il fit pour fonder en Poitou divers établissements industriels. Il ne cesse de stimuler l'activité des intendants. A l'un, Barentin, il recommande les manufactures de dentelles, de lainages et de bas (1). A l'autre, Marillac, il prescrit « de porter les habitants de Poitiers à « faire quelque effort pour attirer les manufactures ». L'indolence des Poitevins l'indigne, au même degré que celle des Bourguignons et des Orléanais. Il s'élève volontiers contre leur « extrême fainéantise », source « de leur pau-

mars, 5 sept. 1629, 16 mars 1632, *Godard*, I, 57, 59, 60, 82. — (4) Sur ces offices à Niort en 1626, Proust, *Mém. Soc. Stat. D.-Sèvres* 1888, p. 343. —
(5) Délib. munic. de Poitiers 10 février 1622 au sujet de ces offices, *Reg.* 76.
(1) Voir ci-dessous, même chapitre.

« vreté (1) ». « Il n'y a rien, écrit-il à Marillac en 1674,
« qui rende la ville de Poitiers gueuse et misérable comme
« elle est, que la fainéantise de ses habitants (2). » « La
« misère des peuples, dit-il en 1680, ne consiste pas aux
« impositions qu'ils payent au roi, mais seulement dans
« la différence qu'il y a du travail des peuples d'une pro-
« vince à l'autre, parce qu'ils sont à leur aise dès qu'ils
« veulent travailler (3) ». Ajoutez qu'à ses yeux le maintien
ou l'accroissement des manufactures en Poitou est un moyen
de gouvernement, « puisque, quand les peuples gagnent
« leur vie par ces manufactures, ils sont assurément plus
« obéissants aux autorités spirituelle et temporelle (4) ». Il
invite donc les intendants à agir auprès des pouvoirs locaux.
« C'est aux principaux des villes à bien connaître cela et à
« y donner le mouvement et les directions : » si on peut les
porter à donner du travail à leurs concitoyens, on « leur
« procurera un avantage plus considérable » que tous les
dégrèvements fiscaux (5). Il faut que les délégués du pouvoir
central s'enquièrent des établissements à fonder, du développement de ceux qui existent, qu'ils usent de toute leur
influence pour secouer la torpeur de leurs administrés. « L'un
« des plus difficiles effets que vous devez vous proposer
« de votre application, écrit Colbert à Basville le 26 mars
« 1682, doit estre de retirer les habitants de la ville de
« Poitiers de l'extrême fainéantise dans laquelle ils ont esté
« de tout temps et sont encore plongés (6). » Et il revient

(1) Colbert à Marillac, intendant de Poitou, 19 octobre 1674, *Lettres de Colbert* p. p. P. Clément II, p. 356; à Basville, 22 octobre 1682, *ibid.* II², p. 209. - (2) Lettre du 19 octobre 1674; du 28 nov. 1680 à Marillac *ibid.* II² p, 714.— (3) Lettre du 28 nov. 1680. —(4) Colbert à Basville, intendant de Poitou 28 janv. 1683, *Lettres* II², p. 735. — (5) Colbert à Marillac 1674 et 1680. — (6) Colbert à Basville 26 mars 1682, *Lettres* II¹, 731.

à la charge quelques mois plus tard, pour recommander à l'intendant « de s'appliquer à porter toujours quelque com- « merce et quelque manufacture » dans cette ville si « re- « nommée par sa pauvreté et sa fainéantise (1) ».

Ces exhortations ne furent pas inutiles. L'énergie déployée par Colbert et par ses agents parvint à implanter en Poitou, sinon toutes les industries qu'ils projetèrent d'y établir, du moins quelques établissements très utiles. Une nouvelle tentative pour propager dans la province la culture du mûrier, l'élève du ver à soie et la filature des cocons, ne paraît pas avoir mieux réussi qu'à l'époque de Henri IV (2). A l'hôpital général de Poitiers, les lettres patentes de mai 1675 permirent d'établir toutes sortes de manufactures (3). Colbert projetait en effet d'utiliser les mendiants et les vagabonds en les employant à la fabrication des étoffes grossières et de la bonneterie. Dès 1665, il pressait aussi le corps de ville de Poitiers, par l'entremise d'un député de l'échevinage qu'il avait reçu à Paris, de créer une manufacture pour les ouvrages de laine. Il lui faisait espérer qu'il « se rendrait digne ainsi de participer aux grâces de Sa « Majesté », qu'il aiderait « au bien de la ville et des habi- « tants », car par « ce moyen ceux-ci auraient lieu de s'em- « ployer et se rendre riches à l'exemple de la plupart des « villes du royaume (4) ». L'intendant Barentin s'efforçait, par des entretiens particuliers avec les échevins, de les rallier

---

(1) Colbert à Basville, 22 octobre 1682, *Lettres* II¹, 209. — (2) *Lettres de Colbert* p.p. *Clément IV*, p. 232, note 2; d'après Grognier, et sans indication d'autre source. — Gouget, *le Commerce de Niort*, p. 65. — (3) Lettres patentes de mai 1675 en fav. de l'hôpital gén. de Poitiers, de La Ménardière, *Introd. à l'hist. des étab. de Charité à Poitiers*, p. 28. — (4) Délib. du corps de ville de Poitiers 14 juillet 1665, *Reg.* 116. Cet épisode était jusqu'ici totalement inconnu.

à ses vues. Il se rendait en pleine assemblée du mois et cent et, après avoir « très civilement salué la compagnie, il « y prenait la parole ». Il y faisait « un très docte et judi- « cieux discours par lequel il disait que S. M. avait donné « la paix générale à ses sujets, et qu'elle désirait ensuite leur « en faire gouster les fruicts... en mettant les richesses et « l'abondance de toutes choses dans son royaume ». Pour réaliser ce projet, il fallait établir « le commerce et les ma- « nufactures dans toutes les villes, par le moyen de quoy « l'oisiveté et la fainéantise des habitans en seraient chassées, « et les peuples, trouvant commodément parmi eux les cho- « ses qu'ils vont chercher à grands frais chez les étrangers, « se trouveraient dans peu comblés de biens et de riches- « ses ». C'est pourquoi l'intendant avait reçu « ordre exprès « de S. M. d'assurer les habitants de cette ville de sa bonté « paternelle. Sachant leur peu de moyens, il leur offrait, « lorsqu'ils se seraient mis en devoir de travailler utilement, « de leur advancer quelques fonds de deniers pour faciliter « d'autant plus ledit establissement, en leur accordant tous « les privilèges, exemptions et décharges qui leur seraient « nécessaires ». Barentin assurait de son côté les Poitevins de « son application et de ses soins à faire réussir » un pro- jet « aussi advantageux au général de la ville qu'au parti- culier de chacun des habitants ». Il mettait à leur service son crédit auprès du roi. Le corps de ville remercia con- grument Barentin et protesta de son entière obéissance aux volontés du prince. Il fut reconnu que l'on pourrait facilement établir à Poitiers des fabriques de serges drapées, de revê- ches et d'autres ouvrages de laine, de toiles de toutes sortes, de chapeaux de plusieurs façons, de dentelles de fil, de cha- mois, et de menus ouvrages de bonneterie ou bas d'estame

(laine filée), « auxquels quelques habitans s'étaient déjà
« appliqués depuis quelques années (1) ». Le programme
était vaste. Les échevins, qui avaient déjà conféré avec les
marchands, appelèrent ces derniers à l'assemblée. Les quatre députés du négoce, Babinet, Souchet, Bobin et Cottiby,
offrirent au nom de leurs commettants « de contribuer sé-
« rieusement de toute leur industrie dans l'établissement
« des manufactures proposé ». Le résultat de cette journée fut la nomination d'une commission de 12 échevins,
pairs et bourgeois, qui, avec 6 marchands, devaient aviser
aux moyens de réaliser le plan arrêté en principe (2). Le
premier moment d'enthousiasme passé, les Poitevins retombèrent dans leur indolence et l'on n'entendit plus parler des
diverses fabriques qu'il avait été question d'établir, et notamment de celle des étoffes de laine. La seule manufacture
de ce genre créée en Poitou fut celle qu'organisa un grand
marchand Parisien, ami et confident de Colbert, Jacques
Savary, l'auteur du *Parfait Négociant*. Il essaya dans la
province, avec des ouvriers de Paris, la fabrication de droguets façonnés à chaîne de fil et à trame de laine en basse
lisse, dont la vogue fut assez étendue pendant trois ou
quatre ans, pour que la fabrique de Rouen se soit empressée de les imiter. Mais l'entreprise ne semble pas l'avoir
duré (3), et l'on voit Colbert demander en 1682 à l'intendant Basville d'exciter les échevins de Poitiers à établir la
manufacture d'étoffes (4), déjà préconisée dix-sept ans
auparavant.

(1) Délibér. munic. de Poitiers 24 août et 31 août 1665 (réception de Barentin), Reg. 116. — (2) Délib. munic. de Poitiers, 20 juillet et 31 août 1665, Reg. 116. — (3) J. Savary, Le Parfait Négociant, partie II, livre I, ch. VI, p. 421. — (4) Colbert à Basville, 26 mars 1682, Lettres II[2], 731-732.

Un échec semblable attendait une autre entreprise industrielle essayée sous l'impulsion du grand ministre en Poitou. Colbert avait formé une importante Compagnie, celle des ouvrages de fil et points de France, destinée à créer dans le royaume de vastes ateliers pour la confection des dentelles dont le secret avait été dérobé à Venise. Une déclaration royale du 14 août 1665 avait prescrit l'établissement de succursales ou bureaux de la Compagnie, sous la direction des sieurs de Pluymers et de Marcq, dans un grand nombre de villes. Parmi ces bureaux figuraient ceux de Loudun et de Poitiers (1). On ignore ce que devint la fabrique de Loudun, à supposer qu'on ait essayé de l'y fonder réellement. Il n'y en a pas de trace dans les documents du temps. A Poitiers, le corps municipal, avisé par une lettre des entrepreneurs de la manufacture royale des points de France, reconnut « l'avantage que pouvait recevoir le public » de ce projet. Le mois et cent fut convoqué le 15 mars 1667. Il fut d'avis d'écrire aux entrepreneurs, pour les assurer de son bon vouloir et leur promettre de désigner l'immeuble où la fabrication pourrait être installée. En même temps, le maire faisait publier une ordonnance avisant le public du dessein de la Compagnie et faisant ressortir l'utilité qu'avaient retirée les autres villes de la manufacture des ouvrages de fil à la manière des points de Venise, Gênes et Raguse. Les filles « et autres personnes « qui désiraient apprendre à faire lesdits ouvrages, « au coussin et à l'aiguille », étaient invitées à se faire inscrire au secrétariat de l'hôtel de ville (2). L'affaire paraît

(1) Déclaration royale du 14 août 1665 en faveur de la manufacture de points de France. Savary, *Dict. des manuf.*, III, 914. —(2) Délib. munic. de Poitiers 14 et 15 mars 1667, *Reg.* 117. Cet épisode est aussi jusqu'ici resté inconnu.

n'avoir pas abouti, soit répugnance des ouvrières à se plier à la dure discipline de la Compagnie, soit négligence de l'autorité locale à en favoriser le succès.

On fut plus heureux avec la manufacture royale de bas de laine au métier. Elle avait été fondée, comme celle des points de France, sous forme de Compagnie dont faisaient partie de riches marchands Parisiens. L'un d'eux offrit, en juin 1666, à la ville de Poitiers de s'intéresser à la succursale que pourraient établir les négociants poitevins, « d'avancer de l'argent » pour l'entreprise et d'obtenir un arrêt du Conseil privé qui interdirait la saisie des bêtes à laine pour le paiement des impôts. Il demandait qu'on lui envoyât comme spécimen une livre d'estaim ou laine filée du pays avec une ou deux paires de bas fins, façon de Poitiers. L'échevinage accueillit l'offre avec empressement, malgré l'opposition, semble-t-il, des marchands boutonniers, et envoya les échantillons requis. Mais un an s'était écoulé. L'indolence du corps de ville reprenait le dessus, lorsqu'un échevin donna avis « qu'il savait de bonne part (sans doute
« de l'intendant), que pour avoir bon succès des affaires de la
« ville et la maintenir en ses privilèges, il n'y avait pas de
« meilleur moyen que de justifier des soins que l'on y avait
« d'établir les manufactures ». Depuis peu, ajoutait-il, « il
« se fait en cette ville un nombre infini de boutons et de
« bas de laine, de quoy il est à propos que l'Intendant soit
« informé afin qu'il puisse certifier que cette ville se met
« en son devoir de correspondre au dessein de Sa Majesté
« touchant les manufactures dans tout le royaume ». Le conseil, réveillé de sa torpeur, s'empressa d'adresser à Barentin et à Colbert la liste des ouvriers en bas et bonnets de laine, et promit « de pourvoir aux moyens d'affermir et augmen-

ter ce nouveau commerce », voire même « d'en établir quelque autre (1) ». La bonneterie prospéra en effet, et, suivant le vœu du ministre, en 1674, les bonnetiers de Poitiers et fabricants de bas ou autres ouvrages brochés se formèrent en communauté jurée pour maintenir la bonne fabrication (2). Ce fut l'une des corporations les plus florissantes du Poitou qui s'organisa ainsi et sa vitalité ne cessa de s'affirmer pendant le cours de l'ancien régime.

Colbert fut moins heureux lorsqu'il essaya de développer dans la province l'industrie des bas et de la bonneterie au tricot. 1. avait organisé, pour répandre cette fabrication, une grande Compagnie dont le principal entrepreneur était le bonnetier parisien Camuset, et il s'occupait de lui faciliter partout les moyens de créer des ateliers ou bureaux. Il l'essaya d'abord en 1681 à St-Maixent, où l'on ne savait encore faire que la bonneterie à la main, tandis que le ministre cherchait à introduire le métier mécanique. Il commença, afin d'encourager les fabricants, par demander deux paires de bas des plus « belles couleurs » provenant de cette ville, afin « de les mettre sous les yeux du roi et de répandre par « elles la réputation de la fabrique du pays ». Il donnait l'ordre à l'inspecteur Richier d'aider au développement de cette industrie, s'engageant à la protéger, et il faisait convoquer par le lieutenant général de la sénéchaussée une assemblée des 40 maîtres bonnetiers du lieu. Mais ceux-ci, flairant dans la proposition du ministre quelque prétexte à nouvel impôt, craignant peut-être d'être obligés de modifier leurs procédés routiniers, refusèrent de répondre au

(1) Délib. munic. de Poitiers 14 juin 1666, 2 août 1666, 14 février et 24 octobre 1667, Reg. 116 et 117. — (2) Requête des bonnetiers et f. de b. au métier de Poitiers et délib. du corps de ville 20 et 24 juillet 1671, Reg. 121.

questionnaire de Colbert, d'indiquer le nombre de leurs ouvriers, l'importance de leur commerce et de ses débouchés, s'abstinrent d'envoyer les échantillons, prenant pour excuse « la dépense », et ne voulurent même pas signer le procès-verbal de la réunion (1). Colbert, sans se laisser décourager, tentait la fortune d'un autre côté. Il engageait en mars 1682 l'intendant Basville à essayer l'établissement des bas au tricot, dans la capitale du Poitou, et à demander aux échevins de Poitiers de consacrer un fonds de 3 ou de 4000 l. pour attirer les ouvriers (2). Il ne semble pas non plus avoir réussi.

Ce fonds était aussi destiné à encourager d'autres manufactures parmi lesquelles figuraient celles des cuirs. La tannerie et la mégisserie étaient, en Poitou, des industries florissantes, mais on n'y connaissait pas encore certaines variétés de cette fabrication. Le ministre essayait de les acclimater. En 1665, il avait créé une Compagnie destinée à introduire en France la préparation des cuirs d'Angleterre ou cuirs de veau, dont on était obligé d'importer tous les ans une grande quantité pour une valeur d'environ 2 millions. La Compagnie créa une fabrique au faubourg St-Marcel, à Paris 3), et une succursale à Châtellerault. Colbert lui permit de prendre dans la forêt royale de cette ville les matières nécessaires à son outillage (4). L'entreprise échoua en majeure partie, et elle dut liquider vers 1669 ou 1670 (5). Mais un document inédit de 1714 nous apprend qu'à Châtellerault « la manufacture de cuirs, établie avec tant de soin et de

---

(1) Procès-v. de l'ass. des bonnetiers de St-Maixent, 20 décembre 1681, *Arch. com. St-Maixent*, HH. 2. — (2) Colbert à Basville, 26 mars 1682, *Lettres* 112, 731. — (3) Savary, *Dict. du Com. et des Manuf.*, tome III, 544-545. — (4) Colbert à Barentin 1665, *Corresp. admin.* pp. Depping, III, p. 84. — (5) Savary, III, 545.

« succès par feu M. de Colbert, s'était perfectionnée et aug-
« mentée, fournissant de bonne marchandise, au point que
« 50 tanneurs en vivaient avant 1690, et y trouvaient les élé-
« ments d'un gros commerce ». Elle déclina uniquement à
la fin du siècle, sans doute par suite de la Révocation de l'é-
dit de Nantes et des guerres de cette période (1). Le grand
ministre avait recommandé à Basville de tenter à Poitiers
une entreprise analogue avec le concours des échevins (2),
mais le résultat de ce second essai est resté inconnu.

Colbert n'était pas moins désireux d'affranchir le royaume
du tribut qu'il payait à l'Espagne, à la Suède et aux pays
du Nord pour les fers et les fournitures de la marine. Il estimait qu'il fallait acheter de préférence ces produits aux provinces françaises, spécialement à celles qui payaient le plus
de tailles. Il écrivait aux indendants de Brest et de Rochefort d'établir des manufactures pour alimenter les arsenaux,
dans l'Angoumois, la Saintonge, l'Aunis et le Poitou. Il
voulait qu'on s'adressât aux forges de cette dernière province
plutôt qu'à celles de la Biscaye pour la fourniture des fers (3).
Si les maîtres d'établissements métallurgiques du Poitou paraissent avoir bien moins profité des bonnes dispositions du
ministre que ceux de l'Angoumois et du Périgord, ce n'est
certes point la faute de l'administrateur zélé qui avait fait
du développement de l'industrie et du commerce l'affaire
essentielle de sa vie. Ajoutons que le bon entretien ou la
construction des routes et l'amélioration de la navigation
fluviale de la province ne lui tenaient pas moins à cœur. Il
essaya de donner plus de stabilité au trafic des céréales,

(1) Procès-v. de l'ass. des sergers et marchands de Châtell[t]. 1714, *Vienne*
E7[1]. — (2) Colbert à Basville, 26 mars 1682, précitée.— (3) Mém. de Col-
bert pour les intendants du Terron et de Seuil, 3 juin 1666, *Lettres*, III[1], 77;
VII, 246.

évitant de recourir aux mesures brutales, telles que la fixation officielle du prix des blés, préférant, en cas de disette, favoriser les arrivages de l'étranger, n'employant ni visites domiciliaires, ni contraintes contre les particuliers et les blatiers, encourageant seulement les marchands à fournir les marchés et prévenant les menées des monopoleurs (1). Il essayait d'intéresser le commerce local aux entreprises coloniales, et il obligeait le corps de ville de Poitiers à participer pour 3000 l. à la formation du capital de la Compagnie des Indes (2). Il favorisait aux Sables-d'Olonne l'armement des bateaux de pêche, les exemptant de tout droit de sortie pour leurs approvisionnements et pour les marchandises à destination de l'étranger, ainsi que de droits d'entrée pour le poisson (3). En Poitou, comme dans le reste du royaume, la passion de la prospérité publique semblait toujours animer Colbert.

C'est encore le mobile qui lui inspira l'idée de soumettre l'industrie et le commerce à la réglementation de l'État. La fabrication des tissus de toute sorte attira surtout son attention. Elle constituait, à vrai dire, la plus grosse part du travail national. En Poitou, l'exportation de la draperie se trouvait très atteinte par la négligence qui s'était glissée parmi les fabricants. Ils se servaient pour leurs étoffes de laines inférieures ou pelades détachées des peaux au moyen de la chaux par les tanneurs, et dépourvues de solidité. Ils économisaient la matière dans les tissus, et pour leur donner

---

(1) Mém. de l'intend. de Poitou Roujault (sur le système de Colbert en matière de police des blés) 17 sept. 1709 ; et lettre du comte de Beauregard à Châtellerault, au contrôleur général 1er nov. 1708, Corresp. des Contr. gén. p.p. A. de Boislisle III, nos 203 et 511. — (2) Délib. munic. de Poitiers 14 sept. 1665, Reg. 116. — (3) Arrêt du Conseil d'État 17 juin 1665 en faveur des Sables d'Olonne. Rec. Poit. in-4 (Bibl. mun. de Poitiers), tome Ier, n°3.

plus d'apparence, tiraient les draps aux poulies. Enfin, l'acheteur n'avait en général aucun recours contre les vendeurs, et la surveillance des ateliers faisait défaut (1). Pour mettre un terme à ces abus, qui s'étaient répandus dans tout le royaume, et pour rétablir la bonne renommée des tissus français, Colbert fait rédiger, en août 1669, les règlements généraux relatifs à la police des manufactures d'étoffes de laine et à la teinture des lainages et soieries (2). Ce sont ces règlements généraux qui durent être appliqués à la fabrique poitevine. Ils fixaient les dimensions ou longueurs et largeurs des diverses espèces d'étoffes, telles que serges, tiretaines, droguets. Pour que le tissu en fût suffisamment serré, la largeur minimum ne pouvait être inférieure à une demi-aune. Il était interdit aux tisseurs d'employer dans l'ourdissage des chaînes ou des pièces des laines de différentes qualités, aux marchands de mêler ou de mouiller les laines : le tout afin d'éviter l'inégalité et l'imperfection des étoffes. Quatre mois étaient accordés aux fabricants pour changer les lames et rots des métiers et pour les réduire aux dimensions légales (3). Beaucoup de manufactures avaient reçu en outre des règlements particuliers, surtout celles où l'on fabriquait des draps fins. Il parut inutile d'en rédiger pour celles du Poitou où ne se faisaient que des draps communs. Mais les inspecteurs royaux et l'autorité locale tinrent la main à l'application du règlement général, et, sur les articles de ce règlement, greffèrent des ordonnances spéciales. Ainsi, le maire de Niort interdit la vente ou l'achat des laines

---

(1) Délib. et sentences. du Conseil des manuf. de Niort, 1670-1674. *Arch. Dép. D.-Sèvres*, reg. E.208. — (2) Règl^s généraux d'août 1669 pour les manufactures et les teintures. *Rec. de Règlements*, Paris, 1740 in-4, tome 1er.
(3) Règl^t général des manufactures, août 1669, art. 7 à 27, 30, 32, 33.

malpropres « non nettoyées d'ordures (1). » A Châtellerault, le lieutenant général prohibe l'emploi des laines inférieures appelées pignons, abats et coustines, à moins que les fabricants ne mettent aux étoffes ainsi fabriquées une lisière ou gros doubleau de laine bleue pour les distinguer des tissus de laine pure (2). Ces prescriptions étaient plus faciles à exécuter que celles qui concernaient les dimensions, le foulage et la teinture.

Le règlement général dérangeait en effet des traditions anciennes, et s'appliquait malaisément à la fabrication des draps communs, la seule répandue en Poitou. Ainsi, les serges rases de Saint-Maixent auraient dû avoir, apprêtées, demi-aune de large et 21 aunes de long. L'usage était de les faire de 54 à 50 aunes de longueur, et les marchands de Lyon, de la Rochelle et de Limoges, qui achetaient ces tissus pour les expédier en Portugal et en Milanais, déclaraient qu'ils cesseraient d'en acquérir, si les pièces avaient des dimensions moindres que les anciennes, « ces mesures, « disaient-ils, servant de débit et de marque aux draps de « Saint-Maixent ». Les fabricants de cette ville ajoutaient qu'il était à peu près impossible d'arriver à la dimension officielle avec des étoffes fabriquées de laines inférieures comme les leurs. Une pièce sortant du métier avec 28 aunes revenait parfois après le foulage à 12, 14 ou 18. Ils faisaient observer que confisquer sur eux des pièces dans de pareilles conditions, c'était commettre une injustice et de plus ruiner des industriels de fortune médiocre (3). Colbert eut la sagesse

— Procès-verbal de comparution des fabricants de Niort, 1670. *Arch. D.-Sèvres* E. 208, f° 23.

(1) Ordon. du maire de Niort, Chargé de Laubrisay, 1670. *Deux-Sèvres*, E. 108, f° 42. — (2) Ordon. de Cl. Fumée, lieut. gén. de Châtellerault, 10 nov. 1671, *Vienne* E 7¹. — (3) Délib. des marchands drapiers, sergers et tein-

de tolérer à Saint-Maixent une dérogation aux règlements. Mais si quelque tolérance fut accordée à l'égard des longueurs, il n'en fut pas de même pour la largeur. On veilla avec rigueur à ce que les tiretaines, droguets, serges, étamines eussent la 1/2 aune légale après le retour du foulon (1). Il fut également interdit aux foulons de recevoir les pièces qui, au sortir du métier, n'auraient pas au moins 3/4 d'aune de large (2). On essaya encore d'appliquer la disposition officielle qui défendait de tirer les draps aux poulies après le foulage. Cet usage avait l'inconvénient de diminuer la force de résistance de l'étoffe, mais en Poitou il était rendu à peu près indispensable par l'impossibilité où les fabricants se trouvaient d'obtenir les dimensions officielles sans y recourir. L'inspecteur permit de continuer quelque temps l'emploi des poulies. Puis la permission fut rendue définitive pour certaines étoffes, après des expériences qui en montrèrent la nécessité ou l'innocuité (1678) (3). L'administration montra moins de discernement en voulant appliquer sans restriction les règlements sur les teintures. Excellents pour les étoffes de grand prix, ils n'étaient guère applicables à celles de bas prix, pour lesquelles on ne pouvait employer que des ingrédients peu coûteux. L'usage des sels minéraux, du bois d'inde, du sumac et du bois d'aulne fut cependant prohibé en Poitou comme ailleurs. L'emploi du noyer et de la noix de galle était seul autorisé dans un certain nombre de cas. On poursuivit les marchands qui se servaient

turiers de St-Maixent, décembre 1639. Ordon. de l'inspecteur Billot, 2 juin 1670. *Arch. com. St-Maixent*, IIII. 2.
(1) Registre des manuf. de Niort, 1670-1672 *Deux-Sèvres* E. 208 (sentences du juge).— (2) Ordon. du lieut. gén. de Châtell⁺ 10 nov. 1671 sur la fabrique des serges etc. *Vien* 1⁹ E 7¹. —(3) Ordon. du maire de Niort contre le tirage des étoffes aux poulies 1675, analysées par Bardonnet, *Ephémérides*, p. 342. — Décision de l'inspecteur Richier 1678, *Gouget*, p. 64.

de noix de galle pour teindre les soies aurores nécessaires aux fabricants de droguets, qui mêlaient ces soies avec le fil et la laine (1). On alla jusqu'à déterminer la forme des nœuds à rajuster les fils (2), jusqu'à interdire de trop fouler les étoffes et de les plier en pointe au lieu de les plier en carré. Le premier mode de pliage permettait de dissimuler les défauts de largeur sous l'enveloppe ou *manteau*, de même que l'habitude de rouler les tissus en faisait disparaître momentanément les défectuosités. En 1675, l'inspecteur ordonne donc la démolition des moulins à rouleaux, à peine de 150 l. d'amende (3). Il veille avec un soin particulier à l'observation de ces diverses prescriptions.

L'obligation des marques de fabrique et l'institution de visites officielles dans les ateliers et sur les marchés facilite d'ailleurs la surveillance. Les fabricants en effet sont tenus de faire tisser au chef de l'étoffe, au métier et non à l'aiguille, le nom du lieu de fabrique et celui de l'ouvrier. Cette marque de fabrique n'est pas seule exigée. Les gardes-jurés, en visitant le tissu, au sortir du métier d'abord, puis au retour des apprêts, apposent de nouvelles marques ou plombs. Dès 1670, les marques anciennes officiellement apposées aux étoffes par la corporation ou par le pouvoir local sont rompues. Dans tout lieu de fabrique, une nouvelle marque est adoptée portant d'un côté les armes de la ville et les mots « Louis XIV, restaurateur des manufactures de France », de l'autre le nom du centre manufacturier (4). Les étoffes apportées aux

---

(1) Délib. de l'ass. des manuf. de Niort, 9 sept. 1672, *Deux-Sèvres*, E. 208. — Ordon. du maire de Niort interdisant l'emploi des ingrédients de fausse teinture (écorce d'aulne, sumac, rodoul, limaille de fer, verdet, bois d'Inde, etc.) *ibid.* — Confiscation à Niort de pièces de mauvais teint non guesdées 1674, *Bardonnet*, p. 361. — (2) *Gouget*, p. 62. — (3) Ordon. du maire de Niort interdisant de rouler les étoffes 1675, *Bardonnet*, pp. 320, 324. — (4) Délib. de l'ass. des manuf. à St-Maixent, 2 juin 1670. *Arch. de St-Maixent* HH. 2.

foires sont aussi astreintes à la formalité du plomb, appelé *marque foraine*. Les maires et les officiers seigneuriaux, les gardes-jurés et parfois l'inspecteur lui-même doivent visiter les matières premières, les étoffes en toile ou apprêtées et les tissus que mettent en vente les marchands domiciliés ou étrangers. Ils vont au marché inspecter les laines, examiner leur qualité ou propreté, vérifier leur poids (1). Ils vont dans les ateliers procéder à la rupture des anciens métiers, lames et rots (2). Les jurés drapiers, sergetiers, cardeurs, vérifient sur place ou examinent au bureau officiel les pièces fabriquées et mesurent les dimensions (3). En cas de doute, ils font l'épreuve de la qualité des étoffes, en les plongeant dans un chaudron d'eau chaude, pour apprécier, au moyen du rétrécissement qu'elles subissent, la qualité des éléments qu'on a employés et la préparation que le tissu a subie (4). Puis, ils apposent le plomb de visite. Le foulon auquel on apporte des pièces même marquées, dépourvues de la largeur réglementaire, est tenu de les reporter au bureau (5). Une fois sortie des mains du tisserand, l'étoffe portée chez le foulon, l'apprêteur, le tondeur ou plieur, est sujette à d'autres inspections. On la vérifie de nouveau, on la déplie, on l'aune pour savoir si elle n'a pas été foulée, tirée, roulée, pliée abusivement. Enfin, elle est mise en vente. Mais sortie de l'atelier du fa-

---

(1) Règl^t gén. d'août 1669, art. 38-43. — Ordon. du maire de Niort sur la visite des laines et des étoffes et sur la marque 1678, *Deux-Sèvres*, E. 208, f°s 42-43.— Ordonnance du même 1675, *Bardonnet*,p.342. Ordon. du même sur la marque foraine (1674) et procès-v. de visites, *Bardonnet* p. 361.— (2) Ordon. du maire de Niort et procès-v. d'assemblée des fabric. 1670, *Deux-Sèvres*, E. 208 f° 23. — (3) Registre des manuf. de Niort, *Deux-Sèvres*, E. 208 — de St-Maixent *Arch. com.* H.H. 2 etc.— (4) Ordon. du lieut. gén. de Châtellerault 14 août 1671, *Vienne* E 7^1. — (5 Ordonn. du lieut. g. de Châtell^t 10 nov. 1671, *Vienne* E 7^1.

bricant et passée aux mains du marchand, elle n'échappe pas encore au contrôle de l'autorité. Même marquée des plombs de fabrique et de visite, elle est sujette à une inspection des officiers municipaux, de l'inspecteur et des gardes-jurés du lieu de vente. Ces divers agents vont dans les magasins et boutiques, chez les marchands en gros ou en détail, visiter, vérifier, auner les tissus, marquer ceux qui sont dans les conditions requises, confisquer ceux qui sont mal fabriqués, mal teints ou mal apprêtés. Ils pénètrent aussi dans les hôtelleries où descendent les forains, pour procéder à la même besogne, et ils ne manquent pas de parcourir les étalages des halles et des places (1).

Pour imposer aux fabricants et aux ouvriers de l'industrie drapière l'observation de règles aussi strictes, il fallait renforcer la police des corps de métiers. C'est pourquoi Colbert s'efforce de grouper en corporations jurées les artisans des manufactures d'étoffes, dans toute l'étendue du royaume, et de spécialiser en même temps chacun des groupes qui coopéraient à ce travail. En Poitou, il fait interdire aux particuliers de commander aux fabricants des tissus non conformes aux règlements, même pour leur usage particulier (1676) (2). Le monopole de la fabrication et de la vente est réservé au corps de la draperie, sergetterie et droguetterie. En vertu de l'article 34 du règlement général de 1669, les drapiers, sergers, droguetiers, cardeurs, peigneurs, tondeurs, furent invités à se faire inscrire dans le délai d'un mois sur un registre tenu par la juridiction de police

---

(1) Documents cités ci-dessus. — Registres des manufactures de Niort, St-Maixent, Châtellerault, Châteaumur, précités ou ci-dessous cités. — (2) Ordon. du juge des manufactures à Niort 1676, citée par *Gouget*, p. 64.

du lieu. Faute d'inscription ils ne pourraient plus exercer à l'avenir sans apprentissage et sans autorisation. A Niort, le maire reçut ainsi du 16 juin au 16 juillet 1670 les déclarations et le serment des 404 maîtres de la manufacture de draperie (1). Cette formalité fut accomplie, semble-t-il, ailleurs, par exemple, en Bas-Poitou, à Châteaumur pour les drapiers et tisserands de Saint-Amand, de la Pommeraie et de Saint-Michel-Mont-Mercure (2). Il en fut de même à Châtellerault, où non seulement les maîtres de la ville, mais encore les 59 fabricants établis dans la sénéchaussée, à Lencloître, Naintré, Leigné-sur-Usseau, Dangé, Saint-Genest, etc., durent se faire inscrire au registre et prêter serment (3). Mais il ne semble pas que toutes les communautés de tisserands du Poitou se soient ainsi constituées à l'état de jurande, ou si elles ont obéi pour un moment au règlement de 1669, que leur groupement ait survécu au ministère de Colbert (4). Une fois organisées sous la direction de l'Etat, les corporations de l'industrie drapière reçurent « le pouvoir de fabriquer toutes sortes d'étoffes, « composées, en tout ou partie, de laine avec fil, soye ou « poil de chameau, et de tenir ouvroirs et boutiques ouvertes « pour façonner ces étoffes, les vendre et débiter ». On leur conféra les privilèges concédés aux ouvriers des manufactures, à savoir l'exemption de toute saisie, même en matière d'impôts, dans leurs ateliers et à l'égard de leurs outils et marchandises (5).

(1) Procès-verbal de comparation des drapiers, sergiers et droguetiers de Niort, 16 juin-16 juillet, 1670. *D.-Sèvres* E 208, f° 1. — (2) Procès-verbal d'inscription des m. drapiers de la juridiction de Châteaumur, 1670. *Vendée* B. 223. — (3) Procès-v. d'inscription des sergetiers de la juridiction de Châtellerault 17 juin 1673, *Vienne* E7¹. — (4) Voir ci-dessous chap. VIII. Dans un certain nombre de lieux, la formation des métiers de la draperie en corporation ne date que de la période de 1685 à 1753. — (5) Certificats

Le pouvoir central prétendait, pour le bien de la fabrication, délimiter la spécialité de chacun des métiers de la draperie. Cette mesure lui paraissait surtout utile dans les grands centres manufacturiers. En Poitou, on procéda avec plus de mesure. Colbert essaie seulement d'y organiser un corps particulier de teinturiers du grand teint, afin d'obtenir des teintures plus soignées. Une ordonnance du conseil des manufactures de Poitiers interdit en 1672 aux drapiers drapants, aux sergers et aux cardeurs de faire les teintures les plus délicates, c'est-à-dire celles de couleur bleue et noire, et d'avoir à cet effet des drogues dans leurs maisons (1). Mais on ne put réussir dans ce projet. Les étoffes communes du Poitou auraient risqué d'être délaissées, si le fini, c'est-à-dire le prix plus élevé des apprêts, eût obligé les marchands à hausser les prix. Le ministre fut sagement inspiré en n'insistant pas sur l'exécution de cette mesure. Il ne le fut pas moins quand il s'opposa à l'exclusivisme des sergetiers. Ceux de Châtellerault furent condamnés en effet par un arrêt du Conseil de 1671 à laisser aux cardeurs, foulons et tondeurs le droit de fabriquer des serges comme auparavant, pour les revendre, pourvu qu'elles fussent faites en conformité des règlements (2). Un autre arrêt autorisa les drapiers drapants, sergers et tissiers en toile à faire et à vendre les droguets, les tiretaines et les autres étoffes, dont la chaîne serait composée de lin ou de chanvre et la trame de laine, à charge de les marquer d'une lisière rouge

de réception des maîtres drapiers, etc., de Niort (18 juillet 1670) (énumération des privilèges) D.-Sèvres E. 208, f⁰ 22.

(1) Ordon. du conseil des manuf. de Poitiers citée dans un mémoire des teinturiers de cette ville 1736. Vienne C. 37. — (2) Arrêts du Conseil des 11 et 28 mars, 25 octobre 1671 au sujet du différend entre les cardeurs, foulons et tondeurs de Châtell^t et les sergers, Vienne E 7^1.

et d'y incorporer au métier le nom de l'ouvrier. Il fut défendu à ces trois communautés « de se troubler dans la façon et débit de ces » ouvrages (1). Mais Colbert voulait imposer aux corporations une discipline étroite. Aussi le règlement général de 1669 astreint-il aux règles ordinaires de l'apprentissage, du compagnonnage et de la maîtrise les métiers de l'industrie textile (2). Pour la première fois, on essaie de dresser des statistiques industrielles étendues et précises, comme celle de 1679, de connaître l'origine et le prix des matières premières, les marchés commerciaux, les procédés de fabrication, le nombre et la situation des ouvriers et des maîtres, la nature et le prix des produits (3).

Toutes les forces de l'administration sont mises au service de l'idéal réglementaire poursuivi par Colbert. Les intendants du Poitou sont invités à stimuler les marchands ou les fabricants, à s'enquérir des entreprises utiles, surtout « à tenir la main à ce que les pièces d'étoffes soient fabri- « quées suivant les règlements et marquées après les visi- « tes » requises. On les charge de surveiller la gestion des inspecteurs et des gardes-jurés et la perception du sol qui est exigé, pour le droit de visite et de marque, sur chaque pièce (4). Des fonctionnaires spéciaux sont créés, qui, sous les ordres du ministre et de l'intendant, assurent l'exécution des règlements de 1669. Le Poitou, réuni à l'Anjou et à l'Aunis, forme une circonscription d'inspection dont le chef-lieu est Niort (5), et qui est confiée à un *commis général des*

---

(1) Arrêt du Conseil du 29 sept. 1670 enreg. à Châtell^t le 20 février 1678, *Vienne*, E 7¹ — (2) Règl^t gén. d'août 1669. — (3) Assemblée des manuf. à Niort, 27 août 1679, et statistique de la draperie.— Statistique de la draperie à St-Maixent, *Gouget*, pp. 66-68, et Bardonnet, *Ephémérides*, pp. 288-289. — (4) Colbert à Basville, intendant de Poitiers, 1er juillet 1682, *Lettres*, II² 735. — (5) Commission donnée à Michel Billot, commis général pour la réformation des manufactures de Blésois, Anjou, Poitou, Aunis,

manufactures, dont les attributions consistent à surveiller les fabriques, à visiter les centres manufacturiers et les bureaux de visite, et à renseigner l'administration (1). Le premier de ces inspecteurs en Poitou est un marchand de Romorantin, Michel Billot. Il paraît avoir été un agent honnête, doux et modéré, et il montra dans l'organisation du régime réglementaire beaucoup de tact et de prudence, s'efforçant de ménager les susceptibilités de la fabrique locale (2). Il fraya ainsi la voie à un administrateur plus énergique et plus autoritaire, Etienne Richier, ancien commis des manufactures de l'Orléanais, Vendômois et pays Chartrain. Celui-ci parvint, après une lutte assez vive, à plier les fabricants du Poitou à l'observation, sinon continue, du moins relativement régulière des ordonnances (3). Le commis ou l'inspecteur, rétribué à raison de 1,800 l., sur les fonds du sol pour pièce, et à défaut sur ceux du Trésor royal (4), est aidé, semble t-il, dans chaque lieu de fabrique par un *commis particulier* ou préposé, comme à Niort et à Châteaumur. Cet agent, pourvu d'une commission de l'inspecteur et révocable comme lui, prête serment devant les juges, adresse des rapports au commis général, visite les ouvrages dans les ateliers et les boutiques, et contrôle les

enregistré à Niort, 1671, *Deux-Sèvres*, E. 278. — *Comptes des Bâtiments du Roi*, I, 444 (1671). — Procès-v. de l'ass. des manuf. de St-Michel-Mont Mercure 16 janvier 1671, *Vendée* B. 253. — Billot, d'après ce document, était d'abord associé à Pierre Lepoupet, commis général pour les manuf. de Saintonge, Angoumois et Guyenne.

(1) Commission de Billot (1670) précitée.— (2) Même document et registre du Bureau des manuf. de Niort 1670 et sq. *Deux-Sèvres*, E. 208. — (3) *Comptes des Bâtiments du roi*, p. p. J.J. Guiffroy, I, 557. — Conseil des manuf. de Niort, 9 sept. 1672, *Deux-Sèvres* E. 208 et pièces ci-dessus citées. — (4) Les commis généraux reçoivent, outre les 1800 l., des gratifications annuelles de 250 à 300 l. *Comptes des Bâtiments du Roi*, I, 444, 557. — Colbert à Basville, 1er juillet 1682 (sur le mode de paiement des inspecteurs du Poitou), *Lettres* II² 735.

opérations des gardes-jurés (1). Dans chaque centre de fabrication les maîtres drapiers et autres fabricants sont en effet astreints par le règlement général de 1669 à élire annuellement, devant les juges des manufactures, au moins deux gardes et parfois 6 ou 7, chargés de l'inspection des ateliers, de la visite et marque des ouvrages et de la perception du sol pour pièce. Ils prêtent serment, à peine d'amende (2), et peuvent être cassés de leurs fonctions, en cas de négligence : le fait se produit à Niort en 1674 (3). Ils sont renouvelables par moitié chaque année (4). Leurs procès-verbaux font foi en justice. Les marchands merciers et drapiers sont invités de leur côté à élire des gardes pour le contrôle des étoffes (5). Chaque année des assemblées des marchands et fabricants procèdent à l'élection des jurés et doivent renseigner l'inspecteur sur l'état de la fabrication et du commerce (6). Enfin, une justice expéditive est instituée pour maintenir le respect des règlements et la discipline des métiers de la draperie. L'édit de 1669 la confie aux maires et aux échevins, dans les villes telles que Poitiers et Niort (7), ailleurs aux lieutenants généraux ou juges sénéchaux, comme à Châtellerault et à Châteaumur (8). Colbert exige que ces tribunaux soient en partie recrutés parmi les marchands ou les

---

(1) Procédure à la requête de L. Bremaud, *commis particulier* pour la réform. des manuf. à Châteaumur, 2 et 9 mars 1671, *Vendée* B. 253. — Commission donnée par Billot à Boullin, march. drapier, commis et préposé pour vaquer en son absence, 15 sept. 1670, *Deux-Sèvres* E. 208. — (2) Procès-v. de prestation de serment des jurés à Châtell⁺ 1670 et suiv. *Vienne*, E 7¹. — (3) Ass. des manufactures à Niort 1674, analysée par Bardonnet, *op. cit.* p. 340. — (4) Règl⁺ gén. d'août 1669, art. 39 et 40. — (5) Règl⁺ gén. d'août 1669, art. 59. — (6) Procès-v. d'ass. à Niort et à St-Maixent précités (1670-1679). — (7) Edit d'août 1669 attrib⁺ aux maires et aux échevins la juridiction des manuf., *Isambert*, XVIII, n° 583. — (8) Arrêt du Conseil 25 oct. 1671 en faveur du lieutenant général de Châtell⁺. *Rec. Saugrain* I, 517-520. — Procédures devant le juge sénéchal de Châteaumur 1671, *Vendée* B. 253.

bourgeois « intelligents dans les manufactures ». Il prescrit
à l'intendant de Poitou, Rouillé, d'inviter les échevinages
de Niort et de Poitiers à prendre au moins un tiers de ces
juges parmi les marchands-drapiers (1). Vainement, le corps
de ville de Poitiers, informé de cette intention par le commis Billot, protesta-t-il contre une mesure attentatoire à sa
dignité et préjudiciable au public, prétendait-il, puisque les
marchands ne pouvaient réprimer qu'avec mollesse des abus
dont ils étaient coutumiers (2). Il fallut céder à la volonté
du tout puissant ministre (3), et l'intendant autorisé par le
conseil rendit une ordonnance qui astreignit les échevins
Niortais et Poitevins à adjoindre au tribunal de la manufacture des fabricants et marchands, dans la proportion de
la moitié des juges (4). Ces tribunaux sévirent contre les
délinquants suivant les rigueurs de la loi. On voit à Châtellerault, par exemple, des fabricants ou marchands condamnés à l'amende et à la confiscation des étoffes. D'autres
fois encore, suivant les prescriptions du ministre, les tissus
sont coupés en morceaux et les lisières arrachées. Quelquefois enfin, on les applique au poteau public ou pilori devant
la porte du bureau de visite, avec le nom de leur détenteur (5).

Il semblerait que des mesures aussi radicales et aussi
ingénieusement combinées eussent dû assurer dans la généralité de Poitiers l'exécution rapide des règlements. Il n'en
fut rien. Sans doute, les règlements contenaient d'excellents

(1) Colbert à l'intendant Rouillé du Coudray, 10 décembre 1670, *Lettres*
II² 591.— (2) Délib. du corps de ville de Poitiers, 9 juillet 1670, *Reg.* 120
fol. 131-184.— (3) Ordonnance de l'intendant de Poitiers, Rouillé 13 sept.
1670, *Arch. Deux-Sèvres* E. 208 f° 20.— (4) Nomination de marchands à
Poitiers comme juges des manufactures (2 échevins et 1 marchand), 22 août
1672, 3 sept. 1674 etc. *Reg.* 122 et 124. — (5) Sentences du lieut. gén. de
Châtell[t] 28 nov., 12 et 15 déc. 1671, *Vienne* E 7¹.

articles pour garantir la loyauté de la fabrication et la bonne foi commerciale. Mais ils imposaient aux fabricants des charges fort lourdes dans un pays tel que le Poitou, où le bon marché des matières et de la confection permettaient seuls la lutte contre les produits similaires. Aussi, en 1674, les marchands de Niort se plaignaient-ils, non sans raison, de voir le commerce Nantais et Bordelais déserter leur fabrique, pour aller se procurer en Saintonge à meilleur compte des étoffes façonnées sans souci des règlements (1). On comprend dès lors l'apathie que montraient au début les juges des manufactures du Poitou dans la répression des infractions, de même que la négligence des gardes-jurés drapiers et l'incurie des gardes des marchands. En effet, les jurés des fabricants ne procèdent pas d'abord aux inspections, « n'ayant pas, disent-ils, de temps à perdre, » ou s'ils y vaquent, ils affectent de fermer les yeux sur la conduite des ouvriers et des maîtres. Les gardes marchands font mieux : ils marquent indifféremment toutes les étoffes, ou bien ils prêtent la marque aux intéressés, afin que ceux-ci puissent l'imprimer eux-mêmes (2), et le contrôle devient illusoire. La confiscation des pièces pourvues de fausses marques n'est qu'une vaine menace. A Niort, par exemple, le bureau de marque reste à l'état de projet pendant trois ans (3). Il avait fallu transiger en commençant, mais Colbert n'était pas homme à ajourner indéfiniment la solution des difficultés. Il stimule les intendants et les commis qu'il charge de se rendre compte de l'exécution des règlements. Il les encourage en leur répétant que l'application de ces mesures

(1) Ass. des manuf. à Niort; plaintes des marchands 1674; analyse par Bardonnet, *op. cit.*, p. 361. — (2) Procès-v. de l'ass. des manuf. à Niort, 9 sept. 1672, *Deux-Sèvres* E. 208.—(3) Procès-v. d'ass. à Niort 1673, *ibid.*

produit d'excellents résultats. « Les gardes des marchands « drapiers de Paris, écrit-il à Rouillé, me témoignent que « les manufactures qui se font à présent dans le Poitou sont « bien meilleures que par le passé. Je ne doute pas que ce ne soit un effet de « votre application (1). » Il ne cesse de les tenir en haleine. Peu à peu, la tolérance de la première heure fait place à l'exécution stricte des ordonnances. Depuis 1673 surtout, les gardes des fabricants et des marchands sont rappelés au sentiment de leurs obligations, les juges surveillés de près. Les bureaux de marque sont installés, du moins dans les principaux centres de fabrique (2). La fraude est combattue, et si les abus ne disparaissent pas entièrement, si l'on se plaint encore de l'apathie des fabricants et de la médiocre qualité des étoffes (3), du moins une réaction énergique a arrêté la fabrique sur la pente de la négligence. Au reste, la persécution contre les protestants et la politique d'aventures guerrières poursuivie par Louis XIV devaient en grande partie annuler les résultats obtenus par l'activité infatigable de Colbert en Poitou.

La tendance générale de l'Etat monarchique se manifeste à ce moment en effet avec une force croissante. Le roi veut tout faire plier sous le joug et imposer sa loi aux métiers comme aux autres corps. L'unité religieuse est l'un des buts qu'il poursuit, et si la clairvoyance de son ministre inspire aux intendants une tolérance intermittente (4), la

---

(1) Colbert à Rouillé, 10 déc. 1670, *Lettres* II° 591. — (2) A Poitiers, à Châteaumur, à Châtellerault, ils fonctionnent dès 1670-1671.— Registres cités ci-dessus. — (3) Procès-v. des ass. des manuf. à Niort, 1673, *Deux-Sèvres* E. 208. — Plaintes au sujet de la néglig. des jurés et des fraudes dans la marque des étoffes 1673, 1679, *Bardonnet*, pp. 358, 289. — (4) Ordon. de l'intendant en faveur du protestant Ogier, boutonnier, et opposition du corps de ville de Poitiers 28 juin 1666 *Reg.* 116. — Réception de maîtres protestants à Châtell¹, 29 avril 1672, 9 fév. 1673 *Vienne* E7¹. — Ordon. de l'intendant interd. de recevoir Gédéon de Coux réformé à la

passion du souverain paralyse souvent la politique du contrôleur général. On voit le présidial de Poitiers continuer sa lutte tenace contre les artisans huguenots (1), et l'intendant Rouillé interdire en 1669 la réception d'un tailleur d'habits protestant. Un de ses successeurs, Marillac, montre tant de zèle qu'il soulève les protestations de Louvois lui-même (2). Le roi et son ministre s'accordent d'ailleurs sur d'autres points. L'ouvrier est enchaîné à sa profession et ne peut quitter le royaume sans passeport des autorités. Le roi de Danemark, qui essaie d'établir la fabrication du sel dans ses Etats, ayant tenté de faire embaucher en Poitou et en Aunis des artisans habiles pour cette spécialité, Colbert donne l'ordre d'arrêter les émigrants (3). Une discipline impitoyable est imposée au monde du travail. Le vagabondage et la mendicité sont réprimés (4). On s'efforce à grouper la petite industrie comme la grande dans les cadres des corporations jurées. Le fameux édit de mars 1673 astreint les arts et métiers à se former en communautés. A Poitiers, les maîtres sont convoqués devant le lieutenant général pour donner la liste de leurs noms et de leurs professions, et un état au vrai est dressé de leur nombre et de la situation de leur métier (5). Toutefois, l'édit ne put être exécuté que dans une faible mesure. Les

---

maîtrise de tailleur (mention dans la délib. munic. de Poitiers 1669. *Reg.* 120, f° 99).

(1) Voir ci-dessus le chapitre IV, livre IV. — (2) Ordon. de 1639 précitée. — Louvois à Marillac 15 avril 1681 (lui interdit d'empêcher les réformés d'exercer la médecine, la chirurgie, la pharmacie et la charge de maîtres de postes). Rousset, *Hist. de Louvois*, III, 444. — (3) Colbert à Terlon ambas. en Danemark (nov. et 2 déc. 1672), *Lettres* II, 667. *Corresp. Admin.* III, 549. — (4) Déclar. du roi contre les pèlerins 14 déc. 1671 enreg. à Châtell*, Vienne E 7¹. — (5) Lecture et public. de l'édit de mars 1673, et délib. munic. de Poitiers 16 sept., 4 et 9 oct. 1673. *Reg.* 123.

marchands drapiers, merciers, joailliers et épiciers furent les premiers à s'y soumettre dans la capitale du Poitou (1). Mais leur exemple ne paraît avoir été suivi de 1673 à 1695 que par les chapeliers-feutriers, les tireurs d'étaim, les couvreurs et les maçons (2). L'Etat étendait au même moment ses attributions aux dépens de l'industrie privée. Les fermiers des carrosses du roi tentaient de détruire le commerce particulier des transports qui appartenait jusque-là en grande partie aux messagers des villes du Poitou (3). La fabrication et le trafic des poudres et salpêtres devenaient définitivement des monopoles du pouvoir (4). Les imprimeurs libraires pourvus du privilège du roi tendaient à accaparer l'imprimerie et la librairie (5). Enfin, les officiers du prince renouvelaient leurs attaques contre les prérogatives de l'autorité locale.

Non contents d'exercer dans la plupart des villes la police des corporations et du travail, les agents royaux cherchent à ruiner les droits des corps municipaux dans les cités privilégiées, telles que Poitiers et Niort. En premier lieu, l'intendant s'attribue la connaissance des procès criminels auxquels donne lieu le commerce des denrées les plus importantes, telles que les blés (6). Il intervient pour réglementer la fabrication des étoffes (7), pour fixer les poids et mesures (8), pour réprimer les atteintes à la sécurité du

(1) Approbation par le corps de ville de Poitiers des statuts des marchands drapiers — merciers — grossiers, etc., 30 août 1673, *Reg.* 123. — (2) Voir ci-dessus, livre III, chap. Ier. — Préambule des statuts des maçons de Poitiers 1695 précités. — (3) Délib. munic. de Poitiers (9 déc 1675), en faveur des messagers, *Reg.* 125. — (4) Voir ci-dessus livre II, chap. XII. — (5) Requête de Fleuriau imprimeur du Roi, 18 févr. 1658, *Reg.* 108. — Provisions d'imprimeurs du Roi en faveur des Fleuriau, 28 janv. 1652 et 5 nov 1680, *Rec. Poit.* ir 4, XVII, n°s 65 et 66. — (6) Interv. de l'intendant à Niort au sujet de la police des blés 1677, *Bardonnet* p. 355. — (7) Ordonnances citées ci-dessus, même chapitre. — (8) Ordon. de l'intendant Marillac au sujet des poids et mesures à Poitiers 1676, citée dans l'ordon. de Le Nain, 1733, art. 14.

trafic maritime (1). Le lieutenant-général et le procureur du roi auprès de la sénéchaussée s'immiscent dans la police des métiers, comme en 1661 et en 1673 (2), et il faut un nouvel arrêt du Parlement en 1682 pour faire reconnaître les droits du corps de ville de Poitiers (3). Le grand-maître des eaux et forêts s'avise de visiter les marchés et de revendi_ quer la police des vivandiers et des marchands de gibier (4). Le président de la Cour des monnaies ne se contente pas de faire la visite des boutiques d'orfèvres. Il prétend, au préjudice des droits de la ville, aller essayer tous les ouvrages d'or et d'argent chez les marchands et vérifier les poids et balances, « tant grandes que petites (5) ». Ce sont autant d'usurpations qu'il devient de plus en plus difficile de repousser.

L'immixtion abusive de l'État dans la vie quotidienne des commerçants et des industriels n'est pas le seul mal dont souffrent les communautés du Poitou. L'exploitation fiscale du travail se fait plus lourde, plus impitoyable, sous un règne dont les gloires se paient fort cher, au prix de saignées périodiques pratiquées sur la bourse des petits et des humbles. Les lettres de maîtrises, jadis inventées pour atténuer les rigueurs du monopole corporatif, sont devenues à cette époque un expédient financier, contre lequel

(1) Colbert à l'intendant de Poitiers (au sujet de la répression du droit de bris à l'île d'Yeu), 25 mars 1672. *Lettres* II² 644. — (2) Délib. du corps de ville de Poitiers 10 janv. 1661 (conflit au sujet d'un ciergier). *Reg.* 111; 13 mars 1662 (visite des moulins de concert avec les officiers du roi), *Reg.* 112; 4 octobre 1673 (conflit au sujet de l'état au vrai des métiers à dresser), *Reg.* 123. — (3) Arrêt du Parlement 31 août 1682, cité ci-dessus livre IV, chap. II.— (4) Délib. du corps de ville de Poitiers, janvier 1660, *Reg.* 110. — (5) Délibér. du corps de ville de Poitiers, 26 nov. 1665, *Reg.* 115 — du 15 mars 1666 (au sujet de l'usurpation du droit de visite sur les marchands par le maître de la monnaie), *Reg.* 110.

protestent vainement les communautés et les pouvoirs locaux de la province, parce que l'expédient, disent-ils, tourne « à l'oppression des artisans (1) ». Tout est prétexte à la création de ces lettres : le couronnement du Roi, la naissance du Dauphin, le baptême du duc d'Anjou (2). Les lettres de maîtrise créées à l'occasion du second de ces événements paraissent avoir enrayé longtemps en Poitou l'admission régulière des maîtres qui n'ont pu en acheter(3). Le placement en est plus ou moins difficile. On voit en effet des lettres instituées en 1653 ne trouver de preneurs que dix-huit ou dix-neuf ans après (4). L'abus s'aggrave des concessions faites par le roi aux grands seigneurs ou aux ministres. La lettre de maîtrise devient une menue monnaie à l'usage des courtisans. Ainsi, M. de Guiscard, comte de la Bourlie, gouverneur de Sedan, et Claude Séguier, conseiller du roi, font valoir en Poitou le privilège qui leur a été donné par le roi d'instituer et de vendre quatre lettres de maîtrise dans chacune des villes et bourgs du royaume(5). Le duc d'Orléans se procure quelque argent en faisant acheter des lettres de ce genre à raison de deux par métier. Il a un agent à Poitiers (6) pour ce trafic, et l'on voit des garçons

(1) Délib. mun. de Poitiers au sujet des lettres de maîtrise, à la requête des métiers, 5 déc. 1661, Reg. 112. — (2) Présentat. de lettres de maîtrise créées le 30 déc. 1654 à l'occasion du cour[t] du Roi ; d'autres créées à l'occasion du duc d'Anjou et du Dauphin, Reg. des audiences du lieut. gén. de Châtell[t] (18 mars 1672) Vienne E 7[1]. — Reg. des délib. mun. de Poitiers (5 décembre 1661, 17 septembre 1663), n°s 112 et 114. — (3) Délib. munic. de Poitiers 21 mars 1667 (au sujet des lettres de maîtrise créées à l'occasion de la naissance du Dauphin).Reg. 117 ; 25 juin 1668, Reg. 118. — Présentation par un boucher des lettres de maîtrise instituées à cette occasion 18 avril 1673 (Châtell[t]), Vienne E 7[1]. — (4) Présent. par un boucher et par un menuisier de lettres de maîtrise créées en 1654, 12 sept. 1672 et 18 mars 1673, Vienne E 7[1]. — (5) Acte d'enreg[t] à Châtell[t] de 4 lettres de maîtrise en chaque ville en faveur de la Bourlie et de Séguier (édit. d'avril 1657), 7 sept. 1672, Vienne E 7[1]. — (6) Délib. munic. de Poitiers 5 avril 1666 au sujet de l'agent Bonnet chargé de la vente des lettres de maîtrise du duc, Reg. 116.

menuisiers (1), ou des barbiers étuvistes (2), payer à beaux deniers comptants l'octroi des lettres du duc. En 1675, c'est le marquis de la Galaizière qui requiert le corps de ville de Poitiers d'enregistrer l'édit royal rendu en sa faveur, et en vertu duquel sont créées trois maîtrises jurées dans chacun des arts et métiers (3). Parfois, les maîtres jurés des communautés font une opposition violente à la réception des maîtres pourvus de ces lettres, par exemple les bouchers à Châtellerault et à Niort (4), les barbiers à Poitiers (5). Parfois, ils traitent avec les partisans chargés de la vente, et obtiennent, moyennant le paiement d'une somme déterminée, le privilège de placer eux-mêmes les lettres de maîtrise. Ainsi font les savetiers à Poitiers en 1667 (6). Mais le pouvoir central est trop redouté pour qu'on esquive longtemps ses exigences. En général, les communautés sont forcées de se soumettre et leurs gardes-jurés donnent leur consentement à l'enregistrement des lettres et à la réception des maîtres qui en sont pourvus (7). Les fils de maîtres seuls paraissent avoir échappé à la lourde obligation imposée aux autres aspirants et continuent à se faire recevoir sans être forcés de prendre les lettres de maîtrise invendues (8).

Colbert ne put songer à supprimer un abus aussi invétéré.

---

(1) Présent. à Châtell^t de lettres de maîtrise du duc par un menuisier, 15 juin 1673, *Vienne* E 7^t. — (2) Requête de Roy, barbier-étuvier du duc d'Orléans, au corps de ville de Poitiers, 28 juillet 1664. *Reg.* 115. — (3) Enreg^t à Châtell^t de l'édit du roi d'août 1673 en faveur de la Galaizière, 18 févr. 1675. *Vienne* E 7^t. — (4) Sur l'oppos. des bouchers à Niort, 1675, *Bardonnet*, p. 356 — à Châtell^t 26 février 1672, *Vienne* E7^t.— (5) Délib. munic. de Poitiers, 28 juillet (conflit entre les barbiers et Roy). *Reg.* 115. — (6) Délibér. munic. 21 mars 1667, *Reg.* 117. — (7) Par ex. à Châtellerault, réception de maîtres pourvus de ces lettres, 13 et 18 avril 1673, 2 janvier, 17 avril, 19 juin, 13 juin 1673, *Vienne* E7^t. — (8) Délib. munic. de Poitiers (15 nov. 1667), au sujet des texiers, *Reg.* 117.

Les besoins croissants du Trésor l'obligèrent même à faire retomber sur l'industrie et le commerce une bonne part des charges fiscales. Si, dans la première partie de son ministère, il parvint à réaliser des réformes dont le Poitou bénéficia, telles que la suppression des péages sans titre (1), l'union douanière de 1664 (2), la réduction des droits de douane sur la sortie des blés, des sels et des vins de la province (3), la diminution des tailles, il se vit contraint, dans la seconde, de recourir aux expédients financiers dont le monde du travail avait déjà tant souffert. Dans l'enquête industrielle de 1679, les fabricants et les marchands du Poitou se plaignent amèrement de la traite foraine, c'est-à-dire des lignes de douanes maintenues, malgré Colbert, par la Saintonge, l'Angoumois et l'Aunis, et qui gênent, au détriment des étoffes et des produits poitevins, l'accès du marché de Bordeaux et de la Rochelle, pour le grand avantage des articles anglais (4). A Aigre, à Briou, à Champagne, à Chef-Boutonne, à Grif et à Jard, à la Pommeraye, à la Trimouille, à Usson, à la Villedieu et à Luçon, à Mareuil et à Mortagne-sur-Sèvre, aux Sables, à Saint-Philbert et à Tiffauges, aux portes de Niort et de Saint-Maixent, et dans les ports de la côte (5), les bureaux des traites sont autant d'entraves à la prospérité des transactions. Les industriels et les commerçants du Poitou récriminent aussi, non sans raison,

(1) Ordon. des eaux et forêts 1669, titre 29, art. 1er (des péages). — (2) Francheville, *Histoire du tarif de 1664*, in-4°. Le Poitou fut compris dans cette union. — Sur l'organisation des bureaux des traites à la frontière du Poitou, Savary, *Dict. des Manuf.*, 2e édit., I, 72-72. — (3) Arrêt du Conseil 22 avril 1673 (au sujet des sels du Poitou), 6 août 1668 (au sujet des vins de Poitou), *Rec. Poit.*, in-4, I nos 5 et 8. — Au sujet des blés et vins, livre II, chap. 1er et VI. — (4) Procès-v. de l'ass. des manuf. à Niort, 27 août 1679, et à St-Maixent. *Arch. Mun. Niort*, no 107; et *St-Maixent*, HII, 2; analysées par Bardonnet pp. 288-289 et Gouget, p. 67. — (5) Savary, *Dict. des Manuf.* II, 72-73.

en 1679, contre la lourdeur des tailles (1). Mais la plaie dont ils souffrent le plus est celle des taxes indirectes et des affaires extraordinaires. L'imposition nouvelle sur les vins cause, en 1672, une sédition à Poitiers (2). Les droits de jauge et de courtage rétablis en 1674 amènent dans cette même ville une vive effervescence, au point que le contrôleur général autorise un moment la suspension provisoire des nouveaux droits d'aides. Colbert professait à cet égard des maximes qui ont quelque analogie avec celles de Richelieu. « Le peuple, disait le grand ministre de Louis XIII, « est un mulet qui se gâte par l'oisiveté. » Si la ville de Poitiers est « gueuse et misérable, écrit le grand ministre « de Louis XIV, c'est parce que ses habitants ne sont pas « assez taxés. N'estant point excités par quelque charge « douce qui leur donne un peu de peine à y fournir, ils « tombent visiblement dans la misère où ils sont (3) ». Cette théorie commode lui permet d'exiger la levée rigoureuse des droits de jauge et de courtage en 1675 et d'insister sur la perception du droit de sol pour livre à l'entrée de la ville sur les denrées de première nécessité. Les commis des aides organisent leurs bureaux aux portes et commencent la levée des taxes. Vainement, les bouchers de Poitiers déclarent-ils la grève, cessent-ils de garnir les bancs (4). L'intendant Marillac est insulté dans son hôtel (5). Un maître grand boucher ose révoquer en doute l'authenticité de ses ordon-

(1) Procès-verbaux des ass. de Niort et de St-Maixent (1679) précités. — (2) Sur cette sédition, *Lettres de Colbert*, p. p. P. Clément II, 79. — (3) Colbert à Marillac, 19 octobre 1674, *Lettres*, II¹, 356. — (4) Délib. munic. de Poitiers à ce sujet, 13 et 26 décembre 1675, 4 et 5 janvier, 27 janvier 1676, *Reg.* 125. — Ordon. de Marillac intendant pour la perception du sol pour livre 4 mars 1676, *Reg.* 125. — Ordon. de l'intendant (25 mars 1676) et délib. munic. des 27 et 30 mars 1676 au sujet de la grève des bouchers, *Reg.* 125. — (5) Délib. munic. de Poitiers 7 mai 1676, *Reg.* 125.

nances (1). Les commis des bureaux sont attaqués et blessés aux portes de Saint-Lazare et du Pont-Joubert (2). Force reste au pouvoir central. Les rebelles sont décrétés d'arrestation (3). Le maire Gabriau, accusé de mollesse dans la répression, est exilé à Fougères en Bretagne (1676) (4), et la volonté du roi finit par l'emporter.

A la même époque, les arts et métiers de Poitiers sont taxés à raison de 16.000 l. pour le droit de confirmation stipulé par l'édit de mars 1673. Toutes les communautés, même les plus infimes, sont assujetties à la taxe. Les passementiers paient 70 livres, et à côté d'eux on voit les fripiers, au nombre de quinze, astreints à payer 80 l. et en plus les 2 s. par livre. Les tapissiers ont 330 l. à payer; les peintres 60 l., les sculpteurs 25 l., les tourneurs et les doreurs 35 l., les lanterniers 15 l., les couvreurs 30 l., les tonneliers 30 l., les corroyeurs 90 l., les serruriers-armuriers 150 l., les cloutiers 20 l., les couteliers 30 l., les huiliers 85 l., les boisseliers 45 l., les chamoiseurs 170 l., les apothicaires 272 l. Chaque communauté répartit les sommes, pour lesquelles elle est taxée, entre ses membres, suivant leurs ressources. Ainsi, chez les fripiers, la cotisation varie entre 30 s. et 15 l.; chez les cinq peintres entre 2 5 l. et 4 l. : l'un d'eux, le peintre renommé Mesnier, figure sur le rôle pour une taxe de 15 l. Parmi les sculpteurs, au nombre de 5, le plus connu, Girouard, paie seulement 9 l., et les autres entre 6 l. 10 s. et 3 l. 10 s. Les rôles vérifiés par le corps de ville sont mis à exécution sur ordonnance des échevins (5).

(1) Délib. munic. de Poitiers 3o mars 1676 au sujet de Bertault, boucher, Reg. 125. — (2) Délib. munic. de Poitiers, 15 juin 1676, Reg. 125. — (3) Délib. munic. et ordon. de l'intendant (1er et 4 avril 1676) au sujet des bouchers, Reg. 125. — (4) Délib. munic., 6 juillet 1676, au sujet de l'ordre du roi du 24 juin concernant Gabriau. Reg. 125. — (5) Délibér. munic. de Poitiers au sujet de la taxe des arts et métiers, 20, 21 août, 25 nov., 3

L'échevinage dut prendre à sa charge 4000 l. sur les 10.000 l. qui avaient été imposées sur la plus importante communauté, celle des marchands (1).

L'exploitation des communautés industrielles et commerciales au profit du fisc est un des mauvais côtés de l'administration économique de Colbert. Mais il n'est pas le seul. S'il convient de rendre justice aux vues élevées de ce grand homme d'État, au zèle infatigable qu'il déploya pour susciter, améliorer, développer l'industrie et le commerce en Poitou, on ne saurait oublier qu'il a été le promoteur du régime réglementaire, et qu'il a soumis le travail à l'ingérence incessante, tracassière et abusive de l'État. Les inconvénients de ce régime sont encore peu visibles à son époque. Ils le deviendront après lui et s'aggraveront par la faute des imitateurs et des admirateurs maladroits du système colbertiste.

CHAPITRE VIII

L'Apogée du Système Réglementaire en Poitou (1683-1753).

La période qui s'étend depuis la mort de Colbert jusqu'aux premières manifestations d'un nouveau système d'administration économique, en 1753, est, pour le Poitou, comme pour tout le royaume, l'âge d'or du régime réglementaire. L'État devenu tout puissant, s'ingère dans les détails les plus minces de l'organisation industrielle et com-

---

déc., 4, 6, 7, 9, 12, 13, 14, 16, 18, 20, 21 déc. 1675, 4 février 1676, *Reg*. 125.

(1) Ordon. de l'intendant enreg. au corps de ville de Poitiers, 11 mars 1676, *Reg*. 125. — Le roi avait écrit à Colbert « qu'il y avait quelque disposition à Poitiers à faire du bruit » au sujet de la taxe des arts et métiers ; il lui avait ordonné « d'éviter qu'il n'arrivât rien de fâcheux » à ce propos, 14 mai 1675, *Lettres*, II¹, CCXLVIII.

merciale, multiplie son intervention, ses règlements, redouble de surveillance à l'égard des maîtres et des ouvriers, et s'efforce à faire, avec un zèle parfois heureux et souvent maladroit, le bonheur et la richesse des administrés. Toute l'autorité en matière de concession de statuts passe, dès la fin du xviie siècle, aux officiers du roi, lieutenants généraux de police, magistrats du Parlement (1), intendants (2), membres du Conseil d'État ou du Bureau de commerce (3). C'est dès lors à ces agents du pouvoir central, et non plus aux autorités locales, seigneuries ou communes, qu'appartiennent l'examen, la revision, la ratification et l'homologation des statuts corporatifs, sous réserve de l'approbation royale.

L'Etat devient l'arbitre des destinées de l'industrie et du commerce. C'est du roi que l'on attend le relèvement, l'augmentation des manufactures et des transactions. Les sujets s'habituent à tout attendre de lui. Ils sollicitent son intervention même pour les entreprises les plus minimes. S'agit-il à Lusignan de construire deux moulins à foulon nécessaires aux fabricants de serges, au lieu de s'associer pour les établir à ses frais, la communauté de sergers aimera mieux demander au roi de les prendre à la charge du Trésor public (4). Veut-on à Châtellerault relever la fabrique des cuirs,

(1) Voir ci-dessous, même chapitre, le paragraphe relatif à l'instit. des lieutenants de police. En 1695, pour la dernière fois, le corps de ville de Poitiers approuve les statuts d'une corporation, celle des maçons (statuts des maçons 1695-96, imp., doc[t] précité). — Enreg[t] des statuts des maçons de Poitiers au Parl[t] 1696 (14 août); des statuts des boulangers de Niort 1730, *Vienne* C. 24. — (2) Délib. du corps de ville de Châtell[t] 30 avril 1703 au sujet du projet des statuts des tailleurs soumis à l'intendant et au subdélégué qui donnent leur avis et qui décident, *Godard*, I, 289, 296, 297. — (3) Requête en concession de statuts au Bureau du Commerce par les boulangers de Niort (et opposition des échevins), et par les beurriers-graissiers de Poitiers, 7 août 1732, 9 sept. et 21 octobre 1734, 1738. *Arch. Nat.* F. 12, 79, 81, 85. — (4) Procès-v. de l'ass. des fabricants de Lusignan, 3 fé-

on s'adressera à la bienveillance du contrôleur-général. L'Etat est le bienfaiteur naturel qui sauve les industries en péril, et que l'on charge d'écouler les produits. Par ses commandes, il entretient la prospérité des manufactures, telles que celle des cuirs de Niort (1). S'il s'avise de les cesser, s'élève la voix suppliante des fabricants. Ils lui représentent, comme font les bonnetiers de Poitiers en 1736, que le retrait de sa faveur équivaut à leur ruine et ils lui demandent avec instance de leur restituer ses secours (2). Le roi lui-même n'attend pas les sollicitations de son peuple. Il recommande à ses intendants de « donner tous leurs soins « à l'augmentation des manufactures », cherchant, suivant les circonstances, soit à soutenir celles qui existent (3), soit à en créer de nouvelles.

Le Poitou fut ainsi, à diverses reprises, l'objet de la sollicitude royale. L'Etat s'efforça à y développer la sériciculture, la filature des soies, la draperie de laine, la bonneterie, les verreries, l'exploitation des mines et la pêche maritime. L'une des entreprises les plus vastes conçues dans la première moitié du xviiie siècle consistait à généraliser en France la culture du mûrier blanc et l'élève du ver à soie. Il s'agissait, dit la préface d'un mémoire relatif aux pépinières du Poitou, d'empêcher la sortie des sommes qu'on employait tous les ans dans l'achat des soies grèges de l'Italie et du Levant. On voulait aussi procurer par ce moyen

---

vrier 1714, *Vienne* C. 36. — Procès-v. de l'ass. des fabr. de Châtell¹, 1714, *Vienne*, C. 36.

(1) Mém. sur l'élection de Niort 1729 et 1742, *Mém. Soc. Stat. D.-Sèvres*, 1886. — Voir ci-dessus livre Ier, chap. IV. — (2) Requête et avis des marchands bonnetiers de Poitiers pour obtenir de continuer à fournir les ports de mer et les troupes du roi (vers 1736), *Vienne* C. 36. — (3) Louvois à Basville, intendant du Poitou 13 juillet 1685, dans *Rousset*, III, 418. — Corresp. d'Orry avec Le Nain, 1735 et suiv., *Vienne* C. 36 et suiv.

un travail facile aux sujets du roi, et accessible aux femmes, aux filles et aux enfants (1). La généralité de Poitiers fut l'une des premières choisies pour renouveler cette expérience déjà tentée par Sully et par Colbert. Dès 1723 était établie la pépinière royale de Niort, qui comprit 600 mûriers blancs (2). Mais c'est seulement en 1729 qu'une vive impulsion est donnée à cette entreprise. Neuf pépinières royales sont alors créées dans la généralité, et une somme de 4160 l. est imposée tous les ans comme supplément à la taille pour les frais d'entretien de ces établissements (3). L'intendant Le Nain, sur l'ordre du Conseil, faisait rédiger en 1742 un *Mémoire instructif* pour guider les sériciculteurs, leur indiquer les meilleures méthodes de plantation des mûriers et de nourriture des vers. Il faisait installer à la pépinière de Poitiers des claies en fil d'archal ou en bois pour élever les vers, instituait des expériences sur le mode le plus favorable d'éclosion des graines, et poussait avec activité les plantations, afin de distribuer aux agriculteurs les plants les plus favorables (4). Son successeur Berryer formait à un quart de lieue de Poitiers une pépinière de vaste étendue contenant 300.000 pieds greffés et appelait du Languedoc un jardinier habile pour soigner les arbres (5). Afin d'utiliser les cocons et d'initier le public poitevin au filage perfectionné, une manufacture royale de filage des soies avait été installée par Le Nain dans la capitale du Poitou aux frais de

(1) *Mémoire instructif sur les pépinières de mûriers blancs et les manufactures de vers à soie dont le Conseil a ordonné l'établissement dans le Poitou*, Poitiers, chez J. Faulcon, 1742, in-18 (Bibl. Mun. de Poitiers, Mss n° 361). Préface, pp. II et III. — (2) Les pépinières devaient aussi fournir des ormeaux, frênes, etc., pour la plantation des routes, *État de l'élection de Niort*, 1729, Mém. Soc. stat. Deux-Sèvres, 1886, p. 155. — (3) Arrêt du Conseil du 6 déc. 1729 analysé dans celui du 11 juillet 1748, ci-dessous. — (4) *Mémoire instructif*, etc. (1742), pp. III et 98. — (5) Mém. de Pardieu sur les manuf. du Poitou 1747, précité.

l'État (1). Un arrêt du Conseil de 1740 avait imposé sur la généralité la somme de 2.000 l. pour l'entretien de l'entrepreneur, des préposés et des ouvriers de la filature (2). Des essais tentés dans les moulins du Dauphiné avaient prouvé qu'on pouvait avec les cocons du Poitou obtenir des organsins légers pour taffetas et des fils assez nerveux pour être utilisés dans les soieries façonnées. On avait fabriqué à Tours avec ces organsins des moires aussi belles que celles d'Angleterre. Aussi l'intendant avait-il fait installer à la filature de Poitiers les moulins perfectionnés du Piémont, encore peu connus en France, et qu'on nommait *moulins à la croisade*. Ils donnaient des brins de soie croisés, nets, réguliers, très résistants et d'égale filure. Avec ces tours ou moulins, la filature commença à tirer gratuitement les cocons qu'on lui envoyait des diverses parties du Poitou (3). C'est grâce à cette initiative intelligente et tenace que la province a pu pendant plus d'un siècle obtenir de la sériciculture un revenu appréciable.

Pays producteur de laines, le Poitou ne pouvait manquer d'obtenir du pouvoir quelques établissements subventionnés ou privilégiés pour la fabrication des lainages. Il y avait dans la province de nombreux mendiants et vagabonds. On voulut les astreindre à une occupation régulière et on résolut de créer, dans les hôpitaux généraux de Poitiers et de Niort, des manufactures pour la production des bas, de la bonneterie, des petites étoffes et des pinchinats. L'intendant M. de Beaussan avait formé en 1731 le projet d'établir dans la première de ces villes une vaste fabrique à l'Hôpital-des-

---

(1) *Mémoire instructif* (1742), pp. 111 et 72. — (2) Arrêt du Conseil des 4 octobre 1740, 5 sept. 1741, 31 août 1742, 1er août 1745 cités dans celui du 11 juillet 1748, imp. 4 p., *Arch. Antiq. Ouest.* — (3) *Mémoire instructif*, pp. IV-VI, 72, 97.

Champs avec un personnel de 200 indigents (1). Ce plan ne put être exécuté. On se contenta d'installer quelques métiers à bas sur les fonds de l'État à Poitiers (2), et, en 1734, une fabrique de draps à Niort (3). L'une et l'autre entreprise, placées sous la tutelle de l'intendant et sous la conduite effective d'un directeur nommé par lui (4), végétèrent péniblement à l'aide des subsides officiels (5). D'autres projets paraissent encore moins avoir abouti. Tel fut celui qu'avait conçu en 1722 le contrôleur général Dodun. Il s'agissait de transférer à Poitiers une industrie très active, celle des siamoises, des mouchoirs de toiles rayées à carreaux, et des ouvrages de fil et de coton, dont Rouen avait la spécialité. En Normandie, les métiers de ce genre s'étaient « trop multipliés ». On voulait transporter l'excédent en Poitou, « où plusieurs personnes languissent dans une oisiveté condamnable », disaient les personnages officiels. Le corps de ville de Poitiers avait accueilli ces propositions avec faveur (6). Elles n'eurent aucune suite. On en peut dire autant d'un projet présenté en 1732 au Bureau du Commerce par un entrepreneur, le sieur Deshayes, de Thouars, marchand mercier à Paris. Il proposait la création en Poitou de fileries de chanvre, d'une fabrique de siamoises et d'une fabrique de poudre à poudrer (7). Le plan était trop vaste

---

(1) Déclar. royales 18 juillet 1724 et 23 août 1733 rappelées dans l'Ordon. de police de l'intendant Le Nain (1733) précitée. — (2) Délib. munic. de Poitiers 29 janv. 1731 sur le projet de l'intendant Beaussan, *Reg.* 149. — Orry à Le Nain 2 juin 1735, *Vienne*, C. 36. — (3) Mém. sur l'élection de Niort, 1729 et 1742, *Mem. Soc. stat. Deux-Sèvres*, 1886, pp. 186-212. — (4) Corresp. entre Le Nain et le subdélégué de Niort sur la nomin. du Directeur, 13 et 19 déc. 1739, *Vienne*, C. 37. — Délib. munic. de Poitiers (29 janv. 1731) sur l'org. de la manuf. de l'Hôpital. — (5) Le Nain à Orry, juin 1735, *Arch. Nat.* H¹, 1520. — (6) Délib. munic. de Poitiers 20 et 27 juillet 1722 au sujet de la proposition de Dodun, *Reg.* 141. — (7) Requête du sieur Deshayes au Bureau du Commerce, 12 sept. 1733, *Arch. Nat.*, F. 12, 80.

et trop beau pour être mis à exécution. Il n'est pas resté la moindre trace de sa réalisation.

L'administration ne se lassait point cependant de songer à accroître l'industrie de ses sujets poitevins. « Ne pour-
« rait-on pas, écrivait Orry à l'intendant Le Nain, fonder
« en Poitou quelques nouvelles manufactures (1)? ». Les fabriques des hôpitaux languissaient. On tenta la fortune d'un autre côté. Le président du Bureau de Commerce, Fagon, sur la proposition de l'inspecteur ambulant, Bonneval, et sur la prière d'un grand seigneur bien en cour, le duc de Châtillon, s'arrêta à l'idée de fonder une manufacture de petites étoffes blanches à chaîne de chanvre et de fil de lin, destinées à l'habillement des moines et des religieuses en Portugal (2). La fabrique pourvue de privilèges (3) fut installée en 1739 à Argenton-le-Château, dans la seigneurie du duc de Châtillon, sous la direction d'un entrepreneur du nom d'Escourrou, associé avec quatre fabricants (4). On fit venir du Languedoc des cardes et des ustensiles de manufactures pour mieux l'outiller (5). A la fabrication primitive, la manufacture d'Argenton joignit celle des tiretaines et des cadis façon de Montauban pour la consommation intérieure, et la confection des bayettes, étoffes de laine destinées à être exportées en Espagne, en Portugal et en Guinée (6). Elle paraît avoir vécu sans éclat quelques années. Sa trace se perd en effet à partir de 1747 (7).

(1) Orry à Le Nain, 27 juillet 1733, *Vienne*, C. 36. — (2) Requête au Bureau du Commerce 1739 et décision du Bureau, *Arch. nat.*, F. 12, 171. L'inspecteur Bonneval à l'intendant Le Nain 2 févr. 1739, *Vienne*, C. 37 et pièces indiquées ci-dessous.— (3) Privilège de 25 ans et exemptions. Orry à Le Nain 2 févr. 1739, *Vienne*, C. 37. — (4) Pardieu, inspecteur, à Le Nain, 15 nov. 1739, *Vienne*, C. 37. — (5) Bonneval à Le Nain, 20 août 1740, *Vienne*, C. 38. — (6) Echantillons d'étoffes d'Argenton avec note du 11 sept. 1742, *Vienne*, C. 38. — (7) Mention des étoffes d'Argenton, *Mém. de Pardieu sur les manuf. du Poitou*, 1747, précité.

Province agricole avant tout, le Poitou semble avoir été un médiocre champ d'expérience pour les entreprises industrielles qu'y multiplie la royauté. Comme la fabrique de draps d'Argenton, la manufacture de bas au métier, créée avec brevet de la duchesse de Montpensier à Châtellerault par le marchand parisien Chevillard, dure à peine quelques années (1), bien qu'on lui eût accordé des privilèges, tels que l'exemption des tailles et du logement militaire. Dans les forêts s'établissaient encore quelques verreries éphémères, celles de Mervent et de Béruges, au début du XVIIIe siècle (2), de Cloué et de Dompierre, près de Châtillon, en 1744 et 1745, pour la production du verre blanc et du verre de fougère (3). L'État ne parvenait pas davantage à ranimer l'industrie métallurgique, bien qu'il prît soin d'indiquer aux maîtres de forges les meilleures machines pour leurs usines (4). Les entreprises minières avaient à peu près toutes disparu. En 1708, on parlait d'ouvrir une concession à Availles-sur-Vienne (5). Trois ans auparavant, une mystification qui produisit un certain bruit attirait un moment l'attention sur les gisements du Poitou. On avait découvert sur les terres de l'Isle-Jourdain et du Vigean des pyrites ou sulfures de fer dont la couleur jaune évoqua l'idée de gisements aurifères. Un gentilhomme, le sieur de

---

(1) Délib. du corps de ville de Châtellerault au sujet de la manuf. Chevillard (commencée en 1687, puis abandonnée, et reprise en 1694), 13 déc. 1686 et 26 janvier 1694, *Godard*, I, 256-258, 267-270. — (2) Vallette, *La forêt de Mervent*. — Brochet, *op. cit.*, 270. — (3) Requêtes du sieur de Chazelles pour la verrerie de Cloué (verres de fougère), et du s. de Rossy pour celle de Dompierre (verre blanc ; privilège exclusif à 20 lieues accordé) 9 déc. 1745 et 25 juin 1744, *Arch. Nat.*, F. 12, 92 et 91. — (4) Orry à Le Nain 28 juillet 1732 (sur une machine à 2 chev. pour les forges), *Vienne*, C. 36. — (5) L'intendant Roujault au contrôleur gén. (12 mars 1710) sur la requête du sieur Le Comte, cap. de milice, du 23 mai 1708, *Corresp. des Contr. gén.*, III, n° 606.

Volagré, se fit octroyer des lettres patentes avec privilège pour exploiter ces marcacites dans lesquelles des commissaires du roi ingénus avaient cru rencontrer de l'or et de l'argent (1). L'intendant Doujat ne tarda pas à s'apercevoir de « l'imposture (2) », et les entreprises minières du Poitou paraissent n'avoir plus rencontré de faveur.

Malgré ces insuccès, le pouvoir central montrait une ténacité méritoire à tenter les moyens de rétablir la prospérité de la province. Il formait de nombreux projets pour rétablir la canalisation du Clain (3). Sur la côte, il rendait aux Sables d'Olonne quelque activité en creusant le havre de la Gachère (4). Il s'efforçait à rétablir le commerce du vin jadis très actif entre l'Angoumois et le Poitou, et dont le déclin était attribué à la mauvaise qualité des produits de cette dernière province (5). La pêche de la morue était en décadence, à cause de la rareté du poisson, disaient les Olonnais, par l'effet des droits fiscaux, de l'indiscipline des équipages et des frais d'armement, disait l'intendant (6). On accorda aux armateurs des Sables le privilège de faire librement le commerce au Cap Breton sans payer de droits de sortie pour leurs cargaisons(7), et plus tard on leur permit de trafiquer provisoirement avec l'Amérique pendant l'in-

---

(1) Edit du Roi (juillet 1705) au sujet des mines du Vigean, *Arch. Nat.*, A. D. XI, 35^{28}. — (2) Doujat, ancien intendant du Poitou, au contrôl. gén. 6 févr. 1713, *Corresp. des Contr. gén.*, III, n° 1559. — (3) Indication de projets ou requêtes dans la série F. 12, (*Arch. Nat.*), 171, 172.—(4) Le Nain à Orry, 1735. *Arch. Nat.* II¹, 1520; délib. du Bureau du Commerce au sujet des travaux des Sables, 22 juin 1741, 13 mai 1750, *Arch. Nat.*, F. 12, 88, 97. — (5) Orry à Le Nain, 2 juin 1735, *Vienne*, C. 36. — Le Nain à Orry 1735, *Arch. Nat.*, II, 1, 1520. — (6) Le Nain à Orry 1735, mém. cité. — (7) Requêtes au Bureau du Commerce, 22 oct. et 23 déc. 1728; arrêt du 17 fév. 1729, *Arch.Nat.*,F. 12, 75-76. — Arrêt du 14 déc. 1728 en fav. des Sables, imp. 3 p. in-4. *Arch. Ant. Ouest.*

terruption de la pêche (1). Enfin, on tenta de rendre au commerce des sels du Poitou son ancienne activité en lui ouvrant, au défaut du marché anglais fermé par les tarifs prohibitifs, l'accès des provinces du nord de la France (2).

L'État qui, jusqu'à la fin du xvii° siècle, avait laissé le plus souvent aux pouvoirs locaux le souci des approvisionnements, se préoccupe au xviii° d'assurer lui-même la subsistance du peuple. Pendant la famine de 1739, l'intendant de Poitiers organise des greniers publics, achète des blés étrangers, fait distribuer des grains à prix réduit dans les marchés des principales villes, institue des magasins pour vendre aux habitants des farines au-dessous du cours. Il forme sur les chemins des ateliers de charité où l'on occupe les ouvriers à raison de 10 s. par jour. Il emploie en 1739 les mendiants de Poitiers à reconstruire les quais du Clain, moyennant un salaire journalier de 3 s., outre la nourriture et le logement (3). Il stimule les municipalités et les entraîne à imiter l'exemple de l'Etat (4). Pour la première fois, la préoccupation de la santé publique inspire au pouvoir central l'idée d'une réglementation de l'hygiène. L'Etat s'occupe de la discipline et de la police de la pharmacie, de la chirurgie et de la médecine, fait la guerre aux charlatans, soumet à l'examen et à l'autorisation officielle la distribution des remèdes (5). Le service des épidémies est orga-

(1) Arrêt du Conseil 19 janv. 1746, *Arch. Nat.* F, 12, 93. — (2) Mém. de Le Nain 1735. *Arch. Nat.* H¹ 1520. — Arrêt du 3 février 1729 en faveur des sels de Poitou, *Arch. Nat.* F. 12, 76. — (3) Arrêt du Conseil portant imposition de 77.160 l. pour achat de grains et farines en 1738 et 1739 en Poitou, 27 juin 1741, *Vienne C. 27.* — Ordon. de l'intendant Le Nain 19 mai 1739 (pour employer les indigents aux travaux publics), et 4 juin 1739 (pour vente de grains et farines à prix réduit), *Arch. Antiq. Ouest.* — (4) Mém. pour l'administration des blés achetés par l'hôtel de ville de Poitiers, 24 art., 8 fév. 1741, *Arch. Antiq. Ouest.* — (5) Arrêt du

nisé. Les intendants consultent les autorités médicales en cas de contagion et se guident sur leurs conseils. C'est par leurs soins que les meilleurs spécifiques sont portés à la connaissance du public, par exemple en 1740 les sels d'Epsom et de Glauber. Ils font des distributions gratuites de remèdes aux indigents (1) et ils indiquent les précautions à prendre contre les épizooties (2).

Fort de ses bonnes intentions, persuadé qu'il a seul assez de lumières pour connaître les vrais intérêts des administrés, le gouvernement royal est convaincu qu'il doit prescrire à chacun les règles de conduite nécessaires à sa condition. Aussi multiplie-t-il les règlements de fabrication et de police. C'est spécialement la grande industrie textile qui fait l'objet de cette sollicitude paternelle, mais gênante. Colbert s'était contenté de l'assujettir à quelques règles générales fort simples et d'une exécution relativement aisée. Mais on ne tarda pas à se départir de cette sage réserve, pour imposer aux manufactures d'étoffes, de toiles et de bonneterie du Poitou une foule de règlements particuliers. De 1698 à 1751, ces règlements vont sans cesse s'accroissant, et bientôt l'Etat ne laisse plus rien à l'initiative individuelle du fabricant ou de l'ouvrier. On compte une vingtaine de ces règlements relatifs, soit à l'ensemble, soit aux détails de la fabrication des tissus et des bas ou bonnets (3) dans la province. Le pouvoir central est persuadé, suivant l'expression

---

Conseil 17 mars 1731, 3 juillet 1728, 25 oct. 1728 sur la police de la médecine, *Vienne* D. 10.

(1) Helvétius à Le Nain 1740 (sur les maladies épid. régnant en Poitou). — Avis au public par Le Nain sur le sel d'Epsom. *impr*. Arch. Antiq. Ouest. — L. Desaivre, *Les remèdes du Roi au XVIIIe siècle*, Bull. Soc. Stat. des D.-Sèvres IV, 396 ; V, 152 ; id., *Les médecins des épidémies au XVIIIe s.* ibid. VIII, 21-26, etc.— (2) Arrêt du Conseil 19 juillet 1746 sur les épizooties. *Isambert* XXII, n° 621. — (3) Voir les références ci-dessous.

de Louvois, « que rien ne procure autant le débit des étoffes » que l'exécution sévère de ces ordonnances, de laquelle dépend la bonne qualité des étoffes(1). Le public lui-même partage cette croyance, et attribue à l'inobservation des règles officielles la décadence des manufactures (2). C'est souvent sur les plaintes des marchands que l'État se décide à intervenir pour réglementer la fabrique (3). D'ailleurs, la rédaction des règlements est entourée de garanties. On soumet les projets aux assemblées des principaux fabricants et marchands (4). Les inspecteurs provinciaux et ambulants recueillent leur avis (5), et ce n'est qu'après une enquête souvent prolongée que le règlement est homologué, soit par ordonnance de l'intendant (6), soit par arrêt du Conseil d'État, après délibération du Bureau de commerce (7), soit même sous forme de lettres-patentes du roi enregistrées en Parlement (8). La superstition des règlements est telle qu'on les applique aux fabrications les moins susceptibles de les subir, et pour lesquelles, de l'aveu même des administrateurs, ils « sont plus nuisibles qu'utiles (9) ». Mais,

---

(1) Louvois à Basville, 13 juillet 1685, *Roussel*, III, 418. — Préambule des règlements de 1698 et suiv. etc. — (2) Procès-v. d'ass. et avis des m^es sergiers et m. de Châtell^t 1714, *Vienne* E 7¹. — Rapport de Bonneval sur la manuf. de Bressuire (la fidélité aux règl. a amené de meilleures ventes), *Vienne* C. 36. — Mém. de Roffay des Pallu sur Châtell^t 1738, etc. — (3) Par ex. en 1714 et 1715 dans les assemblées des fabricants du Poitou, ci-dessous citées ; en 1737, dans celle des bonnetiers de Poitiers. —(4) —Préambule du règl. de 1698 pour les manuf. du Poitou, *Rec. de Règl^s*. in-4°, III, p. 11.— Voir ci-dessous le paragraphe relatif aux assemblées. — (5) Procès-v. d'ass. et préambule des règlements ci-dessous cités. — (6) Orry à Le Nain 11 juillet 1739 (« dans le cas où le Conseil ne juge pas nécessaire d'intervenir, il suffit à l'intendant d'édicter une ordonnance »), *Vienne* C. 37. — Exemples nombreux ci-dessous. — (7) Exemples ci-dessous. — (8) Ex. lettres patentes pour les règlements de 1698 (lainages) et de 1748 (toiles). — (9) Le Nain à Orry (au sujet d'un projet de règl. sur la bonneterie), *Vienne* C. 36, — *Arch. Nat.* H¹, 1520.

comme le déclare Orry dans une circulaire datée de 1740, « la négligence et la mauvaise foi des fabricants et des marchands » forcent le pouvoir à les multiplier. Les industriels, au reste, seraient peu fondés à se plaindre, puisque ces règles « ont pour objet de perfectionner les fabriques et de « leur procurer un débit assuré (1) ».

Avec de pareilles maximes, l'administration royale, mue par un zèle maladroit, se croit obligée de ne rien livrer au hasard dans les diverses opérations auxquelles procèdent les maîtres et les ouvriers. Les manufactures du Poitou, depuis 1698 surtout, se trouvent soumises à la tutelle la plus méticuleuse, sous prétexte qu'il est nécessaire d'y rétablir ou d'y maintenir la bonne qualité des produits. Soucieux de leur assurer des laines en quantité suffisante, les intendants du Poitou, en cas d'épidémie ou même de diminution parmi les troupeaux, interdisent de tuer les agneaux et les moutons avant qu'ils n'aient produit « leurs toisons en maturité (2) ». En d'autres circonstances, lorsque les laines beiges nécessaires à la fabrique des serges font défaut, ils défendent de vendre à la boucherie les agneaux, moutons et brebis dont la toison est beige ou noire (3). Ils veulent que la tonte des bêtes à laine ne se fasse qu'en mai ou juin, pour que la matière livrée au commerce soit irréprochable (4). Il importe à une bonne fabrication que chaque fabricant puisse s'approvisionner de laines à un prix

---

(1) Circulaire d'Orry aux intendants, 28 nov. 1740, *Vienne* C. 37. — (2) Ordon. de Maupeou, intendant de Poitiers, 1697, *Corresp. des Contr. gén.*, I, n° 1603. — *Rapport de Maupeou sur la gén. de Poitiers* (1698) p.p. D. Matifeux, p. 435. — Procès-v. de l'ass. des fabric. de Thouars 3 mars 1714; avis de l'inspecteur sur la nécessité de continuer à défendre de tuer les agneaux, *Vienne* C. 36. — (3) Ord. de l'intendant Le Nain 23 mars 1741, *aff. imp., Arch. Antiq. Ouest.* — (4) Arrêt du Conseil 2 juin 1699, *Arch. Nat.* AD, XI, 43.

raisonnable. Aussi les intendants de Poitiers prohibent-ils les amas ou magasins qui favorisent la spéculation à la hausse (1). Ils proscrivent les ventes en dehors des marchés, dans les rues, les maisons et les hôtelleries, en dehors des heures légales, aussi bien pour les laines que pour les lins et les chanvres (2). Ils ne permettent point aux marchands en gros et aux revendeurs d'aller attendre les paysans, les filassiers ou poupeliers sur les routes ni aux abords des marchés, ni de pénétrer dans l'enceinte des halles avant que les fabricants aient fait leurs achats. Ils ne les autorisent qu'à acheter les matières en petite quantité et non pour revendre (3). Il faut encore protéger le fabricant contre l'incurie ou la fraude du vendeur. Les paysans en effet ne font dégraisser les laines qu'à l'eau froide, ce qui rend les étoffes grasses et mal conditionnées. Les marchands de leur côté usent de divers artifices pour accroître le poids des laines ou leur prix. L'autorité interdit en Poitou le mélange des laines de diverses qualités, la vente de celles qui sont mal lavées, remplies de chaux, et qu'on a laissé séjourner dans des lieux humides (4). Les gardes-jurés des fabricants sont tenus de procéder dès le matin à la visite de ces matières et à celle des poids, crochets et balances dont se servent les vendeurs

---

(1) Prop. de l'inspecteur Bonneval en ce sens rejetée (1729), *Mém. sur l'élection de Niort* (1729) précité p. 187. — Rap. de l'inspecteur Pardieu vers 1740, et ordon. de Le Nain adoptant ce projet 4 juillet 1742 (4 art.), Vienne C. 37, 38 ; *Arch. Antiq. Ouest*. — (2) Ordon. de Le Nain 1742 pour les laines ; ord. de l'intendant Moreau de Beaumont 1749 (24 déc.) pour les lins et chanvres art. 4, *Arch. Antiq. Ouest*. — (3) Ordon. de Le Nain 1742 ; de M. de Beaumont 1749, art. 5 — de M. de Blossac 21 avril 1751, art. 5, *Arch. Antiq. Ouest*. — Procès-v. d'ass. des fabr. de Thouars 3 mars 1714, Vienne C. 36. — (4) Rapport de l'inspecteur Pardieu (vers 1740), Vienne C. 37. — Règlement du 4 nov. 1698 pour le Poitou. — Ord. de Le Nain, 4 juillet 1742. — Ordon. de Blossac, 21 avril 1751, art. 5.

et les acheteurs, avec mission de dresser procès-verbal à tous délinquants (1).

Le cardeur et le peigneur de laines, le filassier et le blanchisseur qui préparent les fils de chanvre et de lin ont, comme les marchands, des lois qu'ils doivent observer. L'Etat les rend responsables des laines mal apprêtées, mêlées de bourres et autres matières inférieures (2). Il leur indique les cardes dont il convient de se servir, sous peine de confiscation et d'amende, avec le nombre de rangs et le numéro du fil d'archal qui devront composer chaque carde (3). Aux filassiers et poupeliers, l'intendant interdit le mélange du lin et du chanvre, des étoupes ou copeaux de lin et de chanvre avec le lin ou le chanvre peignés. Il leur défend de travailler en même temps plusieurs fusées de fil, de mêler dans un même écheveau des fils de différentes matières, qualités et couleurs, d'inégale grosseur ou d'inégale filure. Il ne veut pas permettre que l'ouvrier frotte les fils de beurre ou de graisse, qu'il se serve pour les blanchir de lait, de savon, d'indigo, d'ingrédients corrosifs capables d'en augmenter le poids, ni qu'il les batte sur les pierres pour les faire sécher. Il déclare illicite le commerce de tout paquet, dont le poids serait supérieur à 6 livres, dont la matière serait d'inégale qualité, mal séchée, mal lessivée ou mal écruée, et dont les liens seraient formés de fils de qualité différente du corps de l'écheveau (4).

(1) Ordon. de Le Nain 4 juillet 1742 — de Blossac, 21 avril 1751, art. 5.
— (2) Arrêt du Conseil d'Etat cond[t] des marchands et des cardeurs de Poitiers, 23 mai 1741, imp. *Vienne* C. 38. — (3) Ordon. de M. de Beaussan, intendant, au sujet des grandes et petites cardes à employer dans la manuf. de pinchinats à Niort, 16 juin 1729 ; et au sujet des cardes à employer dans la fabrication des droguets en Poitou, 1er juillet 1729, *Vienne* C. 37 et 36.
— (4) Ordon. de Moreau de Beaumont, int. de Poitou, au sujet de la fabr. des toiles, de lins et chanvres, 24 déc. 1749, impr. *Arch. Antiq. Ouest.* —

Après les cardeurs ou les briseurs, les filassiers ou les poupeliers, l'administration royale n'a garde d'oublier les fabricants et les tisserands. Aux uns et aux autres, elle a défendu de mettre en œuvre, dans la fabrication des droguets, pinchinats et autres lainages, et dans la confection des bas et bonnets, aucunes laines défectueuses, mal dégraissées, de mauvaise qualité ou de qualité inférieure, telles que les pignons, morines ou abats. C'est ainsi qu'elle prohibe l'emploi des laines de Salonique et de Palerme, des Izolas et de Barbarie, et mêmes des peignons ou laines du Limousin, pour ne tolérer que celles du Poitou, des provinces voisines, ou encore d'Espagne (1). La matière qu'il convient de mettre dans le lainage, la toile ou le bas est prescrite. Il faut que l'ouvrier ne mélange point les diverses qualités de laine, telle que l'étaim ou laine filée et la laine non filée, parce que le foulage de pareilles étoffes est irrégulier (2). Il ne lui est pas permis de ménager la matière, parce que les tissus ainsi fabriqués ne manquent pas de se rétrécir (3). Chaque variété de toiles exige une variété de fils qui est

Lettres patentes du Roy portant règl. pour les toiles appelées de Cholet, et autres lieux des dép. de Touraine et Poitou, 22 sept. 1748, imp. 31 p. (*Arch. Antiq. Ouest*), art. 18, 19, 20, 21.

(1) Règl. de nov. 1678 pour les manuf. du Poitou. — Ordon. de l'intendant la Tour, 20 mai 1725 et 4 mars 1727, imp. *Vienne* C. 36 — Rapport de Bonneval sur le mélange abusif des laines à Bressuire 31 déc. 1733. — Décisions du Bureau du Commerce au sujet de saisies de laines mélangées et mal teintes à Poitiers 1741, 18 mai et 3 août *Arch. Nat.* F. 12, 80 et 88. — Ordon. de l'int. Le Nain 17 sept. 1739 sur la fabr. des pinchinats, *Vienne* C. 37 — Arrêt du Conseil 30 sept. 1721 cité dans le procès-v. d'ass. des f^{ts} de Poitiers, 5 oct. 1736, au sujet de l'emploi des laines dans la bonneterie. — Orry à Le Nain, 15 avril 1737, et ordon. de Le Nain 28 avril 1737 et 6 juin 1741 sur la fabrication des bas et bonnets à Poitiers et à St-Maixent, *Vienne* C. 36 et 38. — (2) Procès-v. d'ass. des fabr. de Poitiers, 8 févr. 1714, *Vienne* C. 36. — (3) Règl. gén. pour le Poitou 1698, art. 16. — Procès-v. d'ass. de Parthenay 28 févr. 1714, *Vienne* C. 36.

déterminée avec minutie (1). Pour qu'il n'y ait aucune méprise ou aucune fraude, le règlement des étoffes du Poitou a prescrit en 1698 le nombre des portées et le nombre des fils de chaque portée pour chacune des espèces de tissus de laine (2), et ces dispositions ont été étendues par divers règlements de 1736 et de 1739 (3). Le règlement de 1748 a édicté des dispositions semblables pour les toiles poitevines (4). La quantité des laines qui doit entrer dans l'étoffe a été parfois fixée officiellement, par exemple pour les droguets de Parthenay (5). On a aussi indiqué le poids du tissu (6), et spécialement celui de chacune des variétés de bas et de bonnets produits dans les manufactures du Poitou (7). Les dimensions de toutes les espèces d'étoffes de laine et de toiles fabriquées dans la province ont été l'objet de prescriptions détaillées, incessamment renouvelées et précisées avec un soin méticuleux depuis 1698 jusqu'en 1751 (8). De ces dimensions dépend la bonne qualité des produits, répètent inspecteurs et intendants. Aussi sont-ils attentifs à combler toutes les lacunes des règlements, parce

(1) Régl. de 1748 pour les toiles de Cholet fabr. en Poitou, art. 5, 6, 9, 11, 14, 17, 18. — (2) Régl. de nov. 1698 pour les manuf. du Poitou, art. 2 à 11. — (3) Ordon. de l'intendant Le Nain pour les serges rases beiges de la Mothe-Ste-Héraye, 12 février 1741, Arch. Antiq. Ouest; du même pour les droguets et pinchinats de Niort 17 sept. 1739, Vienne C. 37; procès-v. d'ass. des fabricants de Chauvigny (29 sept. 1736) et de Vivonne (20 sept. 1736) au sujet des serges; de Châtellt. 28 mai 1739 et résolutions conformes, Vienne C. 36 et 37 — Orry à Le Nain 11 juillet 1739 (ordre de fixer les portées à Châtellt, Thouars, Chauvigny, etc.), Vienne C. 37. — (4) Régl. de 1748 pour les toiles du Poitou, art. 7, 8, 10, 11, 15. — (5) Ordon. de l'intendant Beaussan, 1er juillet 1729, Vienne C. 36. — (6) Poids des droguets 34 à 35 livres — même ordonnance. — Procès-v. d'ass. des fab. de Parthenay 28 févr. 1714, Vienne C. 36. — (7) Procès-v. d'ass. des fabricants de Poitiers 5 octobre 1736, Vienne C. 36 — Orry à Le Nain 15 avril 1737 (fixation du poids des bas et bonnets indiquée), Vienne C. 36. — Ordon. de Le Nain 28 avril 1737 sur la bonneterie de Poitiers (ass.), et du 6 juin 1741 sur celle de St-Maixent, imp. Vienne C. 36, 38. — (8) Règlement de nov. 1698, art. 4 à 15 (Rec. Poit. in-8° tome Ier. — Rec. de

que, disent-ils, « les fabricants sont toujours fort ingénieux quand il s'agit d'introduire des nouveautés, pour se soustraire aux règles prescrites (1) ».

L'autorité applique pareille surveillance aux détails du tissage. Elle exige que les tissus de toute sorte soient bien travaillés, bien remplis de trame, uniformes en bonté et en force dans toute leur étendue (2). Elle indique les dimensions que doivent avoir les métiers, leurs lames ou rots (3), le nombre des aiguilles à employer pour la fabrication des bonnets et des bas (4). Sans se soucier d'augmenter le prix de revient des étoffes, et préoccupée avant tout d'une perfection qui risque de tuer la fabrique, l'administration, voulant rendre les tissus plus fermes, s'avise en 1740 d'obliger les fabricants à substituer au procédé de la trame sèche celui de la trame trempée (5). Il n'est pas jusqu'à la couleur des lisières qu'elle n'ait voulu indiquer, toutes les fois qu'il lui a semblé nécessaire d'imposer aux produits une marque distinctive destinée à guider le public (6). Les apprêts que reçoivent les tissus ont sollicité d'une manière toute spé-

---

Règl. in-4º III, p. 11). — Observ. utiles pour la perfection des manuf. par Bonneval 1715. — Ordon. de Beaussan pour les draps de Fontenay 14 juin 1729. — Ordon. de Le Nain 12 févr. 1741 pour les rases de la Mothe. — Procès-v. d'ass. des fabr. de Parthenay 1714, de Chauvigny (sept. 1736), de Vivonne (1736), de Châtell^t (28 mai 1739) — Projet de règl. pour les coutils de Vieillevigne (1719), art. 1 à 4, *Vienne* C. 36,37. — *Arch. Antiq. Ouest* — Règl. de 1758 pour les toiles art. 1 à 4.

(1) Observ. de l'inspecteur Bonneval pour la perfection des manuf. 1715, *Vienne* C. 36. — (2) Règl. de nov. 1698, art. 16. — (3) Règl. de nov. 1698, art. 4 à 15 (pour les lainages); règl. de 1748, art. 27 et 28 (pour les toiles). — (4) Ordon. de Le Nain pour la bonneterie de St-Maixent 6 juin 1741, art. 3. — (5) Procès-v. d'ass. des fabricants de Fontenay (6 février 1740) et de Parthenay (4 février), *Vienne* C. 38. — De même, il était presque impossible, pour les petites étoffes composées de mauvaises laines, d'obtenir la demie-aune réglementaire de largeur, Le Nain à Pardieu, 23 août 1736, *Vienne* C. 36. — (6) Lisière bleue ou jaune pour les serges drapées, Règl. de nov. 1698, art. 9.

ciale l'attention du législateur. Le foulon, en exécutant son travail, risque à tout instant de donner un accroc à quelque règlement. Il en est de même du blanchisseur de toiles. Les foudres administratives tombent sur leur tête, s'ils s'avisent de mêler dans la même cuve des étoffes, toiles, bas, de qualités différentes, s'ils les laissent brûler ou pourrir (1), s'ils épargnent l'eau chaude, à cause de la cherté du bois, et la terre à fouler, à cause de la cherté ou de la difficulté du transport (2), au risque de livrer au commerce des étoffes mal dégraissées ou altérées. On exige qu'ils apprêtent les tissus de laine à l'eau chaude (3) *(apprêt d'eau)*, qu'ils les rendent au fabricant avec le rétrécissement sur la longueur et la largeur officiellement fixés par les règlements (4). On veut qu'ils blanchissent les carisés avec du savon et non avec du blanc d'Espagne, les toiles avec l'azur et non avec la chaux, l'indigo ou l'empois. On détermine l'époque où elles doivent être étendues sur les prés (5). On proscrit toutes les manœuvres qui peuvent altérer le tissu, dissimuler l'inégalité du tissage et l'insuffisance des dimensions, telles que le tirage des étoffes avec les poulies, le battage des toiles aux maillets, le passage des lainages au rouleau à chaud, le séchage au moyen de chaufferettes, le tirage du poil au moyen de cardes de fer au lieu de chardons (6).

(1) Règl. de nov. 1698, art. 20. — Procès-v. d'ass. des fabr. de Moncoutant 7 mars 1714, *Vienne* C. 36. — Règl. de 1748 pour les toiles, art. 73. — (2) Procès-v. d'ass. des fabr. de Niort 8 févr. 1714; de Bressuire (5 mars 1714); de la Châtaigneraye (16 mai 1740), *Vienne* C. 36,38. — Observ. de l'inspecteur Bonneval 1715; ordon. de l'intendant Le Nain 4 juillet 1740, imp. *Vienne* C. 36, 38. — (3) Règl. de nov. 1698, art. 21 — Ordon. de Le Nain 5 mars 1742, art 3, *Arch. Ant. Ouest.* — (4) Règl. de nov. 1698, art. 1 à 15. — (5) Procès-v. d'ass. des fab. de la Châtaigneraye, 16 mai 1740; rapport de l'inspecteur Pardieu, 14 mai; ordon. de Le Nain sur les carisés, 4 juillet 1740, *Vienne* C. 38 — Règl. de 1748 pour les toiles 1748, art. 74-76. — (6) Procès-v. d'ass. des fabr. de St-Maixent, Niort, Melle, Châtell[t] 1714

Longtemps, les tissus du Poitou, dont la principale qualité était le bon marché, avaient pu se soustraire à l'observation des règlements officiels sur les teintures. Ces règlements ne convenaient qu'aux produits soignés et chers destinés aux classes riches. Aussi les fabricants n'employaient-ils que fort peu de pastel « ne *sachant le gouverner* » (s'en servir). Ils préféraient user d'indigo, mélangé avec l'urine, pour produire la couleur bleue. S'agissait-il d'obtenir la couleur noire, ils se servaient d'éclats de bois de campêche qu'ils réduisaient en poudre, ou encore de copeaux de bois de brésil (1), ingrédients que les règlements suspectaient comme susceptibles de produire de fausses teintures. Mais ils observaient qu'ils ne pouvaient employer des substances plus chères sans être obligés de vendre leurs étoffes à raison de 2 s. par aune de plus, ce qui risquait de ruiner leur commerce (2). Ces observations fort justes ne devaient pas prévaloir contre la fureur de réglementation qui animait le pouvoir. Ainsi, il était déjà interdit de teindre les laines en chaîne. Dès 1730, l'intendant défend encore de teindre en noir les chaînes de laine filée et peignée. Les fabricants de St-Maixent protestent, déclarent qu'il leur est impossible de trouver des laines beiges naturelles et que leurs clients du Portugal préfèrent les serges composées de laines teintes. On se décide à faire une enquête qui confirme leurs asser-

1715 (sur l'interd. des poulies) *Vienne* C. 36. — Règl. de 1748 pour les toiles art. 75 (id.). — Règl. de nov. 1698 interd[t] de rouler à chaud les lainages, art. 21 ; règl[t] de 1748, art. 76, pour les toiles — Ordon. de l'intendant Blossac 21 avril 1751, art. 4 (interd. des cardes de fer), *Arch. Antiq. Ouest.*

(1) Procès-v. d'ass. des fabr. de Fontenay, 12 mars 1714, *Vienne* C. 36. — Rapport du subdélégué de Niort à l'intendant sur les teintures 23 déc. 1737, *Vienne* C. 37 ; du subdélégué de Saint-Maixent 27 déc. 1738 ; de ceux de Lusignan 24 déc., et de Parthenay 26 déc., *Vienne* C. 37. — (2) Procès-v. d'ass. des march. et fabr. de Niort 14 février 1738, *Vienne* C. 37.

tions, et par une transaction toute administrative, on les
autorise à employer des chaînes teintes, mais non des tra-
mes. Il avait fallu quatre ans à l'administration pour se
décider à une concession qu'elle faillit révoquer d'ailleurs
peu après (1). Bien plus difficile et moins justifiée encore
fut l'application aux petites fabriques du Poitou du fameux règlement de janvier 1737. Cette ordonnance, très
compliquée, prétendait astreindre tous les ateliers aux
procédés techniques employés dans les manufactures de
riches étoffes. On avait exécuté aux Gobelins, sous la direction de Jullienne, des échantillons-matrices, c'est-à-dire des
modèles de laines et de tissus teints suivant les meilleurs
procédés. Chaque bureau de fabrique du Poitou en reçut
un ballot composé de 11 spécimens, qui fut déposé en grande
pompe, par les soins du juge de police, en présence des
maîtres gardes-marchands, fabricants et teinturiers, partie
au greffe de la juridiction des manufactures du lieu, partie
dans le local où se réunissaient les gardes (2). C'est sur ces
modèles que les teinturiers devaient se régler et que les
jurés étaient invités à vérifier la bonté des teintures. Mais
c'était trop demander à de pauvres fabricants. Ils se per-
daient dans cette technique savante, si éloignée de leurs
procédés peu compliqués et peu coûteux. Les gardes eux-
mêmes ne savaient comment interpréter l'ordonnance, et

(1) Ordon. de M. de Beaussan 16 oct. 1730 citée dans un rapport d'inspecteur 12 mai 1740, *Vienne* C. 38. — Requête des fabr. de St-Maixent au
Bureau du Commerce 8 juillet 1734, *Arch. Nat.* F.12, 81.—Orry à Le Nain
3 juil. 1740, *Vienne* C. 38 (sur cette affaire), et rapport de l'inspecteur 12
mai.—(2) Orry à Le Nain 3 avril 1737 (envoi du règlement), *Vienne* C.36.—
Procès-verb. d'ass. pour réception du règlt et des échantillons matrices à
Niort (11 février), à Poitiers (4 février), à Fontenay (10 février), à St-Maixent (12 février 1738).— Orry à Le Nain 28 janvier 1738 (sur la procédure
de distribution et de réception) *Vienne* C. 37; rapports des subdélégués à
l'intendant, février 1738, *ibid.*

par excès de zèle, faisaient des saisies à contre-temps (1).
En 1739, le contrôleur général lui-même se plaint de ce que
le règlement de 1737 reste inobservé en Poitou (2). Tout
porte à croire que l'administration, de peur de ruiner la
fabrique, se résigna à fermer les yeux sur les infractions (3).
Le pouvoir se montrait moins tolérant dans d'autres circonstances. En 1748, il prescrivait de n'employer pour la
couleur bleue des mouchoirs que des ingrédients de bon
teint, et il imaginait d'infliger aux fabricants de toiles teintes
en petit teint une punition qui consistait dans la privation de
la lisière aurore dont ils paraient les toiles du grand teint (4).
Il s'avisait encore d'indiquer la façon de plier les lainages. Attentif à prévenir les fraudes, il voulait qu'on pliât
les toiles par feuillets et plis égaux d'un tiers d'aune, les
mouchoirs par carrés de la longueur d'un mouchoir. Il défendait de joindre et de coudre les coupons, de percer les
pièces avec des aiguilles ou de les empointer avec des fils
et ficelles, de peur que l'intérieur du tissu fût dissimulé, ou
que la marque n'apparût pas assez aux regards (5). Ainsi,
dans toutes les opérations auxquelles ils se livrent, ouvriers,
marchands et fabricants ne doivent pas perdre de vue que
l'administration omnisciente est prête à les ramener, non
sans corrections bien senties, dans le droit chemin.

(1) Rapport du subdélégué de Niort (11 fév.) et ass. des fabricants et teinturiers 14-19 février 1738, *Vienne* C. 37. — Orry à Le Nain sur une saisie faite à Poitiers par les jurés teinturiers, 12 déc. 1738, *Vienne* C. 37. — (2) Orry à Le Nain 11 juillet 1739, *Vienne* C. 37. — (3) Orry à Le Nain 12 déc. 1738. — (4) Procès-v. 24 nov. 1729 pour infr. aux règl. des teintures contre les bonnetiers de Poitiers, *Arch. Nat.* F. 12, 76. — Procès-v. d'ass. des fabr. bonnetiers de Poitiers, 5 oct. 1736, prohibant le bois d'inde, *Vienne* C. 36. — Règl. de 1748 pour les toiles, art. 3 (prohibition du rocou); art. 16 et 33 (couleurs des mouchoirs et lisières des toiles). — (5) Règl. de 1748 pour les toiles, art. 35 et 36. — Ordon. des intendants du Poitou, Moreau de Beaumont et Blossac, 24 déc. 1749, art. 7; et 25 juin 1751, *Arch. Vienne* C. 38.

Peu à peu, le pouvoir central, toujours mû par son inquiète sollicitude, se croit tenu d'appliquer aux autres industries l'élixir infaillible des règlements. En 1739, il réglemente la fabrication du papier. Comme le Poitou manifestait peu d'empressement à se conformer à l'ordonnance, le Conseil prescrit à l'intendant de forcer les maîtres-papetiers, dans le délai d'un an, à se défaire des papiers fabriqués en dehors des prescriptions officielles, à changer leur outillage, à faire marquer leurs nouvelles formes. Ils devront à l'avenir, et dans le terme d'un mois, composer leurs rames de 25 feuilles, trier avec soin le papier de chaque main, évitant d'y mêler les feuilles de qualités différentes, trouées, ridées ou défectueuses, et recouvrir chaque rame de deux feuilles de gros papier, où ils indiqueront la nature et le poids du produit, et donneront les autres indications requises (1). Quatre ans auparavant, l'administration avait prescrit aux verriers les dimensions légales et le mode de fabrication des bouteilles et carafons de verre (2). Parfois même, elle avait à se prémunir contre les excès de zèle de ses agents. On lui demandait à Châtellerault d'arrêter le déclin de la bonne fabrication des couteaux, en promulguant un règlement sur la coutellerie (3). A la Mothe-Ste-Héraye, à St Maixent et à Niort, on avait observé que les armateurs de la Rochelle cessaient d'exporter aux Antilles les farines de minot du Poitou. A plusieurs reprises, en 1727, en 1735, le Bureau du Commerce eut à examiner des projets de règlements présentés par les intendants de Poitiers, pour rétablir

---

(1) Ordon. de l'intendant Le Nain (16 août 1740) au sujet des papeteries du Poitou, 4 artes. imp. *Arch. Antiq. Ouest.* — (2) Orry à Le Nain, 2 avril 1835, sur l'exécution de la déclar. du 8 mars 1735, *Vienne* C. 36. — (3) Mém. mss. de Roffay des Pallu sur Châtell^t 1738.

« la perfection de la minoterie », interdire le mélange des farines d'orge et de froment, ordonner l'emploi de bons blés et de toiles fines de bluteaux d'égale qualité et finesse (1). A ces préoccupations multiples, l'administration devait joindre celles de la police des blés, surveiller l'exécution des ordonnances prohibitives, délivrer les passeports de circulation et d'exportation, empêcher l'embarquement ou le chargement des grains, farines et légumes faits sans autorisation, stimuler l'activité des agents des fermes dans les bureaux de l'intérieur et des côtes, réprimer les émotions populaires causées par la cherté des subsistances (2). Elle faisait dresser des rapports sur l'état et les prévisions des récoltes (3). Elle devait ouvrir des enquêtes sur la diminution ou le progrès du commerce du bétail, et l'on voyait l'intendant engager les marchands du Poitou à approvisionner les marchés de Paris (4). Enfin, elle portait son attention sur l'imprimerie et la librairie, faisait la chasse aux publications interdites, contraires à la religion, à la sûreté de l'État et aux bonnes mœurs (5). Elle limitait le nombre des imprimeurs et des libraires (6), et se flattait

(1) Délibér.du Bureau de Commerce au sujet des règl. proposés pour la minoterie du Poitou, 30 janvier, 6 février, 4 déc. 1727, février 1728 *Arch. Nat.* F. 12,74, 75. — Mém. sur l'élection de Niort 1728, *Mém. Soc. Stat. D.-Sèvres* 1886, p. 190. — Mém. de Le Nain 1735, *Arch. Nat.* H^t 1520 — État de l'élection de Niort 1744, *Mém. Soc. Stat. D.-Sèvres* 1886, p. 303. — (2) Voir le livre II, chap. Ier. — (3) Le contr^r général à l'intendant de Poitiers, 25 janv. 1709, *Corresp. des Contr. gén.*, III, n° 72. — États des récoltes de la subdél. de Niort 1728. — Orry à Le Nain 1er janv. et 30 déc. 1733, *Vienne* 27. — (4) Orry à Le Nain 10 juin et 26 juillet 1732, *Vienne* C. 27. — (5) Arrêt du Conseil sur la librairie et l'imprimerie 10 avril 1735, *Isambert* XXI, n° 323 — Règl. de police de Châtell^t 1749, art. 11. — (6) Arrêt du Conseil supp. l'imprimerie à Châtell^t 31 mars 1739, La Bouralière, *L'Impr. dans la Vienne* p. 317. — Arrêts de 1716 et de 1717 nom^t un imprimeur à Niort, *Clouzot*, p. 513. — Provisions d'impr. à Poitiers 1710, 1736, *Rec. Poit.* in-4, XVII.

ainsi de régulariser l'activité intellectuelle comme l'activité matérielle des administrés.

Pareilles maximes, pour passer de la théorie à la pratique, exigeaient l'établissement d'une police méticuleuse. Le législateur, aux prises avec l'esprit de fraude ou de liberté, s'efforce de resserrer tous les jours davantage les mailles de son réseau de lois protectrices. Il établit un contrôle compliqué destiné à discerner les responsabilités et à enrayer la négligence des fabricants et des marchands. Sans tenir compte de l'indifférence des acheteurs, sans se préoccuper de l'ignorance d'ouvriers illettrés incapables d'épeler l'alphabet, l'administration exige que les fabricants du Poitou, maîtres ou compagnons, inscrivent au chef de chaque pièce d'étoffe leur nom sans abréviation, le lieu de leur demeure, et le numéro de la pièce à l'aiguille, avec un fil de laine de couleur différente de celle du tissu, avant d'envoyer l'ouvrage au foulon (1). Puis, comme cette précaution paraît insuffisante, on veut forcer les fabricants à répéter les mêmes formalités à la queue de chaque pièce, aussi bien qu'au chef, et à ajouter leur nom de baptême abrévié (2). En dépit des résistances, les agents du pouvoir s'obstinent à attendre des manufacturiers ignorants du Poitou l'exécution de ces règles presque impraticables (3). Bien mieux, ils étendent ces exigences, d'abord aux coutils de Vieillevigne, puis aux toiles fabriquées dans les villages

(1) Règl^t du 4 nov. 1698, art. 17. — Observ. de l'inspecteur sur la perfection des manuf. 1715 (difficultés d'exécution), *Vienne* C. 36.—Procès-v. d'ass. de fab^t à Moncoutant, Breuil-Barret, Bressuire, St-Maixent, la Châtaigneraye, Poitiers 1714-1715 (sur l'inexécution totale ou partielle du règlement) *Vienne* C. 36. — (2) Arrêt du Conseil 12 sept. 1729 et 10 juin 1733, *Rec. de règl. in-4*, Suppl^t II, 209.— *Arch. Nat.* **AD. XI**, 42. — (3) Rapp. du lieut. g. de police de Fontenay, 3 nov. 1733, *Vienne* C. 36 et procès-v. d'ass. des fabricants 1736-40, précités.

de la frontière du pays. Les tisserands sont obligés d'appliquer à la tête et à la queue des toiles, mouchoirs, canevas, coutils, treillis, avec de l'huile et du noir de fumée, une empreinte de leur marque particulière, contenant la première lettre de leur nom, leur surnom et le lieu de leur demeure en entier, au sortir du métier (1). Toute pièce mise en circulation sans plomb de fabrique est saisie ; le fabricant et le détenteur s'exposent à la confiscation et à de lourdes amendes (2). Il est même interdit aux particuliers de recevoir chez eux des tissus sans marques ou plombs et au foulonniers d'admettre dans leurs moulins les étoffes dépourvues de marques et de numéros (3). Au reste, le moulinier ou foulon, pour qu'on puisse avoir au besoin recours contre lui, est également tenu d'apposer aux pièces foulées un nouveau plomb ou marque contenant son nom et celui de son moulin d'un côté, et les mots *apprêt d'eau* sur l'autre face (4). Il n'est pas jusqu'aux papetiers qui ne soient astreints à marquer sur l'enveloppe de chaque rame, en caractères lisibles, la sorte ou espèce du papier et son poids, le nom en entier de la province et leurs propres noms et surnoms sans abréviation (5).

(1) Projet de règl* sur les coutils de Vieillevigne 1719, art. 5. — Arrêt du Conseil du 17 sept.1743 sur la marque des toiles du Poitou, imp. *Arch. Ant. Ouest.* — Règl* de 1748 sur les toiles du Poitou, précité. — Ordon. de l'intendant Moreau de Beaumont, 24 déc. 1749, Vienne C. 38. — (2) Règl* ci-dessus cités. — Ex. procès-v. de saisie et ordon. de l'intendant contre Laurence, marchand à Poitiers, mai 1739, *Vienne* C. 37. — (3) Ordon. de l'intendant Le Nain, 17 mai 1741, contre les foulons d'Azais, *Arch. Ant. Ouest.* — Procès-v. d'ass. des fabr. de Bressuire, 15 mars 1715. *Vienne* C. 36. — Ordon. de Le Nain 5 mars 1742, art. 2, précitée. — Règl* du 4 nov. 1698, art. 20. — (4) Procès-v. d'ass. des fabr. de Parthenay 28 févr. 1714, 11 mars 1716, *Vienne* C. 36. — Ordon. de l'intendant Gallois de la Tour, 20 août 1716, analysée dans la suivante. — Ordon. de Le Nain 5 mars 1742, art. 4, *Arch. Ant. Ouest.* — Procès-v. d'ass. des fabr. de Niort, 9 févr. 1715, *Vienne* C. 36. — (5) Ordon. de l'int. Le Nain, 16 août 1741, conc* les papeteries, art. 3, *Arch. Ant. Ouest.*

Comme le pouvoir se méfie, non sans quelque raison, de la docilité des fabricants, il les soumet à toutes sortes de visites et de contre-marques, exécutées par les inspecteurs et par les gardes jurés. Ces agents vont fréquemment sur les places, sous les halles, dans les magasins des marchands et dans les ateliers des tisserands, visiter et saisir les laines prohibées ou mal apprêtées, les écheveaux de lin et de chanvre, et marquer d'un plomb particulier les matières reconnues bonnes. Les marchands et fabricants doivent souffrir leur inspection, et bientôt même ils sont obligés d'apporter les matières dès l'arrivée au Bureau de fabrique, pour les soumettre à la vérification des gardes-jurés fabricants et marchands (1). Il était difficile d'inspecter régulièrement des maîtres et des ouvriers répandus dans les campagnes et d'humeur d'ailleurs indépendante (2). L'administration s'entête pourtant à les soumettre aux visites trimestrielles ou mensuelles des gardes-jurés (3), et elle charge ceux-ci de se faire

(1) Ordon. des intendants La Tour 20 mai 1726, 4 mars 1727; et Moreau de Beaumon. 24 déc. 1749, *Vienne* C. 36-38. — Orry à Le Nain 26 août 1737, *Vienne* C. 37. — Décision du Bureau de Commerce sur la saisie de laines à Poitiers 1741 (18 mai) *Arch. Nat.*, F. **12**, 88. — Procès-v. de visite et saisie de laines à Niort par l'inspecteur Pardieu, 3 mai 1737, *Vienne* C. 37. — Procès-v. d'ass. des bonnetiers de Poitiers, 5 oct. 1736, *Vienne* C. 36.
— (2) Arrêt du Conseil permettant à l'inspecteur des man. du Poitou d'aller seul en visite chez les march. et ouvriers de son dépt. 31 août 1689, impr. *Rec. Poitev.* in-8, tome 1er n° 13. — Arrêt du Conseil 23 mai 1741 au sujet de la manuf. de Poitiers et des cardeurs, *Vienne* C. 38 (visites des jurés). — Règlt du 4 nov. 1698, art. 24 (visites des jurés chez les fabricants et foulons). — Orry à l'int. Le Nain 26 août 1737, *Vienne* C. 37. — Procès-v. d'ass. des bonnetiers de Poitiers, 5 oct. 1736, *Vienne* C. 36. — Ordon. de Le Nain 6 juin 1741, art. 3 précitée. — Règlt pour les coutils de Vieillevigne 1719, art. 10, 11, 15. — Procès-v. d'ass. des fabr. de Fontenay, 12 mars 1714 (négligence ou désobéiss. des fabricts), *Vienne* C. 36. — Rapport de l'insp. Bonneval sur la fabrique de Montcoutant 1733, *Vienne* C. 36. —
(3) Le règlt de 1698, art. 24, prescrit 4 visites générales; il est peu suivi (rappt du lieut. g. de police de Fontenay 3 nov. 1735, *Vienne* C. 36); les fabr. de Niort 1 visite par mois, de même les bonnetiers de Poitiers (Procès-v. d'ass. 8 fév. 1714 et 5 oct. 1736).

31

prêter au besoin mainforte par les juges et par les cavaliers de la maréchaussée (1). Les inspecteurs se joignent aux gardes-jurés, pour procéder, s'il leur convient, à ces opérations, ou bien ils peuvent à leur gré se rendre seuls dans les boutiques et magasins. C'est un droit qu'un arrêt de 1689 reconnaît formellement au commis des manufactures du Poitou (2).

La visite des métiers, des moulins à foulon et des teintureries n'est pas une précaution suffisante. Il faut que l'étoffe, lainage, bas, bonnet, toile, mouchoir puisse être examinée à loisir. C'est pourquoi la généralité de Poitiers est dotée de Bureaux de fabrique. On avait négligé dans bon nombre de localités d'établir ou de maintenir ces bureaux. Louvois et plus tard Orry mirent un zèle tout spécial à les organiser et à en multiplier le nombre. On en comptait, vers le milieu du XVIII° siècle, 39 dans le Poitou proprement dit, et 2 dans les dépendances de l'inspection des manufactures de cette généralité, à savoir à Confolens et à la Rochelle (3). On avait voulu que leur réseau s'étendît sur toute la contrée : inspecteurs et intendants s'étaient appliqués à en combler les lacunes. Ainsi; en 1715, était établi le bureau d'Argenton (4). En 1737 et 1738, se créaient les bureaux de Confolens, de la Chapelle-Largeau, de Puy-Belliard et des Herbiers (5), en 1752 celui de la Tes-

---

(1) Procès-v. de saisie (24 avril 1739) chez un foulon de Poitiers, *Vienne* C. 36 — et sentences diverses 1714 et sq. *Vienne* C. 36-38. — Ordon. de Le Nain 11 février et 17 mai 1741 (sur l'emploi de la maréch.) contre les foulons d'Azais, *Arch. Antiq. Ouest.* — (2) Arrêt du Conseil d'Etat 31 août 1689, ci-dessous cité. — (3) Etat des Bureaux de visite et marque du Poitou 1772, *Vienne* C. 38 — et pièces ci-dessous citées. — (4) Procès-v. de l'ass. des fabr. d'Argenton, 3 août 1715, *Vienne* C. 36. — (5) Ordon. de l'int. Le Nain portant étab^t de Bureaux de visite et marque 28 oct. 1737, *Vienne* C.37. — Procès-v. d'ass. et mention de l'ord. de l'intend^t 28 oct. 1728 étab^t le Bureau des

soualle (1). On les multiplia au point que certains ne pouvaient même faire face aux frais de marque (2). S'il y en avait qui comptaient dans leur ressort 7 villages, comme celui d'Argenton, ou 15 comme celui de Bressuire, ou 6 comme ceux de Breuil-Barret et de la Châtaigneraye, ou 12 comme celui de Fontenay, avec une trentaine ou une centaine de de métiers et un assez grand nombre de fabricants, il s'en trouvait, à St-Mesmin par exemple, qui comprenaient à peine *quatre* maîtres (3). Colbert avait voulu que ces bureaux fussent installés dans les locaux des hôtels de ville ou des justices locales. Mais en 1715, deux villes du Poitou avaient seules obéi, à savoir Poitiers et St-Maixent (4). Dans beaucoup de lieux, les gardes-jurés avaient pris l'habitude de marquer les pièces dans leurs propres maisons, et cet usage était devenu la source d'un grand nombre d'abus (5). A partir de 1715, l'administration exigea que les bureaux eussent un local convenable dans les échevinages ou les auditoires, qu'ils fussent pourvus d'armoires, coffres ou boîtes scellées et attachées aux murs, et destinées à enfermer les plombs ou marques (6). Elle obligea les jurés à s'y rendre régulièrement, aux jours et aux heures fixés (7), et

---

Herbiers, 26 nov. 1738, *Vienne* C. 37. — Rapp. de l'insp. Pardieu 10 sept. 1737 pour l'étab^t de bureaux, ibid.

(1) Ordon. de M. de Blossac étab^t le Bureau de la Tessoualle, 9 févr. 1752, *Vienne* C. 38. — (2) Rapport du lieut. g. de police de Fontenay, 3 nov. 1735, *Vienne* C. 36. — (3) Même rapport — procès-v. d'ass. d'Argenton 1715, précité. — Rapport de l'insp. Bonneval sur Bressuire et Montcoutant 1738, *Vienne* C. 36. — Procès-v. d'ass. de Breuil-Barret, la Châtaigneraye, Fontenay, 1714, 1715, *Vienne* C. 36. — (4) Observ. de l'insp. du Poitou pour la perf. des manuf. 1715, *Vienne* C. 36. — Procès-v. d'ass. à St-Maixent (29 janv. 1715) et à Poitiers (4 février 1736), *Vienne* C. 36-37. — (5) Observ. de l'inspecteur 1715. — Procès-v. d'ass. des fabr. de Lusignan, 28 févr. 1715, *Vienne* C. 36. — (6) Délib. de cette assemblée. — Règl^t pour les coutils de Vieillevigne 1719, art. 7, etc. — (7) Documents cités ci-dessus.

à prendre soin des plombs, registres et meubles. Les frais de ces bureaux durent être payés par les communautés des marchands et fabricants, suivant des états annuels dressés par les gardes et certifiés par l'inspecteur (1).

C'est là que les gardes-jurés des fabricants procèdent à l'enregistrement des arrêts, édits et ordonnances concernant les manufactures (2). Les gardes-fabricants ou marchands y font la visite des laines (3). Tous les maîtres qui se livrent à la fabrique des étoffes, tous les apprêteurs, foulons, tondeurs, teinturiers doivent y apporter les tissus, lainages, toiles, bas, bonnets et mouchoirs, sous peine d'amende et de saisie (4). Nulle étoffe n'est exempte de cette formalité (5). Nul ne peut recevoir de tissu dans sa maison sans qu'il ait été visité et marqué (6). Au Bureau de fabrique, les étoffes sont visitées une première fois en toile, c'est-à-dire avant de passer au foulon. Les jurés, ou encore parfois des agents spéciaux, les auneurs (7), comme à Bressuire, en vérifient l'aunage. Ils examinent le tissu avec soin, pour vérifier l'exécution des règles de fabrication. Ils inscrivent les pièces visitées sur un registre spécial, avec un numéro d'ordre particulier, et en regard le nom du fabricant (8). L'aunage et

---

(1) Ordon. de l'intendant Le Nain, 28 oct. 1737, *Vienne* C. 37. — (2) Ordon. de l'int. Le Nain 5 mars 1742, précitée. — (3) Procès-v. d'ass. des fabr. de Châtell^t, 18 janv. 1715, et ci-dessus le paragr. relatif à la marque des laines. — (4) Ordon. de l'int. la Tour, 10 mars 1717, pour la visite et marque des bas et bonnets citée dans un procès-v. d'inspection de Bonneval 14 mars 1717, *Vienne*, C. 36. — Ordon. des intendants Le Nain 17 sept. 1739 (art. 4) (visite des pinchinats); 17 mars 1741 (sur les foulons); de Beaumont, 24 déc. 1749 (fabric. de toiles), *Vienne* C. 37, 38. — Observ. de l'insp. pour la perf. des manuf. 1715, *Vienne* C. 36. — Procès-v. d'ass. des f. du Poitou 1714-15. *ibid.* — (5) Mém. de Bonneval sur le projet de Pardieu de soumettre à la marque les étoffes dites boulangers 5 juillet 1747, *Arch. Nat.*, F. 12, 94. — (6) Règlements cités ci-dessus. — (7) Rapport de Bonneval sur Bressuire 1733, *Vienne* C. 36. — (8) Règl^t du 4 nov. 1698 art. 19. — Ordon. de Le Nain, 5 mars 1742, pour l'exéc. de ce règl^t, imp. *Arch.*

le numéro de présentation de la pièce sont marqués par le juré à l'un des bouts du tissu avec un fil de laine de couleur différente de celle de l'étoffe (1). Même visite pour contrôler les opérations du foulon ou du teinturier. Les jurés ou l'inspecteur suspectent-ils la loyauté de ces industriels, ils peuvent faire procéder au mouillage du tissu (2), afin de vérifier la qualité de l'apprêt et le degré du rétrécissement, ou encore pour mettre à l'épreuve la solidité de la teinture, employer le procédé de contrôle appelé le *débouilli* (3). Ces diverses opérations terminées, si la pièce est reconnue bonne, les jurés apposent aux deux bouts les *plombs de vu ou de visite*, nommés aussi *plombs de fabrique* (4). Ils inscrivent de nouveau sur le registre du Bureau le numéro des tissus, le nom des apprêteurs, et ils perçoivent, pour l'apposition du plomb, le droit d'un sol par pièce au maximum (5). Tous les six mois, ils doivent envoyer à l'inspecteur un état des pièces visitées et marquées (6).

Les pièces une fois mises en circulation sont encore soumises à une nouvelle surveillance. Celle-ci est exercée par les inspecteurs et par les gardes-jurés des marchands qui visitent les étoffes sous les halles. Il est expressément interdit de les débiter ailleurs, afin d'empêcher les négociants d'esquiver la visite (7). Pour ne pas gêner le trafic des foires,

---

Antiq. Ouest. — Ordon. de Le Nain, 17 sept. 1739, pour la visite des pinchinats et droguets, art. 3, *Vienne* C. 37.

(1) Ordon. de Le Nain 5 mars 1742, art. 1. — (2) Règl^t du 4 nov. 1698, art. 22. — Ordon. de Le Nain 5 mars 1742, art. 5. — Procès-v^l du mouillage d'une pièce de drap à Poitiers 16 août 1736, *Vienne* C. 36. — (3) Règl^t des teintures, janv. 1737. — (4) Règl^t de nov. 1698 précité. — Ordon. de Le Nain 1742. — (5) Règl^t du 4 nov. 1698, art. 19 — de 1719 (pour les coutils de Vieillevigne), art. 7 et 8. — Les auneurs perçoivent 6 d. par pièce en sus, procès-v. d'ass. de Parthenay 1714, *Vienne* C. 36. — (6) Procès-v. d'ass. des fabr. de Châtell^t 1714, *Vienne* C. 36. — (7) Procès-v. d'ass. de Châtell^t 1714 (sur le mécanisme de la marque foraine). — Ordon. de l'in-

on n'exige pas que les tissus portent d'autres plombs que ceux de visite ou de fabrique. On se borne à les visiter, à y apposer une nouvelle marque dite *foraine* ou de *contre-visite* si elle n'a pas été apposée ailleurs (1). Mais quand la pièce, lainage, toile, bas ou bonnet, arrive au lieu de destination, « pour y être consommée », c'est-à-dire vendue et utilisée, dans les villes importantes, elle doit être portée à un Bureau spécial, celui de contrôle (2). Il y en a 9 en Poitou, à savoir ceux de Poitiers, de Châtellerault, de Niort, de Saint-Maixent, de Parthenay, de Thouars, des Sables, de Fontenay et des Herbiers, presque tous établis de 1733 à 1738 (3). Ils ont été en général placés sous les Halles (4). Tous les marchands forains sont tenus d'y apporter les étoffes, pour les faire visiter et marquer du plomb de contrôle, sous peine de 300 l. d'amende. Il en est de même de toutes les étoffes que reçoivent les marchands domiciliés (5). Il leur est expressément interdit de recevoir aucunes balles de

---

tendant Berryer, 13 nov. 1743 (sur l'oblig. de porter les étoffes aux halles), imp., *Vienne* C. 38.

(1) L'inspecteur Bonneval à l'intendant Le Nain 11 février 1736, *Vienne* C. 35. — (2) Ordon. de M. de Blossac 21 avril 1751, art. 7 (pour l'exéc. de cette clause inobservée), *Arch. Antiq. Ouest*. — (3) Etat des Bureaux de contrôle du Poitou 1772, *Vienne* C. 38. — Mention du Bureau de Poitiers dans les documents ci-dessus et ci-dessous cités de 1733 à 1751 ; — ordon. de l'intendant étab^t le bureau de contrôle de Châtell^t 7 oct. 1736 citée dans une lettre d'Orry à Le Nain, 26 août 1737 (*Vienne* C. 37) ; requête des sergers de Ch. pour la suppression de ce bureau 22 août 1737, *Arch. Nat.* F. 12, 84. — Ordon. de Le Nain étab^t les bureaux de contrôle de Parthenay, St-Maixent, les Herbiers 28 oct. 1737, *Vienne* C. 37. — Bureau de Niort mentionné dans un rapport d'inspecteur 16 mai 1737 ; mention du Bureau de Fontenay (lettre de Bonneval à Le Nain 11 févr. 1736, *Vienne* C. 36) ; de celui des Sables (lettre de Pardieu 22 févr. 1738, *Vienne* C. 37) ; de celui de la Rochelle (procès-verbal 22 mars 1723, *Vienne* C. 36). — (4) Ordon. de Le Nain 11 nov. 1738 attrib^t 50 l. d'amende au matériel du bureau de contrôle de Poitiers, *Vienne* C. 37. — (5) Ordon. de Le Nain 3 déc. 1736 (*Vienne* C. 36) et de Blossac 21 avril 1751, art. 6 ; et 21 févr. 1752 (*Arch. Antiq. Ouest*) ; de M. de Beaumont 5 avril 1748 citée dans celle de Blossac.

draperie, bonneterie, toiles, sans les avoir fait porter directement au Bureau (1). Là, les tissus sont visités, et, moyennant paiement d'1 sol par pièce, marqués du plomb de contrôle (2). Les gardes-marchands et les inspecteurs s'assurent, par des visites chez les drapiers, de l'observation de ces formalités (3), auxquelles, malgré les rigueurs de la loi, il fut presque impossible d'astreindre le commerce du Poitou (4).

Ces règlements, d'une exécution très délicate, donnent lieu à une foule d'infractions et d'abus. Les injonctions réitérées des intendants prouvent que certains jurés peu scrupuleux exigent des fabricants et des marchands des droits de marque illégaux (5). Soit par négligence, soit par ignorance, les jurés ne tiennent aucun registre de visite et de marque, de sorte que tout contrôle est impossible. C'est le cas pour la plupart de ces agents (6). Dans certains bureaux, même importants, pendant plus de 65 ans, cette formalité essentielle a été négligée (7). En principe, chaque bureau ayant sa marque officielle aux armes du roi et du lieu, et ses plombs distincts pour les lainages, les toiles et la bonnete-

(1) Ordon. de Le Nain, 3 déc. 1736. — (2) Arrêt du Conseil 30 juin 1733. — Règl^t pour les coutils de Vieillevigne 1719, art. 13. — (3) Nombreux procès-verbaux et sentences à ce sujet : ex^e arrêt du Conseil 3 déc. 1737 au sujet d'une saisie de coupons de draps à Châtell^t. — Ordon. de M. de Beaumont (19 mars 1748) contre deux marchands de Poitiers, *Arch. Antiq. Ouest.*— Vienne C. 37, 38. — (4) Rapp. du lieut. g. de Fontenay 4 juillet et 5 août 1734, 23 janvier 1736.— Orry à Le Nain 29 oct. 1736.— Requête des fabr. de Moncoutant pour continuer à ne pas observer le règl^t 16 sept. 1735, *Arch. Nat.* F. 12, 82. — Rapp. de Le Nain 11 mars 1734, *Arch. Nat.* F. 12, 81.— Rapp. de Bonneval sur Moncoutant 1733, *Vienne* C. 36.— Ordon. de Blossac précitées 1751, 1752, etc.— (5) Règl^t pour les coutils de Vieillevigne, 1719 art. 13. - Règl^t de nov. 1698, art. 19 et sq.— Ordon. de Blossac, 21 avril 1751.— (6) Procès-v. d'ass. des fabr. de Lusignan 28 janv. 1715.— Rapp. du lieut. g. de police de Fontenay 3 nov. 1735, *Vienne* C. 36.— (7) A Lusignan et à St-Maixent.— Ordon. de M. de Blossac, 21 avril 1751, art. 1, imp^é. *Arch. Antiq. Ouest.*

rie (1), il paraît difficile que le fabricant et le marchand puissent éluder le règlement. Mais dans la pratique, comme les fabricants sont dispersés dans les villages, et comme les gardes-jurés n'ont ni le temps ni le désir de vaquer à leurs fonctions, des arrangements se concluent, qui font de la visite et de la marque une formalité dérisoire. Tantôt, les jurés frappent d'avance des plombs, au mépris du règlement qui prescrit de ne les frapper que lorsqu'ils sont solidement attachés à l'étoffe. Puis ils les distribuent aux fabricants qui les attachent eux-mêmes avec de la corde ou du fil (2). Tantôt, ils portent le *marc*, c'est-à-dire l'instrument destiné à frapper les plombs, dans la maison des fabricants, bien que, d'après la loi, le marc doive être enchaîné au bureau pour n'en jamais sortir (3). Tantôt, ils concluent avec les fabricants et les marchands une sorte d'abonnement, en vertu duquel, se contentant de recevoir d'eux une somme déterminée pour le droit de marque, ils leur confient des marcs *particuliers* semblables à ceux du Bureau, à l'aide desquels on peut frapper des plombs sans aucun contrôle (4). Cet usage est si bien enraciné qu'en 1738 l'administration n'ose punir les contrevenants, tant ils sont de bonne foi, et qu'elle se contente de prendre des mesures pour supprimer cette coutume (5). Ailleurs, les jurés

(1) Procès-v. d'ass. d'Argenton (descr. des plombs des lainages). — Règlements sur les coutils de Vieillevigne, 1719, art. 8. — Procès-verb. du dépôt à Poitiers du marc des bas et ouvr. de bonneterie (4 mars 1717) avec empreinte du marc sur cire rouge. Vienne C. 36. — (2) Règl^t du 4 nov. 1698 art. 23 (prohibant cet usage). — Sentence du juge de Fontenay 24 juin 1733. — Observ. de l'inspecteur pour la perf. des manuf. 1715. — Procès-v. d'ass. de la Châtaigneraye, 10 mars 1714, Vienne C. 36. — (3) Même procès-verbal. — Procès-v. de visite de la foire de Fontenay par Bonneval, 25 juin 1733. Vienne C. 36. — Procès-v. d'ass. de Parthenay 11 mars 1716. Ibid. — (4) Pièces citées à la note suivante. — Ordon. de M. de Blossac 21 avril 1751, art. 2, Arch. Ant. Ouest. — (5) Affaires des gardes-jurés de Saint-Maurice-des-Noues. — Lettres du subd. de Niort à l'intendant, 3 déc. 1737, 4 mars 1738; de

font fabriquer des marcs ou *tourne-à-gauche* si petits que la vérification du nom du lieu de fabrique est presque impossible. Parfois enfin leurs plombs sont d'un diamètre tel que la marque trop grande n'y fait qu'une empreinte illisible (1). On crut mettre un terme à ces pratiques en multipliant les précautions légales, en interdisant le prêt des *coins* ou *marcs*, en ordonnant de les attacher à l'enclume du bureau avec un cadenas dont la clef serait déposée au greffe de police (1730), et enfin en obligeant les gardes-jurés à faire fabriquer tous les ans deux coins particuliers portant leur nom et la date de l'année (1734) (2). On eut dans la généralité de Poitiers beaucoup de peine à faire exécuter ces dispositions. Il fallut trois ou quatre ans pour amener les jurés à s'y conformer, à rompre annuellement en présence des juges les anciens coins de marque et à déposer l'empreinte des nouveaux (3). Encore, ne tardèrent-il pas à se relâcher de ce soin, et en 1751 l'intendant Blossac constatait que, dans certains bureaux, les coins n'avaient pas été renouvelés depuis huit ans (4). La complication de ces formalités était encore accrue à l'apparition de chaque nouveau règlement par la nécessité de faire graver et d'apposer des coins temporaires, appelés *marques de grâce*, qu'on brisait ensuite (5). Il n'est donc pas étonnant que la fabrique du

l'inspecteur Pardieu, 22 févr. 1738; Orry à Le Nain 31 janv. 1738, Vienne C. 37.
(1) Rapp. de Bonneval sur Bressuire 1733; du lieut. g. de police de Fontenay 3 nov. 1735, *Vienne* C. 36. — (2) Arrêt du 9 février 1734, *Vienne* C. 35. — (3) Procès-v. de rupture des coins à Fontenay, déc. 1733, janv. 1736, janv. 1736, janv. 1738; à Niort 2 janv. 1739; à St-Maixent 4 janv. 1740. *Vienne* C. 36, 37, 38. (4) — Ordon. de Blossac 21 avril 1751, art. 3, précitée. — (5) Procès-v. de rupture des marques de grâce en 1733 à Fontenay (envoi du) 15 déc. 1733, *Vienne* C. 36. — Ordon. de Le Nain 4 juillet 1746 sur la marque de grâce des carisés. — Orry à Le Nain, 3 juin 1740, sur la marque de grâce des droguets mal dégraissés ou blanchis et ordon. du 31 juillet, — Règl‍t des coutils de Vieillevigne 1719, art. 19.

Poitou, ahurie d'un luxe de précautions semblable, s'y soit soustraite, plus par incapacité que par malveillance. Au reste, ce dernier sentiment n'était pas tout à fait absent de l'esprit des intéressés. Plus d'une fois, fabricants et marchands usent de faux coins, pour apposer de faux plombs à leurs pièces (1). Il arrive encore qu'ils enlèvent les plombs de visite ou de contrôle aux étoffes régulières pour les mettre à celles qui n'ont pas été fabriquées régulièrement (2). Enfin, ils tentent souvent de recourir au hasard, et ils mettent en circulation des tissus dépourvus de marques, comptant sur la complicité du commerce, sur la négligence ou le surmenage des jurés et des inspecteurs (3). Le calcul est d'autant plus justifié qu'en beaucoup de lieux les jurés, ne pouvant suffire au travail, vaquent à leurs fonctions sans régularité, ou les accomplissent sans attention, marquant indifféremment toutes les pièces bonnes ou mauvaises qu'on leur présente, et laissant circuler celles qu'on ne leur présente pas (4). La répression est d'ailleurs irrégulière, et ses rigueurs (5) sont tempérées par l'indulgence des juges, qui ne savent jamais si le fabricant et le marchand ont agi sous l'impulsion de la mauvaise foi, ou si les justiciables sont seulement victimes d'un accident (6).

L'administration est désireuse de sauvegarder la loyauté

---

(1) Procès-v. d'ass. de la Châtaigneraye, 10 mars 1714. — Rapp[t] de Bonneval sur Moncoutant 1733 *Vienne* C. 36. — (2) Même rapport. — Orry à Le Nain 25 nov. 1737, *Vienne* C. 37. — (3) Procès-v. d'ass. des f. de Poitiers, 1er fév. 1714; de Parthenay, 28 fév. 1714. (*Vienne* C. 36. — Rapp. de Bonneval 19 nov. 1733, *Arch. Nat.* F. 12,80. — Rapp. du l. g. de police de Fontenay, 3 nov. 1735, *Vienne* C. 36. — (4) Documents nombreux à ce sujet cités ci-dessus — en particulier observ. de l'inspecteur pour la perf. des manuf. 1715. — Rapport du lieut. g. de police de Fontenay, nov. 1735, *Vienne* C. 36. — Ordon. de M. de Beaumont, 19 mars 1748, précitée. — (5) Ex. circ. d'Orry à Le Nain, 11 août 1736, prescrivant l'indulgence pour le passé, la rigueur à l'avenir, *Vienne* C. 36. — (6) Nombreuses sentences et suppliques des condamnés, 1712-1740, *Vienne* C. 36-38.

du trafic comme celle de la fabrication. Elle a donc des règlements relatifs aux ventes. A Niort, elle interdit aux revendeurs, sous peine d'être mis dans la cage de la cigogne, d'acheter des étoffes ailleurs que sous les halles (1). Mêmes prescriptions au sujet de l'achat des écheveaux ou paquets de fils de lin ou de chanvre (2). La vente doit être publique, afin d'être contrôlée. Le public, c'est-à-dire la masse des particuliers et des commerçants, obtient l'accès des marchés avant les spéculateurs, avant les regrattiers dont l'office a pour effet de hausser le prix des matières premières et des produits fabriqués (3). Pour favoriser le commerce local, à Poitiers, l'intendant oblige les Juifs et les forains qui font le négoce des étoffes à ne pas séjourner plus de trois jours dans la ville (4). Un arrêt de 1742 interdit même absolument aux Juifs portugais l'exercice du commerce dans la capitale du Poitou (5). Si le forain est traité en ennemi, il est naturel que l'étranger soit encore moins ménagé. Aussi les tissus anglais et hollandais sont-ils prohibés ou frappés d'énormes droits. Pour protéger les fabriques françaises, le pouvoir menace de mort les importateurs de toiles peintes et étoffes de la Chine, des Indes et du Levant. Il frappe de confiscation et de 100 l. d'amende les personnes de quelque qualité et condition que ce soit qui portent des vêtements faits avec ces tissus. Telles sont les prescriptions

(1) Ordon. du maire de Niort à la requête de l'inspecteur Richier mai 1686, Bardonnet, *op. cit.*, p. 272. — (2) Ordon. de M. de Beaumont 24 déc. 1749 art. 4 et 9, *Arch. Ant. Ouest.* — (3) Même ordon., art. 4. — De même, pour empêcher les fraudeurs d'échapper à la répression, les marchands chez lesquels on saisit des étoffes défectueuses sont tenus de déclarer les noms des vendeurs, Louvois aux intendants 1688, *Lettre*, p. p. Gouget, *op. cit.*, p. 77, note 2. — (4) Ordon. de M. de Blossac, 21 févr. 1752, imp. *Arch. Ant. Ouest.* — (5) Arrêt du Conseil interdisant aux Juifs portugais de faire le commerce à Poitiers, 22 nov. 1742, *Arch. Nat.* F. 12, 89.

contenues dans l'ordonnance de l'intendant du Poitou, Le Nain, en 1733 (1). Les étoffes importées en quantité limitée par la Compagnie des Indes sont seules exemptées, moyennant l'apposition d'une marque spéciale (2). En dépit des mesures vexatoires, perquisitions dans les maisons et dans les hôtelleries, grosses amendes, l'engouement du public a raison des injonctions officielles. L'exagération même de la pénalité rendant la contrebande plus lucrative, les marchands du Poitou s'arrangent de manière à posséder dans quelque coin secret des spécimens des étoffes proscrites (3).

La police des métiers de la grande et de la petite industrie est alors une des prérogatives dont l'État revendique le monopole. Les intendants et sous leurs ordres les inspecteurs d'une part, les lieutenants de police et les juges locaux de l'autre exercent les attributions de contrôle et de surveillance des métiers, jadis surtout dévolues aux autorités locales. L'administration, se guidant sur les vœux de l'opinion (4), commence à se montrer peu favorable à la création de nouvelles corporations jurées dans la petite industrie (5). De 1685 à 1751, en Poitou, le nombre de ces communautés ne s'est accru que très faiblement (6). Au contraire, le pouvoir favorise l'extension du régime corporatif à la

---

(1) Ordon. de police de Le Nain 1733, art. 13.— (2) Arrêt du Conseil, 30 juillet 1748. — Ordon. de M. de Beaumont 2 déc. 1749 pour la marque de grâce de ces étoffes, *Vienne* C. 38. — (3) Arrêt du Conseil 20 janv. 1739 portant confiscation d'étoff. des Indes saisies au Cheval-Blanc à Niort, *Arch. Ant. Ouest.*— Procès-v. de saisie par l'inspecteur Pardieu, 11 déc. 1738, *Vienne* C. 37. — Machault à Blossac 7 déc. 1750 sur l'inobs. des règl. à cet égard, *Vienne* C. 38. — (4) Opposition du corps de ville de Châtell' à la maîtrise des tailleurs, 30 avril 1703, *Godard*, I, 293-297; — du corps de ville de Niort à celle des boulangers 1730 *Vienne* C. 24.—(5) Voir ci-dessus même chap., 1er paragraphe.— (6) Voir livre III, chap. I.

grande industrie, afin de faciliter l'exécution des règlements, de discipliner et de hiérarchiser les métiers sous la tutelle de l'État. Ainsi, tous les ouvriers ou maîtres fabricants de lainages et tous les marchands drapiers sont contraints de se grouper en corporations jurées autour de chacun des bureaux de fabrique (1). Il en est de même des bonnetiers de Poitiers et de Saint-Maixent(2), des fabricants de coutils, de mouchoirs et de toiles de la région des Marches du Poitou (3). On les astreint à l'inscription sur le registre de la communauté, à l'apprentissage plus ou moins long, au chef d'œuvre et aux examens de la maîtrise (4). Il n'y a d'exception que pour ceux qui achètent leur métier du roi ou du prince apanagé pourvu du comté de Poitou, et qui obtiennent en même temps le droit de mettre au devant de leur maison une enseigne aux armes royales ou princières (5). Les maîtres sont pourvus d'un monopole. Ce monopole leur est assuré au détriment des particuliers qui d'ailleurs se soustrairaient aux visites et ne feraient que des produits défectueux. Aussi, tous autres que les maîtres sont-ils exclus à maintes reprises, en vertu d'ordonnances de

(1) Règl^t de nov. 1698. — Procès-v. de form. du Bureau de fabrique d'Argenton, 5 août 1715, précité. — En 1692, le règl^t de 1669 était encore à cet égard inexécuté, d'après la statistique dressée à cette date et résumée dans Savary, *Dict. des Manuf.*, I, 65. Au xviiie s. partout les communautés jurées paraissent formées. — (2) Ordon. de Le Nain, 28 avril 1737, au sujet des bonnetiers de Poitiers, art. 3 ; 6 juin 1741 pour les bonnetiers de St-Maixent, *Vienne* C. 36. — (3) Règl^t pour les coutils de Vieillevigne 1719, art. 12. — Règl^t de 1748, pour les toiles du Poitou. — (4) Règl. de nov. 1698 et de 1748. — Procès-v. d'ass. des bonnetiers de Poitiers 5 oct. 1736 (*Vienne* C. 36), et ordon. de Le Nain, citées ci-dessus 1737 et 1731 (pour les bonnetiers, apprentissage de 2 ans). — (5) Brevets de maître orfèvre (24 août 1723), de maître chirurgien (15 déc. 1724), de m^e imprimeur (4 avril 1736), d'apothicaire (16 juin 1721), de m^e cartier (3 mai 1728), de traiteur (30 avril 1733), du prince de Conti à Poitiers, *Reg. des délib. mun. de Poitiers*, n°s 136, 139, 141, 142, 143, 146, 149, 151.

l'intendant de Poitiers et des juges locaux, du droit de fabriquer tout ouvrage de draperie, bonneterie et toilerie (1). Secondés par la jalousie des fabricants ou des marchands, les agents royaux luttent sans relâche contre la négligence des autorités locales, contre les fraudes des particuliers, voire même contre les atteintes portées au monopole des maîtres par les communautés religieuses (2). L'administration s'efforce également à renfermer chaque métier de la grande industrie dans une spécialité déterminée. C'est à ses yeux la condition nécessaire, pour conserver la supériorité de la fabrication. Si elle permet aux tisserands en toile du Poitou de faire et de débiter des droguets, tiretaines, bauges et autres étoffes mêlées de laine et de fil (3), elle interdit aux cardeurs, peigneurs, foulonniers et tondeurs de fabriquer toutes sortes d'étoffes de laine, réservant ce droit aux maîtres-drapiers, sergers et fabricants de draps (4). Hanté du désir de rendre les teintures parfaites, le pouvoir essaie même d'appliquer dans la généralité de Poitou le règlement de 1737, c'est-à-dire de former deux communautés distinctes, celles des teinturiers du petit teint pour les couleurs faciles et de peu de prix, et celle des teinturiers du grand teint pour les couleurs difficiles et de

---

(1) Plaintes et injonctions à cet égard, Observ. de l'insp. pour la perf. des manuf. (*Vienne*, C. 36). — Règl. du 4 nov. 1698, art. 11. — Procès-v. d'ass. des fabr. des villes du Poitou 1714, 1715, *Vienne* C. 36. — Ass. des bonnetiers de Poitiers 1734-36, *ibid*. — Ordon. du bailli de Parthenay 25 juin 1712; de l'intendant Le Nain 4 juillet 1740, 17 mai 1741, *Vienne* C. 36, 38; *Arch. Antiq. Ouest*. — (2) Requête de la supérieure de la Visitation de Poitiers, et avis des inspecteurs Chrestien et Pardieu, 5 juin 1739. *Vienne* C. 37. — (3) Arrêt du 24 déc. 1737 envoyé par Orry à Le Nain, 13 janvier 1738, *Vienne* C. 38. — (4) Délib. du Bureau du Commerce (3 août) et arrêts du Conseil supprimant les maîtrises des cardeurs, tondeurs, etc., dans la fabrique de Niort et autres manuf. du Poitou, 9 et 31 août 1741, *Arch. Nat.* F. 12, 88, et *Arch. Vienne* C. 38.

grand prix. On tenta cette séparation à Poitiers et à Niort. On dut y renoncer ailleurs; les teinturiers avaient trop peu de clientèle pour pouvoir vivre du seul exercice d'une des spécialités officiellement indiquées. Ils continuèrent à cumuler le grand et le petit teint (1). L'administration eut même le bon sens de résister à leurs prétentions réitérées et d'autoriser malgré eux les bonnetiers à teindre eux-mêmes les laines et les ouvrages de leur fabrication. Elle autorisa aussi les sergers, fabricants de draps, foulonniers, à teindre ou faire teindre dans leurs maisons en toutes couleurs les laines nécessaires à leur fabrique. Elle permit par là à l'industrie des lainages poitevins de maintenir les prix modiques, qui étaient la condition nécessaire de son existence (2). Soucieux de conserver parmi les compagnons une forte discipline, le pouvoir interdit aux apprentis et aux ouvriers de la grande industrie de quitter les maîtres sans cause légitime (3). Il est attentif à empêcher parmi eux l'exercice du culte réformé, qu'il considère comme contraire aux lois de l'État (4). Il prescrit des peines rigoureuses, telles que le carcan, contre les compagnons qui détournent pour les vendre les laines que leur ont confiées

(1) Procès-v. d'ass. des teinturiers de Niort, 14, 19 février 1738 — Lettre du subd. de Niort 11 fev. 1738, — du subd. de Lusignan 24 déc. 1738 — procès-v. d'ass. pour l'option des teinturiers à Niort (11 fév. 1738) et à St-Maixent (7 janv. 1739). — Procès-v. d'ass. des fabr. de Lusignan 9 juin 1739, *Vienne* C. 37. — (2) Arrêt du Conseil 31 déc. 1701, en faveur des bonnetiers de Poitiers contre les teinturiers, mss. — Requêtes et mém. des teinturiers de Poitiers 1736-37. — Corresp. entre Orry et Le Nain à ce sujet, 7 déc. 1736, 15 avril, 25 juin, 22 juillet 1737, 17 août 1739. — Requêtes des bonnetiers et des drapiers, *Vienne* C. 37. — (3) Procès-v. d'ass. des bonnetiers de Poitiers, mars 1734, 5 octobre 1736, *Vienne* C. 36, 38. — Ord. de police de Le Nain 1733 ; de Châtell*, 1749, etc. — Procès-v. d'ass. de Moncoutant 1714. — (4) Sentence du maire de Niort interdisant un maître potier d'étain huguenot 1685, *Bardonnet*, p. 255. — Ci-dessus, livre IV, chap. III.

les maîtres, et contre les recéleurs qui les achètent (1). Enfin, il fait veiller aux frontières de terre et de mer pour empêcher les ouvriers de passer à l'étranger, de peur qu'ils n'y transportent nos secrets de fabrication (2).

Pour l'exécution de ses règlements de fabrique et de police, l'administration a besoin d'une vigilance continuelle. Elle essaie, sans grand succès d'ailleurs, d'intéresser à leur observation les fabricants et les marchands eux-mêmes. Tous les ans, une fois pour le moins, l'intendant et l'inspecteur convoquent des assemblées dans les lieux de fabrique. Toutes les fois qu'un règlement est préparé, les intéressés sont appelés à l'examiner et à donner leur avis. Mais ces assemblées, réunies dans l'auditoire du lieu, sous la présidence du juge de police, en présence de l'inspecteur, manquent d'indépendance. Les ouvriers en sont complètement exclus. La plupart des maîtres n'y figurent pas. On n'y admet « que les notables, estimés les plus intelligents et les mieux intentionnés pour le bien et la perfection des manufactures (3) ». On n'y voit guère figurer que les jurés en charge, les anciens jurés, et un petit nombre de fabricants ou de marchands notables (4). Devant ces réunions restreintes, tout se réduit à des monologues. L'inspecteur

---

(1) Observ. de l'inspecteur pour la perf. des manuf. 1715. — Procès-v. d'ass. des fabr. de Niort 8 fév. 1714; des bonnetiers de Poitiers, 5 oct. 1736. — Orry à Le Nain 5 déc. 1734, *Vienne*, A. 36. — (2) Orry à Le Nain 23 mars 1733, *Vienne* C. 36. — (3) Procès-v. d'ass. des fab. de Melle 27 février 1715 — de Poitiers 23 janv. 1715 — de St-Maixent 16 février 1714 — de Châtell[t] 18 janv. 1715, etc. *Vienne* C. 36. — (4) Ex. à Poitiers en 1715, outre les gardes-jurés 2 anciens jurés fabr., et 2 anciens gardes marchands, 3 fabricants les plus anciens; à St-Maixent 8 sergetiers et 3 marchands seul[t]; à Civrai 5 m. sergetiers; à Melle 6, à la Châtaigneraye 9, à la Mothe 6, à Lusignan 11, à Châtell[t] 12 (sur 50), à Niort 11. Procès-v. des ass. des manuf. du Poitou (Poitiers, Châtell[t], Civrai, Lusignan, St-Maixent, Melle, Niort, la Mothe, etc., soit plus de 20 ass.), 1714-1716. *Vienne* C. 36.

donne connaissance des ordonnances et des désirs de l'intendant (1). Les gardes-jurés rendent compte de l'état de la fabrique et du degré d'observation des règlements. L'agent de l'Etat prend de nouveau la parole pour formuler ses observations. Le juge enfin rend au besoin quelque sentence ou ordonnance, si le cas est urgent, et en général renvoie le procès-verbal à l'homologation de l'intendant. Dans les circonstances importantes, l'intendant ou même le Conseil du roi statuent sur les décisions des assemblées (2). C'est encore dans ces réunions que les notables procèdent à l'élection des gardes-jurés (3). L'assemblée approuve presque toujours les avis de l'inspecteur ou du juge. S'avise-t-elle ensuite de protester et de montrer quelque velléité d'opposition, on rappelle les maîtres à l'ordre et on leur impose les mesures dont ils ne veulent pas (4). Aussi l'indifférence des fabricants à l'égard de ces assemblées n'a-t-elle rien qui doive surprendre. On s'explique aisément qu'ils aient négligé d'y assister pendant des années entières et qu'ils ne les aient tenues que sous la contrainte de l'autorité (5).

Les gardes-jurés des communautés ont encore moins d'indépendance que les fabricants. Ils ne sont, à vrai dire, que des instruments passifs aux mains de l'administration. Dans la petite industrie, ils se trouvent étroitement subor-

---

(1) Préambule des procès-v.d'ass.des manuf. du Poitou 1714,1715,1716, 1739, 1740, *Vienne* C. 36, 38. — (2) Procès-v. d'ass. des m. du Poitou, 1714, 1715, 1716; 4 fév. 1740 (Parthenay); 6 fév. 1740 (Fontenay); 5 oct. 1736 (Poitiers), etc. — Orry à Le Nain 11 juillet 1739,7 avril 1738, *Vienne* C. 36, 68. — Préambule des ord. d'intendants.—(3) Procès-v.d'ass. précités,—(4) Par ex. lors de la rédaction du règl.pour la bonneterie. Préambule de l'ord. de Le Nain conc^t la fabrique des bas et bonneterie à St-Maixent,6 juin 1741, *Vienne* C. 38. — (5) Rapp. du lieut. g. de police de Fontenay, 3 nov. 1735, *Vienne* C. 36.

donnés aux officiers de justice et aux lieutenants généraux de police. Dans la grande industrie, ils sont placés sous la direction presque exclusive des intendants et des inspecteurs. On établit une distinction entre les gardes-jurés fabricants, les gardes-jurés teinturiers et les gardes-marchands. Les premiers, au nombre de quatre au maximum, dans les principaux lieux de fabrique (1), desservent les Bureaux de visite et exercent leur inspection sur les cardeurs, peigneurs, tisserands, drapiers, sergers, foulonniers. Les seconds, moins nombreux, ne paraissent guère que dans quelques centres de fabrique, tels que Poitiers et Niort (2). Le règlement de 1698 avait prescrit en Poitou la nomination d'une troisième espèce de gardes, les jurés des marchands, dans toutes les villes de la province où il y avait une manufacture d'étoffes et six marchands drapiers ou toiliers. Ces gardes devaient être au nombre de deux (3). Toutefois, on voit que, dans certains centres urbains, il y en avait quatre, et que le premier élu portait le nom de grand'garde (4). Les villes principales de la province étaient donc seules pourvues de gardes marchands. Encore le règlement ne reçut-il sur ce point qu'une exécution tardive. A Châtellerault, par exemple, il resta inexécuté à cet égard pendant seize ans (5). Les gardes-jurés bonnetiers ne forment, à côté des jurés fabricants et marchands, qu'un corps très restreint et dont on ne

---

(1) Il y a 4 jurés fabricants à Parthenay, à Fontenay, à Châtellerault. C'est le chiffre réglementaire : lettre de Pardieu à l'int. Le Nain 22 février 1737, *Vienne* C. 37. — (2) Mention de 2 jurés teinturiers à Niort et à Poitiers 1738. Procès-v. de réception des échantillons matrices, *Vienne* C. 37. — (3) Régl. du 4 nov. 1698, art. 26. — Observ. de l'inspecteur pour la perf. des manuf. 1715, *Vienne* C. 36. — (4) Mention des 4 gardes-marchands de Poitiers 4 févr. 1738, Procès-v. de réception des échant. matrices, *Vienne* C. 37. — (5) Procès-v. d'ass. des fabr. de Châtell^t 1714, *Vienne* C. 36.

constate guère l'existence qu'à Poitiers et à Saint-Maixent(1).
La circonscription que les gardes devaient inspecter était
souvent si étendue qu'ils ne pouvaient suffire à la tâche.
Aussi installe-t-on parfois à côté d'eux des *commis préposés
à la marque* (2), et surtout des *sous-jurés* pour desservir
les lieux trop éloignés des Bureaux de visite, par exemple
à Sanxay, à la Chapelle-Saint-Laurent, à Saint-Jouin (3).
Ils étaient choisis par les gardes-jurés en titre du Bureau
voisin, sauf ratification de l'inspecteur et de l'intendant (4).
Les gardes-jurés sont renouvelables par moitié tous les
ans (5), de sorte que la durée de leurs fonctions soit au plus
biennale. Ils sont nommés, soit à la fin de l'année, soit
en janvier (6), jusqu'à l'arrêt du 9 février 1734, qui fixe leur
élection entre les deux dates du 1er et du 10 décembre (7). Ils
sont installés et prêtent serment devant le juge de police
au mois de janvier (8). En apparence, les élections sont
libres et ont lieu à la pluralité des voix. En fait, les gardes

(1) Procès-v. d'ass. des bonnetiers de Poitiers oct. 1736. — Ord. de Le
Nain sur la bonneterie de St-Maixent 1741, précités. — (2) Orden. de M.
de Beaumont 24 déc. 1749 pour les toiles, précitée. — Leur nombre a dû
être très restreint en Poitou, car on n'en trouve pas d'autre mention. —
(3) L'inspecteur Pardieu à l'intendant Le Nain 22 fév. 1738, 27 mars 1739.
— Requête des fabricants de Largeasse et St-Jouin et avis favorable de l'inspecteur 28 mars 1739 — Rapp. de Bonneval sur Montcoutant 1733, *Vienne*
C. 36 et 37. — (4) Requête des fabr. de St-Jouin 28 mars 1739, précitée.
— (5) Règl. du 4 nov. 1698, art. 25 — Procès-v. d'ass. des fabr. du
Poitou 1714, 1715, 1716, 1736, 1739, 1740, *Vienne* C. 36, 38. — Règl.
pour les coutils de Vieillevigne 1719, art. 14. — Ils étaient souvent maintenus au delà de 2 ans. Ordon. de M. de Beaumont, 5 mars 1750, *Arch. Antiq.
Ouest.* — (6) Procès-v. d'élection et d'ass. des fabr. du Poitou 1714, 1715,
1716, en janvier ou février; parfois en juillet (procès-v. d'élection des
gardes jurés des fabr. à Parthenay), 25 juillet 1712, *Vienne* C. 36. —
(7) Orry à l'int. Le Nain, 3 avril 1734, *Vienne* C. 36. — Ass. pour élections des g. jurés à Châtell^t 19 nov. 1737, *Vienne* E 71; à Saint-Maixent
10 déc. 1738, 4 déc. 1739, etc. *Vienne* C. 37. — (8) Orry à Le Nain, 3
avril 1734. — Ord. de Le Nain, 6 juin 1741 pour les bonnetiers de St-Maixent
6 juin 1741 etc.

ne sont que les élus d'une minorité de fabricants et de marchands, c'est-à-dire des notables qui forment les assemblées des manufactures. On les choisit, en présence du juge et souvent sous l'œil de l'inspecteur, par acclamation, sans vote secret, parmi ceux que l'agent du roi juge « les plus capables et les mieux intentionnés (1) ». Si les fabricants ou les marchands refusent de procéder à l'élection, l'intendant, sur la proposition de l'inspecteur, nomme d'office les gardes-jurés (2).

Les gardes sont aux ordres de l'inspecteur. Ils doivent se conformer aux instructions qu'il leur donne et dont on a conservé des spécimens (3). Ils ne manqueront pas de procéder aux visites annuelles, trimestrielles ou mensuelles, dans les ateliers et boutiques, à l'inspection des étoffes dans les foires et sous les halles, à l'examen et à la marque des tissus. Ils s'astreindront à tenir le bureau de visite ou de contrôle ouvert au moins deux jours par semaine. Ils sont obligés d'avoir aux frais de la communauté un registre paraphé par le juge de police. Ils y inscrivent les règlements, les noms des maîtres, les brevets des apprentis, les procès-verbaux des assemblées et des élections. Ils y notent toutes les étoffes présentées à la marque, les procès-verbaux des saisies, les sentences des juges des manufactures (4). Ils veillent à la confection et au dépôt des coins de marque et des échantillons matrices (5). Tous les

(1) Procès-v. d'ass. des fabr. du Poitou 1714-1740, *Vienne* C. 36, 38. — (2) Ordon. de Le Nain 28 octobre 1737, *Vienne* C. 37. — (3) Instructions de M. de Pardieu pour les gardes-jurés de Châtell^t, 1er janvier 1738, *Vienne* E 7^1. —(4) Instructions ci-dessus — Règl. 'u 4 nov. 1698, art. 25 et 26. — Procès-v. d'ass. des fabr. du Poitou 1714-40. — Ordon. de l'intendant Le Nain 6 juillet 1741, art. 4. —Observ. de l'inspecteur pour la perf. des manuf. 1715. — (5) Orry à Le Nain 3 avril 1734 — Procès-v. d'ass. pour le dépôt des échant. matrices 1738, *Vienne* C. 37.

six mois, ils fournissent à l'inspecteur deux états : l'un, contient le nombre des fabricants et ouvriers et des métiers battants, avec des échantillons d'étoffes et l'indication des prix courants; l'autre indique le nombre des pièces visitées et marquées, et leur qualité (1). Ils procèdent aux saisies des tissus non conformes aux règlements, soit dans les marchés, soit à domicile, soit au bureau. Il leur est défendu de faire des transactions à ce sujet avec les délinquants, sous peine d'amende et de déchéance. Ils ne peuvent entreprendre aucun procès sans en donner avis à l'inspecteur et sans requérir son approbation (2). Mais ils sont chargés d'assigner les coupables, et leurs procès-verbaux affirmés devant les juges font preuve légale (3). Afin de les intéresser à remplir exactement leurs fonctions, on leur a accordé en Poitou, par divers règlements d'ailleurs mal observés, l'exemption de la collecte des tailles, du logement militaire et de la corvée (4). Ils ont droit à une indemnité pour les visites qu'ils font chez les fabricants et les marchands (5), et l'usage veut qu'on leur attribue une part des amendes et des confiscations (6).

Ces divers avantages n'empêchent pas les industriels et

(1) Instr. de M. de Pardieu 1738. — (2) Idem. — Procès-v. de saisie 1736-1740, *Vienne* C. 37-38. — (3) Le Nain à Bonneval, 11 sept. 1736 — Observ. de l'inspecteur sur la requête des fabr. de Bressuire 1725. — Lettre du subd. de Fontenay à l'intendant, 6 nov. 1735, *Vienne* C. 36. — (4) Règl. du 4 nov. 1698, art. 25. — Procès-v. d'enreg. des privilèges des jurés fabr. d'Azay-sur-Thouet 24 oct. 1712, *Vienne* C. 36. - Procès-v. d'ass. des f. de Civrai et de Châtellt 1714 (sur l'inobserv. de ces privilèges). — Conflit entre les g. jurés et le syndic des Herbiers (correspondance à ce sujet 1739), *Vienne* C. 36 et 37. — (5) Chez les bonnetiers, 1 sou par visite, avec maximum de 12 s. par maître pour l'année (Procès-v. d'ass. des bonnetiers de Poitiers, 5 oct. 1736), *Vienne* C. 36. — (6) Règl. pour les coutils de Vieillevigne 1719, art. 16 (quart des amendes aux jurés). — Orry à l'int. Le Nain, 26 août, et rap. du subd. de Niort, 10 sept. 1737, au sujet de l'usage en Poitou d'attribuer une part des confiscations aux jurés, depuis 30 ans, *Vienne* C. 37.

les négociants de fuir les charges de gardes-jurés. Outre la perte de temps qu'elles exigent, ces charges ne conviennent qu'à des hommes sans initiative et sans volonté. On leur demande avant tout une obéissance aveugle. Toute résistance est qualifiée de mutinerie. Les gardes récalcitrants sont destitués, et s'ils protestent, comme ils le font à Châtellerault en 1737, on les jette en prison et on ferme leur boutique (1). D'autre part, les gardes-jurés sont responsables des pièces défectueuses visitées et marquées. Il est vrai qu'on use le plus souvent à leur égard d'indulgence et qu'ils ne peuvent être poursuivis et punis qu'à la requête de l'inspecteur (2). Mais il arrive parfois que le pouvoir emploie la rigueur, et qu'il les atteigne dans leur fortune, leur profession même, par des condamnations très dures (3). Aussi ne trouvait-on, assez fréquemment, pour exercer ces fonctions, que de petits fabricants ou marchands sans autorité, « de petits ouvriers, comme dit l'inspecteur, qui tolèrent la négligence de la fabrique, » soit par faiblesse, soit par ignorance, qui négligent les visites, la marque, la tenue des registres, agissant au hasard et alternant entre l'inertie et les excès de zèle (4).

(1) Arrêt du Conseil (3 déc. 1737) destit. les g. jurés de Châtell[t] et les intercisant de la maîtrise. *Arch. Nat.* F. **12**, 84. — *Arch. Antiq. Ouest*, — Orry à Le Nain 12 févr. ; Pardieu à Le Nain, 22 février 1738, *Vienne* C. 37. — Placet de Chevalier (juré destiné) pour être rétabli dans sa profession 21 juin 1740, *Arch. Nat.* F. **12**, 87. — (2) Orry à Le Nain 9 sept. 1737, 1er févr. 1738 *Vienne* C. 36. — (3) Ord. de Le Nain port. condamn. contre les g. jurés de la manuf. de Châtell[t] (destitution et 500 l. d'amende), 18 nov. 1736, mss. — Orry à Le Nain 14 déc. 1737 (au sujet de l'arrêt révoquant les 2 g. jurés de Châtell[t]) et 26 août 1737 *Vienne* C. 36, 47. — Procès-v. d'ass. de Parthenay, 28 fév. 1714 *Vienne* C. 36, etc. — (4) Procès-v. des ass. de fabr. à Bressuire et à la Châtaigneraye 1714. — Observ. de l'inspecteur pour la perfection des manuf. 1715 — Rap. du lieut. g. de police de Fontenay 3 nov. 1735. — Rap. de l'insp. Pardieu sur les manuf. du Poitou 1747, *Vienne* C. 36, 38.

L'administration avait, il est vrai, des agents plus compétents et plus actifs. C'étaient les inspecteurs ambulants et généraux des manufactures (1), et surtout les inspecteurs provinciaux. L'inspection du Poitou passait pour l'une des plus étendues du royaume. Elle avait 40 lieues de longueur, et outre la généralité de Poitiers comprenait l'Aunis, c'està-dire la partie la plus importante de la généralité de la Rochelle. L'inspecteur avait même accès dans quelques bourgs des intendances de Bretagne et de Touraine (2). Il avait sous sa direction, à la fin du xviie siècle, 27 bureaux de fabrique (3), et, au milieu du xviiie, plus de 40, c'est-àdire qu'il devait surveiller plusieurs centaines de villages (4). Son autorité s'étendait sur toutes les fabriques, manufactures de draps, de toiles et de bonneterie, papeteries, verreries, forges, minoteries (5). Le pouvoir central prend soin de maintenir longtemps dans la province le même inspecteur. Ainsi, en soixante-dix ans, le Poitou n'a eu que quatre de ces agents. Le premier, Étienne Richier, qui cesse ses fonctions en 1686 ou 1687 (6), a pour successeur un homme de mérite, J. B^{te} de Bonneval qui, pendant 49 ans, parcourut en tous sens la province, pour en connaître les ressources

---

(1) Orry à Le Nain (sur la tournée de M. de Mettreville, inspecteur général amb. pour les toiles), 7 avril 1738, *Vienne* C. 37. — Procès-v. de saisie dressés en Poitou par M. de Theis, M. Chrestien, M. de Bonneval, inspecteurs ambulants 1736-1740, *Vienne* C. 37,38. — Circ. d'Orry à Le Nain pour ord. aux subdélégués de seconder les inspecteurs ambulants 22 mai 1736, *Vienne* C. 36. — (2) Rapp. de M. de Pardieu 1747, précité. — Décision du Bureau de Commerce permet à Bonneval d'inspecter Vrère (gén. de Tours), 31 déc. 1733, *Arch. Nat.* F. 12,80. — (3) Savary, *Dict. des Manuf.* 2e édit. I,63. — (4) Rapp. de Pardieu 1747. — (5) Rapport de Bonneval 1733 et de Pardieu 1747, précités. — En 1744, un subdélégué proposait d'établir un inspecteur des minoteries. État de l'élection de Niort 1744, *Mém. Soc. Stat. D.-Sèvres*, 1886, p. 303. — (6) En 1686, il figure encore dans divers actes à Niort, Bardonnet p. 272. — Bonneval est inspecteur en 1688 au plus tard. Lettre au maire de Niort 1688, *Arch. Mun. de Niort* n° 107.

et pour veiller à l'observation des règlements. Nommé inspecteur ambulant en 1736, puis inspecteur général des manufactures (1), il ne termina sa longue carrière dans ce poste, le plus élevé de la hiérarchie, qu'après 1760 (2). Lazare de Pardieu, qui le remplaça, exerça près de 14 ans ses fonctions d'inspecteur du Poitou et passa en 1749 dans la généralité de Bordeaux. L'inspecteur Comte fut alors pourvu de la charge de commis des manufactures de la généralité de Poitiers (3). L'inspecteur est rétribué à raison de 2000 l. sur le produit des Bureaux de visite et de contrôle, qui s'élevait en 1747, pour la généralité et pour l'Aunis, à 3236 l. (4). Il reçoit de plus des gratifications. Mais ce traitement est devenu insuffisant ; aussi demande-t-il qu'on élève ses appointements à 3000 l. (5). Ce n'est pas en effet une sinécure que cette charge. L'inspecteur est sans cesse en tournée, ne prenant au chef-lieu de son inspection, c'est-à-dire à Niort, que quelques rares moments de repos. A la Rochelle, il assiste aux délibérations de la Chambre de commerce (6). Il ne manque point de se rendre aux assemblées des manufactures (7). Il est souvent présent aux audiences des juges de police (8). Il procède aux visites seul ou avec les gardes-jurés, dresse des procès-verbaux de saisie (9), surveille et

(1) Orry à Le Nain 22 mai 1736, *Vienne* C. 36 — Arrêts du 30 mars et 30 mai 1746 nommant Bonneval insp. gén. des manuf. avec 8000 l. d'app. 1750 et suiv. *Arch. Nat.* F. **12**, Reg. 19. — (3) *Almanach royal*, 1750 et suiv. — (2) Commission donnée par Orry au sieur Lazare de Pardieu, 22 mai 1736, *Vienne* C. 36. *Alm. royal* 1749-1751. — Comte est aussi mentionné dans diverses ord. de Blossac précitées, en 1751 et 1752. — (4) Rapp. de M. de Pardieu sur les manuf. du Poitou 1747, précité. — (5) Ibid. — (6) Lettre de Chamillart à l'inspecteur des manuf. du Poitou 26 févr. 1700, imp. *Rec. Poit. in-8*, tome Ier, p. 73. — Lettre de Pardieu au Bureau du Com. sur son droit d'entrée à la Ch. de com. de la Rochelle 21 juin 1740, *Arch. Nat.* F. **12**, 87. — (7) Procès-v. d'ass. des manuf. du Poitou 1714-1740 précités. — (8) Sentences des juges de police rel. aux f. du Poitou, 1712-1751, *Vienne* C. 36-38. — Lettre de Chamillart, précitée. — (9) Procès-v. de saisie 1712-1751, *ibid.*

vérifie la gestion des bureaux de fabrique et de contrôle (1), envoie des rapports fréquents à l'intendant et au contrôleur général (2), dresse des statistiques, des mémoires sur l'état économique de la province et des principales villes (3), s'occupe d'indiquer le mouvement des foires et des ports (4), signale les fabriques que l'on pourrait encourager ou organiser (5), et surtout met un soin inquiet à faire exécuter les règlements. Il agit sous la direction et sous le contrôle de l'intendant. Celui-ci s'est attribué une bonne part de la police de la petite industrie. Il examine les statuts corporatifs, exerce la tutelle des corporations, et, comme en 1733, réglemente l'exercice des professions (6). Mais c'est surtout la grande industrie qui attire son attention. Dans ses tournées, l'intendant examine les fabriques et rend compte de son examen au contrôleur général et au Bureau du commerce (7). Il encourage les entrepreneurs, suscite au besoin les industries nouvelles, signale les améliorations utiles au point de vue industriel et commercial (8). Il surveille les foires et en général toutes les transactions (9). Il s'enquiert de l'exécution des règlements. Il rend des ordonnances pour les compléter et pour les interpréter (10). Il reçoit les rapports des inspecteurs, des jurés et des juges, et statue

(1) Rap. de Bonneval (1733) et de Pardieu (1747) précités. — Procès-v. d'ass. des manuf. 1714-1740. — (2) *Ibid.* Bonneval à Le Nain 2 juin 1733, *Vienne* C. 36. — (3) Ex. rapports de 1733 et de 1737. — (4) Rapp. sur les foires 1734-1747 *Vienne* C. 36-38 — Rap. de Pardieu 1747 (sur le port des Sables). — (5) Rap. de Pardieu sur la fabr. d'Argenton 15 nov. 1739, *Vienne* C. 37, etc. — (6) Voir ci-dessus même chapitre — Ord. de Le Nain 1733 « pour rétablir le bon ordre du commerce » à Poitiers, précitée. — (7) Orry à Le Nain, 28 nov. 1740, *Vienne* C. 37. — (8) Mém. sur Chef-Boutonne par M. de Beaussan 1720, *Vienne* C. 64. — Mém. de Le Nain à Orry 1735, *Arch. Nat.* H¹, 1520. — Corresp. de Le Nain avec Orry 1733 et suiv., *Vienne* C. 36, 38 — Louvois à Basville 13 juillet 1685, *Rousset*, III, 418. — (9) Orry à Le Nain 23 sept. 1732, *Vienne* C. 36. — (10) Règl. et ordonnances cités ci-dessus, même chapitre.

sur les suites qu'ils comportent. Enfin, il juge, soit directement, soit par commission du Conseil d'Etat, les contraventions commises par les fabricants, les marchands et les gardes (1). Ses agents directs, les subdélégués, prêtent leur concours aux inspecteurs (2), rédigent des rapports sur l'état de l'industrie et du commerce, et sont parfois commis pour dresser des procès-verbaux en cas d'infractions aux ordonnances (3).

La juridiction et la police de la petite et de la grande industrie ont été presque partout, dans les centres urbains, transférées aux mains des agents royaux: on les juge plus capables et plus obéissants que les agents municipaux. Lorsque l'édit du roi, d'octobre 1699, crée dans toutes les villes pourvues de bailliages, sénéchaussées et juridictions royales, l'office de lieutenant-général de police, cette charge est aussitôt acquise, soit par les magistrats du présidial, comme à Poitiers, et exercée à tour de rôle par chacun d'eux (4), soit par le lieutenant-général du siège, comme à Châtellerault et à Montmorillon (5), soit par les maires perpétuels, comme à Niort, à St-Maixent et aux Sables (6). Ainsi les municipalités se trouvent dépouillées de leurs droits séculaires relatifs à la police économique. Dans les loca-

(1) Ordonnances portant jug¹ 1736 et suiv. *Vienne* C.36-38. — Arrêt du Conseil accord. à Berryer, success. de Le Nain, de continuer à statuer sur les banqueroutes frauduleuses, 3 juillet 1745, *Arch. Nat.* F, **12**, 19. — Arrêt du conseil 6 mars 1706 pour le jug¹ des contrav. relevées par les insp. ambulants, *Arch. Antiq. Ouest*. — (2) Orry à Le Nain 22 mai 1736, *Vienne* C. 36. — (3) Ord. de police de Le Nain (1733) pour Poitiers. — (4) Arrêt du C. d'Etat 12 janvier 1700 réun¹ au présidial de Poitiers l'office de lieut. g. de police, citée dans l'Ord. de police de Poitiers du 29 janv. 1700. — Déclar. du roi (13 sept. 1734) stipulant que l'exercice de cet office se fera par chacun des membres du présidial alternat. et par trimestre, *Alm. prov. du Poitou*, 1777, p. 77. — (5) Réponses de l'insp. et des subdélégués au questionnaire sur l'exercice de la jurid. des manuf. 1710, *Vienne* C. 36. — (6) *Ibid.* — Procès-v. d'ass. des manuf. 1714-40, *Vienne* C. 36-38.

lités moins importantes, les baillis, sénéchaux et juges seigneuriaux continuent à posséder la surveillance de l'industrie et du commerce, sous la direction du pouvoir central (1). Tantôt seuls, tantôt assistés d'un procureur royal, d'un greffier et d'huissiers (2), les lieutenants généraux de police sont pourvus, en Poitou, d'une foule d'attributions. Police des blés et autres subsistances, surveillance de la boulangerie et de la boucherie, taxation du pain, de la viande, du poisson, du vin, réglementation des ventes des denrées alimentaires, visite et contrôle des magasins de sel, des hôtelleries, auberges, maisons garnies, cabarets, cafés, tabagies et autres lieux publics (3), contrôle des manufactures de tissus, de tous les métiers du vêtement, de l'ameublement, des métaux, de la librairie, de l'imprimerie, de la pharmacie, tout dépend de ces hauts fonctionnaires (4). Ils s'occupent de l'étalonnage des poids, balances, mesures (5.) Ils reçoivent les déclarations des artisans pour l'ouverture des magasins et boutiques. Ils accordent les autorisations de domicile après enquête (6). Ils s'occupent des brevets d'apprentissage, assistent à la réception des maîtres, reçoivent leur serment et celui des jurés, homologuent les décisions des assemblées corporatives, convoquent et président ces réunions, veillent à l'exécution des statuts et règlements, assistent au besoin aux visites, se font adresser des rapports à ce sujet par les maîtres-gardes (7). Ils sont les tu-

(1) Procès-v. d'ass. des manuf. 1714-1740 ; et sentences des juges des manuf. *Vienne* C. 36-38. — Réponses au questionnaire etc. 1710. — (2) Registre des audiences du lieut. g. de police à Châtellerault et à Civrai xviiie s., *Vienne* E 7[1] et [2] — Rép. au questionnaire 1710. — (3) Edit d'octobre 1699, imp. *Arch. Antiq. Ouest*. — Ord. de police du présidial de Poitiers 1700 et sq. citées livre II passim, chap. I à VI. — (4) Ord. de police de Poitiers 1700 — de Châtell[t] 1749 et autres citées livre II, chap. VII à XIII. — (5) Edit d'oct. 1699 — Ordon. du présidial de Poitiers rel. aux poids de la ville de Poitiers 12 juillet 1701, *Arch. Antiq. Ouest*. — (6) Ord. de police de Poitiers 1700 et de Châtell[t] 1749. — (7) Reg. des audiences de po-

teurs et les surveillants des compagnons et des maîtres, règlent les questions de préséance et d'attributions (1), et possèdent toute juridiction sur les manufactures et les ateliers. Il est interdit à tous marchands, fabricants et ouvriers de se pourvoir ailleurs que devant eux en matière civile et criminelle, sauf appel au Conseil d'État ou au Parlement (2). Dans les affaires qui concernent les manufactures d'étoffes, de toiles, de bonneterie et en général les grandes fabriques, ils jugent avec l'assistance de l'inspecteur, sommairement, après audition des gardes-jurés et des parties, sur pièces de conviction, et rarement il est fait appel de leur sentence (3). Quelques corporations et quelques industries échappent cependant à leur autorité. Le premier chirurgien du roi et ses lieutenants conservent et affermissent leur pouvoir sur les barbiers-perruquiers et sur les chirurgiens (4). Les maîtres des eaux et forêts s'occupent du commerce des bois de chauffage et de construction (5). Les trésoriers généraux enlèvent aux corps de ville la grande voirie et la police

lice de Châtell^t et de Civrai, xviiie s. — Procès-v. des ass. des manuf. du Poitou 1714-1740.

(1) Voir ci-dessus livre III et documents cités à la note précédente. — (2) Statuts des peintres-vitriers de Poitiers 1723 — des boulangers de Niort 1730. — Ord. du lieut. g. de police de Poitiers 29 janv. 1700, art. 22 et 26, précitée (la juridiction de police se tient à Poitiers le mardi et le vendredi). — Arrêt du Conseil 11 juin 1726 rappelé dans une ord^e du présidial de Poitiers 23 oct. 1767, *Arch. Antiq. Ouest.* — (3) Réponses au question sur la jurid. des manuf. 1710, Vienne C. 36. — Lettre de Chamillart 26 févr. 1700 précitée. — (4) Statuts et règl. pour les m. barbiers chirurgiens jurés de Poitiers 31 oct. 1711, Vienne D. 12. — Edit de sept. 1733, Vienne D. 10. — Ordon. de Le Nain rel. à la juridiction du lieutenant du 1er chirurgien à Poitiers, 23 mars 1741, *Rec. Poit. in-4°, tome VII*, n° 12. — Arrêt du Conseil (2 avril 1742) qui maintient la Peyronie 1er chirurgien dans le droit de recevoir le serment des perruquiers de Poitiers et de contrôler leurs comptes, *Rec. Poit. in-4°, tome VIII*, n° 13 — Haute-Vienne, C. 20. — (5) Ordon. du gr. maître des eaux et forêts à Poitiers 20 août 1753, *Arch. Munic. Poitiers* D. 98 ; et autres citées livre II, chap. VI.

des constructions et des étalages (1), tandis que les prévôts de la maréchaussée gardent leur droit de coercition en cas de sédition de gens de métiers (2).

Officiers de justice et de police n'exercent d'ailleurs leurs attributions que sous le contrôle des intendants et des ministres. Leur subordination à l'égard du pouvoir central est très étroite. On leur interdit d'accorder des modérations de peine dans les cas graves où se trouvent impliqués les artisans et les marchands (3). Ils doivent s'en tenir aux prescriptions strictes des règlements en matière d'amende et de confiscation, faute de quoi le Conseil d'État casse leurs jugements et « les rend sans ménagement responsables, en leur propre et privé nom, des condamnations qu'ils auraient dû prononcer », ainsi que des frais « qu'ils auront pu occasionner ». On les oblige à « rendre compte des motifs » de leurs ajournements et de leurs sentences. Le contrôleur général et l'intendant les rappellent à l'ordre avec rudesse, leur infligent sur un ton sec des blâmes et des réprimandes (4). On les traite en un mot comme des subordonnés dont on attend non des arrêts, mais des services. Du moins, l'administra-

(1) Arrêts du Conseil 7 déc. 1700, 8 août 1702, et arrêts du Parl^t de Paris 19 août 1702 et 19 août 1704, au sujet du partage de la police de la voirie entre le corps de ville de Poitiers et les trésoriers de France, *Arch. Munic. Poitiers* D. 92. — Ord. des Trésoriers de France conc^t la voirie à Poitiers 9 août 1737, *Rec. Poit.* in-4°, tome VII, n° 9. — (2) Arrêt du Conseil (19 mai 1739) commet^t les prévôts des maréchaux et leurs lieutenants pour connaître des séditions survenues à l'occasion des bleds, *Arch. Antiq. Ouest* — (3) Arrêt du 30 sept. 1688.— Ordon. de M. de Beaumont 19 mars 1748, *Arch. Antiq. Ouest*, — Régl. pour les coutils de Vieillevigne 1719, art. 11.— (4) Orry à Le Nain, 11 janvier et 9 sept. 1737 (au sujet des juges de Niort et de Fontenay), *Vienne* C. 37 ; 19 déc. 1737 (juges de Fontenay), *Arch. Nat.* F. **12**, 84 ; 11 janv. et 1er février 1738 (au sujet des m. juges et de ceux de Niort) ; 4 déc. 1739 (au sujet du juge de Niort) ; 20 mai 1740 (au sujet des juges d'Argenton et de Bressuire).— Arrêt du Conseil 23 mai 1741 cassant une sentence des juges de Poitiers, *Vienne* C. 38 et 39.

tion royale essaie-t-elle de rendre la juridiction des métiers et des manufactures expéditive et peu coûteuse. Elle s'efforce de mettre un terme à l'avidité des gens de loi et des officiers de justice. Un arrêt du conseil de 1726, relatif à Poitiers, limite à 6 livres au maximum les droits perçus par les lieutenants de police pour la prestation du serment des maîtres et pour la réception des jurés-gardes, à 4 l. les émoluments attribués au procureur du roi, et décide que pareille somme sera payée au greffier dans les mêmes circonstances (1). Les officiers de justice du Poitou exigeaient auparavant jusqu'à 30 l. (2). Le pouvoir central réduit également à 6 l. pour le procureur et le lieutenant de police et à 2 l. 8 s. pour le greffier, les honoraires payés par les corporations, lors des redditions de comptes (3). Il interdit de demander plus de 6 l. en tout pour homologuer les actes des assemblées des métiers et manufactures (4). Les officiers de police, à Poitiers en particulier, se faisaient payer des droits de visite exorbitants, prenant pour un simple procès-verbal de transport 7 à 17 l. Ils sont rappelés à la modération, sur le rapport de l'inspecteur, par ordre du contrôleur général (5). Pour empêcher les frais de procédure, on leur défend de souffrir, dans les affaires qui concernent les manufactures, le ministère des avocats et des procureurs (6). On veut que les

(1) Arrêt du Conseil 11 juin 1726 fixant les droits à percevoir par les juges sur les com. d'arts et métiers de Poitiers, cité dans l'arrêt en faveur de la Peyronie 1742, *Rec. Poit.* in-4° tome VII, n° 13. — Haute-Vienne C. 20 — (2) Procès-v. d'ass. des fabr. de Niort 8 février 1714, *Vienne* C. 36. — Observ. de l'insp. pour la perf. des manuf. 1715, ibid.— (3) Arrêt du Conseil 11 juin 1726. — (4) Orry à Le Nain 3 juin 1740, *Vienne* C. 38. — (5) Mém. de l'inspecteur Pardieu 1740. — Rép. des juges de Poitiers — Décision d'Orry 3 juin 1740, *Vienne* C. 38. — (6) Lettre de Chamillart 1700, précitée. — Décision du Bureau du Commerce 18 mai 1741, *Arch. Nat.* F. 12, 88. — Rép. au question° sur la jurid. des manuf. en Poitou (mémoire) 1710, *Vienne* C. 36.— Arrêt du Conseil (23 mai 1741) contre les juges de Poitiers, *Vienne* C. 38.

procès-verbaux soient faits sur papier blanc, sans qu'on soit obligé de les signifier, d'en laisser copie, d'en requérir l'affirmation, sans donner assignation lorsque les parties se présentent (1). Les assignations, s'il y a lieu d'en faire, doivent être contrôlées gratis (2). On évoque au Conseil les procès dans lesquels les juges multiplient les incidents de procédure (3). On tente de mettre des bornes à l'avidité des greffiers, en réglant leurs droits d'expédition, et on défère au Conseil ceux qui se montrent récalcitrants (4).

Cette vigilance de l'État ne fait guère qu'atténuer les maux qui résultent de la tyrannie réglementaire. A cette tyrannie s'ajoutent les excès de la fiscalité. Toujours préoccupée de se procurer des ressources, la royauté besogneuse s'attaque aux sources vives de la prospérité publique. Elle ruine les corporations par les créations d'offices, l'industrie et le commerce par les taxes dont elle les grève. Pendant les deux longues guerres qui marquent la fin du règne de Louis XIV, les offices se multiplient. On oblige les communautés à les acheter. Ainsi, l'édit de mars 1691 ayant institué des offices de gardes-jurés-syndics des corps des marchands et communautés jurées, les corporations de la généralité de Poitiers sont contraintes de payer 112.500 l., somme que l'on modère ensuite à 75.000 (5). Les maçons

---

(1) Le Nain au juge des manuf. de Fontenay 4 janvier 1738, Vienne C. 36. — (2) Observ. de l'inspecteur pour la perf. des manuf. 1715, Vienne C. 36. — Bonneval à Le Nain 20 sept. 1736—ibid.— (3) Arrêt d'évoc. au Conseil d'un procès relatif à la saisie d'une étoffe, à cause de la longue etcoûteuse procédure exigée par le juge de Poitiers 17 juillet 1727, Arch. Nat. F. 12, 74. — (4) Rép. au question. 1710 — Observ. de l'insp. sur la perfection des manufactures 1715 — Ord. de M. de Beaussan régl. les droits d'expéd. des greffiers 24 nov. 1729, (Arch. Nat. F. 12, 76). — Orry à Le Nain 6 sept. 1738, Vienne C. 37. — (5) Arrêt du Conseil d'Etat 18 déc. 1691 au sujet des commun. d'arts et métiers de la g. de Poitiers, Arch. Mun. Poitiers D. 89.

paient pour leur part la somme de 118 l. pour trois de ces charges (1). En 1704, apparaissent en Poitou les offices d'inspecteurs des boucheries, et de ce chef, on lève à Niort 2 l. par tête de bœuf, 12 s. par veau ou génisse, 4 s. par mouton, brebis ou chèvre (2). En 1696, pour les charges de jurés mouleurs et visiteurs de bois et charbons, la généralité de Poitiers doit payer 80.000 l. (3). On institue aussi dans la province des offices d'inspecteurs et jaugeurs des vins et des vaisseaux vinaires (4). On crée des charges de médecins jurés conseillers du roi, et, pour une seule de ces charges, le corps médical de Poitiers paie 1650 l. (5). On force le corps des chirurgiens à acquérir une charge semblable dans chaque ville (6). Des offices de perruquiers-barbiers-étuvistes et baigneurs sont instituées en 1692 au nombre de 10 à Poitiers (7) et de 6 à Loudun (8). Puis, en 1706 leur chiffre est encore accru de 6 dans chaque ville, et en 1707 on leur adjoint des syndics-perpétuels (9). Le pouvoir central bien inspiré avait exempté d'abord en 1688 les tanneurs et chamoiseurs de Thouars et de Niort des droits et offices de *prud'hommes visiteurs-vendeurs-lotisseurs de cuirs* (10). Cette sage résolution dura peu. Un demi-siècle plus tard, l'intendant put constater qu'à Niort l'établissement de la charge de prud'hommes avait ruiné en partie la chamoiserie

(1) En 1693: statuts des maçons de Poitiers 1695, précités. — (2) Proust, Recettes et dép. de Niort, *Mém. Soc. de Stat. D.-Sèvres*, 1888, pp. 343, 345 — Pour Châtellerault, *Godard*, I, 295. — (3) Délib. du corps de ville de Châtell^t 8 nov. 1696, *Godard*, I, 279. — (4) Délib. munic. de Poitiers, janvier 1717, *Reg.* 136. — (5) Quittance de la somme de 1650 l. (9 sept. 1693) payée par les médecins de Poitiers, *Vienne* D. 13. — (6) Edit de février 1692, *Vienne* D. 10 — Statuts des chirurgiens de Poitiers 1711. — (7) Arrêt du Conseil 18 mars 1692 analysé dans celui de 1742 en faveur de la Peyronie. — (8) Arrêt du Conseil juin 1699, *Arch. com. Loudun* A. 2. — (9) Edits de juill. 1706 et d'août 1707 cités dans l'arrêt de 1742. — (10) Arrêt du Conseil 5 octobre 1688, *Arch. Nat. Reg.* E. 577.

de cette ville (1). Offices de changeurs de monnaies (2) et de contrôleurs de l'étain (3), charges d'inspecteurs et contrôleurs des marchands et des fabricants (4) créées, notamment en 1745, tout est imaginé pour pressurer les communautés du Poitou. On les force encore à payer des droits de confirmation pour les st...ats qu'elles possèdent. On a même l'idée d'obliger les communautés à en prendre à beaux deniers comptants, opération dont on espère tirer 5.000 l. en 1708 (5). La province est pauvre ; l'Etat ne peut parvenir à y vendre ses lettres de maîtrise (6). On en vient à astreindre les communautés à « les lever », c'est-à-dire à les acquérir, comme en 1740, moyennant un prix déterminé, à la suite d'une sorte de marchandage. Les sergetiers de Niort paient à cette occasion 250 l., les tondeurs 180 l. (7). Les communautés empruntent pour payer ces charges. Elles se trouvent au milieu du xviii⁰ siècle presque toutes obérées (8), et leur misère influe d'une manière fâcheuse sur l'activité de la production et du trafic.

D'un autre côté, si l'Etat, justement préoccupé d'alléger les charges locales nuisibles à l'industrie et au commerce, diminue ou supprime les taxes de minage et d'octroi sur

(1) Orry à Le Nain 23 janv. 1734, 2 juin 1735, *Vienne* C. 36. — Mém. de Le Nain 1735, *Arch. Nat.* H¹, 1520.— Mém. sur l'élection de Niort 1744, *Mém. Soc. Stat. D.-Sèvres*, 1886, p. 270.— (2) *Mém. mss de H. des Pallu sur Châtell¹* 1738. — (3) Mém. du subd. Lévesque sur l'élection de S¹-Maixent (1698), *Mém. Soc. Stat. D.-Sèvres* 1873-74, p. 27.— (4) Edit de février 1745 et arrêt du 3 juill. 1745, *Rec. Poit.* in-4°, VII n° 15.— Ord. de l'intendant Berryer (1747) prescrivant l'exéc. aux clés d'arts et métiers de la g. de Poitiers, *imp. Arch. Antiq. Ouest.*— (5) L'intendant Doujat au contr. gén. 4 avril 1708, *Corresp. des contr. gén.* III, n° 22. — (6) *Ibid.* — not. à Thouars, Imbert, *Hist. de Thouars*, p. 331. — (7) Orry à Le Nain 18 nov. 1740, *Vienne* C. 38. — (8) Procès-v. d'ass. des bonnetiers 20 mars 1734, 5 oct. 1736 (paient une rente annuelle de 150 l. pour leurs dettes), *Vienne* C. 36. — Procès-v. d'ass. des chirurgiens de Poitiers 23 mars 1571, *coll. Bonsergent* A. 5.

les denrées de première nécessité (1), s'il détruit en Poitou un grand nombre de péages seigneuriaux et de droits de pêcherie abusifs (2), il accable les fabricants et les marchands du poids croissant de ses impôts. Intendants et inspecteurs montrent les villes manufacturières de la généralité, telles que Bressuire, désertées par les maîtres désireux de se soustraire aux tailles (3). Pour un revenu de 12.840.000 l. la généralité de Poitiers supporte en effet 2.743.000 l. d'impôts directs, capitation non comprise (4). Les droits d'aides entravent le commerce des vins (5); ceux de gabelle gênent et réduisent le trafic du sel, autrefois si actif à Niort et sur les côtes (6), et excitent l'immense contrebande du faux-saunage (7). Les traites, par la multiplicité de leurs taxes, par les formalités de leurs acquits et passavants, découragent le négoce des bestiaux et des blés (8) et la circulation des petites étoffes de la province (9). Les droits établis pour la marque des chapeaux (10), pour

(1) Proust, Rev. et Dép. de Niort, *Mém. Soc. Stat. D.-Sèvres*, p. 200. — Arrêt du Conseil 10 nov. 1739 (exemptions fiscales en fav. des grains et légumes), *Arch. Antiq. Ouest* — Fixation du tarif des droits de minage à Commequiers 1741, janv., *Vendée* B. 292 etc. — (2) Arrêt du Conseil 22 mai 1732 et 2 mai 1739 sur les pêcheries du Bas-Poitou, *Arch. Antiq. Ouest*. — Ord. de police de Châtell[t] 1749 art. 110 (péages). — *Aff. du Poitou* 1773. — (3) Observ. de l'insp. pour la perf. des manuf. 1715, Vienne C. 36. — Rapport de Pardieu sur les manuf. du Poitou 1747. — (4) Joubleau; *Études sur Colbert*, I, 147 (chiffre de 1750). — (5) Rapport de Pardieu 1747. — Mém. sur Vieillevigne et le Bas-Poitou (1750), Vienne C. 38. — (6) Mém. sur l'élection de Niort 1729, *Mém. Soc. Stat. D.-Sèvres*, 1886, p. 191. — Mém. de Le Nain 1735, *Arch. Nat.* H[t], 1520. — (7) L'intendant Roujault au cont. gén. 1711, *Corresp. des contr. gén.* III n° 939. — (8) Orry à Le Nain 8 juin 1733; 29 mars 1734, Vienne C. 36. — Mém. sur l'él. de Niort 1729, *Mém. Soc. Stat. D.-Sèvres*, 1886, 144. — (9) Procès-v. d'ass. des fabr. de Charroux et de Civrai 20 fév. 1714, Vienne C. 36 — Observ. de Bonneval au Bureau du commerce 31 déc. 1733, *Arch. Nat.*, F. 12, 80. — Forbonnais, *Recherches sur les Finances*, II, 182 (décision de la Ferme en 1737). — (10) Réglement de 375 l. sur les chapeliers de Châtell[t] pour le droit de marque des chapeaux 20 mars 1694, Vienne E. 71.

celle des ouvrages d'or, d'argent, d'étain (1), pour les fers (2) et les cuirs (3), portent enfin un coup terrible à la chapellerie, à l'orfèvrerie, aux forges et surtout aux tanneries de la généralité de Poitiers.

Ainsi, soit par l'excès de la réglementation, soit par l'immixtion maladroite et tracassière de ses agents dans la direction de l'industrie et du commerce, soit par les exigences fiscales, qui sont comme la rançon de son rôle de protecteur, l'État est parvenu à la fin du xvii° siècle et dans la première moitié du xviii° à précipiter la décadence économique du Poitou.

CHAPITRE IX

L'Action de l'État sur le Travail en Poitou à la fin de l'Ancien Régime (1753-1789).

Pendant les trente-cinq années qui précèdent la Révolution, l'administration royale, sous l'influence des économistes, s'efforce à réformer les excès du régime réglementaire, sans renoncer au rôle tutélaire qu'elle attribue à l'Etat. Les novateurs eux-mêmes, peu confiants dans la vertu de l'initiative individuelle, assignent au pouvoir central la mission de susciter l'effort des particuliers, d'encourager l'industrie et le commerce et de surveiller les corps de métiers. L'opinion publique est à cet égard d'accord avec le gouvernement. Quand une Assemblée Provinciale est organisée

---

(1) Ferme pour 1510 l. du droit de marque de l'or et de l'argent de la g° de Poitiers. Enreg. des lettres juillet 1739, *Reg. délib mun. Poitiers* n° 152.—
(2) Documents sur la marque des fers en Poitou, *Vienne* série C. (bureau des finances). — (3) Procès-v. d'ass. des fabr. de Châtell' 1714 (ces droits ont réduit le nombre des tanneurs de 50 à 4) *Vienne* C. 36. — Mém. sur l'él. de Niort 1744, *Mém. Soc. Stat. D.-Sèvres* 1886, p. 272.

en Poitou, elle s'empresse d'adopter le système suivi auparavant par l'administration. Elle charge ses procureurs-syndics de s'informer du genre de commerce de chaque canton, des moyens de relever et de soutenir les manufactures et le trafic, de créer enfin des établissements industriels partout où ils auront des chances de succès (1). A l'exemple de l'intendant, elle se fait remettre des mémoires sur l'industrie et le commerce (2), et elle organise un Bureau du bien public, de même que l'intendance avait le sien (3). C'est au moyen de primes, de gratifications, de privilèges, de concessions de logements et d'encouragements matériels et moraux, que l'administration stimule l'esprit d'entreprise. Les intendants Blossac et Boula de Nanteuil, et plus tard la Commission intermédiaire de l'Assemblée provinciale du Poitou mettent ainsi un zèle infatigable à seconder les tentatives industrielles les plus variées.

L'une de celles qui leur tenaient le plus au cœur était la propagation de la culture du mûrier et du filage des soies. Si Blossac ne fut pas, comme l'ont cru ses biographes, le promoteur de cette industrie (4), du moins il lui donna une vive impulsion. L'expérience poursuivie depuis 1723 avait montré que le mûrier noir et même le blanc réussissaient en Poitou, avec quelques soins (5). Aussi l'administration multiplia-t-elle les pépinières. Outre celle dont on proposa

(1) Délib. de l'Ass. provinciale du Poitou, 11 déc. 1787, *Vienne* C. 605. — (2) Rapport du Bureau du bien public à l'Ass. prov. déc. 1687, *Vienne* C. 605. — (3) Délib. de l'Ass. provinciale août 1787, *Vienne* C. 605. — A l'intendance, le publiciste Jouyneau Desloges est chef du Bureau de l'agriculture et du commerce, *Alm. prov. du Poitou* 1784-1785, 1786, p. 129. — (4) Pilotelle, Essai sur M. de Blossac, *Mém. Soc. des Antiq. Ouest*, XXII, 323 et sq. Ce travail est d'ailleurs tout à fait insuffisant aujourd'hui. — (5) Mém. mss. de l'inspecteur Fontanes analysé dans les *Aff. du Poitou* 1775, p. 79.

l'établissement à Loudun (dans la généralité de Tours) (1), on développa ou on organisa d'une manière plus large les pépinières de la généralité de Poitiers. Dans la capitale du Poitou, il y en eut jusqu'à 4 : à Chasseigne et à Montierneuf au bas de la cité, dans le clos de la Baume et sur le plateau des Gilliers appelé dès ce moment parc de Blossac, au haut de la cité (2). La province en comptait encore 6 autres, celles de Montorchon, de la Corberaye près de Lusignan, de Niort, de Fontenay-le-Comte, de Thouars et de Châtellerault. Leur entretien, les loyers des terrains, les gages des jardiniers étaient à la charge du budget de la province. Leurs dépenses varièrent entre 8836 l. en 1781 et 17.364 à 17.345 en 1784 et 1787 (3). Elles ne furent supprimées qu'en 1791 (4). Tous les ans, l'intendant fait distribuer aux particuliers qui en font la demande des graines de mûriers et des arbres tout venus. Un certain nombre de membres de la noblesse et de la bourgeoisie, à l'exemple du subdélégué général Brumauld de Beauregard, essaient des plantations (5). On citait surtout celles du château de la Roche de Bran, près de Poitiers (6), et des propriétés de MM. de Bridieu, de Curzon, de Veauroux, de la Martinière, de la Sayette, de Pierry et de dix-neuf autres personnes (7). En 1776, on

(1) Proposition du sieur Naulin au Bureau du Commerce 1749, *Arch. Nat.* F. 12, 172. — (2) Baux et contrats pour les pépinières royales de Poitiers 1752-1788, *Vienne* C. 34 et pièces ci-dessous. — (3) Comptes des recettes et dépenses des pépinières royales de la gén. de Poitiers 1782-1788. — Bordereaux de dépenses pour l'Assemblée prov. du Poitou 1788-90. *Vienne* C. 34 et C 635. — (4) Délib (1er déc. 1787) de l'Ass. prov. dem. leur suppression, *Vienne* C. 605. — Arrêt du dép' pour la vente des mûriers des pépinières supprimées 15 mars 1791, *Vienne* K 1, f° 59 v°. — (5) Ord. de l'intendant Nanteuil pour délivrer des plants de mûriers 1787, *Vienne* C. 34. — Mém. de Dubet sur la cult. du mûrier en Poitou, *Aff. du Poitou* 24 oct. 1776, p. 169. — (6) *Aff. du Poitou* 1775 p. 60. — (7) Lettre de Crossard, directeur de la man. de vers à soie de Poitiers (1788), *Vienne* C. 623.

tenta même, sur les conseils d'un spécialiste, Dubet, de semer des graines de mûriers rosés (1). Les plantations n'eurent du reste qu'un demi-succès. Les maraudeurs coupaient la tête ou le pied des mûriers, en rompaient les branches et en cueillaient prématurément la feuille (2). Les ouvriers eux-mêmes chargés par les propriétaires de soigner ces arbres faisaient la cueillette sans aucune précaution, rompant, ébranchant et ruinant les mûriers (3). Livrés à la routine, ils s'avisaient de planter les arbres dans les terres argileuses, où ils dépérissent, négligeaient la taille, ignoraient la méthode des plantations basses et en taillis qui permettent une production active des feuilles à peu de frais (4). Avec le mûrier, l'administration tentait de propager l'élève des vers à soie de diverses espèces. Ainsi, en 1776, on fait en Poitou l'essai de graines de vers blancs du Levant qu'avaient envoyées le sériciculteur Dubet et le président du Bureau du Commerce, Trudaine (5). Chaque année, l'intendance achetait à Tours 25 à 30 onces de graines de vers à soie, au prix de 6 l. l'once, et en distribuait gratuitement une fraction aux particuliers qui se livraient à la sériciculture (6).

La magnanerie modèle créée par l'intendant Le Nain en recevait la majeure part. Blossac avait installé cet établissement dans deux maisons situées rue des Trois-Piliers, en face de la rue des Capucins (7). On mettait les vers à éclore

---

(1) Mém. de Dubet sur la cult. du mûrier en Poitou, *Aff. du Poitou*, 1776, p. 169. — (2) Ordon. de M. de Blossac 18 avril 1755, imp. (pour la protection des mûriers), *Arch. Antiq. Ouest*. — (3) Creuzé-Latouche, *Description... de l'arrond^t de Châtell^t* 1790, p. 71. — (4) Lettre de Dubet à J. Desloges, nov. 1774 et janv. 1776, *Aff. du Poitou* 1775, p. 7 ; 1776, p. 13 ; 1777, p. 11. — (5) Mém. de Dubet 1776, *Aff. du Poitou* 1776, p. 169. — (6) L'intendant Nanteuil à l'Ass. provinciale 28 févr. 1787, *Vienne* C. 623. — Requêtes et ordon. pour délivrer de la graine de vers à soie 1787-78, *Vienne* C. 623. — (7) Blossac au Bureau du Commerce 1752, *Arch. Nat.*

en mai, deux mois plus tard qu'en Languedoc (1). Puis avait lieu à la manufacture royale de soies de Poitiers le filage des cocons. La filature, installée dans le même local que la magnanerie, occupait trois salles largement éclairées où se trouvaient les moulins à tirer la soie (2). Le personnel de la manufacture comprenait un directeur ou régisseur payé à raison de 400 l. par an (3), une contre-maîtresse payée 300 l. (4), une tourneuse et une fileuse salariées à la journée (5). La récolte des cocons occupait pendant six semaines quarante-cinq indigents (6). La soie filée, qui variait entre 50 l. et 60 l. par an environ, était vendue à Tours au profit de l'État : en 1788, elle produisait une recette de 1179 l. (7). De plus, la filature royale était tenue, peu avant la Révolution, de filer les soies que lui envoyaient en général les sériciculteurs, au nombre de 25, parmi lesquels plusieurs demoiselles nobles (8). Quelques particuliers, notamment un gentilhomme du Bas-Poitou, paraissent avoir, à l'exemple de l'État, organisé des filatures de soies (9). Mais il ne semble pas que les résultats obtenus aient répondu à l'effort déployé. Comme la plupart des entreprises officielles, la manufacture de soies et les pépinières royales de mûriers avaient été organisées

---

F. 12, 172. — Baux pour la manuf. des vers à soie 1760-1765, *Vienne* C. 623.

(1) Mém. mss. de Fontanes, *Aff. du Poitou* 1775, p. 79. — (2) Bail du 29 avril 1708, précité. — (3) Bail de la mane des vers à soie 12 déc. 1785, *Vienne* C. 623. — Comptes des pépinières royales 1781 et sq. *Vienne* C. 34. — Bordereaux des dépenses sur les fonds libres de la capitation 1788 et sq. *Vienne* C. 625. — (4) Baux et comptes ci-dessus. — (5) Comptes de la femme Crossard 22 juillet 1788, *Vienne* C. 623. — (6) Rapp. de Crossard, directeur de la manuf., a l'Ass. provinciale (1788), *Vienne* C. 623. — (7) Corresp. entre Crossard, Thibaudeau, proc. syndic de l'Ass. prov. du Poitou, les proc. syndics de l'Ass. de Touraine, Delavaud et Boursaut, négt à Tours août, oct. nov. 1788, *Vienne* C. 623. — (8) Rapport de Crossard 1788, précité. — (9) *Aff. du Poitou* 1774, p. 179; 1775, p. 60.

sur un pied très coûteux. Les loyers des terrains et des immeubles étaient trop élevés ; le personnel trop nombreux (1). De plus les bonnes méthodes se répandirent difficilement. Dès 1787, l'Assemblée provinciale demandait la suppression des pépinières et de la filature, à l'expiration des baux, proposant de remplacer les fonds consacrés à ces établissements par une somme de 1500 l. destinée à fonder des primes en faveur de l'industrie séricicole privée (2). Elle n'osa exécuter ce projet, mais l'un des premiers soins du Conseil général de la Vienne en 1791 fut de prescrire la liquidation de ces entreprises (3).

Quelques tentatives sont faites aussi pour améliorer en Poitou la fabrication des lainages et pour créer de nouveaux ateliers. L'intendant Blossac, les inspecteurs Fontanes et Vaugelade firent des efforts persistants pour arrêter de cette façon la décadence des manufactures poitevines. Certains projets ne paraissent pas avoir abouti, par exemple celui d'établir à Fontenay en 1766 une fabrique de draps (4). Mais à Poitiers, un arrêt du Conseil du 22 octobre 1771 permet à un négociant nommé Plisson ou Pélisson de fonder une manufacture de ras, serges drapées à la façon de Lodève, serges noires à la façon d'Agen, de Rome, de Neuilly et de Lusignan, kalmouks et autres lainages à la mode du temps. Le Dépôt de mendicité où la fabrique fut installée fournit

(1) Observ. de Delavaud et Boursaut nég[ts] à Tours adressées à l'Ass. prov. du Poitou, 8 nov. 1788, *Vienne* C. 623. — (2) Délib. de l'Ass. provinciale, 1er déc. 1787, *Vienne* C. 625. — (3) La manuf. existe encore le 15 juin 1789 (arrêtés de la Com. interm. prov. et du corps municipal de Poitiers), *Reg.* 195 (*Arch. Munic.*) — *Arch Vienne* E 6[6]. — Arrêté du Directoire de la Vienne 15 mars 1791 pour la vente des ustensiles de la manuf. de soie, *Vienne Reg.* K[1] f° 59 v°. — Au XIXe siècle vers 1830, on rétablit une magnanerie départementale sur l'emplac[t] du couvent des Bénédictins de St-Cyprien, la Liborlière, *Souvenirs* 51, 170. — (4) Requête de Cherbonneau au Bureau du Commerce 1766, *Arch. Nat.* F. 12, 172.

au directeur la main-d'œuvre (1). Transférés en 1785 dans la rue de la Chaîne, les ateliers de Plisson, qui s'occupèrent surtout de la filature des laines, continuèrent à prospérer jusqu'en 1790. Une subvention annuelle de 600 l. leur était allouée sur les fonds libres de la capitation (2). Une autre filature de laine établie par les frères Louage, de Tourcoing, d'abord à Pressac près d'Availles, dans l'élection de Confolens (3), puis à Poitiers, avait obtenu un immeuble à titre gratuit dans l'enceinte de l'Hôpital des Champs, et une subvention de 2400 l. pendant 10 ans sur le même produit que l'établissement de Plisson (4). Mais depuis la fin de 1782, on n'a aucun renseignement sur le sort de cette fabrique. Le zèle de l'inspecteur Vaugelade provoquait encore divers essais de fabrication d'étoffes de laine plus soignées que celles dont les industriels locaux gardaient la tradition routinière et dont le débit devenait tous les jours plus malaisé. Avec les laines du Poitou, des fabricants intelligents : Leféron à Parthenay, Piet à Niort, tentaient de fabriquer et de mettre en circulation des kalmouks rayés façon d'Angleterre, des kalmouks unis comme ceux de Castres, des pinchinats ratinés à la façon d'Orléans et de Tours (5). Vaugelade préconisait encore la production des tricots et des cadis à l'imi-

(1) Arrêt du 22 octobre 1771 cité dans la notice sur cette manuf. *Alm. prov. du Poitou* 1785, p. 115.— Mém. de l'insp. Vaugelade *Aff. du Poitou* 1776, p. 158.— (2) *Alm. prov. du Poitou* 1787, p. 112. —Bordereau des sommes accordées sur les fonds libres de la capitation 1788-90, Vienne C. 635.— (3) Corresp. entre l'intendant du commerce, M. de Cotte et M. de Blossac, 20 avril, 3 et 17 juin 1780, *Vienne* C. 39. — (4) Filature de fil de laine dégraissée dit sayette; les contre-maîtresses instruisaient les enfants à filer « et leur enseignaient la religion », *Aff. du Poitou* 1782, p. 199. — D'Ormesson à Blossac, 3 août 1782, Vienne C. 32.—(5) Mém. sur les laines et les manuf. du Poitou, *Aff. du Poitou* 1774, pp. 141-143, 151, 218; 1776, pp. 29, 157; 1777, p. 203 —Mém. mss de Vaugelade (1781) sur les règl. et manuf. du Poitou, Vienne C. 39.

tation de ceux de Montauban et du Languedoc (1). On proposait aux administrateurs des hôpitaux de Poitiers la création d'ateliers pour fabriquer des étoffes grossières et des couvertures de lit appelées *laisse tout faire*, comme à l'hôpital général du Mans (2). Le projet ne semble pas avoir été adopté. Toutefois, Vaugelade était plus heureux en encourageant un fabricant de bas, originaire d'Orléans, établi près de Saint-Porchaire à Poitiers, et nommé Jacques Moutiers, à organiser la première manufacture de couvertures de laine, soie et coton que la province ait possédée. Elle fut installée près de l'Hôpital général, dans le quartier de Montierneuf, et elle paraît avoir eu des débuts assez favorables (3). Si le plan formé en 1765 pour introduire à Poitiers une fabrique de bonnets façon de Tunis ne semble pas avoir abouti (4), si, à Confolens, on ne put réussir à faire vivre une manufacture de droguets (5), du moins la capitale du Poitou développa-t-elle la fabrication de la bonneterie commune drapée à l'aiguille (6). En 1765, était fondée à Fontenay, dans la rue des Loges ; une des plus importantes usines pour la chapellerie de feutre, celle de Gendriau (7). En 1788, la Commission intermédiaire provinciale eut à examiner la requête d'un sieur Coqueret qui projetait d'installer une manufacture de chapeaux « en poil de lapin d'Angola » à l'Hôpital des Champs de Poitiers (8). Il fut aussi un moment

(1) *Aff. du Poitou*, 1676, p. 71. — (2) *Aff. du Poitou*, 1775, p. 10. — (3) *Aff. du Poitou* 1776, p. 30; 1778, p. 219 — Mém. mss de Vaugelade, s. d., précité. — On peut signaler aussi une man⁰ de tapisseries établie à Confolens (le curé de Confolens à Vergennes 1786), *Charente* C. 84. — (4) Requête du sieur Audebert au Bureau du Commerce 1761, *Arch. Nat.* F. 12, 172. — (5) Corresp. entre Vergennes et le curé de Confolens 1784-86, *Charente* C. 84. — (6) Peuchet, *Dict. du Commerce*, IV, 273. — (7) Notice sur cette manuf. dans Turgan, *les Grandes Usines* XI, 2. — (8) Requête et Mém. du s. Coqueret, charpentier, à la Comm. interm. Provinciale 1788, *Vienne* C. 623.

question de doter le Poitou d'une fabrique de blondes et dentelles de soie, où on eût occupé les enfants, d'installer des moulins à retordre les fils écrus, blanchis ou teints, provenant des chanvres du Berry et du pays (1), de créer une manufacture pour façonner et blanchir les toiles, en faveur de laquelle le promoteur demandait, suivant l'usage, le logement gratuit, les exemptions de logement militaire et de taille, et des privilèges ou monopoles (2). La seule entreprise notable fut celle d'une manufacture de toiles à voiles, fondée à Poitiers par Jollé et Saillant, et qui périclita à la suite des différends des deux associés (3).

Depuis le milieu du xviii° siècle, l'industrie des cotonnades avait pris un essor inouï en Angleterre et en France. L'administration favorise de tout son pouvoir l'organisation des fabriques de ce genre. Dès 1755, Poitiers avait une manufacture d'étoffes de coton et soie créée par Moreau père et fils, qui sollicitaient du Bureau de commerce un privilège de 20 ans limité à la province et une avance en argent remboursable (4). Vingt-six ans plus tard, un fabricant de Gimont en Gascogne, du nom de La Prade, offrait d'établir une fabrique d'indiennes pour l'ameublement et l'habillement (5). Les intendants et les inspecteurs préférèrent encourager les filatures de coton, parce qu'elles occupaient beaucoup de bras « et diminuaient la mendicité (6) ». Ainsi fut organisée

(1) Mém. de Dubet, *Aff. du Poitou* 1774, p. 218. — (2) Plan pour l'établ' d'une manuf. destinée au blanch. de fils, s. d. (1788?), *Vienne* C. 39. — (3) Examen au Bureau du Commerce des diff. entre Saillant, Jollé et Cie, entr. de cette manuf. 5 mai 1774; 23 mars 1775, *Arch. Nat.* F. 12, 50. — J. Desloges, note (vague) sur cette manuf. *Journal de Poitiers*, an VI, n° 36 : aucun nom, ni détail, sauf celui de l'insuccès de l'entreprise. — (4) Mém. des Moreau, négoc. à Poitiers, au Bureau du Commerce (1755), *Arch. Nat.* F. 12, reg. 10. — (5) *Aff. du Poitou* 1781, p. 106. — (6) Mém. de l'insp. Vaugelade 3 janv. 1781, *Vienne* C. 39.

à l'hôpital général de Poitiers, en 1780, par les soins de Blossac, de l'inspecteur Vaugelade et du subdélégué général Brumauld de Beauregard, la première filature de coton. Un ouvrier flamand en fut le directeur, une demoiselle Thomas la directrice. Avec les cotons en laine achetés à la Rochelle, elle entreprit le commerce des cotons filés ; 25 à 30 rouets furent employés à ce travail (1). Une entreprise plus vaste dut son développement à la protection de Blossac et du comte d'Artois. Ce fut la grande manufacture de Puygarreau, à Poitiers, installée dans les bâtiments de l'ancien collège de ce nom. Un gentilhomme, M. de Puyraimond, en était le promoteur. La direction appartenait à un industriel du nom de Régnier, qui avait d'abord créé rue de la Latte, près de la Poste aux Chevaux, une fabrique de fils, toiles et bas de coton, protégée par Blossac (2). Cette fabrique s'occupait à la fois du filage et du cardage du coton et de la fabrication des cotonnades. Dans un mémoire adressé au Bureau du commerce, Régnier sollicitait un prêt de 60.000 l. sans intérêts remboursable en 10 ans. Blossac, qui appuie la requête, assurait que l'entrepreneur pourrait tripler le nombre de ses rouets et métiers et occuper bientôt plus de 300 ouvriers (3). Cette manufacture, successivement dirigée, après Régnier, par les fabricants Sézille et Lépine, faisait travailler les mendiants du Dépôt et des ouvriers ou ouvrières libres (4). Le directeur était logé

---

(1) Même mémoire.— Notices des *Aff. du Poitou* 1780, pp. 21-23; 1781, p. 64. — (2) *Aff. du Poitou* 1782, p. 119. — (3) Blossac à l'int. du commerce, Colonia, juillet et août 1782, Vienne C. 39. — Mém. de M. de Moussac à l'int. Nanteuil 22 fév. 1780, *ibid.* — Colonia à Blossac 27 juin 1782. D'Ormesson au même 3 août, *ibid.* — Requête de Régnier au contr. gén. 1782, *Arch. Nat.*, F. 12, reg. 12. — (4) Bordereaux des sommes pour encourag. aux manuf. 1788-1790, Vienne C. 635. — *Alm. prov. du Poitou*, 1788, p. 105 ; 1790, p. 112.

gratuitement ; il devait recevoir en outre jusqu'en 1792 une subvention de 1200¹ sur les fonds libres de la capitation(1). La manufacture de Puygarreau subsistait encore au moment de la Révolution. Son succès et celui de la filature de l'Hôpital avaient déterminé la création d'entreprises semblables. A Poitiers, en 1786, un marchand du nom de Guériteau, demeurant rue St-François, installait une filature où il occupait 60 ouvriers ou ouvrières, soit au filage du coton, soit à la fabrication des mouchoirs. Il sollicitait, en 1788, un encouragement pécuniaire de l'Assemblée provinciale (2). A Montmorillon, s'était fondé un Bureau de charité dont le membre le plus actif, l'abbé de Moussac, vicaire général, avec l'appui de Vaugelade, suggéra le plan d'une filature où l'on emploierait les garçons et filles pauvres du pays. Ce projet, conçu dès 1780, aboutit en 1786. Le Bureau fournit une partie des fonds provenant d'aumônes ; l'intendant Nanteuil accorda 1000 l. pour l'entretien des enfants. Le contre-maître de la manufacture de Puygarreau, Antoine Broc, fut placé à la tête de la filature de Montmorillon, avec divers privilèges. Il y occupa une quarantaine d'ouvriers au filage des cotons et à la fabrication des molletons et futaines. L'Assemblée provinciale lui allouait en 1788 une subvention de 150 l. (3). La filature qu'il avait fondée survécut, comme celle de Poitiers, semble-t-il, aux événements de la Révolution (4). Enfin, au sud du Poitou, à la Mingoterie, paroisse de Chassiecq, près de Verteuil, la dame de Puy-

---

(1) Requête du sieur Guériteau, nov. 1788, *Vienne* C. 630. — Bordereau des sommes pour encourag. aux man. 1788-90, *Vienne* C. 635. — (2) Requête du sieur Guériteau 1788. — (3) Sur cette filature, *Aff. du Poitou*, 1780, p. 78. — Corresp. de l'abbé de Moussac avec l'intendant Nanteuil et le contremaître Broc, 3, 22 février, 7 mars, 23 mars 1786. — Supplique du sieur Broc à l'Ass. prov., juin 1788, *Vienne* C, 39 et 623. —(4) Peuchet, *Dict. du comm.*, IV, 263 la mentionne.

gellier montait avec des rouets mécaniques une filature rurale qui occupait 16 ouvrières et produisait 4 milliers de coton filé par an. Elle sollicitait en 1788 de l'inspecteur un avis favorable à la demande de subvention formée auprès de l'administration provinciale (1).

C'est sous la protection ou par l'initiative du pouvoir central que le Poitou fut doté d'autres entreprises industrielles : industries diverses, verreries, faïenceries, manufactures de porcelaine, minoteries et brasseries. En 1767, un industriel propose d'établir à Poitiers une teinturerie pour la teinture en rouge d'Andrinople (2). Quelques années après, était installée dans cette ville une manufacture de cordes à boyaux, à la porte S. Cyprien (3). L'inspecteur Fontanes avait eu l'idée de former en Poitou des plantations de garance afin de permettre aux industriels de se passer de celle de Hollande. Il fit des essais, et le savant Hellot, dans son traité de l'*Art de la Teinture*, attesta que les garances poitevines donnaient d'aussi belles couleurs que celles des Indes et des autres pays les plus réputés (4). Une pépinière royale de garance fut donc créée, avec un atelier et des moulins à pulvériser la plante, à St-Gilles-sur-Vie en Bas-Poitou, entre 1759 et 1765 (5). Elle était dirigée par un spécialiste du nom d'Ingoult, payé à raison de 1.000 l. par an

(1) Requête de la demoiselle veuve Dubournais de Puygellier à M. de Vaugelade, inspecteur, juillet 1788, Vienne C. 623. — (2) Requête du sieur Audebert au Bureau du Commerce 1767, *Arch. Nat.* F. 12,172.— (3) *Aff. du Poitou*, 1775, p. 10. — (4) Mém. (de de Fontanes) sur les avantages qu'il y aurait de former en France des plant. de garance (vers 1759), Vienne C. 38. — D'après le P. Arcère, *Hist. de la Rochelle et du pays d'Aunis* in-4° 1757, p. 479, la garance croissait à l'état sauvage près de Thouars, et le savant Guettard en avait recueilli de belles racines près de la Tranche en face de Ré. Il estime que cette culture donne par arpent au bout de 18 mois 7 à 800 l. de revenu. — (5) Requête d'Ingoult, sur la garancière du Bas-Poitou, 1765, *Arch. Nat.* F. 12, 172.

sur les fonds de l'intendance (1). Les plantations réussirent. Mais c'était une culture peu rémunératrice qui demandait trois ans d'attente avant de donner un revenu et qui était exposée aux ravages des chenilles (2). De plus, la malveillance des paysans livrait les pousses à la dent des bestiaux. Il fallut une ordonnance de l'intendant pour protéger les garancières(3). Ingoult ne se découragea pas. Il trouva des procédés pour la destruction des chenilles (4), encouragea les habitants par des distributions gratuites de graines et de pieds (5), et eut la satisfaction de voir les paroisses de St-Jean-de-Monts, Croix-de-Vie, St-Hilaire de Rié, la Chaume adopter cette culture (6). Il put expédier à Nantes la garance pulvérisée qui y trouva un débit rapide et assuré (7). La France était obligée pour ses verreries et ses savonneries d'avoir recours aux soudes d'Alicante et de Gênes ou du Levant. Fontanes avait observé que les plantes qui produisent cette matière croissaient à tous les pas sur la côte du Poitou. En 1757, il fit cueillir la soude sauvage ou *kali* en maturité, sans mélange de varech, et la soumit à l'examen de Bernard de Jussieu(8). Il s'enquit en Espagne de la méthode suivie pour la culture du kali, du temps où on devait semer

---

(1) Comptes rendus des dépenses des pépinières 1788-90, Vienne C.34. — (2) Mém. de Vaugelade sur la garancière de Croix-de-Vie en Bas-Poitou, Arch.Nat.F.**12**,reg.11 — Notice dans les *Aff. du Poitou* 1775, p. 175 ; 1780, p. 102. — (3) Ordon. de M. de Blossac, 30 mars 1781, *Aff. du Poitou* 1781, p. 67. — (4) *Aff.du Poitou* 1781,p.103. — (5)*Aff. du Poitou* 1784, p. 8. — (6) *Aff.du Poitou* 1781, p. 67. — (7) *Aff. du Poitou* 1775, p. 175. — Cavoleau, *Stat. de la Vendée*, éd. la Fontenelle, p. 604. — (8) Mém. de Fontanes sur les avantages qu'il y aurait d'exploiter en France les plantes qui croissent sur les côtes (1759); et lettre du 7 mai 1757; Observ. de M. Hellot sur les plantes propres à la soude envoyées par M. de Fontanes. — Mém. sur la culture du kali dans les gén. de Poitiers et de la Rochelle (vers 1758). — Avis de M. Hellot sur la soude du Poitou 1759, Vienne C. 38. D'après Arcère, les premières expériences sur la soude du Poitou seraient dues à un

les graines, recueillir la soude et la brûler. Des spécimens de soude envoyés au savant Hellot furent trouvés aussi bons que ceux de la soude espagnole, aussi résistants à l'humidité et à l'air. Des échantillons avaient été également adressés au Conseil. En 1758, Fontanes fabriqua jusqu'à 10.000 livres de cette substance qu'on expérimenta pour la fabrication du savon et du sel de Glauber, et pour la manufacture des glaces de St-Gobain. La soude poitevine, qui coûtait moitié moins cher que celle d'Espagne, acquit un certain renom, et les populations des côtes à St-Gilles et à Noirmoutiers s'occupèrent depuis 1760 à la produire (1). En 1763, un industriel nommé Chouteau proposa même au Bureau du Commerce la création d'une grande fabrique de soude en Bas-Poitou (2).

Sur ce point, le succès avait répondu, en partie du moins, aux efforts de l'administration. Il n'en fut pas de même pour les forges qui, à l'exception de trois, éteignirent leurs feux. Les verreries étaient peu à peu abandonnées dans la province. Quelques essais sont tentés pour continuer l'exploitation de celle du Routeau, à laquelle on a concédé un privilège exclusif (3). A la fin de 1780, un arrêt du Conseil permet, sur l'avis de Blossac, à un gentilhomme verrier, Bertrand de Chazelles, l'établissement d'une verrerie pour la fabrication du verre blanc et du verre à vitre qu'on devait tirer auparavant d'Allemagne (4). Cette verrerie royale avait été fondée à proximité des bois de la Gâtine, à la Cha-

négociant qui avait vécu en Espagne et s'était retiré à Poitiers, d'où en 1775 i. envoyait au contrôleur général des spécimens de soude du Poitou calcinée, Arcère, *op. cit.*, p. 479.

(1) Cavoleau, *op. cit.* p. 676.—(2) Requête du sieur Chouteau au Bureau du Commerce 1765, *Arch. Nat.* F.12, 172.— (3) Requête du s. de Rosny pour le renouv^t de ce privilège, 1763, *Arch. Nat.* F.12, 172.— (5) Arrêt du Conseil 17 sept. 1780 en faveur de M. de Chazelles, *Aff. du Poitou*, 1780, pp. 189-190.

pelle-Seguin, près de Parthenay (1). Pour la soutenir, l'entrepreneur ouvrit dans la province une souscription de 4.000 l. remboursable en bouteilles et qui ne paraît pas avoir réussi (2). On le voit solliciter ensuite auprès du contrôleur-général une subvention de 15.000 l. et faire appuyer sa demande par l'évêque de St-Omer (3). Finalement, la verrerie ayant été incendiée en juin 1785, il fut impossible de la rétablir (4). Quelques faïenceries à Chef-Boutonne (5), à Thouars (6), à Poitiers (7), à St-Porchaire (8), à St-Savin (9), eurent aussi une faible part à la bienveillance administrative et sollicitèrent des privilèges (10). C'est enfin avec l'encouragement du Conseil royal que le marquis de Torcy essaie d'établir à St-Denis la Chevasse, en Bas-Poitou, une manufacture de porcelaine du genre moyen pour le service ordinaire et pour la table (11). Excitée par l'exemple du roi et des princes du sang, la haute noblesse commençait à s'intéresser aux entreprises industrielles. Tandis que le comte de Montausier fondait près de St-Maixent la première grande minoterie à l'anglaise qui ait existé en Poitou (12), le comte Voyer d'Argenson projetait d'en établir une

(1) Notice sur cette verrerie « royale », *Aff. du Poitou* 1780, pp. 189-190. — *Alm. provincial* 1781, 1782, 1783, 1784, 1786. — (2) *Aff. du Poitou*, 1780, p. 190. — *Alm. provincial* 1786, p. 82. — (3) Requêtes du sieur de Chazelles, 5 juin 1783 et 1785 — l'évêque de Saint-Omer à Calonne 27 juin 1784, *Arch. Nat.* F. **12**, reg. 12. — (4) Rapport de l'intendant Nanteuil sur les établs. ind. de la gén. de Poitiers 1788. *Arch. Nat.* F. **12**, 680. — (5) B. Filleau, *Rech. hist. sur Chef-Boutonne*, *Mém. Soc. Stat. D.-Sèvres* 1884, p. 28. — (6) *Aff. du Poitou* 1775, p. 176. — (7) *Rev. des Prov. de l'Ouest*, décembre 1891. — (8) *Rev. Poit. et Saint.*, 1889, p. 378. — (9) Req. de la demoiselle Bruchaire pour la faïencerie de Saint-Savin 1767, *Arch. Nat.* F. **12**, 172. — (10) Dem. de prév. par la faïencerie de Saint-Porchaire 1777, *Rev. Poit. et Saint.*, loc. cit. — (11) Arrêt du Conseil 17 août 1784 en faveur de M. de Torcy, *Arch. Nat.* F. **12**, reg. 9. — Notons aussi une requête d'un miroitier de Poitiers, Fraigneau, inventeur d'une « matière avec laquelle il moule des ornements imitant la sculpture sur bois », 8 sept. 1789. *Arch. Nat.* F. **12**, 107. — (12) *Aff. Poitou*, 1774, p. 15.

semblable, sous le nom de *moulin économique*, au château des Ormes, sur la Vienne (1). A Poitiers, les grands moulins de la Chaussée fondés par Tribert inauguraient le nouveau système de fabrication rapide des farines (2). L'intendant Blossac secondait la création de la première brasserie qu'ait connue la capitale du Poitou et qui fut créée dans les bâtiments de l'Hôpital des Champs par le Flamand Louage et son associé Paulet (3). L'inspecteur Fontanes aidait de ses conseils et de ses requêtes auprès de l'administration Robert de Lézardière, le père de la célèbre érudite à qui l'on doit d'originales recherches sur les institutions primitives de la France. Le marquis de Lézardière, sur les conseils de Fontanes, mettait en exploitation la mine d'oxyde de fer ou d'ocre de la Verrie, près de Challans (4). Les mines d'antimoine sulfuré de la Ramée étaient exploitées dès 1772 par le marquis Grignon de Pouzauges (5). Des sociétés se formaient pour utiliser les mines de pyrites de fer ou de plomb sulfuré argentifère près des Sables (6), et celles de charbon à Chantonnay (7), à peu près à l'époque où le lieutenant particulier de Vouvant tentait l'exploitation des charbonnages d'Antigné (8).

L'administration royale, non contente de multiplier ses encouragements à la grande industrie, se préoccupait de

---

(1) Délib. des corps de ville de Châtell[t] (24 mai 1778) à ce sujet, *Godard*, II, 229. — (2) *Aff. du Poitou*, 1781, p. 56. — (3) *Aff. du Poitou* 1781, p. 144; 1784, p. 8. — (4) Cavoleau, *op. cit.*, p. 377. — (5) Cavoleau, p. 569. — (6) Cavoleau p. 367. — (7) Cavoleau, pp. 390-391, 402. — Gallot, Essai sur la topogr. médicale du Bas-Poitou (1779), *Ann. Soc. d'Emul. Vendée*, 1871, p. 120. — Notons encore une requête d'Issard négociant aux Sables pour la concession d'une mine de plomb et d'une fabrique d'instruments de pêche, 1784, *Arch. Nat* F. 12, reg. 12. — (8) Véron, *L'Ecole acad. de dessin de Poitiers*, Mém. Soc. des Beaux-Arts (Congrès), 1879. — Notice sur cette Ecole, *Alm. prov. du Poitou*, 1788, p. 175.

perfectionner les métiers, de former de bons ouvriers et de bons praticiens. A l'Ecole gratuite de dessin fondée à Poitiers par Aujollest-Pagès, sous la protection des peintres Boucher et Pierre et de l'intendant Blossac, un certain nombre d'ouvriers sont admis à suivre des cours élémentaires (1), et à participer à des concours spéciaux (2). Les intendants du Poitou s'efforcent d'organiser un corps instruit de vétérinaires, paient aux écoles de Lyon et d'Alfort la pension des jeunes gens qui se destinent à cet art (3), font dans la province une active propagande en leur faveur (4), et leur obtiennent par l'arrêt du 21 avril 1789 des exemptions et privilèges (5). Ils essaient de créer un service public, à l'aide des vétérinaires, des médecins et des chirurgiens, pour les épizooties et les épidémies (6). Des distributions gratuites de remèdes sont faites aux indigents; les premiers germes de l'assistance médicale sont jetés (7). Ils favorisent la propagation de la vaccine (8), l'installation de boîtes fumigatoires pour les noyés (9), la diffusion des meilleurs écrits sur la prophylaxie de la rage (10); ils instituent des enquêtes médicales sur les maladies populaires (11). Ils aident le corps médical dans la découverte et

---

(1) 16 en 1788. Etat fourni par le directeur Pagès à l'Ass. prov. 1788, *Vienne* C. 623.— (2) Concours pour les charpentiers, *Aff. du Poitou* 1775, p. 120.— (3)Ex. 1101 l. en 1789,*Bordereau de dépenses, Vienne* C 635.— 900 l.en 1782,*Vienne* C.73, autres pièces,*Vienne* C. 621,734.— (4) *Aff. du Poitou* 1777, pp. 95, 110; 1778, p.109; 1780,p.84.— (5) Arrêt du Conseil, 21 avril 1789 en faveur des artistes vétérinaires du Poitou, *Vienne* C. 621. — (6) Pièces à ce sujet 1780 et sq., *Vienne* C. 622, C. 634. — *Aff. du Poitou* 1776, p. 123. — L. Desaivre, Le service des épidémies en Poitou, *Bull. Soc. Stat. D.-Sèvres*,VII, 245-260. — (7) *Ibid.* et *Bull. Soc. Stat. D.-Sèvres*, IV, 396-397, 468-469. — (9) *Aff. du Poitou* 1776, p 90, 1780, p. 3. — (8) *Godard* II, 261 (sur la distrib. de ces boîtes à Châtell^t en 1786). — (10) *Aff. du Poitou*,1776,p. 85.— (11) Mém. sur l'épidémie de 1684-85 par Gallot,dédié à l'intendant Nanteuil, *Rec. Poiter.* in-4. tome XVII, n°s 1

l'exploitation des eaux minérales de Bilazais, de Candé, des
Fontenelles, de la Ramée, de la Rocheposay et d'Availles,
et créent un service d'inspection de ces stations (1). A Poitiers, à Saint-Maixent, à Fontenay, ils instituent des cours
d'accouchement subventionnés, faits par les meilleurs praticiens, afin de doter la province de matrones expérimen-
tées (2). Sous les auspices de l'intendance, des démonstra-
tions publiques et gratuites de chirurgie et d'anatomie
sont organisées, pour compléter l'instruction des chirur-
giers (3). La circulation des produits et le commerce intérieur ou extérieur sont développés ou facilités par la création
d'un réseau de grandes routes (4), par l'amélioration des
ports, tels que celui des Sables (5), par la faculté donnée
aux armateurs du Poitou de trafiquer avec les colonies d'Amérique (6). Des marchés et des halles sont établis ou mieux
aménagés à Châtellerault, à Niort, à Melle (7). Un réseau
de canalisation est étudié entre la Loire, le Clain, la Charente et la Sèvre (8). Si les résultats pratiques répondirent
médiocrement à l'effort déployé, il faut rendre à l'administration royale cette justice qu'elle montra, pour ranimer

et 2. — Sur les consult. rel. aux maladies populaires dem. aux médecins
par Turgot, Jablonski, *op. cit.*, feuill. 73.
 (1) Provision d'intendant des eaux d'Availles 6 déc. 1753, *Haute-Vienne*
C. 99. — Sur ces diverses stations *Affiches du Poitou* 1775, pp. 134, 139,
143; 1784, p. 141; 1773, p. 49; 1777, pp. 145, 149, 153, 158, 161, 166, 171;
Cavoleau, *op. cit.*, pp. 383-389; *Poitou médical* n° du 1er mars 1893 (eaux
d'Availles). — (2) Pièces sur ces cours d'accouch*t*, *Vienne* C. 62, 622,
635. — Reg. munic. de Poitiers n° 180 (1764-1765). — Godard, II, 148 (pour
Châtell*t* 139-140). — *Aff. du Poitou* 1774, p. 72; 1773, pp. 31, 36, 39; 1775,
p. 64; 1780, p. 75; 19, 20; 1781, 113, 120, etc. — (3) Pièces sur ce sujet,
Arch. Vienne C. 62; 622. — Observ. de chirurgie par le sieur Lechasseux,
1783, *Rec. Poit.*, in-4, XVII, n° 4. — (4) Voir ci-dessus livre I*er* chap. IV.
— (5) *Ibid.* — (6) De 1763 à 1774. — (7) Alm. prov. 1780 et sq., pp. 203-212. —
Godard, II, 98. — (8) *Aff. du Poitou* 1775, p. 37, 79, 191; 1776, p. 138; 1777,
p. 141; 1781, p. 78, etc. — *Alm. prov.* 1786, p. 103.

l'industrie et le commerce du Poitou, une énergie et une activité dignes de plus grands succès.

En protégeant et en suscitant par des subventions et des privilèges les entreprises industrielles et commerciales, le pouvoir central dans la seconde moitié du xviii° siècle continuait une tradition séculaire. Il ne se montrait novateur que dans l'emploi plus prudent et mieux raisonné de l'intervention et des faveurs officielles. Il suivait les mêmes maximes en ce qui concernait la police des ouvriers. Il pensait qu'il était nécessaire de maintenir parmi eux la discipline sévère d'autrefois. Ainsi, en 1765, le Parlement intervient pour rétablir l'ordre dans la communauté des perruquiers de Poitiers et pour interdire les fâcheuses pratiques des garçons contre les maîtres (1). En 1774, le lieutenant général de police de Poitiers est appelé à sévir contre les compagnons menuisiers qui, sous le nom de *gavots* et de *dévorants*, ont formé une association, et s'arrogent le droit de dicter des ordres et d'exercer une juridiction. Il leur interdit de laisser l'ouvrage, sans congé régulier et sans avertir les maîtres 15 jours à l'avance, de s'assembler sans permission, de se réunir à l'auberge Saint-Pierre armés de cannes plombées, bâtons ferrés, couteaux de chasse et pistolets. Il les menace de poursuites criminelles, s'ils se portent à des excès contre les maîtres, s'ils forcent les fils des patrons à entrer dans leur association, s'ils entraînent dans leurs cabales les compagnons établis en ville et nommés vulgairement *cornichons*. Ils ne pourront ni s'occuper de l'embauchage, ni faire bourse commune, ni écrire des circulaires, ni former

(1) Arrêt du Parlement de Paris en faveur des maîtres barbiers-perruquiers-baigneurs-étuvistes de Poitiers, 23 janv. 1765, impr. *Arch. Ant. Ouest.*

des confréries, ni s'attrouper au nombre de plus de trois, ni manquer au respect dû aux maîtres, sous peine d'amende et de prison. Aux cabaretiers, cafetiers, taverniers, hôteliers, il est défendu de recevoir les compagnons, de s'occuper de les placer, de les retirer les fêtes et dimanches et les autres jours après la retraite sonnée. Aux maîtres, il est enjoint de tenir registre de l'entrée et de la sortie des ouvriers, d'exiger du compagnon, quand il se présente, un billet de congé du patron antérieur. Il leur est encore prescrit d'empêcher leurs ouvriers de courir la nuit, de n'employer aucune manœuvre frauduleuse, telle que promesse de paiement de dettes ou d'augmentation de salaires, pour soutirer les compagnons à leurs voisins, et de se comporter d'ailleurs avec modération envers leurs ouvriers et apprentis (1). L'ordonnance fut-elle longtemps exécutée? On en peut douter, si l'on remarque qu'un arrêt du Parlement de 1778 insiste encore sur la dissolution des associations illicites d'ouvriers, connues sous le nom de sociétés de *compagnons du devoir, bons drilles* et *renards* (2). Un peu plus tard, en 1783, le procureur du roi au présidial de Poitiers signale des abus analogues à ceux qui existaient auparavant, chez les maçons, couvreurs, plombiers, paveurs, tailleurs de pierre, plâtriers. Les maîtres, observe-t-il, débauchent les ouvriers par leurs manœuvres ou par des promesses d'accroissement de salaires, « menées pernicieuses qui tournent au détriment du pu-
« blic, à qui on fait payer le surhaussement que ces maîtres
« avides se sont crus autorisés à donner ». Les apprentis et les ouvriers quittent les maîtres sans congé écrit, forment des

---

(1) Ordon. du lieut. g. de police de Poitiers concernant la discipline des menuisiers 15 mars 1774 (25 art.), imp., 12 p. *Arch. Ant. Ouest.* —
(2) Arrêt du Parlement de Paris, 12 nov. 1778, *Ibid.* (imp.).

confréries, cabalent entre eux pour se placer chez les patrons ou pour en sortir, les empêchent de choisir les compagnons, désertent le travail à leur gré, prétendent imposer leurs services aux particuliers à l'exclusion des étrangers ou des maîtres du lieu. Le lieutenant général de police édicte des pénalités contre ces abus, fixe le maximum des salaires des compagnons et interdit aux maîtres de le dépasser, limite même le temps du repas à 3/4 d'heure, oblige les apprentis et compagnons à déjeuner et à faire collation dans l'atelier ou aux environs, sous peine de prison en cas de récidive (1). Aux prises avec l'indiscipline croissante des métiers, le pouvoir se montre donc rigoureux, sans que ses rigueurs paraissent avoir eu de notables effets. Une ordonnance de police de Fontenay prouve qu'en 1789 on se plaint encore en Poitou des attroupements d'ouvriers, de la facilité avec laquelle ils quittent l'atelier et violent les règlements qui les obligent à rentrer au moment de la retraite (2). Soumis à des lois plus strictes encore, les ouvriers de la grande industrie, placés sous la juridiction des intendants, les observaient peut-être mieux. Cependant, à plusieurs reprises, notamment en 1765, il fallut prendre des mesures rigoureuses contre l'émigration des compagnons qui passaient à l'étranger, surtout en Angleterre, attirés par l'appât de salaires plus élevés (3). La population des fabriques du Poitou, d'ailleurs en général disséminée dans les campagnes, paraît avoir eu l'humeur assez docile. Les règlements autorisaient au reste les directeurs d'industrie, « pour

---

(1) Ordon. du lieut. g. de police de Poitiers concernant les maîtres entrepreneurs et compagnons de cette ville, 22 mars 1783, aff. imp., *Arch. Antiq. Ouest*. — (2) Arrêté des commissaires de la ville de Fontenay, 11 août 1789, *Ann. Soc. d'Émul. Vendée*, 1891. — (3) Lettre de M. de Blossac aux maire et échevins de Poitiers, 24 févr. 1766, *Reg.* 181.

« maintenir la subordination nécessaire », à faire rentrer de force à l'atelier les ouvriers ou ouvrières qui désertaient. En 1786, par exemple, deux fileuses ayant quitté la manufacture de cotons de Puygarreau, l'entrepreneur requiert le juge de police de les contraindre à revenir, uniquement pour l'exemple, promettant de leur laisser la liberté de se retirer dès le lendemain (1). A ce moment, les magistrats eux-mêmes montraient quelque répugnance à appliquer des règlements aussi rigides. Pour vaincre la résistance du juge, l'entrepreneur dut en effet le menacer d'avoir recours à l'intendant (2).

Sur d'autres points de l'administration économique, le gouvernement royal s'inspire de maximes plus libérales ou plus novatrices. Depuis 1753 surtout, les idées préconisées par Vincent de Gournay et son école inspirent le Bureau du Commerce. Malgré une légère réaction contre ces idées sous le ministère de Terray, elles ne cessent de gagner du terrain; et l'arrivée de Turgot au pouvoir semble marquer leur triomphe presque complet. Le système réglementaire est en partie abandonné. On cherche à extirper les abus du régime corporatif, à donner plus de liberté au commerce, à corriger les excès des lois fiscales. Les économistes croyaient à l'inefficacité et aux dangers des règlements. L'administration centrale, pour ménager la transition, ne les supprima point, mais elle n'en poursuivit plus l'application. Les intendants et les inspecteurs, qui se détachaient moins aisément de la tradition, continuèrent à croire à la vertu du système réglementaire. Ainsi en 1753, on présentait un projet d'ordonnance

---

(1) Lettre de M. de Cortis à l'int. Nanteuil et du sieur Sézille au juge de Montierneuf, 21 juin et 3 juillet 1786, *Vienne* C. 623. — (2) Corresp. entre le juge Renaudin et l'entrepr. Sézille, juin 1786, *Vienne* C. 623.

pour la réforme des cardes de fer à Parthenay (1). En 1756, Fontanes faisait encore approuver par les fabricants un règlement pour les manufactures du Poitou (2). Le public lui-même faisait appel à l'autorité. En 1773, il demandait au Conseil de réglementer la fabrication des futailles, afin de réprimer les fraudes des marchands de vin et d'eau-de-vie (3). Mais le Bureau du Commerce se montre sourd aux sollicitations des autorités locales et des particuliers. Jusqu'en 1779, on ne trouve qu'un seul règlement industriel promulgué pour le Poitou. Il émane du lieutenant-général de police de Poitiers, et interdit, sur la requête des bonnetiers, l'emploi des anciens jeux de broches du poids de 2 onces et de la longueur de 16 pouces, pour la fabrication des ouvrages fins ou communs (4). Ainsi, on arriva peu à peu à accoutumer l'opinion au système de la liberté économique. Sans doute, les Bureaux de fabrique et de marque continuent à subsister. Les fabricants et les marchands vaquent régulièrement à l'élection de leurs gardes-jurés (5). Mais ceux-ci sont surtout des agents de renseignements pour les inspecteurs (6). La répression mollit. Les procès-verbaux de saisies d'étoffes se font rares (7). La perception des droits de marque et de contrôle se poursuit, mais le dépérissement des fabriques

---

(1) Lettre du bailli de Parthenay avec le règl^t sur les cardes, 16 oct. 1753, *Arch. Nat.* F. 12, Reg. 10 (mention).—(2) Enreg^t d'une communication de l'inspecteur Fontanes, 15 juillet 1756, *Arch. Nat.* F. 12, Reg. 10. — (3) *Aff. du Poitou*, 1773, p. 35.— (4) Ordon. du lieut. g. de police de Poitiers, 8 juin 1765, *Arch. Ant. Ouest.* — (5) Etat des Bureaux de fabrique et de contrôle par Fontanes 1772, *Vienne* C. 38. — (6) Procès-v. d'élection des gardes-jurés en Bas-Poitou, 1757 et sq. *Vienne* C. 38.— *Vendée* B. 225.— Placet du juge de police de Lusignan pour le maintien des privilèges des g. jurés, 1763, *Arch. Nat.* F. 12, Reg. 10.— Etat fourni à Fontanes (1756) par le garde juré de St-Loup sur les foires et les laines, *Vienne* C. 38. — (7) Enreg. de mém. sur des procès-v. de saisie faits en Poitou, 1765 et sq. *Arch. Nat.* F. 12, Reg. 11.

de lainages et peut-être aussi la négligence des gardes-jurés, en rendent le produit si minime qu'il suffit à peine à payer les frais de gestion et les appointements de l'inspecteur (1). Invité à se montrer conciliants avec les fabricants et à appliquer les règlements avec une large tolérance, les inspecteurs du Poitou cherchent à se rendre utiles en secondant l'esprit d'initiative des industriels et en étudiant les besoins de la province. Leur action a été, à ce moment, utile et bienfaisante. Si le successeur de M. de Pardieu, l'inspecteur Comte, paraît avoir eu un rôle effacé, il n'en est pas de même de ses deux successeurs, Fontanes et Vaugelade. Le premier, Pierre-Marcellin Fontanes, né à Genève en 1719, d'une famille protestante, revenu à Nîmes et nouveau converti, avait obtenu une inspection, et exercé ses fonctions successivement dans quatre résidences, notamment à Saint-Gaudens (2), avant d'être nommé en Poitou, en avril 1755 (3). C'était un homme instruit, actif, zélé, dont les ambitions dépassaient le milieu modeste où il vivait. Chargé de famille (4), il estimait sans doute trop peu rétribuée la commission qu'il exerçait (5). On le voit en 1759 solliciter du contrôleur général un poste d'inspecteur des plantations de garance et de soude avec 6000 l. d'appointements (6). En 1764, il demande une des quatre places

(1) Comptes des recettes des bureaux (1772) et de leurs dépenses, *Vienne* C. 38.— Rap. de Blossac à M. de Cotte, 16 mars 1777, *Arch. Nat.* F. 12, 824¹.— (2) Sur Fontanes père, insp. à St-Pons, 1741-48, *Arch. Hérault*, C. 2360. — *Arch. Nat.* F. 12, 171 (en 1745). — *Alm. Royal*, 1749, p. 366. — Sur le fils, *Ibid*, p. 362. Sur la famille Fontanes, article de E. Ritter (*Bull. de l'hist. du protest. Franç.* oct. 1895).— (3) Ord. de Trudaine (avril 1755) nommant Fontanes inspecteur de la gén. de Poitiers, *Hérault* C. 2525. — *Alm., royal* 1746, p. 358. — (4) L. Desaivre, les Fontanes à Niort, *Bull. Soc. Stat. D.-Sèvres*, VII, 314-318; A. Briquet, *Hist. de Niort* II, 113. — (5) Il ne recevait en 1772 que 2287 l. de traitement (Ordon. de M. de Blossac 9 nov. 1771, *Arch. Nat.* F. 12, 564). — (6) Mém. de M. de Fontanes au sujet des plant. de garance et de kali (vers 1759), *Vienne* C. 38.

d'inspecteur général des manufactures, alors vacante, en invoquant la protection de Maupeou (1). Il mourut en septembre 1774, sans avoir pu échanger son poste de Niort contre un autre plus lucratif, laissant une veuve dans un état voisin du dénûment (2), et un fils, Pierre-Louis de Fontanes, qui ne tarda pas à abandonner ses fonctions d'élève-inspecteur, pour aller chercher fortune à Paris parmi les gens de lettres (3). Marcellin de Fontanes, pendant son séjour en Poitou, avait contribué à fonder la Société royale d'agriculture de la Rochelle, entrepris le desséchement des marais du Bas-Poitou, la culture de la garance et de la soude, entretenu avec le ministre une correspondance active (4). Vaugelade, qui le remplaça en décembre 1774, transféra à Poitiers, place du Pilori, le siège de l'inspection (5). C'était un Poitevin qui, depuis 23 ans, avait débuté dans la carrière administrative et qui exerçait auparavant la charge d'inspecteur à Clermont-Lodève, en Languedoc (6). Plus actif encore que Fontanes, il fut l'auxiliaire infatigable de Blossac et de Nanteuil. On retrouve sa main dans presque toutes les entreprises industrielles qui se multiplient alors en Poitou jusqu'à la Révolution (7). L'inspection des manufactures, qui avait été trop longtemps une gêne pour l'industrie et le commerce, devenait avec de tels hommes l'auxiliaire de la fabrique et du négoce.

Le pouvoir central avait entrevu la nécessité de réformer le système réglementaire pour donner à l'industrie plus de

(1) Requête de M. de Fontanes 24 févr. 1764, *Arch. Nat.* F. 12, Reg. 10. — (2) L. Desaivre, *op. cit.*, p. 217. — (3) L. Desaivre, p. 315. — *Aff. du Poitou*, 1774, p. 219. — (4) *Aff. du Poitou*, 1774, p. 219. — (5) *Aff. du Poitou*, 1774, p. 212. — 1776, p. 157. — *Alm. prov.* 1786, p. 157. — (6) *Aff. du Poitou*, 1774, p. 212. — (7) *Aff. du Poitou*, 1776, p. 157. — Mém. de Vaugelade, 1781, *Vienne* C. 39 — et ci-dessus, premier paragraphe, même chapitre. — *Alm. prov.* 1790, p. 187.

liberté. Il entrevit en même temps l'utilité d'une réforme du régime commercial. Sur ce point encore, l'administration procéda avec une sage lenteur, de manière à ménager les préjugés. Les autorités locales continuèrent en Poitou à réglementer le commerce des denrées, la boulangerie, la boucherie, le trafic du poisson, du sel, du vin, du suif et du bois de chauffage, à taxer même le prix des produits (1). L'exportation des sels de la province est en revanche autorisée, sauf en temps de disette (2). Un arrêt du Conseil de 1758, permet à toutes personnes de faire le commerce des laines nationales ou étrangères, et autorise la libre circulation de ce produit dans tout le royaume (3). Les idées de liberté rencontraient, il est vrai, en Poitou, une résistance énergique. On le vit bien en 1764, lorsque les bouilleurs de Normandie présentèrent une requête au Bureau du Commerce, pour obtenir la libre fabrication et le libre trafic des eaux-de-vie de cidre et de poiré dans tout le royaume. Les propriétaires de vignobles du Poitou et de l'Aunis se coalisèrent pour faire échouer la réforme, et ils y réussirent (4). Plus importante était la question de la liberté du commerce des blés. L'arrêt du Conseil, qui autorisa en 1754 la circulation des grains entre les provinces, ne semble pas avoir rencontré beaucoup d'obstacles. Mais il y avait contre l'exportation des blés un préjugé tenace. Les hommes les plus expérimentés du Poitou jugeaient qu'il était indispensable d'arrêter la sortie de cette denrée, quand le boisseau de froment excédait 50 à 55 s. Ils n'étaient pas loin de penser que

(1) Ordon. de police citées ci-dessus livre II, chap. I, et suiv. — (2) Arrêt. du Conseil du 23 sept. 1770 défendant par suite de la disette l'exportation des sels du Poitou, imp. *Arch. Ant. Ouest.* — (3) Arrêt du Conseil permettant le libre commerce des laines, 20 mars 1758, imp. *Ibid.* — (4) Délib. du corps de ville de Châtellerault, 28 oct. 1764, Godard, II, 139.

la liberté d'exportation aurait amené la cherté, sans songer que le cultivateur trouvait son compte à la hausse (1), et que les arrivages de l'étranger permettaient au consommateur d'attendre de la concurrence un remède aux excès de la spéculation. Dès 1759, on se plaignait en Poitou que la tolérance des exportations, pratiquée depuis plusieurs années, eût nui au peuple sans profiter aux laboureurs (2). Aussi l'édit de 1764 et les ordonnances qui le complétèrent et qui autorisaient un certain nombre de ports, parmi lesquels figuraient la Rochelle, Marans et les Sables d'Olonne (3), à exporter les grains et farines, durent-ils être assez mal accueillis dans la généralité de Poitiers. On en a pour preuves les incidents de 1768 et de 1770. En 1768, il fallut procéder avec rigueur contre les auteurs d'une sédition populaire, qui, au faubourg de Rochereuil à Poitiers, avaient arrêté de nuit cinq charrettes chargées de blé (4). En 1770, le lieutenant-général de police et le présidial de Fontenay rendaient deux ordonnances pour défendre les achats et les ventes en gros, prescrivaient à tous les marchands de porter à chaque marché un tonneau de blé, ordonnaient l'ouverture et la visite des greniers en tout temps, à deux lieues autour de la ville (5). Le Conseil du roi cassa ces dispositions par un arrêt où étaient invoqués les principes de la liberté économique. On y accusait les magistrats de Fontenay d'avoir provoqué par leur prohibition la disette dont

(1) Eta. de l'élection de Saint-Maixent, par Garran, receveur des tailles, 1759, *Mém.Soc.Stat. D.-Sèvres*, 1874, p. 187. — (2) Garran, *op.cit.*, p. 187. — (3) Edit du 19 juillet 1764, arrêts des 7 et 6 nov. 1764, etc., cités par Afanassiev, *Le commerce des céréales*, p. 220. — (4) Ordon. des officiers du présidial de Poitiers, 6 juillet 1768, imp. *Arch. Ant. Ouest.* — (5) Ordon. de police du lieut. g. de Fontenay 24 avril et 4 mai 1770, mentionnées dans l'arrêt du Conseil du 24 juin, cité ci-dessous.

souffrait leur ville, d'avoir écarté les marchands en gros
dont les ventes auraient atténué la cherté, d'avoir répandu
l'alarme, amené le resserrement factice des blés et la déser-
tion du marché au profit de Marans, où l'on avait eu l'habileté de maintenir le libre trafic. Le Conseil terminait en
interdisant à tous juges royaux et seigneuriaux en Poitou
de porter atteinte à la liberté du commerce des céréales, et
d'obliger les marchands ou particuliers à porter les grains
au marché ou à ouvrir leurs greniers (1). On sait quel revi-
rement se fit peu après à cet égard. Un mois plus tard, le
Conseil, revenant aux maximes réglementaires, interdisait
l'exportation des grains (14 juillet 1770), et le 23 décembre
il rétablissait les formalités gênantes prescrites par l'ordonnance royale de 1699 (2). Sur les côtes du Poitou, l'île de
Noirmoutiers servait d'entrepôt aux exportateurs désireux
d'éluder la prohibition. Un arrêt de 1772 interdit formellement le trafic de cette île (3). Suivant les injonctions officielles,
on força les marchands, à Châtellerault par exemple, à se
faire inscrire au siège de police sur un registre spécial, à
donner leurs noms et ceux de leurs associés, à indiquer le
lieu de leurs magasins, à déclarer la quantité de blés qu'ils
détenaient ou expédiaient, leur provenance et leur destination (4). Renouvelant les expériences malheureuses faites
auparavant, l'administration, dans un but de bienfaisance
que dénature la crédulité populaire, fait de grands achats

(1) Arrêt du Conseil (24 juin 1770) cassant l'ordon. du lieut. g. de Fou-
tenay et ordon. de M. de Blossac 25 juillet. *Vienne* C. 38.— *Arch. Nat.* **AD.**
XI, 39. — (2) Arrêt du 14 juillet et du 23 déc. 1770, *Vienne* C. 27. *Arch.
Nat.* **AD. XI,** 39. — (3) Arrêt du Conseil 13 juin 1772, imp°. 2 p. *Arch.
Nat.* **AD. XI,** 39.— *Arch. Ant. Ouest.* — (4) Registre des déclar. de ceux
qui veulent faire le commerce des blés à Châteller^t, reg. pap. (1770 et s.q.).
Vienne E 7^1 (on compte 4 déclarations en 1770 ; 21 en 1771 ; 23 en 1772 ;
5 en 1775).

de blés et de riz, pour les distribuer aux indigents (1).
M. de Blossac stimule le zèle des villes et des particuliers.
Il ne devait gagner à ces mesures charitables que les soupçons de ses administrés, et on verra un homme éclairé,
comme Creuzé-Latouche, se faire l'écho des accusations d'accaparement portées à cette époque contre le meilleur des intendants du Poitou (2). Après une éclipse de quatre ans,
les idées de liberté reparaissent au ministère avec Turgot.
Les édits qui établirent successivement la liberté d'exportation et la libre circulation des grains à l'intérieur (3),
ainsique celle des huiles et des vins (4), paraissent avoir produit une impression profonde en Poitou. L'ignorance populaire les interprétait mal (5). Le contrôleur général fit
entreprendre par le journaliste Jouyneau-Desloges, dans les
Affiches du Poitou, une campagne officieuse pour montrer
les avantages de la liberté et rassurer la population au sujet
des oscillations des cours des céréales aux approches du
printemps de 1775 (6). On recourut aux bons offices des
magistrats dévoués aux idées nouvelles, par exemple à
Saint-Maixent, et ils se chargèrent d'expliquer au peuple
le sens des ordonnances (7). Sur l'invitation du Roi, l'évêque de Poitiers, Saint-Aulaire, prescrivit aux curés de
lire en chaire et de commenter l'instruction ministérielle,

(1) Sur ces achats à Poitiers (*Reg. des délib. munic.* n° 183) ; à Châtellerault en 1770-72 (*Godard*, II, 181-183). — Comptes des blés achetés par ordre de Blossac 1770, *Arch. Vienne* C. 27. — (2) Creuzé-Latouche, Rapport sur la liberté entière dans le commerce des grains 1793, *Rec. Poitev.*, in-8, tome XLVI, n° 3.—(3) Arrêt du Conseil 13 sept. 1774, 12 oct. 1775, *Isambert*, XXIII, n°s 51 et 301. — (4) Lettres patent. du 30 déc. 1774, *Isambert*, XXIII, n° 104. — Edit. d'avril 1776 pour les vins, *ibid.*, n° 448. —(5) *Aff. du Poitou* 1775, p. 111 : ainsi à Saint-Maixent, le peuple confondait les primes accordées pour *importer* les grains avec des encouragements accordés pour *emporter* les grains.— (6) *Aff. du Poitou* 1774, p. 198; 1775, pp. 68, 72, 80, 84, 88, 91, 96, 98, 140, 148; 1776, pp. 89, 99.— (7) Lettre du 18 mai 1775 aux *Aff. du Poitou*, 1775, p. 111.

où on faisait l'apologie du système de liberté, représenté comme le seul capable d'accroître la production, d'empêcher les disettes et les variations excessives des prix (1). Le ministre essayait en même temps de préparer les esprits à la liberté du commerce de la boulangerie (2). Mais il n'osa aller jusque-là ; la taxation du pain et de la viande continua à être périodiquement appliquée dans la province (3).

L'opinion était mieux préparée à accepter les réformes fiscales de Turgot que ses réformes économiques. En se préoccupant de libérer l'industrie et le commerce d'une partie des charges qui leur incombaient, il ne faisait que continuer avec plus de hardiesse la tradition reprise par le Bureau du Commerce depuis le milieu du siècle. Déjà les contrôleurs généraux avaient ordonné d'exempter les artisans pauvres du paiement du vingtième d'industrie (4). Déjà, l'administration avait pris des mesures pour amortir un certain nombre d'offices onéreux (5). Elle avait supprimé une foule de péages seigneuriaux en Poitou, sans égard pour les plus grands seigneurs. Les ducs de la Trémoille, les Lambesc, les Mortemart, les Châtillon avaient été eux-mêmes atteints par cette mesure. L'arrêt du 10 mars 1771 avait aboli, dans la généralité de Poitiers, tous les droits de leude, de prévôté et de pontenage (6). En 1780, le nombre

---

(1) Lettre du Roi à l'évêque de Poitiers, 11 mai 1775. — Circulaire de l'évêque de Poitiers et instruction aux curés, 20 mai 1775, imp Rec.Poitev. in-4, tome XX.— (2) Art^e des *Aff. du Poitou*, 1775, p. 80, en faveur de cette liberté et reproduisant avec éloges l'ordonnance des magistrats d'Orléans. — (3) *Aff. du Poitou*, 1774, pp. 96, 104, 136, 156, 164, 180, 188, 196, 208 ; 1775, pp. 60 à 212; 1776, pp 3, 8, 24, 108, etc. — (4) Circulaire msse du contr. gén. à l'intendant de Poitiers, 23 mars 1758, *Vienne* C.38.— (5) Arrêt du Conseil (18 mai 1767) au sujet des offices sur la vente des bois et charbons, 18 mai 1767 (sur ceux des draps, toiles, grains, poissons), *Arch. Ant.Ouest.* — (6) Arrêt du 10 mars 1771 portant règlement pour les péages

des redevances de cette nature était si réduit qu'elles donnaient à peine un revenu de 3633 l. par toute la province (1). Turgot, plus hardi encore, s'attaque aux droits perçus à l'entrée des villes, dans les marchés et sous les halles, sur les grains de toute sorte. On n'avait osé les atteindre et en 1752 le Conseil du roi avait maintenu énergiquement ceux du minage de Poitiers (2). Les édits de 1775 et de 1776 suppriment les redevances de cette nature attribuées aux bourreaux. Ils obligent les seigneurs à présenter dans les six mois les titres de propriété qui leur permettent de lever les taxes sur les grains. Partout, dans la province, commence la vérification de ces droits, tandis que les *Affiches du Poitou*, inspirées par l'intendance, dénoncent les aggravations abusives introduites dans le taux et la perception des taxes de minage (3).

Il est probable que la réforme la plus radicale due à Turgot, c'est-à-dire la suppression des jurandes, maîtrises et corporations, rencontra une adhésion moins générale. Bien que l'esprit public commençât à se montrer peu favorable aux excès du monopole corporatif (4), l'institution des communautés jurées paraissait légitimée par la tradition et susceptible seulement d'améliorations de détail. L'administration royale s'était, depuis le milieu du xviiie siècle, attaquée à

et bacs de la gén. de Poitiers et suppression des droits de leude et de prévôté, *Affiches du Poitou* 1775, pp. 174, 189, 192, 197.
(1) État des péages par généralités (vers 1780), *Arch. Nat.* H. 3142. — (2) Arrêts du Grand Conseil 2 mai 1752 (maint. ce droit) et du Conseil d'Etat, 2 mai 1752 (renvoyant l'affaire au Bureau des finances de Poitiers), *Arch. Antiq. Ouest.* — Ordon. de police du présidial de Poitiers, 18 mars 1769, *ibid.* — (3) *Aff. du Poitou*, 1775, pp. 33, 55, 143, 56, 59, 82 ; 1776, p. 41. — Procès-v. et certif. de vérif. des droits sur les grains à Challans, 1776, *Vendée*, B. 312, etc. — Sur la suppression des droits des bourreaux, *Aff. du Poitou*, 1775, p. 194. — (4) Voir ci-dessus livre III, chap. Ier. — Articles des *Aff. du Poitou*, 1774, p. 111 ; 1775, p. 103.

la réforme des abus corporatifs. Elle avait fait dresser par les intendants des états des communautés de marchands et d'artisans : Blossac envoyait en 1762 le tableau de celles du Poitou (1). Le Conseil trouvant les corporations trop nombreuses songeait à réunir les professions analogues, pour rendre les procès moins fréquents entre elles (2). Si le Parlement, fidèle à l'esprit traditionnel, homologue encore des statuts où le monopole corporatif est aggravé, tels que ceux des couteliers et des menuisiers de Châtellerault (3), le Conseil rejete les requêtes des communautés qui sollicitent l'octroi ou l'aggravation de la jurande et de la maîtrise. Les cordonniers de Poitiers (4), les tailleurs d'habits de Fontenay (5), les chamoiseurs et gantiers de Niort (6) se heurtent sur ce point à la résistance de l'administration. La gestion financière des jurés, la confection des rôles, l'attribution des dépenses sont soumises à des règles sévères, dont l'ordonnance du lieutenant général de Poitiers datée de 1764 peut donner une idée (7). On s'efforce de faciliter aux compagnons l'accès de la maîtrise (8). L'édit de 1764 confère aux corps de métiers le droit de participer aux élections et aux affaires muni-

(1) Mention de l'envoi 11 avril 1762, Arch. Nat. F. 12, reg. 11. — (2) Le control. g. Laverdy aux intendants, 29 déc. 1764. Indre-et-Loire C. 153.— (3) Lettres patentes du 3 juillet 1765 en fav. des menuisiers de Châtell^t, Vienne E 7¹. — Arrêt du Parlement 18 déc. 1764, homologuant les nouv. statuts des couteliers de Châtell^t. Pagé, p. 139. — (4) Décisions du Bureau du Commerce au sujet des statuts des cordonniers de Poitiers, 13 août 1751; 1762; 17 déc. 1764. Arch. Nat. F. 12, 97, 10 et 11. — (5) Req. des tailleurs de Fontenay, 1761, Arch. Nat. F. 12, reg. 10. — (6) Req. des chamoiseurs et gantiers de Niort, 1756, Arch. Nat. F. 12, reg. 10. — (7) Ordon. du présidial de Poitiers 24 janv. 1764 (oblig. aux jurés de ne faire qu'un rôle de répartition par an en janvier, février et mars et une répartition égale ; recouvrement dans le cours de l'année du montant des rôles ; interdiction de faire des rôles pour frairies ou autres dépenses ; emploi des droits de réceptions des maîtres et apprentis à l'extinction des charges de la corporation), Arch. Ant. Ouest. — (8) Edit du roi conc^t les arts et métiers, mai 1767 et arrêt du Conseil, 25 mars 1755, Arch. Antiq. Ouest.

cipales (1), mesure libérale révoquée d'ailleurs six ans plus tard. Mais il eût peut-être mieux valu graduer les innovations. Turgot, qui les précipita, amena une réaction qui devait restaurer en partie le régime industriel et commercial antérieur au mouvement des idées libérales.

Cette réaction, qui commence en 1777 et dont Necker est le principal représentant, est d'ailleurs très modérée. Elle s'efforce de tenir un juste milieu entre le système réglementaire rigide d'autrefois et le système de liberté économique inauguré par les Trudaine et les Turgot. L'administration adopte à l'égard de la grande industrie textile, en vertu des lettres patentes de mai 1779, un régime transactionnel. Les fabricants sont autorisés à fabriquer, soit en se conformant aux règles officielles, soit en y dérogeant. Mais dans le premier cas seulement, les tissus reçoivent l'estampille de l'Etat destinée à attester leur bonne fabrication (2). Les inspecteurs furent donc chargés de dresser des projets de règlements pour chaque généralité, à la place des anciens qui presque partout, comme en Poitou, « étaient tombés en désuétude (3) ». Vaugelade, qui rédigea le plan d'une nouvelle réglementation pour les lainages, les coutils et les toiles, élabora, après une enquête scrupuleuse, une sorte de code volumineux qui ne comprenait pas moins de 77 articles pour la fabrique des étoffes de laine, c'est-à-dire le double de l'étendue du règlement de 1698 (4). Le Conseil eut la sagesse de simplifier ces

---

(1) Voir ci-dessus livre III, chap. IX. — (2) Lettres patentes du 5 mai 1779, *Rec. Simon*. — (3) La fabrique des toiles est « arbitraire », déclare l'inspecteur (Etat de l'inspection du Poitou vers 1780, *Vienne* C. 39) et tous les règlem. sur les étoffes sont périmés depuis longtemps, lettre de Vaugelade, 1779, *Arch. Nat.* F. 12,564. — (4) Avis des fabr. du Poitou pour la réd. des règlements, 1779, *Arch. Nat.* F. 12,564. — Mém. de Vaugelade, janvier 1781. — Projet de règlement pour la manuf. des coutils du Poitou, 6 art. — Projet de règlement pour les manuf. (d'étoffes) du Poitou, *Vienne*, C. 39.

dispositions pédantesques. Il promulgua le 22 juillet 1779 un règlement pour la fabrication des étoffes de laine de la généralité de Poitiers réduit à 7 articles, et le 30 septembre une ordonnance semblable pour les toiles, résumée en 6 articles (1). Ces deux documents étaient accompagnés de tableaux où, pour chaque lieu de fabrique et chaque variété d'étoffes, étaient prescrites la matière de la chaîne et de la trame, le nombre des fils de la chaîne, la longueur du tissu sur le métier et au retour du foulon, et l'augmentation légale que le lainage ou la toile pouvaient recevoir par suite des apprêts. Ces prescriptions étaient obligatoires pour les étoffes fabriquées en conformité des règlements. Toutefois, on autorisait les fabricants à faire tous les tissus indiqués dans les tableaux des autres provinces (2). Les industriels qui produisaient des étoffes non conformes aux règlements devaient les distinguer par une lisière spéciale. Ceux au contraire qui fabriquaient des étoffes réglées recevaient le droit d'y appliquer une lisière distinctive, ou, à défaut de lisière, des barres transversales de la longueur de trois lignes (3). Seules, ces étoffes devaient être revêtues, au sortir du métier, d'une marque ayant la forme d'un carré long pour les lainages, d'un octogone pour les toiles, appliquée avec de l'huile ou du noir de fumée, et d'un plomb rond d'un pouce de diamètre apposé à la suite des derniers apprêts. Quant aux étoffes libres, elles étaient astreintes simplement à la marque, sans vérification, et on leur imprimait une

---

(1) Lettres patentes portant règlement pour la fabric. des étoffes de laine dans la gén. de Poitiers, 22 juillet 1780 (imp. 7 p.). — Lettres patentes portant règlement pour la fabric. des toiles et toileries dans la g. de Poitiers, 30 sept. 1780, imp. 4 p. Arch. Vienne, C. 39.— Arch. Antiq. Ouest. Rec. Poitou, in-4, XVII nos 58, 60.—(2) Lettres pat. 22 juillet 1780, art. 2 et 5. — Lettres pat. 30 sept. 1780, art. 1 et 4. — (3) Lettres pat. 22 juillet 1780, art. 4.

empreinte particulière dite de liberté, de nature à les signaler à l'attention du public (1). Les règlements relatifs aux teintures furent aussi remis en vigueur (2), et des instructions sur le blanchissage des toiles durent être distribuées aux apprêteurs par l'ordre du Roi. Ce système, en dépit de l'effort d'impartialité qui l'inspirait, établissait un préjugé défavorable aux étoffes libres. Mais une bonne partie de la fabrique semble en Poitou avoir préféré braver les suspicions que renoncer à la liberté. Si on en juge par un état du premier semestre de 1787, le nombre des étoffes libres présentées à la marque fut à peu près égal à celui des étoffes fabriquées suivant les règlements (3).

Au reste, dans le nouveau régime comme dans l'ancien, l'intervention administrative ouvrait la voie à de nombreux inconvénients. Si l'on supprima les 7 Bureaux de contrôle qui existaient dans la généralité de Poitiers (4), on dut maintenir ou établir 34 Bureaux de visite et de marque pour les étoffes de laine (5), 24 pour les toiles et les toileries (6). Le

(1) Lettres pat. 22 juillet 1780 art. 5 et 6 — lettres pat. 30 sept. 1780, art. 4 et 5. — (2) Arrêt de 1777, cité dans les *Aff. du Poitou* 1777, p. 187 — Instr. sur le blanchissage des toiles, *Aff. du Poitou* 1781, p. 3. — (3) Etat des étoffes fabriquées en Poitou 1781 : réglées 5989 pièces ; arbitraires 5387. *Arch. Nat.* F. **12**. 642. — (4) C'étaient ceux de Niort, Fontenay, Parthenay, St-Maixent, Melle, les Sables, les Herbiers ; état des lieux d'inspection et fabriques du Poitou (vers 1780), *Vienne* C. 39 — Lettre de Vaugelade, 20 sept. 1780, sur cette suppression, *Arch. Nat.* F. **12**. reg. 12. — (5) Il y en avait avant 1780, 35 (ceux de Civrai, Confolens, la Meillerave n'existaient plus). *Etat précité, Vienne* C. 39. — Arrêt du Conseil 17 sept. 1780 étabᵗ en Poitou des Bureaux de visite et marque, *Arch. Nat.* F. **12**, Reg. 9 — *Vienne* E 7ᵗ (imp.). — *Arch. Antiq. Ouest.* C'étaient ceux de Poitiers, Latillé, Châtellᵗ, Chauvigni, Coubé, Gençay, Ch.-Larcher, Vivonne, Celle-Lévescault, Lusignan, la Mothe-Sᵗᵉ-Héraye, Sᵗ-Maixent, Niort, Fontenay, la Châtaigneraye, Cheffois, Mouilleron, Vernou, Sᵗ-Pierre-du-Chemin, Breuil-Barret, les Herbiers, Pouzauges, Sᵗ-Mesmin, Coulonges, Bressuire, Montcoutant, Secondigny, Azay, la Chapelle-Sᵗ-Laurent, Argenton-le-Château, Thouars, Airvault, Sᵗ-Loup, Parthenay, Charroux, Lezay (Cheffois et Mouilleron unis). — (6) Arrêt du 19 fév. 1781 portant étabᵗ de Bureaux de visite et marque pour les toiles

nombre en était excessif; la plupart des Bureaux produisaient à peine 12 à 20 l. (1); on en retrancha onze environ (2). Ils étaient encore trop nombreux pour que, de l'aveu de l'inspecteur, on pût les faire desservir par des gardes-jurés ou par des sous-jurés suffisamment instruits. La plupart de ces agents, ne sachant ni lire ni écrire, s'acquittent de leurs fonctions avec nonchalance. Malgré les règlements, dans les petites fabriques, ils restent en place plusieurs années (3). L'administration peut, il est vrai, suppléer à leur insuffisance en établissant dans les lieux les plus importants, à Châtellerault par exemple, des *préposés* à la visite et à la marque, agents commissionnés par le contrôleur général. Mais elle recule le plus souvent devant la dépense (4). Bien qu'on ait élevé à 2 s. le droit exigé pour marquer les lainages et les toiles, bon nombre de bureaux ne couvrent même pas leurs frais. S'il en est, comme celui de Niort (5), où les recettes dépassent de beaucoup les dépenses, combien d'autres, à l'exemple de

---

dans la gén. de Poitiers (à Châtellerault, Airvault, Poitiers, Vivonne, Couhé, Gençay, Civrai, St-Maixent, Melle, Niort, Champdeniers, Fontenay, Pouzauges, les Herbiers, Breuil-Barret, St-Pierre-du-Chemin, la Châtaigneraye, Thouars, Bressuire, Montcoutant, Lencloitre, Clairvaux et Cheneché), *Aff. du Poitou* 1781, p. 63. — Il n'y en avait auparavant qu'1 à la Tessoualle. Etat de l'inspection du Poitou, *Vienne* C. 39.

(1) Mém. de l'inspecteur Vaugelade (vers 1781 ou 84), *Vienne* C. 39. — (2) Arrêt du Conseil 15 déc. 1782 portant suppression des bureaux de Gençay, Château-Larcher, Celle-Lévescault, Cheffois, Mouilleron, St-Pierre-du-Chemin, St-Mesmin, Coulonges, Secondigny, Azay, la Chapelle et St-Loup. — Arrêt du 18 déc. 1783 supp. le bureau de Latillé remplacé par celui de Thénezay, *Arch. Nat.* F. 12, Reg. 9. — (3) Mém. de Vaugelade (précité). — Tableau d'inspection des manuf. du Poitou (par le même), *Arch. Vienne* C. 39. — (4) Clause des arrêts du 17 sept. 1780 et 1781 — Requête de Coutanceau préposé à la marque des toiles à Châtell^t 27 janv. 1788, *Vienne* C. 39. — Mém. de l'insp. Vaugelade, précité. — (5) Comptes des gardes jurés de Niort : dépenses 123 l., recettes 231 l. *Vienne* C. 39. — Compte du préposé à la marque des toiles à Châtell^t pour 1787, 107 l. *ibid.*

celui de Latillé (1), présentent le spectacle inverse ! L'administration se plaint de la négligence avec laquelle les plombs sont apposés (2), du laisser-aller que montrent les gardes (3), des querelles qui éclatent entre jurés marchands et jurés fabricants chargés de desservir les Bureaux (4). De leur côté, les industriels et les commerçants dispersés dans la province, obligés en plein hiver, par des chemins impraticables, de se rendre au bureau, récriminent contre les exigences de l'administration. Se heurtant à la mauvaise volonté du pouvoir (5), ils recourent volontiers à la fraude, pour esquiver les formalités de la marque (6). L'inspecteur, surchargé de besogne, suivant les foires, visitant les fabriques, rédigeant des états semestriels pour le contrôle général, entretenant une correspondance active avec les jurés, l'intendant et le ministre, obligé de surveiller les manufactures de draps, de toiles, de cotonnades, de papier, plie sous le poids de la besogne administrative (7). Mal rétribué, n'obtenant de loin en loin que de maigres suppléments (8), il lutte encore

(1) Comptes des g. jurés de Latillé (1781), recettes 7 l., 10 s., dépenses 33 l. 8 s. ; des g. jurés de Champdeniers, recettes 24 l. ; dépenses 23 l. 15 ; de Thouars recettes 27 l. 16 s., dépenses 12 l. 4 s. (*Vienne* C. 39). — (2) Mém. du 29 mai 1785 adressé par Moreau commis, *Arch. Nat.* F. **12**, *Reg.* 12. — (3) Mém. de Vaugelade ; précité — Instr. pour l'usage du nouveau plomb ordonné par le Conseil (s. d.), *Vienne* C. 39. — (4) Les marchands et les fabricants devaient les desservir par moitié (arrêt du 17 sept. 1780 précité). — Procès-verb. d'élection des g. jurés en Poitou 1784 et sq. *Vendée* C. 232 ; 558 ; 566 — *Vienne* E 7¹ et ². — Plainte des jurés fabr. de Parthenay contre les jurés-marchands 1782, *Arch. Nat.* F. **12**, *Req.* 12 — Rapport de Vaugelade 1871, *ibid.* — (5) Requête des fabr. de Largeasse en Gâtine et décisions de l'inspecteur et de l'intendant pour rejet, 26 sept. 1786, *Vienne* C. 39. — (6) Rapp. de Vaugelade 1781 (enlèv. des plombs, etc.) *Arch. Nat.* F. **12**, *Reg.* 12. — (7) Mém. de Vaugelade 3 janv. 1781, *Vienne* C. 39. — (8) Requête de Vaugelade pour augm. de traitement (de 1000) rejetée 1786, *Arch. Nat.* F. **12**, *Reg.* 12 ; on lui accorde une gratif. extraord. de 1200 l. *ibid.* ; en 1783, sur la demande de Blossac, il recevait une autre gratif. de 800 l. *Arch. Nat.* F. **12**, reg. 12. Le traitement normal est de 2000 l.

contre la malveillance des gardes-jurés qui, pendant des années entières, négligent de verser entre ses mains la part qui lui revient dans les recettes des Bureaux de marque (1). Peu à peu, le système se désorganise. Quand la Révolution éclate, les bureaux sont désertés, et les fabricants refusent de faire marquer les étoffes du plomb prescrit par les règlements (2). C'était la conclusion logique de l'affaiblissement graduel du régime réglementaire.

Les demi-mesures préconisées après la chute de Turgot n'avaient pas mieux réussi à donner plus de stabilité à la législation du commerce. Oscillant entre la réglementation et la liberté, tantôt l'administration favorise la libre exportation des sels (3) et des céréales (4), tantôt elle la restreint. La boulangerie, la boucherie, le trafic des bois de chauffage continuent à être soumis au régime de la taxation et des restrictions (5). Ces contradictions entretiennent dans l'opinion la croyance aux manœuvres d'accaparement et la manie du soupçon. Vainement, dans les années de disette, comme en 1786 et en 1789, le pouvoir fait-il les plus louables efforts pour approvisionner la généralité au moyen d'achats officiels de grains ou de riz (6), il ne désarme point

---

(1) Etat des Bureaux de marque et des sommes qu'ils doivent pour les app[s] de l'inspecteur (1780 l., sur ce chiffre, arriéré de 522l.) 1780, *Vienne* C. 39.— Colonia à Blossac 18 janv. 1781. Mém. de Vaugelade, 1781 *ibid*.— (2) Délib. munic. du 3 nov. 1789 à Poitiers en vue de consacrer le bureau de marque au corps de garde de la milice nationale. — Lettre du contr. gén. sur le refus des fabr. du Poitou de faire marquer les étoffes 30 mai 1790 analysée dans la délib. munic. du 1er juin 1790, *Reg*. 195, 197.— (3) Arrêts du Conseil 18 juin 1783, 10 nov. 1785, imp. *Arch. Antiq. Ouest*. — (4) Déclaration du 17 juin 1787, imp. *ibid*. — (5) Voir ci-dessus livre II, chap. II et suiv. — (6) Corresp. entre Nanteuil et Tolosan pour l'approv. de la g. de Poitiers, 1784-87, *Vienne* C. 28 — Mém. justif. de Tribert nég[t] rédigé par Thibaudeau père 1791, *Rec. Poit*. in-4°, XIII, n° 54. — Lecointre-Dupont, La disette de 1786 en Poitou, et Boula de Nanteuil, *Mém. Antiq. Ouest*, XXXIII, 5 et sq. — Corresp. de Necker avec la Com. interméd. provinciale, fév. 1789, *Vienne* C. 636, etc.

la méfiance. Vainement, suspend-il, au moment qu'il croit opportun, la liberté d'exportation (1), et permet-il aux autorités locales d'interdire la circulation des grains (2), des troubles n'éclatent pas moins en 1785 contre les boulangers et les marchands de blés à Niort, à Saint-Maixent, à Sanxay, à Jazeneuil, à Saint-Sauvant, et en 1789 à Fontenay et à Poitiers (3). Plus éclairé que la foule et que les pouvoirs locaux, le pouvoir central essaie de maintenir la liberté du commerce à l'intérieur. Il décide des poursuites extraordinaires contre les perturbateurs, sans se douter que la liberté indéfinie eût peut-être mieux valu que les alternatives de tolérance et de restriction (4). Du moins, l'administration eut-elle le mérite de s'opposer à la multiplication des foires, plus nuisible qu'utile au commerce du Poitou (5). Du moins, continua-t-elle la vérification des mesures seigneuriales (6) et la suppression des droits sur les grains. A Melle, à Aunay, à Sainte-Hermine, à Poitiers, les taxes de minage et de plaçage sont abolies ou revisées (7). Les grands travaux de viabilité sont poursuivis ; l'abolition des douanes intérieures est projetée ; le trafic se développe ainsi d'une manière notable, soit à l'intérieur, soit à l'extérieur du royaume.

(1) Afanassiev, *op. cit.*, p. 466. — (2) En fait, car en droit la liberté de circulation à l'intérieur est maintenue. L'ord. de police de Poitiers (17 avril 1789), contre ceux qui empêchent cette circulation, le prouve. *Arch. Antiq. Ouest.* — (3) Sur les émeutes de 1785, Afanassiev pp. 484-485. — Procès-v. de la sédition de Fontenay 17 août 1789, p. p. Bitton, *Ann. Soc. d'Emul. Vendée* 1891, pp. 81-82. — Troubles à Poitiers août-sept. 89, *Reg. des délib.* n° 195. — (4) Documents cités notes 2 et 3. — (5) Ex. décisions nég. sur la requête du s. de Coulon, du prieur. de Couture, du s. de Chiché, etc. 1783 et sq. *Arch. Nat.* F. 12, *Reg.* 106. — (6) Ex. arrêt du Parl[t] sur les mesures d'Aizenay 22 août 1786. *Rec. Simon.* — *Vendée* B. 286. — (7) Arrêts du Conseil 4 oct. 1779, 26 oct. 1786, 29 avril 1784 — Ord. de police 7 fév. 1781. *Arch. Antiq. Ouest* et *Rec. Simon*.

La réforme du régime corporatif avait été aussi entreprise conformément au plan que l'administration avait conçu en 1764. Les mesures violentes et hâtives de Turgot à cet égard ont effrayé l'opinion. L'édit d'avril 1777, adoptant une sorte de transaction entre le parti de l'ancien régime et celui des innovations hardies, essaya de rétablir les corporations en faisant disparaître leurs abus les plus criants (1). Le problème était difficile à résoudre. Le pouvoir ne le résolut que d'une manière insuffisante. Sans doute, il eut l'heureuse idée de grouper les corporations, de supprimer les communautés inutiles dont le nombre excessif aggravait les monopoles et multipliait les procès. Dans le nouveau système, Poitiers eut 26 corporations (2), Châtellerault en eut 20 (3), Saint-Maixent 19 (4). On ne remarque qu'une corporation jurée pour les teinturiers, celle de la capitale de la

(1) Déclar. du Roi concernant les communautés d'arts et métiers 1er mai 1782 et édit d'avril 1777, imp. *Rec. Simon* — *Arch. Antiq. Ouest.* — (2) Le chiffre normal était de 44 à Paris, et de 20 dans les autres villes, *Guyot, Répert. de jurispr.*, V, 51. — Deux délibér. municipales 9 déc. 1788 et 8 août 1789 mentionnent cependant 26 communautés à Poitiers (maîtres tailleurs et fripiers — maîtres pâtissiers rôtisseurs, fabricants d'étoffes de soie, laine, fil et coton, merciers et drapiers — épiciers ciriers-chandeliers, — orfèvres joailliers lapidaires, — bonnetiers chapeliers pelletiers fourreurs, — cordonniers en neuf et en vieux, — horlogers, — boulangers—bouchers et charcutiers — cabaretiers, aubergistes, cafetiers, limonadiers — maçons, plombiers, paveurs, tailleurs de pierre, — charpentiers et constructeurs en bois, — menuisiers, ébénistes, tourneurs, layetiers tonneliers — couteliers, armuriers, arquebusiers fourbisseurs, — couvreurs, — maréchaux ferrants et grossiers, serruriers, taillandiers ferblantiers, — fondeurs, chaudronniers, potiers d'étain — tapissiers, vendeurs de meubles, miroitiers — selliers, bourreliers, charrons et autres ouvriers en voiturers, — tanneurs corroyeurs, peaussiers, hongroyeurs — chirurgiens — apothicaires — perruquiers — imprimeurs-libraires-relieurs, — teinturiers. — (3) Liste des corporations de Châtellerault en 1789, *Godard*, II, 286 (chirurgiens, apothicaires, libraires, fts d'étoffes, perruquiers, merciers, drapiers, épiciers, ciriers, orfèvres, horlogers, chapeliers, tailleurs, cordonniers, boulangers, bouchers, aubergistes, maçons, menuisiers tourneurs, couteliers, maréchaux, selliers, bourreliers, tanneurs). — (4) Richard, *Bibliogr. des Etats généraux de 1789 en Poitou* 1888.

province (1). On fusionna un certain nombre de communautés auparavant distinctes. Ainsi les serruriers s'unirent avec les taillandiers, les maréchaux, les ferblantiers, les cloutiers et les éperonniers. Les maçons formèrent un seul corps avec les architectes et tailleurs de pierre, les paveurs et les plombiers. Les selliers se joignirent aux bourreliers et aux charrons ; les bonnetiers aux chapeliers et aux pelletiers (2) ; les couteliers aux arquebusiers et aux fourbisseurs (3). Mais l'organisation du régime intérieur des communautés jurées donna lieu à des critiques justifiées. L'édit de 1777 établissait une inégalité choquante entre les artisans, dont les uns étaient qualifiés du titre de *maîtres*, et les seconds du nom d'*agrégés*. Les premiers formèrent une sorte de classe privilégiée qui put seule participer à l'administration de la communauté et fournir ses dignitaires.

Bien que les droits de maîtrise eussent été réduits dans les grands centres, ils étaient encore trop élevés pour une population industrielle et commerçante aussi pauvre que celle du Poitou. On exigeait encore 200 l. pour un perruquier étuviste-baigneur à Luçon (4), 37 l. pour un cordonnier à Poitiers (5), 150 l. pour un malheureux tisserand en toiles de Châtellerault, aussi bien que pour le fabricant de soie, laine, fil et coton (6). Des agents spéciaux délivraient les brevets de maîtrise et en recevaient la finance, sous le contrôle de l'intendant (7). Ces exigences fiscales eurent un

(1) Déclaration du roi (30 juin 1778) fixant les villes où il y aura comm. de teinturiers, *imp.* 4 p. *Arch. Antiq. Ouest.* — (2) Ci-dessus note 2, p. 554. — (3) *Ibid.* De même à Châtellerault, *Pagé* p. 145. — (4) Quittance de 200 l. payées par Jannaud, barbier à Luçon, 1779, *Bibl° Poitiers, Mss* n° 452, 23. — (5) Quittance de 37 l. 10 s. payés par Marin cordonnier à Poitiers 1788, *Arch. Mun. Poitiers* D. 108. — (6) Creuzé-Latouche, *Desc. de l'arr. de Châtell*. p. 30. — Cahiers du tiers état de Châtell. analysés par Godard, II, 297-298. — (7) A Poitiers, c'est un agent du nom de Chevalier (place du Pilori), *Alm. prov.* 1887, p. 157.

contre-coup funeste sur le recrutement des diverses communautés. A Châtellerault, si l'on en croit Creuzé-Latouche, les tisserands, privés du droit de travailler parce qu'ils ne pouvaient payer la finance exigée pour le titre de maître, tombèrent dans la misère et la mendicité. La filature des toiles disparut (1). Les cahiers de 89 attribuent aussi au régime des maîtrises la décadence de la coutellerie (2). Certaines corporations ne purent se former faute de maîtres, par exemple, à Châtellerault, celle des menuisiers ébénistes et tourneurs (3). Le nombre des maîtres resta très faible dans la plupart des communautés jurées châtelleraudaises, les seules pour lesquelles on ait conservé le registre des réceptions. Les fabricants de tissus n'en comptent que 6, de même que les boulangers, les serruriers, les tanneurs et corroyeurs, et les selliers-bourreliers (4). Les menuisiers-chaisiers-tourneurs arrivent au chiffre de 15, les couteliers à celui de 12, et les cordonniers à celui de 23 (5). La distinction établie entre les *maîtres* nouveaux qui ont payé les droits et les anciens, qui, ne les ayant pas payés, ne sont qu'*agrégés*, suscite une foule de différends. Les premiers dénient aux seconds la faculté de prendre des apprentis et même de travailler, les seconds prétendent aux privilèges de leur communauté et refusent de payer les droits de visite (6). De là

---

(1) *Creuzé, op. cit.*, p. 30. — (2) Cahiers du tiers état de Châtell¹ 1789, *Godard*, II, 297. — (3) Registre de nomin. des syndics et adj. à Châtell¹ 27 juillet 1786, *Vienne* E 7¹. — (4) A Poitiers, chez les maréchaux-serruriers, on compte, en 1789, 29 maîtres et 36 agrégés (*tableau imprimé. Arch. Antiq. Ouest*) — en 1788, 29 maîtres et 40 agrégés (*tableau imp.* 1788, *ibid.*); chez les entrepreneurs-maçons etc. 11 maîtres et 44 agrégés (*tableau imprimé* 1784 *ibid*). — Registre de réception des maîtres et des nomin. de syndics et adjoints à Châtell¹ 1782-1787, *Vienne* E 7¹. — (5) Reg. des nomin. des syndics et adjoints 1787, *ibid.* Vienne E 7¹. — (6) Ex. requête du syndic et de l'adjoint de la comté des couteliers de Châtell¹, déc. 1784, *Vienne* E 7¹.

encore des difficultés au sujet de la répartition des dettes, du renouvellement annuel du syndic et de l'adjoint chargés d'administrer la communauté, et surtout des prérogatives de ces dignitaires en matière d'inspection des ateliers et des artisans (1). Le pouvoir central avait cru pouvoir soustraire les nouveaux corps à l'avidité des gens de justice. Il ne put empêcher les corporations reconstituées de céder à leur manie processive (2), les juges de police de ruiner les fabricants en frais à l'occasion des réceptions à la maîtrise (3), des prestations de serment (4), des procès-verbaux d'élection et de visite (5).

D'autres pratiques maintenues par le fisc contribuaient à détruire la prospérité de certaines communautés. Ainsi, à Châtellerault, les orfèvres fermaient leurs boutiques pour se soustraire aux vexations de la régie des aides et des maîtres de la monnaie de Poitiers. Les manufactures de cuirs, de toiles, de cires blanches étaient abandonnées par suite des exigences des agents des finances (6). De même, les tanneries ont été ruinées par l'édit de 1759 qui les a astreintes à une foule de formalités gênantes, déclarations, prises en charge, inventaires trimestriels, vérifications, sans parler des droits fiscaux. A Lussac, à Chauvigny, à Montmo-

— Procédure en 1784 entre les maîtres tapissiers et le s. Langlois (8 pièces). *Arch. Antiq. Ouest, coll. Bonsergent* A 5.

(1) Requête du syndic des couteliers 1784 et des maîtres couteliers de Châtell[t] 3 sept. 1788, Vienne E 7[1]. — Supplique des m. tapissiers de Poitiers au l. g. de police. 4 juin 1783, *Arch. Antiq. Ouest, coll. Bonsergent*. — (2) Procédures des tapissiers 1783 — des couteliers à Châtell[t] 1783-88 — des cordonniers de Poitiers 1780 et suiv, etc. Vienne E 7[1]. — (3) Rapp. de l'inspecteur Vaugelade 2 avril 1780, *Arch. Nat.* F. 12, *Reg.* 11. — (4) Rap. de Vaugelade 22 avril 1781 Arch.Nat. F. 12, Reg. 12. — (5) Plaintes des g. jurés de Niort à Vaugelade 2 sept. 1780, Vienne C.39. — Vaugelade au c. général 15 juillet 1787 — Calonne à Nanteuil 5 sept. 1784 — Vaugelade au contr. gén. août 1786, *Arch. Nat.* F. 12, *Reg.* 12. — (6) Cah. de dol. du tiers état de Châtell[t] 1789, *Godard*, II, 297-298. — Creuzé-Latouche, op. cit., pp. 30 et 32.

rillon, à Charroux, à Civrai, elles ont disparu en grand nombre. Poitiers, qui en comptait 60, n'en compte plus que 5 ou 6 (1).

Aussi les cahiers du Poitou en 1789 trahissent-ils le malaise et le mécontentement profond qui avaient envahi l'industrie et le commerce de la province. A Châtellerault, le tiers-état incrimine le régime coûteux des maîtrises établi en 1777, demande la diminution ou la suppression des droits de marque sur les cuirs et les toiles, la liberté de la boucherie, l'abolition des privilèges exclusifs et des douanes intérieures, la revision du traité de commerce conclu en 1786 avec l'Angleterre, traité ruineux pour l'industrie française et spécialement pour la coutellerie (2). La sénéchaussée de Fontenay insiste sur l'abolition du vingtième d'industrie, qui « ne peut avoir d'autre effet que d'étouffer » celle-ci; elle signale dans le droit vexatoire de marque des cuirs une imposition exorbitante et inique dont la suppression s'impose (3). Elle déclare attendre des États provinciaux l'encouragement de l'agriculture et du commerce, l'établissement et le soutien des manufactures (4). A Poitiers, le tiers-état réclame l'établissement de l'uniformité des poids et mesures, la suppression des taxes gênantes pour l'industrie et le commerce, telles que les péages et les banalités, le 20e d'industrie, le droit de marque des cuirs, les octrois, les dons gratuits et les gabelles (5). On retrouve ces mêmes vœux dans d'autres cahiers de doléances, tels que celui de

---

(1) Cahier des doléances pour l'hôtel-de-ville de Poitiers, 1789, *Vienne* E 6ᵉ. —(2) Cahier des doléances du tiers état de Châtellᵗ.,29 mars 1789, *Godard*, II, 297-298. — (3) Cahiers de la sénéch. de Fontenay 26 févr. 1789, p. p. B. Fillon (*Fontenay* 1848, in-8º) p. 14. — (4) *Ibid.*, p. 12. — (5) Cahier de doléances, plaintes et remontrances rédigé pour l'hôtel-de-ville de Poitiers mars 1789, art. 6, 12, 20, 21, 22, 23, *Vienne* E 6ᵗ.

l'Isle-Jourdain (1), et ils sont reproduits dans le cahier général du tiers-état du Poitou. Ce cahier demande aussi le « reculement des traites aux frontières », c'est-à-dire l'abolition des douanes intérieures, et il ajoute un article qu'on ne retrouve pas dans les cahiers particuliers des sénéchaussées. Ce vœu, que durent inspirer sans doute les gens de loi imbus des maximes de la liberté économique, concerne la suppression du régime corporatif lui-même. « La province, « dit le cahier des doléances du tiers, invite ses députés à « représenter vivement les funestes effets que produisent les « maîtrises et les jurandes par rapport aux ouvriers dont « plusieurs sont dans l'impossibilité de prendre ou de conti- « nuer leur métier par le défaut de sommes nécessaires pour « payer les frais des droits de perception. Ils feront valoir les « principes d'équité, de morale et de politique consignés « dans l'édit du mois de février 1777 et attesteront qu'on a « trompé l'autorité, lorsqu'on lui a fait dire, dans l'édit du « mois d'août de la même année, que les droits et les frais « pour parvenir à la réception dans les corps et communautés « réduits à un taux très modéré et proportionnés au genre « et à l'utilité du commerce et de l'industrie, ne sont plus « un obstacle pour être admis dans les corporations. En « conséquence, les députés demanderont la suppression « des maîtrises et des jurandes, à la charge seulement que « celui qui voudra exercer un métier sera tenu de se faire « inscrire sans frais sur un registre de la police (2). » Plus hardie encore, l'Assemblée constituante devait faire table rase de la plupart des institutions économiques du

---

(1) Cahier de doléances de l'Isle-Jourdain 3 mars 1789, *Vienne* E 6¹. —
(2) Cahier de doléances du tiers état du Poitou, 22 mars 1789, p. p. *H.
et P. Beauchet-Filleau*, in-8º, pp. 121, 122, 124.

passé, et c'est dans cette période de trois ans, où elle gouverna, que disparurent dans le Poitou, comme dans le reste de la France, les règles de l'ancienne organisation du travail.

CONCLUSION

Trop de liens unissaient les anciennes formes économiques aux anciennes formes sociales pour que leur disparition ne fût pas simultanée. Leur évolution s'était produite suivant les mêmes lois ; leur déclin avait eu lieu suivant les mêmes règles ; leur chute définitive devait arriver à la même époque. Dans le milieu féodal, où l'isolement prédomine, sont nées une à une les variétés de la petite industrie, répondant aux multiples besoins de la vie locale, et certaines industries de luxe, telles que celles des tapisseries et de l'armement, produits naturels d'une société aristocratique et militaire. Puis, quand la centralisation et l'unité ont modifié l'aspect de la France, l'industrie et le commerce tendant à se spécialiser, le Poitou, devenu surtout un pays agricole, a perdu peu à peu ses vieilles industries, forges, verreries, ateliers céramiques et tissages, pour ne plus conserver que les métiers sans cesse plus nombreux de la petite industrie et du petit commerce. A l'évolution des formes politiques et sociales avait aussi répondu l'évolution des lois de l'organisation du travail. La police de l'industrie et du commerce, et celle des communautés ouvrières, s'étaient développées, à mesure que l'autorité devenait plus forte, de manière à garantir à la fois les privilèges des corps industriels et commerçants et les intérêts légitimes des consommateurs. De là, les prescriptions strictes et minutieuses des règlements. D'autre part, le mouvement d'émancipation des classes urbaines et rurales avait abouti à la formation des communautés libres d'artisans et de commerçants. Parmi elles s'était organisée une classe privilégiée, celle des corporations jurées, dont le développement devait être favorisé par les calculs intéressés des pouvoirs locaux et du pouvoir central. Ces corporations avaient maintenu dans le monde du travail le respect des traditions, certaines habitudes de probité professionnelle, l'esprit de libre discussion, le sentiment de la solidarité. Mais elles n'avaient pas tardé à se discréditer par leur tendance à la routine, par l'égoïsme, l'exclusivisme, la jalousie et les rivalités de leurs membres. Après avoir été garantes du progrès, après avoir joué dans la société un rôle actif et utile, elles s'étaient vues rejetées par l'aristocratie de naissance ou de fortune dans une condition subordonnée, tenues à l'écart des questions politiques et sociales, et s'étaient confinées dans une vie sans horizons. Communautés libres ou jurées, d'abord pourvues d'une certaine indépendance, avaient dû subir rapidement la tutelle étroite du pouvoir. L'autorité seigneuriale, après avoir exercé sur elles la principale influence, avait fini par ne plus s'attacher avec âpreté qu'à une seule de ses prérogatives, l'exploitation fiscale de l'industrie et du commerce. Les corps municipaux autonomes s'étaient, jusqu'à la fin du xviie siècle, ingérés de toutes façons dans la direction du travail et dans la vie des métiers, soit pour les régler à leur guise, soit pour les exploiter. L'Eglise avait maintenu sur eux sa surveillance inquiète au

SOURCES MANUSCRITES ET IMPRIMÉES [1]

On peut évaluer à 30,000 environ les pièces originales manuscrites ou imprimées qui ont été utilisées dans ce travail. Elles proviennent des sources suivantes : 1° *Archives Nationales* (à Paris), *série F. 12*, registres 1 à 31 (collection d'arrêts du Conseil relatifs aux manufactures), — registres 51 à 113 (procès-verbaux du Conseil du Commerce 1700-1789), — registres 171 et 172 (répertoire des dossiers de l'adm^{on} des manufactures et du commerce) — cartons 642, 564 (états numériques et tableaux relatifs aux manufactures), 680 (états des forges), 824 (comptabilité). — *Série G. 7* n° 1685 (statistique industrielle de 1693). — *Série* H^1, 1520, 1521 (analyse des correspondances d'intendants sous le ministère d'Orry), et 3142 (péages). — *Série AD* XI (collection Rondonneau), cartons 28 à 53 (collections d'édits, arrêts, lettres-patentes). — *Série E* (quelques registres d'arrêts du Conseil d'Etat du roi). — *Série J*, 190 (chartes concernant le Poitou). 2° *Bibliothèque Nationale* (Paris) *Manuscrits Français*, n°s 18161 à 18177 (collection d'arrêts du Conseil sous Henri IV). — 3° *Archives départementales de la Vienne*, *série C*., cartons C. 27 à 34 (administration de l'agriculture), C. 36 à 39 (manufactures du Poitou 1708 à 1789), C. 64 (imprimerie et librairie), C. 24 (boulangers de Niort), C. 62 (épizooties), C. 73 (ordonnances sur les fonds libres de la capitation), C. 74 à 78 (registres du Bureau des finances de la généralité de Poitiers, et de l'Election de Poitiers, notamment enreg^t d'offices, octrois des villes, voirie) ; C. 605, 606, 617, 618, 622, 623 (Administration provinciale du Poitou, manufactures, pépinières, magnaneries, médecine, chirurgie). — *Série* D. Actes de la Faculté de médecine, D. 3 à 9 (registres allant de 1568 à 1792); cartons D. 10 à 15 (pièces diverses concernant les médecins, les chirurgiens et les apothicaires); D. 23 (collège des jésuites : pièces relatives aux billardiers); D. 26 à 116 (domaine des jésuites : moulins, fours banaux, papeteries). — *Série E* 7^1 (registres d'audience et de

[1] L'étendue imprévue de ce travail nous oblige à supprimer les pièces justificatives nombreuses et très importantes que nous avions réunies en vue de l'impression et qui pourront peut-être faire l'objet d'une publication spéciale.

point de vue religieux et moral. L'État enfin, sentant grandir ses ambitions et ses devoirs avec ses forces, avait, avec une ténacité patiente, travaillé depuis le Moyen-Age à assurer sa domination absolue sur le monde du travail. Le socialisme municipal et le socialisme d'État, pour employer des termes expressifs, sinon entièrement exacts, avaient ainsi procédé lentement à l'éducation des classes industrielles et commerçantes, préparé l'unification économique, stimulé l'activité de l'industrie et du négoce. La réglementation avait été la préface nécessaire de la liberté. L'ancienne organisation du travail ne devait pas d'ailleurs mourir tout entière. Elle léguait au monde nouveau un principe fécond, celui de l'association, principe de vie et de progrès pour l'avenir, comme il l'a été dans le passé.

APPENDICE

SOURCES MANUSCRITES ET IMPRIMÉES [1]

On peut évaluer à 30.000 environ les pièces originales manuscrites ou imprimées qui ont été utilisées dans ce travail. Elles proviennent des sources suivantes : 1° *Archives Nationales* (à Paris), *série F. 12*, registres 1 à 31 (collection d'arrêts du Conseil relatifs aux manufactures), — registres 51 à 113 (procès-verbaux du Conseil du Commerce 1700-1789), — registres 171 et 172 (répertoire des dossiers de l'adm^{on} des manufactures et du commerce) — cartons 642, 564 (états numériques et tableaux relatifs aux manufactures), 680 (états des forges), 824 (comptabilité). — *Série G*. 7 n° 1685 (statistique industrielle de 1693). — *Série H* ^{1}, 1520, 1521 (analyse des correspondances d'intendants sous le ministère d'Orry), et 3142 (péages). — *Série AD* XI (collection Rondonneau), cartons 28 à 53 (collections d'édits, arrêts, lettres-patentes). — *Série E* (quelques registres d'arrêts du Conseil d'Etat du roi). — *Série J*. 190 (chartes concernant le Poitou). 2° *Bibliothèque Nationale (Paris) Manuscrits Français*, n°s 18161 à 18177 (collection d'arrêts du Conseil sous Henri IV). — 3° *Archives départementales de la Vienne*, *série C.*, cartons C. 27 à 34 (administration de l'agriculture), C. 36 à 39 (manufactures du Poitou 1708 à 1789), C. 64 (imprimerie et librairie), C. 24 (boulangers de Niort), C. 62 (épizooties), C. 73 (ordonnances sur les fonds libres de la capitation), C. 74 à 78 (registres du Bureau des finances de la généralité de Poitiers, et de l'Election de Poitiers, notamment enreg^t d'offices, octrois des villes, voirie) ; C. 605, 606, 617, 618, 622, 623 (Administration provinciale du Poitou, manufactures, pépinières, magnaneries, médecine, chirurgie). — *Série D*. Actes de la Faculté de médecine, D. 3 à 9 (registres allant de 1568 à 1792); cartons D. 10 à 15 (pièces diverses concernant les médecins, les chirurgiens et les apothicaires); D. 23 (collège des jésuites: pièces relatives aux billardiers); D. 26 à 116 (domaine des jésuites : moulins, fours banaux, papeteries). — *Série E* 7^1 (registres d'audience et de

---

[1] L'étendue imprévue de ce travail nous oblige à supprimer les pièces justificatives nombreuses et très importantes que nous avions réunies en vue de l'impression et qui pourront peut-être faire l'objet d'une publication spéciale.

réception de maîtres, statuts, pièces diverses concernant les corporations, le commerce à Charroux et à Châtellerault); E 7² (pièces relatives aux corporations de Chauvigny, Montmorillon); E 7³, ⁴ et ⁶ (pièces relatives aux corporations de Poitiers, xvɪᵉ-xvɪɪɪᵉ siècles). — *Série E* 6¹ à ⁵ (villes et communautés d'habitants du Poitou, cahiers de doléances 1789, ordonnances de police). — *Série G* (fonds de l'évêché, chapitres St-Hilaire et Ste-Radegonde ; pièces relatives à l'administration économique seigneuriale; — ordonnances de police et documents relatifs aux moulins, fours, boulangeries, boucheries, tanneries, papeteries, jeux de paume, spectacles, hôtelleries, etc.)— *Série K* (registres de l'administration centrale de la Vienne, directoire et conseil général (1790-1791). — 4° *Archives municipales*. C'est le fonds capital pour l'étude du régime du travail. La source essentielle jusqu'ici inutilisée pour cet objet consiste dans les délibérations du corps de ville de Poitiers. Cette série, qui renferme une multitude de pièces (décisions, sentences, ordonnances relatives à l'organisation économique), comprend près de 200 registres aux Archives municipales; ces registres s'étendent du 1ᵉʳ août 1412 au 12 mai 1790 (il y a des lacunes pour la fin du xvᵉ siècle, pour celle du xvɪɪᵉ siècle, etc.). — On a aussi consulté les *séries B* (2 cartons : pièces relatives aux maires et officiers de la commune) et *C* (3 cartons : relations de la commune avec le roi); la *série D* (3 cartons: pièces relatives à la juridiction de l'échevinage, à la police, à la voirie, aux foires, halles et métiers); la *série F* (3 cartons; pièces relatives aux domaines de la commune, moulins, fours, etc.); les *séries G, H* et *I* (4 cartons : pièces relatives aux charges de l'industrie et du commerce : chiquet, barrage, octrois, aides et subsides); la *série K* (comptabilité); *la série M* (carton 42 : anciens registres du xvᵉ et du xvɪᵉ siècle ; et inventaire des titres de la commune très précieux); la *série N* (cartons 44 à 48 : xvɪᵉ et xvɪɪᵉ siècles, sentences de police relatives aux métiers) ; la *serie S* (où se rencontrent des pièces relatives à Niort et à Saint-Maixent). — 5° *Bibliothèque Municipale de Poitiers. Manuscrits :* Le plus important pour notre sujet est le *Mss n° 391*, dit mss. St-Hilaire, sur parchemin, appartenant au xvɪɪɪᵉ siècle à un gentilhomme, M. de St-Hilaire; il est du xvᵉ et du xvɪᵉ siècle, et renferme 102 fᵒˢ ; il contient 29 ordonnances ou statuts du xɪɪɪᵉ, du xɪvᵉ et du xvᵉ siècle relatifs à l'industrie et au commerce, et un petit nombre d'autres pièces intéressant l'organisation économique, telles que le tarif de la prévôté, diverses sentences, etc. — A la Bibliothèque municipale se trouvent aussi le *Mss* n° *385* (inventaire des titres de la commune); le *Mss* n° *405* (registre de la communauté des apothicaires de Poitiers 1758-1789); le *Mss* n° *361* (Mémoire instructif sur les pépinières de mûriers blancs, imprimé en 1742) ; le *Mss* n° *121* (comptes de l'abbaye St-Cyprien 1780-90 ; le *Mss* n° *287* (mémoires des députés du commerce 1701). C'est dans le fonds manuscrit de la même Bibliothèque que se trouve la *collection de dom Fonteneau* formée de 91 volumes. On a surtout consulté les tomes XXIII (copies du manuscrit St-Hilaire 48 pièces) et les tomes LXXIV et LXXV (documents relatifs à la ville de Poitiers). En plus, on a consulté diverses pièces originales recueillies dans les cartons ou liasses n°s 426, 447 à 453 et 478. — 6° *Bibliothèque Municipale de Poitiers, documents imprimés*. Cette Bibliothèque possède 4 séries de recueils renfermant des documents imprimés rares relatifs au Poitou. La 1re série in-f° (4 vol.) ne contient rien sur notre sujet. La 2e série (22 vol. in-4°) renferme au contraire un certain nombre de documents intéressants. La 3e série (4 vol. gr. in-8°, et 80 petit in-8°) nous a fourni un certain nombre de pièces importantes, telles que le règlement de police des boulangers de Luçon (1772), des arrêts relatifs aux orfèvres de Poitiers (XVIIe s.), les statuts des imprimeurs de la même ville (1634), et ceux des maçons (1695), outre les règlements de police de 1541, 1564, 1567, 1634, et diverses pièces sur l'administration des manufactures en Poitou aux XVIIe et XVIIIe siècles. Dans la 3e série (in-12, 32 vol.), on a rencontré les règlements de police de 1541, celui si important de 1578, les ordonnances relatives aux boulangers et aux meuniers (1564), etc. — 7° *Archives de la Société des Antiquaires de l'Ouest*. La Société possède 15 à 20.000 pièces d'intérêt général ou privé réparties en 3 séries par les soins de l'auteur du présent travail. Ces pièces sont pour la plupart manuscrites, un certain nombre imprimées. La 1re série (1309 n°s en 11 cartons) nous a fourni diverses ordonnances de police économique et autres documents. La 2e série (collection Bonsergent, 14 à 15 cartons) renferme des documents d'intérêt fort inégal dont plusieurs concernent les communautés d'arts et métiers et le Mémoire du subdélégué Roffay des Pallu (1738) sur Châtellerault. Dans la 3e série (70 cartons), de beaucoup la plus considérable et dont nous avons fait le classement sommaire, se trouvent le Livre de raison du notaire Decressac (XVIIIe siècle), utilisé pour la rédaction d'un des chapitres du présent travail, et surtout une riche collection d'ordonnances du présidial, du lieutenant-général de police et des intendants, ainsi que bon nombre d'arrêts du Conseil et du Parlement de Paris relatifs au commerce et à l'industrie du Poitou. Cette collection a été très utile pour la rédaction des diverses parties de notre ouvrage. — 8° *Archives privées*. Nous devons enfin à l'obligeance de M. le comte Lecointre et de M. le colonel Babinet l'avantage d'avoir pu consulter certaines pièces de la collection du premier, et notamment un inventaire des titres de la commune, du xvi° ou du xvii° siècle, et les copies de plusieurs mandements de Philippe IV et de Philippe V. — 9° *Archives des autres parties du Poitou et des provinces voisines*. Pour les deux départements de la Vendée et des Deux-Sèvres, on a utilisé, soit au moyen d'investigations directes, soit à l'aide des inventaires imprimés (1), les séries B, C et E des Archives départementales. De même pour les séries diverses des Archives communales de Civrai, Loudun, Saint-Maixent, Châtellerault (2). Pour les Archives communales de cette dernière ville, on a souvent eu recours à l'inventaire détaillé qu'en a donné Godard, dans un ouvrage très nourri auquel il a eu l'idée de donner le nom singulier de *Livre de Raison d'une Famille Châtelleraudaise* (2 vol. in-8°, 1894). Un autre érudit, Bardonnet, a donné la substance des Archives communales de Niort dans les *Ephémérides de Niort* qu'a publiées la Société de Statistique des Deux-Sèvres (*Mémoires*, 1884, pp. 247-367); c'est un travail auquel nous avons aussi recouru. Enfin, soit par voie de consultation directe, soit par le moyen des inventaires (2), nous avons pu utiliser certains documents des séries C et E des Archives départementales de la Charente, de l'Indre-et-Loire, de la Haute-Vienne et de l'Hérault, relatives au Poitou.

Recueils de Documents imprimés. 1. *Recueils généraux*. Ordonnances des rois de France de la troisième dynastie. 21 vol. in-4°. Paris. — Fontanon, Recueil d'Ordonnances, édition de 1610, 3 vol.

---

(1) Inventaire des Archives Départementales de la Vendée, p. p. G. Barbaud, in-4°, 1898. — Inv. des Arch. Dép. des D.-Sèvres, p. p. Gouget, Dacier et Berthelé, in-4°, 1896. — (2) Inv. des Arch. com. de Civray, p. p. Bricauld de Verneuil, 1889, in-4°; — de Loudun par Chauvineau, 1869, in-4°; — de Châtellerault p. p. V. de Saint-Genis, in-4°, 1877; — de Saint-Maixent p. p. A. Richard, in-4°, 1863. — (2) Inventaires des Archives de l'Hérault, 3 vol. in-4°, 1865-1897, — de la Charente, 3 vol. in-4°, 1880-96, — de l'Indre-et-Loire, 1 vol. in-4°, 1878, — de la Haute-Vienne, 2 vol. in-4°, 1882-1891.

in-folio. — Recueil d'Edits, arrêts, lettres patentes, p. p. les imprimeurs Simon et Nyon, 1769-1791, 50 vol. in-4°. — Isambert, Recueil général des anciennes Lois Françaises. Paris, 1830, 29 vol. in-8°. — Blanchard, Compilation chronologique (des lettres patentes et édits), 2 vol. in-f°, Paris, 1715. — Brillon, Dictionnaire des Arrêts ou Jurisprudence universelle des Parlements, 1727, 8 vol. in-f°. — Recueil de règlements généraux et particuliers concernant les manufactures et fabriques du royaume (avec Supplément), 7 vol. in-4°, 1730-1750. — Comptes des Bâtiments du Roi, p. p. J.-J. Guiffrey, 5 vol. in-4°, 1881-1897. — Relations des Ambassadeurs Vénitiens, p. p. Tommaseo, 2 vol. in-4°, 1838. — Procès-v. de la Commission du Commerce (1601-1604), p. p. Ch. Figeac (Documents historiques inédits, tome IV), in-4°. — Correspondance administrative sous le règne de Louis XIV, p. p. Depping, 1850-55, 4 vol. in-4°. — Lettres, Mémoires et instructions de Colbert, p. p. P. Clément, 7 vol. in-4°; 1863-1876. — Correspondance des Contrôleurs généraux des Finances, p. p. A. de Boislisle, 3 vol. in-4°, 1874-97. — Rotuli litterarum patientium (1204-1227), p. p. Th. D. Hardy, 2 vol. in-f°, 1833-44. — Actes du Parlement p. p. Boutaric, 2 vol. in-4°, 1863-67. — Layettes du Trésor des Chartes, p. p. de Laborde et Teulet, 3 vol. in-4°, Paris 1863-75. — Monuments inédits de l'histoire du tiers Etat, in-4°, Paris (p. p. A. Thierry).

2. *Recueils spéciaux*. Livre des Métiers, d'Etienne Boileau, p. p. Depping, in-4°. — Institutions, édits et ordonnances, etc., concernant les postes et les relais de France. Paris, in-4°, 1660. — Documents pour l'histoire du Bas-Poitou, p. p. B. Fillon, in-8°, 1847. — B. Fillon, Pièces curieuses concernant N.-D. de Fontenay, in-8°, 1849. — B. Fillon, Documents artistiques relatifs à N.-D. de Fontenay, in-8, 1853. — Beauchet-Filleau, Pièces inédites relatives au Poitou, in-8°, 1880. — Cahiers de la sénéchaussée de Fontenay, p. p. B. Fillon, 1848, in-8°. — Cahiers des doléances du tiers état du Poitou (1789), p. p. H. et P. Beauchet-Filleau, in-8°, 1888. — Comptes de M. de la Pellisonnière, p. p. L. Audé, 1861, in-8. — Inventaire des meubles de Fr. de la Trémoille et Comptes d'Anne de Laval (1542), Nantes, in-4°, 1888. — Livre de Comptes de Guy de la Trémoille (1395-1402), in-4°, 1890. — Inventaire des meubles de Catherine de Médicis, p. p. E. Bonnaffé, 1874, in-8°. — Documents publiés par la Société des Antiquaires de l'Ouest, in-8°, 1870. — Archives historiques du Poitou 30 vol. in-8°, 1872-1900 (excellent recueil où ont été publiés de

nombreux cartulaires, les comptes et enquêtes d'Alfonse de Poitiers, les lettres et pièces extraites des registres de la chancellerie de France, les journaux de Denesde et de Charmetant, et un grand nombre d'autres documents utilisés dans notre travail). — Mémoires de la Société des Antiquaires de l'Ouest, 1re série, 1834-1876, 40 vol. in-8°; 2e série, 1877-1900, 23 vol. in-8°; Bulletins de la Société des Antiquaires de l'Ouest, 1re série 14 vol.; 2e série 8 vol. (ces deux recueils contiennent des documents, tels que le cartulaire de Saint-Hilaire, le Livre Noir de Châtellerault, etc.). — Mémoires de la Société de Statistique des Deux-Sèvres, 1re série 1836-60, 20 vol. in-8°; 2e série, 1860-82, 26 vol. in-8°; 3e série 1890-94, 1 vol. in-8°. Bulletins 7 vol. in-8° (1870-90); ces recueils renferment bon nombre de documents, cartulaires, rapports, mémoires relatifs à l'état du Poitou au XVIIIe siècle ; on en trouvera le détail dans les notes du présent ouvrage. — Annuaire de la Société d'Emulation de la Vendée (depuis 1854), 1 vol. par an; recueil qui renferme nombre de documents de tout ordre, depuis le Moyen-Age jusqu'à la Révolution, notamment ceux qui ont été publiés par Marchegay, Piet, Pont-devie, E. Louis, etc.— Revue des Sociétés savantes, VIIe série, tome VI (statuts des apothicaires de Thouars). — Bulletin de la Société d'Agriculture de Poitiers, tome VI, pp. 77 à 109 (analyse confuse par la Fontenelle de Vaudoré d'une partie des statuts de la collection Fonteneau). — Jean Filleau, Décisions catholiques ou recueil général des arrêts rendus en exécution ou interprétation des édits qui concernent l'exercice de la religion pr. Réformée. Poitiers, in-f°, 1668. — Coutumes du comté et pays de Poitou, édit in-f° goth. 1486; édition avec commentaire de Lelet, Filleau et Thévenet, 1683, in-4° en deux tomes. — Etat du Poitou sous Louis XIV (rapports de Colbert de Croissy, 1664, et de Maupeou d'Ableiges, 1698, et documents postérieurs), p. p. Dugast-Matifeux, Fontenay, 1865, in-8°.— Catalogue du Musée lapidaire des Antiquaires de l'Ouest, in-18. — Almanach provincial, 1770 à 1790, 1 vol. par an. — Almanach royal 1750-1790, 1 vol. par an. — Affiches du Poitou, 2 vol. in-4°, 1773-1782 (par Jouyneau-Desloges); continuées par Chevrier jusqu'en 1790, 1 cahier in-4° par an, puis in-8°.

Auteurs et recueils divers antérieurs à la Révolution. Historiens de France, tome X (corresp. de Guillaume le Grand). — Guillaume le Breton, Œuvres, éd. Delaborde, 1882-85.— Chroniques des ducs de Normandie et d'Anelier, éditées par F. Michel, 2 vol. in-4° (coll.

des Doc. inédits). — Chroniques de Froissart, éd.Buchon, 2 vol.; et Kervyn de Lettenhove,27 vol. in-8°,1863-77.—Jean Bouchet, Annales d'Aquitaine,in-4,éd. de 1644.— Jean Bouchet, Epîtres morales, 1545. — Guillaume Bouchet, les Sérées, in-16, 1584 — Rabelais, OEuvres, éd. de la Bible Elzévirienne, 1873, 6 vol. in-12. — Laffemas (B.), Règlement général(coll. Leber,tome XIX). — A. de Montchrestien, Traité de l'Economie politique (1615), éd. F. Brentano, in-8, 1889. — La Gomberdière, Nouveau règlement général (1634) (réimprimé dans les Variétés historiques et littéraires d'Ed. Fournier, tome III). — Autres pièces des xvi°, xvii° et xviii° siècles, même recueil. — Papire Masson, Descriptio fluminum Galliae, 1618. — Ad. Blacwood, Opera omnia,1644, Paris, in-8. — Colardeau. Tableau des victoires du roi et autres poésies, Fontenay, 1647, in-8. — Discours facétieux des finesses de Croutelle,Poitiers,1622,16 pp. — OEuvres de Jacques et Paul Contant in-f° 1628, Poitiers. — A. de Thou, Histoire latine, Londres, 1733, 7 vol. in-f°. — Palma Cayet, Chronologie septennaire (coll.Michaud,tome XIII).—Agrippa d'Aubigné, OEuvres, éd. Réaume,1878; et éd.Mérimée. — J. Besly, Histoire des comtes du Poitou et des ducs d'Aquitaine, in-fol., 1649. — Augier de la Terraudière, le Trésor de Niort, 1675, in-16. — P. Arcère, Histoire de la Rochelle et du pays d'Aunis, 2 vol. in-4, 1757. — Elie Benoit, Histoire de l'Edit de Nantes, 3 tomes en 5 vol. in-4°, Delft, 1693-95.— Delamare, Traité de la police, 4 vol. in-f°, 1715-1728. — Dreux du Radier, Bibliothèque historique du Poitou, 6 vol. in-12. - Dupré Saint-Maur, Essai sur les Monnaies, 1747, in-8. — Forbonnais, Recherches et considérations sur les Finances de la France,6 vol.in-12, 1758.— Encyclopédie méthodique: Dictionnaire des Arts et Métiers, 8 vol. in-4°, 1782 et sq. — Dictionnaire des Finances,3 vol. in-4,1782.— Jaubert, Dictionnaire des Arts et Métiers, 5 vol. in-8, Paris, 1793. —Lalande, l'Art du Chamoiseur et du Tanneur, in 4, 1776. — Ephémérides du citoyen, tomes III et IX.—La Maison Réglée,in-8° Amsterdam,1697. — Olivier de Serres, le Théâtre d'Agriculture, édit.de 1805, 2 vol.in-8,— Savary de Bruslons,Dictionnaire du Commerce et des Manufactures, 3 vol. in-fol. 2° édition, 1748. — Jacques Savary, le Parfait Négociant 8° édit.,2 vol in-4°,1777.— Thoinot Arbeau,l'Orchésographie, Langres, 1588.— Piganiol de la Force, Nouveau voyage en France, 2 vol. in-12, 1787. — Arthur Young, Voyage en France (1787-88), trad. Lesage, 2 vol. in-12, 1860. — Thibaudeau, Histoire du

Poitou, n. éd. p.p. M. de Ste-Hermine, Niort, 1839, 3 vol. in-8 (ouvrage publié avant 1789 pour la première fois). — Peuchet, Dictionnaire universel de la Géographie commerçante, 5 vol. in-4, an VIII, Paris.

Travaux postérieurs à la Révolution. Recueils. — Un très grand nombre d'articles et de travaux de détail ont été publiés dans les *Mémoires et Bulletins de la Société des Antiquaires de l'Ouest* et de la *Société de Statistique des Deux-Sèvres*, aussi bien que dans l'*Annuaire de la Société d'Emulation de la Vendée*; on en trouvera l'indication dans les notes de cet ouvrage. On a aussi consulté des articles épars dans les Revues suivantes : Bulletin du Comité des travaux historiques, Archéologie, 1890-1892. — Bulletin Monumental, 1886-87.— Bulletin de l'histoire du protestantisme Français, 1891-97. — Congrès scientifique de France, 1861. — Gazette archéologique, 1887. — Bibliothèque de l'Ecole de Chartres, 1887. — Journal de Poitiers, an V à l'an XIV. — Journal de Loudun, 1891. — L'Intermédiaire de l'Ouest, 1892. — Le Pays Poitevin, 1898-1900. — Revue Poitevine et Saintongeaise, 12 années, 1884-1895. — Revue du Bas-Poitou, 1885-1900. — Revue des provinces de l'Ouest, 1855-1858. — Revue des provinces de l'Ouest, n. série, 1890-1900. — Revue Archéologique, 1850, 1868. — Revue de l'Art Chrétien, 1892. — Revue de numismatique, 1890, 1893, 1898. — Revue des sciences naturelles de l'Ouest, 1893. — Le Poitou médical, 1893.

Ouvrages généraux ou spéciaux. Afanassiev, Le commerce des céréales en France au XVIIIe siècle, trad. Boyer, in-8, 1894, Paris.— Album des armoiries des corporations des cordonniers de France, p.p. Lacroix, Séré et Régamey, in-4, s.d.— Ardant, le Limousin historique, in-12, 1858. —d'Avenel, Richelieu et la monarchie absolue, 4 vol. in-8, 1884 et sq. — A. Babeau, les Voyageurs en France, 1885, in-18.— A. Babeau, La Ville sous l'ancien Régime, Paris, 1884, 2 vol. in-18. — G. Bapst, Études sur l'étain dans l'antiquité et au moyen-âge, in-8, 1884.—H. Baudrillart, Jean Bodin et son temps, in-8, 1856. — H. Baudrillart, les Populations agricoles de la France, 4 vol. in-8, 1880 et sq.— Berthelé, Recherches sur l'histoire des Arts en Poitou, in-8, 1889.—Ad. Berty, les Grands architectes de la Renaissance, 1860, in-8. — Boutaric, Saint-Louis et Alphonse de Poitiers, in-8, 1870.— Bricauld de Verneuil, Molière à Poitiers, 1888, in-8.—A. Briquet, Histoire de Niort, 2 vol. in-8. 1832.—Breuillac, les Halles de Niort, in-8, 1887.—Brochet, la Forêt de Vouvent, in-4, 1893.— A. de la Bouralière,

Les débuts de l'imprimerie à Poitiers, in-8, 1893 ; id. Nouveaux documents sur les débuts, etc., in-8, 1894 ; id. Chapitre rétrospectif sur les débuts, in-8, 1898. — Brants, les Théories économiques au XIII° et au XIV° siècle, in-12, 1895.

Cochon, Statistique de la Vienne, ou description de ce département, in-8, an X. — Cahier (P.), Mélanges d'archéologie, tome IV. — Cavoleau, Statistique de la Vendée, éd. la Fontenelle, in-8, 1844. — De Champeaux, Dictionnaire des fondeurs, ciseleurs, doreurs, in-16, 1883. — De Chergé, Guide de Poitiers, in-18, n. éd. 1872. — Clément (P.), la Corvée royale en Poitou, 1899, in-8. — Creuzé-Latouche, Description topographique du district de Châtellerault, in-8, 1790. — L. Delisle, le Cabinet des Mss. de la Bibliothèque Nationale, 4 vol. in-4, 1868-81 ; — id. Mémoire sur les opérations financières des Templiers (Mém. Acad. des Insc., 1884). — L. Desaivre, les Finesses de Croutelle, in-8, 1891. — E. Desjardins, Géographie de la Gaule romaine, 4 vol. in-8. — Dugast-Matifeux, les Gentilshommes verriers de Monchamps, in-8, 1863. — Dupin, Statistique des Deux-Sèvres, in-8, an X. — G. Fagniez, Études sur l'industrie et la classe industrielle à Paris au XIII° et au XIV° siècle, in-8, 1877. — G. Fagniez, l'Économie sociale de la France sous Henri IV, in-8, 1897. — Filleau, Du droit de mouture perçu par les meuniers, Poitiers, 1827, in-8. — B. Fillon, Histoire de Fontenay, 2 vol. in-8, 1847. — B. Fillon, l'Art de terre chez les Poitevins, in-4, 1864, Niort. — B. Fillon et O. de Rochebrune, Poitou et Vendée, in-4, 1861. — B. Fillon, Études numismatiques, in-8, Paris, 1856. — B. Fillon, Rapport sur les rues de Fontenay, 1880, in-8. — B. Fillon, Recherches sur le séjour de Molière dans l'Ouest de la France, 1871, in-8. — P. de Fleury, Note sur une horloge à pendule d'Angoulême, in-8, 1891. — A. Franklin, la Vie privée d'autrefois : les Chirurgiens. — Les Médecins. — Les Médicaments. — Variétés chirurgicales. — Les Soins de toilette. — Les Magasins de nouveautés, 6 vol. in-12, Paris, 1885, 1900. — A. Franklin, les Anciennes corporations de Paris, in-4. — Garnier (E.), la Verrerie et l'émaillerie, in-4, 1885. — Gerspach, la Verrerie, in-18, s. d., coll. Quantin. — Giraudet, Histoire de Tours, 2 vol. in-8, 1873. — Giry (A.), les Établissements de Rouen, 2 vol. in-8, 1885. — A. Gouget, le Commerce de Niort, 1863, in-8, 106 p. — L. Guibert, les Anciennes corporations du Limousin (Soc. Arch. du Limousin, tome XXXII). — Hauser, Ouvriers du temps passé, in-8, 1899. — Huvelin, Étude historique sur le droit des marchés et des foires, in-8, 1897. —

Havard, Dictionnaire de l'ameublement, 4 vol. in-4. — Imbert, Histoire de Thouars, in-8, 1870, Niort. — Jablonski, Histoire de l'ancienne Faculté de Médecine de Poitiers (feuilletons du Républicain de la Vienne, 1894-95, n°s 1 à 86). — Joubleau, Etudes sur Colbert, 2 vol. in-8, Paris, 1856. — Ch. Jourdain, Des comm. de l'Economie politique au Moyen-âge (Mém. Acad. des Insc. XXVII).

E. Labbé, Notes sur la famille Descartes, 1893, in-8. — Labitte, les Manuscrits et l'art de les orner, in-8, 1893. — P. L. C. Labretonnière, Statistique du département de la Vendée, an X, in-8. — Laurence, les Origines de la mégisserie à Niort, brochure in-8, 1886. — B. Ledain, Histoire sommaire de la ville de Poitiers, Fontenay, 1889, in-8. — B. Ledain, Histoire d'Alphonse de Poitiers, 1869, in-8. — B. Ledain, Jeanne d'Arc à Poitiers, 1894, in-8. — B. Ledain, Histoire de Bressuire, 1880, in-8. — B. Ledain, Histoire de Parthenay, in-8, 1858. — La Liborlière, Souvenirs du vieux Poitiers d'avant 1789, in-18, 1866. — Lecoy de la Marche, les Manuscrits et la Miniature, in-8, coll. Quantin. — Lièvre et Molinier, Catalogue des Mss. de la Bibl. Mun. de Poitiers, in-8, 1894. — Lièvre, Catalogue des imprimés de la Bibliothèque de Poitiers, in-8, 1895, tome 1er. — E. Levasseur, Histoire des Classes Ouvrières en France avant la Révolution, 2 vol. in-8, 1859. — A. Luchaire, Manuel des Institutions monarchiques sous les premiers Capétiens, in-8. — Martin-Saint-Léon, les Anciennes Corporations d'Arts et Métiers, in-8, 1897. — Mérimée (P.), Notes d'un voyage archéologique dans l'Ouest de la France, in-8, 1836. — Michelet, le Peuple, in-18, 1847. — A. Monteil, Histoire des Français des divers Etats, 12 vol. in-8, 1833 et sq. — E. Müntz, la Tapisserie, in-8 (coll. Quantin). — Ouvré, la Ligue à Poitiers, in-8, 1855. — Pagé, la Coutellerie et son histoire à travers les âges, 2 vol. in-4, 1895 et sq. — L. Palustre, la Renaissance en France, tome III, 1889. — Paysages et Monuments du Poitou, p. p. Robuchon, 4 vol. in-fol., 1886-94. — Poey d'Avant, Monnaies Féodales de la France, in-4, 1858-62. — Rondier, Historique des mines de Melle, in-8, 1870, Niort. — C. Rousset, Histoire de Louvois, tome III, in-18, 1864. — La Tradition en Poitou et dans les Charentes, Niort, in-8, 1898. — Turgan, les Grandes Usines, 11 vol. in-8. — R. Valette, la Forêt de Mervent, 1890, in-8. — R. Valette, le Théâtre à Fontenay, in-8, 3 p., s. l. n. d. — N. de Wailly, Mémoire sur les variations de la livre tournois depuis saint Louis, 1857, in-4.

TABLE ANALYTIQUE DES MATIÈRES

TOME PREMIER

INTRODUCTION... pp.   1 à 3

LIVRE PREMIER. — LE MOUVEMENT GÉNÉRAL DE L'INDUSTRIE ET DU COMMERCE EN POITOU (XIe-XVIIIe siècles), pp.   1 à 88

CHAPITRE Ier. — **Le Commerce et l'Industrie en Poitou du XIe au XVe siècle.** — L'état économique du Poitou à l'époque romaine et franque. — L'agriculture en Poitou au Moyen-Age. — La formation des métiers: leur nombre. — Les grandes industries poitevines au Moyen-Age : les tapisseries; la draperie; le travail des peaux; la métallurgie et les armes; la quincaillerie et la coutellerie; le travail du bois; la céramique et la verrerie. — Le commerce : articles du trafic; voies commerciales; foires et marchés; halles. — Prospérité économique du Poitou au XIIIe siècle et au début du XIVe, pp........................   1 à 23

CHAPITRE II. — **Le Relèvement Economique du Poitou pendant la Renaissance (1453-1589).** — Ruine du Poitou pendant la guerre de Cent Ans. — Relèvement au XVe et au XVIe siècle : travaux de navigation; rétablissement des halles et foires; progrès des moyens d'échange. — Formation de nouveaux métiers. La petite industrie à Poitiers : son effectif. — Les principales industries poitevines : la coutellerie de Châtellerault, — les 12 verreries du Poitou, — les ateliers de céramique, Oiron et St-Porchaire — la production du sel en Bas-Poitou. — La draperie à Poitiers, Parthenay, Bressuire, Fontenay et Niort. — Les toiles de Châtellerault. — Les tanneries et mégisseries de Poitiers et de Niort. — L'imprimerie à Poitiers, pp........................   24 à 35

CHAPITRE III. — **L'Industrie et le Commerce du Poitou au XVIIe siècle.** — Le déclin économique du Poitou pendant les guerres de Religion. — Niort métropole industrielle et commerciale du Poitou. — Relèvement de l'agriculture. — Progrès de la petite industrie : nombre des métiers à Poitiers, St-Maixent, Châtellerault. — Les principales industries du Poitou : les salines, la pêche de la morue. — Prospérité de la draperie en Poitou : la sergetterie de St-Maixent et de Niort; la bonneterie de Poitiers et de St-Maixent. — La statistique de l'industrie drapière Poitevine en 1693 et en 1698. — La bonneterie et la chapellerie à la fin du XVIIe siècle. — Déclin de la fabrication des toiles. — Manufacture de fil à coudée de Niort. — Renom de la tannerie, de la mégisserie et de la chamoiserie du Poitou. — La coutellerie, l'horlogerie et les faux diamants de Châtellerault. — Le déclin de la verrerie et de la céramique. — Le commerce du Poitou ; routes, canaux, grandes foires, — les articles du commerce d'exportation et du commerce d'importation, pp..... 35 à 49

Chapitre IV. — **Le Mouvement Industriel et Commercial en Poitou au XVIIIe siècle.** — Appauvrissement du Poitou ; misère des classes rurales ; état arriéré et déclin de l'agriculture ; les productions agricoles du Poitou, céréales, vins, fruits, bétail. — L'industrie : abandon des mines — les salines du Bas-Poitou et l'exportation du sel — effets de la révocation de l'Edit de Nantes sur la décadence de la draperie du Poitou (1685-1714) ; faible relèvement des ateliers de draperie (1715-1748) ; détails sur la production drapière du Poitou, sur la fabrication des toiles, sur la chapellerie, la bonneterie ; statistique des métiers et de la production dans la première moitié du xviiie siècle. — Décadence de l'industrie textile du Poitou de 1750 à 1789 ; ses causes ; statistique de la production et des métiers de draperie, de toiles et de bonneterie. — La chamoiserie à Niort ; la tannerie à Châtellerault ; leur histoire au xviiie siècle ; détails numériques. — Les autres industries poitevines : confiseries de Niort ; minoteries de Niort, la Mothe et St-Maixent — la pêche de la morue en déclin ; la pêche de la sardine et les Olonnais. — Les blanchisseries de cire à Châtellerault. — Les papeteries, verreries, faïenceries du Poitou. — Le déclin des forges. — La coutellerie de Châtellerault au xviiie siècle. — Le commerce du Poitou : les routes — mauvais état de la navigation fluviale. — Les ports de la côte : les travaux des Sables. — Le déclin des foires. Les principales foires du Poitou et leur mouvement commercial : détails numériques ; trafic de la draperie, bonneterie, chamoiserie, laines et bétail. — Les articles importés en Poitou. — Les principales places de commerce : Niort, Châtellerault, St-Maixent, Civray, Chauvigny, Poitiers ; les ports ; détails sur leur trafic. — Conclusion, pp. 49 à 86

LIVRE II. — **L'ORGANISATION DE L'INDUSTRIE ET DU COMMERCE EN POITOU : ORIGINES, PROGRÈS, POLICE, RÈGLEMENTS ET COUTUMES DES MÉTIERS (XIe-XVIIIe siècles),** pp... 89 à 523

Chapitre Ier. — **Le Commerce des Céréales en Poitou avant la Révolution.** — Obligation imposée aux particuliers d'approvisionner les marchés ; mesures en cas de disette ; — règlements relatifs aux blatiers : déclaration ; incompatibilités ; interdiction des achats en dehors des marchés ; fixation des conditions d'achat et de vente ; interdiction du commerce d'achat des blés aux meuniers et boulangers ; prohibition des sociétés et des marchés à terme ; publicité des ventes ; limitation des achats. — Fixation du rayon d'approvisionnement de chaque ville : règles relatives au minage de Poitiers ; précautions contre les vendeurs et les acheteurs. — Interdiction de l'exportation des blés sans permission hors des villes, des provinces, du royaume : ordonnances municipales et royales ; émeutes populaires. — Les passeports d'exportation au xviie et au xviiie siècle, pp.. 89 à 111

Chapitre II. — **Le Régime de la Meunerie Poitevine du XIe au XVIIIe siècle.** — La petite meunerie, — la banalité de moulin et la contrainte de moulange — multiplicité des moulins à eau et à vent en Poitou ; nombre des moulins à Poitiers. — Matériel élémentaire des moulins, — les extracteurs de pierres meulières ; l'exploitation du moulin : serviteurs et fermiers ou meuniers, — baux de location et leurs clauses, — rôle du meunier. — La grande meunerie en Poitou au xviiie siècle. — Réglementation de la meunerie : obligations relatives à l'usage des eaux, — interdiction d'exercer les professions de blatiers et de boulangers, — prohibition de l'achat et revente des blés pour les meuniers, — obligation de la queste des grains, — pesage public des blés — prescriptions relatives au matériel des moulins : meules et leur appareil enveloppant, — règles relatives à la mouture, au rendement légal des blés, au salaire des meuniers, au droit de moulange, à la mesure des blés et farines, — Difficultés d'exécution, pp... 111 à 129

Chapitre III. — **Les Industries dérivées de l'Emploi des Blés : Amidonniers, Boulangers et Fourniers.** — Les amidonniers : utilisation des blés gâtés et des recoupes ; règles de leur profession. — L'usage persistant de convertir la farine en pâte dans chaque famille. — Les fourniers banaux et les fourniers libres ; la contrainte de fournoyer et le four banal ; fours banaux de Poitiers ; location des fours, prix ; obligation des fourniers à l'égard des seigneurs et du public ; le droit de cuisson ; rachat ou atténuation de la banalité de four. — Formation des boulangers au Moyen-Age : exemption de la banalité de four pour eux ; leur nombre dans les villes ; variétés : boulangers forains, fouassiers, boulangers de pain blanc et de pain commun ; leurs obligations comme fourniers ; leur droit d'acheter et vendre les blés et farines sous certaines restrictions ; monopole des boulangers pour la préparation et la vente du levain, du pain et des échaudés. — Privilèges des boulangers domiciliés à l'égard des fouassiers, des forains et des regrattiers. — Outillage de la boulangerie ; règlements de fabrication ; variétés de pain du xive au xviiie siècle ; fixation de leur poids. — Organisation de la vente : obligation d'approvisionner le marché local ; marques du pain ; interdiction des intermédiaires et du colportage ; fixation du lieu de vente, jours et heures ; limitation de la revente du pain ; exportation interdite, sauf avec permission, pp.. 129 à 157

Chapitre IV. — **Les Pâtissiers, les Rôtisseurs et les Bouchers ; organisation de leur Industrie.** — Formation des pâtissiers-oublieurs-rôtisseurs ; variétés de ce commerce ; séparation des rôtisseurs ; coquetiers, blanchisseurs et poulaillers ; marchands vendeurs d'oyes, de cochon rôti et de fouace ; confiseurs ; traiteurs. — Monopoles des pâtissiers ; variétés de leurs produits. — Commerce des œufs, du gibier, des viandes rôties ; querelles avec les taverniers, hôteliers, vendeurs d'oyes. — Règlements des pâtissiers : prescriptions relatives à l'exercice du métier, aux achats et aux ventes, à la préparation des produits, aux jours, heures, lieux, époques de trafic. — Importance de la corporation des bouchers; les langueyeurs de porcs; les charcutiers; les tripiers. — Nombre et influence des bouchers dans les villes du Poitou. — Distinction des grands bouchers et des petits bouchers ou boucquetiers à Poitiers et à Niort; leur rivalité. — Le monopole des bouchers; règles relatives aux bouchers forains; précautions contre les pâtissiers-rôtisseurs. — Garanties physiques et morales requises des bouchers. — Réglementation de la boucherie : l'achat du bétail; inspection sanitaire des bêtes de boucherie ; règles relatives au choix, à l'abatage, à l'écorchage du bétail; à la préparation des viandes, graisses, suifs et peaux ; à l'étalage et à la vente ; précautions contre les fraudes relatives à la qualité et au poids ; publicité des ventes, lieux, jours, heures; interdiction de l'exportation des produits de la boucherie, pp.................................. 157 à 193

Chapitre V. — **Le Commerce du Poisson, du Sel et des Epices, du Beurre et des Fromages, des Légumes et des Fruits.** — La pêche du poisson de mer en Bas-Poitou. — Les Olonnais et l'organisation de la pêche de la morue et des sardines. — Les réservoirs ou *bouchots* du littoral; réglementation des pêcheries. — La pêche fluviale ou d'eau douce et ses règles. — Le commerce du poisson et les poissonniers; leur hiérarchie; règlements de vente relatifs aux forains ; variétés du poisson vendu en Poitou; réservoirs pour la conservation du poisson. — Réglementation du commerce du poisson; achats; ventes; contrôle; mode de trafic; organisation des halles spéciales appelées *Poissonneries*. — Le commerce des beurres et des graisses, des légumes et fruits ; variétés ; herbiers et fruictiers, beurriers et graissiers ; le trafic des épices; épiciers. — La production et le commerce du sel : organisation des salines ou marais salants du Bas-Poitou; leur production ; le trafic du sel; règles minutieuses auxquelles il est soumis. — Règlements relatifs au commerce des beurres, légumes et fruits, pp...................... 193 à 222

Chapitre VI. — **Le Commerce des Liquides, la Revente des Aliments, les Industries de l'Eclairage et du Chauffage.** — Apparition tardive des brasseries en Poitou. — La fabrication et le commerce des eaux-de-vie du Poitou. — La fabrication des vinaigres et de la moutarde ; les vinaigriers buffetiers moutardiers. — Les huiliers, huiles de noix et huiles d'olive. — Importance du commerce des vins du Poitou; leurs variétés; les marchands grossiers ou en gros; les taverniers et leur condition réglementée ; taverniers et cabaretiers; crieurs de vin (huchiers), de vinaigre et de moutarde; limonadiers et cafetiers. — Règlements relatifs à la fabrication et au commerce des liquides. — La revente des aliments et des liquides : les regrattiers; règlements qui les concernent; les cuisiniers et traiteurs; les hôteliers et aubergistes, organisation de leur profession; les logeurs, ordonnances relatives à la police (étrangers, écocoliers, vagabonds, ruffians et filles), à l'hygiène, à la moralité et au bon ordre des logements; règlements relatifs à la revente des aliments et liquides, aux hôtelleries et cabarets. — Les industries et commerces de l'éclairage et du chauffage : organisation et règles des métiers de ciriers, chandeliers, marchands de bois, charbonniers, pp......... 223 à 262

Chapitre VII. — **Les Industries textiles et le Commerce de l'habillement en Poitou.** — Le commerce des laines, des lins et des chanvres en Poitou; prix de ces produits. — Règlements relatifs à la préparation des lins et chanvres; l'industrie des toiles du Poitou; variétés; les exiers en toile; les fil-étoupiers et le fil à coudre de Niort; les fabricants de coutils et mouchoirs de Vieillevigne; règlements corporatifs sur la fabrication des toiles. — La filature du coton, les blanchisseries de toiles; les dentelles communes de Loudun. — Importance de l'industrie des lainages en Poitou ; les cardeurs et peigneurs de laine; les tisserands, les drapiers, les sergetiers; règlements corporatifs et municipaux sur la fabrication des lainages. — Variétés de tissus de laine du Poitou; leur emploi et leur prix. — Les foulons, les tondeurs et les teinturiers : organisation et règlements corporatifs ou locaux. — La chapellerie de laine et celle de castor. — La fabrication de la bonneterie. — Les brodeurs ; les passementiers, tissutiers, rubandiers; les garnisseurs de chapeaux. — Le commerce des merciers, des marchands de draps et toiles, des colporteurs. — La mise en œuvre des tissus : lingers et lingères, modistes, chaussetiers-pourpointiers, couturiers ou tailleurs d'habits (variétés de vêtements), couturières, histoire, organisation et règlements, pp. 262-298

Chapitre VIII. — **Le Travail et le Commerce des Cuirs et des Peaux en Poitou.** — La tannerie et les tanneurs; variétés des cuirs mis en œuvre; le tan; les moulins à tan et leur outillage. — Les corroyeurs ; organisation postérieure des mégissiers et des chamoiseurs. — Les cordonniers ou vachers; variétés de leurs produits. — Les savetiers, leurs rapports avec les cordonniers. — Les gantiers, les boursiers et les aiguilletiers, les ceinturiers; détails sur leurs métiers. — Les pelletiers, variétés des fourrures dont ils font commerce. — Les bourreliers et baudroyeurs; les selliers et bastiers; les gaîniers. — Règlements relatifs à l'achat des cuirs et peaux, au travail des matières, au commerce des divers produits, pp. 298-322

Chapitre IX. — **Les Industries du Bâtiment et de l'Ameublement en Poitou.** — L'extraction et la préparation des matériaux de construction : carrières de pierre et de marbre; condition des carriers ou pierroyeurs. — Les tuiliers et les choliers, leur industrie et ses règles. — Les paveurs, règlements du pavage. — Les maîtres des œuvres ou architectes du Moyen-Age en Poitou; les architectes de la Renaissance et de l'époque moderne. — Maçons et entrepreneurs; règlements de leur métier. — Couvreurs, plombiers, plâtriers et fumistes. — Les bourriers et boueurs, et les vidangeurs. — Commerce et travail du bois : ordonnances relatives à la vente et à l'achat des bois de construction et d'ouvrage. — Organisation et police des charpentiers et des menuisiers. — Les charrons, les sabotiers, les boisseliers, les tonneliers, les chaisiers, les tourneurs. Célébrité des ouvrages de Croutelle. Les huchiers et coffriers; les peignerans. — Les sculpteurs du Poitou au Moyen-Age et aux temps modernes : sculpteurs sur bois, marbriers. — Les peintres : peintres de fresques, verriers, mosaïstes, décorateurs, miniaturistes, peintres ambulants. — Les doreurs ou doridiers. — Céramistes et verriers : les verreries du Poitou à l'époque de la Renaissance. — Les vitriers, police de leur profession. — Les tapissiers-miroitiers. — Les cordiers et leurs règlements. — L'industrie des cordes à boyaux. — Les fripiers revendeurs de meubles, pp.. 322 à 361

CHAPITRE X. — **Le Travail et le Commerce des Métaux communs et des Métaux Précieux en Poitou.** — Déclin des mines et des forges du Poitou ; le commerce des aciers et des fers ; les ferrons. — L'industrie des fèvres ou forgerons; les cloutiers; les ferblantiers; les taillandiers ou fèvres grossiers; les maréchaux-ferrants, leur double spécialité (le travail du fer et l'art vétérinaire), police de ce corps. — Les serruriers, règlements de ce métier ; les chaudronniers et poêliers ; les fondeurs Lorrains. — Les couteliers; organisation du métier à Châtellerault, ses règles. — Les pintiers et potiers d'étain; règlements; commerce de la vaisselle d'étain. — L'industrie de l'équipement militaire : espéeurs et heaumiers du Moyen-Age; armuriers des temps modernes; fourbisseurs, éperonniers-lormiers; police de la fabrication et du commerce des armes. — Les fondeurs de cloches, influence des Lorrains; coutumes de ce métier. — Les facteurs d'orgues et de clavecins. — Les horlogeurs et les fontainiers. — L'orfèvrerie en Poitou, et la police des orfèvres. — Les monnayeurs et les ateliers monétaires du Poitou. — Le change et la banque : Templiers, Juifs, Lombards ; les billonneurs; les banquiers à l'époque moderne, pp.. 362 à 397

CHAPITRE XI. — **Les Industries des Transports, des Jeux et des Spectacles, et les Arts d'Agrément.** — Difficulté des transports; constructeurs de navires en Bas-Poitou; les bateliers; les loueurs de chevaux ; le roulage ; les messagers des villes et de l'Université; organisation et règlements. Les messageries et les postes du roi en Poitou. — Cochers de place et loueurs de carrosses; porteurs de chaise ; *esviers* ou porteurs d'eau. — Bureaux de recouvrement au XVIIIe siècle et bureaux de placement. — L'industrie des poudriers et salpêtriers en Poitou depuis le XVe siècle; organisation et police; les artificiers et leur rôle. — Les billardiers au XVIIe et au XVIIIe siècle. — Les tenanciers des jeux de boule. — Importance de l'industrie des paumiers ; les jeux de paume à Poitiers; règlements de ces industries. — Les académies de jeux ou brelans et la police. — Les jeux de sort. — Les tireurs de blanques. — Les bals publics. — L'industrie théâtrale depuis le XVIe siècle : acteurs Italiens, acteurs Parisiens, troupes nomades, Molière en Poitou ; coutumes et règlements relatifs aux comédiens; la police des théâtres. — Bateleurs, montreurs de marionnettes; les théâtres mécaniques; le lancement des montgolfières; pièces militaires; combats d'animaux; montreurs d'animaux savants ; danseurs de corde. — Les arts d'agrément; joueurs de hautbois et de violons; cornemuseurs et tambourineurs; maîtres de musique et choristes ; organistes; maîtres de danse; tireurs d'armes et escrimeurs. Les académistes ou maîtres d'académie à Poitiers au XVIIe siècle, pp.. 397 à 443

CHAPITRE XII. — **Les Industries du Manuscrit et du Livre en Poitou et leur Régime.** — Les maîtres-écrivains. — Organisation et règles de l'industrie des parcheminiers. — Les libraires ou copistes au Moyen-Age en Poitou et les enlumineurs ; leur art au xvi⁰ siècle. — Les papeteries du Poitou, la fabrication et le commerce du papier, et leur police. Les cartiers au xviii⁰ siècle. — L'imprimerie en Poitou et son développement au xv⁰ et au xvi⁰ siècle ; libraires et relieurs ; organisation et police de ces professions. — Les cabinets de lecture au xviii⁰ siècle. — Le premier journal poitevin : les *Affiches du Poitou* et J. Desloges, pp.. 443 à 469

Chapitre XIII. — **La Médecine, la Chirurgie, la Pharmacie et les Industries Annexes en Poitou.** — L'art médical en Poitou au Moyen-Age et à l'époque moderne ; l'instruction des médecins poitevins ; la réglementation de la médecine ; droits et honoraires des médecins, leurs devoirs. — Les chirurgiens ; infériorité de leur condition ; leur grand nombre ; organisation du métier ; études et attributions des chirurgiens ; conflits avec les médecins et les apothicaires. — Les matrones ou sages-femmes ; leur ignorance ; essai de réforme au xviii⁰ siècle. — Les premiers vétérinaires en Poitou sous le règne de Louis XVI ; les maréchaux et l'art vétérinaire. — La pharmacie et les apothicaires ; leurs études ; leurs procédés ; leur monopole ; leurs luttes contre les grossiers, les épiciers, les graissiers, les chirurgiens et les médecins ; police de la profession. — Les empiriques et les charlatans ; sorciers, mèges ou mégeyeurs, particuliers détenteurs de secrets, bourreaux, opérateurs, alchimistes, vendeurs d'orviétan ; luttes des médecins, chirurgiens et apothicaires contre les empiriques. — Les étuvistes et les barbiers-perruquiers. — Les coiffeurs et parfumeurs ; les bains publics au xviii⁰ s. ; les étuves au Moyen-Age. — Les bains de mer en Bas-Poitou remède contre la rage, pp.. 469 à 519

Conclusion du livre II, pp................................... 519 à 523

TOME II

LIVRE III. — **CORPORATIONS JURÉES ET MÉTIERS LIBRES EN POITOU. — LEUR ORGANISATION ; APPRENTIS, COMPAGNONS ET MAITRES. — CONDITION MATÉRIELLE ET MORALE ; AUTONOMIE ; ROLE POLITIQUE ET SOCIAL DES MÉTIERS POITEVINS**, pp.. 1 à 264

Chapitre Iᵉʳ. — **Corporations jurées et Métiers libres. Développement du régime corporatif en Poitou ; mode de concession et caractère des statuts.** — Distinction entre les corporations jurées et les métiers libres en Poitou. Les métiers libres à peu près seuls connus dans les campagnes et en nombre prépondérant dans les villes, sauf à Poitiers. Proportion numérique de ces deux sortes de communautés. — Le privilège corporatif et les métiers de première nécessité. — Formation lente des corporations jurées en Poitou : histoire détaillée de cette formation à Poitiers du xiii⁰ au xviii⁰ siècle. — Envie excitée par le privilège corporatif; difficultés de concession de la jurande; hésitations de l'autorité; jalousie des corporations; état de l'opinion. — Motifs invoqués pour la demande en concession de la jurande. — La procédure de concession : requêtes, informations, consultations, approbation de l'autorité locale ou centrale, adhésion du corps intéressé. — Procédure de révision des statuts. — Complication croissante des statuts; tendance à l'uniformité. — Formation de la corporation : forme des statuts ; l'enregistrement, le scellement, la promulgation, la publication; le serment des maîtres, pp. 1 à 36

Chapitre II. — **L'Apprentissage dans les Métiers Libres et dans les Corporations jurées en Poitou.** — L'apprenti dans les métiers libres. — L'apprentissage dans les corporations jurées; il est obligatoire ; limitation du nombre des apprentis; tempéraments à la règle. — Durée de l'apprentissage; détermination du lieu où il doit se faire — Formalités de l'engagement des apprentis : contrat ; immatriculation et enregistrement; redevances pécuniaires ou matérielles. — Obligations de l'apprenti; indemnités dues au maître; travail régulier au service du maître; obligations morales. — Obligations du patron à l'égard de l'apprenti : logement, nourriture, instruction technique, surveillance morale, pp. 36 à 53

Chapitre III — **Le Compagnonnage dans les Communautés d'Arts et Métiers en Poitou.** — Le compagnon dans les métiers libres. — Termes divers sous lesquels on désigne le compagnon dans les métiers jurés; conditions d'entrée dans le compagnonnage : l'apprentissage exigé et parfois un chef-d'œuvre spécial; conditions de moralité. — Petit nombre des compagnons dans chaque atelier ; limitation du nombre des compagnons des veuves de maîtres. — Minimum de compagnonnage requis pour la maîtrise. — Mœurs nomades des compagnons ; mode d'engagement; bureaux de placement corporatifs ; embaucheurs. — Obligations du compagnon; immatriculation ; paiement des droits ; pénalités contre la rupture du contrat de travail ; précautions pour l'embauchage ; la législation relative au « subornement » des compagnons; interdiction des coalitions; prohibition du travail en chambre; poursuites contre les chambrelans et croque-chats. Usages favorables aux compagnons ; pas de droit au travail, mais exclusion partielle de la main-d'œuvre féminine ; mesures protectrices à l'égard du compagnon. — Le mode de travail ; à la journée, à la tâche, au mois, etc. — La durée de la journée de travail. — Règles relatives au travail de nuit, pp.................. 53 à 76

Chapitre IV. — **La Maîtrise en Poitou dans les Métiers Libres et dans les Corporations jurées.** — Conditions d'exercice de la maîtrise dans les métiers libres. — Difficultés d'accès de la maîtrise dans les métiers jurés. — Conditions d'origine; recrutement familial pour quelques métiers; conditions d'âge ; conditions d'aptitude physique, de moralité et de religion. — Les règlements relatifs à l'accès de la maîtrise : requête et pièces justificatives présentées par l'aspirant ; enquête et décision relative à l'admission de la requête. — L'expérience ou chef-d'œuvre; par qui il est déterminé; complication inégale du chef-d'œuvre; difficultés croissantes du chef-d'œuvre; exigences excessives, ridicules et odieuses; haut prix du chef-d'œuvre; durée des épreuves. Précautions pour garantir leur sincérité. Limitation du nombre des aspirants dans certains métiers; situation privilégiée des aspirants fils ou gendres de maîtres et des époux des veuves de maîtres. Le jugement du chef-d'œuvre; contrôle exercé par l'autorité publique; droit de révision du jugement. — Exploitation des aspirants à la maîtrise : redevances fiscales exigées par les maîtres, par la corporation, par la confrérie; banquets et dîners; extorsions et exactions des maîtres; exigences des pouvoirs publics. Charges totales imposées aux aspirants : exemples. Condition privilégiée des fils et des gendres de maîtres, et des époux des veuves de maîtres, à l'égard des redevances financières. — Formalités de la réception du maître : réception par la corporation; réception par l'autorité publique; la prestation de serment; la délivrance des lettres de maîtrise; l'immatriculation, pp.................................. 76 à 115

Chapitre V. — **Condition Morale des Compagnons et des Maîtres en Poitou.** — Difficultés d'appréciation. — Variabilité de cette condition suivant les métiers et les époques. — Le monopole corporatif, son étendue et ses limites au point de vue de la production et du commerce. Ses effets; difficultés d'application; querelles et procès continuels des corporations; stabilité de la famille; souci de l'honneur du corps; amour-propre professionnel, les questions de préséance entre métiers; l'étroitesse d'esprit. — La réglementation de la vie corporative; difficultés pour en maintenir l'observation stricte; les règlements n'ont pas empêché la fraude, ni les monopoles ou accaparements. Esprit de routine des métiers poitevins. — Rigidité des règles de discipline et de morale dans les corporations poitevines. Inobservation fréquente : le goût de l'ivrognerie et de la débauche; la passion du jeu; la facilité excessive des mœurs; violence des habitudes, meurtres et rixes; indiscipline de certaines corporations; humeur rétive des compagnons, querelles avec les maîtres, pp................................ .... 115 à 137

Chapitre VI. — **Condition Matérielle des Classes Industrielles et Commerçantes en Poitou.** — Intensité de l'effort physique exigé des compagnons et des maîtres : la journée de travail. — Grand nombre des jours fériés. — L'organisation matérielle de l'industrie et du commerce : médiocrité des capitaux mis en œuvre en Poitou; le travail peu divisé; petit nombre des ouvriers dans chaque atelier. — Dissémination de l'industrie dans les bourgs et villages. — Le travail industriel souvent cumulé avec le travail agricole. — Les installations matérielles peu coûteuses. — Les boutiques et les ouvroirs; leur aspect; groupement des métiers dans certaines rues des villes. — La vie matérielle des classes ouvrières en Poitou : l'alimentation aux diverses époques et son prix; l'habillement. — Extrême difficulté de l'enquête au sujet des salaires et de leur valeur relative. — Variabilité du salaire suivant les professions; divers éléments dont il se compose. — Exposé détaillé de la valeur des salaires et des objets de première nécessité en Poitou par période de demi-siècles depuis le xive siècle jusqu'à la Révolution. — Idées générales qui se dégagent de cette étude. — Misère des classes ouvrières aux périodes de crise et surtout aux derniers siècles de l'ancien régime, pp. 137 à 171

Chapitre VII. — **L'Administration des Corporations jurées en Poitou. Gardes jurés et Dignitaires des Corporations**. — Les métiers libres n'ont pas le droit de s'administrer. — Les gardes-jurés des corporations ; noms divers sous lesquels on les désigne ; variabilité de leur nombre suivant les corporations ; conditions de recrutement (l'âge, la probité, l'expérience) ; rivalités entre anciens et jeunes maîtres pour le choix des jurés. — L'élection des jurés ; époques ; formes de l'élection ; contrôle de l'autorité sur le choix des jurés, droit de révision, de cassation, de désignation d'office ; prestation de serment des jurés. — Leurs fonctions : durée (1 an ou 2) ; révocation, suppléance, démission des jurés ; attributions administratives et juridiques des jurés ; importance de leurs fonctions de police (visite des ateliers et des marchés ; nombre ; temps ; formalités des visites et des saisies ; poursuites et recouvrements) ; discipline morale de la corporation ; attributions financières. — Surveillance exercée sur les jurés par l'autorité ; rémunération des jurés sous diverses formes ; leurs privilèges honorifiques. — Abus et exactions variées des gardes-jurés. — Les autres dignitaires de la corporation : gardes-jurés suppléants, visiteurs, gardes-scel visiteurs, gardes du marc dans certaines corporations ; le clerc de boîte ou bâtonnier et ses fonctions dans les diverses corporations ; le greffier ou secrétaire ; le conducteur et l'embaucheur ; les derniers maîtres reçus et leur rôle comme agents subalternes ; fonctions des doyens et des anciens, pp.................... 171 à 205

Chapitre VIII. — **L'Autonomie des Communautés d'Arts et Métiers en Poitou. Les Assemblées, les Fêtes, les Confréries, les Institutions charitables**. — Capacité juridique des corporations jurées : leurs immeubles, leur chambre commune, leur bourse ou boîte ; revenus, dépenses, dettes des corporations ; leurs archives ; leur droit d'ester en justice ; juridiction disciplinaire de certains métiers. — Blasons et armoiries des corporations. — Les assemblées ordinaires et extraordinaires ; assemblées électorales ; cabales et brigues ; le vote à la majorité ; intervention de l'autorité. — Assemblées pour rédaction ou modification de statuts ; procédure de ces assemblées. — Assemblées réunies pour l'administration et la police du métier. — La tenue des assemblées : formes de la convocation ; nombre des assemblées ; lieux de réunion ou chambres communes ; présidence, délibérations, votation, procès-verbaux ; physionomie des assemblées. — Les Fêtes : réjouissances spéciales (joutes des bouchers, des cordonniers, des meuniers ; le bœuf gras) ; les fréries ou festiages et les divertissements qui les accompagnent ; les repas corporatifs ; abus des fêtes. — Les confréries de métiers en Poitou : leur organisation ; vocables ; composition ; dignitaires ; redevances versées à la confrérie ; leurs chapelles ; fête annuelle du saint patron de la confrérie ; pains bénits ; autres services religieux. — L'assistance obligatoire aux obsèques des maîtres ; services funèbres. — Caisses de secours pour les malades, les indigents, les passants, les filles nubiles ; hôpitaux ; consultations gratuites. — Le rôle des confréries, pp..................... 205 à 235

Chapitre IX. — **Le Rôle Social et Politique des Métiers Libres et des Métiers jurés en Poitou**. — L'importance numérique des métiers n'est pas en rapport avec leur rôle social; proportion numérique des classes industrielles et commerçantes dans les villes et les campagnes du Poitou au xviiie siècle; prépondérance du petit commerce et de la petite industrie. — Inégale condition des corporations; corporations pourvues de privilèges spéciaux; métiers riches et métiers pauvres. — Rôle social des corporations : obligations d'ordre général; services publics requis des corporations; les métiers et le service des incendies; la collecte des impôts; la charge du service militaire, les compagnies de la milice urbaine et leur organisation à Poitiers depuis le xiiie siècle; l'artillerie des métiers et son organisation au xve et au xvie siècle. — Les métiers et leur participation aux manifestations de la vie publique : l'inauguration des foires et les merciers et bouchers; les entrées solennelles des grands personnages; les feux de joie; les exécutions capitales; les processions; costume des métiers; les règlements relatifs à la préséance des diverses corporations. — Participation des métiers à la vie politique au Moyen-Age; les métiers écartés des échevinages depuis le xve et le xvie siècle; rôle des gens de métiers dans les périodes troublées. — L'essai de réforme du régime municipal ou l'édit de 1764 en Poitou; effacement politique des métiers jusqu'à la Révolution, pp.................. 236 à 264

LIVRE IV. — LES RAPPORTS DES POUVOIRS LOCAUX ET DU POUVOIR CENTRAL AVEC LES COMMUNAUTÉS D'ARTS ET MÉTIERS ET LEUR ACTION SUR L'INDUSTRIE ET LE COMMERCE EN POITOU (XIe-XVIIIe SIÈCLES), pp................ 265-560

CHAPITRE Ier. — L'Autorité Seigneuriale et ses Droits sur les Communautés d'Arts et Métiers, sur l'Industrie et le Commerce, du XIe siècle à la Révolution. — Pouvoirs primitifs des seigneurs sur les artisans et les commerçants; acquisition de la liberté personnelle; métiers tenus à cens et tenus en fief. — Monopoles industriels et commerciaux conservés par les seigneurs : fours et moulins banaux, autres métiers banaux. — Droits de réglementation des seigneurs en matière économique très étendus; juridiction des seigneurs sur les métiers, sur l'industrie et le commerce; police économique dévolue aux seigneurs; visite des ateliers, boutiques, marchés et foires; droit de tarification; droit de permettre l'exercice du commerce ou des métiers et de placer les enseignes; droit de fixation, de vérification et de marque des poids et mesures; police des minages et halles. — Exploitation fiscale de l'industrie et du commerce par les seigneurs; droits prélevés sur les marchés; droits de minage, droits de hallage, de plaçage et d'étalage, leur variété; droits sur les artisans et commerçants domiciliés; droits de circulation (levage, prévôté, coutume, barrage, travers, pontenage, péage, mautôte, de port et d'ancrage) et pancartes seigneuriales, pp............... 267 à 289

CHAPITRE II. — Le Pouvoir Municipal en Poitou et les Corporations Industrielles et Commerçantes. — Faible étendue des attributions économiques du pouvoir municipal dans les villes domaniales. Importance des pouvoirs économiques de l'échevinage dans les villes de commune,

Poitiers et Niort, jusqu'à la fin du xviiᵉ siècle. — L'autorité municipale et le droit de concession des statuts; rédaction des ordonnances; variété et étendue des règlements municipaux; le socialisme municipal sous l'ancien régime; procédure pour l'élaboration et la promulgation des règlements. — L'exercice de la police économique : rôle du maire; ses auxiliaires : le juge des treize; les échevins intendants-visiteurs et gardes, nombre et attributions; le procureur de la police; le greffier de l'échevinage; les prud'hommes visiteurs ou marqueurs, le garde-sep, le maître des œuvres, les archiers ou sergents municipaux et leurs fonctions. — Multiplicité des attributions du pouvoir municipal en matière de police économique : visite des ateliers, foires, marchés; contrôle de la fabrication et du commerce; le dépôt des marques des artisans à l'hôtel de ville; le sceau et le marteau municipaux; la grande et la petite voirie et l'installation matérielle des artisans et des marchands; la réception et le serment des maîtres libres ou jurés; les autorisations de séjour aux nomades et forains; le contrôle des corporations et de leurs actes. Les droits de la commune pour la fixation, la vérification et le contrôle des poids et mesures. Le droit de taxation ou de tarification : taxation irrégulière des blés; taxation régulière du pain et de la viande, du beurre et du poisson, du vin au détail; les taxes des autres produits; la tarification des salaires mesure extraordinaire. — La juridiction municipale en matière économique : le tribunal échevinal, composition, tenue, compétence, procédure qui y est suivie, ajournements, enquêtes, dépositions, jugements; variété des peines pécuniaires et infamantes.—Droits fiscaux de la commune sur l'industrie et le commerce : droits de réception exigés des maîtres; redevances sur les métiers : droits de marque et d'aunage; les amendes ou *faymidroit*; droits sur les poids; droits de hallage; droits d'entrée; monopoles industriels et commerciaux des communes; entreprises industrielles et commerciales des échevinages, pp. 289 à 336

Chapitre III. — **Les Rapports de l'Eglise avec les Communautés d'Arts et Métiers en Poitou.** — Attitude des seigneuries ecclésiastiques à l'égard des communautés ouvrières. — Continuité de la politique religieuse du clergé : action exercée par les confréries sur les métiers; règlements relatifs au respect des dogmes et des cérémonies de l'Eglise; ordonnances concernant les processions, les jours et les temps d'abstinence (la boucherie de carême), l'observation des dimanches et des fêtes; prescriptions spéciales aux métiers; rigueur de ces lois applicables aux protestants; difficultés d'application au xviᵉ et au xviiᵉ siècle. — Surveillance de l'imprimerie et de la librairie. — Propagation de la Réforme parmi les métiers au xviᵉ siècle en Poitou. — Lutte de l'Eglise contre la propagation du protestantisme au xviiᵉ siècle : les réformés exclus des métiers. — La Révocation de l'édit de Nantes. Serment d'orthodoxie imposé aux métiers, pp... 336 à 358

Chapitre IV. — **Les Relations primitives de la Royauté avec les Communautés d'Arts et Métiers, et avec l'Industrie et le Commerce, au Moyen-Age en Poitou.** — Action peu considérable de la royauté en Poitou au Moyen-Age. — Le droit de confirmation des statuts municipaux et seigneuriaux dévolu au roi ou à ses agents les sénéchaux. La royauté et le droit de concession des statuts corporatifs. Ordonnances royales en matière de législation économique : concession des privilèges ; des foires et des marchés. — Contrôle encore restreint sur l'administration des métiers : les maîtres des œuvres du roi ; les lieutenants du premier barbier du roi et leurs attributions. — Fonctions de police économique appartenant aux officiers royaux. — Leurs empiétements sur les pouvoirs des seigneurs et des communes. — Juridiction d'appel ou indirecte sur les métiers ; progrès de la juridiction royale. — Les droits fiscaux de la royauté : ses monopoles commerciaux et industriels en Poitou ; droits de halles et de foires ; droits de circulation ; le tarif de la prévôté de Poitiers, pp.. 359 à 375

CHAPITRE V. — **Les Progrès de l'Autorité Royale dans le Domaine Economique en Poitou pendant la première période de l'âge moderne (1453-1589).** — Action croissante de la royauté : concession et approbation de statuts ; inexécution des édits de 1560 et de 1581 en Poitou ; tendance à uniformiser les statuts. — Réglementation du commerce et de l'industrie : prérogatives du Parlement de Paris et des officiers royaux. Les premiers règlements royaux en Poitou sur la police de la fabrication et du commerce ; spécialement pour la draperie ; tentative d'unification des poids et mesures en Poitou ; essai de réglementation de la petite industrie : le règlement de 1578 ; essais de taxation des produits et des salaires ; immixtion dans la police intérieure des corporations ; lettres de maîtrises ; monopoles établis par le roi. — Lutte des officiers royaux de justice, de police et de finances pour enlever aux pouvoirs locaux la juridiction et la police économiques. — Efforts de la royauté pour développer l'industrie et le commerce ; concession de privilèges ; histoire et organisation de la manufacture de draps créée à Poitiers par Charles VIII (1488-1582). — La fiscalité royale et ses expédients nuisibles à l'industrie et au commerce ; les créations d'offices en Poitou, pp... 375 à 400

CHAPITRE VI. — **La Royauté et son Action au point de vue Economique en Poitou depuis le règne de Henri IV jusqu'au ministère de Colbert (1589-1661).** — Heureux effets de l'administration de Henri IV : encouragements à l'industrie ; essais d'exploitations minières en Poitou ; tentative pour introduire la sériciculture ; les pépinières du Poitou. Privilège pour la fabrication des fers à chevaux. Verreries royales du Bas-Poitou. — L'édit d'avril 1597 en partie inexécuté en Poitou ; opposition des corporations et de l'autorité locale. — Les lettres de maîtrise. — Nouveaux conflits entre les officiers du roi et les pouvoirs locaux au sujet de la juridiction et de la police économiques. — Nouvelles mesures fiscales aux dépens de l'industrie et du commerce : troubles en Poitou. — Continuité de la tradition centralisatrice de 1610 à 1661 : diminution de l'activité de la royauté dans la législation économique. — Accroissement des pouvoirs des officiers royaux en matière de police économique. — Intensité de l'exploitation fiscale : multiplicité des lettres de maîtrise et des créations d'offices, pp.. 400 à 421

CHAPITRE VII. — **L'Administration Economique de Colbert en Poitou**

(1661-1683). — Les idées économiques de Colbert et son opinion sur la « fainéantise » des Poitevins. — L'Etat organisateur d'industries : essai de création à Poitiers d'une manufacture de lainages (1665); Savary et la fabrication des droguets. — Tentative pour créer en Poitou des succursales de la Compagnie royale des points ou dentelles de France (1667). Création d'ateliers de bonneterie au métier. — Echec de la tentative pour développer la bonneterie au tricot à Saint-Maixent et à Poitiers (1679-82). — Création à Châtellerault d'une succursale de la Compagnie royale pour la préparation des cuirs d'Angleterre (1665); essai d'encouragement aux forges. Mesures favorables au commerce poitevin. — Colbert et le système réglementaire en Poitou : le règlement général de 1669 pour la fabrication des lainages et son application aux manufactures du Poitou; dispositions relatives au choix des laines; aux dimensions des étoffes; au foulage, au tirage et aux teintures; au pliage des tissus; difficultés d'exécution. — Obligation des marques ou plombs; formalités des visites. — La police des métiers de l'industrie drapière en Poitou; groupement des artisans en corporations jurées; monopole qui leur est attribué; privilèges concédés; fixation de la spécialité des métiers. — L'administration royale et l'exécution des règlements : intendants; création des inspecteurs ou commis généraux des manufactures; les premiers inspecteurs du Poitou; leurs préposés; leur situation; leurs fonctions. — Les gardes jurés des fabricants et des marchands. — La juridiction des manufactures en Poitou. Rigueur des pénalités. Application lente et difficile des règlements. Sévérité de la discipline des communautés ouvrières. L'édit de 1673 en Poitou. — Développ⁺ des monopoles de l'Etat. — Accroissement des attributions économiques des agents royaux dans la grande et la petite industrie. — Persistance de la politique fiscale de la royauté : abus des lettres de maîtrise, des impôts et des créations d'offices : troubles de 1675 en Poitou, pp.................................. 421 à 455

Chapitre VIII. — **L'Apogée du système réglementaire en Poitou (1683-1753).** — La législation économique et le droit de concession des statuts réservés au pouvoir central. — Intervention de l'Etat dans l'activité économique : les pépinières de mûriers en Poitou et la filature royale de soies à Poitiers (1723-53); création de manufactures de bas et petites étoffes aux hôpitaux de Niort et de Poitiers. — Le projet du contrôleur général Dodun. — La manufacture privilégiée de lainages d'Argenton (1739). — La manufacture de bas à Châtellerault (1687). — Les verreries et les forges. — Les mines du Vigean (1705). — Insuccès de la plupart de ces entreprises. — Mesures pour relever le commerce du Poitou : les vins, la pêche, les sels. — L'Etat et l'approvisionnement des marchés (céréales et bétail); services des épidémies et réglementation de l'hygiène. — Les règlements royaux de fabrication et de police : leur multiplication en Poitou; leur rédaction. — La réglementation des manufactures de lainages, de toiles et de bonneterie : règles relatives au commerce, à la préparation, au cardage et au filage des laines, lins et chanvres; à la composition, aux dimensions et au poids des tissus de laine, des toiles, des bas et des bonnets; au foulage, au tirage, à la teinture, au pliage des tissus; difficultés d'exécution. — Les règlements relatifs à la papeterie en Poitou : règlements sur la verrerie, la coutellerie, la minoterie. — La police des subsistances. — La police de l'imprimerie et de la librairie. — Les moyens de contrôle : multiplicité des marques et plombs, des inspections ou visites; établissement de bureaux de fabrique ou de marque et de bureaux de contrôle; leur organisation technique; le droit de marque; multitude des infractions et des abus. — Réglementation des ventes. — Extension du régime corporatif aux métiers de l'industrie textile; monopole de ces métiers; essai de spécialisation de certains métiers (les teinturiers du grand teint et ceux du petit teint); discipline des ouvriers. — Les assemblées des manufactures : dépendance étroite des gardes jurés marchands et fabricants; préposés et sous-jurés; fonctions et privilèges des gardes-jurés; dureté de leur condition. — Les inspecteurs généraux et ambulants; les inspecteurs provinciaux du Poitou; attributions. — Rôle des intendants et des subdélégués. — La juridiction et la police de l'industrie transférée aux lieutenants généraux de police dans la plupart des villes du Poitou; subordination étroite des juges des manufactures au pouvoir politique; abus de cette juridiction. — Excès de la fiscalité monarchique : multiplicité des offices créés aux dépens des communautés; droits de confirmation des statuts; effets du régime fiscal sur le déclin de l'industrie et du commerce, pp... 455-515

Chapitre IX. — **L'Action de l'Etat sur le Travail en Poitou à la fin de l'Ancien Régime (1753-1789).** — Les nouvelles maximes du gouvernement économique. L'Etat continue à susciter ou à encourager l'industrie et le commerce par des primes, gratifications et privilèges. — Développement des pépinières royales de mûriers en Poitou. La filature royale des soies à Poitiers et son rôle. — Tentatives pour encourager les fabriques de lainages à Poitiers, à Parthenay et à Niort. — Organisation de filatures de laines. — Fabriques de couvertures, de bonneterie, de chapellerie, de toiles à voiles, d'étoffes de coton et soie. Développement des filatures de coton (Poitiers, Montmorillon, etc.). — L'inspecteur Fontanes, création de fabriques de garance et de soude en Bas-Poitou. Forges, verreries, faïenceries. Minoteries à l'anglaise. Brasseries modèles. Réveil de l'industrie minière. — Efforts des intendants pour développer l'instruction technique : Ecole de dessin; vétérinaires; services médicaux; cours d'accouchements, d'anatomie et de chirurgie. — Maintien d'une discipline rigoureuse parmi les métiers; progrès de l'esprit d'insubordination. — Abandon partiel du système réglementaire à l'égard des manufactures d'étoffes. Rôle des inspecteurs Fontanes et Vaugelade. — La petite industrie réglementée. — Tentatives du pouvoir central pour établir la liberté du commerce des vins et des blés; opposition des pouvoirs locaux et des populations en Poitou. — Les réformes de Turgot et leur application en Poitou. — Les réformes fiscales et l'attitude du pouvoir à l'égard du régime corporatif de 1753 à 1776. — Le système transactionnel de Necker (1779), application en Poitou; les règlements de 1779 et de 1780 sur les lainages et les toiles; inconvénients et difficultés d'application de ce système (bureaux de marque, jurés, inspecteurs). — Incertitudes de la législation du commerce

(1776-89) : le trafic des blés; les troubles de 1786 en Poitou; mesures favorables au développement du commerce. — L'édit de 1777 et le replâtrage du régime corporatif : application peu heureuse en Poitou. — Plaintes contre les mesures fiscales de la royauté et spécialement contre la marque des cuirs. — Les vœux des cahiers du Poitou au point de vue économique en 1789. — Chute de l'ancienne organisation du travail, pp 515-560

Conclusion, pp... 560-562

Appendice. — Etude sommaire sur les sources de l'ouvrage (manuscrites et imprimées), pp.. 563-574

Table analytique des matières, pp............................... 575-590

FIN

Poitiers. — Imprimerie Blais et Roy, 7, rue Victor-Hugo, 7.